臺灣圖書出版年表

出版年表

1912-2010

邱各容 編著

代序／千里之行，始於足下

　　有一個人，將近三十年的時間，始終浸淫在臺灣兒童文學史料研究工作，而且樂此不疲。每隔幾年，總會適時呈現一份「人生的工作報告」，從《兒童文學史料初稿1945～1989》到《播種希望的人們：臺灣兒童文學工作者群像》；從《臺灣兒童文學史》，到《台灣兒童文學作家及作品論》；從《臺灣兒童文學年表》到最近即將出版的《臺灣圖書出版年表（1912-2010）》。以上每一本著作，都是他的一份工作報告。而工作報告的主人，就是邱各容。

　　個性木訥寡言，終年與文獻為伍，別人視之如棄物的資料，他卻奉為瑰寶；浩瀚如煙海的文獻，他卻能從中去蕪存菁，從記憶中尋求最珍貴的感動。他非常服膺日本學者鳥越信「年表一行，文章一篇」的說法；他也很是篤行中國學者梁啟超「沒有豐富的史料，難有美好的史篇」的知見。有憨人憑藉的就是那股憨勁，若非如此，一部部文史專著又從何而來？

　　本書題名《臺灣圖書出版年表（1912-2010）》，顧名思義，主要聚焦在臺灣圖書出版。就時間而言，橫跨日治時期和中華民國時期；就空間而言，主要以臺灣為主體，並包括一九四九年以前還在國民黨執政時期的中國大陸。

　　本書固然是以「年表」型式呈現，但就其內容的含量而論，近百年來，舉凡與圖書出版關係密切的人物、事項與出版品，透過「年表」一一躍然紙上，未嘗不可視之為「歷史」的縮影，從中一窺百年來臺灣圖書出版的發展軌跡。在這個軌跡上面，充斥著豐富的臺灣圖書出版的指標性人物、影響臺灣圖書出版的指標性事件、作家與作品、年度出版風雲人物、年度十大出版新聞、年度最佳圖書、形式各異的新書發表、各類徵獎活動、數位出版與電子書、出版生態的衍變、政府出版品、圖書出版境外交流等的出版資訊，的確讓讀者可以從這些記憶中各自找尋哪些人、哪些事的感動，有鑑於此，又未嘗不可將本書視之為「簡明」臺灣圖書出版史。

　　史料工作不僅是文獻資料的積累，更且是臺灣圖書出版歷時性發展脈絡的呈現。浩如煙海的文獻如何取捨？窮一己之力，又如何承擔掛一漏萬的風險？整部書花在「訂正」或「補缺」的時間的確是耗費時日。儘管如此，邱各容依

然不改憨人做憨事的本性。他的堅持，讓他完成一部又一部的兒童文學史料專著。

對一位長期投入史料研究工作的資深「出版人」，除了期許，還是期許。這本書唯一遺憾的是沒有「索引」，相信邱各容會在適當時機編製完成，給《臺灣圖書出版年表（1912-2010）》畫下完美的句點。

此外，臺灣兒童圖書出版從戰後迄今，已逾一甲子，建議邱各容在完成《臺灣圖書出版年表（1912-2010）》之後，再接再厲，繼續完成《臺灣兒童圖書出版年表1945-2011》，那又將是一件很有意義的事。

國立臺東大學榮譽教授　林文寶

自序／年表一行，文章一篇

從無到有

『因為需要，就當由無變有，有了東西，方能發現缺點和不夠，知道缺點和不夠，才會想方法去改進，不斷的改進，最後才能得到理想的實現。』這是半世紀前臺灣省教育會理事長，也是東方出版社創辦人游彌堅先生當年為要編印《愛兒文庫》與《東方少年文庫》所說的諄諄之言。「需要」是緣起，「理想的實現」是成果。從事實的需要到理想的實現，它是循序漸進的，是從無到有的。

編寫這本《臺灣圖書出版年表（1912-2010）》，就是有感於出版前人游彌堅先生「從無到有」的肺腑之論，希望步著前人的後塵，為臺灣圖書出版界盡一份出版人的本分。是以，心情既興奮又沉重。興奮的是：經過多時的蒐集、整理、參考、訂正、彙編，總算將臺灣百年來有關傳統圖書出版的人物、事項、出版品等文獻資料，大致理出一個較為清晰的輪廓，「讓文獻重見天日」、「讓文獻說話」，這是筆者編著本書的最大初衷，也是在「知所應為，為所當為」的認知驅策下所完成的心願。沉重的是：截至今日為止，一本以臺灣圖書出版為主體性的《臺灣圖書出版史》尚未正式問世。就因為《臺灣圖書出版史》的尚未問世，又何以記載：從日治時期迄今，多少出版人對臺灣圖書出版事業發展貢獻心力？又何以記載：近百年來多少影響臺灣圖書出版的重要指標事件？又何以記載：多少作家作品成為讀者閱讀不可或缺的經典之作？

臺灣百年圖書出版，顧名思義，係指近代以來，以臺灣為主體性的圖書出版而言，從一九一二年以迄二○一○年止，將近百年之久。何以從「一九一二年」起算，因為當年臺灣總督府編印出版一本以臺灣為主體的兒童課外讀物《むかしばなし第二 埔里社鏡》，是以，筆者將一九一二年視為「臺灣兒童文學元年」，也是「臺灣圖書出版元年」，一九一二年同時也是中華民國元年。一九四九年以前，大陸還是中華民國的領域，是以，本年表也包含當時的圖書出版文獻在內。

臺灣圖書出版歷經日治時期（大陸時期）、戰後初期、戒嚴時期、解嚴時

期，乃至《出版法》廢止以後，時至今日，迄無一部有關臺灣圖書出版發展史之類的史書，難道攸關臺灣近百年圖書出版的建檔鉤微，難道呈顯臺灣近百年圖書出版的事況經緯，如果大家還是一本過去的不聞不問，讓攸關臺灣圖書出版的文獻湮滅於灰灰煙塵之中；亦或假借他人之手寫自己的圖書出版史，身為臺灣出版人，情何以堪？

讓文獻重見天日

既然《臺灣圖書出版史（1895-2004）》的出版茲事體大，牽涉範圍既深又廣，且非一人獨立可以完成。退而求其次，編寫《臺灣圖書出版年表（1912-2010）》該是較為可行之道。「凡做過，必留下痕跡。」這個「痕跡」，就是筆者賴以編寫本書的重要「線索」。這個「線索」，或是在國家圖書館，或是在國立台灣圖書館，或是在靜宜大學蓋夏圖書館；或是在國家圖書館《全國圖書資訊月刊》，或是在《文訊》雜誌，或是在中華民國圖書出版事業協會《出版之友》、《出版人》，或是在台北市出版商業同業公會《出版界》，或是在金石堂《出版情報》，或是在誠品《好讀》，或是在《書評書目》雜誌，或是在《出版家》，或是在南華大學《出版學刊》與《出版與管理學刊》；或是在《聯合報》「讀書人」，或是在《中國時報》「開卷」，或是在《民生報》「文化新聞版」，或是在《國語日報》「兒童文學版」等等。

除了上述隱身在各圖書館、各相關報章雜誌的「線索」之外，還有就是委身在與圖書出版有關的各類書籍當中的「線索」。這些「線索」，或是在行政院新聞局《年度出版年鑑》，或是在應鳳凰《台灣光復後出版大事記》、《五〇年代文學出版顯影》，或是在聯合報社《聯副三十年文學大系 史料卷》，或是在陳銘磻《掌燈人》，或是在國立台灣文學館《台灣文學年鑑》或是在洪德麟《台灣漫畫40年初探》，或是在辛廣偉《台灣出版史》，或是在蔡森格《民生報二十年（1978-1998）》，或是在封德屏《台灣人文出版社30家》等書。

千里之行，始於足下

身為文史工作者，又是身為出版工作者，從事「出版年表」的編寫，是責無旁貸之事。雖然受限於個人的能力及時間，在有限的時間內，將所能蒐集或

參考的文獻加以整理、訂正、彙編，特別是日治時期，由於臺灣人出版品受限於日本統治當局，出版量可謂不多，是以，「有資料就錄」是必然的。

戰後不久，臺灣隨即進入「戒嚴時期」，從一九四五年五月二十日以迄一九八七年七月十四日止，時間長達三十八年之久。從「解嚴時期」迄今，也逾二十五年。是以，從戰後初期迄今，臺灣圖書出版已經逾越一甲子。

過去的文獻散佚各處，蒐集不易，固不待言；即便是當代文獻，由於缺乏文獻保存的「史觀意識」，或是過於保守的心態，資料不輕易外借；在這種情況之下，圖書館就成了筆者賴以蒐集資料的寶庫，可惜有關出版的專業雜誌並不完整，即便是筆者仰賴最深的圖書館都有資料不全的情事，更甭論自始至中都不重視資料保存的相關單位。儘管如此，還是有像國家圖書館《全國新書資訊月刊》，或是《文訊》雜誌對資料保存相當重視的刊物，刊載有關圖書出版的相關資訊。

從事年表資料的蒐集、整理與彙編，是經年累月的事。任何蛛絲馬跡，都是蒐集的線索；任何片言隻字，都是整理的素材。文獻的蒐集和整理，需要鍥而不捨的精神和毅力，一點一滴，聚沙成塔的。此不僅是筆者從事史料工作的基本態度和原則，也是筆者從事本書編寫的最大初衷。

繼《臺灣兒童文學年表（1895-2004）》（2007）之後，相隔五年，如今又完成《臺灣圖書出版年表（1912-2010）》，對身為文史工作者的筆者而言，只是在生命歷程中又完成一份「人生的工作報告」而已。最美麗的花朵，都是從發芽開始的。越過眼前的山峰，才能看到美麗的風景。「發芽」和「越過」不就是「千里之行，始於足下」的最佳詮釋。

感恩與面對

值此出版業景氣不是很好的當下，《臺灣圖書出版年表（1912-2010）》的能夠問世，完全得力於萬卷樓圖書出版公司總經理梁錦興先生對文化事業的支持。筆者懷著感恩的心，不敢或忘梁錦興先生的鼓勵。此外，筆者也感恩相關單位的資料保存得宜，讓塵封已久的文獻得以重見天日，讓當代適時的資料得以獲得保存。

浩如煙海的文獻如何取捨？取捨的基準何在？基準如何訂定？筆者認為凡是具有獨特性、代表性、影響性，能夠彰顯各時期不同圖書出版風貌的文獻都有保存的價值。這些文獻包括人物、事項與出版品。至於出版分類以文學類為

主，其他類為輔。

　　《臺灣圖書出版年表（1912-2010）》的問世，筆者期待它能夠提供做為學術研究之參考；並希望透過本書，做為將來有人撰寫《臺灣圖書出版史》的藍本，進一步掌握「歷史解釋權」，用自己的出版資料，寫自己的出版歷史。畢竟這是臺灣有關圖書出版年表的第一本書，其中或有可議論的空間，筆者懷著步履薄冰的心態，面對來自各位方家的批評與指教。

　　最後，感謝長期以來關心臺灣圖書出版，亦師亦友的林文寶教授為文寫序，感謝萬卷樓圖書出版公司副總編輯張晏瑞，乃至吳家嘉編輯等的費神校正，更感謝各位讀者大眾的支持與鼓勵，祝福大家平安順心。

邱各容

2012年12月21日

寫於永和新店溪畔養浩軒

目次

編輯體例

1　本年表起迄時間為西元一九一二～二○一○年為止，橫跨日治時期與中華民國時期。其中由於一九四九年以前，大陸還是中華民國的領域，是以，本年表也包括一九四九年以前大陸有關出版的人物、事件與出版品。

2　本年表編寫體裁概用編年體，以年代（時間）為經，以相關人物、事件、出版品（空間）為緯，進一步勾勒出近百年來臺灣圖書出版的發展脈絡。

3　本年表之編纂目的，在於提示臺灣近百年圖書出版之發展概況；並紀錄臺灣近百年來圖書出版發展過程中相關的人物、事件、出版品，藉供讀者研究之參考。

4　有關事件的年代日期一律以紀元年月日，而以國字表示，每一欄目的排列按先後排序。日期登錄原則上以到「日」為前提，月詳日不詳者排在該月之後，月日都不詳者排在該年欄目末尾，以「※」符號表示。

5　除了書名、專有名詞以外，其餘有關人物歲數、事件日期、刊物期數（卷數、頁碼）屆數、人數、天數等數目資料，一律以國字表示。

6　有關登錄順序為人物為先，事件居次，出版品殿後。

7　有關「人物」指其在臺灣圖書出版發展過程中有傑出創作表現，或是對臺灣圖書出版具有影響力者，其中包括出版社創辦人（發行人）、中華民國圖書出版事業協會歷任理事長、臺北市出版商業同業公會歷任理事長、出版編輯人、作家等。

8　有關「事件」，涵蓋各種文學獎項、圖書出版金鼎獎、小太陽獎、中小學生優良課外讀物推介、全國性書展、臺北國際書展、區域性書展、新書發表會、暢銷書排行榜、圖書禮卷發行、出版法廢止、智慧財產權糾紛、有關出版的研討與座談等。

9　有關「出版品」（包括與出版有關的雜誌刊物）以文學類為主，旁及其他年鑑、百科全書、套書、知識類等。

10　本年表出版品登錄型式如下：《書名》／作者／著（編著）（主編）／出版社。刊物登錄型式如下：《刊物名》／刊期／發行人（社長、總編輯、主編）。

11 有關「出版品」登錄原則上以「初版」為主，不含新版、增訂版、經典版、典藏版、紀念版等版本。

12 有關「出版品」登錄，臺北市以外的縣市出版社皆冠以各該縣市之名。

13 有關條目的條列以提綱挈領、簡明扼要為原則，有別於大事記的傳記體或記事本末體。

14 臺灣圖書出版自日治時期迄今，逾一世紀的發展，文獻資料浩如煙海，加上普遍缺乏資料保存的「史觀意識」，或是資料不願外借的保守心態，蒐集不易，困難度很高，是以，失漏欠詳之處，固所難免；更且個人能力與時間皆有限，識見不足，掛一漏萬或排版誤植，體例上無法劃一，尚請方家有以教之。

一九一二年

一月一日	△陸費逵、戴克敦、陳協恭、沈知方等創辦中華書局在上海開業，首先發行中華教科書。
	△上海書業商會改為書業同業公會。
	▲臨時大總統孫文在南京就職，頒定國號為中華民國，改元為中華民國元年。
二月十九日	△教育部批准上海書業同業公會請將舊存教科圖書暫行修正應用。
五月九日	△教育部通飭各書局，將出版之各種教科書送部審查。
六月	△費時五年，參考古今字書百數十種編纂而成的《新字典》，商務印書館出版。
九月十三日	△教育部公佈審定「教科圖書規程14條」。
九月十八日	△教育部公佈「各省圖書審查規程18條」。
十月三日	△教育部通告「小學教科書編纂辦法」。
秋	△商務印書館按新學制出版共和國新教科書，計初小用書十一種、高小用書十九種、中學用書廿三種；另有半日學校用者。
※	△杉山文悟‧白陳發編兒童課外讀物《むかしばなし第二埔里社鏡》，臺灣總督府民政局出版。

一九一三年

一月十五日	△教育部佈告本部第一次第二次審定教科用書。
二月十六日	△江蘇圖書審查會開採定大會，出席者約計百餘人，決定暫行採用之書多種。
五月	△中華書局出版新學制教科書，同年十月出版新編國民教育教科書。
六月	△中華書局在北平、天津、濟南、太原、開封、長沙、南昌、漢口、南京、杭州、廣州等地成立分局。
	△美國要求我國加入中美版權同盟，上海書業同業公會分成教育、外交、工商三部，請據理駁斥。

一九一四年

一月十八日	△教育部公佈「修正審定教科用圖書規程18條」。又通令各省停止圖書審查會。
二月十四日	△片岡巖著《台灣風俗誌》，臺灣日日新報社發行。
二月	△中華書局成立福州分局，同年五、六月相繼成立成都與昆明分局。
四月二日	△袁世凱政府公佈《報紙條例35條》。因其限制言論自由，出版界人士咸表不滿
※	△中華書局創辦《中華實業界》、《中華小說界》雜誌。

一九一五年

一月廿日	△中華書局創辦《大中華》雜誌，梁啟超主編。
一月	△商務印書館創刊《英文雜誌》、《英語週刊》。
三月	△商務印書館設新加坡分館。
	△中華書局成立汕頭、重慶兩分局。
六月	△《台灣少年》創刊，台灣少年社臺南支局出版。
七月十日	▲袁世凱政府修改《報紙條例》。
十月	△陸爾奎等編《辭源》，商務印書館出版，此為中國有新式辭書之始。始於清光緒三十四年，及至民國初元，全稿略具。
※	△中華書局創刊《中華學生界》、《中華婦女界》。
	△歐陽溥存等編《中華大字典》，上海中華書局印行。此書於宣統元年起編，及至一九一四年成書。
	△商務印書館創刊《婦女雜誌》，王專農主編。
	△北洋政府公佈《著作權法》五章四十五條。

一九一六年

三月下旬	△張文典編《銀行台語會話》（日文）。
十一月卅日	△劉克明編著《國語對譯 台語大全》，台語大全發行所發行。

一九一七年

二月五日　　△平澤丁東編著《臺灣の歌謠と名著物語》，臺北晃文館發行。

三月十三日　△西岡英夫編《台灣歷史故事集》，臺灣日日新報社出版。

※　　　　　△沈知方在上海創辦世界書局。

　　　　　　△洪棄生著《寄鶴齋詩巒》，南投出版社刊行。

　　　　　　△商務印書館編印之第一部專業性辭書《植物大辭典》開始刊行。

一九一八年

十一月　　　△北洋政府教育部公佈注音字母表，北京孔德學校使用注音字母編印《國語課本》。

※　　　　　△中國和記圖書公司全部歸併商務印書館。

一九一九年

五月四日　　△五四運動爆發。在出版事業上的重大改革為：一是報刊的政論傳統的恢復與發展，二是白話文運動和新式標點符號的採用。

十月十一日　△大總統徐世昌明令籌印《四庫全書》。此為該書第一次之籌印，係由金梁呈請及法人班樂衛之請求，經葉恭綽與范源濂諸人之贊助，擬用文津閣本籌印百部，後以經費無著停印。

十二月一日　△徐寶璜著《新聞學》出版為我國第一部新聞學專著。

※　　　　　△商務印書館創刊《四部叢刊初編》，精選經史子集善本影印。善本中出自該館函芬樓藏書居半數；餘則出自江南圖書館、北平圖書館、常熟翟氏鐵琴銅劍樓，共計三四八種，一一五二二卷。

　　　　　　△上海書業商會抗議公共租界工務局提出的印刷業、新聞業註冊之議案。

一九二〇年

九月廿八日 △渡邊節治編選《台灣課外讀物》六年級篇，臺北新高堂書店發行。

十二月七日 △上海書業商會為英法等國要求我國參加「萬國版權同盟」一事，特分呈教育、外交與農商三部，請據約拒絕參加。

※ △《環鏡樓唱合集》，顏國年發行。

△丁福保編《佛學大辭典》，上海醫學書局印行，全書約三百萬言，三萬餘條。

△中華書局開始輯印《四部備要》（一九二六年全書刊行）。

一九二一年

一月一日 △沈雁冰、葉紹鈞、鄭振鐸、王統照、周作人、耿濟之、郭紹虞、孫優園、許地山等十二人在北京組織文學研究會，出版叢書百餘種，為二〇年代規模和影響最大的文學社團。

六月 △臧勵龢主編《中國人名大辭典》，商務印書館出版，為中國第一部人名大辭典。參與該辭典編纂者計二十餘人，歷時六年完成，收錄逾四萬人。一九五八年二月臺一版，一九七七年十月增補臺一版，一九七九年二月增補臺二版，一九九〇年十二月增補臺五版，臺灣商務印書館發行。

七月一日 △世界書局改組為股份有限公司。初以出版俠客、偵探、言情小說為主；後轉向出版教科書、國學名著、醫學等書籍和叢書，並率先出版連環圖畫多種。至四〇年代末，成為僅次於商務印書館、中華書局的大型出版機構。

九月十六日 △王雲五入商務印書館編譯所，兩個月後，正式受聘為編譯所所長，接替第二任所長高夢旦（鳳謙）之職。

十月 △郁達夫小說集《沉淪》出版，為中國現代文學第一部短篇小說集。

※ △連雅堂（連橫）著《大陸詩草》，臺灣詩薈社出版。

△民智書局成立於上海，主持人華僑林煥廷，為胡漢民親家，該書局為中國國民黨的出版機構。

△商務、中華由王顯華、陸費伯鴻合辦「公民書局」於河南路，資本四十萬元，商務出資三十萬元，中華出資十萬元。

一九二二年

五月 　　△張資平自傳體長篇小說《沖積期化石》出版，為中國現代文學第一部長篇小說。

△商務印書館出齊《四部叢刊》初編，共收書三百二十三種，八千五百四十八卷（有四種無卷數）

一九二三年

△魯迅《中國小說史略》出版，為中國第一部小說史專著。

△呂思勉《白話本國史》出版，為中國第一部白話通史專著。

△張子高《科學發達略史》出版，為中國第一部論述世界科技史的專著。

※ 　　△杜亞泉主編《動物學大辭典》，商務印書館出版。

△商務印書館出版新學制教科書。

△中華書局出版新中學新小學教科書教授書數十種。

一九二四年

一月 　　△中華書局成立青島、九江、蘭州等分局。

二月 　　△阮湘等編《中國年鑑》（第一回），商務印書館出版。係由中國學者自己編纂的以反映中國情況為內容的較早出版的綜合性年鑑。

△《少年百科全書》商務印書館譯印出版。

四月三日 　△友聲會編纂《顏雲年翁小傳》，臺灣日日新報社發行。

四月 　　△魯迅、林語堂、周作人、劉半農、孫優園、錢玄同等在北京成立「語絲社」，創辦「語絲」週刊，北新書局發行，一九三一年三月，五卷十二期起停刊。

春 　　△商務印書館向政府請准籌印《四庫全書》。擬用文淵閣本分

甲乙丙丁四種書式，共印四百部。（此為該書第二次籌印）

△孫中山《三民主義》出版，係由「三民主義」演講稿十六講匯編而成。

※　　　　　△林景仁著《東寧草》（詩集）出版。

△李小峰在北平創辦北新書局。

△中華書局新小學（計四十九種）、新中學（計四十四種）各科教科書於本年前後陸續出版。

一九二五年

六月　　　　　△政府明令改將文淵閣四庫全書點交商務印書館影印。

七月　　　　　△伍聯德集資在上海創辦良友圖書印刷公司

八月十四日　　△教育總長章士釗擬具章程八條，呈請臨時執政創設國立編譯館。

九月一日　　　△臨時政府公佈「國立編譯館條例」與「出版品國際交換局官制」。

九月三日　　　△教育總長章士釗先後提經國務院會議通過將文淵閣四庫全書撥交商務印書館影印。（此為該書第三次籌印）

九月十一日　　△臨時政府特任章士釗兼國立編譯館總裁，章奕若為出版品國際交換局局長。

九月　　　　　△魯迅、韋素園、曹靖華、李霽野等成立「未名社」，主編專收譯作的《未名叢刊》，以譯介俄國與蘇聯的文學作品為主。

十二月卅日　　△劉克明編《教科摘要台灣語速修》，臺北新高堂書店發行。

十二月　　　　△張我軍出版中文詩集《亂都之戀》。

※　　　　　　△鄭鵬光著《成趣園詩鈔》，聚珍仿宋版印行。

△劉克明編著《教材摘要——日語速修》，臺北新高堂書店發行。

△上海世界書局出《西遊記》，定名為「連環圖畫」。

一九二六年

一月廿八日	△段祺瑞政府因報界要求，申令廢止袁世凱公佈之出版法。
一月	△中華書局成立梧州、徐州兩分局。
	△中央書局創辦於臺灣臺中市，創辦人為張濬哲、張煥珪兩兄弟。
二月十五日	△伍聯德在上海創辦《良友畫報》，為國民政府時期出版時間最長的大型畫報。
三月廿日	△劉克明編著《實業教科——臺灣語及書翰文》，臺北新高堂書店發行。
七月	△章錫琛、章錫珊合資在上海開辦開明書局，出版物主要以中學生為對象。
	△商務印書館出版魯迅《阿Q正傳》英譯本，為魯迅著作的第一部外文譯本。
	△商務印書館創刊《自然界》，周建人主編。
九月	△上海商務印書館刊登啟事：重印《四部叢刊》。
	△中華書局出版《四部備要》，共收書三百五十一種，一一三〇五卷，分裝二千五百冊。
※	△張文典編著《銀行臺語會話》。

一九二七年

三月十九日	△西岡英夫編《世界童話大系——支那・臺灣篇》。
五月	△中華書局成立香港分局。
十一月	△戈公振《中國報業史》，商務印書館出版，為中國第一部系統敘述中國報刊歷史的專著。
十二月十五日	△大學院公佈「教科書審查條例」十六條。
十二月廿日	△大學院公佈「新出圖書呈繳條例」四條。
	△國民黨中央宣傳部創辦的正中書局開業。
夏	△新月書局成立，創辦人徐志摩、劉英士等人。
秋	△雅堂書局成立（臺北市），創辦人連橫、黃潘萬，一九二九年底歇業。

※	△《孫文學說》新時代教育社印行。
	△趙爾巽等編《清史稿》五三六卷，北平清史館發行。
	△蔣國珍著《中國新聞發達史》，世界書局印行。

一九二八年

一月十四日	△平導正登編《青葉》（兒童文集），臺南師範學校附屬公學校出版。
二月	△中華教育文化基金董事會設立之科學教育顧問委員會在上海正式成立，推定王雄、秦汾為正副委員長，並議決編輯各科教科書等要案。
	△唐鉞、朱經農、高覺敷主編《教育大詞書》，商務印書館出版，為該館出版專科詞書之規模最大與最完備者。
三月	△《新月月刊》創刊，徐志摩等編輯，新月書店發行。
五月十四日	△國民政府公佈「著作權法」四十條，「著作權法施行細則」十五條。一九三四年九月五日修正公佈。
六月	△國民政府成立中華民國大學院，設社會教育處及文化教育處，辦理全國出版圖書事項。
十二月卅日	△中國著作者協會在上海成立，發表「中國著作者協會宣言」。
	△商務印書館出版與美國Dr. Frank .Priee合作英譯之《三民主義》、丁福保編纂《說文解字詁林》十二鉅冊、《教育大辭典》、《四角號碼學生辭典》，以及當時收詞最多的《綜合英和大詞典》。
※	△楊肇嘉著《臺灣地方自治問題》。
	△謝雲聲重編《臺灣情歌集》、謝雲聲輯《臺灣採茶俗歌集》（閩南語系），廣東中山大學語言歷史研究所編印。
	△伊能嘉矩著《台灣文化誌》（上、中、下），東京刀江書院出版。中文譯本於一九八五年由江慶林等譯，臺灣省文獻委員會出版。

一九二九年

三月九日　　△陳瓊琚編《マッカイ博士略歷》，淡水中學發行，列為「淡
　　　　　　　水叢書第一編」。

八月廿九日　△民眾公論社主幹林進發著《台灣人物評》（日文），臺北赤
　　　　　　　陽社發行。

　　　　　　△《台灣少年讀本》第一集，恩賜財團臺灣獎學會出版。

　　　　　　△商務印書館出版王雲五主編的大型叢書《萬有文庫》第一
　　　　　　　集，收書一千零一十種，分裝二千冊。一九三四年續編第二
　　　　　　　集，收書七百種，分裝二千冊。該館出版的《漢譯世界名著
　　　　　　　叢書》自本年起開始問世。

一九三〇年

五月十七日　△宮尾進編纂《童謠傑作選集》，台灣藝術協會出版。

八月一日　　△《台灣少年讀本》第二集，台灣教育會出版。

十一月　　　△藤原泉三郎著《少年陳忠の話》，臺北文明堂書店出版。

十二月　　　△國民政府公佈《出版法》。次年九月又公佈《出版法施行細
　　　　　　　則》廿五條。

　　　　　　△商務印書館開始出版《百衲本二十四史》，張元濟主編，至
　　　　　　　一九三六年全部印成。

※　　　　　△江夏英撰《台灣米研究》（日文）出版。

　　　　　　△連橫著《台灣俗語解》出版。

　　　　　　△劉克明著《台灣古今談》（日文）出版。

　　　　　　△中華書局出版聚珍仿宋版《二十四史》。

一九三一年

三月八日　　△柯萬榮編著《臺南州名士錄》，臺南州名士錄編纂局發行。

五月　　　　△《台灣少年讀本》第三集，台灣教育會出版。

八月八日　　△宮崎健三著《陳中和翁傳》，臺灣日日新報社發行。

十二月　　　△《少年讀物選定書目》，台灣教育會出版。

	△商務印書館出版臧勵龢等編的《中國古今地名大辭典》。整 理出版「嚴（復）譯名著叢刊」八種。
※	△謝汝銓著《奎府樓詩草》出版。
	△謝春木著《台灣人之要求》（日文）出版。

一九三二年

四月二日	△《台灣少年讀本》第四、五集，台灣教育會出版。
五月	△劉半農編完《中國俗曲總目錄》，共收民間文藝資料八千餘 冊，一萬四千八百餘篇。
八月一日	△民眾公論社主幹林進發編《台灣官紳年鑑》（上、下）（日 文），民眾公論社發行。
十月	△商務印書館出版杜亞泉主編的《動物學大辭典》，共二百五 十萬字。
※	△林東辰撰《台灣貿易史》出版。

一九三三年

一月	△茅盾長篇小說《子夜》出版，被譯成英、日、俄、波蘭等文 字出版。
三月卅一日	△臺北市教育會綴方研究部編《童詩集》（兒童作品），盛文 社出版。
十二月廿日	△民眾公論社主幹林進發編《台灣官紳年鑑》（上、下）（日 文），民眾公論社發行。
※	△林輝焜著《不可爭的命運》，淡水出版。
	△林朝崧著《無悶草唐詩存》（五卷二冊）出版。
	△林欽賜編《瀛洲詩集》出版。

一九三四年

三月廿五日	△臺灣新民報社調查部編《台灣人士鑑》，臺灣新民報社發 行。為紀念臺灣新民報日刊一週年而出版。

六月九日	△國民政府公佈《圖書、雜誌審查辦法》，規定一切出版物付印前須先經檢查。
七月廿日	△陳輝龍編著《台灣語法》（附台灣語助數詞），台灣語學研究會發行。
十月八日	△民眾公論社主幹林進發編《台灣官紳年鑑》（上、下）（日文），民眾公論社發行。
	△商務印書館輯印《四庫叢刊續編》，收書八十一種，一四三八卷；輯印《四庫全書珍本初集》；影印《嘉慶重修一統志》。
	△中華書局影印殿本《古今圖書集成》。
	△開明書局輯印《二十五史》出版，次年續刊《二十五史補編》。
	△開明書局出版朱起鳳撰《辭通》。
※	△西川滿創設媽祖書房。

一九三五年

八月廿五日	△林進發著《台灣統治史》，民眾公論社發行。
九月	▲成舍我在上海創刊《立報》。
十月十日	△張耀堂著《新撰台灣語教科書》（上），臺北新高堂書店發行。
十月	△良友圖書公司出版趙家璧主編的《中國新文學大系》。
十二月廿五日	△張耀堂著《新撰台灣語教科書》（下），臺北新高堂書店發行。
※	△魏清德著《滿鮮吟草》出版。
	△商務印書館開始出版《叢書集成》，共收叢書一百部，四千一百種，約二萬卷，分批出版。本年還續出《四部叢刊》三編，收書七十三種，一九一〇卷。

一九三六年

| 一月 | △鄭競毅、彭時編輯《法律大辭典》，上海商務印書館出版。 |

五月	△許晚成編《全國報館刊社調查錄》出版。由該調查記錄顯示，一九三六年全國報刊總數為二千七百三十五種。
六月十三日	△李獻璋編著《臺灣民間文學集》，台灣文藝協會出版。
六月十四日	△章炳麟（太炎）逝世。著有《章氏叢書》等書。
六月廿八日	△連橫（雅堂）逝世。著有《台灣通史》等書。
七月	△楊家駱主編《叢書大辭典》，南京東瓜市辭典館印行，收叢書六千餘種。
九月	△何多源編著《中文參考書指南》出版，收參考書一千三百多種。一九三八年再版，增收七百六十九種，為我國第一本有價值的參考書提要目錄。
十月十日	△中華書局舉行該局創業及陸費伯鴻任總經理廿五週年紀念。
十月十九日	△魯迅（周樹人）逝世。著有《阿Q正傳》等書。
十一月廿七日	△立法院會議通過再修正「出版法」，計十七章五十四條。
春	△正中書局與上海大東書局試辦聯合分局於開封。
※	△陳垂映著《暖流寒流》（日文），臺中台灣文藝聯盟出版。
	△徐坤泉著《可愛的仇人》（日文），臺灣日日新報社發行。
	△西川滿著《童話故事——貓寺》，臺北日孝山房出版。
	△民眾公論報主幹林進發撰《台灣發達史》（日文）出版。
	△大陸書店成立（臺灣臺北市），創辦人張紫樹。出版以美術、手藝、服裝等圖書為主。
	△梁啟超《飲冰室合集》，上海中華書局出版。
	△李公樸在上海創辦讀者生活出版社，後改名為讀者出版社。
	△中華書局出版舒新城、沈頤、徐元誥、張胡主編的《辭海》上下冊。本年並出版《四部備要》聚珍仿宋版精裝本，共一百冊。
	△商務印書館王雲五、傅緯平主編《中國文化史叢書》。原計畫出版八十種，至太平洋戰爭爆發，陸續出版四十種而告中輟。
	△商務印書館影印出版《縮本四部叢刊》初編；首次出版《英文中國年鑑》。
	△本年為我國新出版物最多之一年，總計九千四百三十八冊，其中商務印書館佔四千九百三十八冊，佔全國百分之五十二

強。一九三五年之新出版物為九千二百二十三冊；一九三四年為六千一百九十一冊。

一九三七年

一月　　　　△上海商務印書館創編《中國文化叢書》八十種。

　　　　　　△江亮夫編《歷代名人年裏碑傳總表》，上海商務印書館出版。

三月　　　　△西川滿將媽祖書房改為日孝山房。

　　　　　　△汪怡等編《國語辭典》第一冊，商務印書館出版。

四月　　　　△張一帆、潘文安編《金融財政大辭典》，上海世界書局印行。

　　　　　　△杜元載著《非常時期之社會教育》、金溟若著《非常時期之出版事業》等十六種，中華書局出版。

五月　　　　△錢穆著《中國近三百年學術史》，上海商務印書館出版。

六月一日　　△臺灣日本總督府禁止各報發行漢文版，並厲行日語運動，取締使用台灣語言者。

七月八日　　△國民政府公佈修正「出版法」共五十四條。第八條規定出版品於發行時，應由發行人分別呈繳下列機關各一份：一內政部；二中央宣傳部；三地方主管官署；四國立圖書館及立法院圖書館。

八月　　　　△八一三抗日戰爭爆發，中華書局編輯、出版業務全面停頓。

　　　　　　△八一三日軍再攻上海，商務印書館將總管理處遷設長沙。太平洋戰爭爆發前，在重慶設置渝編審處。

九月　　　　△中華書局重慶分局自建新屋落成。

十月　　　　△商務印書館為適應戰時需要，印行中國文化建設協會主編之《抗戰小叢書》廿六種。並印行自編之《戰時常識叢書》十五種、《戰時經濟叢書》、《戰時手冊》以及《抗戰叢刊》等。

十一月廿日　▲國民政府宣佈移駐重慶陪都。

十一月　　　△臺北第二師範學校附屬公學校編《臺北第二師範學校附屬公學校創立十週年紀念文集》（兒童作品集），臺北第二師範

13

學校附屬公學校出版。

△中華書局成立香港辦事處，積極印製書籍供應大後方。

春　　　　　△蔣委員長撰《西安半月記》、蔣夫人所述《西安事變回憶錄》，正中書局出版。

※　　　　　△鴻儒堂書局成立於臺灣臺北市。

△《台灣人士鑑》（日文），臺灣民報社編印。

△徐坤泉著《暗礁》、《靈肉之道》，臺灣新民報社出版。

△余宗信編著《明延平王台灣海國記》，上海商務印書館出版。

△商務印書館編印職業學校教科書。

△中國辭書編纂處編、黎錦熙主編的《國語辭典》開始出版，全書四冊，至一九四五年出齊。

一九三八年

四月　　　　△中華書局成立桂林分局和廣州灣支局。

五月十九日　△西川滿作詞·宮田彌太郎作畫《繪本桃太郎》，臺北日孝山房出版。

△上海復社編印的《魯迅全集》開始預約發售，此為中國首次編輯出版的《魯迅全集》，由蔡元培、胡愈之、茅盾、許廣平等主持其事，共二十卷，五百餘萬字。

五月　　　　△姚名達撰《中國目錄學史》，上海商務印書館印行。

六月卅日　　△臺中師範學校教諭黃腹編《台灣語新編》（日文），臺中師範學校校友會發行。

八月　　　　△西川滿童話《傘仙人》，臺北日孝山房出版。

※　　　　　△鐘寶編著《男女適用和漢對照最近日台會話》、《和譯對照日台書翰文》，員林街寶文堂發行。

△商務印書館長沙分館遷往重慶，並在香港創辦《東方畫刊》和《健與力雜誌》。

△重慶獨立出版社出版《抗戰建國小叢書》二十冊、《戰時綜合叢書》第一輯二十冊、第二輯二十冊。

一九三九年

一月三日　　　△國民政府中央文化管理委員會在重慶正式成立，負責圖書的
　　　　　　　　出版、流通、查禁工作。抗戰勝利後撤銷。

十一月五日　　△曾景來著《台灣宗教と迷信陋習》，台灣宗教研究會發行。

十一月廿日　　△長濱實編輯《顏國年君小傳》，臺灣日日新報社發行。

※　　　　　　△李獻璋編《日台對譯實用會話》，對譯出版所編印。

　　　　　　　△吳漫沙著《韭菜花》，臺灣新民報社出版。

　　　　　　　△重慶獨立出版社繼續出版《戰時綜合叢書》第三至第五輯各
　　　　　　　　二十冊。

一九四〇年

二月廿二日　　△黃鳳姿著《七娘媽生》，臺北日孝山房出版。此為日治時期
　　　　　　　　第一本台灣少女散文集，限定七十五部。

八月一日　　　△國立中央圖書館正式成立，蔣復璁為首任館長。

六月一日　　　△鄭振鐸編輯的《中國版畫史圖錄》在上海出版，為中國第一
　　　　　　　　部版畫史圖錄。至一九四七年，共出版五輯二十冊。

八月十七日　　△國立中央圖書館白沙民眾閱覽室附設兒童閱覽室。

十二月十八日　△西岡英夫童話放送劇《鯨祭》（日文）臺北放送局
　　　　　　　　（JFAK）放送。

十一月廿五日　△黃鳳姿著《七爺八爺》（日文），東都書籍株式會社臺北支
　　　　　　　　店出版。

※　　　　　　△中華書局成立九龍支局。

　　　　　　　△國民政府公佈「戰時圖書雜誌原稿審查辦法」，並於重慶成
　　　　　　　　立中央圖書雜誌審查委員會。

　　　　　　　△黃洪炎編《瀛海詩集》出版。

　　　　　　　△西川滿著《華麗島頌歌》（日文），臺北日孝山房發行。

　　　　　　　△西川滿編《台灣風土記》（日文），臺北日孝山房發行。

　　　　　　　△台灣童話劇協會編《兒童劇選集》（日文），臺北鵬南時報
　　　　　　　　社出版。

一九四一年

一月　　　　　△國立中央圖書館《圖書月刊》創刊，每年一卷。

　　　　　　　△劉大傑撰《中國文學發展史上卷》，中華書局出版。一九五
　　　　　　　　八年中下卷出版。

三月卅一日　　△國立中央圖書館函請上海商務印書館洽辦贈《影印四庫全書
　　　　　　　　珍本初集》，計英國四部、美國九部、蘇聯三部，共十六
　　　　　　　　部。

七月九日　　　△中華書局創辦人陸費伯鴻病逝香港，畢生貢獻於出版事業，
　　　　　　　　擔任中華書局總經理達三十餘年。

七月　　　　　△《民俗台灣》創刊，一九四五年一月停刊，共出四十三期。

八月八日　　　△中華書局董事會公舉李叔明繼任中華書局總經理，是日在香
　　　　　　　　港辦事處就職。

十二月八日　　△太平洋戰爭爆發。日軍侵略上海租界後，商務印書館、中華
　　　　　　　　書局、世界書局、開明書店、大東書局、良友、光明等出版
　　　　　　　　發行機構都被日本軍部查封。至一九四二年一月十八日啟
　　　　　　　　封。

※　　　　　　△陳滿盈編《海上唱合集》出版。

一九四二年

三月一日　　　△商務印書館本日起在重慶恢復出版新書，每週一、二種，後
　　　　　　　　增至每週五、六種。恢復出版的第一部書為羅家倫的《新人
　　　　　　　　生觀》。

五月廿日　　　△林荊南編《鄭成功──閩海の王者》，臺北南方雜誌社發
　　　　　　　　行。

五月廿八日　　△西川滿、池田敏雄著《華麗島民話集》，臺北日孝山房發
　　　　　　　　行。

九月　　　　　△張我軍譯《日本童話集》（上），北京新民印書館出版。

十二月廿七日　△國立中央圖書館白沙民眾閱覽室舉行「同盟國抗戰漫畫展覽
　　　　　　　　會」，共展出中外漫畫三百七十餘件，展出四天。

※　　　　　　△西川滿撰《赤崁記》（日文）出版。

△國民政府在重慶成立「中央出版事業管理委員會」，公佈
《書店、印刷廠管理規則》。由正中書局為首組織其他出版
機構成立「教科書聯合發行處」。

△正中、商務、中華、世界、大東、開明、文通成立教科書聯
合發行處於重慶。教育部編印之國定本教科書，即由前述七
家合組機構承印。

△章丹楓著《近百年來中國報紙的發展及其趨勢》，開明書局
出版。

△日本興亞院命令改組上海市書業同業公會。

一九四三年

一月卅一日	△蔣委員長撰成《中國之命運》。同年三月十日交由正中書局 出版。
一月廿八日	△西川滿編《台灣繪本》（版畫），臺灣日日新報社出版。
三月卅一日	△東亞出版社編輯部編《國姓爺》（日文）東亞出版社發行。
四月四日	△國立中央圖書館白沙民眾閱覽室舉行「兒童作品展覽會」、 「讀物展覽會」與演講比賽。
七月	△商務印書館在重慶開始發行《中學文庫》，為後方出版界最 大規模的出版，分類彙集成五百冊，售出四千冊。
八月一日	△黃鳳姿著《台灣の少女》，日本東京東都書籍株式會社出 版。
八月五日	△西川滿編《台灣文學集》，大阪屋號書店（株）出版。
十月	△張我軍譯作《日本童話集》（下），北京新民印書館出版。
十二月	△《出版界月刊》創刊於重慶，以報導出版界消息，指導青年 讀書方法，以及評介新書為目標。
十二月二日	△郭啟賢編《台灣地方傳說集》，台灣藝術社編印。
※	△出版商業同業公會成立於重慶，為由純粹出版業組織的第一 個團體。
	△商務、中華、世界、大東、開明等成立中國聯合出版公司於 上海。
	△中央圖書雜誌審查委員會公佈，本年全國刊行的定期刊物為

七百八十六種。一九四二年則為七百七十六種。

△本年新書出版統計數為四千四百零八冊。一九四二年為三千
　八百七十九冊。一九四一年為一千八百九十一冊。

△符定一著《聯縣字典》，中華書局出版。

△《華北編譯館館刊》二之八出版，內有〈中國近三十年的出
　版業〉一文。

一九四四年

一月	△《出版界》創刊於重慶，月刊，出版界月刊社編輯發行，一 卷五期為商務印書館專號，一卷七至九期為證中書局專號。
二月廿六日	△國立中央圖書館呈教育部優良圖書書目六冊，備供教育部充 實各省圖書館設備之參考。
四月廿七日	△國民政府公佈修正《著作權法》。
十月卅日	△皇民文庫刊行會編《鄭成功》，東都書籍株式會社臺北支店 發行。
※	△陳逢源著《台灣經濟與農業問題》（日文）出版。 △台灣藝術社編輯部編《台灣地方傳說集》，台灣藝術社出 版。

一九四五年

一月十六日	△臺灣總督府情報課編纂《決戰台灣小說集》（坤卷），台灣 出版文化株式會社發行。內有周金波、楊逵、楊雲萍、呂赫 若等的作品。
八月十五日	▲日本宣佈無條件投降。
十月廿五日	▲臺灣光復。
十月	△中華書局出版之《中華少年》、《小朋友》在重慶復刊，並 改為月刊。
十一月	△林熊生日文偵探小說集《龍山寺の曹老人》，臺北東寧書局 出版。
十二月十日	△游彌堅等創辦東方出版社，為臺灣第一家兒童讀物出版社。

一九五〇年改組，為兒童專業出版社。

一九四六年

一月	△臺灣書店成立於臺北市。
三月	△楊逵日文短篇小說集《鵝鳥の嫁入》，臺北三省堂出版。
四月一日	△國語推行委員會成立於臺北市，主任委員魏建功，副主任委員何容。
四月四日	△上海「兒童書局」臺北分局在臺北市武昌街開幕。
五月	△國立中央圖書館遷返首都。
六月十六日	△台灣文化協進會於臺北市中山堂成立。選游彌堅為理事長。 △台灣省教育會成立。選游彌堅為理事長。
七月十三日	△台灣省編譯館成立於臺北市，館長許壽棠。
九月一日	△台灣英文雜誌社成立，發行人陳國政。以發行讀者文摘叢書為主。
九月三日	△吳濁流日文長篇小說《胡志明》第一篇出版，臺北國華書局總發售。
十月一日	△國立中央圖書館與開明書店訂立契約編印《國立中央圖書館館刊》，館刊由該館顧廷龍主編，開明書店負責印刷發行，每三個月出版一期。
十月十日	△吳濁流日文小說《胡志明》第二篇：「悲戀の卷」出版，臺北國華書局總發售。 △陳蕙貞著《漂浪の小羊》由陳蕙貞文藝出版後援會出版。二〇〇五年南天出版復刻版，被列入下村作次郎和黃英哲共同主編的《戰後初期台灣文學叢刊》。
十月廿四日	△臺灣省行政長官公署通令全面廢止報刊雜誌之日文欄，臺灣大多數日文作家因而放棄文學創作，結束作家生涯。
十月	△陳蕙貞日文小說《漂浪の小羊》，陳蕙貞文藝出版後援會出版。
十一月廿日	△吳濁流日文小說《胡志明》第三篇：「大陸卷」出版，臺北國華書局總發售。
十一月	△葉步月（炳輝）日文科幻小說《長生不老》，臺北臺灣藝術

社出版。

十二月廿五日　△吳濁流日文小說《胡志明》第四篇：「桎梏の卷」出版，臺北民報總社發行。

《胡志明》總計四篇，即日文長篇小說《亞細亞的孤兒》最初版本，各篇皆以單行本印行。

一九四七年

一月　　　　△楊逵受邀為臺北東華書局編印中日文對照版《中國文藝叢書》，共出版六輯。第一輯四冊，包括魯迅《阿Q正傳》、鬱達夫《微雪的早晨》、茅盾《大鼻子的故事》（以上為楊逵日譯）；楊逵《送報伕》（胡風中譯）。

二月廿六日　△臺灣省開始推行國語運動，各地展開宣傳工作。

五月十六日　▲臺灣省政府主席魏道明在省府第一次會議上，議決撤銷臺灣省編譯館。

六月　　　　△《台灣年鑑》台灣新生報出版。

　　　　　　△袁聖時（袁珂）著《龍門童話集》，臺北臺灣書店出版。

七月　　　　△中華書局台灣分局成立，許達年負責。

八月廿一日　△臺灣省政府成立新聞處，掌管新聞、圖書、雜誌、電影、戲劇、廣播及其他文化事項之指導聯絡，處長林紫貴。

九月　　　　△商務印書館在臺灣籌設分館。

十月　　　　△國民政府國務會議通過修正的《出版法》。

一九四八年

一月五日　　△商務印書館臺灣分館在臺北市成立，經理趙叔誠。

五月　　　　▲蔣介石、李宗仁就任行憲後第一任總統、副總統。

　　　　　　△吳濁流日文小說《波茨坦科長》，臺北學友書局出版。

六月一日　　△臺灣省通志館成立於臺北市，館長林獻堂。一九四九年六月十一日，改名為臺灣省文獻委員會，七月一日正式成立。

七月一日　　△上海世界書局臺北分局開辦。

十月廿五日　△《國語日報》創刊，創辦人及社長為魏建功。為國內唯一

一家有注音符號的報紙。

△生活書店、讀者出版社、新知書店在香港合併，組成生活・讀者・新知三聯書店。

一九四九年

一月一日　　　△新陸書局成立，創辦人陶元琳與方懷瑾。

一月廿一日　　▲蔣介石宣佈引退，由李宗仁代理總統。

二月廿五日　　△臺中市政府教育科創辦《台灣兒童月刊》，為戰後臺灣第一份兒童雜誌。

三月十二日　　△國語日報社董事會正式成立，董事長傅斯年，副董事長何容，社長洪炎秋。

三月十九日　　△中央日報「兒童周刊」創刊，主編孔珞，八期後改由陳約文接任。

五月十六日　　△新中國出版社成立，發行人孔繁定。軍方主宰。

五月廿日　　　▲政府宣佈戒嚴。

五月廿三日　　△正中書局臺灣分局開始在臺北辦公。

八月七日　　　△台灣新生報「兒童之頁」副刊創刊，每週日出刊，迄一九五〇年十二月一日停刊。

九月廿八日　　△敦煌書局成立，發行人陳文良，以進口西書為主。

十月十四日　　△中央文物供應社成立，為中國國民黨的出版機構，出版有關三民主義與革命理論書刊。

十月　　　　　△臺灣省商務印書館改稱臺灣商務印書館。

十一月廿九日　△耿修業、陸寒波、徐鍾珮等發起成立重光文藝出版社。

十二月九日　　▲國民政府遷都臺北。

十二月十五日　▲吳國楨任臺灣省省主席。

十二月廿八日　△臺南大眾書局成立，發行人王餘德。

一九五〇年

一月一日　　　△游彌堅繼任國語日報社董事長。

三月一日　　　▲蔣介石復行視事。

六月廿日　　　▲頒布「戡亂建國教育實施綱要」。

一九五一年

二月　　　　　△復興書局成立，創辦人葉溯中。

三月十日　　　△陳暉創辦高雄「大業書店」，後成為南部文學出版重鎮。

三月廿日　　　△《小學生雜誌》創刊（半月刊），發行人張公甫，社長吳英
　　　　　　　　荃。

四月　　　　　△楊念慈小說《殘荷》，高雄大業書店出版。

五月四日　　　△文藝創作出版社成立，社長張道藩，以出版「中華文藝獎金
　　　　　　　　委員會」審核得獎作品為主。

五月　　　　　△臺灣商務印書館成立，發行人王雲五。

七月　　　　　△文藝創作出版社推出文獎會叢書《現代詩歌選》第一集和現
　　　　　　　　代小說集第一集《泥娃娃》。十月，陸續推出現代小說集第
　　　　　　　　二、三集，此三書為政府遷臺以來，所出版最早的短篇小說
　　　　　　　　選集。

八月卅日　　　△《中華民國四十年·中華民國年鑑》，中華民國年鑑社編輯
　　　　　　　　發行。

一九五二年

四月一日　　　△文星書店成立於臺北市，創辦人蕭孟能。

四月九日　　　△總統明令修正公佈《出版法》，同日施行。第十四條、第廿
　　　　　　　　三條分別規定新聞紙、雜誌及書籍與其他出版品於發行時，
　　　　　　　　寄送國立中央圖書館一份。

四月廿一日　　△大中國圖書公司成立，創辦人薛瑜。

四月　　　　　△中華文化出版委員會成立，由張其昀、程天放、陳雪屏、張
　　　　　　　　道藩等擔任委員。

六月　　　　　△朱西寧第一本短篇小說集《大火炬的愛》，重光文藝出版社
　　　　　　　　印行。

七月一日　　　△《讀書》半月刊創刊，發行人兼主編傅紅蓼。
　　　　　　　　△楊念慈小說《落日》，高雄大業書店出版。

十月	△魏廉、魏納寓言《兒童寓言版畫集》，世界書局出版。
十二月廿五日	△藝文印書館成立，創辦人嚴一萍。臺灣影印古書之風氣由該館開始。
十二月卅一日	△《中華民國四十一年·中華民國年鑑》，中華民國年鑑社編輯發行。

一九五三年

一月廿一日	△洪炎秋蟬聯國語日報社社長。
一月廿九日	▲土地改革之「耕者有其田」開始實施。
一月	△東方出版社《東方少年文庫》開始出書。
二月	△臺灣省教育會《愛兒文庫》出版。
	△《學友》創刊，發行人陳光熙，總編輯彭振球。
三月十九日	△內政部召開出版問題座談會，討論出版法施行細則及出版品應予獎勵或補助的實施問題。
三月廿日	△《小學生畫刊》創刊，社長徐增淵，主編李畊。
四月廿六日	△陳雪屏任正中書局董事長。
五月	△楚卿詩集《生之謳歌》，文藝生活出版社出版。
六月十日	△高雄「新創作出版社」成立，發行人尹雪曼。
七月十日	△「三民書局」成立，創辦人劉振強。
七月	△劉昌博自印本《中國兒歌研究》出版，為國內第一本有關中國兒歌的研究專著。
十一月卅日	△《中華民國四十二年·中華民國年鑑》，中華民國年鑑社編輯發行。
	△楊念慈小說《陌巷之春》，高雄大業書店出版。
十二月	△張漱菡主編女作家小說集《海燕集》，海洋出版社出版，此為第一本女作家小說選集。
	△《中華民國雜誌年鑑》，由臺灣省雜誌事業協會編輯出版。
※	△初高級中學之國文、公民、歷史、地理四科教科書，統由臺灣省教育廳所屬之臺灣書店印行。

一九五四年

一月一日　　　△行政院新聞局成立。

　　　　　　　△《東方少年》創刊，發行人許乃昌，編輯人薛天助。

一月　　　　　△張秀亞小說集《七弦琴》，高雄大業書店出版。

　　　　　　　△琦君第一本散文集《琴心》，國風雜誌社出版。

二月廿二日　　△皇冠出版社成立。

二月廿五日　　△《皇冠雜誌》創刊，主編平鑫濤，高雄皇冠出版社發行，後
　　　　　　　　遷址臺北，主持人改為平鑫濤。

三月廿二日　　▲蔣介石當選連任中華民國第二任總統，陳誠當選副總統。

九月十日　　　△天同出版社成立，發行人華武馴，以出版美術音樂類為主。

　　　　　　　△司徒衛著《書評集》，中央文物供應社出版。為第一本文學
　　　　　　　　評論專集。

九月十五日　　△楊喚遺著詩集《風景》（內含十八首童詩），現代詩社出
　　　　　　　　版。

　　　　　　　△中國青年寫作協會為紀念成立一周年，編輯《小說選集》第
　　　　　　　　一輯，復興書局出版。

十一月五日　　△內政部依據出版法第三十五條規定，制定「戰時出版品禁止
　　　　　　　　或限制登載事項」九條，引起新聞出版界一致反對。行政院
　　　　　　　　同月九日決定，因為禁例內容尚欠明確具體，為避免發生疑
　　　　　　　　義，決再研議，暫緩實施。

十一月　　　　△《軍中文藝獎金小說類佳作集——1953年》，國防部總政治
　　　　　　　　部出版。

十二月廿八日　△《中華民國四十三年‧中華民國年鑑》，中華民國年鑑社編
　　　　　　　　輯發行。

十二月　　　　△魏希文長篇小說《我永遠存在》，香港亞洲出版社出版。

一九五五年

一月一日　　　△文化圖書公司成立，創辦人徐進業。

一月　　　　　△司琦主編《新中國兒童文庫》由正中書局出版。分低中高三
　　　　　　　　個年級，低中年級各三十冊，高年級四十冊，共一百冊。

	△南一書局成立於臺南市，創辦人蘇紹典。
二月	△《自由中國兒童作品總目錄》出版，自由中國兒童作品供應小組編印，提供做為日本平凡社編印《世界兒童文學全集》參考資料。
四月廿四日	△《軍中文藝創作集》第二輯，軍人之友社出版。
四月	△李文著《當代自由中國文藝》香港亞洲出版社出版。
七月	△葛賢寧評論集《論戰鬥文藝》，中華文化出版事業委員會出版。
八月	△蘇雪林散文集《歸鴻集》，暢流半月刊社出版。
十月十日	△「戰鬥文藝叢書」十種，文壇社出版。包括王集叢論述《戰鬥文藝論》、王藍中篇小說《咬緊牙根的人》、朱嘯秋畫集《嘯秋木刻集》等。
十月	△蘇雪林散文集《綠天》，今日婦女半月刊社出版。
十一月	△新生報每週小說編成《小說創作選集》共四十四輯，中興文學出版社出版。
	△謝冰瑩傳記《我的少年時代》，正中書局出版。
十二月廿八日	△《中華民國四十四年・中華民國年鑑》，中華民國年鑑社編輯發行。
十二月	△林海音第一本散文集《冬青樹》，重光文藝出版社出版。
	△楊念慈小說《金十字架》，新文藝出版社出版。
※	△截至本年底止，經內政部核准登記者，計有二百五十一家出版社。

一九五六年

一月	△遠東圖書（股）公司成立，創辦人浦家麟，以出版英文辭典著名於世。
二月	△《中華民國出版圖書目錄》第一輯，國立中央圖書館編。
三月一日	△國立中央圖書館正式開放。中文閱覽室首度開放，置參考圖書一千九百三十六冊，雜誌二百五十四種，報紙十種。
四月二日	△《小亨利》單行本第一集由國語日報社出版，為國內第一本翻譯的連載兒童漫畫集。

四月	△趙滋蕃科幻小說《飛碟征空》，香港亞洲出版社出版。
五月	△童年書店成立，發行人張瑤華，以兒童讀物類為主。其父親是中國第一家兒童讀物出版社上海兒童書局創辦人張一渠。
	△魏希文長篇小說《春曉》，香港亞洲出版社出版。
六月	△魏希文中篇小說《歸來》，國防部總政治部出版。
九月	△魏廉、魏納兒童散文集《方向》第一集，國語日報社出版。
十二月廿五日	△蔣中正著《蘇俄在中國》，中央文物供應社出版。
十二月廿八日	△《中華民國四十五年·中華民國年鑑》，中華民國年鑑社編輯發行。
十二月	△何瑞雄童話創作集《流星的故事》，香港亞洲出版社出版。
※	△截至本年底止，經內政部核准登記者，計有三百三十三家出版社。

一九五七年

一月	△臺灣兒童書局成立。
二月	△《文壇》出版特大號，同時宣佈停刊。
三月	△寶島出版社出版《寶島文庫》，包括《舅舅照像》共十二冊。
	△中國青年寫作協會主編《詩創作集》，收錄三十四家詩作，復興書局出版。
四月	△趙滋蕃科幻小說《太空歷險記》，香港亞洲出版社出版。
六月	△魏希文長篇小說《私逃》，中國文學出版社出版。
七月	△《第三次中國教育年鑑》出版，正中書局印行。收錄一九四七至一九五六年六月的資料。
九月	△林良主編兒童故事《七百字故事》（第一集），國語日報社出版。
十一月五日	△《文星雜誌》創刊，發行人葉明勳，社長蕭孟能，初期主編何凡，第四十九期開始由李敖主編，至16：8（1965年12月）停刊。
十一月十二日	△教育部國民教育司與國立中央圖書館合辦政府遷臺後第一次「兒童讀物展覽」，為期一週；並編印《中華民國兒童圖書

目錄》由正中書局印行，此為國內第一份兒童圖書目錄。

十二月廿八日　△《中華民國四十六年・中華民國年鑑》，中華民國年鑑社編輯發行。

一九五八年

一月　　　　△張漱菡主編女作家小說集《海燕集》（續集），文光出版社出版。

　　　　　　△《現代名家小說選》由魏希文主編的《民間知識半月刊》出版。

　　　　　　△《短篇小說集》第一集，自由青年雜誌社出版。

　　　　　　△覃子豪詩評集《詩的解剖》，藍星詩社出版。

　　　　　　△葉日松第一本詩集《月夜戀歌》，綠穗雜誌社出版。

二月五日　　△王藍長篇小說《藍與黑》，紅藍出版社出版。曾多次改編為舞臺劇或搬上影幕。

二月　　　　△中國青年寫作協會主編《散文創作集》兩冊，復興書局出版。

三月三日　　△臺南綜合出版社成立，創辦人鮑國棟。

三月　　　　△彭邦楨、墨人選編《中國詩選》，收錄三十二家詩作，大業書店出版。

六月廿八日　△政府明令修正公佈出版法。

六月　　　　△謝觀編纂；王雲五主編《中國醫學大辭典》臺一版，全四冊。舉目七萬餘條，成書三百數十萬言。採集的名詞以中國原有醫書所載者為限，故定名為中國醫學大辭典。名詞分為病名、藥名，方名、身體、醫家、醫書及醫學等七大類，臺灣商務印書館出版。二○○九年六月，出版臺二版，王學哲重編；方彭誠總編輯。

七月一日　　△中央圖書出版社成立，創辦人林在高。

　　　　　　△葛賢寧詩集《鳳凰的新生》，中華文物出版社出版。

八月廿三日　▲金門砲戰發生，持續到十月，美國表明堅決協防臺灣。

九月　　　　△高雄第一出版社成立，創辦人柯旗化。以語文類為主。

　　　　　　△文壇函授學校主編《青鳥集》，文壇社出版。

十月十日	△幼獅通訊社、幼獅廣播電台、幼獅月刊、幼獅文藝、幼獅學誌等，共同創設幼獅文化事業有限公司。
十月卅一日	△幼獅書店成立。
十月	△穆中南主編《我們戰鬥在一起》，文壇社出版。本書為八二三炮戰後，文藝作家寫給金門戰事的書信。
十一月	△夏濟安主編《短篇小說集》，文學雜誌社出版。
十二月卅一日	△《中華民國四十七年·中華民國年鑑》，中華民國年鑑社編輯發行。
十二月	△白萩第一本詩集《蛾之死》，藍星詩社出版。
※	△新民教育社成立，發行人吳旭初，以兒童讀物類為主。後改為公司型態。
	△截至本年底止，經內政部核准登記者，計有四百六十家出版社。

一九五九年

三月卅日	△協志工業叢書出版公司成立，發行人林挺生。
五月五日	△雙葉書廊成立，創辦人張福隆。
	△丁穎主編《當代中國名作家選集》，文光圖書公司出版。
	△《婦女創作集》第三輯，臺灣省婦女寫作協會編輯出版。
六月	△鹿橋長篇小說《未央歌》，臺灣商務印書館出版。以抗日戰爭時期的大學生在大後方的生活為題材。
八月七日	▲中南部發生六十二年來最嚴重的「八七水災」。
八月十日	△著作權法施行細則修正公佈，同日施行。
八月	△趙滋蕃科幻小說《月亮上望地球》，香港亞洲出版社出版。
九月廿四日	△內政部邀請文化界人士及作家數十人舉行座談會，商討修正著作權法問題。
	△瘂弦第一本詩集《瘂弦詩抄》，香港國際圖書公司出版。
十月一日	△翰林出版事業公司成立，發行人陳天賜，以教科書為主。
	△廣文書局成立，發行人王道榮。
十二月卅一日	△《中華民國四十八年·中華民國年鑑》，中華民國年鑑社編輯發行。

十二月	△林海音長篇小說《曉雲》，紅藍出版社出版。
	△夏濟安主編《名家創作集》，文學雜誌社出版。
	△黃用第一本詩集《無果花》，藍星詩社出版。
	△楊念慈小說《罪人》，高雄大業書店出版。
※	△截至本年底止，經內政部核准登記者，計有四九二家出版
	社。

一九六〇年

一月一日	△臺灣文源書局成立，發行人黃薏蘭。
一月	△胡軌任正中書局董事長。
	△華國出版社成立，創辦人王雲五、程滄波。
三月五日	△《現代文學》雙月刊創刊，發行人白先勇，主編王文興、陳
	若曦。
三月六日	△臺灣學生書局成立，發起人劉國瑞、任培真、馬全忠三人。
三月十日	△國民大會期間，通過有關文學藝術方面提案三件，分別為由
	馮著唐等提出「建立國家劇院」、魏希文等提出「協助國內
	作家著作出口」、及王藍等提出「政府設立專司機構發展全
	國文化藝術工作與事業」。
三月廿一日	▲蔣介石當選中華民國第三任總統，陳誠當選副總統。
三月廿九日	△鍾肇政長篇小說《魯冰花》開始在聯合報副刊連載，六月十
	五日刊畢。次年出版單行本（明志）。一九八九年拍成電
	影，二〇〇六年由客家電視台拍成連續劇，而魯冰花的小
	說、電影、連續劇被稱為「魯冰花三部曲」。
五月四日	△「中國文藝協會文藝獎章贈予章程」，經該會第十屆理監事
	會第六次聯席會議通過。
五月	△楊牧第一本詩集《冰之湄》，藍星詩社出版。
六月	△司徒衛評論集《書評續集》，幼獅書店出版。
	△楊乃藩第一本散文集《環遊見聞》，自費出版。
七月	△臺灣省教育廳成立「文藝教育委員會」，聘王藍等十四人為
	委員，以展開全省學校文藝運動。
	△林海音以北平為題材的小說《城南舊事》，臺中光啟出版社

出版。

八月　　　　　△《文學雜誌》停刊，該刊於一九五六年九月廿日創刊，共發行四十八期。

九月一日　　　△教育廣播電台「文藝櫥窗」開播，主持人劉枋。

九月十日　　　▲「獎勵投資條例」公佈實施。

九月　　　　　△《新書月報》創刊，月刊，國立中央圖書館編印，幾經改名，一九七〇年一月起，改名為《中華民國出版圖書目錄》。

十一月　　　　△五洲出版社成立，創辦人丁迺庶，以科學類圖書為主。
　　　　　　　△朱橋主編《佛教小說集》，收錄三十二篇作品。佛教文化服務處出版。

十二月三日　　△徐謙擔任中國廣播公司「文藝世界」主持人。

十二月十五日　△《中華民國四十九年‧中華民國年鑑》，中華民國年鑑社編輯發行。

※　　　　　　△截至本年底止，經內政部核准登記者，計有五百六十四家出版社。

一九六一年

一月十日　　　△余光中英譯《中國新詩選》，臺北美國新聞處出版。此為臺灣第一部譯成外文的現代詩選。

一月廿日　　　△張默、瘂弦合編《六十年代詩選》，高雄大業書店出版。

一月　　　　　△楊念慈小說《十姊妹》，高雄大業書店出版。

三月　　　　　△《婦女創作散文選集》，臺灣省婦女寫作協會編印發行。

四月十九日　　△華嚴長篇小說《智慧的燈》，文星書店出版。

四月廿日　　　△姜貴兩本最重要長篇創作之一《重陽》借「作品雜誌社」名義自費出版。

五月十六日　　△中國廣播公司臺中電台「文藝天地」開播，製作人李升如。

五月　　　　　△王集叢論著《文藝新論》，臺灣商務印書館出版。
　　　　　　　△趙友培等著《海與天》，為中國文藝協會作家訪問馬祖歸來的作品集。

七月一日　　　△「全國第一次文藝會談」揭幕，至七日止。

八月四日	△林海音為已逝的鍾理和出版其長篇小說《笠山農場》，臺灣學生書局發行。
八月十日	△鄧克保（柏楊）報導文學《異域》由平原出版社出版。本書曾在《自立晚報》連載，原名〈血戰異域十一年〉。
八月	△孟瑤長篇小說《生命的列車》，高雄大業書店出版。
十月	△孟瑤小說《含羞草》，高雄大業書店出版。
十一月十二日	△省立臺北圖書館與臺北市立圖書館合辦「南洋資料圖片展覽會」共展出書籍五百零五種、報紙三十五種、圖片百餘種。
十一月	△黃基博童話《黃基博童話集》，屏東幼苗雜誌社出版。
十二月十五日	△《中華民國五十年・中華民國年鑑》，中華民國年鑑社編輯發行。
十二月廿五日	△青文出版社成立，發行人黃寄萍。
十二月	△許達然第一本散文集《含淚的微笑》，臺北野風出版設出版。
※	△截至本年底止，經內政部核准登記者，計有五八七家出版社。

一九六二年

一月廿日	△大江出版社成立，發行人楊品純（梅遜）。
一月	△中國大辭典編纂處編纂；汪怡主編；趙元任校訂《國語辭典》修訂本，全四冊，臺灣商務印書館發行。
三月卅日	△我國第一屆出版節。
三月卅一日	△光復書局成立，創辦人林春輝。
四月二日	△國語日報「兒童文學周刊」創刊，主編馬景賢。
五月	△鍾肇政長篇小說《濁流》，中央日報社出版。
	△艾雯散文集《曇花開的晚上》、張秀亞散文集《北窗下》，臺中光啟出版社出版。
六月一日	△傳記文學出版社成立，發行人劉宗向，以史地類為主。
六月十日	△吳濁流日文長篇小說《亞細亞的孤兒》中譯本由南華出版社出版。
六月	△熊鈍生出任內政部出版事業管理處處長。

	△鍾正（鍾肇政）少年小說《魯冰花》，明志出版社出版。
八月	△楊念慈長篇小說《廢園舊事》，文壇社出版。
九月廿五日	△陳之藩散文集《在春風裡》，文星書店出版。
九月	△文心（許炳成）小說集《生死戀》，臺灣東方出版社出版。
	△林鍾隆日文童話《みなみのしまのできごと》（《南方小島上的故事》），日本學習研究社出版。
	△徐正平童話《千字童話》，東方文藝出版社出版。
十月十日	△台視文化事業公司成立，發行人莊正彥。
	▲臺灣電視台開播，臺灣進入電視時代。
十月	△何欣評介集《史坦貝克的小說》，文壇社出版。
	△胡品清編譯《中國當代新詩選》法文版出版。共選出三十五位作家八十六首作品。
	△林良編兒童廣播劇第一集《一顆紅寶石》，小學生雜誌社出版。
十一月一日	△《中華民國五十一年‧中華民國年鑑》，中華民國年鑑社編印發行。
十一月廿四日	△國立中央圖書館贈送菲律賓兒童圖書，參加「菲律賓兒童圖書展覽」展出七天。
十一月	△中文大辭典編纂委員會編纂；高明、林尹主編《中文大辭典》首冊出版，中國文化研究所印行。至一九六八年八月出齊，共四十冊，正文三十八冊，索引二冊。部首凡二百一十四字，單字四萬九千八百八十八字，詞彙三十七萬一千二百三十一條，都八千萬言，一九七三年修訂分裝十冊，為目前我國規模最大的中文辭典。
	△謝冰瑩少年小說《小冬流浪記》，國語日報社出版。
十二月一日	△台灣電視公司「藝文學苑」開播，主持人方瑀。一九六三年更名為「藝文夜談」，主持人鍾梅音，為第一個介紹作家的電視節目。
十二月廿二日	△國語日報社新建大廈落成。
十二月廿三日	△中國文藝協會臺灣省南部分會為慶祝成立十週年，編輯集體文選《我們的作品》，高雄大業書店出版。

一九六三年

一月一日　　△郭良蕙長篇小說《心鎖》被臺灣省政府新聞處查禁。

　　　　　　△司馬中原長篇小說《荒原》先在《文壇》月刊連載，後於八月廿五日高雄大業書店出版。

一月　　　　△林適存小說《天網》，高雄大業書店出版。

　　　　　　△楊牧詩集《花季》，藍星詩社出版。

二月廿三日　△《文星雜誌》發起人兼主編陳立峰（筆名小魯）逝世，享年四十五歲。

三月　　　　△孟羅‧李夫《猛牛費地南》中譯本，國語日報社出版，為最早出版的美式圖畫書。

　　　　　　△桓夫《密林詩抄》，現代文學社出版。

四月十六日　△隱地散文小說合集《傘上傘下》，皇冠出版社出版。

五月　　　　△《文壇小說選》，文壇社出版。

六月十日　　△嘉新水泥公司文化基金會成立，分設文學創作獎及文藝論著獎。

六月十六日　△杜國清第一本詩集《蛙鳴集》，現代文學出版社出版。

六月　　　　△童真第一部長篇小說《愛情道上》，高雄大業書店出版。

　　　　　　△馮馮短篇小說集《微笑》，臺北皇冠出版社出版。

七月　　　　△羅蘭散文《羅蘭小語》第一輯，臺北文化圖書公司出版。

八月　　　　△婁子匡和朱介凡編著《五十年來的中國俗文學》，正中書局出版。

　　　　　　△琦君散文集《煙愁》，臺中光啟出版社出版。

　　　　　　△華嚴長篇小說《生命的樂章》，高雄大業書店出版。

九月廿五日　△文星書店第一批《文星叢刊》出版。四十開本，包括：梁實秋散文集《秋室雜文》、余光中散文集《左手的繆思》、林海音短篇小說集《婚姻的故事》、聶華苓短篇小說集《一朵小白花》、於梨華短篇小說集《歸》、李敖散文集《傳統下的獨白》、何凡散文集《不按牌理出牌》、朱西寧短篇小說《鐵漿》、司馬中原短篇小說《加拉猛之墓》、張菱舲第一本短篇小說集《紫浪》等十種。

十月廿五日　△《中華民國五十二年‧中華民國年鑑》，中華民國年鑑社編

印發行。

十月　　　　　△紀弦詩集《飲者詩抄》，現代詩社出版。

　　　　　　　△沙牧詩集《雪地》，葡萄園詩社出版。

　　　　　　　△劉錫蘭《兒童文學研究》臺中師專出版，為國內第一本兒童
　　　　　　　　文學專著。

十一月一日　　△中國文藝協會臺灣省中部分會編印《中國作家小說選》，光
　　　　　　　　明出版社出版。

十一月十八日　△聯合國兒童基金會決定以美金五十萬元協助臺灣推行五年國
　　　　　　　　教計畫。

十一月　　　　△楊念慈長篇小說《黑牛與白蛇》，高雄大業書店出版。

十二月十七日　△張系國第一部長篇小說《皮牧師正傳》，皇冠出版社出版。

十二月　　　　△朱西寧短篇小說集《狼》，皇冠出版社出版出版。鍾肇政中
　　　　　　　　短篇小說集《殘照》，臺中鴻文出版社出版。

一九六四年

一月十日　　　△《中國文藝》月刊前主編王平陵病逝，享年六十七歲。

一月廿五日　　△文星書店第二批《文星叢刊》出版。四十開本，包括：
　　　　　　　　余光中評論集集《掌上雨》、陳紹鵬詩論集《詩的創作》、
　　　　　　　　周棄子散文集《未埋庵短書》、梁實秋評論集《文學因
　　　　　　　　緣》、葉曼散文集《葉曼隨筆》、陳西瀅雜文《西瀅閒
　　　　　　　　話》、李敖雜文《歷史與人像》等十五種。

一月　　　　　△羅蘭散文集《給青年們》、《生活漫談》，文化圖書公司出
　　　　　　　　版。

　　　　　　　△王平陵長篇小說《愛情與自由》由正中書局出版。

二月　　　　　△葉日松詩集《讀星的人》，野風出版社出版。

三月九日　　　△成文出版社成立，發行人黃成助。古籍影印。

三月十六日　　△「笠」詩社成立，成員包括桓夫（陳千武）、白萩、錦連、
　　　　　　　　林亨泰、趙天儀、杜國清、林宗源、葉笛、李魁賢、陳秀喜
　　　　　　　　等。

三月廿五日　　△李敖《胡適研究》和《胡適評傳》第一冊，文星書店出版。

三月廿九日　　△林守為自費出版兒童文學專論《兒童文學》。

三月	▲石門水庫建成。
	△于吉長篇小說《鬱雷》，高雄長城出版社出版。
	△司馬中原短篇小說集《靈語》，高雄大業書店出版。
	△施翠峰短篇小說《相信我》，臺灣東方出版社出版。
	△魏子雲論述《小說之演讀》，高雄大業書店出版。
四月四日	△國立中央圖書館代表我國參加義大利第一屆「波隆納國際兒童書展」。
四月廿五日	△文星書店第三批《文星叢刊》出版。四十開本，包括：徐鍾珮散文集《多少英倫舊事》、鍾梅音散文集《十月小陽春》、王尚義《從異鄉人到失落的一代》等。
四月	△星光書報社成立於臺北市，創辦人林紫耀，後又創辦星光出版社。
五月	△《作家、作品、工作》與《十四年來的中國文藝協會》，中國文藝協會編印出版。
	△段彩華短篇小說集《神井》，高雄大業書店出版。
六月十五日	△《笠詩刊》雙月刊創刊。
六月廿五日	△余光中詩集《蓮的聯想》、於梨華中篇小說《也是秋天》，文星書店出版。
六月	△臺灣省政府教育廳兒童讀物編輯小組正式成立，總編輯彭震球，文學類編輯林海音，健康類編輯潘人木、科學類編輯柯泰，美術編輯曾謀賢。
七月一日	△姜貴長篇小說《碧海青天夜夜心》，高雄長城出版社出版。
七月十日	△總統令，增訂著作權法。其中增列第二十二、三十一、三十二、三十六及四十一條；修正第二十五、二十六、三十三至三十五、三十七至四十條條文。
七月廿五日	△喬治高散文集《紐約客談》、胡品清論述《現代文學散論》、王鎮國散文集《留歐記趣》，文星書店出版。
八月廿五日	△陳香梅《半個美國人》，文星書店出版。
八月	△柯樹屏任復興書局總編輯，一九六八年起兼任總經理。
	△臺南復漢出版社成立，發行人沈岳林。
九月	△楊喚《楊喚詩集》，臺中光啟出版社出版。
	△洪炎秋雜文集《廢人廢話》，臺中中央書局書版。

	△繁露長篇小說《殘暉》，高雄長城出版社出版。
	△馮馮長篇小說《青鳥》，皇冠出版社出版。
十月廿五日	△國語日報社出版部成立，主任林良，總主筆夏承楹負責督導出版部業務。
	△《中華民國五十三年‧中華民國年鑑》，中華民國年鑑社編印發行。
	△聶華苓長篇小說《失去的金鈴子》、夏菁詩集《少年遊》，文星書店出版。
秋	△教育部核定部編高初中國文、公民、歷史、地理教科書交由正中書局、復興書局、世界書局、中華書局、商務印書館、開明書局、臺灣書店、勝利出版公司、華國出版社、遠東圖書公司、環球書局、大中書局、反攻出版社、啟明書局等十四家書局參加印行。並與此十四家書局簽訂自一九六四年六月至一九六五年五月止，為期一年的「部編本中學教科書印行合約」。
十二月廿五日	△文星書店重印歷代絕版好書，輯印成小冊的《文星集刊》第一輯一百種共三百冊上市。
十二月	△王玉川兒歌集《大白貓》，國語日報社出版。
	△水晶短篇小說集《青色的蚱蜢》，文星書店出版。

一九六五年

一月一日	△洛夫詩集《石室之死亡》，創世紀詩社出版。
一月廿五日	△黎烈文雜文集《藝文談片》、王鼎鈞散文集《人生觀察》，文星書店出版。
一月	△葉榮鐘雜文集《半路出家集》，臺中中央書局出版。
	△田原長篇小說《青色年代》，高雄長城出版社出版。
	△國立中央圖書館編輯《明人傳記資料索引》，國立中央圖書館出版。
二月	△田原長篇小說《古道斜陽》，皇冠出版社出版。
	△南郭傳記小說《水龍吟》，幼獅書店出版。
	△施翠峰少年小說《愛恨交響曲》，青文出版社出版。

三月八日	△《金門、馬祖、澎湖》專集，臺灣省婦女寫作協會出版，為該會會員作家訪問前線特寫作品。
三月	△維新書局成立，創辦人蔣紀周。
	△葛賢寧、上官予合著《五十年來的中國詩歌》，正中書局出版。
	△上官予詩集《旗手》，正中書局出版。
	△吳宏一詩集《回首》，藍星詩社出版。
	△鍾梅音散文集《海天遊蹤》，中華大典編印會出版。
	△吳鼎兒童文學專著《兒童文學研究》，臺灣教育月刊社出版。
	△楊思諶童話集《五彩筆》，中華日報社出版。
四月一日	△王尚義長篇小說《狂流》，自由太平洋文化公司出版。
四月四日	△《小學生》半月刊創刊十四週年，出版《兒童讀物研究》第一輯。
四月廿日	△文星書店第四批《文星叢刊》出版。四十開本，包括：孟瑤史書《中國戲曲史》（四冊）、楚卿《楚卿小說選》、錢歌川雜文《西笑錄》、林海音短篇小說《燭芯》等。
五月四日	△蓉子詩集《蓉子詩抄》，藍星詩社出版。
五月五日	△臺灣省婦女寫作協會假臺北市舉行第十一屆年會及慶祝成立十周年，並舉行「婦協十年成果展覽」。
五月廿日	△趙滋蕃長篇小說《重山島》上中下三冊，自由太平洋文化公司出版。
五月	△東華書局成立，創辦人卓鑫淼。以編印數理、生化各科教科書為主。
六月廿一日	△中國文藝年鑑編輯委員會成立於臺北市，主任委員柏楊，執行編輯彭品光、呼嘯。
六月卅日	▲美國停止對臺經濟援助。
六月	△鳳兮方塊雜文集《逆旅之愛》、《站在遠處》，高雄大業書店出版。
	△《覃子豪全集》第一部，包括覃氏全部詩作，覃子豪全集出版委員會出版。
	△繁露主編《女作家散文集》，時代生活出版社出版。

七月十四日	△紀念國父百年誕辰，編印《文藝創作集》，籌備委員會假臺北市自由之家舉行茶會，邀作家商談徵稿事宜。
七月廿五日	△文星書店第五批《文星叢刊》出版。四十開本，包括：朱夜《朱夜小說選》、蔡文甫短篇小說集《沒有觀眾的舞臺》、周夢蝶詩集《還魂草》、余光中散文評論集《逍遙遊》等。
七月	△李潔任正中書局總經理，為期九年。
	△美亞書版公司成立，發行人李瑞麟，代理西書進口。創立宗旨在使「西書出版合理化」，「著作人權益合理化」，為臺灣版（合法影印）西書的墾殖者。
	△中山學術文化基金會成立，董事長王雲五。並設置「文藝創作獎審議委員會」。
八月廿日	△張錯散文集《第三季》、魏子雲《中外名著欣賞》、朱介凡散文集《心潮》、金溟若散文集《自己話‧大家談》等四書，自由太平洋文化公司出版。
九月十五日	△氣象編纂小組編輯《交通名詞辭典‧民航氣象類》，交通部交通研究所出版。
九月廿日	△臺灣省教育廳《中華兒童叢書》第一期第一批十二冊出版，包括林良的《我要大公雞》、華霞菱《老公公的花園》、菱子〈金橋〉等書。
九月廿五日	△王鼎鈞散文集《長短調》、胡品清詩集《人造花》，文星書店出版。
九月廿六日	△王幻主編《七人詩選》，葡萄園詩社出版。
九月	△許達然散文集《遠方》，高雄大業書店出版。
十月十日	△幼獅書店推出「臺灣省青年文學叢書」共十冊，主編鍾肇政。有鄭清文《簸箕谷》、鍾鐵民《石罅中的小花》、鄭煥《長崗嶺的怪石》、李喬《飄然曠野》、黃娟《追尋》等。
十月廿五日	△《中華民國五十四年‧中華民國年鑑》，中華民國年鑑社編印發行。
	△笠詩社出版該社詩人作品叢書，包括：白萩《風的薔薇》、杜國清《島與湖》、林宗源《力的建築》、吳瀛濤《冥想詩集》、桓夫《不眠的眼》、詹冰《綠血球》、趙天儀《大安溪畔》和蔡淇津《秋之歌》等共八種。

△鍾肇政主編「本省籍作家作品選集」共十冊，文壇社出版。該套書係為慶祝臺灣光復二十週年而出版，藉以呈現二十年來省籍作家的寫作成果。作家涵蓋光復後第一代、第二代以及新人等的小說家或詩人。

十月　　　　　△司馬中原長篇小說《狂風沙》（上下），皇冠出版社出版。

十一月八日　　△日治時期《臺灣文藝》創辦人張深切逝世，享年六十二歲。

十一月十二日　△中國青年寫作協會為紀念國父百年誕辰，選該會作家一百人作品一百篇，出版《百壽文：紀念國父百年誕辰百家文集》一書，內分詩歌、散文、小說等輯。

△文星書店為紀念國父百年誕辰，出版《文星叢刊》七種，包括吳相湘的國父傳記《孫逸仙先生》、李敖《孫逸仙與中國西化醫學》，以及國父著作立論彙編等。

十一月廿九日　△中國國民黨舉行第九屆三中全會，通過「強化戰鬥文藝領導方法」案，以加強文藝評論工作。

十二月一日　　△《文星雜誌》於本日出版第九十八期後停刊。

十二月　　　　△國語日報社開始譯介《世界兒童文學名著》選輯。

△林鍾隆少年小說《阿輝的心》，小學生雜誌社出版。

一九六六年

一月一日　　　△嘉義明山書局成立，發行人黃鐵雄。

△國際文化事業公司成立，發行人胡子丹。

一月廿五日　　△林太乙長篇小說《丁香遍野》、李英豪評論集《批評的視野》、王敬羲小說集《暴雨驟來》、徐訏短篇小說集《童年與同情》，文星書店出版。

一月卅一日　　△張健詩集《春安・大地》，藍星詩社出版。

一月　　　　　△平原出版社出版一九六六年版《中國文藝年鑑》，此為國內刊行的第一本文藝年鑑。柏楊主編。

三月一日　　　△何容出任《國語日報》發行人。

三月十日　　　△王潤華詩集《患病的太陽》，藍星詩社出版。

△楊思諶童話集《五彩筆》，中華日報社出版。

三月廿一日　　▲蔣介石當選中華民國第四任總統，副總統嚴家淦。

四月四日	△嚴友梅童話集《小仙人》、蘇尚耀童話集《小黃雀》、徐正平等童話集《小野貓》，鄭明進編著《世界兒童畫專集》，小學生雜誌社出版。
	△黃基博文集《玉梅的心》，屏東幼苗雜誌社出版。
四月廿八日	△文星書店改組為文星書店股份有限公司，並召開第一次股東會及舉行第一次董事會，董事長蕭同茲，總編輯胡汝森。
四月卅日	△季季短篇小說集《屬於十七歲的》、王令嫺短篇小說集《好一個秋》、《抓不住的雲》、丹扉雜文集《反舌集》、羅蘭短篇小說集《花晨集》，皇冠出版社出版。
四月	△楊小雲長篇小說《千里煙雲》，平原出版社出版。
	△張愛玲短篇小說《怨女》，皇冠出版社出版。
五月廿日	△《小學生半月刊》創刊十五週年，出版《兒童讀物研究》第二輯。
五月	△艾雯小說《池蓮》，正中書局出版。
	△徐正平童話集《鱷魚潭》，桃園永安出版社出版。
六月一日	△《國父百年誕辰紀念文藝創作集》出版。計分「播種」、「耕耘」、「收穫」、「豐年」四大冊，由一百七十五位海內外作家執筆，共一百五十萬字，陳紀瀅、鍾雷主編。
六月三日	△水牛出版社成立，社長彭誠晃，後改為水牛圖書出版有限公司。
六月十日	△為紀念國父百年誕辰，中山文藝創作獎正式成立。
六月	△楚戈（袁德星）第一本詩集《青菓》，駝峰出版社出版。
	△古丁詩集《革命之歌》，葡萄園詩社出版。
七月廿五日	△林海音遊記《作客美國》，文星書店出版。
七月	△《人人文庫》出版，王雲五主編，臺灣商務印書館印行。
八月廿五日	△文星書店出版一系列年輕作家的散文和小說作品，其中包括：張曉風散文集《地毯的那一端》、劉靜娟散文集《載走的和載不走的》、隱地短篇小說集《一千個世界》、葉珊《葉珊散文集》；舒凡短篇小說集《出走》、邵僩短篇小說集《小齒輪》、康芸薇短篇小說集《這樣好的星期天》、江玲短篇小說集《坑裏的太陽》等。
八月	△洪炎秋散文集《又來廢話》，臺中中央書局出版。

△華嚴長篇小說《玻璃屋裡的人》，皇冠出版社出版。

△蔡文甫小說集《飄走的瓣式球》，臺中光啟出版社出版。

△林鍾隆自費出版童話集《醜小鴨看家》。

九月十五日　△《書目季刊》創刊，書目季刊社印行，發行人馬全忠。實際由學生書局獨立支持。

九月廿一日　△屈萬里繼任國立中央圖書館第二任館長。

九月　　　　△朱夜短篇小說集《獵狼人》，臺灣商務印書館出版。

△施翠峰少年小說《歸燕》，青文出版社出版。

十月十日　　△鄭愁予詩集《衣缽》，臺灣商務印書館出版。

△三民書局成立編輯委員會，編印四十開本的「三民文庫」，出版當代作家的文學創作。

△傅林統少年小說《海棠公園》，桃園永安出版社出版。

十月廿五日　△《中華民國五十五年・中華民國年鑑》，中華民國年鑑社編印發行。

△臺灣新學友書局成立，發行人廖蘇西姿。以兒童讀物類圖書為主。

十月　　　　△　《徐訏全集》由正中書局開始出版，共出十八集，至一九七〇年六月出齊。

△上官予撰寫《二十世紀中國詩歌》、劉心皇撰寫《二十世紀中國散文》，正中書局出版。

△鳳兮散文集《不怕說不》，臺中亞洲文學社出版。

△鄧文來短篇小說集《霜夜》、呂梅黛小說集《昨夜星辰》，臺灣商務印書館出版。

十一月廿五日　△葉珊詩集《燈船》，文星書店出版。

十一月　　　△王尚義文集《野鴿子的黃昏》，水牛出版社出版。

△朱西寧長篇小說《貓》，皇冠出版社出版。

△黃文範散文集《故國三千里》、蕭白短篇小說集《雪朝》，臺灣商務印書館出版。

十二月十六日　▲第二次戶口普查，人口總數為一千二百九十六萬七千五百五十二人。

十二月廿日　△吳晟第一本詩集《飄搖裏》，屏東中國書局出版。

十二月　　　△　「三民文庫」第三號第四號推出琦君散文集《琦君小

品》、林海音散文集《兩地》。

△墨人短篇小說集《塞外》、夏楚短篇小說集《缺眼的雕像》，臺灣商務印書館出版。

△楊小雲長篇小說《我十八歲》，平原出版社出版。

△張秀亞詩集《秋池畔》（原名《水上琴聲》），臺中光啟出版社出版。

△翟述祖主編《國語及兒童文學研究》──研習叢刊第三集──，臺中師專出版。

一九六七年

一月一日　　　△《純文學》月刊創刊，發行人兼主編林海音。共發行六十二期，至一九七二年二月停刊。

　　　　　　　△傳記文學雜誌社編《傳記文學叢書》，傳記文學出版社印行。

一月廿三日　　△國立編譯館正式接辦審查連環圖畫出版工作。

一月　　　　　△陳敏華詩集《雛菊》，葡萄園詩社出版。

　　　　　　　△司馬桑敦短篇小說集《山洪暴發的時候》，文星書店出版。

　　　　　　　△梁實秋散文《談聞一多》，傳記文學出版社出版。

　　　　　　　△梁雲波詩集《射手》，自費出版。

　　　　　　　△謝冰瑩散文《作家印象記》，三民書局出版。

二月一日　　　▲總統命令設立「國家安全會議」。

二月　　　　　△張默、瘂弦合編《中國現代詩選》，創世紀詩社出版。

　　　　　　　△林煥彰第一本詩集《牧雲初集》、謝秀宗詩集《遺忘之歌》，笠詩社出版。

　　　　　　　△朱西寧短篇小說集《破曉時分》，皇冠出版社出版。

　　　　　　　△朱煥文短篇小說集《夜闌人靜時》，臺中光啟出版社出版。

三月廿五日　　△文星書店推出蘇雪林《秀峰夜話》（短篇小說）、《我的生活》（短篇小說）、《文壇話舊》（論述）、《眼淚的海》（散文）、《人生三部曲》（散文）、《閒話戰爭》（散文）、《試看紅樓夢的真面目》（論述）、《九歌中人神戀愛問題》（論述）、《論中國舊小說》（論述）、《我論魯

迅》（論述）等各類文集共十冊，列為「文星叢刊」。

三月　　　　△郭嗣汾短篇小說集《弄潮》、《杜鵑花落》、《謝橋》、《冬天與春天》，高雄長城出版社出版。

　　　　　　△五南圖書出版公司成立，發行人楊榮川，以大學教科書為主。

四月一日　　△丁穎在雲林成立「藍燈出版社」。

四月四日　　△黃基博童話集《花城》，屏東幼苗雜誌社出版。

四月廿五日　△文星書店推出蘇雪林各類文集十冊，列為「文星叢刊」。

　　　　　　△余光中詩集《五陵少年》，文星書店出版。

四月廿七日　△曾創辦《南瀛》刊物的日治時期新文學作家吳新榮病逝，享年六十二歲。

四月　　　　△大荒短篇小說集《火鳥》，臺灣商務印書館出版。

　　　　　　△梅苑短篇小說集《華爾茲的秘密》，臺中光啟出版社出版。

五月十五日　△司馬桑敦自費出版長篇小說《野馬傳》。

五月　　　　△田原短篇小說集《泥土》，臺灣商務印書館出版。

　　　　　　△鍾靈短篇小說集《歸來》，大江出版社出版。

　　　　　　△林海音長篇小說《孟珠的旅程》，純文學月刊社出版。

六月十日　　△中華企業管理發展中心有限公司成立，發行人李裕昆，以企管叢書為主。

六月廿五日　△文星書店推出青年作家包括：白先勇《謫仙記》、王文興《龍天樓》、水晶《青色的蚱蜢》、歐陽子《那長頭髮的女孩》等的短篇小說集，以及林文月古典文學論集《澄輝集》等。

六月　　　　△歸人短篇小說集《弦外》，正中書局出版。

　　　　　　△紀弦詩集《檳榔樹甲集》，現代詩社出版。

　　　　　　△王文漪散文集《心葉散記》、姜穆短篇小說《紅娃》，幼獅書店出版。

　　　　　　△舒暢短篇小說集《櫥窗裡的畫眉》、古渡小說集《未終曲》，臺灣商務印書館出版。

七月一日　　▲臺北市改制升格為院轄市。

　　　　　　△楊念慈長篇小說《犁牛之子》，臺灣省新聞處出版。

七月　　　　△王書川散文集《王書川散文集》，高雄百城書店出版。

	△喻麗清散文集《千山之外》，臺中光啟出版社出版。
八月一日	△港埠編審小組編輯《交通名詞辭典‧水運港埠類》，交通部交通研究所出版。
八月六日	△文星書店為梁實秋翻譯的《莎士比亞全集》舉辦出版紀念會，並展出梁實秋手稿。
	△梁實秋翻譯《莎士比亞全集》共三十七種，四十一冊，遠東圖書公司出版。
八月廿六日	▲行政院頒令明年七月一日實施九年義務教育。
八月	△大明王氏出版公司成立，創辦人王水村，以戰爭叢書、世界偉人傳記叢書以及大銘叢書為主。
	△臺南聞道出版社成立，以介紹天主教思想為主。
	△臺灣中華書局董事長孔祥熙逝世，由李叔明繼任。
	△朱介凡散文與詩合集《泡沫》，臺灣商務印書館出版。
	△紀弦詩集《檳榔樹乙集》，現代詩社出版。
	△洛夫詩集《外外集》，創世紀詩社出版。
九月一日	△隱地主編短篇小說選輯《這一代的小說》，大江出版社出版。「這一代」指的是一九五六到一九五七年。
	△隱地小說評論集《隱地看小說》，大江出版社出版，內容評介廿八位當代作家三十一篇作品。
九月廿七日	△臺南光田出版社成立，發行人陳世斌。
九月	△劉君任編著《中國地名大辭典》臺初版，正文一千一百一十八頁，索引二百三十二頁，文海出版社出版。
	△創世紀詩社策劃，張默、洛夫、瘂弦合編《七十年代詩選》，高雄大業書店出版。
十月廿五日	△《中華民國五十六年‧中華民國年鑑》，中華民國年鑑社編印發行。
	△《吳敬恆選集》共十三冊，文星書店出版。
十月	△驚聲文物供應社成立，創辦人張建邦。
	△張默詩論集《現代詩的投影》，臺灣商務印書館出版。
	△田原短篇小說集《春暉》，新中國出版社出版。
	△向明、彭捷、楚風、蜀弓、鄭林五人詩選集《五弦琴》，藍星詩社出版。

	△吳東權長篇小說《碧血黃沙》、《高處不勝寒》、《老虎崖》，臺北宏葉書局出版。
	△林鍾隆長篇小說《愛的畫像》（二冊），水牛出版社出版。
十一月十日	△教育部文化局成立，首任局長王洪鈞。至一九七三年撤銷。
	△屠申虹方塊雜文《搖頭愰腦集》、《唉聲嘆氣集》，平原出版社出版。
十一月廿一日	△中國國民黨九屆三中全會通過「當前文藝政策」，並於十二月五日頒行實施。
十一月	△一九六七年《中國文藝年鑑》，平原出版社出版，屠申虹執行編輯。
	△呼嘯中篇小說《黎明前》、姜穆中篇小說《決堤》，正中書局出版。
	△林佛兒短篇小說集《無聲的笛子》、邵僩短篇小說集《櫻夢》，臺灣商務印書館出版。
	△鍾鼎文詩集《雨季》，臺灣省新聞處出版。
十二月八日	△台灣新生報社舉辦「兒童讀物問題座談會」。
十二月	△吳東權小說《死狼峽》、符兆祥短篇小說集《潮來的時候》，正中書局出版。
	△林鍾隆散文集《愛的花束》、符兆祥短篇小說集《故鄉之歌》，水牛出版社出版。

一九六八年

一月一日	△《大學雜誌》月刊創刊，發行人林松祥。
一月	△黃娟短篇小說《冰山下》、琦君短篇小說集《繕校室八小時》，臺灣商務印書館出版。
	△王璞短篇小說集《一串項鍊》，臺中光啟出版社出版。
	△吳東權短篇小說《十步橋》，水牛出版社出版。
	△林亨泰詩論《現代詩的基本精神》，笠詩社出版。
二月十日	△尹雪曼長篇小說《留美外記》，皇冠出版社出版。
二月	△繁露短篇小說集《雲深不知處》，立志出版社出版。
	△黃海短篇小說集《大火，在高山上》、符兆祥短篇小說集

45

《天邊一朵雲》，臺灣商務印書館出版。

三月二日	△包遵彭繼任國立中央圖書館第三任館長。
三月廿八日	△學海出版社成立，發行人李善馨。古籍影印。
三月廿九日	△丹扉雜文集《婦人之見》，平原出版社出版。
三月	△郵政編纂小組編輯《交通名詞辭典‧電信郵政類》，交通部交通研究所出版。
四月一日	△文星書店結束營業。
四月十五日	△鄧文來短篇小說集《秋歌悲笛》，水牛出版社出版。
四月廿日	△丘秀芷短篇小說集《遲熟的草莓》、楊蔚小說集《跪向升起的月亮》，水牛出版社出版。
四月卅日	△季季短篇小說集《誰是最後的玫瑰》、張健散文集《神秘與得意》、司馬中原長篇小說《驟雨》上下兩冊，水牛出版社出版。
四月	△台陽書局成立，創辦人陳恩泉。
	△教育部核准增加大聖書局、正大書局、人文出版社、建中書局、維新書局、海國書局、廣文書局、博愛圖書公司等八家，印行部編本中學教科書。並簽訂自一九六八年六月至一九七一年五月止，為期三年的合約。
	△蕭白散文集《山鳥集》，哲志出版社出版。
	△蔣芸散文集《遲鴿小築》，仙人掌出版社出版。
五月五日	△黃娟短篇小說集《這一代的婚約》，水牛出版社出版。
五月廿日	△鍾鐵民中短篇小說《菸田》，大江出版社出版。
五月廿七日	△「全國第一次文藝會談」假臺北市中山堂舉行，為期三天。並通過「文藝會談總決議文」。
五月卅一日	△陳慧樺詩集《多角城》，星座詩社出版。
五月	△教育部甄選正中書局等七十一家書局印行國民中學國文、公民、歷史、地理，以外的教科書，並組織「國民中學國、公、史、地以外教科書印行處」。
	△馬宏、林正宇、何正、李木子等編著《數學大辭典》，共十八冊，至一九六九年八月出齊。一至四冊為算數，五至八冊為代數，九至十二冊為幾何，十三至十五冊為三角，十六至十八冊為函數。每一部門計分公式、解法之部、名詞之部、

學科小史以及英漢名詞對照表等五類，臺中人文出版社出版。

△田原長篇小說《圓環》，文壇社出版。

△吳東權中篇小說《三人行》，新中國圖書公司出版。

△胡品清散文《晚開的歐薄荷》，水牛出版社出版。

△畢珍短篇小說集《我住風屋的時候》、孫如陵散文集《自牧集》，水芙蓉出版社出版。

六月十日　　△博愛圖書公司由趙滋蕃主編四十開本的《博愛文庫》。包括：吳東權《看不見的雨絲》、朱煥文《逸雲》、夏楚《載淚的船》、畢珍《幽幽那心》、周介塵《白龍峰》、蕭白《伊甸園外》、鄧文來《清煙》、朱夜《一縷琴心》、吳癡《夕陽秋花》等短篇小說集。

六月十五日　△女詩人敻紅第一本詩集《金蛹》，藍星詩社編輯，純文學月刊社出版。

△水牛出版社開始陸續出版四十開本的「水牛文庫」。包括：李喬短篇小說集《戀歌》、林佛兒短篇小說集《夜晚的鹽水鎮》、周伯乃散文集《又是秋涼時節》、墨人散文集《麟爪集》。

六月廿日　　△于吉短篇小說集《生命的遞嬗》、鍾肇政中短篇小說集《大肚山風雲》，臺灣商務印書館出版。

六月廿九日　△薇薇夫人雜文集《自以為是集》，平原出版社出版。

六月卅日　　△鍾肇政主編蘭開書店四十開本的「蘭開文叢」，包括：葉石濤短篇小說集《葫蘆巷春夢》、鄭清文短篇小說集《故事》、鍾肇政長篇小說《沉淪》等書。

六月　　　　△環宇出版社成立，創辦人陳達弘。

七月廿日　　△江上小說集《下弦月》，水牛出版社出版。

七月　　　　△余光中散文集《望鄉的牧神》列為「藍星叢書」，純文學月刊社出版。

△陸白烈短篇小說集《綠叢遍地》，嘉義仁聖出版社出版。

△張健詩論《中國現代詩論評》、藍星詩社主編，純文學月刊社出版。

△彭歌譯《改變歷史的書》，純文學月刊社出版，造成空前的

知識書的暢銷。

八月　　　　　△第一次「文藝會談實錄」，國民黨中央委員會第四組編印出版。

　　　　　　　△洪炎秋散文集《忙人閒話》，三民書局出版。

　　　　　　　△上官予詩集《千葉花》，臺灣商務印書館出版。

　　　　　　　△彭歌專欄「雙月樓雜記」第一集《書香》，仙人掌出版社出版。

　　　　　　　△姚宜瑛中篇小說集《煙》，水牛出版社出版。

　　　　　　　△仙人掌出版社成立，發行人林秉欽，總編輯郭震唐。

九月一日　　　▲《徵信新聞報》改題為《中國時報》。

　　　　　　　▲全省九年國教開始實施。

九月三日　　　▲國民黨黨營的中國電視公司成立。

九月廿日　　　△林懷民短篇小說集《變形虹》、張健詩集《書中的霧季》，水牛出版社出版。

九月廿五日　　△白先勇短篇小說集《遊園驚夢》、張曉風短篇小說《哭牆》、張健散文集《春風與寒泉》，仙人掌出版社出版。

九月　　　　　△司馬中原傳記小說《青春行》，皇冠出版社出版。

　　　　　　　△張彥勳中短篇小說集《驕恣的孔雀》、鄭煥生小說《茅武督的故事》，水牛出版社出版。

　　　　　　　△《陳克環小說集》、《陳克環散文集》，作者自費出版，大江出版社發行。

十月十日　　　△十月出版社成立。主編辛鬱。創社第一批書包括：鄭愁予詩集《窗外的女奴》、大荒短篇小說集《夕陽船》、辛鬱短篇小說集《不是駝鳥》等書。

　　　　　　　△梅遜主編《作家羣像》，大江出版社出版，介紹三十六位作家。

十月廿四日　　△內政部為響應中華文化復興運動，由出版事業管理處即日起假臺北市僑光堂舉辦「第一屆全國圖書雜誌展覽」，至廿九日，為期六天。

十月廿五日　　△《中華民國五十七年·中華民國年鑑》，中華民國年鑑社編印發行。

十月卅日　　　△李喬短篇小說集《晚晴》、江上小說集《田園戀》，臺灣商

務印書館出版。

十月　　　　　△水晶出版社成立，創辦人趙承厚、楓紅夫婦，出書皆採四十
　　　　　　　　開袖珍本。

　　　　　　　△純文學出版社成立，林海音任發行人兼總編輯。

　　　　　　　△朱西寧短篇小說集《第一號隧道》、呼嘯短篇小說集《山城
　　　　　　　　戀》、吳東權短篇小說集《喜上眉梢》，新中國出版社出
　　　　　　　　版。

　　　　　　　△林海音廣播劇本《薇薇的週記》，純文學出版社出版。

　　　　　　　△國立中央圖書館編印《中華民國兒童圖書總目》，共二百七
　　　　　　　　十頁，附索引。

十一月十五日　△由周玉銘主持及主編的立志出版社出版四十開本的「立志文
　　　　　　　　叢」，首批包括：季薇散文集《淡紫的秋》、桑品載短篇小
　　　　　　　　說集《流浪漢》等。

十一月廿日　　△周伯乃評論集《孤寂的一代》、李藍小說集《沒有故鄉的
　　　　　　　　人》、桑品載短篇小說集《微弱的光》、符兆祥短篇小說集
　　　　　　　　《綠河怨》，水牛出版社出版。

十一月　　　　△王文興小說集《新刻的石像》，仙人掌出版社出版。

　　　　　　　△林鍾隆短篇小說集《蜜月事件》、張騰蛟小說集《菩薩船
　　　　　　　　上》、鄭煥生短篇小說集《輪椅》，臺灣商務印書館出版。

　　　　　　　△朱秀娟短篇小說集《橋下》、繁露長篇小說《山色青青》，
　　　　　　　　立志出版社出版。

　　　　　　　△盧克彰長篇小說《狗尾草》，文壇社出版。

十二月　　　　△純文學出版社成立，林海音主持。

　　　　　　　△章君穀長篇小說《圓圓曲》上下冊，傳記文學雜誌社出版。

　　　　　　　△立志出版社陸續出版四十開本的「立志文叢」，包括：劉
　　　　　　　　枋小說《小蝴蝶與半袋麵》、繁露短篇小說集《何處是兒
　　　　　　　　家》、徐薏藍短篇小說集《玫瑰園》、艾雯小說《弟弟的婚
　　　　　　　　禮》、吳東權短篇小說集《颱風草》等。

　　　　　　　△朱夜長篇小說《大地咆哮記》，小說創作社出版。

　　　　　　　△鍾肇政中短篇小說《中元的構圖》，康橋出版社出版。

　　　　　　　△澎湃中篇小說集《木屋裡的春天》，水牛出版社出版。

一九六九年

一月五日	△穆穆（穆中南）小說集《在苦難中成長》，文壇社出版。
一月十五日	△七等生短篇小說集《僵局》，林白出版社出版，列為「河馬文庫」第一號。
一月卅一日	△梁實秋、蔣復璁合編《徐志摩全集》共六冊，傳記文學出版社出版。
一月	△司馬中原小說集《石鼓莊》，皇冠出版社出版。
二月十八日	△嘉義霜葉出版社成立，創辦人沈登恩。
二月	△畢璞短篇小說集《陌生人來的晚上》，皇冠出版社。
	△張健短篇小說集《朝陽中的遠山》，臺中光啟出版社出版。
三月十日	△東方白短篇小說集《臨死的基督徒》，水牛出版社出版。
三月廿五日	△隱地主編《五十七年短篇小說選——十一個短篇》，仙人掌出版社出版，此為第一本年度小說選。
三月卅一日	△王家誠自費出版散文集《在那風沙的嶺上》，大江出版社發行。
三月	△洛夫、張默、瘂弦三人合編《中國現代詩論選》，高雄大業書店出版，選入管管等的詩論三十四篇。
	△宣建人短篇小說集《巧婦與拙夫》、吳俊傑小說集《江湖恨》、楊御龍小說集《老伴》，臺灣商務印書館出版。
	△葉石濤中短篇小說集《羅桑榮和四個女人》、司馬中原短篇小說集《十音鑼》，林白出版社出版，列為「河馬文庫」。
	△季薇散文集《水鄉的雲》，立志出版社出版。
四月	△郭嗣汾短篇小說集《迷津》，水星出版社出版。
	姜穆短篇小說集《早落的夕陽》、季薇散集《水鄉的雲》，立志出版社出版。
五月五日	△隱地與林秉欽、黃海等合資的金字塔出版社成立，出版王禎和短篇小說集《嫁妝一牛車》、王令嫻短篇小說集《球》、舒暢短篇小說集《軌跡之外》、尉天驄編的文學季刊選集《孤寂的聲音》。該出版社出版第一批書後即結束營業。
五月	△洛夫詩論集《詩人之鏡》，高雄大業書店出版。
六月十二日	△中國文化大學出版部成立，發行人林彩梅。

六月十五日	△楊思諶長篇小說《金色的泡沫》，世界文物出版社出版。
六月	△穆中南主編《文藝橋》，文壇社出版，主要為收錄菲華作家作品。
	△白萩詩集《天空象徵》，田園出版社出版。
七月七日	△科技圖書公司成立，發行人趙國華。
七月十七日	△文復會假臺北市自由之家舉辦「出版事業與中華文化復興座談會」。
七月	△王沛綸編著《戲曲辭典》，臺灣中華書局發行。本書所收辭類，以有關元明清三代之專門知識為主。計分人名、劇名、書名、牌名、方言、術語等部門，按照筆劃綜合編排，收錄六千六百餘條。本書所收人名分戲曲家與劇中人兩大類；所收劇名則分雜劇與傳奇兩大類。本書旨在供給初學戲曲文藝者以應用之工具，解釋力求深入淺出。
	△水晶小說及雜文集《拋磚記》、張秀亞小說集《那飄去的雲》，三民書局出版。
	△李喬短篇小說集《人的極限》、馮輝岳小說散文合集《孤寂的星星》，彰化現代潮出版社出版。
八月一日	△葉珊詩集《非渡集》，仙人掌出版社出版。
八月	△呼嘯短篇小說集《爬藤草》，立志出版社出版。
	△朱星鶴小說集《小園春滿》、羅雲家短篇小說集《第一筆生意》，臺灣商務印書館出版。
九月	△林懷民短篇小說集《蟬》，仙人掌出版社出版。
	△洪素麗詩集《詩》，田園出版社出版。
	△段彩華小說集《雪地獵熊》，三民書局出版。
	△於墨小說集《美神》、田原小說集《大黑馬》，水牛出版社出版。
	△趙雲散文集《零時》，大江出版社出版。
	△商禽詩集《夢或者黎明》，十月出版社出版。
	△臺南復文書局成立，發行人吳主和，以教科書為主。
十月廿五日	△《中華民國五十八年·中華民國年鑑》，中華民國年鑑社編印發行。
十月	△黃春明第一本小說集《兒子的大玩偶》、叢甦短篇小說集

《白色的網》、葉維廉詩集《愁渡》，仙人掌出版社出版。

△高陽散文集《文史覓趣》，驚聲文物供應社出版。

十一月十二日　△國立中央圖書館舉辦「全國文藝創作展覽」。臺灣商務、正中、文壇、文藝、立志、清流等出版社皆在會場設攤。

十一月卅日　△陳星吟創辦晚蟬書店，出版三十二開本，葉石濤短篇小說《晴天和陰天》、蕭白短篇小說《瑪瑙杯子》。

十一月　　△余光中詩集《敲打樂》、《在冷戰的年代》，純文學出版社出版。

△孟絲短篇小說集《白亭巷》、蔡文甫短篇小說集《霧中雲霓》，仙人掌出版社出版。

△孫虹小說集《浪濤》，水芙蓉出版社出版。

△吉錚短篇小說集《孤雲》，大林出版社出版。

十二月十日　△林白出版社成立，負責人林佛兒。

十二月　　△財團法人臺北市徐氏基金會成立，專譯科技圖書。

△施善繼詩集《傘季》、桓夫詩集《野鹿》，田原出版社出版。

△畢珍小說集《明日新娘》，立志出版社出版。

△丁宗裕小說集《梅嶺春回》，臺灣商務印書館出版。

△顏元叔論述《文學的玄思》，驚聲文物供應社出版。

△趙滋蕃短篇小說集《默默遙情》，三民書局出版。

一九七〇年

一月一日　　△吳東權短篇小說集《玉蝴蝶》、邵僩短篇小說集《不停腳的人》，嘉義明山書局出版，皆列為四十開本的「雙葉文庫」。

△符兆祥編選《現代青年作家的痕跡》，嘉義明山書局出版。

一月　　　△李喬短篇小說集《山女──蕃仔林故事集》、季季短篇小說集《異鄉之死》，晚蟬書店出版。

△國立中央圖書館編印《中華民國出版圖書目錄彙編續輯》，收錄一九六四年一月至一九六八年六月該館入藏圖書。

△吳瀛濤《吳瀛濤詩集》，笠詩社出版。

△楊念慈長篇小說《巨靈》，立志出版社出版。

△楊青矗短篇小說集《在室男》，文皇出版社出版（自組）。

△墨人長篇小說《龍鳳傳》，幼獅書店出版。

△金劍短篇小說集《憤怒山谷》、畢珍短篇小說集《餓鬼號》，臺灣商務印書館出版。

二月　　　　　△張彥勳中短篇小說集《海燈》、汪洋短篇小說集《風雨故人》，臺灣商務印書館出版。

△畢璞短篇小說集《再見秋水》，三民書局出版。

△蔣芸短篇小說集《與我共舞》，仙人掌出版社出版。

△端木方長篇小說《七月流火》，臺灣省新聞處出版。

三月一日　　　△王鼎鈞短篇小說集《單身漢的體溫》，大林出版社出版。

三月三日　　　△文藝月刊社即日起假臺北國軍文藝活動中心主辦為期八天的「全國文學書刊聯合展覽」，三十餘家出版社參展。

三月十日　　　△桑品載主編短篇小說集《人間選集》第三輯，中國時報社出版。

三月廿日　　　△趙滋蕃雜文集《生命的銳氣》、周介塵短篇小說集《于家班》，大西洋圖書公司出版。

三月廿五日　　△洛夫詩集《無岸之河》，大林出版社出版。

三月卅一日　　△王家誠短篇小說集《在那風沙的嶺上》，大江出版社出版。

三月　　　　　△隱地主編《五十八年度小說選》，此為第二本年度小說選，大江出版社出版。

△林鍾隆散文集《繁星集》，臺灣商務印書館出版。

△劉靜娟散文集《響自小徑那頭》，大江出版社出版。

四月一日　　　△朱西甯短篇小說集《冶金者》、蕭白散文集《靈畫》，仙人掌出版社出版。

四月廿五日　　△楊御龍短篇小說集《文石項鍊》、張雪茵散文集《江南風雨夜》、徐薏藍散文集《綠窗小語》，立志出版社出版。

△畢珍小說集《神寨》、楊御龍短篇小說集《另一個戰場》、汪洋小說集《休止符》，大西洋圖書公司出版。

四月　　　　　△邵僩小說評論集《白癡的天才》，晚蟬書店出版。

△郭晉秀短篇小說集《媽媽的假期》，臺中光啟出版社出版。

△羅蘭自費出版長篇小說《飄雪的春天》。

五月一日	△趙滋蕃雜文集《文學與藝術》，三民書局出版。
五月廿日	△文津出版社成立，發行人邱鎮京。以出版文史圖書為主。
五月廿二日	△國防部公佈「臺灣地區戒嚴時期出版物管制辦法11條」。
五月廿五日	△柯慶明評論集《一些文學觀點及其考察》，雲天出版社出版。
五月廿六日	△文復會學術研究出版促進委員會召開菲華中正文化獎金審核會議。
五月	△綠蒂主編《中國新詩選》，中國新詩社出版，收錄六十五家詩作。
	△紀剛長篇小說《滾滾遼河》，純文學出版社出版。
	△邵僩短篇小說集《到青龍橋解散》，大西洋圖書公司出版。
	△顏元叔論述《文學批評散論》，驚聲文物供應社出版。
六月九日	△益群書店成立，創辦人劉英富，以益群文叢和預官考選圖書為主。
六月廿七日	△中國書城成立於臺北市西門町，由國語日報社長何凡、傳記文學出版社社長劉紹唐、大學雜誌社社長陳達弘、天人出版社社長胡子丹、水牛出版社社長彭誠晃等共同發起。
六月	△瘂弦主編《風格之誕生——當代散文選第一輯》，幼獅文化事業公司出版，收錄四十位作家作品。
	△畢珍短篇小說集《男人的故事》，正中書局出版。
	△繁露長篇小說集《珍珍》，立志出版社出版。
	△張洪禹第一本短篇小說集《下凡記》、墨人中短篇小說集《變性記》，臺灣商務印書館出版。
	△鄭清文長篇小說《峽地》，臺灣省新聞處出版。
	△彭歌長篇小說《從香檳來的》，三民書局出版。
	△高準詩集《高準詩抄》，臺中光啟出版社出版。
	△鐵路局編輯小組編輯《交通名詞辭典·鐵路類》，交通部交通研究所出版。
七月一日	△司馬中原長篇小說《綠楊村》，皇冠出版社出版。
七月	△國立中央圖書館主編《中華民國當代文藝作家名錄》，中華叢書編審委員會出版。
	△方舟出版社成立，創辦人孫家驥，以刊印中國古錢參考書和

影印古錢譜為主。

△正大印書館成立，創辦人劉克環。

△林衡哲、楊牧主編《新潮叢書》，志文出版社出版。以出版海外有成就的華裔學者著作為主，至一九七五年，共出版廿四種。

△陳鴻森詩集《期嚮》，笠詩社出版。

△鍾玲散文評論集《赤足在草地上》，志文出版社出版。

△澎湃中篇小說《畫夢十年間》，水牛出版社出版。

△王亞小說集《待泛的曙光》，立志出版社出版。

△季季長篇小說《我不要哭》，皇冠出版社出版。

八月十五日　△晨鐘出版社成立，創辦人白先勇，白先敬、郭震唐主持業務。以出版國內作家作品、譯介世界名著為主。

八月　　　　△第五次全國教育會議通過「在大學文學院增設文學創作系」案。

△高雄三信出版社成立，創辦人林瓊瑤。

△王憲陽詩集《千燈》，作品雜誌社出版。

△丁文智短篇小說集《轉變》、丘榮襄短篇小說集《貧血的太陽》，臺灣商務印書館出版。

△司馬中原長篇小說《啼明鳥》，皇冠出版社出版。

九月五日　　△阿波羅出版社四十開本「阿波羅文叢」，出版菱舲散文集之一《聽，聽，那寂靜》、散文集之二《琴夜》。

九月十日　　△梅新詩集《再生的樹》，驚聲文物供應社出版。

△詩宗社主編的詩集刊《風之流》，晨鐘出版社出版。

九月　　　　△夏志清論著《愛情、社會、小說》，純文學出版社出版，收錄七篇論文。

△胡品清合集《最後一曲圓舞》，水牛出版社出版。

△趙雲短篇小說集《把生命放在手中》、蘇玄玄（曹又方）第一本短篇小說集《愛的變貌》，大江出版社出版。

△張系國短篇小說集《地》、夏志清評論集《愛情·社會·小說》，純文學出版社出版。

△朱西寧長篇小說《畫夢記》、丹扉雜文集《見剌集》，皇冠出版社出版。

<table>
<tr><td></td><td>△子于短篇小說集《摸索》，晨鐘出版社出版。</td></tr>
<tr><td></td><td>△陳冷短篇小說集《櫻花落時》，立志出版社出版。</td></tr>
<tr><td>十月一日</td><td>△臺灣省教育廳第一期《中華兒童叢書》共一百六十五種全部
出齊。</td></tr>
<tr><td>十月十日</td><td>△吳濁流回憶錄《無花果》，林白出版社出版。</td></tr>
<tr><td>十月</td><td>△王文興短篇小說集《玩具手槍》、劉大任短篇小說集《紅土
印象》，志文出版社出版。</td></tr>
<tr><td></td><td>△張默詩集《上昇的風景》，巨人出版社出版。</td></tr>
<tr><td></td><td>△邵僩短篇小說集《坐在碼頭上等雨》、郭晉秀短篇小說集
《喜事》，立志出版社出版。</td></tr>
<tr><td></td><td>△邵僩短篇小說集《兄弟們》、楊御龍小說集《婚禮》，正中
書局出版。</td></tr>
<tr><td></td><td>△碧竹散文集《古榕》，臺中光啟出版社出版。</td></tr>
<tr><td>十一月</td><td>△鄭清文短篇小說集《校園裡的椰子樹》，三民書局出版。</td></tr>
<tr><td></td><td>△墨人長篇小說《火樹銀花》，立志出版社出版。</td></tr>
<tr><td></td><td>△蕭白散文集《摘雲集》，阿波羅出版社出版。</td></tr>
<tr><td></td><td>△南郭長篇小說《金色世紀》，幼獅文化事業出版。</td></tr>
<tr><td></td><td>△呼嘯短篇小說集《星星‧早落》，臺中學海書局出版。</td></tr>
<tr><td></td><td>△公孫木小說集《心痕》、朱星鶴短篇小說集《慈暉》，立志
出版社出版。</td></tr>
<tr><td></td><td>△林守為自費出版《童話研究》。</td></tr>
<tr><td>十二月一日</td><td>△王鼎鈞散文集《情人眼》，大林出版社出版。</td></tr>
<tr><td>十二月十二日</td><td>△教育部召開兒童讀物座談會。</td></tr>
<tr><td>十二月廿五日</td><td>△姜穆短篇小說《淑女》、《尋夢》，盧克彰短篇小說《姍
姍》，宣建人短篇小說《沖喜記》，大荒短篇小說《無言的
輓歌》，柯慶明文學評論集《萌芽的觸鬚》，雲天出版社出
版。</td></tr>
<tr><td>十二月</td><td>△中華民國年鑑社編印，《中華民國五十九年‧中華民國年
鑑》，正中書局發行。</td></tr>
<tr><td></td><td>△中國女作家佳作選《筆華集》，中國婦女寫作協會編印出
版。</td></tr>
<tr><td></td><td>△詩選集《第七度》，大林出版社編印出版。共收錄過去九年</td></tr>
</table>

於《文星雜誌》發表詩作的四十五位詩人六十六首作品。

△陳敏華詩集《水晶集》，葡萄園詩社出版。

△七等生中篇小說《放生鼠》，林白出版社出版。

△隱地散文集《反芻集》，大林出版社出版。

△司馬中原長篇小說《天河》，皇冠出版社出版。

△碧竹短篇小說集《班會之死》，三民書局出版。

一九七一年

一月六日　　△教育部公佈「慶祝中華民國建國六十週年文藝季活動推行綱要」。

一月　　　　△道聲出版社成立，發行人殷穎，以出版文藝書籍為主。

△張系國小說、評論、雜文合集《亞當的肚臍眼》，雲天出版社出版。後更名為《孔子之死》，洪範書店出版。

△姜穆短篇小說集《沈落的那傢伙》，臺灣商務印書館出版。

二月八日　　△教育部文化局假臺北市中國大飯店舉行「保障文藝作家版權」座談會。

二月九日　　△配合紀念建國六十週年，中國國民黨中央委員會舉行「中央文藝工作檢討會」，檢討文藝政策施行情形，並決議文藝創作事業應以闡揚反共揭匪暴行等為原則。

二月廿八日　△詩宗社主編《月之芒》，環宇出版社出版。

二月　　　　△汪洋小說集《移愛》、李望如小說集《還鄉記》，臺灣商務印書館出版。

△朱西寧短篇小說集《現在幾點鐘》，阿波羅出版社出版。

△於梨華小說、雜文集《帶淚的百合》，藍燈出版社出版。

三月十三日　△臺灣省教育廳設中華兒童叢書「金書獎」。

三月廿七日　△內政部出版事業管理處假臺北市中華體育館舉辦「全國書展」。

三月　　　　△洛夫主編《一九七〇年詩選》，仙人掌出版社出版，為中國現代詩壇第一部年度詩選，收錄三十六家詩人詩作近百首。

△隱地主編《五十九年短篇小說選》，大江出版社出版。自六十年起，組織「年度小說編選委員會」，始由編委輪流主

選。

四月一日　　　△高樹藩編著《正中形音義綜合大字典》，正中書局出版。收錄單字七千六百餘，共二千二百五十頁。一九七四年，增訂加入近百單字。

四月一日　　　△白先勇短篇小說集《臺北人》、張曉風散文集《愁鄉石》，晨鐘出版社出版。

四月三日　　　△臺灣省教育廳第一期中華兒童叢書「金書獎」頒獎。

四月　　　　　△中華民國六十年文藝史編纂委員會全體委員第一次會議假臺北市自由之家舉行，討論《中華民國文藝史》編纂及出版事宜。

　　　　　　　△臺灣省教育廳於臺北、臺中、臺南三地同時舉辦第一屆「中華兒童叢書展覽」。

　　　　　　　△林文月散文集《京都一年》、何凡雜文集《磊磊集》和《落落集》，純文學出版社出版。

　　　　　　　△施叔青短篇小說集《拾掇那些日子》、葉珊詩集《傳說》、夏濟安散文集《夏濟安選集》，志文出版社出版，列為「新潮叢書」。

　　　　　　　△宣建人短篇小說集《稻香村》，臺中光啟出版社出版。

　　　　　　　△趙寧《趙寧留美記》，皇冠出版社出版。

　　　　　　　△隱地主編《59年短篇小說選》，大江出版社出版。

　　　　　　　△吳癡短篇小說集《天涯猶有未歸人》，正中書局出版。

　　　　　　　△吳東權長篇小說《九孔橋》，立志出版社出版。

　　　　　　　△張放中篇小說《生死場》，陸軍出版社出版。

五月一日　　　△黃得時《中國歷史故事精選》，青文出版社出版。

五月廿日　　　△藝術圖書公司成立，創辦人何恭上，以出版藝術圖書為主。

五月廿八日　　△板橋教師研習會假教育部文化局文藝活動中心舉辦「兒童讀物寫作及出版座談會」。

五月　　　　　△艾雯、陸震廷、郭晉秀合編《六十年代》，高雄大業書店出版。此為中國文藝協會南部分會為慶祝中華民國建國六十年及分會成立二十週年，編成的小說集。

　　　　　　　△鄭炯明第一本詩集《歸途》，笠詩社出版。

　　　　　　　△盧克彰長篇小說《太陽神的子民》，正中書局出版。

	△嚴友梅小說集《爸爸的情人》，立志出版社出版。
六月	△呼嘯長篇小說《竹園村》，臺灣省新聞處出版。
	△葉維廉評論集《秩序的生長》、殷允芃當代名人訪問錄《中國人的光輝及其它》，志文出版社出版。
	△盧克彰散文集《自然的樂章》，三民書局出版。
	△瓊瑤中篇小說《水靈》，皇冠出版社出版。
七月	△中華徵信所成立出版部。
	△工業技術圖書出版社成立，創辦人吳仲庚、李燕麗等人。以工業圖書的出版與買賣為主。一九七三年四月更名為師友工業圖書公司。
	△紀弦詩集《五八詩抄》，現代詩社出版。
	△白萩《白萩詩集》，三民書局出版。
	△畢璞短篇小說集《橋頭的陌生人》，立志出版社出版。
	△司馬中原長篇小說《荒鄉異聞》，皇冠出版社出版。
八月一日	△文史哲出版社成立，創辦人彭正雄。以出版圖書史、目錄學、聲韻學、藝術圖書為主。
八月	△晨光出版社成立，發行人李瑞祥，以中小學教科書為主。
	△劉心皇論述《現代中國文學史話》，正中書局出版。
九月十四日	△梁在平選印《中國古代音樂史料輯要》，學藝出版社出版。
九月廿八日	△華欣文化事業公司成立，屬退輔會，發行人韋德懋。
九月	△牧童出版社成立，創辦人姜紫燕、李永熾、周曉明。以出版文史哲圖書為主，並出版「牧童文庫」。
	△三山出版社成立，創辦人周思。該社所出版的「三山文庫」以翻譯心理學圖書為主。
	△中國時報「海外專欄」選集第一輯《海內知己》，晨鐘出版社出版。
十月一日	△吳濁流漢詩和隨筆集《晚香》，台灣文藝雜誌社出版。
十月十日	△黎明文化事業公司成立，發行人張明弘。
十月廿日	△歐陽子短篇小說集《秋葉》，晨鐘出版社出版。
十月廿五日	▲退出聯合國。
	△黃勁連詩集《蓮花落》，林白出版社出版。
十月卅日	△臺灣省教育廳第二期《中華兒童叢書》開始分批出版。

十月卅一日	△華視文化公司成立，發行人張嘉麟，以兒童讀物類為主。
十月	△陳氏圖書公司成立，創辦人陳恩泉，以出版工具書和參考書等為主。關係企業為台陽書局。
	△味全出版社成立，發行人黃淑惠，以出版食譜類為主。
	△林海音長篇小說《春風》，純文學出版社出版。原名為《春風麗日》。
	△為慶祝中華民國建國六十年，編印三集《六十年小說集》，共收錄六十七位作家，八十三篇作品，正中書局出版。
十一月一日	△吳濁流小說《泥濘》，林白出版社出版。
十一月八日	△洪建全教育文化基金會成立於臺北市。董事長洪游勉。以辦理洪建全兒童文學創作獎聞名於世。
十一月廿五日	△國立中央圖書館假該館舉行「中華民國兒童圖書展覽」，至一九七二年一月三日止。
十一月	△新竹楓城圖書供應社成立，創辦人廖文遠、顧敏。
	△趙滋蕃長篇小說《海笑》（上中下三冊）、姜貴長篇小說《烈婦峰》、琦君短篇小說集《七月的哀傷》，驚聲文物供應社出版。
	△司馬中原長篇小說《十八裏旱湖》、丹扉雜文《伐桂集》，皇冠出版社出版。
十二月十二日	△國語日報社董事長游彌堅逝世，享年七十四歲。
十二月廿九日	△國家出版社成立，發行人林洋慈。
十二月	△《中華民國六十年‧中華民國年鑑》，中華民國年鑑社編印，正中書局發行。
	△陳秀喜詩集《覆葉》，笠詩社出版
	△葉維廉詩集《醒之邊緣》，環宇出版社出版。
	△陳敏華詩集《琴窗詩抄》，三民書局出版。
	△丁穎詩集《第三季的水仙》，藍燈出版社出版。

一九七二年

一月	△紀念中華民國建國六十週年而編選的《六十年散文選》（二集）正中書局出版。

　　　　　　△《中國現代文學大系》精裝八冊，巨人出版社陸續出版。該
　　　　　　　套書係為呈現一九五〇至一九七〇年現代文學作品，包括小
　　　　　　　說四冊，詩歌及散文各二冊。

　　　　　　△張默、管管合編詩評集《從變調出發》、蕭說評論集《從流
　　　　　　　動出發》，臺中普天出版社出版。

　　　　　　△李魁賢詩論集《心靈的側影》，臺南新風出版社出版。

　　　　　　△楊安祥中短篇小說集《波士頓紅豆》、林海音及何凡夫婦合
　　　　　　　著散文集《窗》，純文學出版社出版。

　　　　　　△林鍾隆詩評論集《現代詩的解說與評論》，彰化現代潮出版
　　　　　　　社出版。

二月十日　　△何欣主編《中國現代小說選》第一集，臺南新風出版社出
　　　　　　　版，列為「紅葉文叢」之一。本書選擇範圍從一九五一到一
　　　　　　　九七一年止。

二月廿七日　△洪炎秋任國語日報社發行人，夏承楹任社長，羊汝德任總編
　　　　　　　輯。

二月　　　　△孟瑤著《孟瑤短篇小說集》，皇冠出版社出版。

三月廿一日　▲蔣介石當選中華民國第五任總統，副總統嚴家淦。

三月廿九日　△中國青年寫作協會舉辦全國圖書展覽，展期十九天。

三月　　　　△鄭明娳主編《六十年短篇小說選》，大江出版社出版。

四月二日　　△國語日報「兒童文學周刊」創刊，馬景賢主編。是第一份專
　　　　　　　門探討兒童文學與兒童讀物的專刊。

四月四日　　△國立中央圖書館與《中央日報》合辦「兒童書展」。

　　　　　　△孤影《一個小市民的心聲》在中央日報副刊連載後出單行
　　　　　　　本，引起廣泛討論，銷行達四十萬冊。

　　　　　　△喬林第一本詩集《基督的臉》，林白出版社出版。

四月五日　　△鄭臻（鄭樹森）主編《大學雜誌》文學作品選集《憤怒的與
　　　　　　　孤寂的》，環宇出版社出版。選入小說七篇、散文十篇、詩
　　　　　　　十四篇。

四月卅日　　△中華民國圖書出版事業協會成立，首任理事長正中書局總經
　　　　　　　理李潔。

四月　　　　△蕭颯長篇小說集《長堤》，文壇社出版。

　　　　　　△彭歌《彭歌自選集》，臺灣中華書局出版。

61

	△庶克短篇小說集《跪在火燙的石板上》，晨鐘出版社出版。
	△白慈飄小說集《過站》，立志出版社出版。
	△子敏散文集《小太陽》、余光中散文集《焚鶴人》，純文學出版社出版。
五月一日	△《出版家》雜誌社創刊，發行人林崑雄，創辦人林賢儒、王希平、王國華等。
	△《兒童月刊》創刊，發行人張任飛，主編黃曉露。
	△《小讀者》月刊創刊。
五月廿日	△《當代小說精選》第一輯和第二輯，黎明文化事業公司策劃出版。
五月廿五日	△呼嘯《呼嘯自選集》，臺灣中華書局出版。
五月廿九日	▲蔣經國就任行政院長。
五月	△子於小說集《艷陽》，驚聲文物供應社出版。
	△白萩詩論《現代詩論集》，三民書局出版。
	△水芙蓉出版社成立，主持人莊牧心。
六月六日	△新文豐出版公司成立，發行人高本釗。古籍影印。
六月九日	△藝術圖書公司成立，創辦人何恭上。以美術類圖書為主。
六月十八日	△何容繼任國語日報社董事長。
六月	△茅及銓短篇小說集《八月十六日的月色》，皇冠出版社出版。
	△鍾鐵民長篇小說《雨後》，臺灣省新聞處出版。
	△彭歌中篇小說《K先生去釣魚》，華欣文化中心出版。
七月廿六日	△大地出版社成立，發行人張姚宜瑛。
七月	△彭歌「三三草」專欄第七本書《回春詞》，三民書局出版。
	△畢珍短篇小說集《河西浪子》、馮輝岳小說集《一種玩笑》，臺灣商務印書館出版。
	△於梨華短篇小說集《會場現行記》，皇冠出版社出版。
	△蔡文甫主編《愛情的故事》、王默人長篇小說《外鄉人》，皇冠出版社出版。
八月	△中國婦女寫作協會編印《織錦集》，列為婦協文叢第一集。
	△白萩詩集《香頌》，笠詩刊社出版。
	△墨人《墨人自選集》五大冊，臺灣中華書局出版。

△梅濟民短篇小說集《牧野》，立志出版社出版。

△楊青矗短篇小說集《妻與妻》，文皇出版社出版。

九月一日　　　△《書評書目》雙月刊創刊，發行人簡靜惠，主編隱地。共出
　　　　　　　　一百期，至一九八二年九月一日停刊。

九月廿二日　　△林煥彰詩集《歷程》，林白出版社出版。

九月廿九日　　▲與日本斷交。

九月　　　　　△蔡文甫中篇小說集《玲玲的畫像》，世界文物供應社出版。

　　　　　　　△沙軍小說集《杏林春暖》，臺灣商務印書館出版。

　　　　　　　△七等生小說集《五年集》，林白出版社出版。

十月十日　　　△羅青第一本詩集《吃西瓜的方法》，幼獅文化事業公司出
　　　　　　　　版。

十月卅日　　　△陳明台詩集《孤獨的位置》，笠詩刊社出版。

十月　　　　　△王牧之小說集《一張文憑》，臺灣商務印書館出版。

十一月十一日　△國立中央圖書館舉行第二屆「文藝創作展覽」，為期五天。
　　　　　　　　為配合書展，並舉辦「新詩座談會」，瘂弦主持。

十一月　　　　△楊允達《允達詩集》，南北笛詩社出版。

　　　　　　　△劉紹銘散文集《霧台書簡》，三民書局出版。

　　　　　　　△叢甦短篇小說集《秋霧》，晨鐘出版社出版。

　　　　　　　△澎湃長篇小說《赤子悲歌》、吳東權長篇小說《一翦梅》、
　　　　　　　　呼嘯短篇小說集《蓓蓓的歲月》、墨人散文小說集《斷腸
　　　　　　　　人》，臺灣學生書局出版，列為「學生書苑」系列。

　　　　　　　△馮馮長篇小說《柯飄湖》、張秀亞《張秀亞自選集》皇冠出
　　　　　　　　版社出版。

十二月二日　　▲日本在臺灣設立日本交流協會，臺灣在日本設立亞東關係協
　　　　　　　　會。

十二月　　　　△中華民國年鑑社編印，《中華民國六十一年·中華民國年
　　　　　　　　鑑》，正中書局發行。

　　　　　　　△張系國主編一九六九至一九七一年這三年間刊登於《大學
　　　　　　　　雜誌》「域外集」作品，分為《天涯小唱》、《未竟的探
　　　　　　　　訪》，環宇出版社出版。

　　　　　　　△岩上詩集《激流》，笠詩刊社出版。

　　　　　　　△孫如陵自費出版談寫作的方塊文章《抓住就寫》，此為《寫

作與投稿》續篇。

△林佛兒小說集《唯美的感傷主義者》，林白出版社出版。

△歸人散文集《煙》，臺北經綸出版社出版。

△林柏燕短篇小說集《闇夜的水底寮》，天人出版社出版。

一九七三年

一月廿四日　△志文出版社成立，發行人張清吉。以出版「新潮文庫」著名。

一月　　　　△碧竹散文集《你我之外》，臺中光啟出版社出版。

二月七日　　△中華文化復興運動推行委員會臺北市分會假臺北市弘道國中舉行「兒童文學創作研究會」為期兩週。

二月廿日　　△哈佛企業管理顧問公司出版部成立，發行人洪良浩，以企管類圖書為主。

二月廿三日　△巨流圖書公司成立，發行人熊嶺。

二月　　　　△陳芳明第一本詩集《含羞草》，大江出版社出版。

　　　　　　△水晶小說集《鐘》，三民書局出版。

　　　　　　△林川夫散文集《森林記事》、忻易小說集《掉在天花板上的壁虎》、李冰小說集《梨花開的時候》，皇冠出版社出版。

　　　　　　△葉蘋散文集《華岡之雨》，驚聲文物供應社出版。

　　　　　　△葉石濤中短篇小說集《鸚鵡和豎琴》，高雄三信出版社出版。

　　　　　　△張健散文及評論集《讀書與品書》，國家出版社出版。

　　　　　　△許丹林小說集《花轎搖又搖》，臺灣商務印書館出版。

三月一日　　△碧竹散文集《在斜陽外》，高雄文皇出版社出版。

三月　　　　△大荒詩集《存愁》，創世紀出版社出版。

　　　　　　△葉石濤《葉石濤作家論集》高雄三信出版社出版。

　　　　　　△古添洪詩集《剪裁》，笠詩刊社出版。

　　　　　　△吳宏一詩集《繡風集》，臺中光啟出版社出版。

　　　　　　△彭歌「雙月樓雜記」專欄《風雲裏》，驚聲文物供應社出版。

　　　　　　△蔡文甫短篇小說集《遺愛記》，臺灣學生書局出版。

	△思兼（沈謙）主編《六十一年短篇小說選》，大江出版社出版。
四月六日	△諸家駿繼任國立中央圖書館第五任館長。
四月廿五日	△《六十年詩歌選》，正中書局出版，此為紀念建國六十年而編的詩選。
四月	△王文興長篇小說《家變》，環宇出版社出版。
	△林鍾隆童話集《最美的花朵》，青文出版社出版。
五月四日	△行政院新聞局組織條例修正草案，決定裁撤教育部文化局，並將內政部出版事業管理處業務併新聞局管理。
六月一日	△行政院決定自本日起，將內政部出版事業管理處併入新聞局，併入新聞局後，其業務及名稱將不改變。
六月五日	△《龍族詩選》，林白出版社出版。二十五開，二百頁。
六月	△國立故宮博物院編纂《故宮宋瓷圖錄——汝窯、官窯、鈞窯》，日本學習研究社製作發行，故宮博物院出版。
	△季季短篇小說集《月亮的背面》，大地出版社出版。
七月一日	▲「十大建設運動」開始。
七月	△徐鍾珮散文集《靜靜的倫敦》，大林出版社出版。
	△碧竹短篇小說集《李白乾杯》，先知出版社出版。
	△黃得時《台灣民間故事精選》，青文出版社出版。
八月一日	△行政院新聞局增設出版事業處、電影事業處、廣播事業處。
	△張彥勳少年小說《兩根草》，聞道出版社出版。
八月三日	△全華科技圖書公司成立，發行人陳本源。
八月九日	△希代書版公司成立，發行人朱寶龍。
八月十日	△修正公佈出版法，行政院新聞局為中央主管官署，書籍或其他出版品於發行時，應由發行人分別寄送新聞局及國立中央圖書館各一份。
八月	△雄獅圖書公司成立，發行人李賢文，以美術類為主。
九月八日	△「兒童出版事業基金會」成立。
九月廿日	△林柏燕評論集《文學探索》，書評書目雜誌社出版。
九月	△陌上桑短篇小說集《剿》，青龍出版社出版。
	△白先勇任發行人的《現代文學》在發行第五十一期後停刊。
十月八日	△學生出版社成立，發行人詹炳垣，以兒童讀物類圖書為主。

十月廿日	△七等生長篇小說《離城記》，晨鐘出版社出版。
十月廿二日	△臺灣省立臺北圖書館奉令改隸為國立中央圖書館臺灣分館，由國立中央圖書館採訪組胡安彝兼代館長。
十月	△中文大辭典編纂委員會編纂，張其昀監修，林尹、高明主編《中文大辭典》普及本，中國文化大學出版部出版，凡六千餘萬言，所收單字共五萬字，分訂十冊，精裝，二十五開本。
	△曾信雄評論集《兒童文學創作選評》，國語日報社出版。
	△陳敏華詩集《晨海的風笛》，世界文物供應社出版。
十一月	△國立故宮博物院編纂《故宮宋瓷圖錄——定窯、定窯型》，日本學習研究社製作發行，故宮博物院出版。
十二月廿日	▲國民所得平均每人每年四百六十七美元。
十二月廿二日	△子敏散文集《和諧人生》，純文學出版社出版。
十二月	△中華民國年鑑社編印，《中華民國六十二年·中華民國年鑑》，正中書局發行。
	△郭兀短篇小說集《山窩裡的人》，黎明文化公司出版。
	△繆天華散文集《雨窗下的書》，三民書局出版。
	△唐文標第一本散文集《平原極目》，環宇出版社出版。
	△康子瑛《奇異的花園》、徐正平《大熊和桃花泉》、林鍾隆《毛哥兒和季先生》、黃基博《玉梅的心》、徐紹林《小泥人和小石人》、張彥勳《獅子公主的婚禮》、黃郁文《金蝶和小蜜蜂》、顏炳耀《象寶寶的鞋》、陳正治《小猴子找快樂》、許義宗《小狐狸學打獵》等十本童話列為第一批《兒童文學創作選集》，國語日報社出版。該套書在國語日報社童書出版上，就本土創作而言，具有指標性。

一九七四年

| 一月廿日 | △東大圖書公司成立，發行人劉仲文。與三民書局為關係企業。 |
| 一月廿八日 | △中華文化復興運動推行委員會臺北市分會第二屆「兒童文學創作研究會」於臺北市舉行，為期兩週。 |

一月	△蓉子詩集《橫笛與豎琴的響午》、胡品清合集《芭琪的雕像》，三民書局出版。
	△楊青矗小說集《心癌》，高雄文皇出版社出版。
	△王默人小說集《沒有翅膀的鳥》，林白出版社出版。
二月	△胥盛祥小說《蠻牛》，黎明文化事業公司出版。
	△羅門詩人隨想錄《長期受著審判的人》，環宇出版社出版。
三月十日	△遠景出版社成立，由沈登恩、鄧維楨、王榮文三人合資設立，首批「遠景叢刊」，推出黃春明短篇小說集《鑼》、《莎喲哪拉・再見》。
三月廿九日	△李喬長篇小說《痛苦的符號》，高雄三信出版社出版。
三月	△楊牧詩論集《傳統的和現代的》、陳芳明詩論集《鏡子和影子》、鄭愁予《鄭愁予詩選集》、梁實秋散文《看雲集》，志文出版社出版。
	△彭邦楨詩集《花叫》，華新文化事業中心出版。
	△隱地策劃，林柏燕主編《六十二年度短篇小說選》，書評書目雜誌社出版。此為《書評書目》接編「年度小說」系列第一本。
四月四日	△洪建全教育文化基金會創設「洪建全兒童文學創作獎」，是民間第一個創設的兒童文學獎，影響臺灣兒童文學創作甚鉅。
四月十日	△出版法於一九七三年底由總統修正，行政院於一九七四年七月廿一日核定發行出版法施行細則，並於本日公佈出版法施行細則。
四月十五日	△李喬小說集《恍惚的世界》，高雄三信出版社出版。
四月	△曾妙容童詩集《露珠》，臺灣文教出版社出版。
五月一日	△國家文藝基金管理委員會成立，由中國國民黨中央文化工作委員會主任吳俊才，擔任主任委員。
	△《出版家雜誌》創刊，月刊，發行人林崑雄，社長王希平，總編輯王國華。
五月四日	△聯合報關係企業「聯經出版事業公司」成立。
	△桂冠圖書公司成立，發行人賴阿勝。
五月十五日	△林海音主編《純文學散文選集》、余光中散文及評論集《聽

聽那冷雨》、彭歌論述《愛書的人》、林良散文集《在月光下織錦》，純文學出版社出版。

五月卅日　　△晴夜散文集《你是惟一的高音》，水芙蓉出版社出版。

五月　　　　△郭兀中篇小說集《荒島夢回》、帥崇義童話集《彩虹曲》，臺中光啟出版社出版。

　　　　　　△徐薏藍長篇小說《天涯路》、小民散文集《媽媽鐘》，道聲出版社出版。

六月　　　　△朱星鶴短篇小說集《多彩的旋律》，黎明文化公司事業出版。

　　　　　　△孫陵《孫陵自選集》、謝霜天散文《心畫》，智燕出版社出版。

　　　　　　△公路編審小組編輯《交通名詞辭典・公路類》，交通部交通研究所出版。

七月一日　　△臺南世一文化事業公司成立，發行人莊朝根。

七月　　　　△余光中詩集《白玉苦瓜》，大地出版社出版。

　　　　　　△司馬中原長篇小說《狼煙》、呼嘯長篇小說《滄海桑田》、蔡文甫長篇小說《愛的泉源》、童真短篇小說集《樓外樓》、段彩華短篇小說集《花彫宴》，華新文化中心出版。

　　　　　　△林清泉童詩集《心帆集》，笠詩刊社出版

八月十日　　△何懷碩藝術評論集《十年燈》，大地出版社出版。

八月廿七日　△星光出版社成立，發行人林紫耀。

八月廿八日　△第一屆「青年書展」即日起在臺北市公賣局體育館揭幕，為期一個月。

九月七日　　△行政院新聞局贊助，中華民國圖書出版事業協會主辦「全國秋季圖書展覽」，即日起在臺北市國際學舍揭幕，為期三週。

九月十日　　△文曉村詩集《一盞小燈》，現代潮出版社出版。

　　　　　　△鹿橋短篇小說《人子》，遠景出版社出版。

九月　　　　△子於小說集《喜棚》、林綠評論集《隱藏的景》，華欣文化事業中心出版。

　　　　　　△任真小說集《秋收》，臺灣商務印書館出版。

　　　　　　△謝秀宗散文集《晴與陰》、徐秉鉞雜文《面紅耳赤集》，益

群書店出版。

十月五日　△由文復會贊助，全台書城與晨鐘出版社主辦的「十月擴大圖書展覽」，在臺北市國際學舍揭幕，為期四週。

十月　△國立故宮博物院編纂《故宮宋瓷圖錄——龍泉窯、哥窯及其他各窯》，日本學習研究社製作發行，故宮博物院出版。

　△顏元叔雜文集《人間煙火》，皇冠出版社出版。

　△夏志清評論集《文學的前途》，純文學出版社出版。

　△陳彥小說集《心渦的微笑》、碧竹散文集《綠遍天涯樹》，水芙蓉出版社出版。

　△柯錦鋒短篇小說集《梔子花》，臺灣商務印書館出版。

　△林語堂雜文集《無所不談》共二集，臺灣開明書店出版。

　△《中國兒童百科全書》第一輯，兒童月刊社出版。

十一月　△陳崑崙詩集《無言的小草》，高雄三信出版社出版。

　△李藍小說集《青春就是這樣》、趙滋蕃散文集《夏天的書》、司馬中原小說《凌煙閣外》、紀弦論述《園丁之歌》，華欣文化中心出版。

　△鄧文來散文集《斜陽外》，水芙蓉出版社出版。

　△於梨華長篇小說《考驗》，大地出版社出版。

十二月十日　△何容主編《國語日報辭典》，國語日報出版部出版。

十二月十二日　△洛夫詩集《魔歌》，中外文學月刊社出版。

十二月　△教育部將設立「國家文藝獎」與「文藝創作獎」。「國家文藝獎」由國家文藝基金會主辦，原由教育部主辦的文藝獎取消；「文藝創作獎」委託各文藝社團主辦，每年各舉辦一次。

　△中華民國年鑑社編印，《中華民國六十三年‧中華民國年鑑》，正中書局發行。

　△陳秀喜詩集《樹的哀樂》、桓夫詩集《媽祖的纏足》，笠詩社出版。

　△梁實秋散文集《槐園夢憶》，遠東圖書公司出版。

一九七五年

一月十日　　　△高雄勝夫書局成立，推出「南方文學叢刊」，計有：許振江散文集《春天的感覺》、曾淑真散文集《畫窗》、蔣玉蟬散文集《採風樓頭》。

一月十五日　　△葉維廉《葉維廉自選集》，黎明文化事業公司出版。

一月廿日　　　△林文月翻譯《源氏物語》，中外文學月刊社出版。

　　　　　　　△余阿勳散文集《涓涓集》，新理想出版社出版（自組）

一月廿一日　　△時報文化出版公司成立，發行人郝明義。

一月廿五日　　△邵僩散文集《白泉》，水芙蓉出版社出版。

　　　　　　　△馬景賢編《兒童文學論著索引》，書評書目出版社出版。

一月　　　　　△鄭喜夫撰《連雅堂先生年譜》，臺灣風物雜誌社出版。

　　　　　　　△楊子長篇小說《浸酒的花朵》，皇冠出版社出版。

　　　　　　　△子敏散文集《陌生的引力》、余光中散文集《望鄉的牧神》、林海音主編散文合集《中國竹》，純文學出版社出版。

　　　　　　　△金溟若短篇小說集《白癡的天才》，晨鐘出版社出版。

二月一日　　　△《愛書人雜誌》創刊於臺北市，為「出版家」名下的一份報紙行刊物，為國內第一份報紙型的書訊刊物。

二月六日　　　△正中書局文化服務處開幕，位於臺北市濟南路二段廿八號。

二月廿五日　　△中華書城租約屆滿，五月三日重新開幕。

　　　　　　　△黃春明短篇小說集《小寡婦》，遠景出版社出版。

二月廿八日　　△《當代中國小說大展》上下二冊，時報文化出版公司出版。

二月　　　　　△行政院新聞局自本月起至六月底止，全面換發出版事業的各類登記證。

　　　　　　　△臺北美國新聞處林肯中心舉辦「美國兒童讀物展覽」。

三月五日　　　△張系國散文集《讓未來等一等吧》，書評書目出版社出版。

三月十二日　　△胡品清合集《歐菲麗亞的日記》、艾雯散文集《浮生散記》、司馬中原散文集《流星雨》、朱西寧散文集《朱西寧隨筆》，水芙蓉出版社出版。

三月廿五日　　△隱地與鄭明娳合編《近二十年短篇小說選集編目》，書評書目出版社出版。

△姚一葦《姚一葦戲劇六種》，華欣文化中心出版。

三月卅日　△中華民國圖書出版事業協會慶祝第十四屆出版節，假僑聯賓館舉行慶祝會。

三月　　　△小野小說集《蛹之生》，文豪出版社出版。

△朱學恕詩集《海之組曲》，高雄山水詩社出版。

△高上秦編《中國當代小說大展》，（第一、二輯），時報文化出版公司出版。

△覃雲生、鄭傑光合編《六十三年短篇小說選》，書評書目出版社出版。

△黎明文化事業公司編印《中國新文學叢刊》——作家自選集第一批十冊出版。

四月四日　△國立中央圖書館臺灣分館與中華民國圖書出版事業協會合辦「全國兒童優良書刊展覽」。

四月五日　▲蔣總統介石逝世，翌日嚴家淦繼任總統。

四月廿二日　△號角出版社成立，創辦人陳銘磻。

四月廿五日　△遠景書城開幕。該書城由洪建全教育文化基金會及書評書目雜誌社贊助，遠景出版社經營。

四月廿八日　▲蔣經國就任中國國民黨主席。

四月　　　△邱楠《言曦散文全集》，臺灣中華書局出版。

△火星詩社策劃，《新銳的聲音——當代25位青年詩人作品集》，高雄三信出版社出版。

△林立少年小說《山裡的日子》、黃基博·謝武彰童詩集《媽媽的心·春》、景翔編選《兒童詩集佳作選》，書評書目雜誌社出版。

五月六日　△東興文化出版社成立，發行人沈竹雄。

五月七日　△大中國圖書公司成立，發行人薛永成。

五月廿四日　△眾文圖書公司成立，發行人黃清和。

五月廿六日　△臺北市政府公告，未換發登記證的出版社，務請於三十一日前，往市府新聞處辦理，逾期註銷。

五月　　　△臺灣兒童書局成立，發行人蕭金山。

△胡蘭成散文集《山河歲月》，遠景出版社出版。

△楊逵短篇小說集《鵝媽媽出嫁》，臺南大行出版社出版。

	△古丁詩集《星的故事》，長歌出版社出版。
	△《楊牧自選集》、《洛夫自選集》，黎明文化公司出版。
	△黃伯飛精短詩論集《詩國門外拾》，幼獅書店出版。
	△臺北「浩瀚出版社」成立。推出亮軒評論集《石頭人語》、周梅春散文集《純淨的世界》、林仙龍散文集《心境》、羊子喬散文集《月浴》、鄭喜夫《台灣史管窺初輯》。
	△思兼（沈謙）評論集《書評與文評》，書評書目雜誌社出版。
	△茂榮圖書公司成立，發行人林素瓊，以建築類及美術類為主。
六月一日	△劉紹唐主編《民國人物小傳》全十九冊，傳記文學出版社出版，一九九九年一月一日全部出齊。
六月二日	△財團法人臺北市廣學社基金會發行《廣學叢刊》，由廣學會出版部廣學印書館印行。
六月九日	△原由臺灣銀行編印有年之《臺灣文獻叢刊》停刊已久，再經楊亮功、周憲文、連震東、洪炎秋主編，交由開明書店發行，已出版二種，分別為《琉球歷代寶案選錄》、《張文烈遺集》。
六月十五日	△黃國彬詩集《攀月桂的孩子》，林白出版社出版。
六月卅日	△白慈飄散文集《乘著樂聲的翅膀》，水芙蓉出版社出版。
六月	△宋沈冬書簡集《詩心尺素》、散文集《秋草》，高雄文皇出版社出版。
	△梅遜散文集《若有所悟集》、《進城之後》，大江出版社出版。
	△葉石濤小說集《噶瑪蘭的柑子》，高雄三信出版社出版。
	△葉蘋散文集《天地悠悠》，華欣文化中心出版。
	△《舒暢自選集》，黎明文化事業公司出版。
	△尹雪曼主編《中華民國文藝史》，正中書局出版。
	△劉靜娟散文集《心底有根弦》、司馬中原短篇小說集《霜天》，大地出版社出版。
	△張默詩集《無調之歌》，創世紀詩社出版。
	△林鍾隆等合集《現代寓言》、傅林統等合集《少年小說》，

新兒童出版社出版。

七月一日　　▲交通部郵政總局即日起調整國內郵資，新聞紙及印刷品郵資也在調整之列。

七月五日　　△出版家雜誌社於美琪大飯店舉辦「出版家市場推廣研習會」座談。

七月廿日　　△爾雅出版社成立，發行人柯青華（隱地）。首批推出王鼎鈞散文集《開放的人生》、琦君散文集《三更有夢書當枕》、于墨小說集《靠在冷牆上》、程寧榕散文集《我是柏林過客》。

七月　　　　△環宇出版社成立，發行人陳達弘。

　　　　　　△齊邦媛主編《中國現代文學選集》英譯本兩冊，國立編譯館出版。

　　　　　　△陳銘磻散文集《車過臺北橋》，勝夫書局出版。

　　　　　　△保真中短篇小說《水幕》，道聲出版社出版。

八月三日　　△中華文化復興運動推行委員會臺北分會假金華國中舉辦第三屆「兒童文學創作研究會」，為期三週。

八月八日　　△臺北市出版商業同業公會依法正式成立，首任理事長為立達出版社李德隆。

八月十三日　△嚴總統家淦於總統府接見道聲出版社社長殷穎。

八月十四日　△王子書城成立。

八月十五日　△《出版家雜誌》改為月刊。

八月廿三日　△兒童書城新闢好書展覽場，正式開幕。

八月廿四日　△松本曉美著《蔣介石的中國歷史——人所共知的蔣介石這位先生》，日本森立社出版。

八月廿七日　△教育部與中國文藝協會合購國內作家著作一千五百冊，贈送美國十所著名圖書館，今日公開展覽一天。

八月　　　　△葉維廉詩集《野花的故事》，中外文學月刊社出版。

　　　　　　△楊牧詩集《瓶中橋》，志文出版社出版。

　　　　　　△夏元瑜雜文《老生閒談》、夏承楹遊記《何凡遊記》、張光直主編《張我軍文集》，純文學出版社出版。

九月一日　　△洪建全視聽圖書館正式開幕，採會員制。

九月九日　　△慶宜文化事業公司成立，發行人薛君文。

九月十日	△武陵出版有限公司成立，發行人林聰富。
九月十一日	△遠流出版事業公司成立，發行人王榮文。
九月十五日	△教育部《國民常用字表初稿》出版。
九月廿日	△羅青詩集《神州豪俠傳》，武陵出版社出版。
	△王禎和小說集《三春記》，晨鐘出版社出版。
九月廿六日	△道聲百合文庫公開為《荒莫甘泉續集》徵求封面設計，十月五日截稿。
九月卅日	△書評書目雜誌社出版《書友》，內附全國雜誌社一覽表、出版社名錄地址一覽、報紙名稱一覽以及各大出版社書目書介。
九月	△非馬詩集《在風城》，笠詩社出版。
	△楊青矗小說集《工廠人》，高雄文皇出版社出版。
	△涂靜怡詩集《織虹的人》，長歌出版社出版。
十月一日	△中華民國史料研究中心，以傳記文學為主題，舉行學術座談會，由國史館館長黃季陸主持。
	△項青主編評論鹿橋《人子》文集《見仁見智談人子》，廣城出版社出版。
十月八日	△苦苓第一本詩集《李白的夢魘》，文津出版社出版。
十月十一日	△中華民國出版事業協會主辦，假自由之家舉行「如何遏止盜印，以維持出版界生存問題」座談會。會中決定團結一致，遏止盜印歪風，並將成立專案小組，聘請法律顧問，長期為會員爭取權益。
十月廿五日	△銀正雄小說集《藏鏡人》，武陵出版社出版。
十月卅日	△儒林圖書公司成立，發行人楊鏡秋。以電腦圖書為主。
十月	△黃勁連編選《中國當代散文大展》（1970～1975）共三冊，大漢出版社出版。
	△施叔青長篇小說《牛鈴聲響》、華嚴長篇小說《蒂蒂日記》，皇冠出版社出版。
	△朱星鶴短篇小說集《揮手問雲》、陳義芝文集《那泥濘的小路》、丘榮襄散文集《又是花季》，浩瀚出版社出版。
	△陳映真短篇小說結集成《將軍族》、《第一件差事》，遠景出版社出版。

　　　　　　　　△蘇振民編選《兒童詩畫選集》（上）、黃基博編選《兒童詩畫選集》（下）、鄭明進編選《外國兒童詩畫選》、蘇梗松編選《外國明家童詩選》、林良《小動物兒歌集》、童話故事《小紙船》，將軍出版社出版。

　　　　　　　　△林鍾隆童話集《奇妙的故事》，兒童月刊社出版。

十一月三日　　△鴻儒堂出版社成立，發行人黃成業，以經營日文書為主。

十一月五日　　△教育部中小學教科書指導委員會執行秘書熊先舉，呼籲教育部應儘速會同警政等單位，共同查禁「地下教科書」，以挽救國中小學童。

十一月十四日　△行政院新聞局籌編《出版年鑑》，定明年一月出版。全書十六開，八百至一千頁，初版一萬冊。

十一月十五日　△開放書城正式開幕。

十一月十七日　△現代婦女出版社出版《家庭百科全書》。

十一月　　　　△陳黎詩集《廟前》、陳家帶詩集《夜奔》，東林文學社出版。

　　　　　　　　△司馬中原短篇小說《鄉思井》，皇冠出版社出版。

十二月一日　　△教育部將成立參考書研究小組，針對目前國中國小參考書以及地下教科書問題，研究徹底改進辦法，杜絕不良參考書，以免影響學童知識及視力健康。

　　　　　　　　△國立編譯館配合國小新課程標準，完成「國小教科用書和教學指引編輯計畫」，待教育部核定後施行。

　　　　　　　　△晨鐘出版社假臺北「全台書城」舉辦十年來暢銷書回顧展，展期一個月。

十二月十日　　△國語日報出版部為紀念該報董事長何容來臺推行國語三十年，特出版《何容這個人》與《何容文集》二書。

十二月廿一日　△由行政院新聞局主辦的第一屆「優良圖書金鼎獎」頒獎，共計廿一種雜誌、廿三家書局出版社得獎。

十二月廿五日　△隱地隨筆《快樂的讀書人》，爾雅出版社出版。

十二月　　　　△佛光文化事業公司成立，發行人星雲大師。

　　　　　　　　△中華民國年鑑社編印，《中華民國六十四年・中華民國年鑑》，正中書局發行。

　　　　　　　　△高上秦主編《現實的邊緣》（全書分域外、離島、本土三

篇，共二十篇報導作品），時報文化出版公司出版。

△吳祥輝小說《拒絕聯考的小子》，遠流出版事業公司出版。

△李昂小說集《混聲合唱》，中華文藝月刊社出版。

△王志健《中國現代詩史》，臺灣商務印書館出版。

△侯健評論集《從文學革命到革命文學》，中外文學月刊社出版。

一九七六年

一月廿日　　　　△周伯乃《周伯乃散文選》、菩提散文集《知風草》、王文漪散文集《風廊》、澎湃《澎湃雜文集》、王明書散文集《那一段可愛歲月》，水芙蓉出版社出版。

一月廿一日　　　△臺北地院判決，劉克襄共同以其他方法侵害其他人之著作權，處有期徒刑六個月，如易科罰金均以三元折算一日。

　　　　　　　　△新亞出版社與全台書城合併營業。

一月廿二日　　　△知音出版社成立，發行人何志韶。

一月廿四日　　　△國家書店門市部開幕。

一月卅一日　　　△臺灣省教育廳第二期《中華兒童叢書》共一百三十五種全部出期。

一月　　　　　　△林梵詩集《失落的海》，環宇出版社出版。

二月二日　　　　△「六十五年春節圖書聯合大展覽」假臺北市公賣局體育館舉行。

　　　　　　　　△藍燈文化事業公司主辦「全國聯合書展」假臺中市中山堂舉行。

二月七日　　　　△教育部開會研討「教科書編印改進計畫」。

二月九日　　　　△鄭豐喜生前著作《汪洋中的破船》由遺孀吳繼釧辦妥繼承登記註冊。

二月十日　　　　△古蒙仁第一本書短篇小說《狩獵圖》，武陵出版社出版。

二月十四日　　　△「六十五年春季全國書展」假臺北市國際學舍舉行。

二月廿日　　　　△周寧（周浩正）評論集《橄欖樹》，齊邦媛主編《中國現代文學選集》小說卷，書評書目雜誌社出版。

二月廿二日　　　△中國文藝協會與教育部合作選購當代中國文學作品三千餘

冊，分贈美國國會暨哈佛、普林斯頓、史丹佛等十所著名圖書館，以期美國讀者了解我國現代文壇現狀，並促進文化交流。

二月廿五日　△林煥彰主編《近三十年新詩書目》，書評書目雜誌社出版。

二月廿六日　△行政院新聞局編印《中華民國出版年鑑》，此為國內第一本的出版年鑑，而後每年出版一冊，一九八三年以後改為每兩年出版一冊。

二月廿七日　△《中央日報》第二版專欄，由劉清波撰〈出版自由的權利及其所受的法律限制〉。

二月廿八日　△長歌出版社為《溥儀自傳》版權，聘律師警告大申書局。

三月一日　　△鶯歌鎮鶯峰書局負責人吳瑞陽，因連續販賣盜印書，違反著作權法，經判處有期徒刑五個月。

　　　　　　△大申書局委託律師，代表登報駁斥長歌出版社啟事。

　　　　　　△張騰蛟散文集《鄉景》，水芙蓉出版社出版。

三月七日　　△教育廳決定編印《兒童百科全書》，將按注音符號順序，逐年出版。每年編列四百萬元預算。

三月八日　　△「女作家名著展」假臺北市重慶圖書公司展出。

三月十三日　△中華民國圖書出版事業協會主辦，國民黨中央黨部文工會、行政院新聞局贊助，「六十五年春季全國圖書展覽」，假臺北市國際學舍舉行，至四月十六日止。

三月十六日　△監察院建議教育機關，教科書編輯工作，應確實檢討改進。

三月廿日　　△許家石散文集《拾零篇》，水芙蓉出版社出版。

三月廿二日　△鄭豐喜遺著《汪洋中的破船》，循蔣經國院長曉諭，正式更名為《汪洋中的一條船》。

三月廿五日　△國民黨文工會為加強輔導圖書出版事業，分別於三月十六日、三月十九日及三月廿一日，邀請政府主管單位、公民營大出版機構與民間出版人就出版事業的當前現況、經營上的困難、讀書風氣及其發展舉行座談會，以為黨政當局擬定「加強輔導圖書出版事業」方案之參考。

　　　　　　△遠行出版社成立，發行人沈登恩。

三月廿九日　△將軍出版公司假國立中央圖書館臺灣分館舉辦「新一代兒童書畫展」。

三月卅日	△中華民國圖書出版事業協會假臺北市國際學舍慶祝第十五屆出版節。
三月	△七等生短篇小說《我愛黑眼珠》、域外人（張系國）雜文《快活林》、尉天驄《眾神》、何欣第一本現代文學評論集《從大學生到草地人》、司馬長風散文集《唯情論者的獨語》，遠行出版社出版。
	△陳若曦小說集《尹縣長》、歐陽醇《戈壁遊俠》、蕭少夫《經過陣痛》，遠景出版社出版。
	△歸人（黃守誠）評論集《文學初探》，臺中光啟出版社出版。
	△阿老（周野）小說《腳印》，幼獅書店出版。
	△瓊瑤小說《秋歌》、楊子雜文《楊子雜談》、顏元叔雜文《玉生煙》、心岱長篇小說《紙鳶》，皇冠出版社出版。
四月二日	△國史館編印發行《中華民國六十四年史事紀要》。
四月五日	△鄭清文短篇小說集《現代英雄》，爾雅出版社出版。
四月十三日	△教育部「重編國語辭典」編輯委員會開會，聘請何容為總編輯。
四月十五日	△歐陽子評論白先勇《臺北人》專書——《王謝堂前的燕子》，爾雅出版社出版。
四月廿日	△張拓蕪回憶軍旅生涯的散文集《代馬輸卒手記》，爾雅出版社出版。
四月廿二日	△幼獅文化事業公司聲明，幼獅商標專用權及服務標章專用權，經中央標準局註冊。
四月廿三日	△中華文化復興運動推行委員會，決定重新英譯「四書」。
四月廿五日	△齊邦媛主編《中國現代文學選集》「詩散文卷」，書評書目雜誌社出版。
四月廿七日	△正中書局新建正中大樓落成，地下室設正中書城。
四月	△短篇小說集《發脾氣的衣服》，小讀者雜誌社出版。
	△林煥彰童詩集《童年的夢》，臺中光啟出版社出版。
	△張清榮童話《小布咕種稻記》，書評書目雜誌社出版。
	△聯亞出版社成立，發行人張文宗。古籍影印。
五月五日	△蔣經國院長指示教育部，從速編輯「臺灣史籍」。以宣揚臺

灣先賢烈士們的民族精神和奮鬥事蹟。

五月十九日　△立委魏佩蘭建議政府降低書籍郵遞運費，以鼓勵文化出版事
　　　　　　　業的發展。

五月卅日　△李廉總編輯；王小涵等編輯，《中華民國電視年鑑》
　　　　　　（1961-1975），中華民國電視學會出版。

五月卅一日　△邵僩小說集《讓風箏上天》，水芙蓉出版社出版。

六月一日　△《台灣新生報》增闢「出版新聞」，每週二、五刊出，由工
　　　　　　商新聞部主編。

六月二日　△大荒等十二人合編《八十年代詩選》，臺北濂美出版社出
　　　　　　版。收五十八家詩人約三百首作品。

　　　　　△藝軒圖書出版社成立，發行人彭賽蓮，以醫學圖書類為主。

六月五日　△臺北北門書城開幕。

六月十一日　△「美國平裝書展」，假臺北市美國新聞處林肯中心舉行，至
　　　　　　六月十七日止。

六月十六日　△陳立夫新編《四書章句速檢》，世界書局出版。

六月　　　△《聯副六十四年度小說選》、《聯副六十四年度散文選》，
　　　　　　聯經出版事業公司出版。

　　　　　△古添洪、陳慧樺編《比較文學的墾拓在台灣》，東大圖書公
　　　　　　司出版。

　　　　　△《中華新版常識百科全書》（上、下），臺灣中華書局發
　　　　　　行。該全書係為慶祝中華書局創業六十周年而出版的，全書
　　　　　　共三百餘萬字，二千六百餘頁。

　　　　　△王子出版社編輯部編輯《王子百科全書》第一輯，王子出版
　　　　　　社出版。

七月一日　△臺灣省新聞處長周天固退休，由趙守博接任。

七月三日　△行政院新聞局指出：各出版業申請核發之出版登記證，僅證
　　　　　　明其依法具有發行出版品之權利，並非證明其發行出版品之
　　　　　　內容合法。

七月五日　△《中華日報》「文教與出版」，改為每週一、四刊出（南部
　　　　　　版仍然週一、三）。

七月六日　△《中華日報》新增「出版界」，每週二在第九版刊出。

七月十日　△中華文化復興運動推行委員會常委會，訂定「出版工作實施

計畫」。

七月	△劉紹銘編《本地作家小說集》，大地出版社出版。
	△林良論著《淺語的藝術》，國語日報社出版。
八月九日	△新加坡文化供應服務中心主辦「臺灣出版的書展」，假新加坡中華商會展出，至十八日止。
八月廿一日	△「六十五年秋季全國書展」假臺北市國際學舍舉行，至九月十二日止。
	△英文漢聲出版公司成立，發行人姚孟嘉。
八月廿五日	△洪範書店成立，創辦人包括楊牧、瘂弦、葉步榮等。首批出版余光中詩集《天狼星》、林以亮詩論集《林以亮詩話》、朱西甯小說集《將軍與我》、張系國小說集《香蕉船》、羅青《羅青散文集》。
	△曹又方編《她們為什麼成名》，拓荒者出版社出版。
	△季季散文集《夜歌》，爾雅出版社出版。
八月廿七日	△「新一代兒童書畫展」假臺中市省立臺中圖書館展出，展期四天。
八月卅一日	△臺灣省教育廳第三期《中華兒童叢書》開始分批出版。
八月	△葉維廉主編《中國現代文學評選集》，聯經出版事業公司出版。
	△三毛散文集《雨季不再來》，皇冠出版社出版。
	△《中國現代文學年選》分小說、散文、詩、文學評論、文學史料共五冊，由顏元叔、王鼎鈞、洛夫、余光中、趙天儀等編，巨人出版社出版。
九月一日	△幼福文化事業公司成立，發行人尹宏明。
九月四日	△高雄學苑秋季書展，至九月廿四日止。
九月十六日	△《聯副二十五年散文選》，聯經出版事業公司出版。
	△「全國圖書展覽大會」假臺北市國際學舍舉行，至十月八日止。
九月廿二日	△建宏出版社成立，發行人林世楨。
九月卅日	△國防部頒榮譽狀給三十一位作家及出版者。出版者計有十四家：臺灣商務印書館、臺灣中華書局、正中書局、華欣文化事業公司、幼獅文化事業公司、黎明文化事業公司、皇冠出

版社、光啟出版社、爾雅出版社、中央日報社、長城出版社、地球出版社、勵志出版社、青文出版社等。

九月　　　　△《聯副二十五年小說選》（上、中、下），聯經出版事業公司出版。

△陳紀瀅著《文藝運動廿五年史》，重光文藝出版社出版。

△《圖書與圖書館》出版，文史哲出版社發行。

△張默詩評集《飛騰的象徵》，水芙蓉出版社出版。

十月十六日　△中華民國圖書出版事業協會主辦「六十五年秋季全國圖書展覽」，假臺北市國際學舍舉行，至十一月十一日止。

十月十八日　△中國廣播公司新聞台增闢「空中書城」節目，每晚九時五分至九時三十分播出。

十月廿三日　△中華民國著作權人協會成立。

十月廿九日　△劉克寰等因被違反著作權法案件，不符臺北地院判決，提起上訴，經臺灣高等法院刑事判決：原判決撤銷。章鬥航、郭昌偉、劉克寰均無罪。

十月卅一日　△《幼獅少年》月刊創刊，主編周浩正，為國內第一份專為青少年辦的綜合性雜誌。

△黎東方撰《蔣公介石序撰》，聯經出版事業公司出版。

十月　　　　△葉維廉主編《中國現代作家論》，聯經出版事業公司出版。

△王子出版社編輯部編輯《王子百科全書》第二輯，王子出版社出版。

十一月十二日△《出版之友》季刊創刊，發行人黎元譽，為第一份屬於出版界自己的定期刊物。編輯委員計有：熊鈍生、黃大受、田源、陳康順、劉宗向、林良、陳達弘。

△「中華民國六十五年學術論著展覽」，假臺灣省立臺中圖書館舉行，至十四日止。

△「全國年度新書選展」，假幼獅文化事業公司舉行，至十二月五日止。

十一月廿日　△行政院新聞局長丁懋時在立法院表示：政府積極獎勵優良出版事業及優良出版品，將分年分類訂定辦法，予以獎勵。

十一月廿五日△正文書局成立，發行人黃開禮。

△領導出版社創立，同時出版四種新書。亮軒散文《在時間

裡》，陳曉林論述《輕生一劍知》，孫慶餘論述《為文明的趨向求答案》，陳雨航小說《策馬入林》。

十一月　　　　　△張良澤主編《鍾理和全集》八冊，遠行出版社出版。

十二月一日　　　△《中華書訊月刊》出版「著作權法研究專輯」。

十二月十一日　　△中華民國著作權人協會，假中國文藝協會舉行第一次專題座談會，由城仲模博士主講「略談著作權之立法趨勢」。

十二月廿日　　　△行政院新聞局為獎勵優良出版事業及出版品所創設的「金鼎獎」，於臺北市三軍軍官俱樂部舉行頒獎。其中出版品輸出績優金鼎獎獲獎的圖書出版業十一家：正中書局、成文出版社、臺灣商務印書館、黎明文化事業公司、臺灣中華書局、皇冠出版社、文化圖書公司、徐氏基金會出版部、幼獅文化事業公司、華欣文化事業公司、中國大陸問題研究所出版部等。

十二月廿二日　　△臺北市出版商業同業公會向立法院呼籲，對於郵政法修正草案，擬議調整印刷物郵資，請比照新聞紙、雜誌，暫緩調整出版物寄遞郵資。

十二月　　　　　△松崗電腦圖書資料公司成立，發行人朱小珍。
　　　　　　　　△中華民國年鑑社編印，《中華民國六十五年·中華民國年鑑》，正中書局發行。
　　　　　　　　△琦君散文集《桂花雨》，爾雅出版社出版。
　　　　　　　　△楊喚童詩集《水果們的晚會》、林煥彰童詩集《妹妹的紅雨鞋》，純文學出版社出版。

※　　　　　　　△南天書局成立，創辦人魏德文。古籍影印。
　　　　　　　　△敦理出版社成立，發行人楊同日。

一九七七年

一月一日　　　　△符兆祥主編《一九八〇——現代最傑出青年作家小說選》上下集，文豪出版社出版。

一月廿日　　　　△洛夫《洛夫詩論選集》，開元出版公司出版。

一月　　　　　　△松青短篇小說集《女作家的丈夫》，高雄文皇出版社出版。
　　　　　　　　△林鍾隆論著《兒童詩研究》，益智書局出版。

二月一日	△《出版家》第五十四期刊出薛茂松〈民國六十五年出版大事紀要〉，頁十二～十六。
	△陳銘璠散文集《月亮棚》，林白出版社出版。
二月十二日	△地球出版社創立三週年，舉辦三項展覽。
二月廿日	△張默主編《現代詩人文選集》，源成文化公司出版。
二月	△高雄德馨室出版社成立，主持人洪宜勇，一九八〇年底結束。
	△姚一葦論著《姚一葦文錄》、劉紹銘論述《小說與戲劇》、二殘（劉紹銘）長篇小說《二殘遊記第二集》、楊牧隨筆散文集《柏克萊精神》、陳芳明詩評集《詩和現實》，鴻範書店出版。
	△姜貴長篇小說《花落蓮成》、《蘇不纏的世界》，遠景出版社出版。
三月一日	△《出版家》第五十五期刊出〈民國六十五年出版界十大新聞〉，頁九～十一。
三月十日	△遠景出版社創立三週年，與遠行、遠流、長橋等聯合成立門市部。
三月十二日	△國立中央圖書館參加假比利時布魯塞爾羅吉爾國際會議中心達文西及牛頓大廳舉辦的「第九屆國際書展」，展期九天。
三月廿五日	△中華民國圖書出版事業協會主辦參加於美國紐約舉行的「亞洲學會第二十九屆年會書展」。
三月廿七日	△新學識文教出版中心成立，發行人李畊。李畊原為小學生雜誌編輯。
三月卅一日	△王振鵠繼任國立中央圖書館第六任館長。
三月	△唐文標評論集《快樂就是文化》，遠行出版社出版。
	△夏菁詩集《山》，純文學出版社出版。
	△國內第一部《中文電影百科全書》於青年節前後由開源出版事業公司隆重出版，全書達百萬字，照片二千餘張。
四月一日	△《出版家》第五十六期刊出內政部著作權審定委員會呼籲著作物出版品應迅速辦理註冊。
	△洪建全教育文化基金會與臺北美國新聞處合辦「中美少年讀物展」。

四月二日	△國立中央圖書館臺灣分館舉辦「全國兒童讀物、玩具展覽」，展期八天。
四月五日	△碧果散文集《知呼水月》，源成文化公司出版。
四月九日	△中華民國圖書出版事業協會常務理事、新亞出版社發行人曾兆豐逝世，假臺北市殯儀館舉行公祭。
四月十三日	△蕭蕭詩論集《鏡中鏡》，幼獅文化事業公司出版。
四月廿日	△向陽第一本詩集《銀杏的仰望》，故鄉出版社出版。
四月	△盛清沂、王詩琅、高樹潘編著《臺灣史》，臺灣省文獻委員會編，重文圖書公司印行。
	△由朱西寧、朱天文、朱天心、馬叔禮等策劃撰稿的《三三集刊》第一輯《蝴蝶記》，皇冠出版社印行，列為「皇冠叢書」，每月一輯。
五月一日	△隱地自《書評書目》第四十九期開始辭去主編，專心經營爾雅出版社。
五月十日	△季季主編《六十五年短篇小說選》，書評書目雜誌社出版。
五月廿日	△金溟若《金溟若散文選》，牧童出版社出版。
五月廿五日	△方娥真散文集《重樓飛雪》，開源文化公司出版。
五月廿八日	△《出版與研究》雜誌社假中央圖書館閱覽室舉辦「加強出版界與圖書館界合作」座談會。
五月卅日	△大漢出版社重印《中國新文藝大系》十冊。
五月	△《七等生小說全集》共十冊，遠行出版社出版。
	△陳少廷著《台灣新文學運動簡史》，聯經文化事業公司出版。
	△施穎洲編《菲華短篇小說》，中華文藝月刊社出版。
	△顏元叔散文《離台百日》、瘂弦編《朱湘文選》，洪範書局出版。
六月一日	△歐陽子主編《現代文學小說選集》兩冊，爾雅出版社出版。
六月六日	△李男（李志剛）短篇小說、論述《三輪車繼續前進》，高雄德馨室出版社出版。
六月十五日	△長河出版社成立。首批出版朱天心散文《擊壤歌——北一女三年記》、銀正雄短篇小說集《龍戰於野》、陳映真主編《民國文人》。

六月十六日	△國立中央圖書館臺灣分館編輯《全國兒童圖書目錄》，國立中央圖書館臺灣分館發行，共收編四千餘種書。
六月卅日	△《出版與研究》創刊，發行人黃成助。為一份服務重於營利的雜誌，以報導國內外學術研究活動、出版發行，或與出版研究有關業務的提供為目的。
六月	△張漢良論著《現代詩論衡》，幼獅文化事業公司出版。
七月十五日	△管管、菩提等主編《當代中國十大散文家選集》，源成文化圖書供應社出版。張秀亞、思果、徐鍾珮、琦君、蕭白、王鼎鈞、曉風、顏元叔、子敏、張拓蕪等十位入選。
七月廿日	△琦君散文集《細雨燈花落》、言曦散文集《世緣瑣記》、司馬桑敦散文《愛荷華秋深了》，爾雅出版社出版。
七月	△思果散文集《藝術家肖像》，大地出版社出版。
八月一日	△司馬長風雜文及論文集《文藝風雲》，時報出版公司出版。
八月八日	△柏楊《郭衣洞全集》，星光出版社出版。
八月十五日	△邱秀芷散文小說集《月光光》，慧龍出版社出版。
八月廿日	△張默、張漢良主編《當代中國十大詩人詩選》，源成出版公司出版。二十五開，紀弦、羊令野、余光中、洛夫、白萩、瘂弦、商禽、羅門、楊牧、葉維廉等十位入選。
八月	△《中華民國圖書聯合目錄》，國立中央圖書館出版。
	△鍾肇政編《台灣文學獎作品集》、《吳濁流文學獎作品集》，鴻儒堂書店出版。
	△王國璠等著《三百年來台灣作家與作品》，臺灣時報社出版。
	△葉慶炳論著《唐詩散論》、張系國雜文《天城之旅》、渡也散文《歷山手記》，洪範書店出版。
九月廿日	△溫瑞安短篇小說集《鑿痕》、忻易短篇小說《憂鬱的開思米龍》、葉維廉評論集《中國現代小說的風貌》，四季出版社出版。
九月卅日	△何懷碩文藝批評《域外郵稿》，大地出版社出版。
九月	△張恒豪主編《火獄的自焚》，遠行出版社出版。該書係有關七等生的研究及評論合集，書末附有七等生年表及其小說評論引得；張良澤主編《吳濁流作品集》六冊，王拓文學評論

集《街鼓巷聲》；王拓小說集《望君早歸》、張良澤主編《吳濁流作品集》共六冊，遠行出版社出版。

△溫瑞安小說《今之俠者（武藝篇）》，長河出版社出版。

十月　　　　　△聯合報編輯部編《聯合報六十六年度小說獎作品集》，聯經文化事業公司出版。

△張騰蛟散文集《我愛山林‧我愛原野》，聯亞出版社出版。

十一月十一日　△行政院新聞局頒發第二屆圖書出版金鼎獎，計有廿一種優良雜誌、四十四種優良圖書獲獎。

十一月十二日　△光復書局於遠東百貨公司全省分公司舉辦巡迴「世界優良圖書展」，該批展覽圖書後捐贈給國立中央圖書館。

十一月十九日　▲「中壢事件」爆發。

十二月廿日　　△葉維廉詩集《花開的聲音》、方娥真詩集《娥嵋賦》，四季出版公司出版。

十一月廿三日　△財團法人吳三連文藝基金會成立，並設置吳三連文藝獎。

十一月　　　　△彭歌等著《當前文學問題總批判》，中華民國青溪文藝協會出版。

十二月廿九日　△臺北「出版家書城」開幕。

十二月　　　　▲全台人口總數為一千六百八十萬人。

△中華民國年鑑社編印，《中華民國六十六年‧中華民國年鑑》，正中書局發行。

△荻宜（謝秀蓮）短篇小說集《米粉嫂》，文豪出版社出版。

△羅青詩集《捉賊記》、黃維樑論述《中國詩學縱橫談》、楊澤詩集《薔薇學派的誕生》、劉紹銘長篇小說《二殘遊記第三集》，洪範書店出版。

△夏祖麗當代作家訪問記《握筆的人》、朱介凡論述《中國兒歌》，純文學出版社出版。

△劉枋主編散文合集《女作家的動物園》、《女作家的植物園》，流芳出版社（自組）出版。

一九七八年

一月九日　　　△亞太地區第二屆圖書出版會議假臺北市民航局會議室舉行，

共有來自中、日、韓、美、法、德等十餘國家地區八十餘位代表與會。

一月十日 　△李冰、朱沉冬等主編《山水詩選》，高雄山水詩社出版，選出該詩社二十家詩人作品。

一月廿日 　△國立中央圖書館臺灣分館舉辦「卅年來我國兒童讀物座談會」。

一月 　△朱辰冬著《論詩小品》，高雄中外圖書公司出版。

　△喻麗清散文集《春天的意思》、吳敏顯散文集《青草地》、朱炎散文集《苦澀的成長》，爾雅出版社出版。

　△丁望論述《三十年代作家評介》，時報文化出版公司出版。

　△呼嘯小說集《山盟》、魏子雲評論集《短笛橫吹》，精益書局出版。

二月二日 　△夏承楹（何凡）就任國語日報社發行人，洪炎秋為社長。

二月十二日 　△日治時期《台灣文學》發行人張文環逝世，享年七十歲。

二月 　△謝敏聰編著《中華歷史圖鑑》，起自史前，迄於晚清，計分三十八章。採用圖說方式說明我國歷史，以圖片為主，文字為輔。圖片以近世出土文物及國內外研究著作或是珍本圖籍為主要蒐集對象。彩色或黑白圖片超過一萬五千幅，在圖片選用上，必以涉及中國歷史重大事件或具有文化上的代表意義者為主，並附以文字說明，以期透過圖片與說明，編織成衣服中國歷史的整體面貌，附有「中國歷代大世紀年圖表」、「中國及世界大事年表」、「圖片目次」、「參考書目」等資料，聯經出版事業公司出版。

　△《聯副六十六年度小說選》（上、下冊），聯經出版事業公司出版。

三月十日 　△九歌出版社成立，發行人蔡文甫。首批出版夏元瑜散文集《萬馬奔騰》、王鼎鈞散文《碎玻璃》等。

三月十五日 　△保真長篇小說《大森林》，林白出版社出版。該書係以森林和林業工作為背景。

三月廿一日 　▲蔣經國當選中華民國第六任總統，副總統謝東閔。

三月 　△前程企業管理公司成立，發行人林秀豐，以企管類圖書為主。

	△楊牧詩集《北斗行》、也斯散文集《神話午餐》、張系國長篇小說《昨日之怒》，洪範書店出版。
	△丁洪哲《海王子歷險記》、姜龍昭《金蘋果》、黃藍《小花鹿尋父記》、張鳳琴《捉賊記》、蘇偉貞《爸爸回家時》、胡華芝《回生水》、白明華《山村魅影》、林清泉《孤兒努力記》、許永代《智擒野狼》、陳亞南《彩虹曲》等，中國戲劇藝術中心出版部出版，列為「兒童戲劇叢書」。
四月一日	△尉天驄主編《鄉土文學討論集》，作者自印出版。
四月四日	△陳玉珠少年小說《玻璃鳥》，書評書目雜誌社出版。
	△臺灣省教育廳《中華兒童百科全書》第一冊出版，至一九八六年四月，全套十四冊出齊。內容涵蓋語文、社會科學、自然科學、藝術宗教、衛生健康等五大類，為當時國內第一套，也是唯一為學童編排設計的兒童百科全書。
四月五日	△董保中評論集《文學‧政治‧自由》、歐陽子散文集《移植的櫻花》，爾雅出版社出版。
四月十日	△小民散文集《回憶曲》，林白出版社出版。
四月十五日	△《出版與研究》雜誌社舉辦「中國現代詩的未來」座談會。
四月廿日	△馬森短篇小說集《生活在瓶中》，四季出版公司出版。
	△簡安良詩集《落葉的遺書》，高雄三信出版社出版。
四月	△信誼基金出版社成立，發行人何壽川，以幼兒讀物為主。
	△聯合報編輯部編選《聯副六十六年度散文選》，聯經出版事業公司出版。
	△隱地編《六十六年短篇小說選》，爾雅出版社出版。
	△陳若曦短篇小說《老人》，聯經出版事業公司出版。
	△王潤華詩集《內外集》，國家出版社出版。
	△趙天儀詩集《牯嶺街》，高雄三信出版社出版。
	△張香華詩集《不眠的青青草》，星光出版社出版。
	△許藍山詩集《玉壺冰》，高雄德馨室出版社出版。
	△履彊短篇小說集《飛翔之鷹》，皇冠出版社出版。
	△張水金論述《少年詩詞欣賞》，國語日報社出版。
	△馮輝岳童話集《大王夢》、謝新福童詩集《媽媽有兩張臉》，同錚出版社出版。

五月一日	△李利國文集《瘦馬行》、《遙遠的櫓聲》，高雄德馨室出版社出版。
	△柔柔散文集《少年島》、大荒散文集《在誤點的小站》、辛鬱小說集《我給那白癡一塊錢》，天華出版公司出版。
五月十五日	△陳曉林論文集《浪莽少年行》，四季出版公司出版。
五月廿五日	△姜貴長篇小說《白棺》，聯亞出版社出版。
五月卅日	△吳寶華總編輯；葉名山等編輯《中華民國電視年鑑》（1976-1977），中華民國電視學會出版。
五月卅一日	△林野散文《思幻手札》，高雄德馨室出版社出版。
五月	△劉守宜主編《短篇小說選》六冊、李達三著《比較文學研究之新方向》，聯經出版事業公司出版。
	△邱秀芷散文集《驀然回首》，大地出版社出版。
	△劉資愧（劉克襄）第一本詩集《河下游》，德華出版社出版。
	△廖明進童話集《熱鬧的森林》、馮輝岳童話集《酒桶山》，長流出版社出版。
六月一日	△唐山出版社成立，發行人陳隆昊。
	△書林出版公司成立，發行人蘇正隆。
六月十日	△蕭蕭主編《詩人小集》六冊，詩人季刊社策劃出版。包括廖莫白《菊花過客》、李仙生《名片與卡片》、牧尹《黑眼》、楊亭《靜聽流水》、蘇紹連《茫茫集》以及蕭蕭《舉目》等六本詩集。
六月廿五日	△傅文正主編，《中國當代青年詩人大展專號》，《綠地》詩刊策劃，高雄德馨室出版社出版。二十開，二百頁，包括九十七位青年詩人重要作品。
六月	△高雄復文圖書出版社成立，發行人蘇清足，以大專教科書為主。
	△沈花末第一本詩集《水仙的心情》，國家書店出版。
	△許義宗論著《西洋兒童文學史》，臺北市立女師專出版，為國內第一本有關西洋兒童文學史的專著。
七月一日	△設計家出版事業公司成立，發行人王士朝，以應用美術類圖書為主。

七月四日	△高雄愛智圖書公司成立，發行人林佩中，以兒童讀物類為主。
七月十日	△南宮搏長篇小說《新路》、彭歌論述《戲與人生》、葉慶炳雜文集《一通電話》、丹扉雜文集《叮噹集》，九歌出版社出版。
七月廿五日	△高棣民（Thomas B.Goid）英譯《楊青矗小說集》，敦理出版社出版。
七月卅日	△張健詩集《屋裡的雪花》，高雄德馨室出版社出版。
七月	△盛慶琜、葉曙、盧守耕主編《中正科技大辭典》全十二冊，臺灣商務出版社出版。
八月三日	△人類文化事業公司成立，發行人桂台華。
八月十九日	△臺南金橋出版社成立，發行人張燦耀，以兒童讀物為主。
八月卅日	△莊金國詩集《鄉土與明天》，大漢出版社出版。
八月	△顏元叔著《社會寫實文學及其他》，巨流出版社出版。
	△林清玄散文集《蝴蝶無鬚》，皇冠出版社出版。
	△陳若曦長篇小說《歸》，聯經出版事業公司出版。
九月一日	△東方白長篇小說《露薏湖》、白先勇評論集《驀然回首》、張拓蕪散文集《代馬輸卒餘記》，爾雅出版社出版。
九月十五日	△楊昌年主編《新詩品賞》，牧童出版社出版。
九月廿日	△趙衛民詩集《望海湖》，大漢出版社出版。
九月廿五日	△林綠主編「當代文學叢書」，包括蕭白散文集《大諾洛溪》、林綠詩集《覆信》；另一套「女作家叢書」，包括趙曉君《蟹語》、陳克環散文集《風樓夜談》、蓉子詩集《雪是我的童年》以及曹又芳散文集《隨緣小記》等，乾隆圖書公司出版。
九月廿七日	△世界書局總經理蕭宗謀當選臺北市出版商業同業公會第二屆理事長。
九月卅日	△朱西寧評論集《曲理篇》、劉心皇散文集《書海風雲》，慧龍出版社出版。
九月	△林文月散文及評論集《讀中文系的人》、漢寶德遊記《域外抒情》、楊牧《楊牧詩集（1956～1974）》，洪範書店出版。

	△梁景峰編李雙澤作品集《再見上國》，長橋出版社出版。
	△桂文亞散文集《墨香》，皇冠出版社出版，該書係當代學人作家訪問記。
	△張秀亞散文集《詩人的小木屋》，臺中光啟出版社出版。
	△七等生小說集《散步去黑橋》、宋澤萊小說集《打牛湳村》、吳念真小說集《邊秋一雁聲》、曾心儀小說集《彩鳳的心願》、姚一葦劇本《傅青主》、碧竹小說集《撥個電話給我》，遠景出版社出版。
十月一日	△師大書苑成立，發行人陳淑娟，以大專社會科學類為主。
十月十日	△幼獅文化事業公司成立十週年。
十月廿日	△司馬中原散文集《月光河》、夏元瑜雜文集《流星雨》、方村（徐佳士）散文集《符號的遊戲》，九歌出版社出版。
十月廿五日	△國語日報社三十週年社慶，特出版《三十年來的台灣教育》一書，並增印「國語日報創刊三十年注音符號公佈六十年特刊」一大張以誌紀念。
十月卅一日	▲南北高速公路全線通車，從基隆至高雄全長三百七十五公里。
	△履疆散文集《紛飛》、《鄉垣近事》，高雄德馨室出版社出版。
十月	△中華新聞與世界報導國際新聞機構編譯《中英對照青少年世界知識百科全書》全十冊，中華世界資料供應出版社出版。
	△陳遠見策劃主編；謝文誠執行主編《臺灣百岳全集》，戶外生活雜誌社出版。本書正文採地形學上的劃分法，為玉山山塊、雪山山脈、中央山脈三大部分，廿二單元。每一單元各附有行程指南和地圖，總計地圖十六幅，黑白照片及彩色照片六百張。除正文外，附有「臺灣百岳一覽表」、「臺灣高山明細表」。另編有名詞索引，為三十年來，國內出版史上，第一部寫、拍、編、印全由當代國人集體合作的結晶。
十一月六日	△渡假出版社成立，發行人陳豐麟，以旅遊類圖書為主。
十一月	△聯經出版事業公司出版《六十七年度小說得獎作品集》。
	△張健詩集《白色的紫蘇》，天華出版公司出版。
十二月八日	△經世文化事業公司成立，發行人馬之驌。

十二月廿日	△林清玄報導文學作品集《長在手上的刀》，時報文化出版公司出版。
十二月廿五日	△洪醒夫第一本短篇小說集《黑面慶仔》、林佩芬第一本書《一九七八年春》，爾雅出版社出版。
十二月卅一日	△叢甦短篇小說集《中國人》，時報文化出版公司出版。
	△杜國清詩集《望月》，爾雅出版社出版。
十二月	△中華民國年鑑社編印，《中華民國六十七年·中華民國年鑑》，正中書局發行。
	△陳若曦散文集《文革雜憶》，洪範書店出版。
	△丘為君等著《中國現代文學的回顧》，龍田出版社出版。
	△紀弦《紀弦自選集》，黎明文化事業公司出版。

一九七九年

一月一日	▲美國宣布與中共正式建交，並與中華民國斷交。
	△羊令野散文集《面壁賦》、喬木小說集《鳳凰》，天華出版社出版。
一月卅一日	△溫瑞安詩集《山河錄》，時報文化出版公司出版。
一月	△《書林》雜誌創刊，發行人蕭繼宗，社長黎元譽，主編盧偉林。由原《正中書訊》擴展而成，以書為主體。
	△麥穗詩集《森林》，秋水詩刊社印行。
	△沙穗詩集《燕姬》，高雄心影出版社出版。
	△徐守濤自費出版《兒童詩論》。
二月十五日	△莫渝詩集《無語的春天》，高雄三信出版社出版。
二月十六日	△《出版與研究》雜誌社舉辦「三十年來中國新文學的回顧」專題座談。
二月	△魏子雲、鍾肇政等編選的《當代中國新文學大系》收錄一九四九至一九七九年間臺灣地區的文學創作，包括小說三卷、散文二卷、詩、戲劇、文學評論、文學論爭、史料與索引等各一卷，共十卷，天視出版公司陸續出版。
三月一日	△國內雜誌開放自由登記。
三月十日	△國立中央圖書館與中華民國圖書出版事業協會聯合主辦「六

十七年度出版新書展覽」假該館閱覽室二樓展出，至三月十八日止。

△中華民國圖書出版事業協會主辦，國民黨中央文工會、行政院新聞局贊助，「六十八年度春季全國圖書展覽」假臺北市國際學舍揭幕，至四月八日止。

三月十五日　△李南衡主編《日據下臺灣新文學選集》共五冊，明潭出版社出版。

三月　　　　△陳碧真編輯《簡明數學百科全書》，分初等數學、高等數學進階、數學專題、圖片索引等四部分，並附中英數學名詞索引及英中數學名詞，九章出版社出版。

　　　　　　△林煥彰編選《童詩百首》，爾雅出版社出版。

　　　　　　△何欣著《中國現代小說的主潮》、鍾肇政《濁流三部曲》、葉石濤《臺灣鄉土作家論集》，遠景出版社出版。

四月四日　　△桃園縣國小教師兒童文學創作選集第四集《詩蕊》出版。

　　　　　　△心理出版社成立，發行人許麗玉，以出版心理類圖書為主。

四月十日　　▲美國議會制定「台灣關係法」。

四月　　　　△陳存仁主編《中國藥學大辭典》彩圖增訂本上下兩冊，屬台一版，世界書局出版。

　　　　　　△《聯副六十七年度散文選》，聯經出版事業公司出版。

　　　　　　△七等生散文集《耶穌的藝術》、余光中詩集《與永恆拔河》、朱夜小說《拉丁美洲散記》、楊牧詩集《吳鳳》，洪範書店出版。

　　　　　　△曾妙容少年小說《春天來到嘉和鎮》，書評書目出版社出版。

五月一日　　△沈謙文學論集《期待批評時代的來臨》，時報文化出版公司出版。

五月十六日　△喻麗清散文集《流浪的歲月》、邵僩小說集《不要怕明天》，爾雅出版社出版。

五月廿日　　△劉紹銘雜文論文集《傳香火》，大地出版社出版。

　　　　　　△黃維樑編著《余光中作品評論集——火浴的鳳凰》，純文學出版社出版。

五月廿一日　△故鄉出版社成立，發行人高源清。

五月卅一日	△陳景容等著《世界名畫全集》全二十冊，光復書局出版，一九八〇年三月卅一日出齊。該書係向義大利FABBRI出版公司購買國際中文版權。
五月	△游喚主選《現代名詩賞析》，心影出版社出版。
	△蕭蕭著《現代名詩品賞集》，聯亞出版社出版。
	△羅青編《小詩三百首》，爾雅出版社出版。
	△向陽第一本詩集《流浪樹》，高雄德馨室出版社出版。
六月一日	△藝術家出版社成立，發行人何政廣，以美術類圖書為主。
六月	△笠詩社主編該社社員詩選集《美麗島詩集》全一冊，收入巫永福、林亨泰、陳秀喜、杜國清、白萩、非馬等三十六家代表性作品，此為該社為慶祝創設十五周年而編的詩選集。
	△許達然散文集《土》、宋澤萊小說《骨城素描》、吳晟詩集《泥土》，遠景出版社出版。
	△王詩琅民間故事集《鴨母王》，高雄德馨室出版社出版。
	△陳千武編選《小學生詩集》（1），臺中市文化基金會出版。
七月一日	▲縱貫鐵路電氣化全線竣工。
七月十日	△陳幸蕙第一本散文集《群樹之歌》，九歌出版社出版。
	△高信疆主編《時報文學獎》，時報文化出版公司出版。包括：甄選小說首獎、推薦小說特別獎各一篇、優等獎五篇、佳作七篇，共十四篇。
七月卅日	△曹又芳方塊雜文集《刺》、陳煌散文集《長巷》，慧龍出版社出版。
七月	△《中國現代詩小集》，由創世紀、藍星、笠、詩隊伍、草根等五家詩社合編、出版。採中英對照，此為參加第四屆世界詩人大會特別印行的專集。
	△高上秦編《時報報導文學獎》，時報文化出版公司出版。
	△葉石濤、鍾肇政主編《光復前台灣文學全集》小說部分共八冊，遠景出版社出版。張恒豪、林梵、羊子喬為執行編輯。編輯宗旨為：期望被塵封多年的光復前臺灣新文學能獲得世人的重視，以釐定它在中國文學史上應有的地位。
八月十四日	△中華民國圖書出版事業協會名譽理事長、臺灣商務印書館發

	行人王雲五病逝，享壽九十二歲。
八月十八日	△王子雜誌社設立門市部，「兒童書城」開幕，為國內第一個專為兒童設想的書城。
八月廿八日	△中華民國圖書出版事業協會組團參加新加坡第十一屆書展。
八月	△許義宗自費出版《兒童詩的理論與發展》。
	△桃園縣國小教師兒童文學創作選集第五集《童心》出版。
九月一日	△前行政院新聞局副局長，《中國時報》主筆，邱楠逝世，享年六十四歲。
	△漢京文化事業公司成立，發行人唐鴻英，古籍影印。
九月十六日	△昭人出版社編輯部編《中藥大辭典》全五冊，本辭典為繼謝觀先生著《中國醫藥大辭典》、陳存仁先生著《中國藥學大辭典》後第一部大型中國藥材及地區性民間草藥的綜合工具書。全書共九百九十九萬言收錄中草藥五千七百六十七味，藥圖四千五百幅。臺中昭人出版社出版。
九月十九日	△錦繡出版事業公司成立，發行人許鐘榮，以直銷書為主。
九月廿日	△亮軒散文集《筆硯船》，爾雅出版社出版。
九月	△馬森著《孤絕》，聯經出版事業公司出版。
	△莊因散文集《杏莊小品》、楊牧評論集《文學知識》，洪範書店出版。
	△夏志清《中國現代小說史》中文本，由劉紹銘等翻譯完成，傳記文學出版社出版。
十月	△林太乙小說《金盤街》，純文學出版社出版。
	△許義宗兒歌集《小狗愛看花》、《媽媽我愛您》，中華色研出版社出版。
	△張彥勳少年小說《阿民的雨鞋》，長流出版社出版。
十一月十八日	△傅林統論述《兒童文學的認識與鑑賞》，作文出版社出版。
十一月	△張漢良、蕭蕭主編《現代詩導讀》共五冊，「導讀篇」三冊，「理論、史料篇」，「批評篇」各一冊，故鄉出版社出版。
	△陳映真小說集《夜行貨車》，遠景出版社出版。
十二月六日	△里仁書局成立，發行人徐秀能。古籍影印。
十二月十日	▲高雄美麗島事件發生。

十二月	△臺中晨星出版公司成立，發行人陳銘民。
	△中華民國年鑑社編印，《中華民國六十八年‧中華民國年鑑》，正中書局發行。
	△許義宗主編《兒童文學創作專輯》共三十冊，成文出版社出版。
	△謝武彰企劃製作《童心文庫》共十冊，漢京文化公司出版。
	△楊孝濚論述《我國兒童讀物市場之調查分析》，慈恩出版社出版。
	△余淑姬論述《三十年來我國兒童讀物出版量之研究》，慈恩出版社出版。

一九八〇年

一月一日	△《愛書人》雜誌第一屆「倉頡獎」揭曉，選出十大作家和十大作品。作家部分依次是：李敖、朱西寧、三毛、余光中、張曉風、夏元瑜、張系國、柏楊、羅蘭、彭歌。作品部份依次是：《中國歷史演義全集》、《白話史記》、《八二三注》、《獨白下的傳統》、《賣血人》、《香火》、《生命之歌》、《笨鳥慢飛》、《李敖文存》、《黃河之水》以及《我的書名就叫書》。同月十五日假臺北耕莘文教院舉行頒獎典禮。
	△精美出版公司成立，發行人朱寶楨，希代出版公司關係企業。
一月十日	△梁實秋散文集《白貓王子及其他》，九歌出版社出版。
一月十五日	△《出版人》季刊創刊，臺北市出版商業同業公會編印。
一月廿日	△嚴友梅童話《小番鴨佳佳》，大作出版社出版。
一月卅一日	△葉維廉評論集《飲之太和》、散文集《萬裏風煙》，時報文化出版公司出版。
二月一日	△李春生詩論《現代詩九論》，濂美出版社出版。
二月	△莊芳榮主編《消遣遊戲百科全書》，本書內容分猜謎遊戲、團體娛樂遊戲、冒險遊戲、野外活動、運動遊戲、新鮮遊戲、車上遊戲、宴席遊戲、家庭遊戲、魔術遊戲、猜謎遊

戲、益智遊戲、繪圖遊戲、火柴棒遊戲等十四款千餘種，臺灣育英社出版。

△羊令野、張默主編《龍族的聲音——中國現代詩朗誦選集》，國軍新文藝輔導委員會出版。

△林順源編《兒童文學工作者名錄》，長流出版社出版。

三月一日	△老古文化事業公司成立，發行人南懷瑾。
	△中華文化復興運動推行委員會委託國立中央圖書館編輯《中國文化研究論著書目》。
三月十四日	△國語日報社社長洪炎秋病逝，享年七十八歲。
	△羊汝德繼任國語日報社社長。
三月廿日	△劉靜娟散文集《歲月就像一個球》、林煥彰編選《童詩百首》，爾雅出版社出版。
三月廿二日	△國立中央圖書館與中華民國圖書出版事業協會聯合主辦的「六十八年度出版新書展覽」假該館閱覽室二樓展出，至三月卅日止。
	△中華民國圖書出版事業協會主辦「六十九年春季全國圖書展覽」假臺北市國際學舍揭幕，至四月十三日止。
三月廿五日	△高雄春暉出版社成立，發行人陳坤崙。
三月	△張默詩集《陋室賦》、連水淼詩集《生命的樹》、張堃詩集《醒‧陽光流著》，創世紀詩社出版。
	△顏元叔短篇小說《夏樹是鳥的莊園》、丹扉雜文《鼓刷集》，九歌出版社出版。
四月一日	△陳銘璠小說集《江湖夜雨》，號角出版社出版。
四月十日	△琦君小說集《錢塘江畔》、郭良蕙小說集《臺北的女人》，爾雅出版社出版。
	△文曉村主編《新詩評析一百首》上下二冊，布鼓鳥出版社出版。
四月十五日	△林佛兒長篇小說《北回歸線》，林白出版社出版。
四月	△曾永義論文集《說俗文學》，聯經出版事業公司出版。
	△吳錦發短篇小說集《放鷹》、鐘延豪短篇小說集《金排附》、陳艷秋小說集《無緣廟》、林清玄報導文學集《鄉事》、向陽詩集《種仔》、蕭蕭評論集《燈下燈》、陳煌散

文集《陽關千唱》、彭瑞金評論集《泥土的香味》、宋澤萊詩小說和集《黃巢殺人八百萬》，陳銘璠編《現實的探索——報導文學討論集》，此為第一本報導文學理論集，東大圖書公司出版。

△林方舟少年小說《寒梅》、李雀美圖畫故事《淘氣的鼠弟弟》，書評書目出版社出版。

五月四日　△周策縱論述《五四運動史》，龍田出版社出版。

△周錦主編《中國現代文學研究叢刊》，討論五四時代的作家與作品共二十種，成文出版社陸續出版。

△陳黎詩集《動物搖籃曲》、黃維軍詩集《茉莉家鄉》、陳家帶詩集《雨落在全世界的屋頂》，東林文學社出版。

△桃園縣國小教師兒童文學創作選集第六集《新希望》出版。

五月廿日　△陳雨航小說集《天下第一捕快》，時報文化出版公司出版。

五月　　△上官予《上官予自選集》，黎明文化事業公司出版。

△銀正雄小說集《中間人》，皇冠出版社出版。

△王孝廉散文集《春帆依舊在》，洪範書店出版。

△臺靜農《台靜農短篇小說選》，遠景出版社出版。

△張清榮童話《嘓嘓雞》，作文出版社出版。

六月卅日　△張大春第一本書，小說集《雞翎圖》、張貴興第一本書，小說集《伏虎》、黃凡第一本書，長篇小說《賴索》，時報文化出版公司出版。

六月　　△國立中央圖書館臺灣分館閱覽典藏組編輯《國立中央圖書館臺灣分館日文台灣資料目錄》，國立中央圖書館臺灣分館出版。

△趙淑俠長篇小說《我們的歌》，中央日報社出版。

△劉靜娟散文集《眼眸深處》，大地出版社出版。

△黃慧鶯小說集《第三喜》、鍾梅音散文集《天堂歲月》，皇冠出版社出版。

△七等生散文集《銀波翅膀》、宋澤萊小說集《蓬萊誌異》，遠景出版社出版。

△季季主編《六十八年短篇小說選》，書評書目出版社出版。

△葉石濤、彭瑞金合編《一九七九年台灣小說選》，選入十一

位作家的十三篇小說，文華出版社出版。

△莫渝詩集《長城》、涂靜怡長詩《歷史的傷痕》，秋水詩刊社出版。

△張清榮童話《咕咕歷險記》，書評書目出版社出版。

七月一日　△陳銘磻主編《青澀歲月》，爾雅出版社出版。該書集合作家寫「我的第一本書」。

七月十日　△朱立民第一本文集《逼稿成篇》、楊念慈散文集《狂花滿樹》、方瑜散文集《昨夜微霜》，九歌出版社出版。

七月廿五日　△詹明儒小說集《進香》，時報文化出版公司出版。

七月　△喻麗清小說集《紙玫瑰》，臺中光啟出版社出版。

△蔣勳第一本詩集《少年中國》，董橋散文集《另外一種心情》，遠景出版社出版。

△廖漢臣論述《台灣兒歌》，臺灣省新聞處出版。

八月五日　△葛琳論述《兒童文學創作與欣賞》，康橋出版社出版。

八月十日　△黃武忠《日據時代台灣新文學作家小傳》，時報文化出版公司出版。

八月廿日　△中國國民黨文化工作會主委周應龍接任國家文藝基金會主任委員。

八月　△思果散文集《香港之秋》，大地出版社出版。

△金兆小說集《芒果的滋味》，聯經出版事業公司出版。

九月五日　△趙滋蕃雜文集《流浪漢的哲學》，水芙蓉出版社出版。

九月十五日　△碧竹散文《鐵盔書簡》，水芙蓉出版社出版。

九月廿日　△林清玄文集《在暗夜中迎曦》、《難遣人間未了情》，時報文化出版公司出版。

九月　△鹿沼茂三郎等原著；孫明禮等譯《世界科技發展全集》，分地球、發明與發現、航空、電、交通工具、海洋、氣象與天文、船等八冊，同年十二月出齊，自然科學文化事業公司出版部出版。

△林守為論述《兒童文學賞析》，邱阿塗童話《忘了擂槌的小雷公》，作文出版社出版。

十月五日　△曾與林語堂創辦《宇宙風》半月刊的作家徐訏病逝香港，享年七十二歲。

十月六日	△楊乃藩雜文集《一髮青山》、公孫嬿散文集《大姐小姐》、夏元瑜雜文集《百代封侯》，九歌出版社出版。
十月十五日	△中華民國圖書出版事業協會改選理監事，正中書局蔣廉儒當選新任理事長。
十月廿五日	△張騰蛟散文集《鄉野小集》，林白出版社出版。
十月	△關山情策劃主編；張文溪執行主編《世界名山全集》，除正文外，包括兩部分附錄，第一部分是相關的知識與資料，如「圖片世界登山史」、「世界名山一覽表」等；第二部分是有關世界最高峰攀登歷史與裝備介紹，如「外國登山隊攀登埃峰史」等，為國內第一本最完整的「世界名山全集」，戶外生活雜誌社出版。
	△唐文標文集《我永遠年輕》，東大圖書公司出版。
	△李喬長篇小說《寒夜》，遠景出版事業公司出版。
	△鄭愁予詩集《燕人行》、琦君散文集《留予他年說夢痕》、王禎和小說集《香格里拉》、張系國短篇小說集《星塵組曲》，洪範書店出版。
十一月一日	△吳鼎論著《兒童文學研究》，遠流出版事業公司出版。
十一月十一日	△行政院新聞局假臺北市中山堂舉行第五屆「圖書出版金鼎獎」頒獎典禮。其中成文出版社出版的《兒童文學創作選輯》獲頒兒童圖書類金鼎獎。
十一月廿日	△隱地主編《琦君的世界》，爾雅出版社出版。該書係收集各家訪問或評論琦君的文章。
十一月	△《徐訏二三事》，辭為爾雅出版社為紀念徐訏而編印出版。
十二月一日	△欣大出版社成立，發行人鄭慧淑。
十二月十二日	△《出版之友》自第十四、十五期合刊起，發行人改為中華民國圖書出版事業協會。
十二月卅日	△中華民國文藝年鑑及文藝通訊編輯委員會第一次會議，假臺北市中國大飯店舉行，由中國國民黨文化工作會主任周應龍主持。會中決議設立「中華民國文藝年鑑」與「文藝通訊」兩小組，由周錦、魏子雲負責展開籌備工作。
十二月	△中華民國年鑑社編印，《中華民國六十九年·中華民國年鑑》，正中書局發行。

△《中華民國期刊聯合目錄》、《中華民國圖書聯合目錄》
（1977～1979），國立中央圖書館出版。前者收錄一百七十
一所圖書館所藏中文期刊七千四百一十種；後者收錄十五所
藏書較富的圖書館中文圖書目錄。

△喬木長篇小說《秋實》、白慈飄小說集《幾畦新綠》，中央
日報社出版。

一九八一年

一月一日　　　△張曉風主編散文選集《有情天地、有情人》，爾雅出版社出
　　　　　　　　版。

一月十日　　　△蕭颯短篇小說集《我兒漢生》、陳銘璠主編選文選集《想
　　　　　　　　家》、周寧主編人物報導《飛揚的一代》、傅孝先散文集
　　　　　　　　《寒蟬與蛙鳴》，九歌出版社出版。

一月廿四日　　△梅濟民長篇小說《西伯利亞鐘聲》，當代文學研究社出版。

一月卅日　　　△中華日報社出版散文合集《全國散文特展》、《我的大學生
　　　　　　　　活》第二集和第三集。

一月　　　　　△陳千武（桓夫）日文詩集《媽祖的纏足》，日本熊本市書房
　　　　　　　　出版。

　　　　　　　△曾霄容著《哲學體系重建論上下冊》，青文出版社出版。

　　　　　　　△鍾肇政主編《對詩評論集——不滅的詩魂》，台灣文藝雜誌
　　　　　　　　社出版。

　　　　　　　△寒爵長篇章回諷刺小說《儒林新傳》全八冊，成文出版社出
　　　　　　　　版。

　　　　　　　△瘂弦論述《中國新詩研究》，洪範書店出版。

　　　　　　　△片岡巖原著、陳金田翻譯《台灣風俗誌》，大立出版社出
　　　　　　　　版。

　　　　　　　△賈亦隸編著《臺北市兒童劇展歷屆評論集》，中國戲劇藝術
　　　　　　　　中心出版。

二月十日　　　△袁瓊瓊散文集《紅塵心事》、管管散文集《春天坐著花轎
　　　　　　　　來》，爾雅出版社出版。

　　　　　　　△啟思文化事業公司成立，發行人萬小申，以翻譯類語文圖書

書、故事圖畫書、知性讀物為主。

二月十四日　△中華民國圖書出版事業協會為慶祝建國七十週年紀念，即日起假臺北市國際學舍擴大舉辦圖書展覽，至三月八日止，為期廿三天。

△中華民國圖書出版事業協會與國立中央圖書館合辦「一九八〇年出版新書展覽」即日起至廿二日止，為期九天。

二月　△光復書局編輯部編輯《圖說世界的歷史》全八冊，該書係向義大利米蘭Rizzoli Editori公司購買國際中文版，由日文版翻譯成書，參與翻譯者計有游禮毅、黃得時、劉崇稜、李永熾、林明德（臺大）等學者專家。本書原則上按時代先後編排分亞、美、非、歐四大區，光復書局出版，同年六月出齊。

△顏崑小說《走過荒煙──三百年前老台灣的探險》，高雄河畔出版社出版。該書係根據清康熙年間郁永河的《裨海紀遊》改寫的。

△邱阿塗評論《兒童文學新境界》，作文出版社出版。

三月十日　△舒暢短篇小說集《院中故事》，九歌出版社出版。

三月十二日　△好書出版社成立，發行人林櫻，以語文類圖書為主。

三月十五日　△歷史學者唐德剛文學作品集《午時年代底塵埃》，傳記文學雜誌社出版。

三月廿日　△鄭炯明詩集《蕃薯之歌》，高雄春暉出版社出版。

三月卅日　△張錦郎、俞寶華自《出版之友》第十六、十七期合刊起，撰寫〈中國近七十年來出版事業大事記（一）〉。

三月　△中國文化大學中華百科全書編纂委員會編輯《中華百科全書》全十冊，中國文化大學出版部出版，一九八三年七月出齊。

△《新編中藥大辭典》全三冊，另附編及索引各一冊。收錄中藥五千七百六十七味，包括植物藥四千七百七百三味、動物藥七百四十味、礦物藥八百二十味，以及傳統作為單味藥使用的成藥（如神麴、升藥等）一百七十二味。全書近一千萬字，插圖達四千五百餘幅，新文豐出版社出版。

△張曉風散文集《你還沒有愛過》，大地出版社出版。

　　　　　　　△徐鍾珮《徐鍾珮自選集》，黎明文化事業公司出版。
　　　　　　　△林佩芬長篇小說《聲聲慢》，台灣新生報社出版。
　　　　　　　△蘇偉貞小說《紅顏已老》、蕭颯小說《霞飛之家》，聯合報
　　　　　　　　社出版。
　　　　　　　△詹冰童詩集《太陽‧蝴蝶‧花》、林鍾隆童話集《小小象的
　　　　　　　　想法》、馮輝岳童詩集《大海的幻想》、張彥勳少年小說
　　　　　　　　《小草悲歡》，成文出版社出版。
四月四日　　　△《小袋鼠》創刊，發行人張杏如，信誼基金會出版。
四月十日　　　△黎明文化事業公司為「作家自選集」出版一百種，舉行慶祝
　　　　　　　　茶會。
四月　　　　　△潘人木短篇小說集《哀樂小天地》、余光中評論集《分水嶺
　　　　　　　　上》，純文學出版社出版。
　　　　　　　△朱炎散文集《酒入愁腸總成淚》、羅青詩集《水稻之歌》，
　　　　　　　　大地出版社出版。
　　　　　　　△王文興長篇小說《背海的人》，洪範書店出版。
　　　　　　　△林明德、何寄澎、呂正惠、李豐楙、劉龍勳等合編《中國新
　　　　　　　　詩賞析》三冊，長安出版社出版。
　　　　　　　△桃園縣國小教師兒童文學創作選集第七集《飲水思源》出
　　　　　　　　版。
五月一日　　　△劉紹銘論述《唐人街的小說世界》，時報文化出版公司出
　　　　　　　　版。
五月三日　　　△爾雅出版社成立六週年，特出版《爾雅》一書，內容為爾雅
　　　　　　　　出版圖書評論集，並舉辦「爾雅與我」徵文活動，以資紀
　　　　　　　　念。
五月十五日　　△親親文化事業公司成立，發行人陳德勝，以兒童讀物類圖書
　　　　　　　　為主。
五月廿日　　　△詹宏志主編《六十九年短篇小說選》，爾雅出版社出版。因
　　　　　　　　《書評書目》已停刊，年度小說選改由爾雅出版社印行。
五月廿一日　　△鍾肇政主編《台灣文藝小說選》，台灣文藝雜誌社出版，共
　　　　　　　　收廿三篇。
五月廿二日　　△許家石散文集《長夜思親》、喬志高雜文集《吐露集》，時
　　　　　　　　報文化出版公司出版。

五月卅日　　　△張默主編《剪成碧玉葉層層──現代女詩人選集》，爾雅出
　　　　　　　　版社出版。

五月　　　　　△戶外生活圖書公司成立，發行人陳遠見。

　　　　　　　△林以亮散文集《昨日今日》、顏元叔雜文集《飄失的翠
　　　　　　　　羽》、《走入那一片蓊鬱》，皇冠出版社出版。

　　　　　　　△林玲散文集《第一個十年》、蔡碧航散文集《我是沙崙的水
　　　　　　　　檻花》，鳳凰城圖書公司出版。

六月一日　　　△洛夫詩集《時間之傷》，時報文化出版公司出版。

六月五日　　　△張雪映主編「陽光小集」詩社同仁散文選集《陽光小唱》，
　　　　　　　　金文圖書公司出版。

六月六日　　　△詹錫奎長篇小說《再見，黃磚路》，文鏡文化公司出版。

六月十二日　　△文經出版社成立，發行人吳榮斌。

六月十五日　　△林錫嘉主編「國軍戰鬥文藝散文研究會」成員三十七人合集
　　　　　　　　散文選《興寄煙霞》，水芙蓉出版社出版。

六月卅日　　　△臺灣省教育廳第四期《中華兒童叢書》共一百種全部出齊。

六月　　　　　△尉天驄評論集《民族與鄉土》，洪醒夫短篇小說集《市井傳
　　　　　　　　奇》，葉石濤評論集《作家的條件》，遠景出版社出版。

　　　　　　　△蕭麗紅長篇小說《千江有水千江月》，聯經出版事業公司出
　　　　　　　　版。

　　　　　　　△馮馮長篇小說《哭泣的紫楓》，皇冠出版社出版。

　　　　　　　△小野散文集《麥當勞隨筆》，文豪出版社出版。

　　　　　　　△李雀美少年小說《春珠村傳奇》，大佳出版社出版。

七月一日　　　△漢光文化事業公司成立，發行人宋定西。

七月七日　　　△席慕蓉詩集《七里香》，大地出版社出版。本書於一年內再
　　　　　　　　版七次，打破臺灣詩壇三十年來詩集銷路欠佳的紀錄。

七月十日　　　△司馬中原散文集《駝鈴》、梁錫華散文集《揮袖話愛情》、
　　　　　　　　蕭蕭長篇小說《如夢令》、林雙不（碧竹）散文集《一盞明
　　　　　　　　燈》，九歌出版社出版。

七月　　　　　△羅行詩集《感覺》，創世紀詩社出版。

　　　　　　　△張之傑、呂應鐘、黃海主編《中國當代科幻選集》，星際出
　　　　　　　　版社出版。

　　　　　　　△侯榕生散文集《談貓廬》，大地出版社出版。

八月十日	△劉心皇主編《當代中國新文學大系——史料與索引卷》，天視出版公司出版，全套十冊出齊。
八月廿日	△張錯詩集《錯誤十四行》，洪素麗散文集《十年散記》、詩集《十年詩草》，侯榕生散文集《又見北平》，時報文化出版公司出版。
八月	△施善繼《施善繼詩選》，遠景出版社出版。
	△三毛小說散文選《背影》，散文集《夢裡花落之多少》，皇冠出版社出版。
	△余光中主編散文合集《文學的沙田》、《余光中詩選》、叢甦散文選《君王與跳蚤》、袁瓊瓊小說集《自己的天空》、楊牧主編《中國近代散文選》上下兩冊，洪範書店出版。
	△丁亞民小說集《白雲謠》，三三書坊出版。
	△琦君兒童散文集《琦君說童年》，純文學出版社出版。
	△謝武彰兒歌集《大家來唱ㄅㄆㄇ》，親親文化公司出版。
九月一日	△《書評書目》出滿一百期後，宣告停刊。該雜誌自一九七三年二月創刊迄今，前後八年。
九月十三日	△中華民國圖書出版事業協會組團參加新加坡國際書展。
九月十四日	△卜少夫主編《無名氏研究》，新聞天地社出版。
九月十五日	△陳若曦小說集《城裡城外》、散文集《生活隨筆》、黃凡小說集《大時代》，時報文化出版公司出版。
九月十六日	△聯合報社為慶祝創社三十週年，編印《聯副三十年文學大系》，全套廿八冊，今起陸續分卷出版，全書在一九八二年四月可全部出齊。
	△中央日報文教出版部成立，發行人唐盼盼。
九月十九日	△國立中央圖書館與中華民國圖書出版事業協會聯合主辦「慶祝建國七十年工具書展覽」，假該館閱覽室二樓展出，至九月廿八日止。
九月廿六日	△中華民國圖書出版事業協會主辦「慶祝七十年國慶全國書展」假臺北市國際學舍展出，至十月十八日止。
九月廿八日	△華欣文化事業中心成立十週年。
九月	△無名氏長篇小說《死的巖層》，新聞天地社出版。
	△俞允平主編《當代文學叢書》，邀請林清玄、林文煌、陳銘

　　　　　　　　瑤、古蒙仁、吳念真、李赫、小野、張大春等八位青年作家
　　　　　　　　出版「自選集」，世界文物供應社出版。

　　　　　　△阿盛第一本書，散文集《唱起台灣謠》、履疆小說集《鑼鼓
　　　　　　　歌》，蓬萊出版社出版。

　　　　　　△子於長篇小說《月暗星光》，黎明文化事業公司出版。

　　　　　　△呼嘯主編《當代名家小說選集》，金文圖書公司出版。

　　　　　　△朱立民、顏元叔主編《西洋文學導讀》二冊，巨流圖書公司
　　　　　　　出版。

　　　　　　△李南衡／文・曹俊彥／圖圖畫故事《聚寶盆》，信誼基金出
　　　　　　　版社出版。

　　　　　　△高錦雪論述《兒童文學與兒童圖書館》，學藝出版社出版。

　　　　　　△林武憲兒歌集《我愛ㄅㄆㄇ》，啟元文化公司出版。

十月七日　　△劉紹銘散文集《風簷展書讀》、趙淑俠散文集《海內存知
　　　　　　　己》，九歌出版社出版。

十月十日　　△正中書局成立五十週年。

十月十五日　△張良澤主編《吳新榮全集》共八冊，遠景出版公司出版。

　　　　　　△中華日報社出版該報副刊專欄散文合集《生命中的第一
　　　　　　　次》，共三冊，收入八十餘位作家作品。

十月廿五日　△台灣新生報社出版社成立，發行人沈岳。

十月廿六日　△中華民國圖書出版事業協會組團參加韓國中文書展，至十一
　　　　　　　月四日止。

十月　　　　△百科文化事業公司編《21世紀世界彩色百科全書》全十冊，
　　　　　　　百科文化公司出版。

　　　　　　△聯合報社出版《光復前臺灣作家作品集——寶刀集》，全書
　　　　　　　共收入作品十三篇，包括日據時期作家黃得時、楊逵、龍瑛
　　　　　　　宗、王詩琅、劉捷、葉石濤等，泰半皆為這些作家光復後的
　　　　　　　第一篇中文作品。

　　　　　　△吳晟總編輯現代文學選集——《大家文學選》共三冊，臺中
　　　　　　　梅華文化公司出版。其中「小說卷」由洪醒夫、林雙不主
　　　　　　　編，「詩卷」由牧尹、廖默白主編，「散文卷」由康原、王
　　　　　　　灝主編。

　　　　　　△苦苓詩集《緊偎著淋淋的雨意》，德華出版社出版。

十一月十一日	△行政院文化建設委員會成立，主掌全國文化建設策劃、審議、考評、推動等工作。首任主任委員陳奇祿，楊崇森、翟君石（鍾雷）、申學庸分任處長。
十一月十六日	△天下文化出版公司成立，發行人王力行。
十一月	△教育部重編國語辭典編輯委員會編纂《國語辭典》全六冊，臺灣商務印書館發行。重編工作分三大階段進行，自一九七六年五月廿一日至一九七七年五月廿日為資料蒐集與整理階段；一九七六年十一月一日至一九七八年五月廿日為初稿編輯與審核階段；一九七八年五月廿一日至一九七九年五月廿日為辭典校正與審稿階段，附有檢索極附錄。
	△廖丑編著《日常生活常識百科全書》，臺南大偉書局出版。
	△薛茂松自印出版《當代文藝作家筆名錄》。收錄一九四九年至一九七九年期間文藝作家計一千一百一十人，筆名有一千九百九十個。
十二月五日	△楊碧川編撰《世界史大辭典》上下冊，遠流出版事業公司出版。
	△琦君散文集《母心似天空》、陳幸蕙短篇小說集《昨夜星辰》，爾雅出版社出版。
十二月十二日	△全國第三次文藝會談，假陽明山中山樓舉行，中國國民黨文化工作會主辦。
十二月十五日	△陳秀喜詩集《竈》，高雄春暉出版社出版。
十二月十九日	△世界書局總經理蕭宗謀連任臺北市出版商業同業公會第三屆理事長。
	△第六屆金鼎獎首次利用電視頒獎，在我國出版史上，寫下嶄新的一頁。
十二月	△據行政院新聞局統計，截至本年年底止，登記的出版社為二千二百二十三家，圖書出版數為八千八百六十五種。
	△中華民國年鑑社編印，《中華民國七十年‧中華民國年鑑》，正中書局發行。
	△《中華民國圖書館年鑑》，國立中央圖書館出版。
	△黃武忠短篇小說集《蘿蔔庄傳奇》，蓬萊出版社出版。
	△張至璋短篇小說集《飛》，純文學出版社出版。

△朱天文短篇小說集《傳說》，三三書坊出版。

△孟瑤長篇小說《望鄉》，中央日報社出版。

△李喬長篇小說《寒夜三部曲》第二部《荒村》，遠景出版公司出版。

一九八二年

一月一日　　△許芥昱短篇小說集《秋絲草》，時報文化出版公司出版。

　　　　　　△康原自費出版散文及評論集《真摯與邀請》。

一月廿二日　△謝霜天寫女作家蕭紅傳記小說《夢迴呼蘭河》，爾雅出版社出版。

一月　　　　△行政院新聞局推動的第一期圖書禮券由臺灣商務印書館正式發行。

　　　　　　△王楨和小說《美人圖》、思果散文集《沙田隨想》、李昂小說集《愛情試驗》，洪範書店出版。

　　　　　　△楊明顯散文集《城門與胡同》，純文學出版社出版。

　　　　　　△柏楊《柏楊詩抄》，四季出版公司出版。

二月十五日　△張老師文化事業公司成立，發行人劉安屯，以心理輔導類圖書為主。

二月　　　　△上官予詩集《春歸集》，臺灣商務印書館出版。

　　　　　　△漢聲雜誌社陸續出版《中國童話》十二冊，至十二月止。

三月十二日　△蕭蕭散文集《朝興村雜記——穿內褲的旗手》，蓬萊出版社出版。

三月廿日　　△席慕蓉散文集《成長的痕跡》、《畫出心中的彩虹》，爾雅出版社出版。

三月廿八日　△「陽光小集」詩社假臺中市信義街開「陽光小集」書坊，特別展售各詩社出版之詩刊。

三月卅一日　△中華日報出版部成立，發行人鄭興悌。

三月　　　　△光復書局編輯部編輯《光復彩色百科大典》，全十冊，同年十一月出齊，光復書局出版。

　　　　　　△汎華文化出版公司編輯委員會主編《最新世界百科全書》全三冊，汎華文化出版公司出版。

△羊令野散文集《回首叫雲飛起》，東大圖書公司出版。

△莊因散文集《八千里路雲和月》，純文學出版社出版。

△陳金田童謠集《台灣童謠》，大立出版社出版。

△許漢章主編《兒童文學》第一輯，高雄市教育局出版。

四月十日　△淑馨出版社成立，創辦人陸又雄，為與大陸出版社合作出版的先行者。

四月　　　△林海音散文集《芸窗夜讀》、夏祖麗人物報導《人間的感情》，純文學出版社出版。

△沈萌華主編《七十年短篇小說選》，爾雅出版社出版。

五月十日　△司馬桑敦紀念文集《野馬停蹄》、張曉風散文集《再生緣》，爾雅出版社出版。

五月　　　△張之傑主編《環華百科全書》，全廿二冊，含《1986年鑑》及《總索引》各一冊，一九八六年十月全部出齊。

△黃才郎主編《雄獅西洋美術辭典》（上冊）（Ab-Ma），六月出版下冊。本書收錄條目範圍以文藝復興到當代的西洋美術家為主，另包括繪畫、雕刻、技法、術語等。並有附錄十八篇、斷代美術史專論及十八張美術史地圖年表。本書編輯按英文字母順序排列，書末附有中文筆劃序的「中英文地名對照表」，雄獅圖書公司出版。

△《臨床實用彩色科學中藥大典》（國際中文版），全四冊，立得出版社出版。

△蔣勳詩集《母親》，遠流出版事業公司出版。

△羊子喬・陳千武主編《光復前台灣文學全集》新詩部分四冊——《亂都之戀》、《廣闊的海》、《森林的彼方》、《望鄉》，遠景出版社出版。

△楊牧散文集《搜索者》、吳魯芹散文集《餘年集》、林泠《林泠詩集》，洪範書店出版。

△王鼎鈞作文指導《文學種籽》，明道文藝雜誌社出版。

△葉維廉詩集《松島的傳說》，四季出版公司出版。

六月十五日　△羅英詩集《雲的捕手》，林白出版社出版。

六月廿日　△《聯副三十年文學大系》最後四冊——《史料卷：風雲三十年》、《詩卷：抒情傳統》、《聯副三十年總目》上下二

冊，自此全套廿八冊全部出齊。

△柏楊主編《新加坡共和國華文文學選集》，史料、詩歌、小說、散文、雜文等共五冊，時報文化出版公司出版。

△《中華民國圖書館基本圖書編目——兒童文學與兒童讀物類》，中國圖書館學會編印。

△新竹縣兒童文學專輯第一輯《小燈籠》出版。

六月　　　　　△黃才郎主編《雄獅西洋美術辭典》（下冊）（Ma-Zu），雄獅圖書公司出版（修訂版）。

七月十二日　　△尖端出版有限公司成立，發行人黃鎮隆。

七月　　　　　△林海音主編《純文學好小說》，純文學出版社出版。

△楊青矗小說集《工廠人》、《同根生》、《工廠女兒國》，遠景出版社出版。

△履疆小說集《雪融千里》、散文集《驚艷》，采風出版社出版。

八月十六日　　△張默主編現代百家詩選——《歲月吟風多少事》，爾雅出版社出版。並假臺北市太陽飯店舉辦出書慶祝茶會，凡作品入選者皆應邀出席。

八月　　　　　△《中華文化百科全書》全十五冊，至一九八九年十月全部出齊，中華文化基金會與黎明文化事業公司出版。

△文曉村主編《葡萄園詩選》，葡萄園詩社出版，該詩選係為慶祝葡萄園詩刊創刊二十周年而編，收錄五百首詩作。

△吳晟散文集《農婦》，洪範書店出版。

△許台英中篇小說《歲修》，聯合報社出版。

△梁實秋《雅舍小品》第三集，正中書局出版。

△桃園縣國小教師兒童文學創作選集第八集《新生》出版。

九月一日　　　△洪醒夫遺作短篇小說集《田莊人》，爾雅出版社出版。

九月十一日　　△前衛出版社成立，發行人林文欽，以出版臺灣為主題的圖書為主。

九月十八日　　△第三期中華兒童叢書「金書獎」假臺北市國語實小禮堂舉行頒獎典禮。

九月　　　　　△林鍾隆論述《兒童詩觀察》，益智書局出版。

△邱阿塗童話集《小雷公丟了飛雲車》，百年出版社出版。

十月十五日	△林錫嘉主編《七十年散文選》，九歌出版社出版。此為繼詩選、小說選之後，首度出現的「年度散文選」，以後逐年出版。
	△香港女作家鍾曉陽第一本小說《停車暫問》，三三書坊出版。
	△陳幸蕙散文集《把愛還諸天地》、劉靜娟散文集《笑聲如歌》，九歌出版社出版。
十月卅日	△臺灣省教育廳第四期《中華兒童叢書》開始分批出版。
十月	△陳國成教授總編輯；幼獅數學大辭典編委會編輯《幼獅數學大辭典》上篇，本辭典所有詞彙與項目，均依英中對照方式，按英文字母順序排列，為便於查閱，增編名詞之英中對照、中英對照及簡易中文數學名詞查閱法等三種索引。本辭典計分大項目、中項目、小項目等三個層次，凡一七八八頁。一九八三年七月出版下篇，本文一七八九至三六九一頁。另分統計數值表之參考文獻、數值表之參考文獻、重要數學期刊、重要數學出版社、日本數學史年表、中國歷朝年代表、數學家人名對照表、數學規則補述（生產排程與存量管理）等八種備考。十月出版《幼獅數學大辭典·參考篇》，主要為附錄及索引。附錄多達廿四個，索引則相當於數學名詞彙編，包括所有數學上各類名詞之中英對照，幼獅文化事業公司出版。
	△趙淑俠長篇小說《落第》，道聲出版社出版。
	△張曉風散文集《大地之歌》，大地出版社出版。
	△馮輝岳論著《童謠探討與賞析》，國家書店出版。
	△錦標出版社陸續出版《童話列車》十五冊，至一九八三年六月止。
十一月一日	△蘭亭書店成立，陳信元主持，以出版年輕作家作品為主，第一本書為向陽主編《每日精品》，收入一百家小品文章。
	△允晨文化實業公司成立，發行人楊志民。
	△王鼎鈞散文集《海水·天涯·中國人》，爾雅出版社出版。
十一月十五日	△行政院文建會、中央日報、中國婦女寫作協會合辦「女作家著作展」，假中央日報社舉行。

	△王定國短篇小說集《離鄉遺事》，蘭亭書店出版。
	△向明詩集《青春的臉》，九歌出版社出版。
十一月卅日	△柏楊主編，應鳳凰執行編輯，《中華民國文學年鑑1980》，時報文化出版公司出版。全書分文學概況、一年文壇大世紀、文學活動、文學獎、出版社及雜誌名錄、著作目錄、文星殞落等七個項目。
十一月	△行政院新聞局首次推介優良中小學生課外讀物。
十二月一日	△苦苓散文集《只能帶你到海邊》，蘭亭書店出版。
十二月六日	△自立晚報基於「提倡讀書風氣，瞭解書市行情」的宗旨，即日起以副刊全版版面，每月推出一版「出版月報」，鐘麗慧、應鳳凰聯合策劃。
十二月十五日	△吳錦發小說集《靜默的河川》，蘭亭書店出版。
十二月廿二日	△行政院新聞局圖書出版金鼎獎頒獎典禮假臺北市國父紀念館舉行。
十二月	△據行政院新聞局統計，截至本年年底止，登記的出版社為二二二八家，圖書出版數為八千七百七百六種。
	△中華民國年鑑社編印，《中華民國七十一年・中華民國年鑑》，正中書局發行。
	△田原小說《松花江畔》，大地出版社出版。
	△杜文靖作品集——詩、小說、散文各一冊，人物特寫及報導文學各一冊，共五冊，臺南鳳凰城圖書公司出版。
	△葉永烈論述《西洋兒童文學史》，東大圖書公司出版。
	△陳千武編選《小學生詩集》（2），臺中市立文化中心出版。

一九八三年

一月廿日	△臺北「金石堂文化廣場」開幕，首創大型書店及連鎖的規模。
一月廿三日	△前衛出版社成立，發行人林文欽。首批出版皆為年度文學選集，包括：葉石濤主編《1982年台灣小說選》、季季主編《1982年台灣散文選》、李魁賢主編《1982年台灣詩選》，

首開以臺灣為主體性的年度文學選集。

一月	△陳信茂論述《兒童戲劇概論》，臺大文化出版。
二月二日	△席慕蓉詩集《無怨的青春》，大地出版社出版。
二月十二日	△陳千武、白萩主編《亞洲現代詩選》第二集，計收入亞洲九個國家地區等現代詩人一百零二位、一百七十二首詩作，並以中、日、韓、英四種文字呈現。
二月	△屈萬里著《屈萬里全集》，聯經出版事業公司出版，至一九八五年二月全部出齊，共十八冊。
	△馬各、丁樹南合編《五十六年短篇小說選》，爾雅出版社出版。
	△林錫嘉主編《七十一年度散文選》，九歌出版社出版。
三月九日	△臺南王家出版社成立，發行人王家祥。
三月十九日	△張默主編《七十一年詩選》，選入九十九家、詩作一百三十一首，爾雅出版社出版。
三月廿六日	△中華民國圖書出版事業協會為慶祝第廿二屆出版節暨成立十週年紀念，假臺北市國際學舍舉辦「春季全國書展」，至四月廿四日止，為期三十天。
三月卅日	△中華民國圖書出版事業協會為慶祝第廿二屆出版節暨成立十週年紀念，假臺北市自由之家舉行慶祝大會及年度會員大會。
三月	△黎明文化事業公司策劃《海內外青年女作家選集》，共出版一八冊，收錄六十餘位當代女作家小說作品。
	△鄧禹平詩歌集《我存在，因為歌，因為愛》，純文學出版社出版。
	△楊思諶少年小說《五彩狗》，九歌出版社出版。
四月四日	△王谷策劃，林文義編選《中國智慧的薪傳》六冊，邀請一百零五位名家對孩子說，為孩子寫，書評書目出版社出版。
四月十日	△林錫嘉編《七十一年散文選》，九歌出版社出版。
四月廿五日	△王世勛小說《森林》、呂則之小說《海煙》、黃凡小說《傷心城》，自立晚報社出版。此三書皆為應徵該報「百萬小說」之佳作。
四月	△鄭雪玫論述《兒童圖書館理論與實際》，臺灣學生書局出

版。

　　△陳木城・凌俊嫻論述《童詩開門》三冊，錦標出版社出版。

五月一日　　△荊棘散文集《荊棘裡的南瓜》，爾雅出版社出版。

五月七日　　△卜貴美兒童散文《楊小妹在加拿大》，九歌出版社出版。

五月　　　　△黃武忠著《臺灣作家印象記》，眾文圖書公司出版。

　　△應鳳凰主編《一九八〇年文學書目》，收入臺灣地區一九八
　　〇年一年所出版的文學書目共五百六十三本，此為近年第一
　　本「年度文學書目」。

　　△幼獅文化事業公司之《幼獅少年百科全書》於本月出版第一
　　冊，一九八六年五月全部出齊。本文十冊，外加索引一冊，
　　共十一冊，條目總計一千一百餘條。為國內第一套以青少年
　　為對象，且由國人自行編撰的百科全書。

　　△新竹縣兒童文學專輯第二輯《小風箏》出版。

六月八日　　△《婦女雜誌》、《綜合月刊》、《小讀者》發行人張任飛去
　　世。

六月十六日　△美國出版人協會國際版權保護委員會主席羅勃・H・克來文
　　來函要求與中華民國圖書出版事業協會保持密切聯繫。

六月　　　　△嚴文郁著《中國圖書館發展史——自清末到抗戰勝利》，中
　　國圖書館學會出版。

七月一日　　△中國國民黨文工會主持的《文訊》月刊創刊。

七月十二日　△中華民國圖書出版事業協會組成中華民國出版界香港訪問
　　團，參加第五屆香港中文書展，至七月十九日止。

七月廿日　　△林海音早年自傳體小說《城南舊事》重新排版，純文學出版
　　社和爾雅出版社兩家，同時以兩種版本出版上市。

七月卅日　　△洪醒夫早期作品集《懷念那聲鑼》，號角出版社出版，以紀
　　念洪醒夫逝世一周年。

八月三日　　△敻虹詩集《紅珊瑚》，大地出版社出版。

八月十六日　△為配合「世界優良兒童圖書展」，光復書局在臺北市國賓飯
　　店舉行兒童文學座談會，總主持人林良，分組主持人為洪文
　　瓊、鄭明進、林煥彰。

八月廿日　　△光復書局主辦「世界優良兒童圖書巡迴展展」首站在臺北市
　　遠東百貨公司舉行，展出國內外兒童圖書四千多冊。

九月八日	△以古典小說《紅樓夢》為主體的研究資料展，假國立中央圖書館臺灣分館揭幕，為期七天，展出數十種版本。
九月廿九日	△第三波文化事業公司成立，發行人葉紫華，以科學類圖書為主。
九月卅日	△國立中央圖書館代辦縣市文化中心圖書採購統一開標。
十月一日	△《新書月刊》創刊，發行人劉紹唐，總編輯周浩正，傳記文學社發行，至一九八五年九月止。十六開本，主要內容：新書報導、書刊評介、序跋、作家專訪、雜誌及出版社專訪、每月新書目錄等，惟以文學書評為主。
十月十日	△王谷策劃、林文義編選《當代作家兒童文學之旅》六冊，書評書目出版社出版。為繼《中國智慧的薪傳》之後，又一次邀請百餘位作家共同為兒童寫作，出版配有彩色插畫的兒童套書。
	△許漢章主編《兒童文學》第二輯，高雄市教育局出版。
十月卅一日	△中視文化事業公司成立，發行人石永貴。
十月	△司琦論述《兒童讀物研究》，臺灣商務印書館出版。
	△許義宗論述《兒童文學名著賞析》，黎明文化事業公司出版。
十一月十三日	△行政院文建會、中央日報、中國婦女寫作協會合辦「女作家著作展」，假中央日報社舉行，為期兩天。
十二月十七日	△國立歷史博物館舉辦「讀書週」系列活動。
十二月	△據行政院新聞局統計，截至本年年底止，登記的出版社為二千四百二十六家，圖書出版數為九千零八種。
	△臺北市立圖書館民生分館正式開館，該館館藏主要以兒童讀物為主。
	△中華民國年鑑社編印，《中華民國七十二年·中華民國年鑑》，正中書局發行。
	△嚴一萍主編《金文總集》，精裝十冊，藝文印書館出版。另嚴一萍·姚祖根主編《金文總集·目錄索引》精裝上下二冊，於一九八八年四月出版。

一九八四年

一月一日	△馬森長篇小說《夜遊》，爾雅出版社出版。
一月四日	△「出版獎助條例」總統明令公佈實施。
一月十二日	△前《大華晚報》甜蜜的家庭版主編鍾梅音病逝，享年六十四歲。
一月廿三日	△林太乙主編《文華集——當代中國作家文選》，《讀者文摘》出版。此為《讀者文摘》中文版自一九六五年創刊以來，首度出版當代中國作家作品選集。
一月廿八日	△一九八四年全國圖書展覽即日起假高雄市中正文化中心展出，為期十天。
二月七日	△「全國春季書展」在臺北市國際學舍揭幕。
二月廿三日	△圖文出版公司成立，發行人許鐘榮，以兒童讀物類圖書為主。
二月	△陳幸蕙編《七十二年散文選》，九歌出版社出版。
	△曹又芳散文集《情懷》，大地出版社出版。
三月一日	△黃錦鈜主編《白話資治通鑑》，文化圖書公司出版，同年十月三十一日出齊全書十二冊。
三月十日	△張錯詩集《雙玉環怨》，時報文化出版公司出版。
三月廿一日	▲蔣經國當選中華民國第七任總統，副總統李登輝。
	△前衛出版社出版施明正小說集《島上愛與死》，遭警總查禁。
三月廿二日	△智茂文化事業公司成立，發行人曹達安，以出版美國紐伯瑞獎得獎圖書聞名。
三月廿三日	△東穎出版社成立，發行人廖許又勻，以兒童讀物為主。
三月廿九日	△中央日報《文藝評論》創刊，屬文學批評性質，每週出刊一次，該版已停刊。
三月卅日	△第廿三屆出版節假臺北市自由之家舉行慶祝大會。
三月	△蕭蕭主編《七十二年詩選》，爾雅出版社出版。
	△朱秀娟長篇小說《女強人》，中央日報社出版。
四月一日	△林清泉主編《一九八三台灣散文選》前衛出版社出版。
四月三日	△臺灣省教育廳舉辦的「兒童讀物巡迴展」巡迴展出，至八月

廿日止。

四月四日　　　△國立中央圖書館臺灣分館編輯《全國兒童圖書目錄續編》，
　　　　　　　中國國民黨中央文化工作會出版，共收錄自一九七六年迄今
　　　　　　　所出版，仍可購得知兒童圖書四千種。

　　　　　　　△馬景賢主編《360個朋友》共八冊，書評書目出版社出版。

四月十日　　　△應鳳凰主編《一九八一年文學書目》，大地出版社出版。

四月十五日　　△吳晟主編《一九八三年台灣詩選》，林清泉主編《一九八三
　　　　　　　年台灣散文選》，彭瑞金主編《一九八三年台灣小說選》，
　　　　　　　前衛出版社出版。該社在臺北「五更樓」舉辦「一九八三文
　　　　　　　學年選」出版茶會，自一九八一年起每年出版年度詩選、散
　　　　　　　文選以及小說選。

　　　　　　　△張其昀主編《先總統 蔣公全集》全套三冊，中國文化大學
　　　　　　　出版部出版。

　　　　　　　△王鼎鈞散文集《山裡山外》，洪範書店出版。

四月十八日　　△千華出版社成立，發行人廖雪鳳。

四月廿五日　　△「紀念賴和先生九十冥誕籌備會」假彰化舉行平反紀念會，
　　　　　　　出版「賴和先生平反紀念集」。

五月一日　　　△即日起，在中華民國臺灣地區的任何一個郵局皆可買到圖書
　　　　　　　禮券，此為第三期圖書禮券的創舉。

　　　　　　　△圓神出版社成立，發行人簡志忠。

五月二日　　　△國民黨文工會與國立中央圖書館臺灣分館共同舉辦「全國兒
　　　　　　　童書展」，至五月十三日止。

五月五日　　　△《聯合報》關係企業——聯經出版事業公司為慶祝成立十週
　　　　　　　年，在該報社舉行十週年紀念暨《胡適之先生年譜長編初
　　　　　　　稿》出版慶祝酒會。

五月十二日　　△「金石堂文化廣場」城中店在臺北市重慶南路開幕，此為金
　　　　　　　石堂第一家分店。

五月廿四日　　△黃明山執行總編輯《中國兒童故事百科全書》全四十三冊，
　　　　　　　一九八六年一月一日出齊，嘉義明山書局出版。

五月　　　　　△陳若曦長篇小說《遠見》，遠景出版社出版。

　　　　　　　△新竹縣兒童文學專輯第三輯《新芽》出版。

　　　　　　　△由臺灣省政府贊助，聯經出版事業公司舉辦的「全國萬種好

書臺灣省巡迴展覽」，分別在臺中等六縣市各展出五天。

六月一日　　　△許達然散文集《吐》，林白出版社出版。此為該出版社新推出的「島嶼文庫」第一本。

六月十五日　　△王禎和長篇小說《玫瑰玫瑰我愛你》，遠景出版社出版。

六月　　　　　△鐘麗慧、應鳳凰合編《中華民國作家作品目錄》上下二冊；《書香社會》，行政院文建會出版，收錄七百位作家。

　　　　　　　△劉接寶等編輯《臨床實用彩色中藥大典》，全四冊，立得出版社出版。

　　　　　　　△匡世傑主編《航海航業專科大辭典》，五洲出版社出版。

七月十日　　　△向陽詩集《十行集》，九歌出版社出版。

　　　　　　　△余阿勳散文集《愛的種種》，文經社出版。

七月　　　　　△王秋桂主編《善本戲曲叢刊》景印本，共六輯，第一輯十冊，第二輯十五冊，第三輯十一冊，第四輯廿一冊，第五輯廿二冊，第六輯廿五冊，合計一百零四冊，至一九八七年十一月全部出齊，臺灣學生書局出版。

　　　　　　　△洪文珍論述《改寫本西遊記研究——情節取捨與標題製作之探討》，慈恩出版社出版。

八月　　　　　△業強出版社成立，發行人陳春雄。

　　　　　　　△楚戈詩畫集《散步的山巒》，純文學出版社出版。

　　　　　　　△陳正治論著《中國兒歌研究》，啟元文化公司出版。

九月十五日　　△黃凡長篇小說《反對者》、呂則之長篇小說《荒地》，自立晚報出版部出版。

九月廿日　　　△創世紀詩刊社編選《創世紀詩選》，張曉風散文集《我在》、隱地散文集《心的掙紮》，爾雅出版社出版。

九月廿二日　　△「七十三年秋季全國圖書大展」即日起假臺北市國際學舍局行，至十月十四日止。

九月　　　　　△陳映真小說集《山路》，遠景出版社出版。

　　　　　　　△黃海少年小說《奇異的航行》、朱秀芳童話《齒痕的秘密》、方素珍圖畫故事《娃娃的眼睛》，書評書目出版社出版。

　　　　　　　△丁淳主編《金融事業用語辭典》，余氏出版社出版。

十月廿八日　　△水芙蓉出版社負責人莊靖次倒閉潛逃出境。

十月	△生活實用大百科編纂委員會編著《生活實用大百科》，新境出版公司出版。
	△劉大任短篇小說集《杜鵑啼血》，遠景出版公司出版。
	△臺北市立圖書館編印《兒童圖書目錄》第一輯出版。
十一月五日	△立法院院會一讀通過「著作權法修正草案」。
十一月六日	△作家，前《學友》雜誌主編王詩琅病逝，享年七十七歲。
十一月八日	△中華民國圖書出版事業協會主辦，大學雜誌社、出版之友編輯部策劃，假臺北市中國大飯店舉辦「為當前的出版問題把把脈座談會」。
十一月十五日	△陳國成總編輯《圖解科學大辭典》，華成圖書公司出版。本書以義大利科學家 Fratelli Fabbri 主編的 The World of Science Encyclopaediea 為藍本。全書分兩大部分，其一為科學大辭典本文，內容包括解釋名詞五千條，科技新名詞三千五百個，配圖三千二百幅。另一為科學大辭典附錄，內容包括科學史、度量衡、原子科技、生物化學、食品營養、太陽系行星、以及動物和植物王國等。並編輯多類科學參考圖表（圖約3400和附表160），改變世界的發明、諾貝爾得獎主簡介等。又為求變於查閱，編有四種目次：P1「圖解科學大辭典內容目次」，P1045「圖解科學大辭典附錄目次」，P1243～1244「各類自然科學參考圖說」，P1377～1378「重要自然科學參考表」，以替代「索引」。
十一月	△永漢國際書局東區分店開幕。該書局為旅日僑領邱永漢創辦，除銷售進口日文書籍、雜誌、文具外，兼售國人出版的中文書刊。
	△閻振興、高明總監修；蔡焜霖總編輯；吳淑慧主編《中文百科大辭典》，收錄常用單字、次常用單字一萬一千餘個，複詞、成語、俗語等之語詞二萬餘條，百科知識五萬餘條，總計八萬餘條。內有彩色圖片四千三百餘幅、圖解圖表三千餘幅，總計七千三百餘幅，為一部結合國語辭典與百科全書之綜合性辭典，也是全國第一部彩色巨型中文辭典。附有附錄、外文譯名索引、筆劃索引及注音索引等，百科文化事業公司出版。該辭典又以《當代國語大辭典》之名，同月出

版。

△張錦郎著《中國圖書館事業論集》，臺灣學生書局出版。

△七等生短篇小說集《老婦人》，洪範書店出版。

十二月一日　　△林雙不詩集《台灣新樂府》，敦理出版社出版。

十二月十日　　△曉園出版社成立，發行人黃旭政。

△蕭颯長篇小說《小鎮醫師的愛情》，爾雅出版社出版。

十二月廿六日　△七十三年度表揚優良出版事業及出版物的金鼎獎頒獎典禮假
國父紀念館舉行，共頒發圖書類、雜誌類、唱片類優良出版
事業及出版物三十三座金鼎獎。

十二月　　　　△據行政院新聞局統計，截至本年年底止，登記的出版社為二
千五百四十七家，圖書出版數為九千二百五十六種。

△中華民國年鑑社編印，《中華民國七十三年‧中華民國年
鑑》，正中書局發行。

△漢聲雜誌社編繪《漢聲小百科》全十二冊，英文漢聲出版公
司出版。

一九八五年

一月十二日　　△高雄大海洋詩社假左營中正堂舉行創刊十週年慶祝酒會，並
出版《中國海洋詩選》。

一月　　　　　△國內十餘家出版西書出版商，倡議合法印刷外文書籍，以爭
取外商授權，革新以往翻印外文書刊的現象，帶動我國出版
商注重商業道德的風氣，進而掃除盜印王國的惡名。西書出
版業者並計畫聯合成立「中華民國著作權人協會西書著作授
權委員會」。

△苦苓編選《一九八四台灣詩選》，前衛出版社出版。

△新竹縣兒童文學專輯第四輯《小星星》出版。

△潘人木兒歌集《小胖小》，信誼基金出版社出版。

二月十日　　　△阿盛主編《1985年台灣散文選》，前衛出版社出版。

二月十一日　　△東立出版社成立，發行人黃信謙，以漫畫書為主。

二月十五日　　△由行政院新聞局主辦，聯經出版事業公司策劃執行的「七十
三年全國圖書展覽」假高雄市立中正文化中心舉行，為期十

	四天。
二月廿二日	△金石堂書店舉辦暢銷書展和系列座談會，至三月十日止。計展出二十家出版社二百五十種暢銷書，並邀請三毛、張曉風、柏楊、汪彝定、曾昭旭、賴金男等六位作家舉辦專題演講。
二月廿四日	△由光復書局經營的光統圖書百貨公司開幕。
二月廿五日	△由環宇出版社承辦的「七十四年全國春季書展」假臺北市國際學舍揭幕，至三月廿四日止。
三月一日	▲「勞動基準法施行細則」公佈施行。
三月十日	△苦苓散文集《校園檔案》、陳冠學散文集《田園之秋晚秋篇》、宋澤萊散文集《隨喜》，前衛出版社出版。
三月十二日	△日治時期《台灣新文學》雜誌編輯兼發行人楊逵（楊貴）病逝臺中，享壽八十一歲。
三月十五日	△鄭清文第一本童話集《燕心果》，號角出版社出版。
三月廿日	△陳幸蕙主編《七十三年文學批評選》、向明主編《七十三年詩選》，爾雅出版社出版。前者係近十年來第一本文學批評選，共選十七家十八篇評論作品。
三月廿一日	▲臺灣省政府頒布「臺灣省加強文化建設主要措施」。 △中華民國兒童文學學會與金石堂書店假金石文化廣場本店和城中店舉辦「兒童文學圖書大展」，並舉行「如何為孩子選書」座談會。
三月廿九日	△梁錫華長篇小說《獨立蒼茫》，時報文化出版公司出版。 △魏子雲有關「金瓶梅」研究的第七本書──《金瓶梅原貌探索》，臺灣學生書局出版。 △東年長篇小說《失蹤的太平洋三號》，聯經出版事業公司出版。
三月	△漢藝色研文化事業公司成立，發行人程顯灝。 △吳若、賈亦棣著《中國話劇史》，行政院文建會出版。
四月二日	△慈恩育幼基金會與中華民國兒童文學學會合辦「兒童圖畫書原畫展」。
四月五日	△陳義芝詩集《青衫》，爾雅出版社出版。
四月六日	△由日本研究學會首次在國內舉辦的「日文專業書刊大展」假

臺北市統領百貨公司展出。

四月十日　　　△馬森主編《七十三年短篇小說選》，爾雅出版社出版。

四月十四日　　△洪文珍等論述《慈恩兒童文學論叢（1）》，慈恩出版社出版。

四月十五日　　△鍾肇政長篇小說《川中島》、《戰火》，蘭亭書店出版。

四月廿日　　　△楚戈第一本散文集《再生的火鳥》，爾雅出版社出版。

四月　　　　　△陳千武編選《小學生詩選3》，臺中市立文化中心出版。

　　　　　　　△洪義男圖畫故事《女兒泉》，皇冠出版社出版。

五月二日　　　△《新書月刊》雜誌社嘗試新的書籍評論方式，邀請淡江大學西語研究所學生評析《桂花巷》。

五月四日　　　△國立中央圖書館舉辦「當代文學史料展」。

　　　　　　　△羊子喬詩集《收成》，鴻豪出版社出版。

五月十一日　　△千華圖書出版公司成立，發行人廖雪鳳。

五月十二日　　△「慶祝台灣光復四十週年全國優良圖書暨中華民族台灣開拓史料展」由臺灣省政府教育廳與新聞處主辦，聯經出版事業公司策劃，即日起陸續在臺中市、臺北縣、基隆市、宜蘭縣、花蓮縣、屏東縣、高雄縣、臺南市、嘉義市、雲林縣、南投縣、彰化縣、臺中縣、苗栗縣各縣市巡迴展出。計有全國優良出版社三百五十家，展出三萬種圖書以及各專業研究單位的史料圖書二千種。

五月廿日　　　△新地出版社成立，郭楓主持，發行人崔紀彥。

五月廿五日　　△丁錫鏞總編輯《牛頓科學研習百科》全八冊，同年八月十五日出齊，牛頓出版社出版。

五月廿八日　　▲林語堂先生紀念圖書館舉行開幕典禮。

五月　　　　　△鄭愁予詩集《雪的可能》、歸人主編《楊喚全集》、孟東籬散文集《野地百合》，洪範書店出版。

　　　　　　　△向陽評論集《康莊有待》，東大圖書公司出版。

六月一日　　　△正中書局策劃的《國文天地》月刊創刊，總編輯龔鵬程。

六月十日　　　△吳連生、王美華、吳佳倩合編《交通運輸事業辭典》，名山出版社出版。

六月廿日　　　△龍應台評論集《龍應台論小說》、林良等童詩合集《童詩五家》，爾雅出版社出版。

六月廿八日	△立法院院會三讀通過「著作權法修正草案」。
	△向陽詩集《歲月》，大地出版社出版。
六月	△《中國現代史辭典》（人物部分），近代中國出版社出版。
	△王拓獄中完成的長篇小說《臺北‧臺北！》自費出版。
	△謝冰瑩自傳《女兵日記》被譯成法文於西歐發行。
	△琦君兒童散文《琦君寄小讀者》，純文學出版社出版。
	△秦孝儀總編纂《中國現代史辭典》（人物部份），近代中國出版社出版。
七月一日	▲國語日報文化中心正式成立，首任主任樂茞軍。
七月十日	△著作權法修正草案經立法院三讀通過，由總統明令公佈實施。
七月十六日	△李喬短篇小說集《告密者》，台灣文藝雜誌社出版。
	△趙天儀論述《如何寫好童詩》，欣大出版社出版。
七月廿日	△臺灣省教育廳主辦的「兒童讀物優良巡迴展」在臺中市立文化中心展出九天。
七月	△行政院文建會編印《光復後台灣地區文壇大事紀要》（初版本）出版。
八月一日	△菩提散文集《火車想開》、馬瑞雪散文集《寫在水上的詩》，耕者出版社出版。
	△陳若曦長篇小說《二胡》，敦理出版社出版。
八月十日	△顏元叔散文集《五十回首》，九歌出版社出版。
八月廿日	△李昂中篇小說《暗夜》，時報文化出版公司出版。
	△柏楊散文集《醜陋的中國人》，林白出版社出版。
八月廿四日	△台灣大英百科（股）公司成立，發行人葉松田。
	△臺北市出版商業同業公會主辦「七十四年全國秋季書展」假臺北市國際學舍揭幕，至九月十五日止。
八月廿六日	△光統圖書百貨公司與今日百貨公司合辦「八五年全國萬種圖書百貨大展」揭幕，並邀請王大空、林日峰、陳涵英、袁瓊瓊四位主講「現代人生生活系列講座」。
八月	△三民書局大辭典編纂委員會編輯《大辭典》全三冊，收錄字一萬五千一百零六字，詞十二萬七千四百三十條。全書有關字的編輯，酌參教育部公佈的標準常用國字、次常用國

字，及一般辭典所收錄者，並增補新字編輯而成。字的編排則按《康熙字典》的部首先後排列為序。全書正文五千六百六十一頁，自五千六百六十三頁起為「大辭典附錄」，計有「中國歷史紀年表」、「西文譯名對照索引」、「筆劃總檢字表」、「注音符號索引」等十六種附錄，分豪華本及精印本，三民書局出版。

△黃春明一九六二至一九八三的短篇小說重新結集成《鑼》、《青番公的故事》、《莎喲娜拉，再見》三書，改由皇冠出版社出版。

△向陽詩集《土地的歌》，呂秀蓮長篇小說《這三個女人》，自立晚報出版部出版。

九月一日　△盧蘇偉主編《警政學文獻分類目錄：警政・犯罪・矯治篇》，中央警官學校為紀念蔣公百年誕辰暨慶祝建校五十週年校慶而編印。計收錄書籍一千九百二十八冊、翻檢期刊報紙三百八十種，共收論文一萬七千四百五十九篇（內含有關之論叢及論文集內之論文）。警政篇計收專書一千二百四十三款、論文九千一百一十款；犯罪與矯治篇計收專書六百八十五款、論文七千七百二十七款。

△阿盛散文集《綠袖紅塵》、林雙不短篇小說集《大學女生莊南安》、沈靜散文集《絕美》，前衛出版社出版。

九月二日　△《新書月刊》停刊，共發行廿四期。

九月三日　△教育部與青溪文藝學會合辦「全國文藝作家創作展」於臺北「文苑」展出六天。

九月五日　△林文義散文集《塵緣》、藍菱散文集《萬戶燈火》，林白出版社出版。

△夏菁散文集《悠悠藍山》、羅蘭散文集《生命之歌》，洪範書店出版。

△許素蘭評論集《昔日之境》，鴻蒙文學出版公司出版。

△林彧散文集《快筆速寫》，自立晚報出版部出版。

△雷僑雲論述《敦煌兒童文學》，臺灣學生書局出版。

十月十日　△行政院衛生署中醫藥委員會中藥典編委會編纂《中華民國中藥典範》第一輯全四冊，包括正文二冊、附錄二冊，第一輯

為常用藥，計四百種，行政院衛生署出版。

十月十二日 △行政院研考會主辦「中華民國政府出版品展覽」假國父紀念
館展出，至十月廿一日止。該項展覽目的在增進民眾對政府
施政的瞭解。

十月十五日 △內政部成立「取締盜印小組」，以保障著作人權益。

十月廿二日 △《文學家》月刊創刊，學英文化公司出版，總編輯林文義，
出完七期後，於一九八六年五月停刊。

十月卅一日 △華一書局出版的《華一少年通俗小說》榮獲本年度行政院新
聞局圖書出版金鼎獎（兒童讀物類）。

十月 △蘇立文著；曾堉、王寶蓮編譯《中國藝術史》中文國際版，
南天書局出版。

△唐羽著《台灣採金七百年》，財團法人臺北市錦棉助學基金
會出版。

△陳逸雄編《陳虛谷選集》，自立報社總經銷。

十一月一日 △由陳映真召集文化界人士發行的《人間》雜誌於臺北市耕莘
文教院舉辦創刊演講會。

十一月 △王拓自費出版長篇小說《牛肚港的故事》。

十二月一日 △前《臺灣文藝》主編，作家鍾延豪因車禍喪生於中壢，得年
三十三歲。

十二月八日 △馬景賢主編《認識兒童文學》，中華民國兒童文學學會出
版。

十二月廿一日 △為配合今年度金鼎獎而舉辦的「七十四年全國圖書暨有聲出
版品展」假國父紀念館展出，至一九八六年一月四日止。並
分別邀請楊國樞、王行恭、林良、柴松林、瘂弦、馬以工、
蔣勳、簡又新、隱地、許倬雲、葉啟政、王大空等十二位專
家擔任「書香社會專題演講會」演講人。

十二月廿三日 △本年度金鼎獎頒獎典禮假國父紀念館舉行，共有新聞、雜
誌、圖書、唱片及特別獎等五類三十六人得獎，另有廿一項
優良出版品予以推薦獎勵。

十二月 △據行政院新聞局統計，截至本年年底止，登記的出版社為二
千七百二十五家，圖書出版數為八千八百二十二種。

△中華民國年鑑社編印，《中華民國七十四年‧中華民國年

鑑》，正中書局發行。

△華霞菱編選《幼稚園兒童讀物精選》，國語日報出版部出版。

一九八六年

一月一日　　△中華民國七十五年美術名鑑編輯委員會編輯《中華民國七十五年美術名鑑》，高雄市政府、文復會高雄市分會共同出版。

△國防部史政編譯局編審委員會編審《國軍簡明美華軍語辭典》，國防部印行。

一月六日　　△《胡適文存》爆發著作權與出版權糾紛，原授權人遠東圖書公司認為仍擁有胡適著作之發行權；胡適紀念館則認為遠東圖書公司的合約已於一九八〇年屆滿，於一九八五年十二月另行授權遠流出版事業公司發行。

一月十九日　△臺北市立圖書館舉辦「臺北市第一次分類圖書巡迴展」，以「兒童讀物類圖書」為主。

一月卅一日　△臺灣中華書局董事長熊鈍生當選臺北市出版商業同業公會第四屆理事長。在任內去世，補選良友書局負責人陳榮賜接任。

一月　　　△李潼少年小說《天鷹翱翔》，書評書目出版社出版。

△宋筱蕙自費出版論著《兒童詩歌的原理與教學》。

△新竹縣兒童文學專輯第五輯《小天使》出版。

二月一日　　△「前瞻出版話題討論會」（一）假臺北市光統圖書百貨公司六樓愛書人聯誼廳舉行，主持人國語日報出版部經理林良。討論主題：單打獨鬥時代過去了，出版業面連組織局面。

二月三日　　△「前瞻出版話題討論會」（二）假臺北市光統圖書百貨公司六樓愛書人聯誼廳舉行，主持人遠流出版公司發行人王榮文。討論主題：海外市場廣大，亟須國內業者齊力開拓。

二月五日　　△「前瞻出版話題討論會」（三）假臺北市光統圖書百貨公司六樓愛書人聯誼廳舉行，主持人時報出版公司總經理張武順。討論主題：惡性競爭自尋死路，互惠互利才是正途。

二月七日	△《自立晚報》「出版月報」停刊。
二月廿八日	△國立中央圖書館奉編《四庫全書續修目錄》竣事，初稿一、二集共六冊報教育部，全目共收古籍二萬一千種，依時代分編兩集：一集包括宋元明著述六千種，二集包括清代著述一萬五千種。
二月	△國史館編著，清史稿校註審查委員會審訂《清史稿校註》全十五冊，一九九〇年五月出齊，國史館出版。
	△舒蘭童詩集《螢》，布榖出版社出版。
	△胡寶林論著《兒童戲劇與行為表現力》，遠流出版事業公司出版。
	△向陽民間故事集《中國民間故事》，九歌出版社出版。
三月一日	△天衛文化圖書公司成立，發行人陳衛平，以出版史地類圖書為主。
三月十四日	△前亞洲出版社總編輯，作家趙滋蕃病逝臺北，享年六十二歲。
三月廿二日	△大呂出版社成立，發行人鐘麗慧。
三月卅日	△《出版之友》第三十五、三十六期合刊，刊載張文其撰〈圖書出版業論著選目〉，頁三十一～三十四。
四月四日	△中華民國兒童文學學會、中華民國圖書出版事業協會、國立中央圖書館臺灣分館假該館展出「中外兒童讀物系列大展」，展出十天。
	△林月娥主編臺北縣國小教師兒童文學創作集第一集《小芒果之歌》，臺北縣政府出版。
四月五日	△第一本評論中國現代詩人的外文本《中國當代詩人評論集》（*Essays on Contemporary Chinese Poetry*），Dr.C.Lin著，美國俄亥俄州大學出版。
四月廿一日	△地球出版社成立，發行人魏成光。
四月廿二日	△法國兒童文學出版協會會長Jean Delas來臺訪問，和國內的東方、新民教育、圖文、光復、哥白尼廿一等兒童讀物出版社舉行座談，並拜會中華民國兒童文學學會以及東方出版社。
四月	△光復書局編輯部編《世界百科全書》全廿冊，光復書局出

版，一九八七年六月全部出齊。

△李潼少年小說《順風耳的新香爐》、陳木城童詩集《心中的信》，書評書目出版社出版。

五月五日　△光復書局慶祝創立廿五週年，同時出版第一套文學書籍－「春暉叢書」。

五月十二日　△國立成功大學假該校舉辦「當代文學史料大展」。

五月十四日　△卓越文化事業公司出版部成立，發行人林日峰，以應用科學及社會科學類為主。

五月　△光復書局編輯部編《醫學保健百科全書》共十四冊，分《人體的構造與護理》（1）、《眼、耳與呼吸系統》（2）、《腦與神經》（3）、《骨、關節與肌肉》（4）、《消化與泌尿》（5）、《心臟與循環系統》（6）、《疾病的預防與治療》（7～10）、《皮膚與傳染病》（11）、《兒童篇》（12）、《婦女篇》（13）、《健康的生活》（14），至一九八八年一月，全部出齊，光復書局出版。

六月一日　△臺灣省教育廳第四期《中華兒童叢書》共一百種全部出齊。

六月四日　△停刊五年的《書評書目》雜誌正式決定重新刊出合訂本。

六月十三日　△行政院新聞頒布「重要學術著作出版補助辦理要點」，每年將補助人文科學、社會科學、自然科學、應用科學學術著作，補助金額以二十萬元為上限。

六月十四日　△藍星詩社於臺北市耕莘文教院舉行成立三十二週年慶祝會，並由九歌出版《藍星詩選——星空無限藍》。

六月十六日　△德文版中國當代短篇小說選集《源流》於西德漢堡出版。

六月　△黃文進、許憲雄編著《兒童戲劇編導略論》，高雄復文出版社出版。

七月一日　△邱志賢總編輯《世界紀錄百科全書》全二冊，成文出版社出版。

七月十七日　△一項結合出版與視聽技術的「圖書有聲發表會」，假臺北市光統圖書百貨公司舉行，介紹白靈作品《大黃河》。

七月十九日　△行政院新聞局公佈首次舉辦的「重要學術專門著作出版補助」獲選名單：《中國的神話諸相》、《古典小說藝術新探》、《王船山人性史哲學之研究》、《張載》、《漢唐大

曲研究》等五部。

九月一日　　　△停刊達二十年八個月的《文星》雜誌出版復刊第九十九期。

九月二日　　　△臺北地方法院宣判「胡適著作權和出版權」之原告胡適紀念
　　　　　　　　館無權將胡適遺作的出版發行權讓與遠流出版事業公司，遠
　　　　　　　　東圖書公司反訴遠流不得印行胡事遺作部分，亦遭駁回。

九月六日　　　△中華民國兒童文學學會、中華民國圖書出版事業協會、國立
　　　　　　　　中央圖書館臺灣分館假該館合辦「世界優良兒童讀物展」，
　　　　　　　　為期九天，展出丹麥、英國、法國、西德、義大利、美國、
　　　　　　　　日本、南韓以及我國歷年金鼎獎得獎兒童讀物。

九月十一日　　△華一書局成立，發行人紀斌雄，以直銷兒童套書為主。

九月十二日　　△中華民國兒童文學學會、中華民國圖書出版事業協會、國立
　　　　　　　　中央圖書館臺灣分館聯合假臺灣分館四樓中正廳舉行「兒童
　　　　　　　　讀物座談會」，主題為放眼看世界兒童讀物。與談人有林
　　　　　　　　良、鄭明進、馬景賢、鄭雪玫。

九月廿六日　　△第四期《中華兒童叢書》金書獎假臺北市福興國小禮堂舉行
　　　　　　　　頒獎典禮。

九月廿八日　　△國立中央圖書館新館舉行啟用典禮。

　　　　　　　▲民主進步黨正式成立。

十月十日　　　△林煥彰編選《臺灣兒童詩選》，全榮文化公司出版。

十月廿四日　　△金石堂文化廣場舉辦年度主題書展，並推出「當代小說大
　　　　　　　　展」與「小說風貌的回顧與展望」系列演講活動，為期一個
　　　　　　　　月。

十一月十二日　△中華民國兒童文學學會、中華民國圖書出版事業協會、國立
　　　　　　　　中央圖書館臺灣分館聯合假臺北市國父紀念館舉辦「中外兒
　　　　　　　　童讀物系列大展」，為期十二天。

十一月廿日　　△臺灣省教育廳第五期《中華兒童叢書》開始分批出版。

十一月　　　　△林良‧林武憲主編《現代兒童文學精選》，正中書局出版。
　　　　　　　　選入小說六篇、散文六篇、詩八首、童話九篇。

十二月廿一日　△當代文學史料研究小組假臺北市召開籌備會議，參加者為秦
　　　　　　　　賢次、薛茂松。應鳳凰、陳信元、向陽，決定成立會議召開
　　　　　　　　時間（一九八七年一月四日），以季刊方式出版《當代文學
　　　　　　　　研究史料叢刊》共四輯，並擬定基本社員。

十二月卅日	△臺北市立圖書館舉辦「臺北市第二次分類圖書巡迴展」，以「語文、文學類圖書」為主。
十二月	△據行政院新聞局統計，截至本年年底止，登記的出版社為二千九百零九家，圖書出版數為一萬零二百五十五種。
	△中華民國年鑑社編印，《中華民國七十五年·中華民國年鑑》，正中書局發行。
	△臺北市立圖書館編印《兒童圖書目錄》第二輯。

一九八七年

一月一日	△旺文社成立，發行人李錫敏。
一月四日	△「當代文學史料研究小組」假臺北市正式成立，並將陸續出版《當代文學研究史料叢刊》共四輯。基本社員有秦賢次、薛茂松、張錦郎、陳信元、林文寶、林煥彰、莊永明、莫渝、林明德、向陽、邱各容、吳興文、應鳳凰、鐘麗慧等人。
一月廿四日	△藍祥雲論著《兒童文學漫談》，羅東北成國小出版。
二月一日	△葉石濤著《台灣文學史綱》，文學界雜誌社出版，為臺灣文學的首部文學史著作。
二月二日	△光復書局於高雄市光統圖書百貨公司舉辦「世界優良兒童圖書觀摩展」，計展出廿一個國家的一萬零六百八十九冊圖書，至三月八日止。
二月五日	△方向文化事業公司成立，發行人藍世明，以青少年及兒童讀物為主。
二月十二日	△由一百多位作家發起的「台灣筆會」於臺北市耕莘文教院宣布成立。
二月	△黃凡主編《海峽小說一九八六年度選》、阿盛主編《海峽散文一九八六年度選·代表作》，希代書版公司出版。
	△林文寶論著《兒童文學故事體寫作論》，高雄復文圖書出版社出版。
三月七日	△圖文出版社出版《中國智慧寶庫》全套廿四冊，包括中國五千年五冊、美麗秋海棠三冊、中國神話天地二冊、中國成語

故事精選五冊、中國寓言故事二冊、中國民間故事三冊、中國科學與技術二冊。

三月　△向陽主編《七十五年詩選》、陳幸蕙主編《七十五年文學批評選》、季季主編《七十五年短篇小說選》，爾雅出版社出版。

四月　△陳千武編選《小學生詩集4》，臺中市立文化中心出版。
　　　△新竹縣兒童文學專輯第六輯《小叮嚀》，新竹縣教育局出版。

五月廿八日　△《當代文學史料叢刊》第一輯創刊，大呂出版社發行。

五月　△文史哲出版社編輯部編《中國美術家人名辭典》，文史哲出版社出版。

六月八日　△聯合文學出版社成立，發行人張寶琴。

六月　△秦孝儀主編《中國現代史辭典——史事部分（一）》、《中國現代史辭典——史事部分（二），近代中國出版社出版。
　　　△林海音兒童故事集《林海音童話集·故事篇》，純文學出版社出版。

七月十四日　△行政院宣布戒嚴令之解除，共有三十條戒嚴法規應予廢除，其中包括第五條的「臺灣地區戒嚴時期出版物管制辦法」，今後關於出版品的管理審查則轉由新聞局負責。

七月十五日　▲解除戒嚴

七月十六日　△前黎明文化事業公司總經理，作家田原（田源）病逝臺北，享年六十一歲。

七月十八日　△中國國民黨文化工作會邀集出版業者和專家召開座談會，討論大陸文學作品出版問題。

七月廿日　△行政院新聞局公佈「出版品進出口管理與輔導要點」。

七月卅日　△張錯編譯的詩集《千曲之島》（臺灣現代詩選），爾雅出版社出版。

七月　△黎明文化事業公司推出《抗戰文選》，全套八冊。

八月　△賴金男總編輯《世界博物館全集》共二十冊，錦繡出版社出版。

九月　△張錯編譯的詩集《千曲之島》（臺灣現代詩選），計有楊牧等廿三家詩作，由美國哥倫比亞大學出版。

	△廖瑞銘主編《新編大不列顛百科全書中文版》，全書三十冊，含《中外文對照索引》、《附錄》及《中文索引》各一冊，丹青圖書公司出版。
	△光復書局推出「當代世界小說家讀本」全套共五十冊。蔡源煌主編英美地區、梁景峰主編歐陸地區、李永熾主編日本地區、陳映真主編第三世界地區、周玉山主編中文地區。
十月一日	△美國正式向我國傳遞「中美著作權協定草約」，因列有廿一條條文的草約條件嚴苛，在國內文化界、法學界與出版界引起「震撼」。
十月廿日	△信誼基金出版社出版翻譯日本五味太郎等的作品，分別是《小金魚逃走了》、《兔子先生去散步》、《吉力和古拉》、《吉力和古拉遠足記》等。
十月廿七日	△臺北市立圖書館舉辦「臺北市第三次分類圖書巡迴展」，以「財經、企管類圖書」為主。
十月	△光復書局籌備出版的「當代世界小說家讀本」中的《沈從文選集》通過行政院新聞局審核，為國內第一本依照「大陸出版品審查處理須知」審核通過的大陸出版品，也是第一本解禁的三十年代大陸作家作品。
十一月一日	△行政院新聞局主辦的「金鼎獎」選拔，公佈年度得獎名單。
十一月二日	▲前往大陸探親解禁。
	△商周文化事業公司附設圖書出版部成立，發行人詹宏志。
十一月四日	△牛頓出版公司成立，發行人高源清。
十一月九日	△健行文化出版事業公司成立，發行人蔡澤萍。以社會科學類為主，為九歌出版社關係企業。
十一月十七日	△新雨出版社成立，發行人王永福。
十一月十九日	△上誼文化實業公司成立，發行人何壽川。
十一月廿九日	△國立中央圖書館臺灣分館編印《兒童讀物研究目錄》，收錄自民國以來到一九八七年九月為止，有關兒童讀物研究論述共三千一百九十九篇，包括期刊、報紙、論文、單行本等。
十一月	△李潼少年小說《再見天人菊》，書評書目出版社出版。
十二月三日	△躍昇文化事業公司成立，發行人林蔚穎，與漢藝色研為關係企業。

十二月十五日	△「中華民國臺北第一屆國際書展」於國立中央圖書館舉行，由國立中央圖書館、行政院新聞局，幼獅文化事業公司聯合主辦，展出七天。參展者計有十一個國家、一個地區，六十七家出版社八十五個攤位。
十二月	△據行政院新聞局統計，截至本年年底止，登記的出版社為二千九百五十六家，圖書出版數為一萬二千零四十六種。
	△中華民國年鑑社編印，《中華民國七十六年・中華民國年鑑》，正中書局發行。
	△《當代文學史料叢刊》第二輯，大呂出版社發行。

一九八八年

一月一日	△林太乙辭去擔任廿三年的《讀者文摘》中文版總編輯，董橋接任。
	▲報禁解除，大部分報紙增為六大張。
一月二日	△聯合報《讀書》每週出刊一次，即日起至五月十日止，以文學書評為主。
一月五日	△洪德旋接掌行政院新聞局出版事業處處長。
一月十三日	▲蔣經國總統病逝，享年七十九歲。
	▲李登輝繼任總統。
一月十五日	△與金庸齊名的新派武俠宗師梁羽生作品被禁多年後，元月中得以在國內發行上市。
一月廿日	▲「動員戡亂時期集會遊行法」立法，今日實施。
一月廿五日	▲出版發行全球的美國時代雜誌（*Time*），以中華民國新任總統李登輝先生為封面。
一月卅日	△遠景出版公司、躍昇文化事業公司各自宣稱取得大陸作家張賢亮作品《男人的一半是女人》授權，引發第二次大陸作品授權風波。
一月	△白雲編輯製作群編製；陳秀蓮中文主編《世界遺蹟大觀》全十二冊，華園出版公司出版，一九八九年二月全部出齊。
二月二日	△爭嚷多時的美國《大英百科全書》中文版授權風波，自本日新聞局長與四位美國大英百科公司專員談起到二月六日臺北

地檢處會同警方查扣近千冊書籍，該案主角「丹青出版公司」與「中華書局」的版權糾紛已進入司法程序。這場官司的結果，對國內出版界而言，無疑是個可資借鏡的判例。

二月九日　△自立晚報社文化出版部成立，發行人郭正昭。

二月廿七日　△林白出版社為慶祝韓國學者許世旭博士新書《城主與草葉》散文集出版，假金石堂程中店三樓舉行出版酒會。

二月　△朱秀芳少年小說《歡唱在林野》，九歌出版社出版。

三月一日　△風雲時代出版公司成立，發行人陳曉林。

△龍文出版社成立，發行人周昆陽，古籍影印。

△中國時報舉辦「我們應該有一個什麼樣的大陸出版品管理辦法」座談，應邀出席的計有洪德旋、蔡中涵、周玉山、王榮文、蔡源煌、蕭雄淋、謝材俊等。

三月卅日　△《出版之友》季刊期號改稱革新第一期（總第四十三期）。

三月　△中華書局簡明大英百科全書編譯部編譯《簡明大英百科全書》（又名《簡明大不列顛百科全書》），臺灣中華書局出版，共二十冊，含《附錄》、《索引》各一冊。

△光復書局編輯部編輯《大不列顛科技小百科》全廿五冊，同年十一月出齊，光復書局出版。

△張漢良編選《七十六年詩選》，爾雅出版社出版。

四月一日　△國立中央圖書館、智茂文化事業公司假國立中央圖書館臺灣分館舉辦「世界兒童圖書大展」。

四月廿四日　△中國時報《開卷》創刊，每週出刊一次，綜合性書評。

四月廿七日　△中美著作權談判在臺北召開。

四月卅日　△《國文天地》雜誌社發行權從正中書局轉由各校中文系教授出資成立基金會。

△行政院新聞局擬訂完成「淪陷區出版、廣播、電影事業進口管理辦法」。

四月　△花松村編著《台灣鄉土人物全書》全三冊，中一出版社出版。

△康金柱故事《蛇精與龜精的恩怨》、陳玉珠少年小說《美麗的家園》，聯經出版事業公司出版。

△邱傑少年小說《世紀大探險》，民生報社出版。

△郝廣才圖畫故事《起床啦！皇帝》，信誼基金出版社出版。

△新竹縣兒童文學專輯第七輯《小蜜蜂》，新竹縣政府教育局
出版。

五月一日　　△《國語時報》創刊，發行人翁嘉宏，社長翁嘉龍。此為報禁
解除後第一家童報。

五月七日　　△自立報系文化出版部與前衛出版社合辦「臺灣文化尋根之
旅」系列活動。

五月十三日　△理科出版社成立，發行人王國和，以兒童讀物類為主。

五月十八日　△五四書店有限公司成立，發行人何志韶。

五月　　　　△潘人木主編《世界親子圖書館》全十六冊，一九八九年三月
出齊，台灣英文雜誌社出版。

△王詩琅譯，張炎憲・翁佳音編《台灣社會運動史──文化運
動》，稻香出版社出版。此書原係《臺灣總督府警察沿革誌
第二編（中卷）》。

六月廿日　　△《文星》雜誌再度宣布停刊，復刊兩年共出一百二十期。

△《兒童日報》發行試刊號。

六月　　　　△夏婉雲圖畫故事《穿紅背心的野鴨》，國語日報附設出版部
出版。

△曾晴陽圖畫故事《媽媽買綠豆》，信誼基金出版社出版。

七月三日　　△孫晴峰少年小說《外星人的日記》，國語日報附設出版部出
版。

七月十五日　△作家董橋辭去《讀者文摘》中文版總編輯職務，轉任香港
《明報》總編輯。原職由鄭健娜接任。

七月十六日　△新學友文教基金會、時報週刊社主辦「國際雜誌圖書大展」
假臺中、高雄、臺南、臺北輪流展出。

七月廿日　　△季季主編《七十六年度短篇小說選》，爾雅出版社出版。

七月廿七日　△行政院新聞局修正「淪陷區出版品、電影片、廣播電視節目
進入本國自由地區管理要點」及「出版品進出口管理與輔導
要點」，適度允許探親民眾攜入少量自由參考之淪陷區出版
品，並取消大陸著作的「中介授權」規定。八月八日公佈實
施，並公佈修正「淪陷區出版品審查作業須知」。

七月卅一日　△大陸作家白樺正式授權臺灣三民書局出版其在臺第一本著作

《遠方有個女兒國》。

| 七月 | △黃海少年小說《地球逃亡》、木子少年小說《阿黃的尾巴》，東方出版社出版。此二書皆為第一屆「東方少年小說獎」得獎作品。 |

八月一日 △新聞紙類及印刷品郵資將提高，其中雜誌郵資上漲二點五倍，皇冠等四家雜誌社因應調整定價，調幅在百分之十左右。

八月二日 △專門航行到世界名港口開書展的海上書城「忠僕號」首度來台，假高雄港展開為期一個月的書展，展出四千多種中英文書籍。九月一日，將到臺中港訪問十九天。

八月五日 △光復書局「當代世界小說家讀本」五十冊出齊。

八月十二日 △鹿橋文化事業公司成立，發行人鄧維楨，以兒童讀物類為主。

八月十七日 △行政院新聞局出版事業處長洪德旋邀請張玉法、葉慶炳、周玉山、余延宙、周何等討論三十年代作品審查制度。討論結果出版處決定以個案處理三十年代作品進口或出版問題，並依內容審查。

八月十八日 △中國國民黨召開「現階段大陸政策執行規劃研討會」，指出未來可能開放「委託第三國轉口輸入大陸電影、有聲及圖書出版品」。

八月十九日 △貫雅文化事業公司成立，發行人林惠珍，古籍影印。

八月廿七日 △「全國圖書展覽」假臺北市國際學舍舉行，為期十天，此為在國際學舍舉辦的最後一次書展。

八月 △林文寶論著《兒童詩歌研究》，高雄復文圖書出版社出版。

九月一日 △《兒童日報》創刊，發行人林宏田，總編輯洪文瓊。該報為光復書局關係企業。

九月十日 △商禽詩作《用腳思想》，收錄詩人自七〇年以後的四十六首新詩，漢光文化事業公司出版。

九月十三日 △聯經出版事業公司與韓國建國大學主辦的「中華民國優良圖書大展」，配合奧運在韓國朝興銀行舉行。展出內容包括國內廿一個學術研究單位及八十餘家出版社提供的各類書籍，展期至十九日止。

| 九月十八日 | △柏楊多年前的著作《異域》、《醜陋的中國人》等四十種書，交由躍昇文化事業公司重新印製。預定自十月起，每月推出兩本。 |

九月　　　　△稻田出版公司成立，發行人孫鈴珠，以兒童讀物類為主。

　　　　　　△雷僑雲論著《中國兒童文學》，臺灣學生書局出版。

十月三日　　△中華民國圖書出版事業協會、中華民國著作權人協會、臺北市出版商業同業公會假臺北市自由之家合辦「海峽兩岸著作權問題座談會」，由中華民國著作權人協會理事長丑輝英主持。

十月十一日　△大雁書店成立，發行人簡敏娟。

十月十七日　△《中國時報》開卷版本日起企劃一系列「一部作品兩岸評」單元。

十月廿七日　△《聯合報》副刊策劃的「質的排行榜」正式推出，由十位書評委員，每月按時選出好書。第一榜選出的書計有：《四喜憂國》、《左心房漩渦》、《五印封緘》、《青燈有味似兒時》、《龍坡雜文》、《春秋茶室》、《藍色多瑙河》、《天堂鳥花》、《雷雨》、《手卷》。

十月　　　　△中華民國圖書出版事業協會率團參加於上海舉辦的「海峽兩岸圖書展覽」，此為自一九四九年以來，在兩岸阻絕四十年後的第一次正式民間交流活動。

　　　　　　△林蔚穎監製；躍昇文化事業公司編製《大英視覺藝術百科全書》（中文版）全套十冊，主要分藝術史（第一～五卷）、藝術家傳記辭典（第六～九卷）、藝術辭典（第十卷）等三大部分，台灣大英百科全書公司出版。

　　　　　　△連溫卿著；張炎憲、翁佳音編校《臺灣政治運動史》，稻鄉出版社出版。

　　　　　　△《當代文學史料叢刊》第三輯，當代文學史料研究社發行。

十一月六日　△行政院新聞局宣布成立「大陸出版品諮詢委員會」及「國內出版品諮詢委員會」，聘請專家學者協助辦理出版品管理工作。

十一月十日　△本年度金鼎獎舉行頒獎典禮，其中王鼎鈞的《左心房漩渦》雙料得獎。一為文學創作類優良圖書獎，一為圖書著作獎。

也就是出版社與作者雙雙獲獎。

十一月廿七日　△張清榮少年小說《閃亮的日子》，高雄愛智圖書公司出版。

　　　　　　　△鄭明進主編《認識兒童戲劇》，中華民國兒童文學學會出版。

十二月三日　　△「中華民國七十七年全國圖書展覽」由行政院新聞局、臺灣省政府、高雄市政府聯合主辦；中華民國圖書出版事業協會、國父紀念館、國立中央圖書館、高雄市中正文化中心、臺中市立文化中心協辦；光復書局與光統圖書百貨公司承辦。十二月三日至十八日假臺北市國父紀念館展出，十二月廿四日至一九八九年一月三日假高雄市中正文化中心展出，一九八九年二月九日至十九日假臺中市立文化中心展出。

十二月廿日　　△《出版界》第廿二期發行人改為臺北市出版商業同業公會。

十二月廿五日　△台原出版社成立，發行人林經甫，以民間文學類圖書為主。

十二月　　　　▲國民所得達六千三百三十三美元，進入高所得國家行列。

　　　　　　　△據行政院新聞局統計，截至本年年底止，登記的出版社為三千一百九十家，圖書出版數為一萬一千九百八十二種。

　　　　　　　△中華民國年鑑社編印，《中華民國七十七年‧中華民國年鑑》，正中書局發行。

　　　　　　　△《第二次中華民國圖書館年鑑》，國立中央圖書館出版。

　　　　　　　△郭良蕙長篇小說《心鎖》解禁。

　　　　　　　△孫晴峰童話集《變形蟲的故事》，民生報社出版。

　　　　　　　△何翠華主編《兒童文學研究》，臺北市教育局出版。

※　　　　　　△金石堂書店發行的《金石文化廣場月刊》更名為《出版情報》。

一九八九年

一月一日　　　▲渡過四十年歲月的《大華晚報》停刊。

　　　　　　　△《小鷹日報》創刊，發行人張琰。

一月七日　　　△臺北市出版商業同業工會回函給美國在臺協會經濟組，指出美方所擬「中美著作權雙邊協定」草案中，「溯及既往」、「強制授權」、「受保護人之界定」三項，將對我國出版業

者造成不利的影響。

一月十一日　△臺北市政府新聞處公佈去年度聘請學者專家評選的三百八十九種優良青少年讀物目錄，並洽請新學友書局和金石堂各分店設置專櫃展售。

一月十三日　△行政院文建會邀請文學史料專家、作家、學者與出版業者座談，籌建「大陸藝文資訊檔案」。
　　　　　　△行政院新聞局研擬新草案，不硬性規定大陸作品須在出版前送審。

一月十四日　△專業出版臺灣風土民俗書籍的台原出版社假金石堂站前店舉辦創社酒會及新書發表會。
　　　　　　△法務部研擬完成「臺灣地區與大陸地區人民關係暫行條例草案」，其中有關大陸出版品規定「本條例實施後，行政院新聞局得以命令管制在臺灣地區發行的大陸地區出版品」。

一月十八日　△美國大英百科全書公司委託秉公法律事務所控告環華百科出版社和環華書局銷售「丹青版」仿冒品，侵害《大英百科全書》中文版著作權。
　　　　　　△臺北《小鷹日報》、北京《兒童文學》、《我們愛科學》、《中國兒童》、少年兒童出版社所屬《少年文藝》、《少年科學》及《小朋友》等七家報刊雜誌聯合舉辦「第一屆中華兒童文學獎」徵文活動。

一月十九日　△金石堂票選一九八八年出版界風雲人物、十大最具影響力的書籍、出版界十大新聞等揭曉。林清玄、《河殤》、「中美著作權保護協定」分別登上榜首。

一月廿日　　△日本福武書店出資創辦中文幼兒雜誌《巧連智》正式宣告在臺成立，總編輯高明美。三月將試印三萬份（含書及錄音帶），四月份印行創刊號。

一月廿四日　△遠東圖書公司委託武忠森律師在報紙刊登「遠東《最新實用漢英辭典》被蔡文甫向該公司圖利不遂，挾怨洩憤，橫加迫害之真相」啟事。中華日報副刊主編暨九歌出版社負責人蔡文輔已鄭重否認此事，並考慮控告「遠東」誹謗。

一月廿五日　△天衛圖書出版公司繼《寫給兒童的中國歷史》叢書後，再度推出《寫給兒童的世界歷史》。

一月廿七日	▲「動員戡亂時期人民團體法」施行。
	△國家文藝基金管理委員會主任委員陳奇祿離職，由郭為藩繼任。
一月廿八日	△漫畫家蔡志忠正式授權北京三聯書店出版他由中國歷代經典改編的漫畫。
一月廿九日	△中美達成雙邊著作權保護協議。
一月	△《文學界》停刊。
二月一日	△《文訊》由雙月刊改為月刊，開數由廿五開改為十六開。
二月二日	△第一部由海峽兩岸及香港聯合印行的《歲月山河——圖說中國歷史》臺灣版，風雲時代出版社出版。
二月十二日	△久大出版公司與桂冠圖書公司合作進行「當代思潮系列叢書」出版計畫，預計三至五年時間出版三百本對當代思潮具有決定性影響的著作。該套書由楊國樞擔任召集人，高信疆為總編輯。
二月十六日	△美國大英百科全書公司向臺北地檢處控告建太美術印刷公司承印丹青版《大英百科全書》中文版，侵害其著作權。
二月十八日	△為慶祝第廿八屆出版節，中華民國圖書出版事業協會與臺北市出版商業同業公會假臺北市重慶南路二段民眾活動中心合辦「春季圖書聯展」，至三月十九日止。
二月廿四日	△《自立早報》總編輯向陽出任總主筆，原總主筆陳國祥接任總編輯。
二月廿五日	△中華民國圖書出版事業協會與臺北市出版商業同業公會合辦「海峽兩岸出版品交流問題座談會」。
二月廿八日	△臺北市立圖書館舉辦「臺北市第四次分類圖書巡迴展」，以「兒童讀物類」為主，展期十五天。
三月一日	△漫畫家蔡志忠在北京王府井書店舉行新書發表會，創下該書店首日銷售最高紀錄。
	△傅正主編《雷震全集》，至一九九〇年九月十五日止，共四十七冊，桂冠圖書公司出版。
三月四日	△前《民間知識》半月刊社長，小說家魏希文病逝臺北，享年七十八歲。
三月六日	△八熊星出版社成立，發行人陳朝卿。

三月十日	△林錫嘉編《七十七年散文選》，九歌出版社出版。
三月十一日	△中華民國圖書出版事業協會與臺北市出版商業同業公會邀請內政部著作權委員會執行秘書王全祿主講「中美著作權保護協定」。
三月十二日	△誠品書店假臺北市仁愛路圓環開立第一家誠品書店，為人文藝術小型專業書店。
三月十八日	△中華民國圖書出版事業協會與臺北市出版商業同業公會合辦「出版界的困境與突破」座談會。
三月廿三日	△生於一九一二年的陳朝會老先生以十年時間獨力完成《台灣大辭典》。
三月卅日	△為慶祝第廿八屆出版節，中華民國圖書出版事業協會與臺北市出版商業同業公會假臺北市士林中影文化城舉行園遊會。
三月	△楊牧、鄭樹森編《現代中國詩選》二冊，鄭樹森編《現代中國小說選》二冊，洪範書店出版。
	△阿盛主編《海峽散文1988年度選‧代表作》，希代書版公司出版。
	△《舒蘭童詩集》，布穀出版社出版。
	△《小朋友巧連智》（月刊）創刊，總編輯高明美。該雜誌係由日本「福武書店」在台創辦。
四月五日	△報導出版訊息的《新未來》雜誌停刊。
四月七日	△楊艾俐著《孫運璿傳》，天下雜誌社出版。
	△富春文化事業公司成立，主持人邱各容，以兒童讀物與兒童文學理論為主。
四月卅日	△林良自《出版界》第廿三期起，出任發行人。
四月	△雄獅中國美術辭典編委會編輯《雄獅中國美術辭典》，本書詞目及附錄共收錄五千八百一十八條，約一百五十萬字。按學科分類排列，依序為通用名詞術語、繪畫、書法、篆刻、版畫、建築藝術、工藝美術、陶瓷藝術、青銅藝術、雕塑等九大學科十大門類，編有「圖片總錄」及「名詞筆劃索引」與「人名筆劃索引」兩種索引，雄獅圖書公司出版。
	△許義宗論著《兒童文學發展研究》，知音出版社出版。
	△陳璐茜圖畫故事《皇后的尾巴》，信誼基金出版社出版。

五月六日　　　△國立中央圖書館召開「國際標準書號座談會」，邀請三百多
　　　　　　　　　位出版業者，就七月一日即將實施的國際標準書號（簡稱
　　　　　　　　　ISBN）問題交換意見。

五月十一日　　△行政院大陸工作會報通過「兩岸人民關係暫行條例」草案，
　　　　　　　　　對大陸地區人民著作規定「須向內政部申請審核註冊後，始
　　　　　　　　　受保護」。法律界人士認為此項規定，並不能杜絕重複授權
　　　　　　　　　的問題，也無法有效解決兩岸出版品交流的混亂現象。

　　　　　　　　△《中國時報》策劃，時報廣場主辦的「廿一世紀的中國圖書
　　　　　　　　　出版」系列演講，由中華民國圖書出版事業協會理事長黃肇
　　　　　　　　　珩主持，主講人分別是洪德旋、王榮文、王全祿等。

五月十三日　　△繼永漢國際書局、光統圖書百貨公司後，敦煌書局也在高雄
　　　　　　　　　成立分公司，成為第三家進軍高雄圖書市場的臺北書店。

五月廿三日　　△「大英案」民事一審由臺北地方法院宣判，被告美國大英百
　　　　　　　　　科全書等因所提證據不足以證明擁有《大英百科全書》中文
　　　　　　　　　版的著作權，而判原告丹青圖書公司勝訴。被告已決定提起
　　　　　　　　　上訴。

五月廿五日　　△黃丘隆主編；結構出版群撰稿《社會主義詞典》，學問出版
　　　　　　　　　社出版。本詞典選收詞目九百條，除目錄筆劃索引外，還編
　　　　　　　　　分類題索引。一著作，二原理，三人物，四歷史事件和報
　　　　　　　　　刊，五政黨和組織，六思潮和派別等六種。

五月廿九日　　△國內已有一百多位作家熱烈響應「主婦聯盟環境保護基金
　　　　　　　　　會」的「文化再生紙推廣活動」，在供應來源不虞匱乏之
　　　　　　　　　下，願意改用再生紙為出版作品印刷用紙。

五月　　　　　△《中華民國出版事業概況》，行政院新聞局編印。

　　　　　　　　△廣西教育出版社編印的《中國現代作家作品欣賞叢書》，與
　　　　　　　　　海風出版社簽訂授權出版合同後，本月以《中國新文學大師
　　　　　　　　　名作賞析》與《中國新文學名家名作賞析》兩系列在臺出
　　　　　　　　　版。

　　　　　　　　△三民書局於一九八八年十月獲大陸作家白樺授權《遠方有個
　　　　　　　　　女兒國》；萬聖出版公司則透過北京中華版權代理公司取得
　　　　　　　　　大陸出版社授權，以致發生重複授權情形。

　　　　　　　　△林政華‧林文寶論著《兒語三百則與理論研究》，知音出版

社出版。

△李潼少年小說《博士・布都與我》，民生報社出版。

△《瑪麗與神童》（臺灣省第二屆兒童文學創作獎專輯），臺灣省教育廳出版。

△新竹縣兒童文學專輯第八輯《小風車》，新竹縣教育局出版。

六月一日	▲《首都早報》創刊，發行人康寧祥，發行十五個月後停刊。
六月二日	△九歌出版社假臺大校友聯誼會舉行《中華現代文學大系》出版茶會，共分詩、散文、小說、戲劇、評論等五大類，凡十五鉅冊，總編輯余光中。
六月十一日	△出版界於臺北國父紀念館發起義賣書籍活動，所得款項悉數支援大陸民主運動。
六月十五日	△中央研究院近代史研究所所長張玉法、副研究員張瑞德主編的《中國現代自傳叢書》系列，正式推出。預計年底前出三輯，每輯十人；明年十月前，再出三輯。
六月十六日	△金石堂書店第七家分店在中壢市開幕，為金石堂在臺北市以外的第一家分店。
	△久大書香世界統計出近三十年來最暢銷的文學書與文學作家，龍應台、林清玄、琦君居榜首，並同時舉辦「三十年來一五〇種暢銷文學經典特展」，系統展示三十年來臺灣出版過的文學暢銷書。
六月廿四日	△東華書局與上海辭書出版社簽約，預計耗資五千萬出版《辭海》臺灣版。
七月一日	△遠流出版事業公司宣佈與漢聲電台「快樂的讀書人」節目的合作計畫，以財力支援此一從週一到週六的帶狀節目，首開國內出版與廣播正式合作的先河。
	△我國正式開始實施「國際標準書號」制度，由國立中央圖書館總司其責，成立「國際標準書號中心」，正式實施國際標準書號登記作業。
七月四日	△人間出版社成立，發行人陳映真。
七月七日	△希代書版公司推出由黃凡、林耀德主編的《新世代小說大系》共十二冊。

七月八日	△法國巴黎的巴雅出版公司日前在臺成立分公司，預計自九月起推出中文版圖書。
七月十二日	△行政院新聞局公佈重要學術著作出版補助獲選名單，共有十本。
七月十三日	△「中美著作權保護協定」草簽，共廿二條，外加附屬書。正式簽約則須等到我國著作權法修改完畢。
七月十八日	△臺灣、香港、北京、新加坡四地的中華書局在香港舉行一年一度的會談，洽商合作出版事宜。
七月廿六日	△臺北市政府教育局印製《中國結》一書，侵害英文漢聲出版公司權益，最後以在有英文漢聲出版公司的圖片旁，註明出處方式達成和解。
	△中華民國優良出版品第一屆全美巡迴展，於加州州立大學洛杉磯分校活動中心揭幕，展期至八月一日止。
七月	△《秋水詩選》，秋水詩刊社出版。
	△《幼獅月刊》宣布停刊。
	△林政華・林文寶論著《兒童歌謠類選與探究》，知音出版社出版。
	△廖輝英少年小說《草原上的星星》，九歌出版社出版。
	△林文寶策劃臺灣第一套兒童文學選集。分別由洪文珍主編《兒童文學小說選集》、洪文瓊主編《兒童文學童話選集》、林武憲主編《兒童文學詩歌選集》、蘇尚耀主編《兒童文學故事選集》、林文寶主編《兒童文學論述選集》，共五冊，幼獅文化事業公司出版。
八月一日	△楊崇森繼任國立中央圖書館第七任館長。
	△林清玄《紫色菩提》於一九八六年出版迄今，已經突破十萬大關，印行第五十版（刷）。其他的菩提系列作品有：《鳳眼菩提》、《星月菩提》、《如意菩提》、《拈花菩提》、《清涼菩提》、《寶瓶菩提》等。
八月八日	△代理進口西書的敦煌書局，由翻譯授權方式轉向合作出版方式，推出國際中文版。
八月十日	△海峽兩岸合作出版的《中國美術全集》由錦繡文化公司在臺正式推出，共六十冊。

八月十六日	△一向走教科書、工具書路線的東華書局，推出四套《東華兒童叢書》，正式介入兒童書市。該書局在去年成立兒童部，總編輯何政廣。
八月十七日	△國內出版界組團參加為期八天的第十一屆「香港中文書展」。
八月十九日	△大陸第二屆全國圖書展覽在北京開幕，展期十二天，國內多家出版社派員參觀。
八月廿日	△卜純英主編《奧林匹克運動百科全書》上下冊，桂冠圖書公司出版。
八月廿三日	△專門出版財經企管叢書的「經濟與生活出版公司」，自本月起改名「天下文化出版公司」，將推出臺灣企業成長和大陸經貿叢書。
八月廿八日	△國家文藝基金會邀集作家，以及各代表單位，討論「補助出版品寄遞大陸的郵資作業要點」，對兩岸文藝交流有促進作用。
八月卅一日	△幼獅文化事業公司耗資千萬成立「幼獅文化廣場」開幕。
八月	△已付印四十五版，仍暢銷不減的《孫運璿傳》，累積版稅兩百多萬，孫資政決定悉數捐給榮總「惠眾基金」，以幫助低收入病患。
	△隨著國內著作權觀念增加，外商投資成立版權仲介代理公司，如孟森的「伯達著作權有限公司」、呂光東的「大蘋果企管公司」等。
九月十五日	△華特迪斯奈公司正式授權遠流出版事業公司在臺灣地區出版發行中文版華特迪斯奈兒童圖書。遠流計畫從明年二月起，先行推出《迪斯奈卡通名著全集》、《迪斯奈兒童學習百科》二部圖書。
九月廿二日	△遠流出版事業公司首創以巨幅畫像看榜促銷書籍，於臺北市羅斯福路一側牆上宣傳張大春長篇小說《大說謊家》與小野短篇小說集《無地海星》。
九月廿五日	△三十年代大陸文學作家魯迅一百零八歲冥誕，唐山出版社、谷風出版社以及風雲時代出版社分別推出《魯迅作品全集》。

九月	△朱寶樑編著《二十世紀中國作家筆名錄》，中央圖書館漢學研究中心出版，共蒐集六千七百八十四位中國作家的一萬七千九百四十個筆名。
	△朱秀芳少年小說《童年26》，東方出版社出版。
十月廿八日	△高雄派色文化出版社成立，總策劃許振江，並舉行陳燁《牡丹鳥》、黃樹根《問題老師》、曾心儀《貓女》、阿仁《囝仔兄》等四書新書發表會。
十月廿九日	△行政院文建會「中書外譯」計畫確定兩項翻譯案：一為《史記》由美國威斯康辛大學倪豪士教授翻譯；一為《中國傳統文學選集》由留美學者劉紹銘與紐西蘭奧克蘭大學明佛德教授合譯。該計畫擬翻譯古典文學作品五十八部，現代文學八十四部。
十月	△李潼少年小說《大蜥蜴》，民生報社出版。
	△信誼基金會學前教育發展中心研究報告《十年來我國幼兒讀物出版狀況調查研究》，文建會出版。
十一月七日	△李利國接任大地地理雜誌社社長。
十一月十一日	△胡適九十九歲冥誕，胡適紀念館舉辦「海峽兩岸近年出版有關胡適先生著作展」，並授權遠流出版事業公司出版《胡適的日記》手稿本。
十一月十六日	△良友書局負責人陳榮賜連任臺北市出版商業同業公會第五屆理事長。
十一月廿六日	△時報廣場三個館統計出年度圖書銷售排行榜，《河殤》居文學類之冠。
十一月	△馮輝岳論著《兒歌研究》，臺灣商務印書館出版。
	△楊廷福、楊同甫編《清人室名別稱字號索引》上下冊，文史哲出版社出版台一版。
十二月十七日	△邱各容策劃，鄭明進主編《認識兒童期刊》，中華民國兒童文學學會出版。
十二月卅日	△陳恩泉自革新第七期開始，接任《出版之友》社長，邱各容接任總編輯。
十二月	△據行政院新聞局統計，截至本年年底止，登記的出版社為三千四百零九家，圖書出版數為一萬二千九百六十四種。

△中華民國年鑑社編印，《中華民國七十八年・中華民國年鑑》，正中書局發行。

△中華民國兒童文學學會出版《中華民國台灣地區兒童期刊目錄彙編》，洪文瓊策劃主編，蒐錄一九四九至一九八九年的兒童期刊資料。

△雄獅台灣美術年鑑編輯委員會主編《1990台灣美術年鑑》，雄獅圖書公司出版。

一九九〇年

一月十一日　△立法院院會三讀通過「著作權法部分條文修正案」。

一月十二日　△國際少年村圖書出版社成立，發行人林麗霞。以各類中國大陸作家作品為主。

一月十三日　△行政院新聞局假臺北世貿中心展覽館舉辦「中華民國七十九年臺北國際書展」（第二屆臺北國際書展）。此次書展為國內四十年來最大型書展，展期五天。

一月十四日　△「中華民國七十九年臺北國際書展」於世貿中心舉辦系列演講活動。本日由英國著作權協會前會長費塔斯主講「與出版相關的現代版權特徵」，英國著作權協會著作權處長泰勒主講「英國國際出版版權轉移的做法」。

一月十五日　△「中華民國七十九年臺北國際書展」本日由美國國會圖書館著作權局長歐曼主講「美國著作權的法令規定」。

一月十六日　△「中華民國七十九年臺北國際書展」本日由法國龐畢度文化中心公共圖書館長牟陸主講「法國圖書館的視聽與影像新技術介紹」。同日假政大公企中心舉辦「國際圖書出版在台合作的理想與現實」座談會。

一月十日　△陳幸蕙編《七十八年散文選》，九歌出版社出版。

一月廿四日　△立法院院會三讀通過「著作權法部分條文修正案」公佈實施。該法第廿八條第三項，明定「已取得合法著作複製物之所有權者，得出借、出租或出售該複製物。」

一月　△光復書局編輯部編輯《光復科技百科全書》全十五冊，同年四月出齊，光復書局出版。

　　　　　　　△齊邦媛教授主編的《中國現代文學選集》法文版完成譯本。
　　　　　　　　該書於一九七五年英文版首先問世，翌年，才發行中文版。
　　　　　　　△黃恒秋（黃子堯）客語詩集《擔竿人生》，愛華出版社出版。此為國內第一本客家子弟的客語現代詩集。
　　　　　　　△馬景賢童話《三隻小紅狐狸》，富春文化事業公司出版。
　　　　　　　△新竹縣兒童文學專輯第九輯《小貝殼》，新竹縣教育局出版。

二月二日　　　△台灣東販（股）公司成立，發行人趙永良。為日本出版界在臺灣申請登記的第一家公司。

二月三日　　　△由九歌出版社投資開設的「九歌文學書屋」開幕，為國內第一家文學專門書店。

二月十四日　　△中華民國兒童文學學會與臺北縣立文化中心合辦「近四十年全國兒童期刊回顧展」，假兒童閱覽室展出五天。

二月　　　　　△侯文詠兒童故事《頑皮故事集》，九歌出版社出版。

三月廿日　　　△獲七十八年金鼎獎優良圖書的《張氏心理學辭典》作者張春興教授，授權上海辭書出版社以繁體字印行大陸版。

三月廿一日　　▲李登輝當選中華民國第八任總統，副總統李元簇。
　　　　　　　△行政院新聞局重新祭出「出版品之印刷所不得離開國內」的規定。

三月卅日　　　△光復書局假臺北國賓飯店國際廳慶祝成立廿八週年。

三月　　　　　△《中華民國七十九年出版年鑑》刊載陳信元〈海峽兩岸出版交流概況〉、劉漢盛〈兩岸有聲文化出版品的交流〉兩篇專文，首次探討兩岸出版交流現狀。
　　　　　　　△光復書局大美百科全書編輯部編譯《大美百科全書》共三十冊，一九九一年六月全部出齊。
　　　　　　　△林鍾隆童話故事集《蔬菜水果的故事》，聯經出版事業公司出版。
　　　　　　　△陳志賢圖畫故事《逛街》，信誼基金出版社出版。

四月四日　　　△國立中央圖書館臺灣分館舉辦「兒童期刊回顧展」，展出一九四九年至一九八九年間的兒童期刊。

四月十三日　　△以「文化傳薪，智慧人生」為主題的「精緻圖書展」假國立中央圖書館展出，為期十天。

四月十五日	△臺北市政府新聞處與臺北市立圖書館合辦「全國得獎暨推薦圖書雜誌展」，假國立中央圖書展展出。
四月十八日	△行政院新聞局宣佈，即日起開放蘇聯書籍進口。
四月廿二日	△本日為世界地球日，誠品書店推出「我們只有一個地球書展暨影片欣賞」。
四月廿八日	△臺北市立圖書館舉辦「臺北市第五梯次分類圖書巡迴展」，展期十六天。
四月	△《當代文學史料叢刊——「中華文學史料學研討會」專輯》第四輯，當代文學史料研究社發行。
	△大陸兒童刊物《故事大王》月刊與《童話大王》雙月刊授權牛頓出版公司出版發行。
	△陳千武‧保坂登智子‧安田學編譯《海流Ⅰ》（台灣日本兒童詩對譯選集），日本かど創房社出版。
	△李錦珠童話集《麻雀搬家》，富春文化事業公司出版。為國內第一本環保童話集。
五月四日	△文訊雜誌社、行政院新聞局、國立中央圖書館合辦「作家珍藏書及寫作年表展」於文苑揭幕，為期八天。
五月七日	△揚智文化事業公司成立，發行人李智堅。
五月十七日	△為慶祝李登輝總統、李元簇副總統就職，中華民國圖書出版事業協會主辦的「全國新書大展」，即日起假臺北國軍文藝活動中心三樓展覽廳展出一萬多種近一年來的新書，展期六天。
五月卅日	△行政院新聞局局長邵玉銘表示，為刺激民眾多買書，新聞局已行文財政部，希望民眾購書可抵扣所得稅。同時，也考慮編列預算，低利貸款給出版業，讓出版社經常出版好書。
五月卅一日	△國立中央圖書館邀臺北市立圖書館及時報廣場業務相關人員舉行「好書交換活動協調會」，決議好書交換活動由國立中央圖書館策劃，臺北市立圖書館主辦，時報廣場協辦。
五月	△信誼基金會學前教育研究中心研究報告《幼兒閱讀現狀調查研究》，行政院文建會出版。
	△張之傑總纂《臺灣全紀錄》，錦繡出版事業公司出版。一九九八年五月增訂版，二〇〇〇年五月續增訂版。

六月廿日	△全國文化會議預備會議假北、中、南三區，陸續召開四十場座談。
六月廿五日	△農學股份有限公司成立，發行人陳日陞，以應用科學類為主。
六月	△傅林統論著《兒童文學的思想與技巧》、杜紫楓論著《演的感覺真好》，富春文化事業公司出版。
	△陳正治論著《童話寫作研究》，五南圖書出版公司出版。
	△《帶爺爺回家》（臺灣省第三屆兒童文學創作獎專輯），臺灣省教育廳出版。
	△信誼基金會學前教育研究中心研究報告《幼兒讀物消費狀況調查研究》，行政院文建會出版。
七月一日	△遠流出版事業公司《讀書社群》創刊。
七月五日	△前《國語日報》董事長何容病逝，享壽九十歲。
七月廿六日	△《笠》詩社假臺大校友會館慶祝創社廿六週年，推出《台灣詩庫》叢書，及《台灣精神的崛起》。
七月廿八日	△國立教育資料館舉辦「兒童課外讀物展覽及評鑑」，至八月五日止。
七月	△詩集套書《尚書詩典》，尚書文化出版社出版，收錄洛夫等國內十二位老、中、青三代詩人近作。
	△漢光文化事業公司與大陸中國展望出版社，合作出版《中國十大古典文學名著畫集》，參加西德法蘭克福國際書展。
八月二日	△林清輝繼任國語日報社董事長。
八月	△邱各容著《兒童文學史料初稿1945～1989》，富春文化事業公司出版。為國內第一本兒童文學史料專著。
九月五日	△廣和出版社成立，發行人章莊壽美。
九月十六日	△國立中央圖書館舉辦「第三屆中華民國政府出版品展覽」。
九月	△邱阿塗編《宜蘭縣兒童文學史料初編》，宜蘭縣教育局出版。
	△沙白童詩集《唱歌的河流》，台一社出版。
十月七日	△《中國時報》開卷版舉辦「四十年來影響我們最深的書籍」票選結果公佈，前十名為：《汪洋中的一條船》、《異域》、《未央歌》、《冰點》、《天地一沙鷗》、金庸作

品、《野火集》、三毛作品、《藍與黑》、《海水正藍》等書。

十月廿四日　　△王秋桂、張錯分別編選的《台灣現代小說選》英文版，由國立編譯館出版。

十月　　　　　△鹽澤實信著《日本的出版界》，台灣東販公司出版。

　　　　　　　△簡政珍、林耀德主編《台灣新世代詩人大系》（上下冊），書林出版公司出版。

　　　　　　　△信誼基金會學前教育研究中心研究報告《十年來幼兒讀物出版狀況調查研究》，行政院文建會出版。

　　　　　　　△邱傑少年小說《智慧鳥》，民生報社出版。

十一月八日　　△行政院文建會籌畫的「全國文化會議」假國立中央圖書館揭幕，針對六大議題進行座談，十日閉幕。會後文建會於十一月廿二日擬就十四項重大文化建設計畫，納入行政院經建會六年國建中。

十一月十七日　△慈濟文化出版社成立，發行人釋證嚴。

十一月廿五日　△林煥彰主編《認識兒童詩》，中華民國兒童文學學會出版。

十一月廿七日　△臺中縣立文化中心推出「文學薪火相傳計畫」，出版「臺中縣文學作家作品集」。首期出版陳千武、張彥勳、洪富連、蘇紹連、陳明台、陳信元、吳訓儀、張俊夫、彭選賢、王志誠等十位作家作品。

十一月　　　　△馬景賢圖畫故事《國王的長壽麵》（林傳宗圖），光復書局出版。

十二月　　　　△據行政院新聞局統計，截至本年年底止，登記的出版社為三千二百三十八家，圖書出版數為一萬六千一百五十九種。

　　　　　　　△中華民國年鑑社編印，《中華民國七十九年‧中華民國年鑑》，正中書局發行。

　　　　　　　△《中國時報》開卷版公佈年度「十大好書」與「最佳童書」評選結果。「十大好書」：馬克斯、恩格斯《資本論》，東方白《浪淘沙》、約翰‧奈斯比、派翠西亞‧奧伯丁《2000年大趨勢》，劉大任《晚風習習》，李筱峰《二二八消失的台灣菁英》，加西亞‧馬奎斯《迷宮中的將軍》，中村元《東方民族的思維方法》，史蒂芬‧霍金《時間簡史》，

傅大為《知識和權力的空間》。「最佳童書」：蔣勳《寫給大家的中國美術史》，林鍾隆《山》，呂紹澄《小黑探與比比》，侯文詠《頑皮故事選集》，潘人木等《數學圖畫書》，羅伯特‧牛頓‧派克《不殺豬的一天》，林清玄《和鬼玩捉迷藏》。

△《國文天地》雜誌社與大陸中國文化書院合作的《中國文化年鑑》正式出版。此書展現一九八九年海峽兩岸及世界的中國文化研究面貌。

△廣東花城出版社透過香港「中華版權代理公司」，與女作家席幕容協議，以簡體字版出版其詩集《七里香》、《無怨的青春》、《時光九篇》與散文集《有一首歌》。

△杜榮琛論著《海峽兩岸現代兒歌研究》，培根兒童文學雜誌社出版。

△林淑英主編《兒童文學研究（3）——戲劇專輯（2）》，臺北市教育局出版。

一九九一年

一月一日　　　△韋端總編纂《1991年版實用百科年鑑》，台灣經濟新報文化事業公司出版。

　　　　　　　△貓頭鷹出版社成立，發行人陳重興，以翻譯自然科學、應用科學讀物為主。

一月　　　　　△洪文珍論著《兒童文學評論集》，臺東師院語教系出版。

　　　　　　　△雄獅台灣美術年鑑編輯委員會主編《1991台灣美術年鑑》，雄獅圖書公司出版。

　　　　　　　△光復書局編輯部編《新編近代世界名畫全集》全十冊，光復書局出版，係向日本學習研究社購買國際中文版權。

　　　　　　　△鄭清文兒童散文《春雨》，遠流出版事業公司出版。

二月四日　　　△《兒童文學家》季刊創刊，林煥彰獨力創辦。

二月廿五日　　△前《笠》詩社社長，詩人陳秀喜病逝，享年七十一歲。

　　　　　　　△金石堂書店成立第一家社區型書店（民生店）。

二月　　　　　△李潼少年小說《藍天燈塔》、黃海《時間魔術師》、周芬伶

《醜醜》，九歌出版社出版。

　　　　　△朱錫林主編《森林裡的歌手》（臺北縣兒童文學創作選六），臺北縣教育局出版。

三月廿八日　△「中華文化復興運動總會」今於國立中央圖書館舉行成立大會，接替歷經廿四年的「文復會」的責任。

三月　　　　△杜淑貞論著《兒童文學與現代修辭學》、陳啟淦童話集《魚兒水中游》，富春文化事業公司出版。

四月　　　　△彭瑞金著《台灣新文學運動四十年》，高雄春暉出版社出版，為第一本臺灣文學史專著。

五月一日　　▲李登輝總統聲明結束「動員戡亂時期」，廢止「臨時條款」。

五月四日　　△聯經出版事業公司與大陸中國進出口總公司廣州分公司假廣州聯合舉辦「九一年台灣地區圖書展售會」，此為臺灣出版界首次在大陸地區舉辦的書展。

五月七日　　▲「懲治叛亂條例」廢止。

五月廿日　　△臺北市立圖書館舉辦「臺北市第六次分類圖書巡迴展」，以「文學、美術類圖書」為主。

五月廿八日　△中華民國圖書出版事業協會與臺北市出版商業同業公會假臺大校友聯誼社三樓A室共同主辦「兩岸出版文化交流座談會」，由中華民國圖書出版事業協會理事長黃肇珩主持。

五月　　　　△阿盛主編《海峽散文1990年度選·代表作》，希代書版公司出版。

　　　　　△洪文瓊策劃主編《華文世界兒童文學小史——西元1945～1990年》，中華民國兒童文學學會出版。

　　　　　△新竹縣兒童文學專輯第十輯《小蝸牛》，新竹縣教育局出版。

　　　　　△王秀芝論著《中國兒童文學》，臺灣書店出版。

　　　　　△《畫眉鳥風波》（臺灣省第四屆兒童文學創作獎專輯），臺灣省教育廳出版。

六月廿九日　△《世紀之爭》新書發表暨作者簽名會假誠品書店世貿店舉行。主講人為梭羅（《世紀之爭》作者，國際知名政治經濟學家）、趙耀東（總統府國策顧問）、徐曉波（臺大法律系

教授）。

六月　　　　　△洪文瓊策劃主編《兒童文學大事紀要一九四五～一九九〇》，中華民國兒童文學學會出版。

△陳千武民間故事集《台灣民間故事》，臺灣省兒童文學協會出版。

△杜榮琛論著《海峽兩岸兒童詩歌比較研究》，培根兒童文學雜誌社出版。

△王金選兒歌集《紅龜粿》，信誼基金出版社出版。

△藍祥雲主編宜蘭縣國小教師兒童文學創作集《金色童年》，宜蘭縣教育局出版。

七月一日　　　▲「國家建設六年計畫」開始。

七月十一日　　△國語日報社發行人由社長羊汝德兼任，原發行人夏承楹於六月底退休。

七月十五日　　△行政院新聞局籌辦的《書香月刊》創刊，以提供最新出版資訊為主。

七月　　　　　△華霞菱兒歌集《顛倒歌》，信誼基金出版社出版。

△管家琪童話《口水龍》，民生報社出版。

△李潼少年小說《順風耳的新香爐》韓文版，漢城太陽社出版。

八月廿三日　　△中華民國圖書出版事業協會與臺北市出版商業同業公會計畫共同發起籌設「海峽圖書出版交流協會」，推廣兩岸出版交流。

八月廿七日　　△由中華民國圖書出版事業協會與臺北市出版商業同業公會召開的「我們需要怎樣的出版法規」座談會，邀請立委、律師、教授、新聞局、內政部著委會及業者代表出席，研討出版法應如何修訂。

八月　　　　　△吳山主編；雄獅中國工藝美術辭典編委會編輯《雄獅中國工藝美術辭典》，本辭典共收錄詞條一萬三千四百零八條，插圖二千八百餘幅，後有附錄，凡二百餘萬字。本書繁體字由幼獅圖書公司出版，簡體字由大陸江蘇美術出版社出版。

九月十三日　　△由行政院文建會策劃，全省各縣市文化中心執行的「建立作家資料檔案工作計畫」，在高雄市中正文化中心完成五十六

位高雄市籍文學作家資料建檔工作後，正式啟用。

九月　　　　△張清榮論著《兒童文學創作論》，富春文化事業公司出版。

十月廿五日　△中國青年寫作協會與時報文化出版公司合辦「當代台灣通俗
　　　　　　文學研討會」，假臺灣師範大學綜合大樓國際會議廳舉行。

十月　　　　△由時報文化出版公司蘇清霖、允晨文化事業公司李定陸、天
　　　　　　下文化出版公司林天來及誠品書店曾乾瑜等出版人，為企劃
　　　　　　催生所籌組的「出版企劃推廣協會」，雖未能正式立案設立
　　　　　　團體，惟每月一次的研討會，總有二十餘位出版人與會。

十一月一日　△陳修主編；陳文晶助編《台灣話大辭典：閩南語漳泉二腔系
　　　　　　部分》，遠流出版事業公司出版。共收漢字字首六千餘，詞
　　　　　　條近十萬，總字數達兩百五十萬字。全書以教會道格拉斯氏
　　　　　　羅馬拼音系統注音，正文以字首羅馬音之字母為序編之。

十一月十日　△中華民國八十年金鼎獎得獎名單揭曉，十二月廿三日假國父
　　　　　　紀念館舉行頒獎典禮。

十一月廿日　△台灣英文雜誌社《精湛》季刊主辦「永不落架的書——關懷
　　　　　　書的行蹤與落腳」座談會。

十一月廿四日△慶祝中華民國建國八十年「青少年優良圖書展」，由中國圖
　　　　　　書館學會策劃，國立中央圖書館主辦，光復書局、光統圖書
　　　　　　百貨公司、兒童日報社承辦，展出八天。

十一月　　　△由農學公司編印的《出版流通》雜誌創刊，免費提供給出版
　　　　　　業者。

　　　　　　△木子（李麗申）童話集《長腿七和短腿八》、陳啟淦少年小
　　　　　　說《再見長尾巴》、林武憲兒歌集《安安上學》，富春文化
　　　　　　事業公司出版。

十二月一日　△誠品書店所屬《誠品閱讀》雙月刊創刊，發行人吳清友，社
　　　　　　長廖美立，總編輯蕭蔓，為臺灣第一本「閱讀與文化」的雙
　　　　　　月刊。

十二月十四日△第五期《中華兒童叢書》金書獎假臺北市大橋國小禮堂舉行
　　　　　　頒獎典禮。

十二月十六日△中華民國圖書出版事業協會假臺大校友聯誼社舉辦「出版業
　　　　　　的全方位思考——從國際書展放眼出版天下」座談會。

十二月十七日△行政院新聞局假圓山飯店舉行「出版事業座談會」，為該局

主辦籌畫的「書香社會」系列活動之一。

十二月　　　　△據行政院新聞局統計，截至本年年底止，登記的出版社為三
　　　　　　　　千四百九十一家，圖書出版數為一萬二千四百一十八種。

　　　　　　　△中華民國年鑑社編印，《中華民國八十年‧中華民國年
　　　　　　　　鑑》，正中書局發行。

　　　　　　　△國立中央圖書館閱覽組官書股編《政府出版品管理及利用研
　　　　　　　　討會論文集》，國立中央圖書館出版。

　　　　　　　△雄獅台灣美術年鑑編輯委員會主編《1992台灣美術年鑑》，
　　　　　　　　雄獅圖書公司出版。

　　　　　　　△嶺月少年小說《老三甲的故事》，文經社出版。

　　　　　　　△林淑英主編《兒童文學研究（4）──童詩專輯（1）》，臺
　　　　　　　　北市教育局出版。

※　　　　　　△邱志賢總編輯《現代休閒育樂百科》全十六冊，華一書局出
　　　　　　　　版。

一九九二年

一月九日　　　△曾任職於地球、錦繡、時報文化等出版公司的吳玫珍，出任
　　　　　　　　信誼基金出版社總編輯。

一月十七日　　△行政院新聞局、國立中央圖書館及光復書局共同主辦的「第
　　　　　　　　三屆臺北國際書展」假臺北國際會議中心揭幕。

二月十日　　　△陳金田故事集《彩虹公主》，九歌出版社出版。

二月　　　　　△翁佳音譯註《臺灣社會運動史──勞工運動、右派運動》
　　　　　　　　（此書原係《臺灣總督府警察沿革誌第二編（中卷）》），
　　　　　　　　稻香出版社出版。

三月四日　　　△中國國民黨中央黨部大陸工作會提供場地與演講費，與臺北
　　　　　　　　市出版商業同業公會合作舉行演講會。請張靜律師主講「大
　　　　　　　　陸地區有關圖書出版法規之介紹」，近百位出版業者出席。

三月五日　　　△三之三文化事業公司成立，發行人吳文壽。以兒童讀物類圖
　　　　　　　　書為主。

三月十九日　　△行政院新聞局為因應中華民國八十一年全國書展展出方式，
　　　　　　　　特邀請教育部、國父紀念館、中華民國圖書出版事業協會，

臺北市出版商業同業公會等單位開會研商協調。

三月卅一日　△小兵出版社成立，發行人彭柏揆，以兒童讀物類圖書為主。

三月　　　　△麥田出版公司成立，發行人蘇拾平，以語文類圖書為主。

四月十一日　△臺北市立圖書館舉辦「臺北市第七次分類圖書巡迴展」，以
　　　　　　「科學類圖書」為主。

四月十六日　△聯合報《讀書人》創刊，每週出刊一次，綜合性書評版面。

四月廿一日　△中國國民黨中央黨部大陸工作會再請邱彰律師主講「出版界
　　　　　　在大陸投資面面觀」。

四月廿二日　△智茂出版公司在世界地球日出版《兒童環保圖書——拯救地
　　　　　　球》。

四月　　　　△陶百川著《陶百川全集》共三十一冊，三民書局出版。

　　　　　　△《國立中央圖書館同人著作目錄》，國立中央圖書館出版。

五月一日　　△李潼少年小說《少年噶瑪蘭》，天衛文化圖書公司出版。

五月四日　　△顏廷楷編撰《中國現代音樂家傳略》，綠與美出版社出版。

五月五日　　△曾濟群繼任國立中央圖書館第八任館長。

五月廿九日　△為因應新著作權法對出版界的影響以及衝擊，臺北市出版商
　　　　　　業同業公會舉行說明會。

五月　　　　△新竹縣兒童文學專輯第十一輯《小園丁》，新竹縣教育局出
　　　　　　版。

　　　　　　△高陽總監修《中國歷代名人勝迹大辭典》，旺文社出版。

六月一日　　△紅蕃茄文化事業公司成立，發行人黃宗堃。以圖畫故事書、
　　　　　　圖畫書視聽讀物為主。

六月十二日　△新著作權法正式實施。

六月十五日　△陳千武·保坂登至子·安田學編譯《海流Ⅱ》（台灣日本兒
　　　　　　童詩對譯選集），日本かと創房社·臺中晨星出版社出版。

六月十九日　△為因應新著作權法對出版界的影響以及衝擊，中華民國圖書
　　　　　　出版事業協會舉行說明會。

　　　　　　△臺東師院主編《兒童文學學術研討會論文集》（少年小
　　　　　　說），臺東師院語教系出版。

六月　　　　△邱坤良著《日據時期臺灣戲劇之研究（舊劇與新劇）
　　　　　　（1895～1945）》，自立報社出版。

　　　　　　△《捉拿古奇颱風》（臺灣省第五屆兒童文學創作獎專輯），

臺灣省教育廳出版。

△邱阿塗編選《蘭陽兒童詩選》共五百七十四首，宜蘭縣立文化中心出版。

△藍祥雲主編《繽紛童年》（宜蘭縣國小教師兒童文學創作集），宜蘭縣政府出版。

△朱錫林·陳木城主編《笨笨湖的奇異世界》（臺北縣兒童文學創作選七），臺北縣教育局出版。

△管家琪少年小說《小婉心》，天衛文化圖書公司出版。

△夏婉雲童詩集《坐在雲端的鵝——夏婉雲文字詩集》，富春文化事業公司出版。

七月一日	△行政院新聞局為出版業者再開一次新著作權法的座談會。
七月廿四日	△臺北市出版商業同業公會總幹事侯志成因身體微恙，自請辭職；由副總幹事陳礎堂接任第二任總幹事。
七月廿九日	△時報廣場與中華民國著作權人協會針對出版界舉辦「新著作權法修正案」專題研討會。
七月卅一日	△經濟部工業局主辦，臺北市出版商業同業公會協辦，全國總工會承辦「維護智慧財產權法律研討會」。
八月八日	△陳千武主編童詩集《我心目中的爸爸》，臺灣省兒童文學協會出版。
八月	△小赫伯斯·Ｓ·貝利著；郭茂生等譯《書籍出版的藝術與技巧》，淑馨出版社出版。
九月二日	△臺北市出版商業同業公會組織「臺北出版人訪問團」，前往大陸參展觀摩「第四屆北京國際書展」。
十月廿五日	▲臺北市立圖書館四十年館慶。
十月卅日	△林鴻堯童話《老奶奶的木盒子》、管家琪故事《對聯的故事》、樸月《一代文豪——歐陽修》，臺灣省教育廳出版。
十月	△許成章編著；魏淑貞總編輯，鄭文聰主編《臺灣漢語辭典》全四冊，收錄漢字一萬六千一百零二字，詞彙單音及二字複音詞約六萬條，總頁數五千三百二十一頁（俱為楷寫手稿）總字數達六百一十一萬六千四百四十八字。附錄有字音索引、詞彙索引、全書部首音說明表等，自立晚報文化出版部出版。

　　　　　　　△劉宗慧圖畫故事《老鼠娶新娘》（張玲玲文），遠流出版事
　　　　　　　　業公司出版。

　　　　　　　△可白兒童故事集《我有絕招》，小兵出版社出版。

　　　　　　　△育昇文化出版公司成立，發行人林美玲，以語文類圖書、知
　　　　　　　　性讀物為主。

十一月七日　　△行政院新聞局委託躍昇文化事業公司在馬來西亞籌辦「第一
　　　　　　　　屆臺北華文圖書展」。即日起至十五日止，假吉隆坡舉行；
　　　　　　　　十四日至廿二日，假檳城舉行。

十一月十三日　△臺北市出版商業同業公會主辦「兩岸出版業合作發行的現況
　　　　　　　　與存在問題的探討」座談會，假臺大校友聯誼社三樓B室舉
　　　　　　　　行，由遠流出版事業公司發行人王榮文主持。

十一月十七日　△萬卷樓圖書公司成立，發行人許錟輝。

十一月廿八日　△國立中央圖書館、臺北市立圖書館與時報廣場合辦「好書交
　　　　　　　　換活動」。

十一月廿九日　△林文寶主編《認識童話》、邱各容策劃《中華民國台灣地區
　　　　　　　　兒童文學工作者名錄》，中華民國兒童文學學會出版。

十一月　　　　▲九歌文教基金會成立。

　　　　　　　△上海圖書館珍藏，魏廷龍主編《清代硃卷集成》，全套精裝
　　　　　　　　四百二十冊，成文出版社出版。

　　　　　　　△黃海少年小說《大鼻國歷險記》，聯經出版事業公司出版。

　　　　　　　△林淑英主編《兒童文學研究5——環保童話專集1》，臺北市
　　　　　　　　教育局出版。

十二月十八日　△高雄麗文文化事業公司成立，發行人蘇淑英。

十二月十九日　△「中華民國八十一年全國圖書展覽」由行政院新聞局、臺灣
　　　　　　　　省政府、高雄市政府主辦，正中書局籌辦。即日起至一九九
　　　　　　　　三年一月三日止，除在臺北國父紀念館展出外，將巡迴至臺
　　　　　　　　中、臺南、花蓮、高雄、金門等地展出。另舉辦「書衣之
　　　　　　　　美」特展。

十二月　　　　△據行政院新聞局統計，截至本年年底止，登記的出版社為三
　　　　　　　　千七百六十五家，圖書出版數為一萬三千五百零一種。

　　　　　　　△《中國大百科全書》（正體字版），錦繡出版事業公司出
　　　　　　　　版，至一九九四年四月全部出齊，共六十冊。

△雄獅台灣美術年鑑編輯委員會主編《1993台灣美術年鑑》，
雄獅圖書公司出版。

△陳育仁主編《新世紀彩色圖解百科全書》，貓頭鷹出版社出
版。

△誠品書店《誠品好讀》雙月刊創刊。

△吳當論著《楊喚兒童詩賞析》，國語日報社出版。

※　　　　　△郭茂生、潘建國、郭瑞紅譯《書籍出版的藝術與技巧》，淑
馨出版社出版。

一九九三年

一月八日　　　△《中國時報》「開卷專刊」一九九二年最佳好書頒獎。

一月十一日　　△臺北市出版商業同業公會首任總幹事侯志成病逝，享年七十
八歲。

二月　　　　　△自然圖書專業出版社——大樹文化出版公司成立，以翻譯類
生態、環保圖畫書為主。

　　　　　　　△管家琪童話《怒氣收集袋》，民生報社出版。

　　　　　　　△光復書局陸續出版《創作童話》共三十冊。

三月一日　　　△幼獅文化事業公司總經理曾繁潛當選臺北市出版商業同業公
會第六屆理事長。

三月九日　　　△格林文化公司成立，發行人李壽全，以兒童讀物類圖書為
主。

三月十四日　　△自立早報《讀書生活》，每週出刊一次，即日起至一九九五
年二月廿七日，綜合性書評版面。

三月廿日　　　△簡媜主編《八十一年散文選》，九歌出版社出版。

三月廿八日　　△英國圖書出版事業協會一行十七人由Paula Kahn 領隊來華訪
問。該團此次來華為近年來英國出版業組團訪問外國，規模
最大的一次。

三月　　　　　△中華民國圖書出版事業協會理事長黃肇珩轉任監察委員。

　　　　　　　△原華一書局總經理邱志賢辭職，與黃長發合組金品文化事業
公司任總經理。

　　　　　　　△臺灣本土圖書專業書店——台灣的店開幕。

　　　　　　　△李永豐‧謝瑞蘭‧羅北安兒童劇本《摩奇兒童劇選》，李永
　　　　　　　　豐兒童劇本《哪吒鬧海》，張黎明兒童劇本《夢幻仙境之
　　　　　　　　旅》，黃美滿等兒童劇本《年獸來了》，周凱劇場基金會出
　　　　　　　　版。

　　　　　　　△杜榮琛論著《海峽兩岸寓言詩研究》，培根兒童文學雜誌出
　　　　　　　　版。

四月一日　　　△鄭至慧自《誠品閱讀》第九期起，接任總編輯。

　　　　　　　△劉清景主編《實用契約範例百科全書》全八冊，嘉義明山書
　　　　　　　　局出版。

四月廿七日　　▲「海基會」理事長辜振甫與中國「海協會」理事長汪道涵在
　　　　　　　　新加坡會談。

四月卅日　　　△龔雲鵬圖畫書《坑坑洞洞》、陳璐茜圖畫書《小豬農場》、
　　　　　　　　賴芳伶《曾鞏》、蘇尚耀《韓愈》，臺灣省教育廳出版。

四月　　　　　△馬景賢少年小說《小英雄與老郵差》，天衛文化圖書公司出
　　　　　　　　版。

五月一日　　　△原業強出版社總編輯陳信元轉任幼獅文化事業公司總編輯。

五月十一日　　△中華民國圖書發行協進會正式成立，聯經出版公司副總經理
　　　　　　　　王承惠當選首任理事長。該會以改良圖書發行制度、拓展圖
　　　　　　　　書行銷通路、提昇從業人員素質、推動書香社會為宗旨。

五月十五日　　△臺北市立圖書館舉辦「臺北市第八次分類圖書巡迴展」，以
　　　　　　　　「婦女類圖書」為主。

五月十九日　　△中國國民黨中央黨部大陸工作會與臺北市出版商業同業公會
　　　　　　　　主辦的「出版界赴大陸投資座談會」，假大陸工作會會議室
　　　　　　　　舉行。由大陸工作會主任黃耀羽和臺北市出版商業同業公會
　　　　　　　　理事長曾繁潛共同主持。

五月廿一日　　△經濟部國際貿易局召開「解決書籍、雜誌著作物輸入通關問
　　　　　　　　題」會議。

五月卅日　　　△信誼幼兒文學委員會編《幼兒的110本好書》，信誼基金出
　　　　　　　　版社出版。

五月　　　　　△臺北市出版商業同業公會假中國時報開卷版闢「出版傳真」
　　　　　　　　新書廣告專欄，頗受同業歡迎。

　　　　　　　△中華民國圖書出版事業協會假臺北舉辦「兩岸圖書出版合作

研討會」，達成五點共識。

△鄭明娳總編輯《當代台灣文學評論大系》（共五卷），正中書局出版。

△新竹縣兒童文學專輯第十二輯《小白鴿》，新竹縣教育局出版。

△杜萱論著《童詩廣角鏡》，正中書局出版。

六月一日　　△楊茂秀‧吳敏而論著《觀念玩具——蘇斯博士與新兒童文學》，遠流出版事業公司出版。

六月廿七日　△臺北市新生假日書市正式開幕。

六月廿九日　△民聖文化事業公司成立，發行人林紀鴻。

六月　　　　△羅曼史小說專業出版社——禾林圖書公司成立。

△《賴瑞‧莫德與黑皮》（臺灣省第六屆兒童文學創作獎專輯），臺灣省教育廳出版。

△陳千武論著《童詩的樂趣》，臺中市立文化中心出版。

△黃基博《兒童劇本創作集》，屏東縣立文化中心出版。

△林武憲著《兒童文學與兒童讀物的探索》，彰化縣立文化中心出版。

△郁化清論著《童詩的孕育與誕生》，南投縣立文化中心出版。

△郭嬌玲主編《小麻雀6》（臺南縣兒童文學創作專輯），臺南縣文化局出版。

△藍祥雲主編《興味童年》（宜蘭縣國小教師兒童文學創作集），宜蘭縣政府出版。

△林文寶‧徐守濤‧陳正治‧蔡尚志合著《兒童文學》，五南圖書出版公司出版。

七月　　　　△行政院新聞局查禁「正傳」出版的性愛教育叢書《深入性愛教育》。

△自然、生態圖書專業書店——誠品書店臺中科博館開幕。

△爾雅出版社十八周年，推出七本新書。計有：蔣勳等著；隱地編《到綠光咖啡屋，聽巴哈，讀余秋雨》，陳幸蕙《青年的四個大夢》（第二集），嚴歌苓短篇小說集《少女小魚》，何光明詩集《寫給春天的情詩》，張清榮文學欣賞

《一把文學的梯子》，思理小小說《思理極短篇》，隱地·林貴真合編爾雅書目《書的名片》等。

△王淑芬兒童故事《新生鮮事多》，小兵出版社出版。

△李瑾倫圖畫故事《子兒·吐吐》，信誼基金出版社出版。

八月廿六日　　△知音出版社發行人何志韶參加「第六屆國際出版學研討會」，假北京市郊奧林匹克飯店舉行，為期兩天。計有大陸、日本、韓國、馬來西亞、菲律賓、新加坡、蒙古、香港及臺灣等國家地區九十位代表參加，共宣讀廿三篇論文，另有十篇只作書面交流。

八月　　　　　△《腦筋急轉彎》遭回教徒抗議。

△林煥彰主編童詩集《借一百隻綿羊》，民生報社出版。

九月一日　　　△哲學大辭書編審委員會編著《哲學大辭典》，內容涵蓋中國、西洋與佛學等三大哲學體系的主要詞彙近二千餘條，條目分思想家、哲學辭彙、典籍等三類。第一至二冊，同日出版；第三冊，一九九七年十一月一日，輔仁大學出版社出版；第四冊與第五冊，分別於二〇〇三年八月一日、二〇〇九年二月一日，改由哲學與文化月刊社出版。

九月廿三日　　△臺北市出版商業同業公會主辦「台閩出版交流合作座談會」，假臺北市劍潭青年活動中心舉行，由臺北市出版商業同業公會常務理事林訓民與福建省出版工作者協會副主席楊加清共同主持。

十月二日　　　△許秋煌接替蔡之中出任行政院新聞局出版事業處處長。

十月十一日　　△「第二屆臺北古書拍賣會」假誠品書店舉行，為期四天。

十月卅日　　　△林煥彰童詩集《春天飛出來》、洪義男圖畫書《女兒泉》、謝武彰兒歌集《為什麼影子是黑的》、張嘉驊童話《迷失的月光》，臺灣省教育廳出版。

十月　　　　　△旅遊文學專業出版社——季節風出版社成立。

△臺灣省文獻委員會編《洪棄生先生全集》七冊，臺灣省文獻委員會出版。

△林良童詩集《林良的詩》，國語日報社出版。

△中國海峽兩岸兒童文學研究會企編《林良和子敏》、《果樹園的耕耘者——林良先生序文選集》，業強出版社出版。

△林煥彰兒歌集《我愛青蛙呱呱呱》，小兵出版社出版。

△傅林統故事集《芒果樹的故事》，水牛出版社出版。

△李潼童話《水柳村的抱抱樹》，天衛文化圖書公司出版。

△凌拂（凌俊嫻）小說《木棉樹的噴嚏》，皇冠出版社出版。

十一月一日　　　△林良榮升國語日報社社長兼發行人。

十一月十五日　　△林內特‧歐文著《著作權銷售指南》，新自然主義公司出版。

十一月廿一日　　△洪文瓊策劃主編《美加兒童文學博士論文提要》，中華民國兒童文學學會出版。

十一月　　　　　△陳千武少年小說《檳榔大王遷徙記》、《台灣平埔族傳說》，台原出版社出版。

　　　　　　　　△林淑英主編《兒童文學研究（6）—— 鄉土文學專集（1）》，臺北市教育局出版。

　　　　　　　　△北市立圖書館編印《兒童好書書目》。

十二月　　　　　▲年底人口總數達二千一百萬人。

　　　　　　　　△據行政院新聞局統計，截至本年年底止，登記的出版社為四千一百一十二家，圖書出版數為一萬四千七百四十三種。

　　　　　　　　△吳三連基金會資助的「台灣史料中心」開幕。

　　　　　　　　△中華民國年鑑社編印，《中華民國八十一年‧中華民國年鑑》，正中書局發行。

　　　　　　　　△陳育仁主編《新世紀科學百科全書》，貓頭鷹出版社出版。

　　　　　　　　△傅璇宗、張忱石、許逸民編撰《唐五代人物傳記資料綜合索引》，文史哲出版社出版台一版。

　　　　　　　　△許常惠主編《學習音樂百科全書》全四冊，旺文社出版。

一九九四年

一月一日　　　　△大地地理出版公司成立，發行人陳二紅。

一月十四日　　　△第四屆「臺北國際書展」隆重揭幕，主題館「尋根探源——出版事業在台灣地區之演進」。計有來自國內外廿二個國家地區、九百二十四家出版社參展。

一月十五日　　　△臺北市出版商業同業公會主辦「台港出版研討會」，假臺北

市劍潭青年活動中心經國紀念堂一樓舉行，由曾繁潛理事長與香港出版界訪問團團長陳松齡共同主持，計有臺港大陸出版業者百餘人與會。

△洪德麟論著《台灣漫畫40年初探》，時報文化出版公司出版。

一月十六日	△《中國時報》「開卷」一九九三年最佳童書頒獎。
一月	△雄獅台灣美術年鑑編輯委員會主編《1994台灣美術年鑑》，雄獅圖書公司出版。
	△謝武彰兒童散文《天霸王》，民生報社出版。
二月廿六日	△臺北市立圖書館舉辦「推動尊重著作財產權觀念座談會」邀請蕭雄淋律師和臺北市各社教機構、圖書館員做面對面的溝通。
二月廿八日	△經濟部中小企業處主辦，臺北市出版商業同業公會與財團法人資策會承辦「利用電腦工具提昇出版績效」講座，由新人類資訊科技公司副總經理陳淑美主講。
三月十二日	△誠品書店五周年慶暨臺北天母店開幕。
三月廿九日	△「1994大陸圖書展覽」自本日起至四月四日止，假國立中央圖書館地下一樓室外庭園舉行開幕式暨贈書儀式，展出來自大陸一百七十六家出版社，一萬八千餘冊圖書。
三月卅日	△中華民國圖書出版事業協會假國立中央圖書館國際會議廳舉辦「兩岸圖書出版合作研討會」，會中並提議成立「華文出版聯誼會議」。
三月	△吳密察著《台灣近代史研究》，稻香出版社出版。
	△劉伯樂圖畫故事《黑白村莊》，信誼基金出版社出版。
四月十日	△蕭蕭主編《八十二年散文選》，九歌出版社出版。
四月十四日	△臺北市出版商業同會公會與行政院大陸委員會共同舉辦「兩岸出版事務綜合研討會」。
四月卅日	△林鍾隆童詩《爬山樂》、趙雲童話《美的小精靈》、林輝雄少年小說《九岸溪人》、劉宗銘漫畫《妙偵探》、陳月文故事《牛老爹的牛肉麵》，臺灣省教育廳出版。
四月	△杜淑貞論著《兒童文學析論》（上下冊），五南圖書出版公司出版

	△新竹縣兒童文學創作專輯第十三輯《小鷺鷥》，新竹縣教育局出版。
五月十七日	△臺北市出版商業同業公會主辦「四川出版集團來台洽談會」假臺大校友聯誼社舉行。
五月廿八日	△臺北市政府新聞處與臺北市立圖書館聯合舉辦「臺北市第九梯次分類圖書巡迴展」，以「兒童類」為主題。
五月	△中華民國年鑑社編印，《中華民國八十三年・中華民國年鑑》，正中書局發行。
	△馬景賢主編《幼兒成長圖畫書》共八冊，光復書局出版。
	△余遠炫少年小說《落鼻師祖》，天衛圖書出版公司出版。
六月廿日	△隱地著《出版心事》，爾雅出版社出版。
六月廿二日	△臺北市出版商業同業公會理事長曾繁潛與法律顧問蕭雄淋應日本東販公司與日本綜合著作權中心邀請訪問日本。
六月廿四日	△黎明文化事業公司贈送臺北市立圖書館圖書十萬冊，由市長假市府動員月會中代表接受並頒獎表揚。
六月	△黃寤蘭主編《西洋音樂百科全書》全十冊，臺灣麥克公司出版，一九九七年一月出齊。該書係向英國牛津大學出版社購買國際中文版權。
	△林衡哲、張恒豪編著《復活的群像：台灣卅年代作家列傳》，前衛出版社出版。
	△康原作詞・施福珍作曲《台灣囝仔歌的故事（一）（二）》，自立晚報文化出版部出版。
	△《旋風阿達》（臺灣省第七屆兒童文學創作獎專輯），臺灣省教育廳出版。
	△黃基博《兒童劇本創作》，屏東縣立文化中心出版。
	△黃基博・李春霞《臺灣省83學年度優良兒童舞臺短篇劇本創作甄選集》，高雄縣立文化中心出版。
	△薛弘化・施玉琴《高雄縣83年度優良兒童舞臺短篇劇本創作甄選集》，高雄縣立文化中心出版。
	△林文寶論著《楊喚與兒童文學》，萬卷樓圖書公司出版。
七月	△紫楓兒童廣播劇本《糊塗爸爸》，富春文化事業公司出版。
七月廿二日	△探索文化事業公司成立，發行人劉秋鳳。

| 八月廿日 | △郭震唐與錦繡文化企業公司合作成立文風出版事業公司。 |

八月廿日　　　△郭震唐與錦繡文化企業公司合作成立文風出版事業公司。

八月廿七日　　△草根出版事業公司成立，發行人林文欽。

八月　　　　　△《台灣出版界名錄》，臺北市出版商業同業公會出版。

九月二日　　　△中華民國圖書出版事業協會參加在北京舉辦的「兩岸圖書出
　　　　　　　　版合作研討會」，與中國出版工作者協會、香港出版總會達
　　　　　　　　成共識，簽訂「大陸、台灣、香港出版座談會紀要」，同意
　　　　　　　　先以召開「聯誼會議」的方式為正式成立「華文出版聯誼
　　　　　　　　會」暖身。

　　　　　　　△立緒文化事業公司成立，發行人郝碧蓮。

九月　　　　　△傅林統論著《少年小說初探》，富春文化事業公司出版。

十月一日　　　△實學社出版公司成立，發行人周浩正。

十月十七日　　△格林文化公司與迪茂公司合辦林海音《城南舊事》（繪本故
　　　　　　　　事）新書發表會。該書係大陸畫家根據林海音名著《城南舊
　　　　　　　　事》繪製而成。

十月廿一日　　△內政部著作權委員會與臺北市出版商業同業公會聯合舉辦
　　　　　　　　「著作權企業宣導列車講座」，旨在增進各出版社對著作權
　　　　　　　　相關法令認識，保障自我的權益。由內政部張玉英組長及著
　　　　　　　　作權委員會執行秘書林美珠分別於本日及廿六日授課。

十月卅日　　　△趙雲散文《綠色的朋友》、馮輝岳童話《池塘媽媽》、謝武
　　　　　　　　彰童詩集《老榕樹》、李潼少年小說《鐵橋下的水蛇與鰻魚
　　　　　　　　王》、陳璐茜圖畫書《積木馬戲團》，臺灣省教育廳出版。

十月　　　　　△蘇浙生著《改變歷史的100本書》，亞太圖書出版社出版。

十一月十四日　△國立中央圖書館與飛資得資訊公司合作開發的「中華民國出
　　　　　　　　版圖書目錄光碟系統」，參加一九九四年中文資訊產品創作
　　　　　　　　大賽，榮獲十大傑出中文資訊產品獎。

十二月三日　　▲首屆臺灣省長及臺北高雄兩市長民選。

十二月廿九日　△《中國時報》「1994開卷十大好書、最佳童書」頒獎。

十二月　　　　△據行政院新聞局統計，截至本年年底止，登記的出版社為四
　　　　　　　　千四百三十九家，圖書出版數為二萬四千四百八十三種。

　　　　　　　△百川書局出版部、天津人民出版社主編《中國文學大辭典》
　　　　　　　　全十卷，百川書局出版。該辭書原係天津人民出版社於一九
　　　　　　　　九一年十月出版，八大冊，共收辭目三萬三千多條，內容舉

凡作家、作品、思潮、流派、社團、期刊、運動、事件等都在收羅之列。臺灣百川書局於一九九三年六月購得繁體字版著作財產權，委由臺師大文學院院長王熙元教授以及空大沈謙教授與中央大學李瑞騰教授負責《台灣文學增修》，將原書由八大冊增至十大冊。

△藍博洲著《尋找被湮滅的台灣史與台灣人》，時報文化出版公司出版。

△林淑英主編《兒童文學研究（7）——鄉土文學專集（2）》，臺北市政府教育局出版。

一九九五年

一月十三日　　△《中國時報》「1993開卷最佳童書」揭曉，共有《子兒吐吐》、《月下看貓頭鷹》、《巨人和春天》、《天底下的動物》、《花鷚鴿》、《昆蟲記》、《美國國家地理雜誌兒童動物書》、《狼王的女兒》、《浪潮》、《晚安，貓頭鷹》等十本。

一月十四日　　△由行政院新聞局、國立中央圖書館、光復書局共同主辦的「第四屆臺北國際書展」，假臺北世界貿易中心舉行六天。計有來自廿二個國家地區，九百二十四家出版社參展。

一月卅一日　　△臺北市出版商業同業公會副總幹事暨會刊《出版界》執行主編吳孟樵退職。

一月　　　　△Peter Lafferty 原著；丁佩姬譯《桂冠科學百科全書》全十二冊，桂冠圖書公司出版。

△躍昇文化事業公司編製《視覺藝術百科全書》國際中文版，全十冊，臺灣聯合文化事業公司出版。

△雄獅台灣美術年鑑編輯委員會主編《1995台灣美術年鑑》，雄獅圖書公司出版。

△心岱民間故事《矮靈傳說》，時報文化出版公司出版。

△出版年鑑編委會總編輯，人類文化公司編印，《中華民國八十四年出版年鑑》，行政院新聞局出版。

二月廿一日　　△誠品書店假敦南店二樓人文科學園區舉辦「哲學與當代思潮

書展」，至三月十二日止。

二月廿四日　　△因應電子出版的浪潮，臺北市出版商業同業公會與臺北市電腦商業同業公會共同舉辦「多媒體與電子出版研討會」。

三月一日　　　△《國語日報》社長林良出任該報董事長兼發行人，樂茝軍任社長。

三月十七日　　△玉山社出版事業公司成立，發行人李永得。

三月十九日　　△一九九四年「好書大家讀年度最佳少年兒童讀物獎」假臺北市知新生活廣場舉行頒獎典禮。

三月廿九日　　△由中華民國圖書出版事業協會主辦，國立中央圖書館承辦的「1994大陸圖書展覽」，假國立中央圖書館展出七天。此為國內首次舉辦的大規模大陸書展。

三月　　　　　△李瑞騰主編《中華民國作家·作品目錄新編》，全四冊，收錄作家一千三百五十三位，行政院文建會出版。

　　　　　　　△王翠華總編輯《現代用語百科》，書泉出版社發行，為國內第一部全方位解讀媒體資訊的工具書。

　　　　　　　△中島利郎編《日據時期台灣文學雜誌總目·人名索引》，前衛出版社出版。

　　　　　　　△新竹縣兒童文學創作專輯第十四輯《小彈珠》，新竹縣教育局出版。

四月一日　　　△誠品書店舉辦「親子共讀·主題推薦書展」，敦南店二樓兒童繪本區舉辦親子講座；天母店及世貿店舉辦主題推薦書展。

四月七日　　　△第三十一屆義大利波隆那兒童書展揭幕，國內有遠流、格林、彩虹屋、根華、八熊星等五家出版社參展。

四月十日　　　△林錫嘉主編《八十三年散文選》，九歌出版社出版。

四月廿四日　　△臺北市立圖書館舉辦臺北市第十梯次分類圖書巡迴展——「文化饗宴，開卷不倦」，展期九天。

四月卅日　　　△林鍾隆童詩集《山中的悄悄話》、張詠然童詩集《田園頌》、張嘉驊童話《怪怪族與哈哈貓》，臺灣省教育廳出版。

四月　　　　　△李明輝編《李春生的思想與時代》，正中書局出版。

　　　　　　　△葉榮鐘著《台灣人物群像》，時報文化出版公司出版。

　　　　　　　　△何三本論著《幼兒故事學》，五南圖書出版公司出版。

五月一日　　△《大華百科全書》全十六冊，嘉義明山書局出版。

五月四日　　△聯經出版事業公司成立二十週年，假臺北世界貿易中心國際
　　　　　　　會議廳舉行慶祝酒會，並舉辦《錢賓四先生全集》和《臺灣
　　　　　　　經濟發展論文集續編》兩套書的新書發表會。

五月六日　　△中華民國圖書出版事業協會與臺北市出版商業同業公會聯合
　　　　　　　主辦「兩岸出版合作研討會」，假臺北市環亞飯店舉行。由
　　　　　　　兩岸圖書出版合作委員會會長武奎煜和中國出版工作者協會
　　　　　　　副主席宋子文共同主持。

五月廿日　　△劉偉勳總編輯；樊友瀾執行編輯《中華民國廣播電視年
　　　　　　　鑑》，中華民國廣播電視事業協會發行。

五月　　　　△第一屆「華文出版聯誼會議」在香港召開，主題為「保護版
　　　　　　　權，加強交流」。

　　　　　　△薛春生主編《圖解中央英漢醫學辭典》全三冊，共收錄詞條
　　　　　　　十二萬條，插圖約一千幅。二〇〇七年六月出版第二版，
　　　　　　　收集各種專書、教材和期刊出現的新詞和術語九千一百七
　　　　　　　十條，新繪或改繪插圖計五百三十一幅，中央圖書出版社出
　　　　　　　版。

　　　　　　△陳正治論著《兒童詩寫作研究》，五南圖書出版公司出版。

六月十二日　△臺北市出版商業同業公會理事陳達弘與陳本源共同規劃設計
　　　　　　　為期十二天的「兩岸出版研習營」假臺北市劍潭青年活動中
　　　　　　　心舉行。邀請福建省出版工作者協會一行十二人及本地相關
　　　　　　　業務主管共同參與研討。

　　　　　　△為「六一二大限日」，內政部著作權委員會再度提醒國人，
　　　　　　　受著作權法保護的外國人著作，未獲授權翻譯者，即日起不
　　　　　　　得再行銷售，否則將受到處罰。

六月　　　　△《光復後台灣地區文壇大事紀要》（增訂本），行政院文建
　　　　　　　會編印。

　　　　　　△《臺北市立圖書館大事記》，臺北市立圖書館出版。

　　　　　　△《沖天砲大使》（臺灣省第八屆兒童文學創作獎專輯），臺
　　　　　　　灣省教育廳出版。

　　　　　　△趙天儀編著《童詩萬花童》，民聖文化事業公司出版。

△藍祥雲主編《童話童年》（宜蘭縣國小教師兒童文學創作集），宜蘭縣政府出版。

△施翠峰論著《台灣鄉土的神話與傳說》，彰化縣立文化中心出版。

七月一日　△內政部著作權委員會為加強民眾對著作權的認識，自七月份起展開著作權觀念與法令的擴大宣導活動。

八月　　　△劉君祖總編輯；傅新書主編，李俊秀等譯《世界歷史百科》，譯自*History encyclopedia*，全十冊，牛頓出版公司出版。

九月一日　△達塔斯、史密斯著；彭松建、趙學范譯《圖書出版的藝術與實務》，周知文化事業公司、佛光大學聯合出版。

九月十日　△法務部大陸法規會決議，自七月六日起，大陸地區人民的著作權在臺灣遭受侵害時，不論是大陸地區人民或繼承受大陸著作權的在臺人士，都可以提起刑事訴訟，大陸著作權在臺將全面受到保護。

△張淑美少年小說《老番王與小頭目》，九歌出版社出版。

九月　　　△臺北市出版商業同業公會理事長曾繁潛由原服務單位教國團總團部榮退，轉任百通圖書公司總經理。

△陳千武・保坂登志子・安田學編譯《海流Ⅲ》（台灣日本兒童詩對譯選集），日本かど創意社、臺灣富春文化事業公司出版。

△陳素宜少年小說《天才不老媽》，九歌出版社出版。

△林世仁童話《十四個窗口》、劉思源童話《幽怪森林》，民生報社出版。

十月廿日　△由臺灣省政府、中華民國圖書出版事業協會主辦，五南圖書出版公司承辦的「慶祝臺灣光復五十週年全國圖書展」假臺中五南圖書廣場舉行，有二百三十家業者參展，展期五天。

十月廿一日△臺北市立圖書館總館舉辦「落地生根・終戰五十年：臺灣流行文學五十年作品展」。

十月廿六日△李登輝總統接見兒童日報暨光復書局董事長林春輝等人，暢談國內外文化出版現況。

十月卅日　△中華民國圖書出版事業協會與臺北市出版商業同業公會共同

擬定「中華民國圖書出版業推動出版品分級實施規約」，正式向行政院新聞局報備實施，共九項，試行一年。

△琦君散文《人在橋上》、黃長安童詩《鞋子船》、劉宗銘漫畫《快快妙事多》、何春桃圖畫書《咪咪找小主人》，臺灣省教育廳出版。

十月　　　　　　△中國對外翻譯出版公司翻譯《現代萬有百科》，錦繡出版事業公司出版。

△吳政上、陳鴻森編《笠詩刊三十年總目》，笠詩社出版，高雄春暉出版社發行。

△金平聖之助著；鍾獻文譯《美國雜誌100年──建立永續的雜誌王朝》，三思堂文化事業公司出版。

十一月廿七日　　△行政院新聞局公佈八十四年金鼎獎得獎名單。

十一月　　　　　△黃春明 文・楊翠玉 圖《兒子的大玩偶》，臺灣麥克公司出版。此為繼林海音《城南舊事》後，又一知名作家作品改為圖畫故事。

十二月廿四日　　△由臺灣省教育廳兒童讀物出版部編印的《兒童的》雜誌慶祝創刊一百期。

十二月　　　　　△據行政院新聞局統計，截至本年年底止，登記的出版社為四千七百七十七家，圖書出版數為二萬六千零八十四種。

△鄭天凱著；吳密察審訂《攻台圖錄──台灣史上最大的一場戰爭》，遠流出版事業公司出版。

△雄獅台灣美術年鑑編輯委員會主編《1996台灣美術年鑑》，雄獅圖書公司出版。

△林淑英主編《兒童文學研究（8）── 鄉土文學專集（3）》，臺北市政府教育局出版。

△桂文亞兒童散文《美麗眼睛看世界》，民生報社出版。

△黃基博童詩《含苞的詩蕾》（上下），國語日報社出版。

※　　　　　　　△法鼓文化事業公司成立，發行人張瓊雲，以宗教類傳記叢書為主。

一九九六年

一月一日　　　△財團法人國家文化藝術基金會正式營運。

一月九日　　　△國立中央圖書館組織條例經立法院院會三讀通過，並更名為
　　　　　　　　「國家圖書館」。

一月十三日　　△「八十四年，金鼎獎」頒獎典禮假臺北市晶華酒店舉行。同
　　　　　　　　時為紀念金鼎獎創立二十週年，與中華民國圖書發行協進會
　　　　　　　　合作，首度全省二百一十八家書店同時舉辦「金鼎獎得獎作
　　　　　　　　品特展」，展出歷屆得獎圖書及雜誌，展期至三十一日止。

一月廿日　　　△第五屆「臺北國際書展」由時報文化出版公司承辦，主題為
　　　　　　　　「當東方遇到西方」，計有三十四個國家地區，一千三百一
　　　　　　　　十六個攤位參展。

一月卅一日　　△「國家圖書館組織條例」總統明令公佈實施。

一月　　　　　△行政院新聞局舉辦第一屆「讀書月」活動，獲得社會各界廣
　　　　　　　　泛回響。估計約有一億五千七百萬資金流入圖書市場。

　　　　　　　△行政院新聞局委託財團法人資策會執行「全國圖書出版事業
　　　　　　　　電子資料交換Electronic Data Interchange EDI計畫」。

　　　　　　　△許秋煌總編輯《金鼎獎二十周年特刊》，行政院新聞局編
　　　　　　　　印。

　　　　　　　△施茂林主編；許啟義執行編輯《當代法學名家論文集——慶
　　　　　　　　祝法學叢刊創刊四十週刊》，法學叢刊雜誌社出版。

二月二日　　　△百通圖書公司總經理曾繁潛連任臺北市出版商業同業公會第
　　　　　　　　七屆理事長。

二月　　　　　△《誠品閱讀》雜誌停刊，前後經營四年，共出版二十五期。

　　　　　　　△台灣筆會在臺大校友會館舉辦「1995本土十大好書」贈獎儀
　　　　　　　　式。入選名單如下：李喬《埋冤・1997埋冤》、劉還月《尋
　　　　　　　　訪台灣平浦族》、江文瑜《阿媽的故事》、林至潔《呂赫若
　　　　　　　　小說全集》、李喬《台灣・我的母親》、舞鶴《拾骨》、杜
　　　　　　　　文靖《以台灣為名》、鍾逸人《心酸六十年》、許信良《新
　　　　　　　　興民族》、蔡秋雄《臺灣在國際法上的地位》、彭瑞金《台
　　　　　　　　灣文學探索》等。

三月　　　　　△《聯合報》第四屆「讀書人1995最佳書獎」頒獎，共有文學

類、非文學類、童書類等三十一冊獲獎。

△薛宗明編《中國音樂文獻書目彙編》，高雄市教育局實驗國樂團出版。

△江燦騰著《台灣佛教百年史之研究》，南天書局出版。

△琦君兒童散文《琦君說童年》，三民書局出版。

△賴馬圖畫故事《我變成一隻噴火龍了》，方素珍 文・仉桂芳 圖《祝你生日快樂》，國語日報社出版。

四月十日	△簡媜主編《八十四年散文選》，九歌出版社出版。
四月卅日	△馮輝岳兒歌《逗趣兒歌我會念》、邱賢龍童話《小小神偷》、桑涵散文《永遠的陽光》、林鍾隆故事《山中的故事》、王素涼散文《金門風情》、周宗經民間故事《雅美族神話故事》，臺灣省教育廳出版。
四月	△李莉茜著《國際標準書號與出版品預行編目研究》，文華圖書館管理資訊公司出版。
五月二日	▲李登輝就任中華民國第九任總統，為臺灣首任民選總統，副總統連戰。
五月	△馬景賢少年小說《小白鴿》，天衛文化圖書公司出版。
	△黃基博歌舞劇本《大樹的故事》，葦軒出版社出版。
	△新竹縣兒童文學專輯第十五輯《小魚兒》，新竹縣教育局出版。
六月九日	△財團法人巫永福基金會假臺大校友會館舉辦「《巫永福全集》新書發表會」，該全集共十五冊，中文作品十冊，日文作品五冊。
	△臺南市立文化中心假臺南富碧餚餐廳舉行「臺南市作家作品集」新書發表會。計有：呂興昌編校《許丙丁作品上下集》、林載爵《台灣文學的兩種精神》、陳萬益《台灣文學論集——於無聲處聽驚雷》、李漢偉《台灣小說的三種悲情》等。
六月十九日	△攸關未來著作權執行成效的「著作權仲介團體條例草案」完成草案審查，預計下會期送經立法院院會審議。
六月卅日	△國立中央圖書館臺灣分館閱覽典藏組編輯《全國兒童圖書目錄三編》，收錄自一九八四年起訖一九八五年底出版之館藏

兒童圖書，共計一萬零六十二種，後附書名及著者索引，俾
便檢索。

△學生書局董事長丁文治出任《出版界》出版委員會主任委
員。

△約翰・海德瑞著；林麗冠等譯《讀者文摘傳奇》，智庫股份
有限公司出版。

△洪文瓊、洪文珍論著《兒童讀物導讀方法與策略教學研
究》，臺東師院語教系出版。

△林良兒童散文《林良的散文》，國語日報社出版。

△傅林統論著《美麗的水鏡》，桃園縣立文化中心出版。

△蔡尚志論著《童話創作的原理與技巧》，五南圖書出版公司
出版。

△《一九九五水鴨旅行》（臺灣省第九屆兒童文學創作獎專
輯），臺灣省教育廳出版。

六月　　　　△臺灣綜合研究院主編《產業科技術語大字典：英、日、兩岸
中文科技術語對照》，本書以國立編譯館公告之名詞為基
準，所整理出國人常用之產業科技術語，為國內第一本產業
科技術語大字典，全華科技圖書公司出版。

△施淑宜總編輯《台灣歷史影像系列》全十冊，立虹出版社出
版，一九九七年七月全部出齊。

△出版年鑑編委會總編輯，時廣企業有限公司編印，《中華民
國八十五年出版年鑑》，行政院新聞局出版。

七月一日　　△吳興文出任《出版界》總編輯。

△林靜芸主編《中華民國八十四年表演藝術年鑑》，國立中正
文化中心發行。

七月三日　　△臺北市出版商業同業公會與福建省出版總社、福建省出版工
作者協會，假福州市出版中心大樓舉行「福州第一屆臺灣書
展」。

七月十三日　△新聞局首次舉辦的青少年兒童讀物「小太陽獎」評審結果揭
曉，假臺北市晶華酒店舉行頒獎典禮。得獎名單：最佳創作
獎唐土兒《波波寶貝》、最佳編劇獎黎芳玲《親親自然》、
最佳插畫獎楊翠玉《兒子的大玩偶》、最佳翻譯獎潘人木

《愛蜜莉》、最佳美術設計獎徐偉《台灣紅樹林自然導讀》

七月	△施懿琳編《周定山作品選集》，彰化縣立文化中心出版。
	△張水金童話集《無花城的春天》，國語日報社出版。
八月十一日	△中國文藝協會假該會舉辦新書發表會，包括：丘宏義《紂王與妲己（新封神榜）》、石子《多情搖滾》、須文蔚《旅次》、雲飛詩集《山》。
八月十二日	△連震東文教基金會與天下文化合辦的「新讀書運動」贈予臺北市立圖書館圖書一批，共計二千四百七十六冊。
八月	△琦君兒童散文《琦君寄小讀者》，健行文化出版公司出版。
九月一日	△《大陸地區文學概況調查研究系列叢書》一套九冊，文建會出版。該套書有系統介紹大陸地區一九七六～一九八九年期間的文學。
九月廿五日	△臺北市立圖書館主辦，湖南省出版工作者協會與臺北市出版商業同業公會承辦，敦煌書局、百通圖書公司、淑馨出版社等協辦「湖南圖書展覽」，假臺北市立圖書館隆重揭幕。此次書展為大陸地方出版社來臺舉辦書展規模最大的一次。
九月	△大頭春（張大春）少年小說《野孩子》，聯合文學出版社出版。
十月十四日	△城邦出版集團假臺北市凱悅飯店舉行成立大會，為國內首次成立的臺灣出版集團。成員包括麥田出版公司的蘇拾平、陳雨航，貓頭鷹出版社的陳重興，《電腦家庭》雜誌的詹宏志、格林文化公司的郝廣才等人。詹宏志在會中並以「未來十五年的中文出版：一個臺灣出版集團的觀點」為題發表演說。
十月十五日	△臺北市立圖書館中文圖書採購以折扣標方式試辦兩年，經專簽呈核後，同意該館中文圖書採購改以折扣標方式進行。
十月廿二日	△臺北市出版商業同業公會「人力培訓委員會」主任委員陳達弘為拓展兩岸關係以及讓更多同業了解大陸出版文化情況，特請中華兩岸事務交流協會理事長謝正一，協同武漢大學圖書情報學院副院長羅紫初教授，共同企劃「武漢大學出版文化研習營」，並與臺北市出版商業同業公會聯合推出此項活動。分兩梯次舉行，第一梯次十月廿二日，第二梯次十一月

	十九日，每次共計九天。
十月	△洪範書局成立三十週年，推出鄭樹森主編一套二十冊的「隨身讀」系列，包括三十年代的魯迅、許地山，以及楊牧、余光中等人的作品。
	△卓遵宏、林秋敏訪問；林秋敏紀錄整理《林衡道先生訪談錄》，國史館出版。
十一月一日	△麥田出版公司假誠品書店敦南店發表王德威主編的「當代文學家」系列，包括：朱天文《花憶前身》、王安憶《紀實與虛構》、鍾曉陽《遺恨傳奇》以及蘇偉貞《封閉的島嶼》等四本書。
	△旅美作家林太乙假臺北市遠企中心舉行《林家次女》新書發表會。
十一月四日	△中華日報《書香文化》創刊，每週出刊一次，綜合性書評版面。（已停刊）
十一月	△黃宗樂總編輯《台灣法制一百年論文集》，台灣法學會出版。
	△馬景賢主編《認識少年小說》、施政廷主編《認識兒童讀物插畫》，天衛文化圖書公司出版。
十二月七日	△「海峽兩岸兒童文學書展」假臺北市立圖書館總館藝廊展出，臺灣方面參展兒童書六千多冊，大陸方面參展兒童書四千多冊。
十二月十五日	△行政院新聞局擴大舉辦第二屆「讀書月」活動，至一九七七年一月十四日止。
	△格林編輯部編，《波隆那插畫年鑑6》，格林文化公司出版。
十二月十九日	△作家蕭麗紅假臺大校友聯誼社發表新書《白水湖春夢》。
十二月廿三日	△《聯合報》第五屆「讀書人1996最佳書獎」揭曉，共有文學類、非文學類、童書類三十冊得獎。
十二月	△據行政院新聞局統計，截至本年年底止，登記的出版社為五千二百五十三家，圖書出版數為二萬四千八百七十六種。
	△行政院新聞局創設「小太陽獎」，自獲推介為「中小學生優良課外讀物」中再評選四個個人獎、七個出版獎。之取名為

「小太陽」，係出自林良作品《小太陽》，藉以象徵青少年及兒童成長的豐美歷程。目前已停辦。

△雄獅台灣美術年鑑編輯委員會主編《1997台灣美術年鑑》，雄獅圖書公司出版。

△陶笑虹、王學典原著；姜竹亭總編輯《世界歷史演義全集》，共二十一冊，薪傳出版社出版。本全集由中國大陸四川成都出版社授權出版。分《古希臘演義》（上下）、《古羅馬演義》（上下）、《中世紀政教演義》（上中下）、《第一次世界大戰》（上下）、《第二次世界大戰》（上中下）、《蒙古帝國征戰演義》（上中下）、《英國革命演義》（上下）、《蘇俄演義》（上下）、《現代外交演義》等。

△林淑英主編《兒童文學研究（9）—— 鄉土文學專集（4）》，臺北市教育局出版。

△前衛出版社假臺大校友聯誼社舉辦日本學者岡崎郁子《台灣文學——異端的系譜》新書發表會。

※　△金石堂書店取得ISO9002認證，為書店業第一家。

△世界辭典百科全書編輯委員會編輯《世界辭典百科全書》全十六冊，中國電視公司、中國百科出版社共同出版。

一九九七年

一月一日　△《中國時報》「開卷1997年度最佳童書」揭曉。

一月八日　△黃才郎、鄭明進、黃宣勳、劉俐合編《兒童美術館——奧塞篇》，藝術家出版社出版。

一月　△國家圖書館國際標準書號中心編輯《中華民國臺灣地區國際標準書號出版機構名錄》（民國八十五年版）（上、下），國家圖書館印行。

△劉君祖總編輯；林煌洲主編《家庭醫學大百科》，全套十四冊，《家庭醫師》（1～2）、《婦女保健》（3）、《奇妙的身體》（4～5）、《食用醫學問答》（6～8）、《心理與醫學》（9）、《身心健康》（10～11）、《治療與藥物》

（12～13）、《急救指南・附錄》（14），牛頓出版公司出版。

△大衛・克里斯托編；貓頭鷹出版社譯《劍橋百科全書》，貓頭鷹出版社出版。

△鍾芳玲著《書店風景》，宏觀文化事業公司出版。

△孟樊著《台灣出版文化讀本》，唐山出版社出版。

二月　　　　△田中弘一著；廖士敏主編《書店經營入門寶典》，漢湘文化事業公司出版。

三月廿九日　△由臺北市政府新聞處、臺北市出版商業同業公會及臺北市雜誌商業同業公會聯合主辦的「臺北市第十二屆分類圖書展」假臺北市兒童育樂中心展開。主題為「春天的邀約──親子書展」。

三月　　　　△原時報文化出版公司總經理郝明義接掌臺灣商務印書館總經理。

四月十日　　△蕭蕭主編《八十五年散文選》，九歌出版社出版。

四月卅日　　△陳月文童話《北極熊的聖誕禮物》、劉宗銘漫畫《小福與大牙》、柯明雄童話《尖山腳的田雞》、邱賢隆散文《列嶼群島》、曾喜城散文《陽光故鄉屏東》、陳柏州散文《溫泉的故鄉礁溪》，臺灣省教育廳出版。

四月　　　　△許俊雅著《臺灣寫實詩之抗日精神研究》，國立編譯館出版。

△凌志韞編著《從精讀到泛讀》，南天書局出版。

△三民書局首次出版兒童讀物──《兒童文學叢書・小詩人系列》。

△木子少年小說《少年阿辛》，九歌出版社出版。

△張家驊童話《怪怪書・怪怪讀1》，文經社出版。

△張清榮論著《少年小說寫作論》，臺南供學出版社出版。

△林政華論著《兒童少年文學與研究精選》，文史哲出版社出版。

五月十三日　△中華發展基金管理委員會於第十七次管理委員會通過「獎助在大陸地區出版之臺灣地區著作作業要點」。該要點係為鼓勵臺灣地區著作人授權大陸地區出版社（不含港、澳地區）

出版發行圖書，以反應臺灣地區學術及社會發展經驗，加強大陸民眾對臺灣地區之認識，而特別訂定的。

五月卅日　　△莊永明著《臺北市文化人物略傳》，臺北市文獻委員會出版。

五月　　　　△徐士欽《徐士欽童詩集》，臺南市立文化中心出版。

△林鍾隆童詩集《我要給風加上顏色》，桃園縣立文化中心出版。

△王淑芬少年小說《我是白癡》，民生報社出版。

△新竹縣兒童文學創作專輯第十六輯《小圓圓》，新竹縣教育局出版。

六月　　　　△李瑞騰總編輯，封德屏主編《1996台灣文學年鑑》，行政院文建會出版。

△江寶釵著《嘉義地區古典文學發展史》，嘉義市立文化中心出版。

△李黃臏著《台灣第一思想家李春生》，聖環出版社出版。

△《過山蝦要回家》（臺灣省第十屆兒童文學創作獎專輯），臺灣省教育廳出版。

△王素涼等舞臺劇本《85、86年度優良兒童舞臺劇本徵選集》，高雄縣立文化中心出版。

△陳枝烈民間故事《排灣族神話故事》，屏東縣立文化中心出版。

△蔡宜容兒童故事《石縫裡的故事》，小兵出版社出版。

△出版年鑑編委會總編輯，時廣企業有限公司編印，《中華民國八十六年出版年鑑》，行政院新聞局出版。

七月一日　　△林靜芸主編《中華民國八十五年表演藝術年鑑》，國立中正文化中心發行。

七月十日　　△趙義弘接掌行政院新聞局出版事業處處長。

七月廿二日　△中華民國兒童文學學會、臺北市出版商業同業公會及國立中央圖書館臺灣分館聯合主辦「全國優良兒童圖書展」，假國立中央圖書館臺灣分館揭幕，展期至三十日止

七月廿七日　△行政院新聞局舉辦「共塑出版業春天——出版業跨世紀研討會」，為期兩天。與會業者代表與民意代表均表示應修正現

行出版法。

七月　　　　　△光復書局編輯部編著《中國地理大百科》全十五冊，光復書局出版，一九九八年二月全部出齊。

△王曉波著《臺灣抗日五十年》，正中書局出版。

△王子堅選輯《讀書的方法》，國家出版社出版。

△馬克林著；方能御譯《文化創新的泉源——現代與傳統的銜接》，臺灣商務印書館出版。

△林良兒歌集《林良的看圖說話》，國語日報社出版。

八月一日　　　△南華管理學院創立出版學研究所，為國內第一所以「出版」為名的研究所。

八月廿八日　　△為「淨化人心，拒絕色情汙染」，行政院新聞局假臺北火車站前舉辦色情出版品、錄影帶銷毀活動。

八月　　　　　△第二屆「華文出版聯誼會議」在臺北召開，主題為「華文出版走向世界所面臨的問題」。

△楊碧川編著《台灣歷史辭典》，前衛出版社出版。

九月一日　　　△《兒童日報》創刊十週年。

九月廿日　　　△黃朝湖總主編《1997年中華民國美術家名鑑》，中國美術協會出版。

九月　　　　　△貓頭鷹出版社編譯小組翻譯《新世紀萬象總攬百科全書》，貓頭鷹出版社出版。

十月卅日　　　△柯明雄《土地公的女兒》、林鍾隆《讀山》、陳瑞璧《下頭伯》、陳柏州《搶孤的小鎮——頭城》、曾西霸《親愛的野琅》，臺灣省教育廳出版。

十月　　　　　△麥思著《知訊力（infoledge）—大閱讀家的閱讀策略》，版圖文化事業公司出版。

△林文寶主編《一個研究所的成立》，臺東師院兒童文學研究所出版。

△李潼兒童散文《蔚藍太平洋日記》，民生報社出版。

十一月廿二日　△臺灣學生書局董事長丁文治病逝，享年七十七歲。

十一月　　　　△行政院新聞局編輯《中華民國八十五年中華民國年鑑》，正中書局發行。

△賴益成主編《葡萄園目錄1962～1997》，分期別作品、類別

作品、作者作品三項，詩藝文出版社出版。

十二月十三日　△張學喜就任國語日報社社長。

十二月　　　　△據行政院新聞局統計，截至本年年底止，登記的出版社為五
　　　　　　　千八百二十六家，圖書出版數為二萬三千八百零一種。

　　　　　　　△洪志明兒歌集《星星樹》，國語日報社出版。

　　　　　　　△林淑英主編《兒童文學研究（10）── 鄉土文學專集
　　　　　　　（5）》，臺北市教育局出版。

　　　　　　　△邱冠福編著《台灣童謠》（南瀛台灣民間文學叢書六），臺
　　　　　　　南縣立文化中心出版。

一九九八年

一月一日　　　△行政院新聞局輔導成立「中華民國圖書評議委員會」。

　　　　　　　△陳芳明、張炎憲、黃英哲、邱坤良、廖仁義等主編《張深切
　　　　　　　全集》（全十二卷），文經出版社出版。

一月廿一日　　△為執行WTO入會案政策所辦理的著作權法修正條文，由總
　　　　　　　統公佈實施。使我國著作權法制完全符合WTO下「與貿易
　　　　　　　有關之智慧財產權協定（TRIPS）」與伯恩公約保護標準。
　　　　　　　著作權法此次修正，計修正六十二條，新增十三條，廢止十
　　　　　　　九條。

一月廿三日　　△由於新「著作權法」已廢止著作權登記制度，故內政部即日
　　　　　　　起已不再受理著作權登記申請之案件。至於新法施行前已申
　　　　　　　請登記之案件，仍將依舊法處理。

一月　　　　　△蔡榮勇論著《試著做一把兒童詩的梯子》，臺灣省兒童文學
　　　　　　　協會出版。

　　　　　　　△《第2屆全國兒童文學與兒童語言學術研討會論文集》，靜
　　　　　　　宜大學文學院出版。

二月十五日　　△林良出任臺北市出版商業同業公會會刊《出版界》發行人兼
　　　　　　　出版委員會主任委員。

二月十九日　　△行政院新聞局與臺北市出版商業同業公會共同主辦，新學友
　　　　　　　書局承辦「第六屆臺北國際書展」，假臺北世界貿易中心揭
　　　　　　　幕，展期至二十四日止。計有來自四十個國家地區，六百七

十三家出版社，一千四百零九個攤位參展。本屆主題為「在亞洲與世界之間」。

二月廿八日　△《兒童日報》停刊。

二月　　　△潘人木兒歌集《老手杖直溜溜》、謝武彰編《傳統閩南兒歌：杏仁茶》、謝武彰編《傳統閩南兒歌：正月正》、謝武彰編《傳統閩南兒歌：火金姑》，馮輝岳兒歌集《創作客家兒歌：第一打鼓》，臺灣麥克公司出版。

　　　　　△張子樟評論集《閱讀的喜悅：少兒文學品賞》，九歌出版社出版。

三月六日　△《兒童日報》更名為《童報週刊》，主編汪淑玲。

三月　　　△林訓民研究主持《大陸出版集團發展趨勢及影響》，行政院大陸委員會編印。

　　　　　△周慶華論著《兒童文學新論》，生智文化公司出版。

　　　　　△陳學明著《文化工業》，揚智文化事業公司出版。

　　　　　△卜京童話《西元2903年的一次飛行》，民生報社出版。

　　　　　△葉澤山主編臺南縣兒童文學創作專輯《小麻雀（12）》，臺南縣政府教育局出版。

　　　　　△馮季眉主編《一九九八海峽兩岸童話學術研討會論文特刊》，中國海峽兩岸兒童文學研究會出版。

　　　　　△臺東師院兒文所編《台灣地區（1945年以來）現代童話學術研討會論文集》，臺東師院兒文所出版。

四月四日　△臺南市出版商業同業公會正式成立，首任理事長吳金寶。

四月十日　▲莊芳榮繼任國家圖書館第九任館長。

　　　　　△林錫嘉主編《八十六年散文選》，九歌出版社出版。

四月卅日　△鍾易真圖畫書《小鵝露比》、賴建名童話《怕拉怕拉山的妖怪》、吳燈山童話《山山和爺爺是同一國》、柯明雄小說《公道伯仔》、蒙永麗小說《飛天小金》、張淑美童話《送蜜給螞蟻》、劉正盛童話《玩具王國總動員》、李銘愛小說《馬爾流浪記》、邱賢農散文《黃金的故鄉——金瓜石》、樊聖童話《天下最幸福的人》，臺灣省教育廳出版。

四月　　　△周惠玲《逛ㄇㄠˋ書》，幼獅文化事業公司出版。

　　　　　△林煥彰論著《拿什麼給下一代》，宜蘭縣立文化中心出版。

　　　　　　　△方素珍童話《一隻豬在網路上》，國語日報社出版。

五月十九日　△李登輝著《台灣的主張》，前衛出版社出版。

五月　　　　△《出版學刊》創刊，主編吳燕惠，發行人陳信元，南華管理
　　　　　　　學院出版學研究所出版。

　　　　　　　△曾堉編《中國美術年表》，東大圖書公司出版。

　　　　　　　△司馬嘯青著《台灣世紀豪門：辜振甫家族》，玉山社出版。

　　　　　　　△詹冰合集《銀髮與童心》，臺中市政府文化局出版。

　　　　　　　△鄭明進論著《圖畫書的美妙世界》，國立臺灣藝術教育館出
　　　　　　　版。

　　　　　　　△洪志明寓言集《一分鐘寓言》，小魯文化公司出版。

　　　　　　　△新竹縣兒童文學創作專輯第十七輯《小花鹿》，新竹縣政府
　　　　　　　教育局出版。

　　　　　　　△《第一屆兒童文學國際會議論文集》，靜宜大學文學院出
　　　　　　　版。

　　　　　　　△周惠玲等著《一九九八海峽兩岸童話學術研討會論文特
　　　　　　　刊》，臺北市立圖書館出版。

六月十五日　△行政院新聞局與財團法人資策會共同舉辦「圖書EDI成果發
　　　　　　　表會」。

六月廿五日　△葛羅斯著；齊若蘭譯《編輯人的世界》，天下遠見出版公司
　　　　　　　出版。

六月廿六日　△中華漫畫出版同業協進會正式成立，長鴻出版社經理蕭文忠
　　　　　　　當選首任理事長。

六月卅日　　△《鄭清文和他的文學》（鄭清文短篇小說全集／別冊），麥
　　　　　　　田出版公司出版。

六月　　　　△彭小妍主編《楊逵全集》全十四冊，二〇〇一年十二月出
　　　　　　　齊，國立文化資產保存研究中心籌備處出版。

　　　　　　　△《一半親情》（臺灣省第十一屆兒童文學創作獎專輯），臺
　　　　　　　灣省政府教育廳出版。

　　　　　　　△李瑞騰總編輯，封德屏主編《1997台灣文學年鑑》，知行文
　　　　　　　教基金會、文訊雜誌社編印，行政院文建會出版。

　　　　　　　△趙祐志著《日據時期臺灣商工會的發展（1895～1937）》，
　　　　　　　稻香出版社出版。

△鄭清文圖畫書《沙灘上的琴聲》，台灣英文雜誌社出版。

△張子樟主編《俄羅斯鼠尾草：名家的少年小說1976～1997》，幼獅文化事業公司出版。

△出版年鑑編委會總編輯，名相設計公司編印，《中華民國八十七年出版年鑑》，行政院新聞局出版。

七月一日　△林靜芸、盧健英主編《中華民國八十六年表演藝術年鑑》，國立中正文化中心發行。

七月廿四日　△女作家嶺月（丁淑卿）逝世，享年六十五歲。

△臺北市立圖書館中崙分館（漫畫特色館）正式啟用。

七月　△王祿旺主編《出版相關期刊論文索引》，五南圖書出版公司出版。

△陳千武少年小說《檳榔大王遷徙記》由保坂登志子與安田學譯成日文版《ビソロ大王物語》，日本かど創房社印行。

△林文寶主持《海峽兩岸兒童文學交流之研究》，臺東師院出版。

八月一日　△李欣頻著《誠品副作用》，新新聞文化事業公司出版。

八月十二日　△行政院新聞局局長程建人接受媒體訪問時指出，政府有意採納業者建議，廢止出版法。

△幼獅文化事業公司再度計畫編輯《兒童文學選輯1988～1998》。

八月廿七日　△行政院新聞局呈報行政院，建議廢止出版法。

八月　△第三屆「華文出版聯誼會議」在北京召開，主題為「兩岸三地如何進一步加強出版合作和開展圖書貿易」。

△王淑芬兒童散文《童年懺悔錄》，民生報社出版。

△趙義弘、邱燮友等《圖書分級制研討會議實錄》，中國文化大學出版。

九月四日　△行政院新聞局召開研商廢止出版法相關事宜會議。

九月　△大衛‧伯尼等著；王原賢等譯《袖珍科學百科全書》，貓頭鷹出版社出版。

△李銘愛編著《寫做縱橫談：兒童文學》，臺北市文藝協會出版。

十月一日　△經行政院新聞局輔導，臺北市出版商業同業公會、中華民國

圖書出版事業協會、中華民國圖書發行協進會及出版同業支持下,「財團法人中華圖書出版事業發展基金會」正式成立,首任董事長為林文睿。二〇〇三年五月,更名為「財團法人中華出版基金會」。

十月廿五日　△國語日報為慶祝五十週年社慶特出版《飛躍五十迎向一百——國語日報五十週年社慶專集》。

十月廿六日　△立法院內政及邊政、教育、司法三委員會聯席會議通過廢止出版法案。

十月廿九日　△林良、薇薇夫人、林清玄、郝廣才等撰文,羅勃英·潘繪圖(圖畫書)《四大探險家》,格林文化公司出版。

十月卅日　△劉還月計畫召集人,陳逸君主編《台灣客家關係書目與摘要:專書、論文、研究報告類上》、《台灣客家關係書目與摘要:專書、論文、研究報告類下》、《台灣客家關係書目與摘要:方志文獻類》共三冊,列為臺灣客家族群史史料彙編,臺灣省文獻委員會出版。

十月　△王曉波編《蔣渭水全集》,海峽學術出版社出版。

△顏娟英編著《台灣近代美術大事年表》,本年表紀錄一八九五至一九四五年日本佔領台灣時期的美術活動,包括美術家個人及團體活動、古董買賣、攝影、海報展以及一般社會文化活動,雄獅圖書公司出版。

△林煥彰主編《兩岸兒童文學交流回顧與展望1987〜1998》,中華民國兒童文學學會出版。

△張友漁少年小說《我的爸爸是流氓》,小兵出版社出版。

△愛亞《好書之旅:愛亞導遊》、蒂芬妮論著《漫畫異言堂》,幼獅文化事業公司出版。

△張定綺譯,《加菲貓20週年紀念專輯:青春不老的加菲貓》,本書為紀念於一九七八年誕生的漫畫人物加菲貓而出版。

十一月廿一日　△臺北市立圖書館總館與行政院新聞局合辦「野鳥在臺灣」記錄影帶放映會暨鳥類生態書展。

十一月　△行政院新聞局編輯《中華民國八十六年·中華民國年鑑》,正中書局發行。

△許俊雅編《日據時期台灣小說選讀》，萬卷樓圖書公司出版。

△潘人木圖畫故事《咱看山去》，台灣英文雜誌社出版。

△鄭清文圖畫書《春雨》，臺灣麥克公司出版。

△林芳萍兒童散文《屋簷上的秘密》，民生報社出版。

△李侑蒔・吳凱琳譯《幼兒文學》，華騰文化公司出版。

△洪月女譯《談閱讀》，心理出版社出版。

△顏艾琳論著《漫畫鼻子》，探索文化公司出版。

十二月十日　　　△第六期《中華兒童叢書》金書獎假臺北市來來大飯店金龍廳舉行頒獎典禮。

十二月卅一日　　△《中國時報》「開卷1998年度最佳青少年、最佳童書」揭曉。

十二月　　　　　△據行政院新聞局統計，截至本年年底止，登記的出版社為六千三百八十家，圖書出版數為三萬零八百六十八種。

△彭懿（大陸作家）論著《世界幻想兒童文學導論》、林文寶等《認識童話》，天衛文化圖書公司出版。

△黃孟嬌譯《孩子說的故事：瞭解童年的敘事》，成長文教基金會出版。

△李麗霞論著《科學童話寫作與教學研究》，新竹先登出版社出版。

一九九九年

一月一日　　　　△國家圖書館《全國新書資訊月刊》創刊，同時發行印刷版及網路版，以報導臺灣新書出版與活動為主。

△賴聲川著；楊淑慧主編《賴聲川：劇場》，全四冊，此為賴聲川劇作全集，收錄〈我們都是這樣長大的〉等十六篇劇作。書末附有三種附錄，一為賴聲川作品，二為賴聲川年表，三為圖片來源，為「風格劇場」系列之一，元尊文化企業公司出版。

一月二日　　　　△行政院文建會委託省立臺中圖書館舉辦「第三屆全國讀書博覽會」，展出兩天。

一月四日	△行政院研考會公佈「政府出版品基本形制注意事項」。
一月十二日	△行政院新聞局舉行為期兩天的「八十七年出版品管理業務檢討暨座談會」。
一月十三日	△行政院研考會公佈「政府出版品銷售作業規定」、「政府出版品寄存服物規定」、「政府出版品統一編號作業規定」。明定國家圖書館、國立中央圖書館臺灣分館、臺北市立圖書館、國立臺灣大學圖書館、臺灣省立臺中圖書館等五所圖書館為完整寄存圖書館，同時政府出版品統一編號須以GPN標示，以利流通。
一月廿一日	△行政院新聞局舉行「廢止出版法說明會」。
一月廿五日	△總統公佈廢止「出版法」。
一月廿九日	△行政院新聞局召開「出版法廢止案——地方政府說明會」。
	△正中書局出版《生命中的懸夢》，探討醫療體系生死學。
一月卅日	△為慶祝科技之父李國鼎九十歲大壽，李國鼎科技發展基金會出版《華封文集》以資慶賀。
一月	△趙天儀論著《兒童文學與美感教育》，富春文化事業公司出版。
	△王淑芬論著《不一樣的教室——如何推展「班級讀書會」？》，天衛文化圖書公司出版。
	△林淑英主編《兒童文學研究（11）——鄉土文學專集（6）》，臺北市教育局出版。
二月三日	△聯經出版事業公司取得《中國繪畫三千年》臺灣正體字版權，內容為史前至本世紀中國繪畫藝術發展軌跡。
二月六日	△正中書局出版《李總統言論集》數位版。
二月七日	△第七屆「臺北國際書展」假臺北世貿中心舉行，計有四十二個國家地區參展，主題為「國際兒童主題館」，展出六天。
二月八日	△消保會召開「出版法廢止後出版品消費爭議主管機關協調會」，決議行政院新聞局仍為出版品消費爭議主管機關。
	△八十七年金鼎獎頒獎典禮假臺北國際會議中心舉行。
	△行政院文建會委託臺北市出版商業同業公會完成《中華民國八十七年（1998）台灣圖書出版市場研究報告》中英文版，配合臺北國際書展發送參展之國內外出版業者參考。

△《柏楊版通鑑記事本末》配合臺北國際書展出版首冊《范睢漂亮復仇》，全集預計一年後完成。

二月九日　△行政院新聞局假臺北世貿中心劇場中心舉行第三屆「小太陽獎」頒獎典禮。

二月廿五日　△《新新聞週刊》舉辦「後出版法時代的遊戲規則」座談會。

　　　　　　△中華民國圖書出版事業協會與主安國際公司合辦「一九九九中區書香世界博覽會」，為期一週。

二月廿七日　△「第四屆全國讀書月」巡迴書展假臺中市立文化中心舉行開幕儀式。

二月　　　　△國立歷史博物館推出口袋書「館藏文物採光」系列十冊。

　　　　　　△衛浩世著；王泰智譯《憤怒書塵——法蘭克福書展主席回憶錄》，臺灣商務印書館出版。

　　　　　　△傅林統少年小說《偵探班出擊》，富春文化事業公司出版。

　　　　　　△林真美等著《在繪本花園裡：和孩子共用繪本的樂趣》，遠流出版事業公司出版。

　　　　　　△楊茂秀翻譯《手拿褐色蠟筆的女孩》，財團法人成長基金會出版。

　　　　　　△廖清碧論著《童話裡的智慧——和小孩子在故事中成長》，探索文化公司出版。

三月三日　　△行政院研考會假臺大校友會館召開「政府出版品電子化研討會」。

三月十四日　△誠品書店與中國時報假臺北市誠品書店敦南店舉辦「出版與閱讀通路的變革」座談會。

三月十九日　△文建會假國家圖書館國際會議廳舉行「臺灣文學經典研討會」，並以公開票選方式選出三十本經典作品。

三月廿日　　△行政院文建會舉行「好書大家讀」頒獎典禮，共選出八十七年度出版最佳少年兒童讀物三十五種。

三月廿三日　△遠流出版事業公司複刻出版一九二五年日治時代二萬五千分之一的《台灣地形圖》。

三月廿七日　△臺北市立圖書館總館藝廊展出「臺北很自戀1999書展」展出出版品係由專家學者推薦與「臺北城」有關的優良圖書與政府機構出版品，展期一個月。

三月廿九日　△唐羽撰《臺陽公司八十年志》，臺陽股份有限公司出版，為
　　　　　　　介紹臺灣礦業龍頭臺陽公司的礦事沿革。

三月　　　　△劉萬國、侯文富主編《中華成語辭典》，本辭典由大陸吉林
　　　　　　　大學出版社授權出版繁體字版。以古今並重為收詞原則，以
　　　　　　　收常見常用成語為主，除成語外，也酌收部份格言、諺語和
　　　　　　　俗語。共收詞目四萬條左右，其中主條目三萬五千五百餘
　　　　　　　條，副條目四千四百餘條，建宏出版社出版。

　　　　　　△鄭黛瓊等撰《藝術教育教師手冊：國小戲劇篇》，國立臺灣
　　　　　　　藝術教育館出版。

四月一日　　△臺北市立圖書館總館及各分館舉辦「1998好書大家讀年度最
　　　　　　　佳少年兒童讀物書展」。

四月四日　　△資訊科學展示中心與時報出版公司聯合兒童漫畫家發起「純
　　　　　　　淨漫畫有話說」活動，呼籲重視日本漫畫的暴力問題。

四月七日　　△格林文化公司入選義大利「波隆納兒童書展」插畫展數量居
　　　　　　　冠。

四月十日　　△蘇雪林一百零四歲生日，國立成功大學中文系編《蘇雪林作
　　　　　　　品集・日記卷》共十五冊，國立成功大學教務處出版組出。

　　　　　　△簡媜主編《八十七年散文選》，九歌出版社出版。

四月十二日　△正中書局轉型複合型書店，改採利潤中心制經營方式。

四月十七日　△月旦出版公司假臺北華納威秀影城舉行「漫畫台灣」叢書新
　　　　　　　書發表會。

　　　　　　△「行政院新聞局金鼎獎辦理要點」修正實施。

四月卅日　　△前衛出版社發行《台語精選文庫》五冊，系統收錄百年來臺
　　　　　　　語文學作品精華。

四月　　　　△施惠如總編輯《萬寧——第一屆臺灣省文學獎散文類得獎作
　　　　　　　品集》（印贈本），收錄首獎一篇，評審獎二篇，優選三
　　　　　　　篇，佳作二十八篇，臺灣省政府文化處出版。

　　　　　　△葉君健撰《遇見安徒生：世界童話大師的人、文、圖》，遠
　　　　　　　流出版事業公司出版。

　　　　　　△莫渝編著《神奇的窗戶：中國兒童詩歌賞析》，富春文化事
　　　　　　　業公司出版。

　　　　　　△傅林統評論集《豐收的期待：少年小說、童話評論集》，富

春文化事業公司出版。

五月一日　　　△貝谷久宣著《出版巨擘：商務印書館求新求變的軌跡》，寶
　　　　　　　島社出版。

五月四日　　　△紀念五四運動八十週年，唐山出版社出版《現代中國自由主
　　　　　　　義資料編選——紀念「五四」80週年》。

五月十日　　　△國立臺灣藝術教育館出版《藝術教育手冊》。

五月十四日　　△行政院通過教育部所提「圖書館法」草案，規定出版品須送
　　　　　　　存國家圖書館作為國家文獻典藏。

五月十九日　　△遠流出版事業公司舉行李總統登輝先生新書《台灣的主張》
　　　　　　　發表會，六月三日並於日本東京推出日文版。

五月廿二日　　△九歌出版社舉行第七屆「現代兒童文學獎」頒獎典禮。

五月廿七日　　△臺灣省政府委託中研院近代史研究所規劃辦理「臺灣省文獻
　　　　　　　出版品評鑑推薦獎」，分政府和民間出版品兩部分。

　　　　　　　△新新聞文化出版公司舉行《上帝在玩擲甩骰子——李宇宙的
　　　　　　　時間詩學》新書發表會。

五月　　　　　△廖美玉主編《一九九九台灣現代劇場研討會論文集：兒童劇
　　　　　　　場》，行政院文建會出版。

　　　　　　　△李潼文集《李潼的兒童文學筆記》，宜蘭縣立文化中心出
　　　　　　　版。

　　　　　　　△宋文明著；李玉成總編輯《世界五十年大事日日記：回顧廿
　　　　　　　世紀下半葉1950～1999》，本大事日記旨在選記美日全球各
　　　　　　　地所發生的重大新聞。日記所載日期，以事件發生所在地日
　　　　　　　期為記事日期。全書共計十五冊，至二〇〇二年五月出齊，
　　　　　　　宋氏遠照出版社出版。

　　　　　　　△王蘊潔翻譯《來自彼得兔的村子》，探索文化公司出版。

六月五日　　　△《兩個獸皮袋》（臺灣省第十二屆兒童文學創作獎專輯），
　　　　　　　臺灣省文化處出版。

六月廿九日　　△南華管理學院出版學研究所黃元鵬通過碩士論文畢業口試，
　　　　　　　成為全國第一屆出版學專業畢業研究生。

六月卅日　　　△臺中市出版商業同業公會再度成立。該會原成立於一九八七
　　　　　　　年間，因缺乏運作被臺中市政府命令解散。

六月　　　　　△李瑞騰總編輯，封德屏主編《1998台灣文學年鑑》，文訊雜

誌社編印，行政院文建會出版。

△李瑞騰總策劃，封德屏主編《中華民國作家作品目錄1999》全七冊，收錄作家一千八百位，文訊雜誌社編印，行政院文建會出版。

△蘇麗春編《文學對話錄：與蘭陽作家有約》（上下冊），宜蘭縣立文化中心出版。

△陳信元著《兩岸暨港澳出版事業的發展與整合》，文史哲出版社出版。

△阿爾維托・曼谷埃爾著；吳昌杰譯《閱讀地圖——一部人類閱讀的歷史》，臺灣商務印書館出版。

△陳義芝主編《台灣文學經典學術研討會論文集》，行政院文建會・聯經出版事業公司出版。

△楊孟哲著《日治時代台灣美術教育》，前衛出版社出版。

△黃玉齋著《台灣抗日史論》，海峽學術出版社出版。

△游珮芸翻譯手塚治蟲《我的漫畫人生》，玉山社出版。

△李潼《少年小說創作坊：李潼答客問》，幼獅文化事業公司出版。

△林文寶主編《台灣區域兒童文學概述》，臺東師院兒文所出版。

△杜榮琛編著《寫給兒童的好童詩》，小魯文化事業公司出版。

△出版年鑑編委會總編輯，遠流出版事業公司編印，《中華民國八十八年出版年鑑》，行政院新聞局出版。

七月一日　　　△PC Home Online 網路家庭公司成立Dec Book網路書店，暢銷「電子書」，為中文世界開設的第一個數位書商店。

七月五日　　　△天下文化策劃編輯《出版人的對話：關於兩岸出版發行的論述》，天下遠見出版公司出版。

七月九日　　　△遠流出版事業公司成立二十五週年，正式改名為「遠流國際（股）公司」，除平面出版外，並擴及圖像、電子出版和雜誌等項目。

七月十九日　　△消基會舉辦「圖書分級與消費者權益」座談會。

七月廿四日　　△聯經出版事業公司出版《二十世紀偉大的藝術家》，以傳記

形式記述百位當代名家記事。

七月廿五日　△臺灣書店總經理蕭錦利當選臺北市出版商業同業公會第八屆理事長，孚嘉書局董事長汪鑑雄當選首任副理事長。

七月廿六日　△行政院文建會委託胡萬川教授製作出版《台灣閩客語民間歌謠選集》，分送全國三千多所中小學做為鄉土文學示範教材。

七月　　　　△第四屆「華文出版聯誼會議」在香港召開，主題為「兩岸三地保護版權與出版合作」。

　　　　　　△黃雲生主編《兒童文學概論》，文津出版社出版。

　　　　　　△陳柏蒼翻譯《童話許願戒：幫助孩子「建立自尊」、「擺脫依賴」的32個童話故事》，人本自然文化公司出版。

八月一日　　△張志偉著《亞馬遜網路書店發跡傳奇：amazon.com》，商業周刊出版公司出版。

八月四日　　△正中書局出版劉真珍藏蔣經國等五十位名人書信《當代名人書札》。

八月八日　　△臺北市立圖書館總館與中華民國兒童文學學會合辦「第五屆亞洲兒童文學大會」並展出「亞洲兒童文學書展及插畫展」展期八天。

八月十一日　△中時報系與東立出版社共同舉辦「1999漫畫、卡通、遊戲嘉年華暨分級書店示範展」活動。

　　　　　　△「1999高雄國際書展」開幕。

八月廿五日　△國家圖書館出版《第三次中華民國圖書館年鑑》。

八月廿七日　△中華民國圖書評議委員會與富邦文教基金會共同舉辦「圖書分級座談會」。

八月卅日　　△國家圖書館舉辦「華文書目資料合作發展研討會」，為期三天。

八月　　　　△李衣雲論著《私と漫畫の同居物語》，新新聞文化公司出版。

　　　　　　△蒂芬妮論著《漫畫風神榜：第1部》，幼獅文化事業公司出版。

　　　　　　△林文寶主編《台灣‧兒童‧文學》，臺東師院兒文所出版。

　　　　　　△洪德麟編著《風城台灣漫畫50年》，新竹市立文化中心出

版。

△張子樟評論集《少年小說大家讀：啟蒙與成長的探索》，天衛文化圖書公司出版。

△洪文瓊編著《台灣兒童文學手冊》，傳文文化事業公司出版。

△林良等著《21世紀的亞洲兒童文學：第五屆亞洲兒童文學大會論文集》（中文本），中華民國兒童文學學會出版。

△陳子君等著《新世紀兩岸兒童文學研究發展：兩岸兒童文學研究發展研討會論文集》（大陸卷）、林良等著《新世紀兩岸兒童文學研究發展：兩岸兒童文學研究發展研討會論文集》（台灣卷），中華民國兒童文學學會出版。

△王淑芬詩集《如何謀殺一首詩》，民生報社出版。

九月一日　　　△蕭錦利接任臺北市出版商業同業公會會刊《出版界》發行人。

九月九日　　　△一九九九年第三屆「亞洲漫畫高峰會議」於新竹舉行，共有兩百餘位各國漫畫家與會，同時頒發「1999亞太福爾摩沙漫畫獎」。

九月十一日　　△臺北縣立文化中心舉辦「全省兒童書展」，展出臺灣光復至今兒童文學出版品。

九月十八日　　△行政院研考會舉行「研考會出版品管理訓練」，為期兩天。同時出版《政府出版品管理作業手冊》，提供各級機關出版作業人員使用。

九月廿一日　　▲九二一大地震。

　　　　　　　△發生「九二一大地震」，圖書出版業者積極參與賑災、義賣、捐款等活動。

九月　　　　　△劉清雲主編，施茂林校訂《新編法律大辭典》，學知出版事業公司出版。

　　　　　　　△林鍾隆童話集《水底學校》、少年小說《阿輝的心》，富春文化事業公司出版。

　　　　　　　△王萬清論著《讀書治療》，心理出版社出版。

　　　　　　　△李慕如、羅雪瑤編著《幼兒語文教學研究：幼兒文學》，高雄復文圖書出版社出版。

十月一日	△雷貝佳・桑德斯著；劉復苓譯《亞馬遜網路書店十大秘訣》，聯經出版事業公司出版。

十月一日　　　△雷貝佳・桑德斯著；劉復苓譯《亞馬遜網路書店十大秘訣》，聯經出版事業公司出版。

十月廿日　　　△國家圖書館ISBN中心主任李莉茜參加英國倫敦舉行的「第二十七屆ISBN年會」，為期二天。

十月廿一日　　△時報文化出版公司獲得證管會核准，成為第一家股票上櫃的出版公司。

十月廿五日　　△五南圖書出版公司與建宏書局合作成立「五南文化廣場」，計畫以連鎖書店形式經營。

十月廿八日　　△日本殘障作家乙武洋匡來臺，藉其《五體不滿足》著作勵志九二一災民。

十月卅一日　　△臺北市立圖書館總館舉辦「好書交享閱」季新書發表會，並邀請采風樂坊現場演奏臺灣民謠。

十月　　　　　△美國哥倫比亞大學出版社英譯出版鄭清文短篇小說集《三腳馬》，榮獲第四屆美國桐山環太平洋書卷獎。

　　　　　　　△馮光宇翻譯《鞋帶劇場：輕輕鬆鬆玩戲劇》、張曉華論著《創作性戲劇原理與實作》，財團法人成長文教基金會出版。

　　　　　　　△張湘君、葛琦霞編著《開放教育總動員：25本童書教學活動設計》，天衛文化圖書公司出版。

　　　　　　　△郭菀玲翻譯《大人心理童話》，臺中晨星出版公司出版。

　　　　　　　△黃迺毓論著《童書是童書》，宇宙光全人關懷機構出版。

十一月十二日　△出版界舉行「九二一賑災籌募災區重建基金圖書展售」活動。

十一月十三日　△中華圖書出版事業發展基金會組團參加德國「第五十一屆法蘭克福國際書展」。

十一月十五日　△圖書、雜誌、出版及印刷業四大協、公會於立法院舉行「出版業抗議徵收進口紙張傾銷稅」聯合記者會。

十一月十八日　△金石堂書店與宏碁集團元碁資訊共同舉行「AcerMall金石堂網路書店」發表會。（http：//www.kingstone.com.tw/）

十一月廿日　　△《牛哥作品集》舉行新書發表會。

十一月卅日　　△國語日報社出版的《椅子樹》由日本PHP研究所購得日文版權。

十一月　　　　△行政院新聞局編輯《中華民國八十七年・中華民國年鑑》，
　　　　　　　　正中書局發行。
　　　　　　　△闞正宗著《臺灣佛教百年史》，東大圖書公司出版。
　　　　　　　△毛毛蟲兒童哲學基金會成人讀書會研究小組編著《成人讀書
　　　　　　　　會：探索團體的成長》、毛毛蟲兒童哲學基金會故事媽媽研
　　　　　　　　究小組編著《穿一件故事的彩衣：故事媽媽的服務經驗》，
　　　　　　　　行政院文建會出版。
　　　　　　　△蔡尚志論著《探索兒童文學》，嘉義縣立文化中心出版。
　　　　　　　△鄭瑞菁論著《幼兒文學》，心理出版社出版。
　　　　　　　△趙天儀等著《第三屆兒童文學與兒童語言學術研討會論文
　　　　　　　　集》，富春文化事業公司出版。
　　　　　　　△鄭明進評論集《傑出圖畫書插畫家：歐美篇》、《傑出圖畫
　　　　　　　　書插畫家：亞洲篇》，雄獅圖書公司出版。
　　　　　　　△傅林統翻譯《歡欣歲月：李莉安・H・史密斯的兒童文學
　　　　　　　　觀》，富春文化事業公司出版。
　　　　　　　△林美琴《兒童讀書會DIY》，天衛文化圖書公司出版。
十二月一日　　△中華民國圖書出版事業協會籌組「日本出版經營考察團」赴
　　　　　　　　日考察六天。
十二月四日　　△中華漫畫藝術推廣協會主辦「古董漫畫收藏展。」
十二月十五日　△鄭清文著，林秀梅責任編輯《鄭清文短篇小說選》，麥田出
　　　　　　　　版公司出版。本書英文版榮獲第四屆美國「桐山環太平洋書
　　　　　　　　卷獎」，為首位臺灣作家榮獲國際性文學獎。
十二月廿三日　△遠東圖書公司舉行「行動字典」發表會。
　　　　　　　△中國時報「1999年開卷最佳青少年圖書、最佳童書」揭曉。
十二月廿四日　△行政院文建會配合千禧年「兒童閱讀年」系列活動，假中正
　　　　　　　　紀念堂中正藝廊舉辦「波隆那國際兒童書插畫展」。
十二月廿九日　△行政院新聞局中部辦公室舉辦「圖書分級制度座談會」。
十二月　　　　△據行政院新聞局統計，截至本年年底止，登記的出版社為六
　　　　　　　　千八百零六家，圖書出版數為三萬零八百七十一種。
　　　　　　　△第五屆「華文出版聯誼會議」在臺北召開，主題為「新科
　　　　　　　　技、新技術對華文出版帶來的挑戰和機遇」。
　　　　　　　△幾米、朱利安諾等《夢想的起飛：兒童閱讀飛躍2000年》，

格林文化公司出版。

△孔吉文、巴奈・母路主編《第二屆原住民音樂世界研討會論文集：童謠篇》，原住民音樂文教基金會出版。

△呂誠敏編著《漫畫大師陳定國》，新竹縣立文化中心出版。

△於佳琪翻譯《探索成人世界的童話故事》，駿達出版公司出版。

△毛毛蟲兒童哲學基金會兒童讀書會研究小組編著《社區兒童讀書會帶領人入門手冊》，行政院文建會出版。

△鄭麗文編著《幼兒文學》，啟英文化公司出版。

二〇〇〇年

一月一日　　　△臺北市立圖書館總館及各分館舉辦「1999中國時報開卷好書展」。

一月三日　　　△聯合報讀書人一九九九最佳童書頒獎。

一月十日　　　△辜振豐著《新宿街頭照相簿》，新新聞文化事業公司出版。

一月十三日　　△中華民國圖書評議委員會輔導嘉義「藝豐漫畫書店」成立全國第一家分級租書店。

一月十五日　　△臺北市政府主辦、新學友文教基金會承辦的「臺北2000兒童閱讀年」假臺北市國語實小舉行閱讀大使誓師大會活動，同時舉行二千兒童閱讀年專屬網站開站儀式。

一月十九日　　△中國時報人間副刊假誠品書店舉辦「大歷史的召喚──追思黃仁宇」座談會，邀請南方朔等追思歷史學者黃仁宇，並討論其最具影響力的著作《萬曆十五年》。

一月廿七日　　△臺北市出版商業同業公會完成九二一地震「認養災區學校圖書館及社區活動中心圖書活動」贈書手續。

一月　　　　　△金石堂書店公佈「年度十大出版新聞」為：「九二一大地震造成出版業衝擊」、「龍應台出任臺北市文化局局長」、「文化產業電子商務發燒」、「雜誌市場尋求經營突破」、「臺灣出版界積極進軍大陸市場」、「格林文化在波隆那童書插畫書展中大放異彩」、「華文文學經典出爐」、「文化產業吹股票上櫃風」、「連鎖書店積極開放加盟」、「以外

資為主的Fnac複合書店在臺設立」等。

△梅可望總監修；謝瑞智總編纂《警察百科全書》全十二冊，正中書局出版。

△莫渝、王幼華論著《苗栗縣文學史》，苗栗縣立文化中心出版。

△林淑英主編《兒童文學研究（12）—— 鄉土文學專集（7）》，臺北市國語實小出版。

△劉鳳芯翻譯《閱讀兒童文學的樂趣》，天衛文化圖書公司出版。

△喬慰萱、林泰州翻譯《動畫技巧百科》，遠流出版事業公司出版。

△馮翊綱論著《相聲世界走透透》，幼獅文化事業公司出版。

二月十一日　△第五屆「全國讀書月」假新竹市立文化中心舉行首站開幕儀式。

二月十五日　△行政院文建會委託臺北市出版商業同業公會編印之《一九九九台灣圖書市場研究報告》中英文版完成。

二月十六日　△第八屆「臺北國際書展」開幕，展期六天。本屆主題為「全球迎千禧，出版新世紀」，共有四十五個國家地區，八百八十五家出版社參展，並邀請英國設置國家主題館。

△第八屆「臺北國際書展」為推動傳統圖書文化與資訊科技相互結合，由宏碁聯網董事長黃少華主持「電子商務的應用——網路書店趨勢與未來」高峰座談會。

△遠流出版事業公司假國際書展會場舉行成立二十五週年記者會，並宣佈成立「智慧藏網路科技公司」。

二月十八日　△行政院新聞局假第八屆「臺北國際書展」劇場中心舉行第四屆「小太陽獎」頒獎典禮。

△行政院文建會主辦，臺北市出版商業同業公會承辦，博群行銷研究顧問公司執行《中華民國八十八年（1999）台灣圖書出版市場研究報告》，行政院文建會出版。

二月　　　　△林文寶主編《台灣地區兒童閱讀興趣調查研究》，行政院文建會出版。

△鄭武燦編著；國立編譯館主編《台灣植物圖鑑》上下冊，茂

昌圖書公司發行。

△司馬嘯青著《台灣五大家族》，玉山社出版。

△馮輝岳主編《有情樹——兒童文學散文選集 1988～1998》、張子樟主編《沖天炮VS彈子王——兒童文學小說選集 1988～1998》、曾西霸主編《粉墨人生——兒童文學戲劇選集 1988～1998》、趙映雪翻譯《單飛：人在天涯》，幼獅文化事業公司出版。

△楊茂秀、黃夢嬌等《編織童年夢：波拉蔻故事繪本的世界》，遠流出版事業公司出版。

△林文寶主編《交流與對話》，臺東師院兒文所出版。

△李慕如、羅雪瑤編著《兒童文學》，高雄復文圖書出版社出版。

三月六日	△黃士旂編《臺灣族群研究目錄（1945～1999）》，捷幼出版公司出版。
三月九日	△桃園縣政府舉辦「電影片映演、電視節目播送、圖書出版品分級制法令研習會」，宣導如何落實圖書分級制。
三月十二日	△國家圖書館出版《中華民國臺灣地區國際標準書號出版機構名錄（2000年光碟版）》，收錄七十八年七月至八十九年二月間，向該館ISBN中心申請ISBN5061家出版單位的資訊。
三月廿一日	△國家圖書館與中華民國圖書出版事業協會假國家圖書館國際會議廳共同舉辦「邁向二十一世紀的全國新書資訊服務」座談會。
三月廿五日	△行政院文建會委託臺東師院兒文所假臺北市立圖書館總館舉辦「台灣兒童文學100」研討會，並公佈「台灣兒童文學100」票選書目。
三月廿九日	△中華民國圖書出版事業協會組團參加「義大利波隆納國際兒童書展」。
	△繪本作家陳志賢以新作《嶄新的時刻》入選大會特別企劃的「千禧之書特展」。
三月卅日	△全國出版團體為慶祝第三十九屆「出版節」，假臺北市立圖書館總館舉行，並舉辦「千禧年出版品展覽」，展期四天，展後悉數捐給圖書館。

　　　　　　　　△陳郁秀、孫芝君共同執筆《張福興——近代臺灣第一位音樂
　　　　　　　　　家》，時報文化出版公司出版。

三月卅一日　　△為慶祝第三十九屆出版節，臺北市出版商業同業公會特別策
　　　　　　　　　劃三場「振興臺灣出版產業工程」研討會，假臺北市立圖
　　　　　　　　　書館國際會議廳舉行。第一場「新科技新技術對華文出版
　　　　　　　　　事業帶來的挑戰與機運」，第二場「掌握兩岸參加世貿組織
　　　　　　　　　（WTO）的時機，解決兩岸出版品交流的問題」，第三場
　　　　　　　　　「出版業所期待的經營環境」。

三月　　　　　　△韓維君等著《台灣書店風情》，生智文化事業公司出版。
　　　　　　　　△徐亞湘著《日治時期中國戲班在台灣》，南天書局出版。
　　　　　　　　△林文寶主編《台灣兒童文學100研討會論文集》，臺東師院
　　　　　　　　　兒文所出版。
　　　　　　　　△林文寶主編《臺灣（1945～1998）兒童文學100》，行政院
　　　　　　　　　文建會出版。
　　　　　　　　△桂文亞主編《為孩子讀書的人》，民生報社出版。
　　　　　　　　△熊秉真論著《童年憶往：中國孩子的歷史》，麥田出版公司
　　　　　　　　　出版。
　　　　　　　　△蒂芬妮著《漫畫情人夢：前編》，幼獅文化事業公司出版。
　　　　　　　　△李瑞騰主編《柏楊全集》，包括散文卷十一、小說卷三、詩
　　　　　　　　　卷小說卷合一、史學卷十一、特別卷二、共二十八冊，另有
　　　　　　　　　別冊一冊，同年十月出齊，遠流出版事業公司出版。

四月一日　　　△臺北市立圖書館總館及各分館舉辦「1999好書大家讀年度最
　　　　　　　　　佳優良少年兒童讀物展」。

四月五日　　　△波隆那兒童插畫委員會編《波隆那插畫年鑑1》，北星出版
　　　　　　　　　社出版。

四月十日　　　△誠品書店與宏網集團推出新的策略聯盟合作模式，結合人文
　　　　　　　　　與科技產業，共同經營網路複合式商場。
　　　　　　　　△彭小妍主編《八十八年小說選》、焦桐主編《八十八年散文
　　　　　　　　　選》，九歌出版社出版。自本年起，版本由三十二開改為二
　　　　　　　　　十五開。

四月十三日　　△九歌出版社出版《年度小說選》。

四月十四日　　△鄭清文童話《天燈・母親》，玉山社出版。

四月十六日	△中華民國圖書出版事業協會組團參加「2000東京國際書展」，並與日本書籍出版協會共同舉辦「日本出版與經營」座談會。

四月十八日　△漫畫家徐枚怡和張妙如作品《交換日記3——請問法國在那裡？》平面版與網路版，大塊文化出版公司出版。

四月廿三日　△行政院文建會結合臺中縣市、南投縣政府以及民間讀書會，舉辦「世界書香日——書香建家園」活動，以關懷九二一地震災區民眾心靈生活。

四月廿九日　△台灣閱讀協會假臺北市知新廣場舉行成立大會，張杏如當選第一屆理事長。

　　　　　　△行政院新聞局主辦的「全國讀書月海軍敦睦艦巡迴書展」假高雄舉行首站揭幕典禮。

　　　　　　△行政院文建會出版《1999好書指南——少年讀物‧兒童讀物》，選出單冊一百五十七本及套書三套（二十二本）。

　　　　　　△究竟出版社成立，為圓神出版事業機構關係企業，以歷史、哲學、宗教、心理、科普五大書系為出版路線。

　　　　　　△《南方電子報》創辦人陳豐偉論著《網路不斷革命論》，商周出版公司出版。

　　　　　　△詩人林建隆傳記小說《流氓教授》，躍昇文化公司出版。

四月卅日　　△邵獻圖主編《西文工具書概論》，書林出版公司出版。

四月　　　　△呂福原、歐辰雄等編著《臺灣樹木圖誌》第一卷，歐辰雄出版。

　　　　　　△洪德麟論著《傑出漫畫家：亞洲篇》，雄獅圖書公司出版。

　　　　　　△柯華葳、張杏如等《寶寶讀書樂：給0～3歲嬰幼兒的小小圖書館》，信誼基金出版社出版。

五月一日　　△藝軒圖書公司總經理董水重接任《出版界》出版委員會主任委員。

五月五日　　△自立晚報舉辦「從臺北國際書展的成功，談我國出版發展策略」座談會。

五月十四日　△行政院新聞局主辦，臺北市出版商業同業公會承辦「風華再現向資深作家致敬」與「資深作家作品回顧展」於捷運臺北車站地下廣場揭幕，展期至五月廿一日止。

五月廿日	▲陳水扁、呂秀蓮就任中華民國第十任總統、副總統，政黨首次輪替。
	△陳郁秀、羅文嘉出任行政院文建會主委及副主委。
五月廿五日	△《林徽音建築文集》，藝術家出版社出版。
五月廿六日	△教育部假國立臺灣師範大學教育學院國際會議廳舉辦「國民中小學教科書審定辦法草案公聽會」。
五月廿七日	△理想國資訊公司主辦「出版業者如何跨足電子商務市場」研討會。
	△中華民國圖書出版事業協會組團參加「馬來西亞2000國際華文書展」。
	△黃貴潮日記《遲我十年》，山海出版社出版，記載臺東宜灣阿美族部落當代演變過程。
五月	△黃美玲著《連雅堂文學研究》，文津出版社出版。
	△張湘君、葛琦霞編著《童書創意教學：生命教育一起來》，三之三文化公司出版。
	△陳玉金主編《漫畫百寶箱：自編‧自導‧畫漫畫》，雄獅圖書公司出版。
六月一日	△林內特‧歐文著；李錄後等譯《我是版權談判高手》，新自然主義公司出版。
六月二日	△賴東進傳記《乞丐囝仔》，皇冠出版公司出版，其以立志向上的真實故事，引發閱讀風潮，獲選金石堂「2000年度出版風雲人物」。
六月十日	△九歌文教基金會舉辦第八屆現代兒童文學獎暨小說頒獎典禮。
	△中華民國圖書出版事業協會組團參加「2000新加坡世界書展」。
六月十四日	△中華圖書發展基金會與光復書局假臺灣科技大樓舉辦「兩岸電子出版研討會」，就出版著作權、選題出版等議題進行交流討論。
六月十六日	△第九屆臺北國際書展徵展說明會假國家圖書館演講廳舉行。
六月十九日	△Chris Mattison原著；劉藍玉譯《蛇類圖鑑》共收錄三千多種蛇類，貓頭鷹出版社出版。

六月廿一日	△五南圖書出版公司與國立臺灣師範大學共同舉辦「2000兩岸大學出版交流研討會」，假教育學院國際會議廳舉行，中國大陸大學出版社代表二十一人來台參加。
六月廿三日	△前教育部長楊朝祥舉行《滴水心，穿石情》新書發表會。
	△淡江大學教育資料科學系舉辦「出版與圖書館學術研討會」，針對出版一元化與市場、學術傳播與出版、電子出版、圖書與資料之選擇採訪、圖書館出版等議題進行研討。
六月廿七日	△澎湖鼎灣監獄受刑人作品《來自邊緣的明信片》，躍昇文化公司出版。
	△花蓮監獄寫作班作品《在月台轉彎》，皇冠文化出版公司出版。
	△成寒翻譯費慰海《梁思成與林徽音》中文本，時報文化出版公司出版。
六月	△林泊佑主編《台灣漫畫史特展》，國立歷史博物館出版。
	△施懿琳著《從沈光文到賴和——台灣古典文學的發展與特色》，高雄春暉出版社出版。
	△林文寶策劃《彩繪兒童又十年：台灣（1945～1998）兒童文學書目》、劉鳳芯主編《擺盪在感性與理性之間——兒童文學理論選集 1988～1998》、洪志明主編《童詩萬花筒——兒童文學童詩選集1988～1998》、馮季眉主編《甜雨‧超人‧丟丟銅——兒童文學故事選集1988～1998》、周惠玲主編《夢穀子——兒童文學童話選集1988～1998》，幼獅文化事業公司出版。
七月三日	△臺灣出版業者於中國大陸舉行「兩岸網路出版研討會」。
七月六日	△沈文台《台灣燈塔圖錄》，貓頭鷹出版社出版，介紹二百年來臺灣三十五座燈塔興衰史。
七月十日	△行政院新聞局邀集中華圖書發展基金會與宏碁集團奇碁亞洲電子商務公司洽談有關規劃建置「華文現刊書資料庫」事宜。
七月十二日	△皇冠文化出版公司舉行繁體字中文版《哈利波特神秘魔法石》新書發表會。
七月十三日	△中華民國圖書評議委員會召開「圖書分級」徵文比賽及活動

代言人發布記者會，並舉行「分級書店」研討會。

七月十四日　△臺灣在美留學生跨校社團「台灣查某」《台灣女生留學手記》，玉山社出版。

七月十六日　△新新聞雜誌假誠品書店舉行旅荷作家丘彥明《浮生悠悠》新書發表會。

七月十九日　△中華圖書發展基金會組團參加「2000香港書展」。

七月廿二日　△臺中晨星出版公司出版《葉榮鐘全集》，以紀念葉榮鐘百歲冥誕。

七月卅日　△國立歷史博物館舉辦「台灣漫畫史特展」，展出漫畫書、雜誌、手稿等資料。

　　　　　△天下文化公司重新出版作家羅蘭三十年前長篇小說《飄雪的春天》。

　　　　　△遠流出版事業公司推出四百萬字完整版《一千零一夜》。

七月　　　△《誠品好讀》月刊創刊，為誠品書店編印發行的主題式雜誌，綜合性書評刊物。二〇〇八年四月，推出第八十六期後，宣布暫時休刊。

　　　　　△金尚浩論著《中國早期三大新詩人研究》，文史哲出版社出版。

　　　　　△馮輝岳主編《兒童散文精華集》，小魯文化事業公司出版。

　　　　　△鄧美雲、周世宗《繪本創作DIY》，雄獅圖書公司出版。

八月一日　△台灣閱讀協會與信誼基金會共同舉辦「推廣閱讀國際經驗交流座談會」，並邀請國際閱讀學會會長威廉斯、理事愛德華斯來臺進行兒童閱讀經驗交流。

　　　　　△戴維斯著《我是編輯高手：書的編輯企劃與出版流程》，新自然主義公司出版。

　　　　　△林雲閣「生態關懷」系列叢書首二部《山鬼的震怒》、《崩塌的人生》，桂冠圖書公司出版。

　　　　　△日本作家村上村樹小說集《神的孩子都在跳舞》，時報文化出版公司出版。該書係以阪神大地震為主題。

　　　　　△屋代武著《現代化書店經營策略》，三思堂文化事業公司出版。

八月八日　△教育部假中央聯合辦公大樓十八樓第一會議室舉辦「九年一

貫課程綱要及教科書審查規範溝通說明會」。

八月十日　　　△時報文化出版公司舉行《枯木開花——聖嚴法師傳》新書發
　　　　　　　表會，並將五百本義賣所得賑災。

　　　　　　△日籍臺灣文學研究學者中島利郎捐贈一九三二年的《臺灣新
　　　　　　　民報》予籌備中的台灣文學館。

八月十一日　　△遠流出版事業公司出版《國台對照活用辭典》，該辭典費時
　　　　　　　二十年，共收詞條五萬筆。

八月十六日　　△洪建全夫人傳記《國際牌阿媽的故事——洪游勉傳》，洪建
　　　　　　　全教育文化基金會出版。

八月十七日　　△中華漫畫出版協進會舉辦「第三屆漫畫博覽會」。

八月十九日　　△行政院新聞局假臺北市立圖書館總館國際會議廳舉行「八十
　　　　　　　九年圖書金鼎獎」頒獎典禮。

八月廿五日　　△中華民國圖書出版事業協會、臺北市出版商業同業公會、臺
　　　　　　　北展覽公司主辦，中華民國圖書發行協進會與中華民國雜誌
　　　　　　　協會協辦「第一屆臺北城市書展」，假臺北世貿二館舉行。

　　　　　　△佛光文化公司假誠品書店臺北敦南店舉行《百喻經圖畫書》
　　　　　　　原畫展暨英文平裝版發行記者會。

八月廿八日　　△行政院新聞局出版《中華民國八十九年出版年鑑》。

八月卅日　　　△中華民國圖書出版事業協會組團參加第八屆「北京國際圖書
　　　　　　　博覽會」，至九月三日止。

　　　　　　△林瑞明主編《賴和全集》、《賴和手稿影像集》，前衛出版
　　　　　　　社、賴和文教基金會出版發行，以資紀念賴和一百零六歲冥
　　　　　　　誕。

　　　　　　△葉芸芸、藍博洲主編《葉榮鐘全集》全十二冊，臺中晨星出
　　　　　　　版公司出版，二〇〇二年三月卅一日出齊，編入「台灣歷史
　　　　　　　館」第十五至二十五冊。

　　　　　　△微軟公司臺灣推出亞太地區第一個微軟電子書苑網站。

八月　　　　　△廖卓成論著《敘事論集：傳記、故事與兒童文學》，大安出
　　　　　　　版社出版。

　　　　　　△馬景賢論著《跟父母談兒童文學》，國語日報社出版。

　　　　　　△張清榮評論集《星星月亮太陽：張清榮教授的「兒童歌謠寫
　　　　　　　作教室」》，臺南縣長雲樂集出版。

	△劉永毅翻譯《我就是如此創造了哈利波特》，圓神出版社出版。本書係 J・K・羅琳傳記。
	△《小耳》（上・中・下）（臺灣省第十三屆兒童文學創作獎專輯），行政院文建會出版。
	△中華民國出版年鑑編委會總編輯，名象設計公司編輯設計，《中華民國八十九年出版年鑑》，行政院新聞局出版。
九月八日	△東華書局出版《柯伯英漢辭典》，費時九年，兩岸三地十一位學者合譯。
九月十一日	△施振榮與蔡志忠合著《宏碁的經驗與孫子兵法》共十二冊，大塊文化出版公司出版。
九月十九日	△行政院文建會出版《1999台灣集集大地震古蹟及歷史建築震害初勘報告書》、《1999台灣集集大地震古蹟文物震災修復技術諮詢服務報告書》及《原臺南州廳修復技術研討暨研習資料彙編》，以紀錄文化資產受震損狀況。
九月廿一日	△國家圖書館展出「關懷心・感恩情——見證九二一專書、影像資訊」，共蒐集一百二十四種見證九二一的專書、四十七種災區社區報，以及相關網站、影音資料與專題論述。
九月廿九日	△經濟部智慧財產局假該局十九樓簡報室，舉辦「著作權法部分條文修正草案」公聽會
九月卅日	△趙元任譯著《愛麗絲漫遊奇境》中文本，經典傳訊公司出版，該書係一九二〇年趙元任最早的譯本。
九月	△屋代武著；林國彰譯《現代書店經營戰略》，三思堂文化事業公司出版。
	△淡江大學教育資料科學學系編著《2000出版與圖書館學術研討會論文暨實錄》，文華圖書館管理資訊公司出版。
	△《臺灣文壇大事紀要 民國81〜84年》，南華大學編譯中心編印。
	△許惠貞論著《上閱讀課囉》，天衛文化公司出版。
	△趙映雪論著《三人行：大師・好書與您同行》，富春文化事業公司出版。
	△欒珊瑚論著《尋找大野狼的小紅帽：德國格林童話大道》，商周出版社出版。

	△黃美序、司徒芝萍等《藝術欣賞課程教師手冊：中學戲劇篇》，國立臺灣藝術教育館出版。
十月一日	△劉冰著《我的出版印刷半世紀》橘子出版社出版。
十月二日	△行政院新聞局邀集關稅總局和郵政總局檢討「郵寄進出口出版品核驗聯繫要點及作業程式」停止適用案。
	△中國時報舉行五十週年慶，同時展出《台灣現代推手——蔣經國傳》、《珍藏二十世紀中國》及《珍藏二十世紀台灣》三本世紀著作。
十月四日	△續伯雄整理輯註《台灣媒體變遷見證——歐陽醇信函日記（1967－1996）》，時英出版社出版，以資紀念前《新聞鏡》週報創辦人逝世三週年。
十月十三日	△法國在臺協會、比利時在臺辦事處與信鴿法國書店聯合舉辦法國讀者節「讀書樂——2000」活動，為期三天。
十月十七日	△生態圖鑑《台灣的蜻蛉》，人人月曆出版公司出版，介紹臺灣一百四十三種蜻蛉目昆蟲。
十月十八日	△中華圖書發展基金會組團參加德國第五十二屆「法蘭克福國際書展」。
十月十九日	△正中書局推出關懷銀髮族《老人書系列》。
十月廿三日	△行政院新聞局將出版業名錄資料上網，提供相關業者、研究者與民眾參考。網址為http://www.gio.gov.tw/info/publish/89/w.htm
十月廿四日	△聯經出版事業公司出版《臺灣早期歷史研究續集》與《中國海洋史論》二書，以慶祝中研院院士曹永和八十壽誕
十月廿五日	△楊英風傳記《景觀自在》，天下文化公司出版。
十月廿八日	△行政院文建會、國立臺中圖書館共同舉辦「第四屆全國讀書會博覽會」。
	△《島嶼玟聲》，巨流出版社出版，此為第一本臺灣當代女性小說選。
	△夏祖麗撰述《林海音傳》，天下文化公司出版。
	△吳明益散文集《迷蝶誌》，麥田出版公司出版。
十月卅日	△蘇精著《馬里遜與中文印刷出版》，臺灣學生書局出版。
十月	△李瑞騰總編輯，封德屏主編《1999台灣文學年鑑》，文訊雜

誌社編印，行政院文建會出版。

△莊永明著《台灣紀事》，時報文化出版公司出版。

△張子樟評論集《青春記憶的書寫：少兒文學欣賞》，幼獅文化事業公司出版。

△林文寶論著《試論我國近代童話觀念的演變：兼論豐子愷的童話》，萬卷樓圖書公司出版。

△陳千武等著《第四屆「兒童文學與兒童語言學術研討會論文集」》，富春文化事業公司出版。

△林淑英主編《兒童文學研究（13）：鄉土文學專集（8）》，臺北市國語實小出版。

十一月四日　　　△臺北市立圖書館總館及各分館舉辦「第三十六梯次好書大家讀入選圖書書展」。

十一月五日　　　△中華民國圖書評議委員會舉行「全國中小學生圖書分級徵文比賽」頒獎典禮。

十一月七日　　　△朱天心小說《漫遊者》，聯合文學出版社出版。

十一月八日　　　△黃登漢主編《桃園縣兒童文學創作選集21》，桃園縣政府出版。

十一月九日　　　△《阿貴書系》第一冊《阿貴不要說髒話》，春水堂科技娛樂公司出版。

十一月十二日　　△《新莎士比亞全集》，貓頭鷹出版社出版。

十一月十五日　　△林英典撰文‧攝影《發現台灣野鳥》，共收錄一百六十八種鳥類，分四十六個科，臺中晨星出版公司出版。

十一月十八日　　△第一本《台灣網路詩選作品集》，臺灣現代詩網路聯盟與台明文化公司共同出版。

十一月廿三日　　△中華民國圖書出版事業協會、中國電子商務協會、臺北市出版商業同業公會假高雄世貿中心共同主辦「2000高雄國際網路暨書香博覽會」，展期至二十七日止。行政院新聞局特別贊助設立「資深作家作品暨金鼎獎優良圖書主題展」。

十一月廿七日　　△高麗鳳總編輯《臺北人物誌》共三冊，臺北市政府新聞處編印發行。第壹冊（政治‧社會文化‧工商），第貳冊（教育‧文學‧醫療）第參冊（美術‧音樂‧表演藝術‧大眾文化）共一百零五位各行各業傑出人物。

十一月廿九日	△金石堂書店正式成立「金石網路股份有限公司」，開展網路購物活動。
	△《台鐵憶舊四十年》，人人月曆出版公司出版，以照片紀錄光復後臺灣鐵路的演進歷史。
十一月	△行政院新聞局編輯《中華民國八十八年‧中華民國年鑑》，流傳文化事業公司發行。
十二月一日	△尚‧拉普朗盧原著；沈志中、王文基譯《精神分析辭彙》，行人文化實驗室出版。
十二月四日	△國立歷史博物館為慶祝四十五週年慶，出版《地震災後文化資產保存維護學術研討會論文集》、《文物保護科技文集》、《日本美術史》、《西方傳統油畫三大技法》、《台灣原始宗教與神話》、《上古中國之生死觀與藝術》以及一系列方便閱讀的口袋書《神奇的布袋戲》等。
	△孫翠鳳傳記《祖師爺的女兒》，時報文化出版公司出版，並假臺北市長官邸藝文沙龍舉辦新書發表會。
十二月八日	△國立臺北師範學院與教育部合辦「國民教育九年一貫全國兒童大閱進」書展，假該校大禮堂舉行，展期四天。
	△日本口足作家乙武洋匡《乙武報告》，圓神出版社出版，此為作者在臺出版的第二本書，並受邀來臺出席新書發表會。
十二月十三日	△《考驗：證嚴法師面對挑戰的智慧回應》，商智文化公司出版，並舉辦新書座談會。
十二月十五日	△原「中華民國圖書評議委員會」改制成立「財團法人中華民國出版品評議基金會」，董事長曾蔡美佐，全面配合政府推動圖書分級制度。
十二月十八日	△葉石濤《台灣文學史綱》日譯本，日本研文社出版。
	△中華民國圖書出版事業協會假臺北國父紀念館舉辦「2000年大陸書展」，並舉辦為期兩天的「第五屆華文出版聯誼會議」，探討網路科技新技術與多元化出版，以及新科技對兩岸出版加入世界貿易組織（WTO）的影響。
十二月十九日	△智慧藏網路科技公司Worldpedia.com網站正式上線。
十二月廿四日	△皇冠文化出版公司與誠品書店敦南店合作推出哈利波特第二集《消失的密室》。

十二月廿七日　△在行政院新聞局安排下，假臺中火車站再度舉行「資深作家作品回顧展」，展期五天。

十二月廿八日　△中國時報「開卷週報」二〇〇〇開卷最佳書獎最佳青少年、最佳童書獎揭曉。

　　　　　　　△誠品書店公佈TOP推薦書單。

　　　　　　　△《中華民國89年圖書館年鑑》國家圖書館出版。

十二月　　　　△據行政院新聞局統計，截至本年年底止，登記的出版社為七千零九十三家，圖書出版數為三萬四千五百三十三種。

　　　　　　　△辛廣偉著《台灣出版史》大陸河北教育出版社出版，此為第一本有關臺灣出版史的專著。

　　　　　　　△呂姿玲主編《台灣文學作家年表與作品總目（1945～2000）》，共收錄二千二百五十六位作家資料，列為國家圖書館叢刊·文學參考類一，國家圖書館出版。

　　　　　　　△林獻堂撰，許雪姬等編注《灌園先生日記（一）一九二七年》，中研院近代史所暨台史所籌備處出版。

　　　　　　　△謝觀編著《中國醫學大辭典》上下兩冊，合記圖書出版社出版。

　　　　　　　△林敏宜論著《圖畫書的欣賞與應用》，心理出版社出版。

　　　　　　　△蔡榮勇論著《兒童詩需要穿怎樣的衣服：兼論兒童詩指導》，臺中市立文化中心出版。

　　　　　　　△薛林文集《不墜的夕陽：薛林的兒童文學及其評論》，臺南縣文化局出版。

　　　　　　　△左欣玉翻譯《童話的故鄉：哥本哈根》，商智文化公司出版。

　　　　　　　△趙鏡中、賈文玲等《童書演奏：兒童讀物如何進入教學現場》，國立教育研究院籌備處出版。

　　　　　　　△陳水源著《台灣歷史的軌跡》（上、下），臺中晨星出版公司出版。

　　　　　　　△趙天儀評論集《台灣文學的週邊——台灣文學與台灣現代詩的對流》，富春文化事業公司出版。

二〇〇一年

一月一日 　△聯合報讀書人週報「讀書人2000最佳童書推薦金榜」揭曉。

一月二日 　△聯合報舉行「讀書人2000最佳書獎」頒獎典禮暨酒會，共有文學、非文學、童書共三十本獲獎。

一月四日 　△皇冠文化集團與作家三毛的家人合辦「三毛逝世十週年紀念追思會」，並發表新書《我的靈魂騎在紙背上——三毛的書信札與私相簿》。

一月五日 　△女書店舉辦「台灣女性文學的願景」座談會，應邀參與座談的李元貞並發表《女性詩學》及《台灣現代女性詩選》兩本新書。

一月六日 　△臺北市立圖書館總館及各分館舉辦「2000中國時報開卷好書」推薦書展。

一月七日 　△行政院文建會籌畫的「國際兒童圖畫書原畫展」分「波隆那國際兒童圖畫書原畫展」、「台灣兒童圖畫書原畫展」、「田園之春兒童圖畫書原畫展」三部分，假臺北市中正紀念堂中正藝廊展出。

一月九日 　△金石堂書店公佈「2000年年度出版風雲人物」，「年度十大出版新聞」為：「中文作家百年首獲諾貝爾文學獎」、「哈利波特旋風狂飆全台」、「出版界全面邁向e化」、「本土熱」、「台灣文學海外發光」、「『人間四月天』效應帶動書市徐志摩風潮」、「跨海深耕大陸出版市場」、「出版板塊大挪移」、「文壇耆宿凋零」、「國際知名作家駐台，與世界文壇接軌」等。

一月十日 　△陳金田小說《靈蛇武龍》，九歌出版社出版。

一月十六日 　△行政院文建會所屬國立傳統藝術中心籌備處舉辦「古藝新冊」新書發表會，共發表《重要民族藝術藝師陳火慶生命史暨作品集》、《本地歌仔陳旺欉生命記實》及其「精采身段」與「代表劇目」、《光影與夢幻的交織——許福能的生命歷程》、《兩岸戲曲的回顧與展望研討會專輯》、《傳統藝術叢書》等十五冊。

一月十七日 　△總統令公佈《圖書館法》，共二十條。

一月十九日　　△出版人郝明義等以「替讀者找一個閱讀理由」訴求，提出「網路與書」的閱讀計畫。此為臺灣第一個結合網路與雜誌的閱讀月刊。

一月廿日　　△第十三屆「信誼幼兒文學獎」揭曉。

一月卅日　　△行政院文建會所屬國立傳統藝術中心籌備處舉辦「傳統樂音新發聲」新書發表會，包括《聽到台灣歷史的聲音》、《本土音樂的傳唱與欣賞》、《北管牌子音樂曲集》等三書。

一月　　　　△許慧貞譯《打造兒童閱讀環境》，天衛文化圖書公司出版。

　　　　　　△陳筠安、鄭淑芸、李明華合著《偶的天堂：處處有偶、處處是台》，黃又青翻譯《孩子的天使心》，成長文教基金會出版。

　　　　　　△傻呼嚕同盟討論集《動漫2000》、《動漫2001》，藍鯨出版公司出版。

二月一日　　△第九屆「臺北國際書展」假臺北世貿一、二館揭幕，展期六天。本屆主題為「品味法蘭西」，一百八十家法國出版社應邀參展。

二月六日　　△臺北法雅時代媒體書店舉辦「法雅文學月」，由臺灣作家葉石濤與法國鞏固爾文學獎得主馬金尼對談「政治國度與文學心靈」。

二月七日　　△小林善紀政治漫畫《台灣論》中譯本，前衛出版社出版。作者為日本政治評論家，該書造成批評與對立的閱讀熱潮。

二月八日　　▲首批獲准在臺駐點採訪的大陸駐臺記者抵臺北。

二月九日　　△黃秋芳著《鍾肇政的台灣塑像》、吳忠維著《看不見張照堂》、古碧玲著《劇場園丁聶光炎》、陳漢金著《音樂獨行俠馬水龍》等四本傳記，行政院文建會出版。此四人皆為第三屆「國家文藝獎」得主。

　　　　　　△《吳濁流百年誕辰紀念專刊》、林柏燕主編《大新吟社詩集》，新竹縣文化局出版。前者為紀念已故的吳濁流先生而出版，後者收錄一九二七至一九三七年間，新竹大新吟社成員吳濁流等的傳統詩作。

二月十日　　△「2001高雄國際書展」由中華民國圖書出版事業協會、臺北市出版商業同業公會與高雄世貿展覽公司共同主辦，假高雄

世貿展覽中心揭幕，展期九天，為南臺灣第一次舉辦大型圖書展覽會。

二月十九日　△董忠司編纂《臺灣閩南語辭典》，國立編譯館出版。該辭典總字數超過兩百萬字，採用教育部一九九七年公佈的「臺灣閩南語音標系統」。

二月廿五日　△辛鬱、白靈、焦桐主編《九十年代詩選》，創世紀詩雜誌社出版。收錄一九九一年至二〇〇〇年間八十位詩人，三千零二十四篇作品。

二月廿七日　△國藝會宣佈「國家文化藝術基金會文藝獎」更名為「國家文藝獎」。

△陳郁秀著《沙漠中盛開的紅薔薇》，行政院文建會出版。該書係介紹臺灣音樂家郭芝苑的創作經歷。

△陳若曦長篇小說《慧心蓮》出版，為臺灣第一本以當代臺灣佛教為題材的小說。

二月廿八日　△旅行文學新書《說吧！香格里拉》，民生報出版，假中國昆明舉辦座談會。

△許雪姬主編林獻堂《灌園先生日記》，中央研究院出版。被臺灣史研究者認為是「臺灣最珍貴的私人資料」。

二月　　　　△蔡宜容翻譯《說來聽聽：兒童、閱讀與討論》，天衛文化圖書公司出版。

△楊茂秀主編《閱讀生機》，教育部出版。

△蔡奇璋、許瑞芳編《在那湧動的潮音中：教習劇場TIE》，揚智文化公司出版。

三月一日　　△李喬論著《文化、台灣文化、新國家》，高雄春暉出版社出版。

三月六日　　△沈君山散文選集《浮生三記》、沈君山夫人散文選集《旅途冰涼》同時發表。

三月十日　　△朱天心九本文學新作套書包括《二十二歲之前》和《漫遊者》在內問世，聯合文學出版社出版。該社並與中國時報人間副刊合辦「更遠的地方——朱天心作品討論會」。

△陳義芝主編《八十九年小說選》、廖玉蕙主編《八十九年散文選》，九歌出版社出版。

	△呂紹澄少年小說《小黑炭》，九歌出版社出版。
三月十二日	△「新世紀再讀黃春明」研討會，假中國北京舉行，為期兩天，並發表簡體字版《黃春明文集》三卷。
三月十三日	△楊青矗編著《客台華三語共用拼音與說讀》，敦理出版社出版。
三月十五日	△九歌「年度文學獎」出爐。八十九年小說獎、散文獎的得獎者和作品分別是平路《血色鄉關》和顏崑陽《窺夢人》。
三月廿八日	△臺北市文化局主辦「臺北出版節」系列活動。即日起假臺北亞太商務會館舉行「全球、區域與城市：華文出版的未來」研討會，為期三天。
	△臺北市文化局假臺北市長官邸藝文沙龍舉辦「作家之夜」。
三月卅日	△甫自教育部國教司退任的單小琳，接任正中書局總經理。
	△慶祝第四十屆出版節，與出版相關之八大團體假國家圖書館演講廳舉行慶祝大會。
	△慶祝第四十屆出版節，錦繡文化企業集團董事長許鐘榮主持「新世紀出版與版權研討會」。蕭雄淋律師主講「最近著作權法之若干發展與出版界之關係」，中國新聞出版總署信息處處長辛廣偉主講「大陸出版業的一些新特點」。
	△黃玉齋主編《台灣年鑑》共六冊，海峽學術出版社出版。
三月卅一日	△行政院文建會主辦「好書大家讀」活動，二〇〇〇年度最佳少年兒童讀物獎頒獎典禮假臺北市立圖書館總館舉行。
	△作家琦君中篇小說《橘子紅了》，由公視搬上電視。
三月	△石良德編著《中國寓言的故事》，臺中好讀出版公司出版。
	△蔡淑瑛《從聽故事到閱讀》，富春文化事業公司出版。二〇〇六年再版改由信誼基金出版社出版。
	△胡鍊輝《教孩子輕鬆閱讀》，國語日報社出版。
四月一日	△盧春旭總編輯《張愛玲典藏全集》（共十四冊），皇冠文化出版公司出版。
	△東方白文學自傳《真與美》六巨冊，前衛出版社出版。分（一）幼年篇、童年篇、少年篇，（二）青年篇【上】，（三）青年篇【下】，（四）成年篇，（五）壯年篇【上】，（六）壯年篇【下】。並即日起舉行「面對東方

白」系列座談會。

四月六日 △藍博洲傳記《麥浪歌詠隊》，臺中晨星出版公司出版。該書
為紀念「四六事件」而作。

四月十九日 △中國浙江少兒出版社同時推出臺灣作家管家琪十五部作品，
並安排前往大陸七大城市進行新書宣傳活動。

四月廿一日 △創世紀詩雜誌社舉行《年度詩選》出版茶會，頒贈「年度詩
獎」給隱地、李元貞，並舉行「年度詩選觀察座談會」。

四月廿四日 △康來新、許秦蓁編《劉吶鷗全集》，共五輯六冊，臺南縣文
化局出版。

四月廿五日 △邱振瑞翻譯《我啊！一個台灣人日本兵簡茂松的人生》，圓
神出版社出版。簡茂松日名濱崎紘一。

四月廿八日 △信誼基金會第十三屆「信誼幼兒文學獎」頒獎。文字創作獎
首獎從缺，圖畫書創作獎首獎陳致元。

四月 △臺灣醫生故事《福爾摩沙的聽診器》，《醫望》雜誌與新新
聞文化公司出版，該書為二十六位一九三〇年以前出生的臺
灣醫生故事。

△黃家琦翻譯《日本現代兒童文學》，三民書局出版。

△林美琴論著《青少年讀書會DIY：營造青少年讀書會的學習
魅力》，天衛文化圖書公司出版。

△宋建成主編《終生學習就從兒童閱讀開始：九十年度兒童閱
讀週專輯》，國家圖書館出版。

△李坤珊、郭恩惠著《親子閱讀指導手冊》，教育部出版。

△李坤珊論著《小小愛書人：0～3歲嬰幼兒的閱讀世界》，信
誼基金出版社出版。

△連翠茉主編《歡喜閱讀》，遠流出版事業公司出版。

五月四日 △為使出版同業對捍衛著作權的觀念與著作權有更深入的認
識，臺北市出版商業同業公會與五南圖書出版公司共同主辦
「捍衛著作權」法律講座，邀請葉茂林教授主講。

五月七日 △九歌文教基金會第九屆「現代兒童文學獎」揭曉。得獎者
及作品分別為：鄭宗弦《媽祖回娘家》、馮傑《少年放蜂
記》、王晶《超級小偵探》。

五月十四日 △國家圖書館召開「八十九年臺灣出版工具書評選諮詢會

議」，並出版年度書目。

五月十七日　▲台灣文化協會成立八十週年。

　　　　　　△吳三連臺灣文學史料基金會成立十週年。

五月廿一日　△張娟芬《愛的自由式──女同志故事書》，時報文化出版公
　　　　　　　司出版，該書訪問二十餘位女同志。

五月　　　　△圖畫書《三角湧的梅樹阿公》、《射日》、《奉茶》，行政
　　　　　　　院文建會與青林國際公司合作出版。此為「臺灣兒童圖畫
　　　　　　　書」出版計畫的第一批。

　　　　　　△巫永福文學獎揭曉，得獎人郭松棻，作品《雙月記》；文學
　　　　　　　評論獎得獎人鄭清文，作品《小國家大文學》；文化評論獎
　　　　　　　得獎人楊麗祝，作品《歌謠與生活》。

　　　　　　△林芝著《打開親子共讀的一扇窗》，幼獅文化公司出版。

　　　　　　△徐守濤等著《第五屆兒童文學與兒童語言學術研討會論文
　　　　　　　集》，富春文化事業公司出版。

　　　　　　△楊芷玲翻譯《格林兄弟在家嗎：踏遊德國童話大道》、《安
　　　　　　　徒生，請！》；陳蕙莉翻譯《鵝媽媽跌倒了！》，書泉出版
　　　　　　　社出版。

六月一日　　△行政院文建會舉行《排灣族的鼻笛和口笛套書》、《鹿港鎮
　　　　　　　施鎮洋傳統木雕藝術》及《雲山麗水──府城傳統畫師潘麗
　　　　　　　水作品之研究》等新書發表會。

六月七日　　△柏楊與許素珠編輯《孫觀漢全集第13卷──書信集》，九歌
　　　　　　　出版社出版，藉以慶祝孫觀漢七十八歲生日。

六月十六日　△李喬長篇小說《寒夜三部曲》英譯版新書發表會。

　　　　　　△潘人木兒歌集《一隻貓兒叫老蘇》、《你的背上背個啥》、
　　　　　　　《滾球、滾球、一個滾球》、《小五小六愛唱歌》，民生報
　　　　　　　社出版。

六月廿九日　△臺北市出版商業同業公會與高雄世貿展覽公司共同主辦
　　　　　　　「2001世界圖書大展」，展期至七月十日止。

　　　　　　△女作家張秀亞於美國加州橙縣醫院辭世，享壽八十三歲。

六月　　　　△行政院文建會與日本「國書刊行會」合譯現代臺灣文學系
　　　　　　　列，完成短篇小說《從鹿港來的男子》日譯，收錄王禎和、
　　　　　　　宋澤萊、王拓、黃春明等六十、七十年代鄉土文學作品。

△盧錦堂主編《臺灣歷史人物小傳——明清時期》，國家圖書館出版。

△《笠》詩社改選，鄭炯明繼任為新社長，林盛彬為詩刊主編。

△張湘君、葛琦霞編著《多元致能輕鬆教：九年一貫課程統整大放送》，天衛文化圖書公司出版。

△王秀園著《一個故事解決一個問題：《兒童心理叢書》親師手冊》，鄒敦伶著《和小朋友玩閱讀遊戲：兒童繪本親師手冊》，狗狗圖書公司出版。

△林文寶主編《兒童文學工作者訪問稿》，萬卷樓圖書公司出版。

七月一日　　　△J.K.羅琳第三集《哈利波特——阿茲卡班的逃犯》中譯本，皇冠文化出版公司出版。

七月二日　　　△楊翠《台中縣文學讀本小說卷》、向陽《台中縣文學讀本新詩卷》、路寒袖《台中縣文學讀本散文卷》、陳益源《台中縣文學讀本地方傳說卷》、吳晟《台中縣文學讀本導讀卷》，臺中縣文化局出版，此五冊皆為《台中縣中小學台灣文學讀本》內容。

七月十日　　　△「臺灣現代詩人系列」英譯出版計畫，四位詩人赴美洛杉磯、舊金山、紐約等地，舉行新書發表會。

△行政院新聞局九十年金鼎獎得獎名單揭曉。

七月十二日　　△邱貴芬主編《日據以來台灣女作家小說選讀》上下二冊，女書文化公司出版。並於八月五日假臺北女書店舉行發表會。

七月十五日　　△臺灣書店總經理蕭錦利連任臺北市出版商業同業公會第九屆理事長，任內離任他職，補選水牛圖書出版事業公司董事長彭誠晃接任。

七月十六日　　△行政院文建會與美國南加州大學合作的「臺灣現代詩人系列」英譯本在美國問世。

七月　　　　　△連翠茉編《親子閱讀專刊2：我會愛》，遠流出版事業公司出版。此為該公司規劃出版的第二本親子共讀專刊。

△林雅慧翻譯《伊索寓言的人生智慧》，台灣廣廈有聲圖書公司出版。

	△王慶昌、汪威信、馬寶琳等編《財物金融辭典》，五南圖書出版公司出版。
	△傅林統少年小說《唱起凱歌》，富春文化事業公司出版。
八月一日	△魏龍泉編著《美國出版社的組織與營銷》，三思堂文化事業公司出版。
八月十四日	△洛夫長詩集《漂木》，聯合文學出版社出版。
八月十五日	△馬悅然、奚密、向陽合編《二十世紀臺灣詩選》，麥田出版公司出版。
八月廿三日	△九十年度金鼎獎頒獎典禮假臺北市凱悅飯店舉行。
八月廿八日	△第六屆「華文出版聯誼會議」在西安召開，主題為「迎接新世紀，開拓華文出版市場」，為期四天。
八月	△侯秋玲編《看世界童話建立人生自信》，華文網公司第三出版事業部出版。
九月廿七日	▲陳其南出任國家文化藝術基金會董事長。
九月	△林煥彰論述《童詩二十五講：和小朋友談寫詩》，宜蘭縣文化局出版。
	△林惠文編《看安徒生童話尋找人生方向》，華文網公司出版。
	△陳仁富譯《即興表演家喻戶曉的故事：戲劇與語文教育的融合》，心理出版社出版。
	△雷蘭多譯《怪獸和牠們的產地》、《穿越歷史的魁地奇》，皇冠文化出版公司出版。
	△王錫璋主編《臺灣出版參考工具書：2000年年度書目》，國家圖書館出版。
	△林慶彰主編《專科書目的編輯方法》，臺灣學生書局出版。
	△中華民國出版年鑑編委會總編輯，張志宏編輯設計，《中華民國九十年出版年鑑》，行政院新聞局出版。
十月十一日	△臺北市出版商業同業公會與中華青年交流協會、禹臨圖書公司共同主辦「遼寧與臺北——海峽兩岸版權交流暨出版經驗座談會」，由中華青年交流協會理事長李鍾桂主持，邀請遼寧省出版訪問團與國內出版業者參加。
	△臺北市出版商業同業公會與公會網站維護單位中衛發展中心

	共同舉辦「擴大電子商務說明會」，於本日及十六日分兩梯次假中衛發展中心會議室舉行。
十月十五日	△臺北市立圖書館總館及各分館舉辦「悅讀臺北讀書會主題書展」。
	△臺北市立圖書館總館及各分館舉辦「2001好書大家讀第三十九梯次入選圖書展」，展期一個月。
十月十七日	△鍾怡雯、陳大為主編《天下散文選 I 1970～2000台灣》、《天下散文選 II 1970～2000台灣》，天下遠見出版公司出版。
十月十八日	△臺北市政府文化局假臺北市徐州路市長官邸藝文沙龍舉辦「出版產業發展座談會」。
十月廿七日	△行政院文建會委託愛盲文教基金會辦理「文薈獎──第四屆全國身心障礙者文藝獎」，假臺北來來飯店舉行頒獎典禮，得獎作品集結成冊《找尋生命的感動》。
十月廿八日	△第四屆「國語日報兒童文學牧笛獎」頒獎。
	△《陳映真小說集》六冊，洪範書店出版。
十月	△行政院新聞局編輯《中華民國八十九年·中華民國年鑑》，中央通訊社編印。
	△林昭庚主編《中西醫病名對照大辭典》，全五冊。全書共收錄西醫疾病病名八百六十四種，中醫相關病名一千六百七十七種。收錄原則以行政院衛生署編印之「國際疾病傷害及死因分類標準第九版」為藍本，國立中國醫藥研究所出版。
	△杜十三總策劃，白靈等主編《2000台灣文學年鑑》，前瞻公關公司編印，行政院文建會出版。
	△中央研究院歷史語言研究所編輯《俗文學叢刊》第一輯精裝一百冊，中央研究院歷史語言研究所與新文豐出版社合作出版。
	△徐兆泉編著《臺灣客家語辭典：Hakka ductionary of Tauwan》，羅肇錦、范文芳、劉鎮發、余伯泉等審訂，南天書局出版。
	△中島利郎·宋子紜編著《臺灣教育總目錄·著者索引：第124—497號（1912－1943）》，南天書局出版。

△小林一博原著；陳惠莉、蔣千苓譯《出版大崩壞》，尖端出版公司出版。

△余漢東編著《中國戲曲表演藝術辭典》，國家出版社出版。

△蔡文甫傳記《天生的凡夫俗子》，九歌出版社出版。

△劉秀美論述《五十年來的台灣通俗小說》，文津出版公司出版。

△張文亮論述《台灣的水》，文經社出版。

△趙映雪少年小說《老鼠與女孩》，徐守濤等著《林鍾隆先生作品討論會論文集》，富春文化事業公司出版。

△張子樟評論集《寫實與幻想：外國青少年文學作品賞析》，國語日報社出版。

△吳淑玲論著《繪本與幼兒心理輔導》，五南圖書出版公司出版。

十一月九日　△第三十六屆「中山學術文化獎」得獎名單揭曉，文藝創作類小說獎得主為陳若曦的《慧心蓮》；散文類得主為陳作錦的《小人富斯爛矣！》。

十一月十一日　▲行政院文建會建置二十週年。

十一月廿日　△臺北市立圖書館總館及各分館舉辦「2001金書獎書展」。

十一月廿九日　△「兩岸文學雜誌出版概況」座談會，假臺北市長官邸文藝沙龍舉行。

十一月卅日　△臺北市出版商業同業公會、南華大學出版學研究所、鑫彥文化公司與中華出版基金會共同主辦「山東與臺北——兩岸出版交流座談會」，假臺灣師範大學綜合大樓五〇三室舉行，邀請山東省出版訪問團與國內業者參加。

十一月　△柯盈如編著《百年經典名著——60部人人必讀的世界名著》，臺中好讀出版公司出版。

△侯秋玲編《看天方夜譚啟迪生活智慧：天方夜譚伴讀書》，華文網公司第三事業出版部出版。

△連翠茉編《帶著繪本去旅行：親子共讀專刊3》，遠流出版事業公司出版。

△柯倩華等著《童書久久Ｉ》，台灣閱讀協會出版。

△柯華葳、游婷雅譯《踏出閱讀的第一步》，信誼基金出版社

出版。

△周小玉譯《戲劇抱抱：幼兒戲劇天地知多少》，成長文教基金會出版。

△吳聲淼論著《周伯陽與兒童文學》，新竹市立文化中心出版。

△蒂芬妮論述《卡漫最前線》，幼獅文化事業公司出版。

△郭聰貴主編《兒童閱讀教育》，臺南師院實習輔導處出版。

十二月一日　△林海音病逝，享壽八十三歲。

△朱德蘭主編《戒嚴時期臺灣政治事件檔案、出版資料、報紙人名索引》（上下冊），臺灣省文獻委員會出版，列為「臺灣地區戒嚴時期政治案件系列叢書：五〇～七〇年代文獻專輯」。

十二月十三日　△《楊逵全集》新書發表會，中研院文史哲研究所出版，假臺北誠品書店敦南店視聽室舉行，會後舉行座談會

十二月十七日　△黃春明英譯短篇小說集《蘋果的滋味》，入選美國《洛杉磯時報》二〇〇一年度好書。

十二月廿二日　△行政院文建會舉行「優良詩刊」、「優良文學雜誌」暨「兒歌一百」聯合頒獎典禮。

十二月廿八日　△臺北市出版商業同業公會、工商財經數位公司與匯眾展覽公司共同主辦「2002臺中圖書大展」，假臺中市中港路新光三月百貨膀胱商展廣場舉行，展期至二〇〇二年一月六日止。

十二月卅日　△二〇〇一「開卷最佳青少年圖書、最佳童書」揭曉。

十二月　　△據行政院新聞局統計，截至本年年底止，登記的出版社為七千八百一十家，圖書出版數為三萬六千五百四十七種。

△中國圖書館學會承辦研究《中華民國八十九年（2000）台灣圖書雜誌出版市場研究報告》，行政院文建會出版。（另發行英文版）。

△林獻堂撰，許雪姬等編注《灌園先生日記（二）一九二九年》、《灌園先生日記（三）一九三〇年》、《灌園先生日記（四）一九三一年》，中研院近代史所暨臺史所籌備處出版。

△林文寶主編《月娘光光：台灣（2001年）兒歌一百》，行政

院文建會、臺東師院兒文所出版。

△劉滌昭譯《英國妖精與傳說之旅》，馬可波羅文化公司出版。

△柯華葳等著《兒童文學、閱讀與通識教育論文集》，臺東師院出版。

△蘇麗春編《文學旅行者：作家的蘭陽探索》，宜蘭縣文化局出版。

△徐素霞編著《臺灣兒童圖畫書導賞》，國立臺灣藝術教育館出版。

△劉惠玲主編《兒童文學研究（14）：兒童讀書會專集》，臺北市國語實小出版。

二〇〇二年

一月一日　　　▲臺灣正式成為世界貿易組織（WTO）會員。

△臺灣省文獻委員會改隸為總統府國史館，成為「國史館臺灣文獻館」。

一月二日　　　△港商李嘉誠自二〇〇一年起連續收購城邦和商周集團，納入旗下上市公司TOM.COM，造成臺灣出版版圖的劇烈位移。

△《台灣文化檔案 II》，表演藝術聯盟出版。係針對一九九九至二〇〇〇年間臺灣社會發生重大文化政策與事件所做出的文化回顧紀錄與整理。

一月六日　　　△由博客來網路書店推選的「2001出版十二大驚奇」，J.K.羅琳的《哈利波特》與托爾金的《魔戒》，被評為「年度驚奇之最」。並舉辦「首屆年度選書發表會」，公佈首創的「出版之星獎」，由出版人郭重興、葉姿麟，作家鍾文音及《魔戒》譯者朱學恆四位獲得。

△聯經出版事業公司策劃舉辦「哈利波特之前的奇幻帝國『魔戒』」系列講座假聯合報演講廳舉行，臺大外文系主任廖咸浩受邀演講「從魔戒看奇幻文學」。

一月八日　　　△《紀弦回憶錄》，聯合文學出版社出版。共三部，第一部《二分明月下》，第二部《在頂點的高潮》，第三部《半島

春秋》。

一月十日　　　△國家圖書館舉辦「加入WTO後對兩岸圖書出版業的影響與
　　　　　　　　互動關係」座談會，邀請兩岸出版人出席。相對於中國大陸
　　　　　　　　因應加入WTO的積極與優勢，臺灣方面在WTO衝擊下，對
　　　　　　　　於出版顯然無力顧及。

一月十一日　　△金石堂書店公佈「2001年年度風雲人物」首度頒給雜誌人，
　　　　　　　　由《天下雜誌》發行人殷允芃和作家琦君獲選。「年度十本
　　　　　　　　最具影響力的書」為：《費曼的主張》、《破局而出》、
　　　　　　　　《葛林史班傳》、《看不見的新大陸》、《遣悲懷》、《富
　　　　　　　　爸爸·窮爸爸》、《行者無疆》等書。

一月十九日　　△海蓮·漢芙著；陳建銘譯《查令十字路口84號》，時報文化
　　　　　　　　出版公司出版。
　　　　　　　△博客來網路書店公佈其主持評選的「2001年度十大好
　　　　　　　　書」為：《黃河青山──黃仁宇回憶錄》、《胡桃裡的
　　　　　　　　宇宙》、《宗教經驗之種種》、《經濟發展與自由》、
　　　　　　　　《CONSILIENCE知識大融通》、《忠孝公園》、《魔法
　　　　　　　　外套》、《為什麼斑馬不會得胃潰瘍》、《Just for Fun：
　　　　　　　　Linux創始人托瓦茲自傳》、《詩經植物圖鑑》等。

一月廿二日　　△行政院文建會主辦，臺中縣文化局承辦的「文學講古──鄉
　　　　　　　　鎮的故事」徵文，評選出一百五十篇集結成冊出版，取名
　　　　　　　　《鄉鎮的故事》。

一月廿五日　　△徐兆泉主編《臺灣客家語辭典》，南天書局出版。共收錄二
　　　　　　　　萬多條詞彙。

一月卅日　　　△麥可·柯達著；陳皓譯《因緣際會──出版風雲四十年，這
　　　　　　　　些人 那些事》，商智文化事業公司出版。

一月　　　　　△原任麥田出版公司總編輯的陳雨航成立一方出版社。
　　　　　　　△原任貓頭鷹出版社發行人的郭重興成立共和國文化，旗下有
　　　　　　　　木馬、左岸、遠足、西遊記、謬司等出版社。
　　　　　　　△桂文亞主編《當公主遇上王子》，民生報社出版。
　　　　　　　△鄭明進導賞《魔法花園（安徒生童話·繪本原畫展）》，青
　　　　　　　　林國際出版公司出版。
　　　　　　　△沙永玲等譯《朗讀手冊：大聲為孩子讀書吧》，天衛文化圖

書公司出版。

△王添強、麥美玉論述《戲偶在樂團：幼兒戲偶教學工具書》，成長文教基金會出版。

△宋麗玲論著《西班牙兒童文學導讀》，中央圖書出版社出版。

△蕭湘文論著《漫畫研究：傳播觀點的檢視》，五南圖書出版公司出版。

二月一日　　　　△台灣文學研究網站與富春文化事業公司主辦的「展望台灣文學雜誌」暨《文學經典與台灣文學》新書發表假臺北市耕莘文教院舉行。

二月十日　　　　△鄭恆隆、郭麗娟訪談紀錄《台灣歌謠臉譜》，玉山社出版。共收錄二十五位對臺灣歌謠具有影響力的作詞、作曲及歌手。

　　　　　　　　△詩人白靈、向陽、沈花末、林明德、焦桐、路寒袖、陳義芝、賴芳伶、顏艾琳、蕭蕭等十位受邀就臺北市「霞海城隍廟」內之百首籤詩進行校定、詮釋成《籤詩新解》，財團法人中華民國民俗藝術基金會出版。

二月十九日　　　△行政院新聞局和中華民國圖書出版事業協會合辦的第十屆「臺北國際書展」假臺北世貿中心一、二館舉行，主題為「品味東方，博覽世界」，展期六天。主題館為「日本館」，計有四十七國家地區、一千一百五十七國內外出版社參展。作家張大春的《極樂世界》在書展期間公開「拍賣」版權，此為國內作家首次嘗試以「公開方式」拍賣版權，尋求出版。

二月廿六日　　　△由中華民國圖書出版事業協會牽頭的臺方十三家出版發行單位與福建省外文書店共同投資創辦的福建閩台圖書有限公司（簡稱閩台書城）於福州中亭街舉行試營業儀式，開閩台書業界合作的先河。

二月廿八日　　　△張春鳳、江勇進、沈冬青論著《台語文學概論》，前衛出版社出版。為第一本有系統討論台語文學的著作。

二月　　　　　　△成立已有四十八年的皇冠與春水堂網站經營者張榮貴合資成立「阿貴出版社」，推出創業作《9：03，忠孝捷運》。

△行政院新聞局查扣問津堂書店銷售的簡體字版書籍，引起立
委及出版業者的關切。

△王岫著《知識的燈塔—圖書館、書人、書業與書》，天衛文
化圖書公司出版。

△黃燦然譯《J.K.羅琳傳》，遠景出版公司出版。

△張琰等譯《奇靈精怪：精靈、巫師、英雄、魔怪大搜尋》，
格林文化公司出版。

△黃迺毓論述《享受閱讀：親子共讀有妙方》，宇宙光全人關
懷機構出版。

△康來昌、鄧嘉宛論述《與我共遊奇幻國度：魔戒導讀》，校
園書房出版社出版。

三月二日　　　△臺北市出版商業同業公會與高雄世貿展覽中心共同主辦
「2002年高雄國際書展」，展期九天。

三月四日　　　△李喬大河小說《寒夜三部曲》首部曲《寒夜》，改編成台灣
電視史上首部客語發音的電視連續劇，今日開播。

三月六日　　　△朱西甯遺作長篇小說《華太平家傳》，聯合文學出版社出
版。

三月九日　　　△由中華圖書出版發展基金會與南華大學出版學研究所合作開
辦的「碩士學分班」（臺北班第一期）假國立台灣師範大學
綜合大樓五〇四室正式開課。

三月十日　　　△一本介紹台灣文化之美的專書《台灣文化容顏》，行政院文
建會出版，該書係中英文合本，內容涵蓋精緻藝術與常民文
化，完整呈現臺灣文化的多元風貌。

三月廿四日　　△二〇〇一年「好書大家讀」最佳少年兒童讀物獎揭曉，臺北
市立圖書館總館及各分館舉辦「好書大家讀」二〇〇一年度
最佳少年兒童讀物獎書展。

三月廿五日　　△《我駕著翅膀穿透黑夜》，遠流出版事業公司出版。該書係
台灣首部盲人戲劇演出的劇本實錄，並錄製CD隨書發行。

三月廿六日　　△皇冠雜誌社主辦的第四屆「皇冠大眾小說獎」假臺北晶華酒
店舉行頒獎典禮，既晴以驚悚小說《請把門鎖好》榮獲首
獎。

三月廿八日　　△九歌出版社「年度文學獎」出爐。馬悅然《報國寺》獲選為

「九十年度散文獎」得獎人，鍾文音《運屍人》獲選為「九十年度小說獎」得獎人。

三月卅一日　△臺北市文化局主辦「文學年金」寫作計畫，由雷驤《大臺北捷運觀測描繪》、顏忠賢《臺北學憂鬱》獲得。

△陳萬益主編《張文環全集》全八卷，臺中縣立文化中心出版。

△葉蕓蕓策劃《葉榮鐘全集》共九集十二冊，臺中晨星出版公司出版。

三月　△劉廣定論著《中國科學史論集》，臺灣大學出版中心出版。

△王淑芬論述《搶救閱讀55招：兒童閱讀實用遊戲》，作家出版社出版。

△雷僑雲論著《中國兒童文學教育理論與輔導教學》，高雄復文圖書出版社出版。

四月一日　△松浦恆雄主編《客家小說選》，日本國書刊行社出版。收錄鍾肇政、李喬、鍾理和、鍾鐵民、彭小妍、吳錦發等作家短篇小說，為首見以「客家」為題的臺灣文學作品外文譯本的出版。

四月二日　△國際少年兒童讀物委員會（IBBY）在臺灣成立分會。

四月三日　△行政院文建會委託前瞻公關公司編印的《2000台灣文學年鑑》舉行新書發表會。

四月五日　△林瑞明主編《賴和全集（六）──評論卷》，前衛出版社出版。

△以翻譯奇幻小說《魔戒》收入千萬版稅的朱學恆，決定捐出五百萬，成立「奇幻文學基金會」，期盼奇幻文學能夠在臺灣生根。

四月八日　△中國作家韓寒長篇暢銷小說《三重門》繁體字版，紅色出版社在台發行。

四月十日　△李昂主編《九十年小說選》、張曉風主編《九十年散文選》，九歌出版社出版。

四月十一日　△教育部長黃榮村裁示撤銷「兒童讀物出版部」，此出版部緣自聯合國教科文組織過去對臺灣的援助，已有三十八年歷史。此裁撤指示一出，立即引起文化界，尤其是兒童文學界

的關切。

四月十三日　△莫渝主編《詹冰詩全集》共三冊，苗栗縣政府文化局出版。

四月中旬　　△經行政院新聞局公開招標流程，確定第十一屆臺北國際書
　　　　　　　展，明年將由財團法人中華民國圖書事業發展基金會繼續主
　　　　　　　辦。

四月十七日　△中華民國圖書出版事業協會組團參加日本「2002東京國際書
　　　　　　　展」至四月廿一日止。

四月十八日　△行政院新聞局局長主持「開放大陸地區圖書在台銷售座談
　　　　　　　會」。

　　　　　　　△劉黎兒《純愛大吟釀》，新新聞文化事業公司出版。

四月廿八日　△信誼基金會第十四屆「信誼幼兒文學獎」頒獎。林小杯以
　　　　　　　《阿非，這個愛畫畫的小孩》獲圖畫書創作類首獎。

　　　　　　　△教育部籌設「兒童讀物委員會」取代「兒童讀物編輯小
　　　　　　　組」。

四月　　　　△高玉泉、施慧玲主編《兒童及少年權益實用六法》，內政部
　　　　　　　兒童局出版。

　　　　　　　△淡江大學教育資料科學學系編著《2002出版與圖書館學術研
　　　　　　　討會論文暨實錄》，文華圖書館管理資訊公司出版。

　　　　　　　△李俊廷、王效岳著《台灣蝴蝶圖鑑》，貓頭鷹出版社出版。

　　　　　　　△傅佩榮著《轉進人生頂峰》，天下遠見出版公司出版。

　　　　　　　△林慶彰、陳恆嵩主編《經濟研究論著目錄》，漢學研究中心
　　　　　　　出版。

　　　　　　　△鍾芳玲撰文・攝影《書店風景》，大地地理出版公司出版。

　　　　　　　△陳寶蓮、黃美娟譯《尋找魯賓遜》，馬可波羅文化公司出
　　　　　　　版。

　　　　　　　△林明秀譯《灰姑娘睡美人站起來》，方智出版社出版。

　　　　　　　△宋建成主編《親子共讀，齊步學習：九十一年度親子共學
　　　　　　　季・圖書學習運用研習會專輯》，國家圖書館出版。

五月五日　　△中國大陸「東北地區圖書書畫觀摩展覽訪問團」，假國立臺
　　　　　　　灣師範大學教育大樓舉行為期一天的「臺灣與大陸圖書出版
　　　　　　　交流合作研討會」。七日十二日並假中央圖書館臺灣分館推
　　　　　　　出首屆「東北地區圖書暨書畫觀摩展」。以及七日十日的

「台灣地區版權貿易出版展」。

五月八日　　　△行政院文建會假該會一樓藝文空間舉行《2001文化資產保存年鑑》新書發表會。

　　　　　　　△林婷煜著《讀書》，商周文化出版公司出版。

五月十日　　　△九歌文教基金會第十屆「現代兒童文學獎」揭曉，林佩蓉《風與天使的故鄉》獲文建會特別獎；呂紹澄《創意神豬》獲評審獎；李志偉《七彩肥皂砲》獲推薦獎；陳沛慈《寒冬中的報歲蘭》、鄭美智《少年鼓王》、羅世孝《下課鐘響》、盧振中《尋找蟋蟀王》、黃秋芳《魔法雙眼皮》等獲榮譽獎。

　　　　　　　△草嬰（中國文學翻譯家）翻譯《托爾斯泰小說全集》十二冊，木馬文化出版公司出版。該書係由俄文中譯的繁體字版。

五月十七日　　△包括遠流、皇冠、高寶、城邦、天下遠見、大塊、時報、圓神等九家出版社負責人，就開放大陸圖書進口一事提出連署聲明，希望政府在開放進口趨勢下，能先從速就法律層面完善保障臺灣地區已取得授權出版之出版品。此事由於牽涉層面廣泛複雜，行政院陸委會及新聞局表示將謹慎處理。

五月十八日　　△九歌出版社於杏林子歡度六十花甲期間出版「名家名著選──杏林子卷」《打破的古董》，做為生日禮物。

五月廿日　　　△公視推出文學作品改編的連續劇「後山日先照」，係改編旅居加拿大作家吳豐秋長篇小說，是一部描述台灣多族群矛盾、衝突和和解的故事。

五月廿二日　　△彰化縣作家作品集《磺溪文學第十輯》，彰化縣文化局出版。

五月廿四日　　△巫永福文化基金會本年度三大獎出爐，奧威尼・卡露斯《野百合之歌》獲巫永福文學獎；郭楓《美麗島文學評論集》獲巫永福文學評論獎；翁佳音《異論台灣史》獲巫永福文化評論獎。

五月廿五日　　△針對限制級雜誌圖書而設立的「十八限金獎」舉行頒獎，東立出版公司社長范萬楠等八位業者獲頒「業者楷模」獎牌各一面，獎勵其出版前送審的高配合度。

| 五月 | △中央研究院歷史語言研究所編輯《俗文學叢刊》第二輯精裝第一〇一至第一六五冊，中央研究院歷史語言研究所與新文豐出版社合作出版。 |

五月　　　　　△中央研究院歷史語言研究所編輯《俗文學叢刊》第二輯精裝第一〇一至第一六五冊，中央研究院歷史語言研究所與新文豐出版社合作出版。

△蕭志強譯《哈利波特魔法解密書》，世茂出版社出版。

△羅婷以論著《巫婆的前世今生：童書裡的巫婆現象》，羅婷以譯《巫婆就是這樣的！》，遠流出版事業公司出版。

△海柏等著《第六屆兒童文學與兒童語言學術研討會論文集》，富春文化事業公司出版。

△廖卓成論著《童話析論》，大安出版社出版。

△許建崑評論集《拜訪兒童文學家族：少年小說童話》，世新大學出版中心出版。

△孫小英主編《孔雀魚之戀：22位知名作家的童年往事》，幼獅文化事業公司出版。

△盧娜譯《說故事做好教育訓練》，稻田出版公司出版。

六月一日　　　△《文訊》發行屆滿二百期，計畫出版《文訊雜誌200期紀念光碟電子書》，將二百期《文訊》內容數位化、光碟化，採用最先進高容量的多用途數位光碟DVD來儲存約三千萬字、六千餘幅圖。

△辛廣偉著《版權貿易與華文出版》，遠流出版事業公司出版。

六月　　　　　△楊宗翰著《台灣現代詩史：批判的閱讀》，巨流圖書公司出版。

△王淑芬著《親子共學：客廳裡的讀書會》，幼獅文化事業公司出版。

△鍾友珊譯《哈利波特的魔法世界》，邦城文化公司出版。

△何之青《哈利波特魔法學院》，大都會文化公司出版。

△張遠山論著《寓言的密碼》，臺中好讀出版公司出版。

△林文寶主編《少兒文學天地寬：台灣少年小說學術研討會論文集》，九歌出版社出版。

七月一日　　　△《天下雜誌》自七月一日起由月刊改為半月刊。

七月十一日　　△行政院新聞局公佈年度雜誌圖書金鼎獎得獎名單。

△臺北市出版商業同業公會與上聯國際展覽公司共同舉辦

「2002臺北圖書博覽會」假臺北世貿一館舉行，展期五天。

△首張臺灣自製的原住民童話音樂書《VuVu的故事》，風潮唱片公司出版。

七月十七日　△桃園縣政府主辦，桃園縣文化局與財團法人中華圖書出版事業發展委員會承辦的「2002年第一屆桃園全國書展」假桃園巨蛋展出，展期七天。三百餘家出版社參展。

△中華民國圖書出版事業協會秘書長陳恩泉率團參加在香港會議中心舉行，為期六天的「2002香港書展」。

△香港貿易發展局舉辦「亞洲出版研討會」，香港出版總會主辦第七屆「華文出版聯誼會議」，主題為「面向新世紀，努力開拓華文出版市場」。皆為針對加入WTO後，兩岸三地圖書出版業的互動及影響，進行深入探討。

七月十八日　△陳義芝主編「新世紀散文家」新書系，精選林文月、董橋、蔣勳、周芬伶、楊照等五家散文選，做為首批出版的作家。

七月　　　　△臺灣教科書首度聯合議價作業順利完成，共有康軒、南一、光復等二十一家出版業者出席，多數業者表示期望建立合理的計價委員會或是計價機制，否則無法解決教科書價格爭議。

△英文版主編羅伯特‧奧迪；中文版主編王思迅；中文版審定召集人林正宏《劍橋哲學辭典》，貓頭鷹出版社出版。

△《哈利波特的秘密：與J.K.羅琳對話》，皇冠文化出版公司出版。本書為J.K.羅琳的授權訪問稿。

△許倩珊譯《哈利波特‧魔法教室》，台灣東販公司出版。

△林寶鳳、蔡淑娛等《五個故事媽媽的下午茶》，遠流出版事業公司出版。

八月一日　　△行政院文建會舉行《臺灣生態之美》新書發表會，由臺中自然關懷協會理事長董潮洲解說拍攝及製作過程。

八月三日　　△臺北市出版商業同業公會與高雄世貿中心共同舉辦「2002高雄特價書展」，展期九天。

八月七日　　△中華漫畫出版同業協進會等八個單位聯合主辦的「2002第四屆漫畫博覽會」假臺北世貿中心二館舉行，展期六天。

八月十三日　△為凝聚向心力，訂定大戰略，開創大格局，臺北市出版商業

同業公會公共事務委員會主任委員何飛鵬邀請產、官、學人士假城邦講堂舉行座談會。

八月十九日　△楊宗翰主編《台灣文學史的省思》，富春文化公司事業出版。並於臺北市耕莘文教院舉行新書發表會。

八月廿七日　△行政院文建會舉行《詩路：2001詩選》新書發表會暨耕莘網路詩創作頒獎典禮。

八月廿八日　△「九十年度政府出版服務評獎」假行政院舉行頒獎典禮。

八月　　　　△莫遊著《格林童話的生活啟示》，台灣廣廈有聲圖書公司出版。

　　　　　　△吳琪編著《古代妖精的神幻傳說》，臺灣實業文化公司出版。

　　　　　　△邱各容論著《播種希望的人們：臺灣兒童文學工作者群像》，富春文化事業公司出版。

　　　　　　△鍾修賢總編輯，名象設計公司編輯設計，《中華民國九十一年出版年鑑》，行政院新聞局出版。

九月一日　　△臺灣語言學者《王育德全集》共十五卷，前衛出版社出版。

九月九日　　△焦桐邀集具有作家身分的學者編輯「臺灣現代文學教程」系列書籍，首批出版小說、散文、新詩、報導文學、當代文學等五種讀本。

九月廿一日　△邱若山著《佐藤春夫台灣旅行關係作品研究》（日文），致良出版社出版。

九月廿二日　△文藝美學大師王夢鷗逝世於臺北市萬芳醫院，享壽九十六歲。

九月廿五日　△蕭錦利接任臺北市出版商業同業公會會刊《出版界》發行人，何志韶接任總編輯。

九月廿七日　△行政院新聞局第七屆「小太陽獎」得獎名單出爐。出版獎：圖書類《小月月的蹦蹦跳跳》（青林國際）；科學類《植物Q＆A》（大樹文化）；人文類《切膚之愛──蘭大衛的故事》（文經社），文學語文類《媽祖回娘家》（九歌）；工具書類《蕨類圖鑑》（遠流）；漫畫類《烏龍院二十年精選紀念版》（時報文化）；雜誌類《小作家月刊》（國語日報）。個人獎：最佳文字創作鄭宗弦《媽祖回娘家》；周惠

玲《台灣放輕鬆——台灣原住民》；作家插圖廖東坤《我的福爾摩沙》；最佳美術設計三民書局美術設計組《音樂，不一樣？》。

九月廿八日　△臺東「後山文化工作協會」十年來完成包括《後山代誌》五冊、《台東縣老照片專輯》二冊、《台東縣寺廟專輯》、《台東縣老樹專輯》、《台東縣耆老口述資料》各一冊，以及《龍田紀事》、《加走灣記事》、《太麻里記事》等地方文史資料，獲國史館頒贈「文獻保存獎」，並發獎金十五萬元。

九月卅日　△陳若曦小說《重返桃花源》，草根出版公司出版。該書係以九二一地震災後重建為小說背景，也是她身為南投縣第一屆駐縣作家成果。

九月　　△日月文化出版集團成立，涵蓋大好書屋、寶鼎出版公司、唐莊文化公司、山岳文化公司及樂透文化公司，為臺灣第一家跨足綜合出版與英日語學習雜誌的文化集團。

△黃仁著《臺北市話劇史九十年大事紀》，亞太圖書出版社出版，此書由臺北市文化局贊助出版，列為臺灣電影研究叢書。

△徐達民編著《傳記文學名著選介》，國家出版社出版。

△姜幸君著《飛行臺北・逛書店》，正中書局出版。

△鄭明進論述《傑出科學圖畫書插畫家》，雄獅圖書公司出版。

△曾西霸論述《兒童戲劇編寫散論》，富春文化事業公司出版。

△周慶華論著《故事學》，五南圖書出版公司出版。

△葛琦霞論述《教室VS.劇場：圖畫書的戲劇教學活動示範》，信誼基金出版社出版。

△青林國際出版公司編《2002安徒生童話之藝術表現及影響學術研討會論文集》，行政院文建會出版。

△吳敏而總編《童書三百聊書手冊：低年級壹～肆冊》、《童書三百聊書手冊：中年級伍～捌冊》、《童書三百聊書手冊：高年級玖～拾貳冊》，教育部出版。此皆為教育部於二

〇〇一年推動「全國兒童閱讀實施計畫」的推廣手冊。

△趙自強、徐珮瑩論述《戲法學校〔基礎篇〕》、《戲法學校〔初級篇〕》、《戲法學校〔中級篇〕》，幼獅文化事業公司出版。

十月一日　　　△中國大百科全書出版社編《中醫大百科全書》，遠流出版事業公司出版。該書係《中國大百科全書·中醫卷》修訂後的繁體中文版。

△詹明娟等譯《周金波集》，前衛出版社出版。列為《台灣作家全集》叢書之一。

十月五日　　　△口述歷史《永遠的藝術對話者：許玉燕》、《永遠的淡水白樓：海海人生張萬傳》、《吳漫沙的風與月》，臺北縣文化局出版。此為該局「臺北縣資深藝文人士口述歷史及影像紀錄計畫」的執行結果。

十月十一日　　△作家無名氏（卜乃夫）病逝，享壽八十六歲。

十月十七日　　△林良獲頒金鼎獎「終身成就獎」。

十月廿二日　　△許俊雅主編《王昶雄全集》，臺北縣文化局出版。共計七卷十一冊，依次包括小說一冊、散文六冊、詩歌一冊、書信及日記一冊、翻譯及隨筆一冊、影像一冊，並製有光碟版。

十月　　　　　△行政院新聞局編輯《中華民國九十年·中華民國年鑑》，中央通訊社編印。

△彭瑞金主編《李魁賢文集》全十冊，附錄有李魁賢簡介、寫作年表、著作一覽表、作品評論引得、文集篇目索引等，行政院文建會出版。

△王錫璋主編《臺灣出版參考工具書：2001年年度書目》，國家圖書館編印。

△于玟主編《臺北市立圖書館五十年史述》，臺北市立圖書館編印。

△凌拂總策劃《打開一本書：興華國小師生共讀紀錄1：兩性教育、生活成長》、《打開一本書：興華國小師生共讀紀錄2：創造思考、情意想像、作文、情意教學、美術與創意》、《打開一本書：興華國小師生共讀紀錄3：自然情境與知識、環境關懷、鄉土關懷、民俗故事》，遠流出版事業

公司出版。

△桂文亞主編《感動：曹文軒的小說世界》，民生報社出版。

△黃郇瑛論著《幼兒文學概論：兒童文學幼兒教育的學習與應用》，光佑文化公司出版。

△莊安祺譯《托爾金傳》，管家琪論述《經典文學背後的故事》，聯經出版事業公司出版。

△楊茂秀譯《陶靈老師的教室：一所幼稚園的故事》、毛毛蟲兒童哲學基金會編《認識裴利》，毛毛蟲兒童哲學基金會出版。

△林文寶、趙秀金合著《兒童讀物編輯小組的歷史與身影》，臺東大學兒文所出版。

十一月六日　　　△「啟動閱讀出版聯盟」假臺北市市長官邸藝文沙龍正式宣告成立，包括女書店、心靈工坊、玉山社、高談文化、智慧事業體、小知堂文化等。將於書店通路聯合行銷品牌，強調「合作而非合併，聯盟而非集團」。

　　　　　　　　△《第3屆全國文化會議實錄》，行政院文建會編印出版。

十一月十一日　　△中山學術文化基金會第三十七屆「中山學術著作暨文藝創作獎」頒獎，文藝創作類為蔡文甫《天生的凡夫俗子——蔡文甫自傳》、一信（本名徐榮慶）《一隻鳥在想方向》。

十一月十二日　　△林懷民《雲門舞集與我》、蔣勳《夢想與創造》、席慕蓉《走馬》、陸蓉之《破後現代藝術》等在中國上海「新天地大樓」聯合舉行新書發表會。

十一月十三日　　△《臺灣原住民的神話與傳說》叢書，南天書局出版。該套書係由臺灣原住民各族所創作的。

十一月廿一日　　△臺北市文化局主辦為期兩天的「出版新思路研討會」，聚焦於兩岸出版與華文出版，主題為「城市社會」。

十一月廿三日　　△《文訊》雜誌製作並舉行「文訊200期紀念光碟電子書及紙本書珍藏版」發表會。

十一月　　　　　△以出版教科書為主的光復網際網路公司跳票一千多萬，四十多年歷史的光復書籍出版集團因此傳出財務危機。

　　　　　　　　△張子樟論述《回顧中的省思：少年小說論述及其他》，澎湖縣文化局出版。

　　　　　　　　△鍾佩怡著《我把羅曼史變教材了》，女書文化公司出版。

　　　　　　　　△管家琪《漫畫大王：手塚治蟲的故事》，文經社出版。

十二月一日　　△國立臺中圖書館舉辦二〇〇二年行政院文建會文化環境年

　　　　　　　　「書海任遨遊」及第三十三屆圖書館週活動。

十二月十五日　△張瑞芬著《未竟的探訪：瞭望文學新版圖》，麥田出版公司

　　　　　　　　出版。

十二月廿一日　△前《國語日報》總編輯、作家何凡病逝，享壽九十三歲。

十二月廿二日　△聯合報讀書人週報「讀書人2000最佳書獎」揭曉。

　　　　　　　　最佳文學類：朱西甯《華太平家傳》、簡媜《天涯海角》、

　　　　　　　　王安憶《上種紅菱下種蓮》、王德威《跨世紀風華》、周夢

　　　　　　　　蝶《十三朵白菊花》、李永平《雨雪霏霏》、藍博洲《藤纏

　　　　　　　　樹》、大江健三郎《換取的孩子》、李波爾《抵達之謎》、

　　　　　　　　瑪格麗特愛伍特《盲眼刺客》。

　　　　　　　　最佳童書類：除讀物類劉惠媛《沒有圍牆的美術館》外，其

　　　　　　　　餘九本皆為外國作家作品。

　　　　　　　　推薦書單：蘇偉貞《孤島張愛玲》，蘇偉貞《魔術時刻》，

　　　　　　　　蔡珠兒《南方絳雪》、白先勇《樹猶如此》、羅智成《夢中

　　　　　　　　書房》，周夢蝶《從前》，塞爾曼魯西迪《魔鬼詩篇》，

　　　　　　　　班雅明《發達資本主義時代的抒情詩人》，程抱一《天一

　　　　　　　　言》，周芬伶《汝色》。

　　　　　　　　△中國時報「開卷好書獎」揭曉。

　　　　　　　　中文創作類推薦書：王安憶《上種紅菱下種蓮》，藍博洲

　　　　　　　　《藤纏樹》，朱西甯《華太平家傳》、唐諾《文字的故

　　　　　　　　事》，向高樹撰文攝影・林松霖圖《台灣蜥蜴自然誌》，黃

　　　　　　　　智偉《省道台一線的故事》，莊慧秋主編《揚起彩虹旗》，

　　　　　　　　林照真《戰慄土石流》。

十二月廿五日　△傅月庵著《生涯一蠹魚》，遠流出版事業公司出版。

十二月廿七日　△洪麗玉散文集《展翅》，彰化縣文化局出版。除入選「礦溪

　　　　　　　　文學第十輯」，並獲「國軍第三十八屆文藝金像獎散文類金

　　　　　　　　像獎」。

十二月卅一日　△李榮春著；李鏡明資料提供；彭瑞金主編《李榮春全集》，

　　　　　　　　臺中晨星出版公司出版，全書八種十冊，包括《祖國與同

胞》（上下）、《海角歸人》、《鄉愁》、《洋樓芳夢》、《八十大壽》（上下）等長篇小說七冊、《懷母》、《和平街》等短篇小說集二冊及《李榮春的文學世界》一冊。

△臺灣書店裁併，正式走入歷史。

十二月　　　△據行政院新聞局統計，截至本年年底止，登記的出版社為六千零二十三家，圖書出版數為四萬三千零三十五種。

△中央研究院歷史語言研究所編輯《俗文學叢刊》第二輯精裝第一六六至第二○○冊，中央研究院歷史語言研究所與新文豐出版社合作出版。

△張炎憲主編《跨世紀的人格者——三連仙的一生——《吳三連全集》暨光碟》全六冊，財團法人吳三連台灣史料基金會出版。

△林文寶主編《月亮愛漂亮：台灣（2002）兒歌一百》，行政院文建會‧臺東大學兒文所出版。

△顧力仁主編《臺灣歷史人物小傳——日據時期》，國家圖書館出版。

△戴劍萍編著《安徒生與格林童話的故事人生》，培育文化公司出版。

△范昱峰、梁秀鴻譯《孩子們的動物朋友》，時報文化出版公司出版。

二○○三年

一月十三日　△金石堂書店公佈「2002年度出版風雲人物」為城邦集團主席詹弘志及繪本作家幾米。「十本年度最具影響力的書」為：《從A到A＋》、《御風而上》、《再見了，可魯》、《我的天才夢》、《大象與跳蚤》、《下一個社會》、《我的野生動物朋友》、《中國即將崩潰》、《The Agenda議題制勝》、《魔戒全3冊》等。「十大出版新聞」為：「景氣低迷，文化產業現苦戰」、「讀者俱樂部紛紛成立」、「回頭書低價風締造第二春」、「簡體書是否開放來臺爭議不斷」、「出版界重新洗牌，要角換跑到，新星竄起」、「華

文市場跨界資源整合案例頻添」、「臺灣作家擄獲大陸讀者的心」、「奇幻文學持續發燒」、「網路文學兩岸攢露頭角」、「書店、出版社紛紛提昇空間文化」等。

一月十七日　△臺北市出版商業同業公會假臺北市青少年育樂活動中心舉辦「2003新春圖書資訊特展」，展期三天。

一月廿一日　△金石堂書店與近五十家出版社簽訂寄賣制。
　　　　　　△高雄市文化中心舉行「春節優良圖書展」，展期九天。

一月廿二日　△光復書局出版集團旗下三家公司：光復書局、光統圖書百貨公司、光復網際網路歇業。

一月廿五日　△齊若蘭、游常山、李雪莉等著《閱讀──新一代知識革命》，天下雜誌公司出版。

一月廿七日　△行政院陸委會舉行委員會議，討論通過新聞局所提「大陸地區出版品電影片錄影節目廣播電視節目進入臺灣地區發行銷售製作播映展覽觀摩許可辦法修正草案」。政策上原則同意開放大陸簡體字書在台銷售。
　　　　　　△國立傳統藝術中心委託時報文化出版公司編纂出版《台灣音樂館──資深音樂家叢書》二十冊，舉辦新書發表。

一月　　　　△李西勳主編《南投縣文學家作品集第10輯》，南投縣文化局出版。
　　　　　　△深雪小說《玫瑰奴隸王》，皇冠文化出版公司出版。
　　　　　　△孟樊論著《台灣後現代詩的理論與實務》，揚智文化公司出版。
　　　　　　△應鳳凰編著《台灣文學花園》，玉山社出版。
　　　　　　△吳鈞堯小說《如果我在那裡》，聯經出版事業公司出版。
　　　　　　△虹影小說《孔雀的叫喊》、章緣小說《疫》，聯合文學出版社出版。
　　　　　　△楊牧散文集《奇萊前書》，洪範書店出版。
　　　　　　△謝瑤玲譯《英語兒童文學史綱》、沈惠芳著《讀書會難不倒你！》，天衛文化圖書公司出版。
　　　　　　△管家琪著《管家琪交作文：如何閱讀》，幼獅文化事業公司出版。
　　　　　　△劉天賜論著《哈利波特與中國魔法》，尖端出版公司出版。

	△柯秋桂編著《好戲開鑼：兒童劇場在成長》，成長文教基金會出版。
二月九日	△統一企業主辦「手稿情書大賽」，得獎作品集結出版《越界撫摸》一書。
二月十一日	△第十一屆「臺北國際書展」假臺北世貿中心一、二館揭幕，展期六天。共有四十九個國家地區，九百二十五家出版社，二千零九十二個攤位參展。
二月十二日	△中華圖書出版事業發展基金會與聯合報副刊假臺北世貿一館一樓休閒活動廣場共同舉辦「海峽兩岸文學翻譯、出版及行銷」和「捷克文學與世界文學」座談會。
	△中央日報副刊主辦「E劃時代的閱讀與出版」座談會，須文蔚、蔡詩萍、焦桐等受邀參與討論。
	△麥可‧柯達著；卓妙容譯《打造暢銷書》，商周文化事業公司出版。
二月十三日	△宏總文化公司負責人林宏宗於八十九年間，因公司營運不佳，結束旗下四家書店的營業，但未依法發放資遣費，案經高雄市勞工局函送高雄地檢署偵結，依違反勞基法罪嫌將林宏宗提公訴。
二月廿日	△臺北市出版商業同業公會與中國文物交流協會假高雄世貿展覽中心舉辦「2003高雄國際書展」，至三月二日止。
	△林黛嫚主編「年度小說選」《復活》，爾雅出版社出版。自《八十七年短篇小說選》之後，沉寂四年再出發，《復活》為一九九九～二○○二年度小說合輯，共十五篇。
二月廿二日	△臺北市出版商業同業公會、中華民國圖書發行協進會、威眾企劃有限公司共同規劃「2003臺中世界書展」，假臺中市惠來路與市政北二路交叉口廣場舉辦，展期至三月二日止。
二月廿三日	△第四十三梯次好書大家讀評選活動評選結果揭曉。
二月廿四日	△金石堂總經理宣布，聘請臺灣媒體界以點子多著稱的馮光遠出任金石堂創意總監。
二月廿五日	△財團法人臺北書展基金會正式成立，首任董事長大塊文化事業公司發行人郝明義，執行長林佳蓉。
二月廿八日	△吳三連台灣史料基金會出版《吳三連全集‧光碟》。

△國立中央圖書館臺灣分館舉辦二手圖書、雜誌、視聽資料交換活動。

二月　　　　△連鎖書店金石堂走向「寄賣制」。將推動銷售轉換結算制度（寄賣制），與出版社、圖書供應商建立夥伴關係。

△方耀乾主編《台語文學讀本》，真平企業公司出版。

△麥可‧柯達著；卓妙容譯《打造暢銷書──創銷書排行榜解讀時代趨勢》，城邦文化事業公司商周出版。

△周婉窈主編《海行兮的年代：日本殖民統治末期臺灣史論集》，允晨文化實業公司出版。

△東海大學中文系編《日治時期台灣傳統文學論文集》，文津出版社出版。

△張小嫻小說《離別曲》，皇冠文出版公司出版。

△鄭清文小說《舊金山：1972》，一方文化公司出版。

△王安憶小說《米尼》、張煒小說《遠河遠山》、林文義小說《藍眼睛》，INK印刻出版公司出版。

△林德俊主編《保險箱裡的星星：新世紀青年詩人十家》、林黛嫚主編《復活：爾雅版「年度小說選」：88～91年年度小說第32集》，爾雅出版社出版。

△黃美娥編著《日治時期臺北地區文學作品目錄》（上下冊），臺北市文獻委員會出版。

△王柏鴻、吳國欽譯《哈利波特的魔法與科學》，時報文化出版公司出版。

三月一日　　△東方出版社門市結束營業，專心經營平價的少年兒童讀物。

△公視播出改編自白先勇小說《孽子》的同名連續劇。

△藍維君等著《台灣書店風情》，生智文化事業公司出版。

三月七日　　△正中書局舉行「重新開幕」典禮，四月一日起由美商投資顧問公司接手成為民營公司。

三月八日　　△宋芳綺《愛，使生命發光》獲周大觀文教基金會第三屆「熱愛生命文學創作獎」。

三月十日　　△袁瓊瓊主編《九十一小說選》、席慕蓉主編《九十一年散文選》，九歌出版社出版。

三月十二日　△大塊文化出版公司成立子公司大辣出版公司。

三月十三日	△財團法人中華民國圖書評議基金會公佈色情書刊抽樣調查。
三月廿八日	△中華民國圖書出版事業協會假臺北市國立臺灣師範大學國際會議廳舉行第四十二屆出版節慶祝大會。
三月	△張炎憲、曾秋美、陳朝海等《20世紀台灣新文化運動與國家建構論文集》，吳三連台灣基金會出版。
	△落蒂論述《詩的播種者》，爾雅出版社出版。
	△田啟文編著《臺灣古典散文選讀》，五南圖書出版公司出版。
	△徐玫怡散文選《星期三的家事課》、蔣瑄小說《Summer in 黃色潛水艇》、林建隆小說《孤兒阿鐵》、詹雅蘭小說《靈魂裡的胖女孩》，皇冠文學出版公司出版。
	△高世澤詩集《捷運的出口是海洋》、席慕蓉主編《九十一年散文選》、袁瓊瓊主編《九十一年小說選》、宇文正散文集《單導夢想》，九歌出版社出版。
	△孫大川主編《台灣原住民族漢語文學精選·詩歌卷》、《台灣原住民族漢語文學精選·小說卷》、《台灣原住民族漢語文學精選·散文卷》，INK印刻出版公司出版。
	△黃慶惠著《繪本教學有一套》，天衛文化圖書公司出版。
	△洪德麟論述《台灣漫畫閱讀》，玉山社出版。
	△林以舜譯《奇幻文學寫作的十堂課》，奇幻基地出版。
	△林政華編著《臺灣鄉土文學館：兒童少年文學賞析與研究》，臺南世一文化公司出版。
	△林玫君論著《創造性戲劇之理論探討與實務研究》，臺南供學出版社出版。
四月三日	△中華民國圖書出版事業協會假國家圖書館國際會議廳舉辦「兩岸版權貿易研討會」。
	△中華民國圖書出版事業協會假臺北市紐約·紐約展覽館舉辦「2003兩岸圖書展覽」和「臺版圖書銷售會」展期四天。
四月四日	△中華民國圖書出版事業協會假國家圖書館國際會議廳舉辦為期兩天的「兩岸傑出青年出版專業人才研討會」，主題為「兩岸出版交流，共同建構華文出版世界」。
	△誠品書店全台四十八家門市舉辦「快樂兒童月」活動，並策

劃中文新書、必選圖畫書、親子教養書三大書展，至本月底止。

四月八日　△行政院新聞局修正公佈「大陸地區出版品電影片錄影節目廣播電視節目進入臺灣地區或在臺灣地區發行銷售製作播映展覽觀摩許可辦法」。

四月十一日　△南華大學出版學研究所教授王祿旺接任財團法人中華圖書出版事業發展基金會董事長。

四月十二日　△新竹市數位漫畫藝術協會假新竹市演藝廳舉辦「葉宏甲漫畫回顧展——永遠的四郎與真平」。

四月十八日　△中華漫畫出版協進會主辦「搶救出版業，反對扼殺出版經營及創意空間之法律」座談會，討論臺北市議會三讀「臺北市漫畫及人體圖片出版品租售管理自治條例」草案。

四月廿一日　△國家圖書館慶祝七十週年館慶，與民生報、國語日報等聯合假該館國際會議廳舉辦為期三天的「圖書館與閱讀運動」研討會。

四月廿三日　△中華民國圖書發行協進會召開會員大會，聯經出版事業公司副總經理王承惠當選第六屆理事長。

四月廿四日　△中華民國圖書出版事業協會參與日本東京「2003東京國際書展」，參展主題館為「臺灣客家文化」，為期四天。

四月廿七日　△民生報、國語日報、幼獅文化公司、聯經出版事業公司及臺東大學兒文所合辦「閱讀百分百 三十好精采」系列活動。

四月　　　△宋建成總編輯《國家圖書館七十年記事》國家圖書館出版。

　　　　　△曾秀萍論著《時光中的舞者：隱地》、章亞昕論著《孤臣孽子，臺北人：白先勇同志小說論》，爾雅出版社出版。

　　　　　△須文蔚論著《台灣數位文學論：數位美學、傳播與教學之理論與實務》，二魚文化事業公司出版。

　　　　　△王安憶小說《海上繁華夢》、孫大川主編《台灣原住民族漢語文學選集・評論卷》，INK印刻出版公司出版。

　　　　　△深雪小說《另一半的翅膀》，皇冠文化出版公司出版

　　　　　△陳祖彥小說《公主復仇記》、王安憶小說《現代生活》，一方文化公司出版。

　　　　　△路寒袖散文集《歌聲戀情》，聯合文學出版社出版。

△林文義散文集《茱麗葉的指環》、廖輝英小說《女人香》，九歌出版社出版。

△鈴木茂夫著；陳千武譯《台灣處分一九四五年》，臺中晨星出版公司出版。

△林瑞堂譯《魔鏡，魔鏡，告訴我：當代女性作家探索經典童話輯1》、《魔鏡，魔鏡，告訴我：當代女性作家探索經典童話輯2》，唐莊文化公司出版。

△紀明美、黃金葉等《讀繪本，遊世界：著名繪本教學與遊戲》，心理出版社出版。

△何三本編著《幼兒文學》，五南圖書出版公司出版。

五月一日　▲即日起，大陸開放外資進入圖書零售業。

五月二日　△臺北市出版商業同業公會與永譽企管顧問公司共同舉辦「出版業稅務會計實務解析」講座，供會員免費講習。

五月四日　△《牟宗三先生全集》共八輯，三十三冊，聯經出版事業公司出版。

五月十九日　△黃大維著《如何成為編輯高手：圖書出版編輯實務》，冠學出版社出版。

五月廿一日　△臺北市出版商業同業公會聯合四十六家出版社及二百多家實體與虛擬書店共同舉辦「在家讀書，就是防疫」活動，至六月廿七日止。

五月卅一日　△《棋靈王》、《遊戲王》、《海賊王》日本原出版社集英社正式授權改由東立出版社發行，並將週刊連載一併移至東立的《寶島少年》。

五月　△財團法人中華圖書出版事業發展基金會更名「財團法人中華出版基金會」。

△Luca Fraioli 原著；劉京勝等譯《21世紀探索百科全書》全二十四冊，閣林國際圖書公司出版。

△胡萬川、康原、陳萬益編《彰化縣民間文學集》，彰化縣政府文化局出版。

△吳淡如小說《最藍的藍》，皇冠文化出版公司出版。

△阮慶岳小說《林秀子一家》，一方文化公司出版。

△履彊小說《天機》，INK印刻出版公司出版。

△歐陽林散文集《叫我醫生哥哥》、孫梓評小說《女館》、張亦絢小說《最好的時光》，麥田出版公司出版。

△蕭蕭主編《飛翔的姿勢——成長散文選》，幼獅文化事業公司出版。

△簡政珍詩集《失樂園》，九歌出版社出版。

△曾遊娜、吳創著《長袍春秋：李敖的文字世界》，印刻文學生活雜誌出版公司出版。

△洪米貞著《靈魅‧狂想—洪通》，雄獅圖書公司出版。此為有關素人畫家洪通生平與繪畫的第一本專書。

△王瓊珠審訂《讀寫新法：幫助學生學習讀寫技巧》，高等教育文化公司出版。

△劉清彥、郭恩惠《圖畫書的生命花園》，宇宙光全人關懷機構出版。

△桂文亞主編《呼喚：李潼少年小說的聲音》，民生報社出版。

△淩明玉《動畫大師：宮崎駿的故事》，文經社出版。

△陳月文論述《好好玩的“故事遊戲”》，知本家文化公司出版。

△林徵玲譯《藝術的童年》，玉山社出版。

△楊雅婷譯《童年之死：在電子媒體時代下長大的兒童》，巨流圖書公司出版。

△王麗惠主編《彰化縣教師童話暨兒歌創作比賽優勝作品專輯》，智慧果——彰化文教雜誌社出版。

六月一日　△薛心鎔著《編輯台上——三十年代以來新聞工作剪影》，聯經出版事業公司出版。

△於堅等著《三峽記》，經典雜誌出版社出版。

六月二日　△首度由國人自製的籃球漫畫《灌籃二部》，同時以繁、簡體中文、日文、英文等多國語言發行，並首創漫畫電子書，可透過光碟片或網路下載兼具影音效果的漫畫電子書。

六月四日　△鄭豐喜文教基金會假臺中市廣三SOGO百貨公司舉辦「愛心結緣義賣書展」。

六月五日　△邁入第八個年頭的博客來網路書店第一季首度轉虧為盈。

　　　　　　　　△SARS健康書盤上排行榜前幾名。

六月六日　　　△延宕近六年的著作權法修正草案，順利完成三讀。除守住暫
　　　　　　　　時性重製條文，包括刑責、科技保護措施、海關查扣權、真
　　　　　　　　品平行輸入議題，均受到重大挑戰。惟美方極為關切的「科
　　　　　　　　技保護措施」、「海關查扣權」條文遭到刪除，著作權侵害
　　　　　　　　除罪化條文也「再度復活」。

六月八日　　　△經濟部技術處計畫針對奈米科技出版一系列相關科技專案
　　　　　　　　報告，計有《全球奈米半導體技術發展及主要國家發展策
　　　　　　　　略》、《奈米材料於材料及化工產業之應用規劃》、《微奈
　　　　　　　　米技術於電機能源產業之應用研究》等書。

六月十日　　　△臺北縣文化局推出「團體借書證」，鼓勵全民閱讀。

六月十二日　　△二〇〇二年諾貝爾生理醫學獎得主約翰‧薩爾斯頓新作中文
　　　　　　　　版《生命的線索》，時報文化出版公司出版。

六月十三日　　△彼得‧謝弗《阿瑪迪斯》劇本（中英對照），書林出版社出
　　　　　　　　版。
　　　　　　　△國立臺中圖書館將原有的《社教資料》、《書評》、《書
　　　　　　　　苑》三種雜誌合併改名為《書香遠傳》月刊。
　　　　　　　△城邦控股集團宣佈以一億元新臺幣資金投入「供應鏈資訊整
　　　　　　　　合計畫」，將有效減低成本，提升營收。

六月十四日　　△聯合報系與國內上百家出版社於聯合報系大樓廣場共同舉辦
　　　　　　　　「悅讀日光城‧聯合書市廣場」PART II活動，為期兩天，
　　　　　　　　主題為「心靈重建，健康閱讀」。

六月十五日　　△《網路與書》、《皇冠》、《誠品好讀》、《聯合文學》等
　　　　　　　　文學雜誌皆以SARS為專題，以文學見證世紀初來勢洶洶的
　　　　　　　　疫情。

六月十六日　　△林則良規劃文學系列（AROUND）《失戀排行榜》、《盲
　　　　　　　　眼貓頭鷹》，麥田出版公司出版。

六月十八日　　△行政院新聞局針對七月八日起開放大陸大專學術用書進口展
　　　　　　　　售的相關規定，邀集大陸書進口商和公會、協會等組織代表
　　　　　　　　進行協商。

六月十九日　　△美國出版界反盜版專家伊恩‧泰勒點名全球七個盜版中心，
　　　　　　　　分別是：臺灣、中國大陸、馬來西亞、印度、巴基斯坦、烏

克蘭以及奈及利亞。

六月廿日　△《半屏山軟體動物化石圖鑑》，左營高中出版。藉以紀錄高雄半屏山一百五十萬年懷境歷史。

六月廿一日　△《哈利波特》第五集《哈利波特與鳳凰令》英文本於零時零分全球同步推出。

六月廿四日　△中華民國圖書出版事業協會組團參加新加坡「2003新加坡世界華文書展」，至七月三日止。

六月廿五日　△侯文詠長篇小說《危險心靈》，皇冠文化出版公司出版。

六月廿六日　△李欽賢撰《資深藝文人士──蔣瑞坑先生口述歷史》，臺北縣政府文化局出版。

　　　　　　△工研院為慶祝卅週年院慶，特出版兼具研發實務與學術觀點的《產業科技與工研院，看得見的腦》，為該院自成立以來第一本屬於科技管理，學術與實務結合的專書。

六月廿八日　△詹朝立撰《天黑黑，麥落雨，十二萬農漁民大遊行傳真》，臺灣社會科學出版社出版。

六月卅日　△城邦集團正式接手第十二屆臺北國際書展主辦權。

六月　　　△中央研究院歷史語言研究所編輯《俗文學叢刊》第三輯精裝第二〇一至第三〇〇冊，中央研究院歷史語言研究所與新文豐出版社合作出版。

　　　　　　△華海清、曾熙亞、楊慧英主編《現代養生保健中藥大辭典》上下兩冊，收錄養生保健中藥五百一十四味，辭目以首字筆劃順序排列，薪傳出版社出版。

　　　　　　△應鳳凰主編《姜貴小說集》，九歌出版社出版。

　　　　　　△成英姝小說《究極無賴》、駱以軍小說《遠方》、楊照評論集《在閱讀的密林中》，INK印刻出版公司出版。

　　　　　　△張小嫻散文集《把天空還給你》、張草小說《明日滅亡》，皇冠文化出版公司出版。

　　　　　　△張曼娟散文集《永恆的傾訴》，時報文化出版公司出版。

　　　　　　△鄭麗貞散文集《卡桑：一個雜貨商女兒的深情回顧》，一方文化公司出版。

　　　　　　△莊裕安散文集《水仙的咳嗽》，二魚文化事業公司出版。

　　　　　　△張默主編《現代百家詩選‧新編》，收錄一九五二～二〇〇

三詩人詩作，爾雅出版社出版。

△胡萬川、陳嘉瑞主編《東勢鎮客語故事集（七）》，臺中縣文化局出版。

△丁玟瑛主編《第七屆兒童文學與兒童語言學術研討會論文集》，富春文化事業公司出版。

七月一日　　　△行政院新聞局二〇〇三年「金鼎獎」得獎名單揭曉。《聯合文學》、《幼獅少年》、《張老師月刊》、《幼獅文藝》等獲雜誌金鼎獎；《華太平家傳》、《跨世紀風華：當代小說十二家》等獲圖書金鼎獎。資深出版人林良獲終身成就獎。

七月四日　　　△遠流出版事業公司與大英百科全書公司子公司智慧藏製作完成世界首創「中英對照」《大英簡明百科》知識庫光碟與「大英線上」網站。

△行政院新聞局公佈「申請進口大陸地區大專專業學術簡體字版圖書銷售注意事項」。

七月五日　　　△前《讀者文摘》中文版總編輯林太乙（林語堂之女）病逝於美國維吉尼亞州，享年七十七歲。

七月八日　　　△行政院新聞局根據「大陸地區出版品電影片錄影節目廣播電視節目進入臺灣地區或在臺灣地區發行銷售製作播映展覽觀摩許可辦法」規定，正式開放大陸地區大專專業學術用簡體字版圖書進口銷售。

七月九日　　　△行政院新聞局公佈「九十二年度補助發行定期漫畫刊物申請須知」。

△「著作權法」新修正條文公佈，於七月十一日生效。

七月十日　　　△三民書局為慶祝創立五十週年大慶，由逯耀東‧周玉山主編《三民書局五十年》專書，收錄一百二十篇因出書與三民書局結緣的作者文章，厚五百頁。

△臺東大學兒童文學研究所主辦「台灣兒童圖畫書學術研討會」，為期兩天，鄭明進與曹俊彥受邀分別發表專題演講。周逸芬、連翠茉、陳衛平、林訓民、余治瑩等則參與「圖畫書的製作與出版」座談會。

七月十三日　　△財團法人中華出版基金會網站正式成立。（http//www.ChinesePublish.org）

七月十五日	△中華民國圖書出版事業協會與中華民國圖書發行協進會假國立台灣師範大學國際會議廳舉行「圖書出版通路研討會系列——出版、中盤、書店共創三贏」。
	△《文訊》為慶祝創刊二十週年，策劃「台灣文學雜誌展」，從七月到十一月，分別在臺北、桃園、臺中、嘉義、臺南等地展出從一九一五至二○○三年近六百冊的文學雜誌，藉以呈現臺灣文學雜誌的發展歷史。
七月十六日	△財團法人中華民國出版品評議基金會公佈「臺灣都會地區色情書刊抽樣調查報告」。
七月廿三日	△水牛圖書出版公司董事長彭誠晃當選臺北市出版商業同業公會第九屆理事長並兼任《出版界》發行人。
七月廿四日	△財團法人中華出版基金會舉辦「後SARS時代網友閱讀行為調查」研究結果發表會暨記者會。
七月廿九日	△中華民國圖書出版事業協會組團參加「第十四屆香港書展」，至八月三日止
七月	△新學友破產，商標被拍賣。新學友門市轉由搜主義網路書店接手。
	△營業達九年的臺灣第一家女性主義專業書店「女書店」結束營業。
	△達西烏拉灣‧畢馬主編《泰雅族神話與傳說》、《鄒族神話與傳說》、《賽夏族神話與傳說》，臺中晨星出版公司出版。
	△張春榮著《文學創作的途徑》、隱地論述《自從有了書以後……》、阿盛主編《夏天踮起腳尖來：台灣第一個現代文學私塾寫作私淑班文學獎作品集》，爾雅出版社出版。
	△涂靜怡評論《詩人的畫像》，詩藝文出版社出版。
	△趙遐秋、曾慶瑞合著《台獨派的台灣文學論批判》、古繼堂等合著《簡明台灣文學史》，人間出版社出版。
	△郭箏小說《最後文告》、沈花末散文集《加羅林魚木花開》、朱天心散文集《學飛的盟盟》，INK印刻出版公司出版。
	△餘華小說《世事如煙》，麥田出版公司出版。

△郝譽翔小說《初戀安妮》、黃凡小說《躁鬱的國家》，聯合文學出版社出版。

△陳芳明散文集《陳芳明精選集》，九歌出版社出版。

△王文興散文集《星雨樓隨想》，洪範書店出版。

△路寒袖主編《玉山散文》，臺中晨星出版公司出版。

△林衡道口述；洪錦福整理《臺灣一百位名人傳》，正中書局出版。

△（清）鄭用錫 作‧劉芳薇校釋《北郭園詩鈔校釋》，臺灣古籍出版社出版。

△文訊雜誌社編《文訊二十週年：台灣文學雜誌展覽目錄》，文訊雜誌社出版。

△周慶華論著《閱讀社會學》，揚智文化公司出版。

△謝金玄著《三分之二個兔子假期》，馬可波羅文化出版。

△吳敏而等著《聊書學語文》、《聊書與人生》，朗智思維科技公司出版。

△許倩珮譯《哈利波特聖經》，台灣東販公司出版。

八月一日　　　△廖鴻基獲賴和文教基金會第十二屆「賴和文學獎」。

△張恆豪主編《七等生全集》共十冊，遠景出版公司第三次出版，並改按創作年序，重新蒐集編輯七等生作品。

八月二日　　　△臺北市出版商業同業公會、中華出版基金會、高雄世貿中心假高雄世貿展覽中心舉辦「2003高雄數位圖書展」，展期八天。

八月三日　　　△作家兼出版人朱傳譽逝世，享年七十七歲。

八月十五日　　△臺北市出版商業同業公會與上聯國際展覽公司假臺北世貿一館舉辦「2003臺北圖書博覽會暨國際漫畫展」，並設置「大陸圖書主題館」，展期四天。

八月廿一日　　△行政院文建會指導，人間衛視、聯合文學、聯經出版、天下遠見等出版業界聯合於臺北市京華城B3地心引力廣場舉辦「人間有愛，仗義書財」捐書義賣活動，至九月十三日止。

八月廿二日　　△桃園縣政府文化局假桃園世貿展示中心舉辦「第二屆桃園縣全國書展」，展期十天。

△臺中市政府教育局多功能展示館舉辦「臺中市文化季兒童文

學」書展。

八月廿三日　△中華民國圖書發行協進會與高雄市政府新聞處假高雄市鹽埕區工商展覽中心舉辦「2003高雄城市書展」，展期九天。

八月廿八日　△臺北市出版商業同業公會與中華出版基金會舉辦「進口大陸圖書對臺灣出版產業之影響與建議」座談會。

八月卅一日　△楊青矗主編《台詩三百首》，敦理出版社出版，共三百四十一首。

八月　　　　△廖玉蕙、陳義芝、周芬伶編《繁花盛景：台灣當代文學新選》，正中書局出版。

　　　　　　△黃子堯著《客家民間文學》，客家臺灣文史工作室出版。

　　　　　　△達西烏拉灣‧畢馬主編《排灣足神話與傳說》、《魯凱族神話與傳說》、達西烏拉灣‧畢馬與達給斯海方岸‧娃莉絲編《布農族神話與傳說》，臺中晨星出版公司出版。

　　　　　　△苗栗縣文化局編《第2屆台灣客家文學研討會論文集》，苗栗縣文化局出版。

　　　　　　△盧建榮論著《台灣後殖民國族認同1950～2000》，麥田出版公司出版。

　　　　　　△深雪小說《月夜遺留了死心不息的眼睛》，皇冠文化出版公司出版。

　　　　　　△黃國峻小說《水門的動口》、《是或一點也不》，聯合文學出版社出版。

　　　　　　△張曼娟等散文集《時光紀念冊：五六七年級的物件紀事》，圓神出版社出版。

　　　　　　△陳明台主編《陳千武詩全集》共十二冊，臺中市文化局出版。

　　　　　　△洛夫《洛夫詩集》，未來書城出版。

　　　　　　△焦桐詩集《青春標本》，二魚文化事業公司出版。

　　　　　　△沈萌華主編《巫永福全集20 詩卷Ⅶ》、《巫永福全集21 台語短句卷》、《巫永福全集22 台俳短句卷》、《巫永福全集23 俳句卷Ⅲ》、《巫永福全集24 文集卷》，榮神實業公司出版。

　　　　　　△陳晞如譯《上課好好玩：兒童戲胞啟發與遊戲》，書林出版

公司出版。

△方淑貞論述《FUN的教學：圖畫書與語文教學》，心理出版社出版。

△管家琪論述《哈利波特之母：J‧K‧羅琳的少年時光》，文經社出版。

△桂文亞論述《讀與寫的第一堂課：我是怎麼寫作的？》，民生報社出版。

△傅林統譯《手塚治蟲：追尋夢與希望的天才漫畫家》，小魯文化事業公司出版。

△傻呼嚕同盟論述《因動漫畫而感動》、《少女魔鏡中的世界》，大塊文化出版公司出版。

△楊淑智譯《百變小紅帽：一則童話的性、道德和演變》，張老師文化公司出版。

九月一日	▲即日起，大陸出版法規修正，臺灣出版的繁體字圖書可以在一般書店正式販售。
九月五日	△城邦書店高雄文化店開幕，只賣城邦出版集團自家出版的書籍和雜誌，並與咖啡shop結合。
	△九歌出版社出版義大利文直譯的全譯本但丁《神曲》三大冊。
九月七日	△第四十四梯次「好書大家讀」優良少年兒童讀物評選活動評選結果揭曉。
九月九日	△中華民國圖書出版事業協會與中華民國圖書發行協進會假國家圖書館國際會議廳舉行「圖書出版與通路研討會系列—如何透過契約簽訂求取出版社、中盤、書局的三贏」座談會。
九月十五日	△行政院新聞局「台灣出版資訊網」正式上線。（http//www.tpi.org.tw/）
九月十七日	△中華民國圖書出版事業協會、中華出版基金會、臺北市出版商業同業公會組團參加「第十屆北京國際書展博覽會」，為期五天。
九月十九日	△中華民國圖書出版事業協會與中國出版工作者協會假北京新大都飯店舉辦「兩岸圖書貿易座談會」。
九月廿六日	△誠品書店進註聯電竹科總部大樓，成立「誠品學苑」，提供

聯電員工購書九折優惠。

九月　　△王國裕等著《第5屆菊島文學獎得獎作品集》，澎湖縣文化
　　　　　局出版。

　　　　△陳慶芳主編《第5屆磺溪文學獎得獎作品專輯》，彰化縣文
　　　　　化局出版。

　　　　△李莉茜‧王錫璋主編《臺灣出版參考工具書書目：2000年至
　　　　　2002年》，國家圖書館出版。

　　　　△臺灣第一家以表演藝術為主題的書店——「東村藝術書店」
　　　　　掛牌營業，只銷售劇場、舞蹈、城市空間等專業藝術書籍。

　　　　△中壢墊腳石圖書廣場開幕，為桃園第一家二十四小時營業書
　　　　　店。

　　　　△金石堂書店發行的《出版情報》改版。

　　　　△柏楊主編《柏楊全集22～26史學卷》，遠流出版事業公司出
　　　　　版。

　　　　△達西烏拉灣‧畢馬主編《邵族神話與傳說》、《卑南族神
　　　　　話與傳說》、《阿美族神話與傳說》、《達悟族神話與傳
　　　　　說》，臺中晨星出版公司出版。

　　　　△吳錫德著《城市鄉土生態文學》，麥田出版公司出版。

　　　　△彭瑞金總編輯《2002台灣文學年鑑》、楊順明（羊子喬）主
　　　　　編《典藏文史書展——聯合書目》，行政院文建會出版。

　　　　△呂惠珍論著《書寫部落記憶：九零年代臺灣原住民小說研
　　　　　究》，駱駝出版社出版。

　　　　△周芬伶小說《浪子駭女》，二魚文化事業公司出版。

　　　　△洪素麗散文集《含笑》、張貴興小說《伏虎》、林育涵小說
　　　　　《我們的幸福生活》、邱貴芬論著《後殖民及其外》、謝肇
　　　　　禎評論《群慾亂舞：舞鶴小說中的性政治》，麥田出版公司
　　　　　出版。

　　　　△向陽散文集《安住亂世》、吳鈞堯小說《等待一場月光晚
　　　　　會》，聯合文學出版社出版。

　　　　△曾維瑜散文集《Dear dear》、韓良憶散文集《廚房裡的音樂
　　　　　會》、文旦小說《冰戀》、張小嫻小說《情人無淚》，皇冠
　　　　　文化出版公司出版。

△王俠軍詩集《剔透愛情》，未來書城出版。

△徐錦成論著《台灣兒童詩理論批評史》，彰化縣文化局出版。

△徐魯編著《芝麻，開門！探訪世界四大寓言家》，民生報社出版。

△沙子芳譯《哈利波特・魔法之盃》，尖端出版公司出版。

△向明、蘇蘭、顏艾琳編著《讓詩飛揚起來》，幼獅文化事業公司出版。

十月一日　　　△城邦出版集團董事長詹弘志宣布，整合城邦書店、城邦讀書花園網站、「reading城邦閱讀」這三種通路的會員為「書蟲俱樂部會員」，共享整合效益。

△「六十九元書店」老闆沈榮裕在上海辦書展，以低價促銷方式為臺灣圖書搶攻大陸市場。

△成立於一九五〇年四月的文化圖書公司走入歷史。

△行政院新聞局假臺北、新竹、臺中、高雄四地及博客來網路書店，舉辦為期一個月的「九十二年金鼎藝文書展」。

△傅月庵著《蠹魚頭的舊書店地圖》，遠流出版事業公司出版。

△中華民國圖書發行協進會假上海圖書公司舉辦為期一個月「臺灣圖書特賣會」。

十月三日　　　△《和平抗SARS實錄》抗疫經典，臺北市政府衛生局舉行出版發表會。

十月十日　　　△余光中總編輯《中華現代文學大系〈貳〉1989～2003》，九歌出版社出版。分詩卷（二冊）、散文卷（四冊）、小說卷（三冊）、戲劇卷（一冊）、評論卷（二冊）等五卷十二冊。共收錄作家三百零九人次，作品九百二十篇。

△配合金鼎獎頒獎，聯經出版事業公司假新竹市政府文化局四樓舉辦「金鼎藝文書展」，至二十六日止。展出新竹市竹塹文學獎、金鼎獎得獎作品。

十月十三日　　△中華民國出版品評議基金會舉辦全國都會區言情小說抽樣調查記者會。

十月十七日　　△國家台灣文學館於臺南市舊臺南州廳開館啟用，成大歷史系

林瑞明教授出任首任館長，並舉辦「台灣文學百年顯影特展」。

△法國在台協會第四屆「法國讀書節」假臺北市法雅客（Fnac）書店環亞店、臺中市法雅客書店、高雄市好書店，舉辦「2003讀書樂在臺灣」活動，為期三天。

十月十八日　△行政院新聞局假新竹市煙波大飯店阿波羅廳舉行第二十七屆「金鼎獎」頒獎典禮。

十月廿日　△行政院文建會召開「臺灣美術地方發展撰述計畫——嘉義縣、南投縣、臺東縣、花蓮縣、宜蘭縣專輯出版」新書發表會，陳郁秀主委親自主持。

△行政院文建會與建築雜誌合作出版《台灣建築之美》。

△行政院新聞局召開「大陸地區大專專業學術簡體字版圖書來臺銷售管理措施」檢討會議。

十月廿三日　△中華民國圖書出版事業協會參加大陸「2003年南寧國際學生讀物展暨新課標背景下的大陸教育發展與教育出版論壇」。

▲「永遠的第一夫人」蔣宋美齡辭世，享壽一百零五歲。

十月廿五日　△二○○一年奧斯卡最佳美術設計獎得主葉錦添著《中容——美學、散文‧作品集》，天下遠見出版公司出版。

△金石堂書店全省七百九十五家直營門市，同步推出「就是這麼『澳』妙展覽」，宣示進入英文書市場，開賣原文書，展期至十一月卅日止。

十月廿七日　△曾任《幼獅文藝》主編的司徒衛病逝於美國，享壽八十二歲。

十月廿八日　△行政院文建會舉辦「從傳統出發的文化創意產業叢書」新書發表會。

△中華民國圖書出版事業協會組團參加上海「第3屆上海版權貿易洽談會」，為期三天。

十月廿九日　△臺北市出版商業同業公會補選理事長，水牛圖書公司董事長彭誠晃當選理事長。

十月卅一日　△李瑞騰主編《柏楊全集》，遠流出版事業公司出版。全套四卷（另含別冊）二十八冊，自二○○○年三月起陸續出版，至本月全部出齊。包括散文卷（第一～十一冊）、詩卷‧小

說卷（第十二冊）、小說卷（第十三～十五冊）、史學卷（第十六～二十六冊）、特別卷（第二十七冊）、別冊（第二十八冊）。

十月　△陳雨航成立的一方出版公司，由城邦集團全部接手。

△張芸生、張元旭、曾正雄等編著《測繪學辭典》，國立編譯館出版。本辭典以教育部一九八九年二月公布之「測量學名詞」為藍本，涵蓋航測與遙測、平面測量、大地測量、海洋測量、地圖編印、測繪儀器與綜合測繪等七大領域。

△陳長慶等著《第11屆南瀛文學獎專輯》，臺南縣文化局出版。

△陳秀義主編《第2屆玉山文學獎得獎作品集》，南投縣政府文化局出版。

△莫渝、王幼華合編《第1屆苗栗縣文學研討會——野地繁花》，苗栗縣政府文化局出版。

△江寶釵主編《地貌的縫線：台灣文學史料編纂研討會論文集》，駱駝出版社出版。

△施懿琳等合著《台灣文學百年顯影》，玉山社出版。

△鍾肇政小說《歌德激情書》，草根出版社出版。

△吳明益散文集《蝶道》，二魚文化事業公司出版。

△徐國能散文集《第九味》、孫禹小說《黑蝴蝶》、龔鵬程主編《閱讀馬森：馬森作品學術研討會論文集》，聯合文學出版社出版。

△劉大任散文集《空望》，INK印刻出版公司出版。

△顏玉露散文集《仰望，那幽微的光》、黃仁元散文集《藍夜候鳥》，澎湖縣文化局出版。

△白靈主編《中華現代文學大系・臺灣1989～2003詩卷》、張曉風主編《中華現代文學大系・臺灣1989～2003散文卷》、馬森主編《中華現代文學大系・臺灣1989～2003小說卷》、李瑞騰主編《中華現代文學大系・臺灣1989～2003評論卷》、胡耀恆主編《中華現代文學大系・臺灣1989～2003戲劇卷》、游喚散文集《不俗不壽不糊塗》、陳義芝主編《劉克襄精選集》、《顏崑陽精選集》、楊小雲小說《禁地愛

情》，九歌出版社出版。

△晴川譯《在魔戒中尋找公主》，光啟出版社出版。

△楊茂秀譯《圖畫·話圖》，毛毛蟲兒童哲學基金會出版。

△鄧嘉宛譯《托爾金魔戒的魅力》，校園書房出版。

△吳敏而等《聊書學文學》，朗智思維科技公司出版。

△趙永芬譯《中學生閱讀策略》，天衛文化圖書公司出版。

△蘇愛秋著《兒歌教材教法》，心理出版社出版。

△林道生編著《原住民神話與文化賞析》，漢藝色研文化公司出版。

十一月三日	△行政院文建會指導典藏藝術家庭公司「翻譯文化創意產業叢書」新書發表記者會假該會舉行。
十一月四日	△鄭邦鎮主編《2001台灣文學年鑑》、《2002台灣文學年鑑》，行政院文建會出版。
十一月五日	△行政院文建會臺灣作家代表團，由吳密察副主委率團前往日本訪問，代表團於訪問期間將與關東關西學者專家進行懇談外，並假明治學院大學舉行「臺日文化交流研討會」，以「現代臺灣文學與文化現象」及「探討臺灣原住民文學精髓」兩個主題，由隨行作家發表演講及與日本文化出版界人士進行座談。
十一月六日	△在經濟部智慧財產局指導下，臺北市出版商業同業公會、中華出版基金會與國立中央圖書館臺灣分館共同舉辦「企業智慧財產權管理與認證」講座。
十一月十四日	△中華民國圖書出版事業協會邀請湖北出版工作者協會來臺參訪，並假國立中央圖書館臺灣分館舉辦「2003湖北書展」
十一月十八日	△「臺灣出版界與大陸同業交流暨圓桌論壇」，由行政院文建會黃武忠處長率同國內報紙副刊、文學雜誌主編及相關從業人員一行十二人，前往大陸北京、上海等地，進行為期七天的訪問交流活動。
十一月廿二日	△聯經出版事業公司與金門縣政府合作出版《金門文學叢刊》，包括小說四冊、散文三冊、詩集三冊，共十冊。
	△聯經出版事業公司與金門縣立文化中心假金門縣立文化中心舉辦「九十二年金門藝文書展」，至三十日止。

十一月廿六日　△發行商農學社歡慶二十四週年暨南崁物流中心正式開幕啟
　　　　　　　用。

十一月廿九日　△夏祖麗・應鳳凰、張至璋合著《暮色蒼茫裡的趕路人：何凡
　　　　　　　傳》，天下文化出版公司出版。

十一月　　　△洪萬隆主編《第5屆大武山文學獎》，屏東縣文化局出版。

　　　　　　△桃園縣政府文化局編《桃園縣第8屆文藝創作獎得獎作品
　　　　　　　集》，桃園縣文化局出版。

　　　　　　△葉澤山主編《第11屆南瀛文學獎專輯》，臺南縣政府出版。

　　　　　　△余昭玟主編《從語言跨越到文學建構：跨越一代小說家研究
　　　　　　　論文集》、林民昌論著《當代台灣小說文本的知識及其操
　　　　　　　作》、臺南市立圖書館編《第九屆府城文學獎得獎作品專
　　　　　　　集》，臺南市立圖書館出版。

　　　　　　△國家圖書館參考組編輯《臺灣出版參考工具書書目：2002
　　　　　　　年》，國家圖書館編印。

　　　　　　△文訊雜誌社編《第7屆青年文學會議論文集：台灣文學的比
　　　　　　　較研究》，文訊雜誌社出版。

　　　　　　△中國圖書館學會出版委員會主編《圖書館人物誌》（一），
　　　　　　　中國圖書館學會出版。

　　　　　　△台灣教育史研究會策劃，吳文星等編著《日治時期台灣公學
　　　　　　　校與國民學校國語讀本解說・總目次・索引》，南天書局出
　　　　　　　版。

　　　　　　△薛宗明著，《臺灣音樂辭典》，臺灣商務印書館出版。

　　　　　　△鄭尊仁論著《台灣當代傳記文學研究》，秀威資訊科技公司
　　　　　　　出版。

　　　　　　△杜修蘭小說《溫哥華的月亮》，皇冠文化出版公司出版。

　　　　　　△王蘭芬小說《寂寞殺死一隻恐龍》，時報文化出版公司出
　　　　　　　版。

　　　　　　△張抗抗小說《作女》，九歌出版社出版。

　　　　　　△許水富詩集《孤傷可樂》、歐陽柏燕詩集《飛翔密碼》、張
　　　　　　　國治詩集《戰爭的顏色》、林媽看散文集《浴在火光中的鄉
　　　　　　　愁》、陳亞馨散文集《雲之鄉》、洪乾祐小說《紅梅樹》、
　　　　　　　黃克全小說《時間懺悔錄》，聯經出版事業公司出版。

△侯諒吉主編《台灣的詩》、《台灣散文：永恆的迷離記憶—人文篇》、洪致文等著《台灣之美》，未來書城出版。

△邱各容等著《我們的記憶‧我們的歷史》，臺東大學兒文所出版。

△陳月文著《動手動腦玩遊戲：多元智慧讀書會》，民生報社出版。

△中華民國兒童文學學會編《兒童文學資深作家陳千武先生及其同輩作家作品研討會論文集》，中華民國兒童文學學會出版。

△陳幸蕙編著《小詩森林：現代小詩選Ⅰ》，幼獅文化事業公司出版。

△中華民國圖書發行協進會正式成立網站。（http//www.csbca.com）

十二月二日　△行政院文建會舉辦「漫畫臺灣文化」發表記者會。

十二月三日　△曾主編文藝刊物的作家姜穆病逝，享年七十五歲。

十二月五日　△財團法人資訊工業策進會、奇碁亞洲電子商務公司與中華民國圖書發行協進會舉辦「出版產業e化」座談會。

十二月六日　△由心靈工坊、心理、立緒、合記、桂冠、書林、張老師文化、聯經等八家出版業者聯合主辦「2003年第一屆心靈書展」，提醒社會大眾應對身心疾病患者付出更多關懷。

十二月七日　△英業達副董事長兼「明日工作室」負責人溫世仁病逝，得年五十五歲。

十二月十八日　△行政院新聞局委託政大公共行政及企業管理教育中心假該中心國際會議廳舉辦「兩岸出版品著作權問題研討會」。

十二月十九日　△中華民國圖書出版事業協會參加「香港文化產業博覽會暨國際研討會」。

十二月廿日　△行政院新聞局完成「出版品及錄影帶節目分級處理辦法」及「網際網路分級管理辦法」草案，首度將網際網路的閱讀，分限制、輔導、保護、普遍級等四級管理。

十二月廿二日　△第二十五屆「聯合報文學獎」暨「2003年讀書人最佳書獎」舉行贈獎典禮。

△中華民國圖書出版事業協會組團參加澳門基金會與澳門文化

<table>
<tr><td></td><td>廣場假澳門皇督酒店會議廳舉辦之第八屆「華文出版聯誼會議」。</td></tr>
</table>

十二月廿六日	△陳明台主編《陳千武詩全集》，臺中市文化局出版。包括詩作九冊、譯詩選集一冊、詩想隨筆一冊、論述一冊，共十二冊。
十二月廿八日	△二〇〇三「開卷最佳青少年圖書、最佳童書」揭曉。
十二月卅日	△詩人李魁賢《李魁賢譯詩集》，臺北縣文化局出版，共八冊。翻譯範圍遍佈大洋洲、非洲、美洲、歐洲及亞洲等五大洲，七十二個國家，三百五十三位詩人的八百七十七首詩。
十二月卅一日	△百年老店「臺灣書店」功成身退，走入歷史。
	△《聯合報》「讀書人」選出年度「最佳書獎」文學類十部作品分別是：張大春《聆聽父親》、王文興《星雨樓隨想》、王德威《被壓抑的現代性》、黃碧雲《後殖民誌》、駱以軍《遠方》、童妮・摩裏森著，何文敬譯《寵兒》、袁瓊瓊《食字癖者的札記》、徐國能《第九味》、瓦爾特・班雅明著，李士勛及徐小卿譯《班雅明作品選》、阮慶岳《林秀子一家》等。
	△《中國時報》「年度開卷好書獎」揭曉，入選作品計有楊絳《我們仨》、張大春《聆聽父親》、黃美秀《黑雄手記》、吳明益《蝶道》、孫秀蕙《爵士春秋》、黃凡《躁鬱的國家》、凌至軍《變化》等七本。
十二月	△據行政院新聞局統計，截至本年年底止，登記的出版社為七千五百三十八家，圖書出版數為三萬九千一百三十八種。
	△行政院新聞局編輯《中華民國九十一年・中華民國年鑑》，中央通訊社編印。
	△行政院新聞局主辦，中華徵信所承辦研究《中華民國91年圖書出版產業調查報告》，行政院新聞局出版。
	△鍾青柏、莊玉媛合編《鍾理和全集》，行政院客委會出版。
	△顧力仁主編《臺灣歷史人物小傳——明清暨日據時期》，國家圖書館出版。
	△張玉斌編著《女人應讀的25本書》，靈活文化事業公司出版。

△胡萬川主編《臺南縣閩南語諺語集》，臺南縣文化局出版。

△岩上等著《南投縣文學家作品集第十輯》，南投縣文化局出版。

△周錦宏主編《苗栗縣第6屆夢花文學獎得獎作品專輯》、莫渝・王幼華合編《寒風的啟示——苗栗文學讀本6》，苗栗縣文化局出版。

△蕭炳欽主編《九十二年度教育部文藝創作獎得獎作品集》，國立臺灣藝術教育館出版。

△郭楓評論集《美麗島文學評論續集》，臺北縣文化局出版。

△邱炯友主編《大學出版社與學術出版》，五南圖書出版公司出版。該書為「二〇〇三海峽兩岸大學出版社與學術出版研討會」論文彙集。

△龔湘萍論著《台灣的憂鬱》，人間出版社出版。

△楊馥菱、徐國能、陳正芳合編《台灣小說》，國立空中大學出版。

△江文雙《江文雙小說集1～3》，苗栗縣文化局出版。

△文旦小說《不可逆的傷害》，皇冠文化出版公司出版。

△蔡珠兒散文集《雲吞城市》、龍應台小說《銀色仙人掌》，聯合文學出版社出版。

△李瑞騰散文集《有風就要停》，九歌出版社出版。

△侯諒吉主編《台灣散文：海鷗的家鄉——地理篇》，未來書城出版。

△林文寶主編《月亮愛漂亮——台灣（2003）兒歌一百》，行政院文建會・臺東大學兒文所出版。

二〇〇四年

一月五日　　△由大塊文化出版公司郝明義與城邦出版集團詹宏志等結合其他十六家出版業者成立「臺北書展基金會」。二月十六日獲行政院新聞局許可登記，二月廿五日完成財團法人設立登記。

一月七日　　△擁有國內五大出版集團（商周媒體集團、城邦出版集團、

PCHOME集團、儂儂國際集團、尖端出版集團）的「城邦出版人」喬遷新家，五家出版集團整合同棟大樓，由「城邦出版控股集團」做為共同「經營委員會」。

一月十二日　△日本小學館來臺召開記者會，宣布解除與臺灣大然出版社所有的漫畫契約，近五百部小學館漫畫面臨「空窗期」，等待新的出版社取得合約重新出版。

一月十五日　△《編織春天——桃園縣兒童文學創作選集24》，桃園縣政府編印。

一月十六日　△金石堂書店公佈「2003年年度風雲人物」為已故明日工作室創辦人溫世仁及新興作家鄭弘儀。「年度十本最具影響力的書」為：《聆聽父親》、《蘇西的世界》、《收買與出賣的秘密》、《對面》、《達賴生死書》、《奈米獵殺》、《執行力》、《蝶道》、《陰陽師》、《巴爾札克與小裁縫》等。「十大出版新聞」為：「藝文雜誌動作頻頻」、「兩岸出版交流增溫」、「出版界齊心抗SARS」、「圖書與影視合作，締造雙贏佳績」、「出版品牌大整合」、「金庸武俠小說重新修訂，褒貶不一」、「國內文學運動萌芽」、「《大英簡明百科》線上閱覽創舉」、「國際商學大師紛紛來台發聲」、「『韓流』襲台」等。

一月廿日　△江曉東著《年年歲歲一床書》，未來書城出版。

一月廿一日　△王乾任著《臺灣出版產業大未來》，生活人文出版社出版。

一月廿八日　△首度由民間出版業者城邦集團統籌承辦的第十二屆「臺北國際書展」假臺北世貿中心一、二館舉行，至二月二日止，計有五十一個國家，九百二十五家出版社，二千零七十八個位參展。

一月　△台灣閱讀協會編著《童書久久Ⅱ》，台灣閱讀協會出版。

△張清龍論著《高塔上的人》，商周文化出版公司出版。

△平凡（施清澤）詩集《平凡詩集》、孫康散文集《康莊紀事》，文史哲出版社出版。

△李敏勇主編《啊，福爾摩沙！》，本土文化公司出版。

△鄭愁予《鄭愁予詩集Ⅱ 1969～1986》，洪範書店出版。

△張默散文集《臺灣現代詩筆記》、楊明散文集《走出荒

蕉》、向陽論著《浮世星空新故鄉：台灣文學傳播議論析論》，三民書局出版。

△韓秀散文集《有一個故事是這樣開始的》，未來書城出版。

△席慕蓉散文集《我的家在高原上》，圓神出版社出版。

△李安君散文集《星星的願望》、陳映慈譯《Pooh！小熊維尼》、陳雅汝譯《小熊維尼談哲學》、曉丘譯《小熊維尼談心理學》，商周文化公司出版。

△王浩威散文集《與自己和好》、李昂小說《看得見的鬼》、虹影小說《鶴止步》，聯合文學出版社出版。

△蔡詩萍散文集《蔡詩萍精選集》，九歌出版社出版。

△曹文軒散文集《讀小說：小說家曹文軒讀小說》，天衛文化圖書公司出版。

△尹格言小說《甕中人》，INK印刻出版公司出版。

△周慶華論著《文學理論》，五南圖書出版公司出版。

△林致好主編《文學交流：國立東華大學第二屆全國中文系研究生學術研討會論文集》，東華大學中文系出版。

△宋珊如、劉秀美合編《海峽兩岸華文文學學術研討會論文集‧2003》，中國現代文學學會出版。

△李西勳總編《第3屆玉山文學獎得獎作品集》，南投縣文化局出版。

△黃煜文譯《孩子的歷史：從中世紀到現代的兒童與童年》、黃琪雯譯《追蹤阿拉丁的腳印》，麥田出版公司出版。

△穀瑞勉譯《鮮活的討論！培養專注的閱讀》，心理出版社出版。

△凌明玉著《哆啦A夢之父：藤子不二雄的故事》，文經社出版。

二月一日　△井狩春男著；吳振瑞譯《這書要賣一百萬本——暢銷書經驗法則100招》，遠流出版事業公司出版。

△遠流出版事業公司編製《文化台灣：新世紀、新容顏》，行政院文建會出版。

二月二日　△Page One書店進駐臺北101購物中心四樓，賣場廣達七百二十坪，陳列三十五萬冊書，英文書約十六萬冊，十五日正式開幕。

二月三日	△聯合報系聯合知識庫《2003新聞攝影年鑑》，聯經出版事業公司出版。為臺灣新聞史上第一本新聞攝影年鑑。
二月六日	△陳永浩（畫家）《藝術讚頌》，新形象文化公司出版。假花蓮市「城垣創意空間」舉辦新書發表會。
二月七日	△催生教育廳兒童讀物編輯小組的陳梅生逝世，享壽八十一歲。
	△由臺北市出版商業同業公會與中國文物交流協會共同主辦的「2004高雄國際書展」假高雄世貿中心展開，展期九天。
	△第四十五梯次「好書大家讀」優良少年兒童讀物評選活動結果揭曉，選出好書一百三十五冊，包括單冊一百三十三本，套書一套（二本）。
二月八日	△臺北市文化局推動設置的「臺北市文化產業發展委員會」正式成立，委員涵蓋出版、觀光、建築、表演藝術、時尚設計等領域。
	△褚世瑩新著《元氣地球人》，大田出版社出版。
二月九日	△行政院文建會與公視合作，根據鄧相揚原著《風中緋櫻》拍攝「霧社事件」歷史大戲，即日起於公視播出。
二月十一日	△《發現高雄城市文化館》，高雄市文化局出版。
	△鄭溪和等著《台灣傳統藝術之美》，遠流出版事業公司出版。
二月十三日	△「2004臺中世界書展」假臺中世貿中心舉行，展期十天。該展覽係由臺北市出版商業同業公會與臺中世貿中心、眾威企劃有限公司共同主辦。
二月十四日	△呂秀蓮新著《台灣大未來：海洋立國世界島》，知本家文化公司出版。
二月十六日	△金石堂書店引進美國「紐約時報暢銷書排行榜」上文學類與非文學類暢銷書前二十名、企管類十名（平裝本），以忠孝店、天母店、民生店和網路書店試行，並提供訂購服務。
二月十八日	△金石堂書店臺北大安店改裝主題為文學旗艦店──「我的文學書房」。
	△行政院院會通過新聞局所提「媒體文化產業發展方案」。以發展圖文出版產業在內的六大發展方案，未來四年預計投入

五十二點二億元，全面建構臺灣媒體文化產業。

二月十九日　△《皇冠雜誌》舉辦五十週年慶記者會，頒發第五屆「皇冠大眾小說獎」百萬獎，謬西（邢臺明）以作品《魔蠍》榮獲首獎。

△「五十本你最喜歡的皇冠書」讀者票選結果出爐，前五名都是《哈利波特》（一～五集）。

二月廿日　△尹啟明論著《台灣經濟轉捩時刻》，時報文化出版公司出版。

△日盛金控公司《新金融商品：財富管理新紀元》，宏典文化公司出版。創下金控公司出書首例。

二月廿二日　△平鑫濤《逆流而上》，皇冠文化出版公司出版，記述其所看盡的五十年來文壇興衰。

二月　△英文圖書進口商書林出版公司另行成立「龍登出版公司」，旨在使業者更容易掌握世界出版脈動。

△唐淑華論著《說故事談情意：《西遊記》在情意教學上的應用》，心理出版社出版。

△糊塗塌客論著《童話裡的愛情課題》，臺中好讀出版公司出版。

△張培耕編《張培耕全集》，幼獅文化事業公司出版。

△王潤華論著《跨界跨國文學解讀》，萬卷樓圖書公司出版。

△徐國能主編《海峽兩岸當代文學論集》，臺灣學生書局出版。

△周慶華論著《後臺灣文學》，秀威資訊科技公司出版。

△劉森堯散文集《母親的書》、朱介凡小說《百年國變》，蕭蕭論著《台灣新詩美學》，爾雅出版社出版。

△莫素微譯《台灣新文學運動的展開：與日本文學的接點》，全華科技圖書公司出版。

△吳鈞堯小說《地址》，鷹揚出版社出版。

△楊南倩小說《這樣愛》、陳雪小說《橋上的孩子》、朱天心小說《獵人們》，INK印刻出版公司出版。

△張愛玲小說《同學少年都不賤》，皇冠文化出版公司出版。

△黃宗慧主編《台灣動物小說選》、蘇偉貞主編《臺灣眷村小

說選》，二魚文化事業公司出版。

△許榮哲小說《ㄩㄟㄧㄢˊ》，寶瓶文化公司出版。

△橫地剛、藍博洲、曾健民合編散文集《文學二二八》，臺灣社會學社出版。

△陳克華散文集《夢中稿》，小知堂文化公司出版。

△林文月散文集《回首》，洪範書店出版。

△古蒙仁散文集《大哥最大》、虹影散文集《火狐虹影》、黃武忠散文集《我願為她繫鞋帶》、張啟疆小說《變心》，九歌出版社出版。

△陳崇正詩集《擁愛‧愛詠》，商周文化公司出版。

△蔡振念詩集《陌生地憶往》，唐山出版社出版。

△全臺詩編輯小組編撰《全臺詩》，遠流出版事業公司出版。

△林榮德詩集《太空詩集：獨立海鯨號》，推理雜誌社出版。

△孫震論述《人生在世：善心、公義與制度》，聯經出版事業公司出版。

△《台灣離島之美》，行政院文建會出版，預計全系列將推出十冊。

△孫安迪新著《孫安迪之免疫處方——蔬果篇》，商周文化公司出版。

| 三月一日 | △大英百科全書公司臺灣分公司編輯部編譯《大英簡明百科》，遠流出版事業公司出版。 |

三月一日　　　△大英百科全書公司臺灣分公司編輯部編譯《大英簡明百科》，遠流出版事業公司出版。

三月三日　　　△行政院文建會發表「2004文化白皮書」。

三月五日　　　△誠品書店屆滿十五週年總經理吳清友表示，誠品書店仍以扮演華人閱讀和知識傳播最具影響力且有人文精神品牌為目標。誠品並立新部門「出版誌」，未來將出版帶動書籍閱讀的特刊及別冊等。此外，《誠品好讀》改版，告別過去服務會員的時代，並藉公開銷售，宣示面向市場，接受檢驗的企圖心。

三月九日　　　△行政院文建會發表首批臺灣史料編纂成果，共有《全臺詩》、《臺灣史料集成》、《臺灣歷史辭典》三種套書，遠流出版事業公司出版。

三月十日　　　△林秀玲主編《九十二年小說選》、顏崑陽主編《九十二年散

文選》，九歌出版社出版。

三月廿六日　△行政院文建會發布「文建會文學人才補助作業要點」。

三月廿七日　△「2003好書大家讀最佳少年兒童讀物獎」頒獎。

三月卅日　△鍾怡雯、陳大為主編《天下散文選Ⅲ1970～2003大陸與海
　　　　　　　外》，天下遠見出版公司出版。

　　　　　　△《幼獅文藝》月刊舉行五十週年慶茶會。

三月卅一日　▲「國家台灣文學館設置條例草案」立法院初審通過。

三月　　　　△由行政院新聞局主辦的「台灣出版資訊網」（設置臺灣零售
　　　　　　　市場觀察系統）正式上路。期盼協助出版上、中、下游業者
　　　　　　　即時掌握市場資訊，同步調整編物與行銷策略，提供產業資
　　　　　　　訊給出版業者參考，強化產業的健全運作。

　　　　　　△查理斯‧泰勒原著；宋靖遠主編《資優生科學百科》全十
　　　　　　　冊，閣林國際圖書公司出版。

　　　　　　△張晴雯譯《奇幻文學的人物造形：從啟發想像力到繪製技巧
　　　　　　　入門》，視傳文化公司出版。

　　　　　　△孟樊《旅行文學讀本》，揚智文化公司出版。

　　　　　　△李喬總編輯《吳濁流文學讀本》，苗栗縣政府西湖鄉公所出
　　　　　　　版。

　　　　　　△文化大學中文系主編《回顧兩岸五十年文學學術研討會論文
　　　　　　　集》，文化大學出版部出版。

　　　　　　△周錦宏編輯《亞太客家文化節：台灣客家文學研討會論文
　　　　　　　集》、杜子《杜子詩文集》，苗栗縣政府文化局出版。

　　　　　　△汪洋萍論著《良性互動》，文史哲出版社出版。

　　　　　　△孫哲小說《菌類愛情》，INK印刻出版公司出版。

　　　　　　△齊邦媛、王德威主編《最後的黃埔：老兵與離散的故事》、
　　　　　　　許建崑等主編《寫作教室：閱讀文學名家》，麥田出版公司
　　　　　　　出版。

　　　　　　△蕭蕭主編《壓力變甜點──幽默散文選》、陳幸蕙主編《49
　　　　　　　個夕陽》、《真愛年代》，幼獅文化事業公司出版。

　　　　　　△離畢華散文集《心裡的光，亮著》，高雄春暉出版社出版。

　　　　　　△阿寶散文集《女農討山誌：一個女子與土地的深情記事》，
　　　　　　　張老師文化公司出版。

	△劉克襄散文集《大山下，遠離台三線：劉克襄小鎮風情話》，皇冠文化出版公司出版。
	△廖偉棠詩集《波西米亞行路謠》，聯合文學出版社出版。
	△侯諒吉主編《名詩手稿》，未來書城出版。
	△鍾修賢總編輯，德伸文化事業公司編輯設計，《2003年出版年鑑》，行政院新聞局出版。
四月六日	△曾任報紙副刊編輯、雜誌主編的作家袁哲生自殺身亡，得年三十八歲。
四月十一日	△第十六屆信誼幼兒文學獎頒獎。零到三歲圖畫書創作組首獎從缺。三到八歲圖畫書創作組首獎安石榴《星期三下午，捉・蝌・蚪》。
四月十二日	△行政院文建會為獎勵文學創作，擬定「文學國度」人才培育計畫，每年以一千五百萬鼓勵三十五位新進及專業作家，並出版五本新書及十本中書外譯。
四月十七日	△國內第一家女性主義專業書店——女書店，屆滿十週年，舉行「女聲喧嘩話女書十年」慶生座談會。
四月廿九日	△國內最大漫畫經銷商大苑文化公司爆發販售盜版漫畫事件。經調查局臺北市調處查獲七萬多冊日本盜版漫畫。
	△白先勇新書《姹紫嫣紅牡丹亭：四百年青春之夢》，遠流出版事業公司出版。
	△白先勇新書《白先勇說崑曲》、漢寶德文集《漢寶德談美》，聯經出版事業公司出版。
四月	△R.E.阿蘭等著；李保傑等譯《牛津兒童百科全書》全一冊，閣林國際圖書公司出版。
	△劉興欽總策劃《內灣的故事》，聯經出版事業公司出版。
	△劉建毅論著《看故事，學創意思考》，稻田出版公司出版。
	△鄧美雲、周世宗論著《繪本玩家DIY》、陳璐茜論著《繪本發想教師》、《趣味繪本故事》、《想像力插畫教室》，雄獅圖書公司出版。
	△吳庶深編著《生命真精彩！用圖畫書發現生命的新境界》，三之三文化公司出版。
	△邱文鸞、劉範徵、謝鳴珂等著《臺灣旅行記校譯》，臺灣古

籍出版社出版。

△呂嵩雁論著《臺灣客家話的源與變》，五南圖書出版公司出版。

△方群論著《台灣新詩分類學》，鷹揚出版社出版。

△應鳳凰編著《鍾理和論述1960～2000》，高雄春暉出版社出版。

△江寶釵論著《白先勇與當代文學史的構成》，駱駝出版社出版。

△陳信元著《出版與文學：見證二十年海峽兩岸文化交流》，揚智文化事業公司出版。

△張典婉評論《台灣客家女性》，玉山社出版。

△鍾文音小說《愛別離》，大田出版公司出版。

△李喬、許素蘭、劉慧真編《客家文學精選集·小說卷》，天下遠見出版公司出版。

△夏本·奇伯愛雅小說《三條飛魚》，遠流出版事業公司出版。

△琹涵散文集《簡單的幸福》，正中書局出版。

△鍾肇政《鍾肇政全集·20～22、32，隨筆集》、《鍾肇政全集·28，書簡集·六·情誠書簡》、《鍾肇政全集·28，書簡集·七·情純書簡》、《鍾肇政全集·31，訪談集，台灣客家族群史論》、《鍾肇政全集·38·影像集》、《鍾肇政全集·35～36，劇本》，桃園縣文化局出版。

△王劍冰主編《遇見散文：二十世紀名家經典100》，圓神出版社出版。

△鍾文音散文集《最美的旅程》，閱讀地球文化公司出版。

△曹又方散文集《風華的印記》，九歌出版社出版。

△郝明義散文集《故事》，大塊文化出版公司出版。

△官有位散文集《呼喚與吶喊》、《鄉之情》、林淑慧論著《黃淑璥及其《臺海史槎錄》研究》，萬卷樓圖書公司出版。

△侯諒吉散文集《冷漠的美感經驗：侯諒吉散文》、《淡江上的濃風：侯諒吉散文·貳》，未來書城出版。

△簡媜散文集《只緣身在此山中》，洪範書店出版。

△林文月散文集《人物速寫》、李欣倫散文集《有病》、李依倩小說《深海潛行》、彭瑞金評論集《霧散的時候》，聯合文學出版社出版。

△阮慶岳散文集《一人漂流》，INK印刻出版公司出版。

△《青春腐蝕畫：李敏勇詩集（1968～1989）》，玉山社出版。

△向陽主編《2003年度詩選》，二魚文化事業公司出版。

五月一日　　　　△謝世宗論述《族群人類學的宏觀探索：臺灣原住民論文集》，台灣大學出版中心出版。

△阮慶岳短篇小說集《恍惚：廢墟、殘物、文學》，木馬文化公司出版。

△向陽、蕭蕭、林黛嫚合編《台灣現代文選》，杜正勝《藝術殿堂內外》、《新史學之路》三民書局出版。

△杜榮琛《杜子詩文集》共四冊，苗栗縣文化局出版。

五月二日　　　　△行政院研考會主辦「九十三年度政府出版品縣市巡迴展」，於連江縣政府文化局舉行，展出中央及各縣市政府出版圖書、期刊、電子出版品等共三千八百多種。

五月四日　　　　△聯經出版事業公司總編輯林載爵接替劉國瑞任發行人。

△聯經出版事業公司成立三十週年紀念。推出《胡適日記全集》、高行健劇作《扣問死亡》、康得《三大批判》中譯本。

五月五日　　　　△洪淩譯科幻經典之作《銀翼殺手》，一方出版公司出版。

五月六日　　　　△《Deep Love 深沉的愛》中譯本，尖端出版公司出版。

△鄭春悅《擁抱另一個圓》，聯合文學出版社出版。

五月七日　　　　△「海關處理進口有傷風化物品作業方式」停止適用。

△黃日燦文集《法律決勝負：企業併購與技術轉移》，聯經出版事業公司出版。

五月十二日　　　△林奐均小說《你是我最愛》，圓神出版社出版。

△遠景出版公司負責人沈登恩因肝腫瘤病逝臺北榮總，得年五十六歲。

五月十三日　　　△東森電視台積極擴展文化出版市場，與城邦出版集團簽約，

展開異業合作，將把城邦出版品透過東森美洲台行銷到北美華人市場。

五月十七日　△張鐵志評論集《聲音與憤怒：搖滾樂可能改變世界嗎》，商周文化公司出版。

五月十八日　△許雪姬總策劃；周惠玲責任編輯《台灣歷史辭典》，收錄年代以史前迄二○○○年（部分到二○○三年），為一本實用的台灣史辭典。收錄詞目四千六百五十六條，圖片一千二百六十張，附表四十四種。附錄二冊，收有主要參考書二千二百則，關鍵字總索引一萬二千條，行政院文建會出版。

五月廿日　▲陳水扁、呂秀蓮連任中華民國第十一屆總統、副總統。

五月廿三日　△巫永福文化基金會舉辦「巫永福獎巫永福獎」頒獎典禮。文學獎：黃武忠《看天族》、文學評論獎蔡秀菊《文學陳千武》、文化評論獎阮銘《兩個台灣的命運》。

五月　△統一速達自本月起與誠品書店合作，為書店產業的消費者建立全新配送服務，在全國四十八家誠品門市設立宅急便代收點。

　　△中央研究院歷史語言研究所編輯《俗文學叢刊》第四輯精裝第三百零一至第三百六十九冊，中央研究院歷史語言研究所與新文豐出版社合作出版。

　　△張鴻章主編《彰化縣93年教師童話暨兒歌創作比賽優勝作品專輯》，彰化縣政府教育局出版。

　　△九十二年世新大學資訊傳播學系書店經營學研習班編《遊走書店發現閱讀》、《迷戀書香台北城》，秀威資訊科技公司出版。

　　△林敏雅譯《童話治療》，麥田出版公司出版。

　　△王瓊珠編著《故事結構教學與分享閱讀》，心理出版社出版。

　　△黃惠玲等著《第八屆兒童文學與兒童語言學術研討會論文集》，富春文化事業公司出版。

　　△林文寶、周宇陳《民間文學》，行政院僑委會出版。

　　△張錦忠論著《重寫馬華文學史論集》，暨南大學東南亞中心出版。

△解昆樺論著《典律的建構與生城》，鷹漢出版社出版。

△朱壽桐論著《文學與人生》，揚智文化公司出版。

△朱崇科評論集《本土性的糾葛：邊緣放逐・「南洋」虛構・本土迷思》、楊松年・簡文志主編《離新的辨證：世華小說評析》，唐山出版社出版。

△張春榮評論集《名家極短篇與引導》，萬卷樓圖書公司出版。

△瘂弦評論集《聚繖花序》，洪範書店出版。

△鄭清文《多情與嚴法：鄭清文評論集》、汪其湄主編《國民文選：戲劇卷》、施懿琳主編《國民文選：民間文選卷》，玉山社出版。

△謝曉昀小說《基隆市海洋小說集：海洋愛欲三部曲》、姜子安小說《基隆市海洋小說集：尋》、洪明慧・陳榕笙・徐譽誠《基隆市海洋小說集：短篇小說合集》，基隆市政府文化局出版。

△王安憶小說《叔叔的故事》、彭小妍小說《純真年代》，麥田出版公司出版。

△王泰澤小說《母語踏腳行：長篇自傳小說》，前衛出版社出版。

△廖偉棠小說《十八條小巷的戰爭遊戲》，寶瓶文化公司出版。

△張拓蕪散文集《肯拓荒蕪的大兵傳奇》、李奭學評論集《書話台灣：1990-2003文學印象》、廖玉蕙《打開作家的瓶中稿：再訪捕蝶人》，九歌出版社出版。

△棌涵散文集《生活的簡單滋味》，正中書局出版。

△劉靜娟散文集《布衣生活》、藍博洲小說《一個青年小說家的誕生》，INK印刻出版公司出版。

△王文華等著《一定要幸福》、王定國小說《沙戲：生命情境・孤獨美學・王定國小說》，聯合文學出版社出版。

△齊邦媛散文集《一生中的一天：齊邦媛散文》、隱地散文集《人生十感》、郭強生《2003／郭強生》，爾雅出版社出版。

△文曉村詩集《文盧詩房菜》、張放散文集《雜花生樹：放齋隨筆精選》，詩藝文出版社出版。

△林榮德詩集《大地詩集：一元復始・萬象更新》，推理雜誌社出版。

六月四日　△臺灣大眾文學的推手，前春天出版社總編輯楊淑慧因病過世，得年四十八歲。

六月卅日　△張靜二編《西洋文學在臺灣研究書目》（上下），行政院國科會出版。

六月　　　△楊敬戎、施証育主編《台灣地區河川區域植物圖鑑》，經濟部水利署出版。

△鄭明進導讀《玩具書的奇幻世界》，青林國際出版公司出版

△張曉華論著《教育戲劇理論與發展》，心理出版社出版。

△柯林・杜瑞茲原著；褚耐安譯《聖經、魔戒與奇幻宗師》，啟示出版公司出版。

△《世紀探索百科全書》全二十二冊，全美文化公司出版，外家《導讀手冊》一冊

△楊龢之《遇見三百年前的臺灣：裨海紀遊》，圓神出版社出版。

△黃少廷《臺灣諺語（二）》，五南圖書出版公司出版。

△黃國峻《黃國峻紀念合集》，聯合文學出版社出版。

△許文堂計畫主持《大基隆古文書選輯》，基隆市文化局出版。

△陳培豐論著《日治時期的語言・文化・「同化」》，成功大學台文系出版。

△莊萬壽等《台灣的文學》，允晨文化實業公司出版。

△傅光明評論集《現代文學夢影拾零》，文史哲出版社出版。

△王乾任著《閱讀時代》，華文網文化事業公司出版。

△曹筱如小說《故事從一個叫S的女孩開始》，皇冠文化出版公司出版。

△葉石濤小說集《三月的媽祖：戰後初期葉石濤小說集》、應鳳凰評論集《五〇年代台灣文學論集（1950～1959）》、高雄市文化局主編《高雄市打狗文學獎得獎作品輯・2003》，

高雄春暉出版社出版。

△陳素蘭《陳千武的文學人生》，時報文化出版公司出版。

△韓良露散文集《浮生閒情》，INK印刻出版公司出版。

△楊蔚齡散文集《在椰糖樹的平原上：台灣知風草的無國界關懷》，智庫文化公司出版。

△陳銘磻散文集《父親》，宇河文化公司出版。

△喬傳藻散文集《文學的眼光：我是怎樣寫作的》，民生報社出版。

△陳克華詩集《給從前的愛》，小知堂文化公司出版。

△葉日松詩集《台灣故鄉情：客家詩集》，臺中文學街出版社出版。

△向陽主編《臺灣詩選‧2003》、周芬伶主編《臺灣後現代小說選》，二魚文化事業公司出版。

△施懿琳主編《國民文選：古典文學‧詩卷》、《國民文選：傳統漢詩卷》、《國民文選：散文卷》，玉山社出版。

△林德俊詩集《成人童詩》、張曉風散文集《張曉風精選集》、汪笨湖小說《汪笨湖人生小說》，九歌出版社出版。

△張錯詩集《另一種遙想》、陳芳明論著《殖民地摩登：現代性與台灣史觀》，麥田出版公司出版。

七月一日　　　△金門縣成立文化局，並創辦《金門文藝》雙月刊。

　　　　　　　△徐有守著《出版家王雲五》，臺灣商務印書館出版。

七月六日　　　△九歌文教基金會第十二屆「九歌現代少兒文學獎」頒獎。文建會特別獎呂紹澄《有了一隻鴨子》，評審獎劉美瑤《剝開橘子以後》，推薦獎蔡麗雲《阿樂拜師》。

七月八日　　　△由臺北市出版商業同業公會、中華民國圖書發行協進會與上聯國際展覽公司共同合辦的「臺北城市書展」，假臺北世貿中心一館舉行，展期四天。

七月十一日　　△著作權法〔七一〇大限〕到期，未授權或舊版的老電影、老歌、老書，即日起，如沒有取得新授權，再銷售就是違法。

七月廿二日　　△行政院新聞局第二十八屆「金鼎獎」假臺北市中山堂舉辦頒獎典禮。雜誌出版金鼎獎文學及藝術類：《聯合文學》，新雜誌：《印刻文學生活誌》。一般圖書類出版金鼎獎文學語

文類：陳黎《黑白狂想曲》，雜誌編輯金鼎獎：金恒煒《當代》。南天書局創辦人魏德文獲頒終身成就獎。

△愛德華・W・薩伊德口述；梁永安譯《文化與抵抗—「巴勒斯坦之音」的絕響》，立緒文化事業公司出版。

七月廿三日　△「文星書店」及《文星》雜誌創辦人蕭孟能病逝上海，享壽八十四歲。

△行政院文建會宣佈，為呈現臺灣的主體性和文化詮釋權，將展開《台灣大百科全書》編纂計畫，預定在二〇〇八年出版，預計經費七億三千萬。

七月卅日　△田口久美子著；黃柏華譯《書店風雲錄》，高談文化事業公司出版。

七月卅一日　△第一屆大陸圖書展售會，假臺北聯經出版事業公司忠孝門市開賣，展期五天。該活動係由中華民國圖書發行協進會主辦，農學社承辦，展出二千五百多種大陸圖書。

七月　△陸妍君著《台灣書店地圖》，臺中晨星出版公司出版。

△陳仲偉論著《日本動漫畫的全球化與迷的文化》，唐山出版社出版。

△趙自強、徐婉瑩《戲法學校〈高級篇〉》，幼獅文化事業公司出版。

△郭妙芳譯《飛向閱讀的王國》，阿布拉教育文化公司出版。

△林惟堯、林武憲、林宜和編《嶺上的月光：嶺月的童心、愛心與智慧》，健行文化出版公司出版。

△葛琦霞《表演藝術大公開：戲劇教學指導手冊》，天衛文化圖書公司出版。

△劉克襄等《作家的城市地圖》，木馬文化公司出版。

△向陽《台灣的故事》（兒童版），允晨文化實業公司出版。

△胡萬川論著《真實與想像：神話傳說探微》，清華大學出版社出版。

△文史哲出版社編《無名氏的文學作品探索與記憶》，文史哲出版社出版。

△聯合報副刊編《書寫青春：台積電青年學生小說暨書評獎合集》，聯經出版事業公司出版。

△清華大學台文所企編《全國台灣文學研究生學術研討會論文集》，國家台灣文學館出版。

△廖清秀口述、莊紫蓉撰述《廖清秀苦學與寫作》，臺北縣文化局出版。

△解昆樺論著《台灣現代詩典律的建構與推移：以創世紀詩社與笠詩社為觀察核心》，鷹漢文化企業公司出版。

△宋澤萊論述《宋澤萊談文學》，前衛出版社出版。

△陳建忠論著《日據時期台灣作家論：現代性、本土性、殖民性》、鄭慧如論著《身體詩論》，五南圖書出版公司出版。

△黃玉燕譯《南方移民村》，柏室科技藝術公司出版。（濱田隼雄原著）

△林央敏小說《陰陽世間》，開朗雜誌社出版。

△蕭颯小說《不歸路》，高雄新文壇雜誌社出版。

△王文華小說《導數第二的女朋友》、陳明柔《我的勞動是寫作：葉石濤傳》，時報文化出版公司出版。

△李永平小說《艾莉亞》，聯合文學出版社出版。

△王安憶小說《愛向虛空茫然中》、蔣韻小說《上世紀的愛情》、張季琳譯《臺灣文學這一百年》，麥田出版公司出版。

△吳敏顯散文集《逃匿者的天空》，宜蘭縣文化局出版。

△淳子散文集《張愛玲地圖》，臺灣商務印書館出版。

△李敏勇散文集《詩人的憂鬱：寫給台灣的情書》、彭瑞金主編《國民文選·小說卷》，玉山社出版。

△楊佳嫻散文集《海風野火花》，INK印刻出版公司出版。

△阿盛散文集《民權路回頭》，爾雅出版社出版。

△胡錦媛主編《臺灣當代旅行文選》，二魚文化事業公司出版。

八月十三日　　△丹·布朗著；尤傳莉譯《達文西密碼》，時報文化出版公司出版。

八月廿四日　　△臺北市出版商業同業公會與中國編輯學會假國立中央圖書館臺灣分館共同舉辦「第二屆兩岸編輯出版座談會」。

八月卅一日　　△教育部公佈「高級中學國文課程綱要」修訂版，將文言文與

白話文的比例修正為百分之四十五比百分之五十五，高中國
文教材的白話文比例，首度超過半數。

△彭瑞金總編輯《2003台灣文學年鑑》，國家台灣文學館出
版。是日舉行新書發表會以及舉辦「台灣文學年鑑的面面觀
和代代傳」座談會。

△聯合報副刊、聯合報讀書人、fanc法雅克合辦「夏日閱讀‧
掉進歐洲」書評徵文活動，共有八篇獲獎。得獎者分別是：
徐國能評《生命中不能承受之輕》、林欣怡評《意亂情迷的
出軌》、阿亮評《辛波斯卡詩選》、王敏穎評《戴珍珠耳環
的少女》、李宜佑評《生命中不能承受之輕》、王若瑜評
《失戀排行榜》、張芷珩評《玫瑰的名字》、張耀仁評《過
於喧囂的孤獨》。

八月　　　△陳淑婷編《菊島文學獎得獎作品集‧第6屆》，澎湖縣文化
局出版。

△石芬靜執編《臺中市大墩文學獎作品集‧第7屆》，臺中市
文化局出版。

△陳福智《童話地標的故事》，臺中好讀出版公司出版。

△周慶華論著《創造性寫作教學》，萬卷樓圖書公司出版。

△暨南國際大學中文系編著《水煙沙漣文學獎作品集：埔里盆
地神話奇想‧第三屆》，暨南國際大學出版。

△陳春城主編《台灣古典詩賞析》，河畔出版社出版。

△田啟文論著《台灣環保散文研究》，文津出版社出版。

△章方松論著《琦君的文學世界》，三民書局出版。

△許俊雅、應鳳凰、鍾宗憲編《現代小說讀本》，智揚出版社
出版。

△師範小說《百花亭》、《沒有走完的路》、《苦旱，燃燒
的小鎮》、《與我同在》、《慧眼》、《穀倉願望》、
《緣》、《遲來的幸福》，文藝生活書房出版。

△劉枋《小蝴蝶與半袋麵：劉枋小說集》、羊令野《叫花的男
人：羊令野詩集》，爾雅出版社出版。

△柯裕棻散文集《恍惚的慢板》，大塊文化出版公司出版。

△蘇童散文集《散文的航行》，麥田出版公司出版。

　　　　　　　　△蕭雲詩集《請不要說再見》、向明散文集《三情隨意》、洪
　　　　　　　　　淑苓論著《現代新詩版圖》，秀威資訊科技公司出版。
　　　　　　　　△許悔之詩集《亮的天》、蘇童小說《哭泣的耳朵》，九歌出
　　　　　　　　　版社出版。
　　　　　　　　△鍾修賢總編輯，德伸文化事業公司編輯設計，《2004年出版
　　　　　　　　　年鑑》，行政院新聞局出版。
九月十日　　　　△臺北市文化局舉辦「2004臺北國際詩歌節」活動，至十九日
　　　　　　　　　止。其中包括《又見觀音——台北山水詩選》詩作發表會。
九月十五日　　　△以呈現臺灣歷史文化為創業宗旨的「常民文化公司」，對外
　　　　　　　　　發信宣布結束營業。
九月廿二日　　　△臺北市出版商業同業公會自本月起每月定期舉辦「圖書出版
　　　　　　　　　經營座談系列」，第一場假國立中央圖書館臺灣分館四樓中
　　　　　　　　　正廳舉行。由揚智文化事業公司總編輯林新倫主講「臺灣圖
　　　　　　　　　書出版業編輯現狀」，世新大學圖文傳播與數位出版研究所
　　　　　　　　　教授王祿旺主講「編輯部與業務部如何為組織共塑雙贏之績
　　　　　　　　　效」。
九月　　　　　　△鍾志鵬論著《給過去、現在、未來的科學小飛俠》，寶瓶文
　　　　　　　　　化公司出版。
　　　　　　　　△黃碧君譯《從金銀島到哈利波特：解開世界少年名作之
　　　　　　　　　謎》，城邦文化公司出版。
　　　　　　　　△伊苞《老鷹‧再見：排灣人伊苞的藏西之旅》，大塊文化出
　　　　　　　　　版公司出版。
　　　　　　　　△紀麗美編《漫步澎湖歷史空間詩文集》，澎湖縣文化局出
　　　　　　　　　版。
　　　　　　　　△吳淑姿總編輯《花蓮故事：2004花蓮文學獎得獎作品集》，
　　　　　　　　　花蓮縣文化局出版。
　　　　　　　　△臺灣大學出版中心編《青春交響曲：第七屆臺大文學獎作品
　　　　　　　　　集》，臺灣大學出版中心出版。
　　　　　　　　△王曉波編《蔣渭水全集》，海峽學術出版社出版。
　　　　　　　　△何廣炎《碩堂文存五編》，里仁書局出版。
　　　　　　　　△劉乃慈論著《第二／現代性：五四女性小說研究》，臺灣學
　　　　　　　　　生書局出版。

　　△朱西甯《現在幾點鐘：朱西甯短篇小說精選》、梅家玲評論
　　　集《性別，還是家國？五〇與八、九〇年代台灣小說選》、
　　　馮品佳編《通識人文十一講》，麥田出版公司出版。

　　△張大春小說《鬼語書院》，時報文化出版公司出版。

　　△華默《紅樓情深：「永遠的師大人」散文集》，臺灣師範大
　　　學出版。

　　△阿盛主編《台灣現代散文選》，五南圖書出版公司出版。

　　△陳萬益主編《國民文選：散文卷》、施懿琳選編《國民文
　　　選：傳統漢文卷》，玉山社出版。

　　△平路散文集《讀心之書》、鍾怡雯評論集《無盡的追尋：當
　　　代散文詮釋與批評》，聯合文學出版社出版。

　　△黃雅莉散文集《現代散文鑑賞：採擷紛繁人生的心影》，文
　　　津出版社出版。

　　△譚玉芝散文集《台媽在上海》、履疆小說《江山有待》，
　　　INK印刻出版公司出版。

　　△李歐梵、李玉瑩散文集《一起看海的日子》、張啟疆小說
　　　《阿拉伯》，二魚文化事業公司出版。

　　△陳映真散文集《父親》、簡媜散文集《好一座浮島》、《舊
　　　情復燃》，洪範書店出版。

　　△陳銘堯詩集《想像的季節》、林金郎小說《蝴蝶港誌》、陳
　　　慶芳編《第6屆礦溪文學獎得獎作品專輯》，彰化縣文化局
　　　出版。

　　△張瑋儀詩集《委心詩原》，萬卷樓圖書公司出版。

　　△白靈詩集《愛與死的間隙》、散文集《一首詩的玩法》、劉
　　　海北散文集《人間光譜》、席慕蓉散文集《人間煙火》、蘇
　　　童小說《哭泣的耳朵》，九歌出版社出版。

　　△許麗雲詩集《此致，匆匆》、李辰雄詩集《詩裡詩外：雙橡
　　　之美》，唐山出版社出版。

　　△顏艾琳詩集《她方》、蔣勳散文集《給青年藝術家的信》，
　　　聯經出版事業公司出版。

十月七日　　△去年因欠債宣布破產的新學友書局，破產管理人本日拍賣新
　　　學友商標，結果由創辦人兒子廖培宏以新台幣五百八十萬元

得標。

| 十月十五日 | △華文網出版集團整合兩岸三地資源發展計畫初步完成，宣布在目前搭建的平台再加上八家子公司。 |

十月十五日　　　△華文網出版集團整合兩岸三地資源發展計畫初步完成，宣布
　　　　　　　　　在目前搭建的平台再加上八家子公司。

十月十九日　　　△臺北市出版商業同業公會理事長彭誠晃應邀參加假大陸武漢
　　　　　　　　　大學舉行的「第十一屆國際出版學研討會」，隨團的魏裕昌
　　　　　　　　　教授除發表研究論文，還做專題演講。

十月廿日　　　　△臺北市出版商業同業公會舉辦「圖書出版經營座談系列」，
　　　　　　　　　第二場假國立中央圖書館臺灣分館四樓中正廳舉行。漢世紀
　　　　　　　　　數位文化公司薛麗珍執行長主講「數位出版與數位典藏的趨
　　　　　　　　　勢與商機」，世新大學圖文傳播與數位出版研究所教授王祿
　　　　　　　　　旺主講「臺灣數位出版的現況與策略發展」。

十月廿九日　　　△《創世紀》詩刊創刊五十週年。

十月卅一日　　　△《聯合文學》創刊二十週年

十月　　　　　　△問津堂書店與博客來網路書店共同舉辦一場「臺灣出版社北
　　　　　　　　　京聯合辦公室說明會」，問津堂書店願意提供該公司在北京
　　　　　　　　　海淀區的辦公室給臺灣出版社使用，使其成為兩岸出版業的
　　　　　　　　　聯繫窗口。

　　　　　　　　△中央研究院歷史語言研究所編輯《俗文學叢刊》第四輯精裝
　　　　　　　　　第三百七十到第四百冊，中央研究院歷史語言研究所與新文
　　　　　　　　　豐出版社合作出版。

　　　　　　　　△張宜玲論著《幼兒文學》，華藤文化公司出版。

　　　　　　　　△陳福智編著《巫師事件未解之謎》，臺中好讀出版公司出
　　　　　　　　　版。

　　　　　　　　△蘇阿亮譯《中國妖怪事典》，吳佩俞譯《世界妖怪事典》，
　　　　　　　　　臺中晨星出版公司出版。

　　　　　　　　△國家台灣文學館撰文《文藝復興：國家台灣文學館週年紀事
　　　　　　　　　2003～2004》，國家台灣文學館出版。

　　　　　　　　△葉振輝《高雄市俗語與傳說故事》，高雄市文化局出版。

　　　　　　　　△逛書架編輯小組作《逛書架》，邊城出版社出版。

　　　　　　　　△王乾任著《臺灣出版產業大未來：文化與商品的結合》，生
　　　　　　　　　活人文出版社出版。

　　　　　　　　△史鐵生《我之舞：史鐵生作品精選集》，正中書局出版。

△李進文、須文蔚編《Dear Epoch：創世紀詩選1994～2004》，爾雅出版社出版。

△張默編《他們怎麼玩詩？：創世紀50週年精選》，二魚文化事業公司出版。

△許正勳主編《咱的府城咱的夢：府城台語文讀書會文集3》，臺南市社教館出版。

△周錦宏總編輯《苗栗縣第七屆夢花文學獎得獎作品專輯》，苗栗縣文化局出版。

△曾煥鵬編《新竹縣吳濁流文藝獎得獎作品集》，新竹縣文化局出版。

△林松總編輯《竹塹文學獎得獎作品集》，新竹市文化局出版。

△文建會編《2004年文建會台灣文學獎得獎作品集》，行政院文建會出版。

△嚴明論著《東亞漢詩的詩學架構與時空景觀》，聖環圖書公司出版。

△周丹穎小說《英碼，逃亡者》、黃武忠論著《洪醒夫評傳：洪醒夫文學觀與人物圖像之研究》、廖大期等《文學喜相逢：2004全國巡迴文藝營創作》，聯合文學出版社出版。

△陳田灣散文集《人生》，屏東縣文化局出版。

△李黎散文集《海枯石》、駱以軍小說《我們》、陳玉慧小說《海神家族》，INK印刻出版出版。

△廖玉蕙散文集《像我這樣的老師》，九歌出版社出版。

△陳鴻詩集《生深情竿》，印書小舖出版。

△陳育虹詩集《索隱》，寶瓶文化公司出版。

△劉小梅詩集《棘心》，文史哲出版社出版。

△周良沛詩集《浪漫於現實的手記》、陸平舟‧間扶桑子合譯《舊殖民地文學的研究》（尾崎秀樹原著），人間出版社出版。

△黃莉晶《黃莉晶心詩集》、向明評論集《我為詩狂》，三民書局出版。

△隱地詩集《十年詩選：自選與他選》、朵思詩選《曦日》，

爾雅出版社出版。

十一月一日　△鍾芳玲著《書天堂》，遠流出版事業公司出版。

　　　　　　△倪再沁著《慧照乾坤——陳慧坤的藝術人生》，時報文化出版公司出版。

十一月十日　△博客來網路書店簡體字館正式開館。博客來與簡體字書店問津堂合作，將問津堂供貨的一萬種簡體字書納入博客來的銷售範圍。

十一月十一日　△中山學術文化基金會第三十九屆「中山文藝創作獎」頒獎。

十一月廿四日　△臺北市出版商業同業公會舉辦「圖書出版經營座談系列」，第三場假國立中央圖書館臺灣分館四樓中正廳舉行。國立中央圖書館臺灣分館廖又生館長主講「版權交易糾紛的應變策略」、「談判技巧與遊戲規則」。

　　　　　　△陳俊雄、高瑞卿《台灣行道樹圖鑑》，貓頭鷹出版社出版。

十一月廿八日　△邱各容、李雀美策劃主編《築夢踏實兒文路：創會20週年紀年文集》，中華民國兒童文學學會出版。

十一月廿九日　△史景遷著；溫洽溢譯《改變中國》，時報文化出版公司出版。

十一月卅日　△A.愛德華·紐頓著；陳建銘譯《藏書之愛》，麥田出版公司出版。

　　　　　　△山崎豐子著；婁美蓮、王華懋譯《白色巨塔》，商周文化公司出版。

十一月　　　△《中華民國九十二年·中華民國年鑑》，行政院新聞局編印。自本年開始，排版由直排改為橫排。

　　　　　　△國家圖書館參考組編輯《臺灣出版參考工具書書目：2003年》，國家圖書館編印。

　　　　　　△國立編譯館主編《舞蹈辭典》（上下），國立編譯館出版。

　　　　　　△李永熾、張炎憲、薛化元主編《人權理論與歷史論文集》，國史館出版。

　　　　　　△十一月份的Time雜誌亞洲版公佈全球遊客到亞洲的最棒選擇，臺灣誠品書店被評選為最佳書店。

　　　　　　△黃秀如主編《誠品報告2003：新競爭年代的閱讀紀事》，誠品（股）公司出版。此為成立十五年的誠品書店，首度公開

全年中文圖書銷售資料。「單一排行榜前十名」依次是：《哈利波特5：鳳凰會的密令》（皇冠），《執行力》（皇冠），《從A到A+》（遠流），《鄭弘儀教你投資致富》（高寶），《危險心靈》（皇冠），《海邊的卡夫卡》上（時報），《西藏慾經》（大辣），《海邊的卡夫卡》下（時報），《布瓜的世界》（大塊），《下一個社會》（商周）等。

△陳千武少年小說《荒埔中的傳奇》，南投縣文化局出版。

△洪文瓊論著《台灣圖畫書發展史：出版觀點的解析》，傳文文化事業公司出版。

△洪藝芬、陳思敏、羅玉卿《繪本主題教學資源手冊》、唐淑華論著《情意教學：故事討論取向》，心理出版社出版。

△林敏宜論著《繪本大表現：文學要素的瞭解與應用》，天衛文化圖書公司出版。

△林翠鳳主編《鄭坤五研究》，文經社出版。

△盧慧心等《文學台灣薈萃府城：全國台灣文學營創作得獎作品集‧2004》，國家台灣文學館出版。

△徐芬春主編《大武山文學獎‧第6屆》，屏東縣文化局出版。

△葉澤山總編輯《南瀛文學獎專輯‧第12屆》，臺南縣文化局出版。

△路寒袖主編《李普陣亡了：第6屆臺中縣文學獎得獎作品集》，臺中縣文化局出版。

△羊憶玫主編《沒有戰爭的海岸：第16、17屆梁實秋文學獎得獎作品合集》，中華日報社出版。

△鍾肇政《鍾肇政全集：鍾肇政文學國際學術會議論文集，80大壽紀念文集》、《鍾肇政全集：37，年表、補遺、演講大綱》，桃園縣文化局出版。

△王德威‧黃錦樹編《原鄉人：族群的故事》、王德威論述《歷史與怪獸：歷史，暴力，事》，麥田出版公司出版。

△許俊雅主編《台灣古典文學評論合集》，萬卷樓圖書公司出版。

△吳明益論著《以書寫解放自然：臺灣現代自然書寫的探索（1980～2002）》，大安出版社出版。

△張承志小說《海騷》，正中書局出版。

△張寶琴主編《聯合文學20年短篇小說選・1984～2004》，聯合文學出版社出版。

△李喬主編《台灣客家文學選集・II小說》，行政院客委會出版。

△楊佳嫻主編《臺灣成長小說選》，二魚文化事業公司出版。

△陳玉慧散文集《夢想焚燒時寂靜無聲》，大田出版公司出版。

△雷驤散文集《生活的風景》，新雨出版社出版。

△《雷驤・Pocket Watch》，臺灣商務印書館出版。

△吳鈞堯散文集《我所能做的只是失眠》、黃寶蓮散文集《留連》、陳義芝主編《阿盛精選集》、葉石濤論述《台灣文學的回顧》，九歌出版社出版。

△劉大任散文集《冬之物語》、紀蔚然散文集《好久不見：家庭三部曲》、《嬉戲》；趙海霞散文集《老中老美大不同》，INK印刻出版公司出版。

△南方朔詩集《感性之門》，大田出版公司出版。

△林宗源《無禁忌的激情：林宗源性愛詩集》，番薯詩社出版。

△愚溪詩集《無弦琴：光明紫玉冊109.5C微塵經卷之西北詩鈔》，普音文化公司出版。

△張錯詩集《流浪者之歌》，書林出版公司出版。

△成寒詩集《大詩人的聲音》，聯經出版事業公司出版。

十二月一日　△行政院新聞局新訂的「出版品及錄影節目帶分級辦法」開始實施。出版品將分為限制級和普遍級兩類，列為限制級的出版品，規定業者需以設置專區、專櫃或外加封套三選一方式陳列販售。

△李建興編《古文書選輯》，嘉義市文化局出版，為嘉義地區第一本古文書史料。

△張寶誠著《一起成長》，中國生產力中心出版。

　　　　　　　　△謝里法籌劃召集《台灣美術地方發展史全集》，國立台灣美術館出版，預定出版十九冊。

十二月三日　　△明日工作室著《科技遊俠溫世仁》，明日工作室出版，以紀念該工作室創辦人。

十二月五日　　△為推動數位出版產業發展，行政院新聞局假臺北世貿中心二樓舉辦「知識無國界、閱讀大不同——2004台灣數位出版大展」，為期五天。

　　　　　　　　△行政院新聞局長林佳龍主持出版產業和資訊產業媒合網站啟用儀式。

十二月六日　　△「政府出版品巡迴展」假雲林縣文化局展出展期八天。

十二月八日　　△臺北市教育局長吳清基率全市二百八十一所學校師生代表及家長、教師社福等十七個團體千人，共同宣示支援出版品分級政策。

十二月十四日　△Google公司宣佈，將允許消費者利用其搜尋引擎，溜覽美國國內外頂尖大學圖書館的千萬冊藏書，虛擬圖書館的美夢至此跨出第一步。

十二月十五日　△國藝會九十四年度「長篇小說創作專案」入選名單揭曉，分別是童安格、許榮哲、梁琴霞以及王聰威。

十二月十八日　△臺灣城邦書店在香港灣仔揭幕，城邦集團董事長詹宏志親臨主持開幕儀式。

十二月十九日　△圖畫書作家陳致元英文繪本*Guji Guji*登上《紐約時報》童書暢銷書排行榜。

十二月廿日　　△有「台灣少年小說第一筆」之稱的作家李潼（賴西安），因癌症病逝家中，得年五十二歲。

　　　　　　　　△國立中央圖書館臺灣分館（中和新館）落成啟用，為臺灣空間最大的圖書館。

　　　　　　　　△黃尹青撰《品藏GEORG JENSEN》，皇冠文化出版公司出版。

　　　　　　　　△聯合報讀書人「2004年度最佳書獎」頒獎。

十二月廿二日　△臺北市出版商業同業公會舉辦「圖書出版經營座談系列」，第四場假國立中央圖書館臺灣分館一樓簡報室舉行。世新大學圖文傳播與數位出版研究所教授王祿旺主講「圖書出版如

何應用整合行銷突破經營困境」。

十二月廿五日 △反對假分級制度聯盟發起「我愛讀書、讀書自由」活動，抗議十二月一日上路的「出版品及錄影節目帶分級辦法」。

十二月廿六日 △「兩岸出版市場經營發展研討會」假聯經文化天地舉行，為期兩天。

△中國時報「2004開卷十大好書獎」出爐。

中文創作類：

《行過洛津》、《地老》、《往事並不如煙》、《最後的貴族》、《病毒的故事》、《細菌的世界》、《務虛筆記》、《無彩青春》、《橋上的孩子》。

翻譯類：

《少年Pi的奇幻漂流》、《午夜之子》、《宇宙·宇宙》、《西班牙星光之路》、《在德黑蘭讀羅利塔》、《我的名字叫紅》、《改變世界的簡單法則》、《美國遊戲》、《新泡沫經濟》、《繪畫與眼淚》。

美好生活類：

《乞丐國王的時光指環》、《女農討山誌》、《書天堂》、《家有拿破崙》、《骨質疏鬆症》、《奢華，正在流行》、《揭開關節炎的秘密》、《黃魚聽雷》、《與神共餐》、《鐵道建築散步》。

最佳青少年圖書：

《回家》（上下）、《遇見熊靈》、《野獸玩點名》。

最佳童書：

《大千世界》、《奇妙花園》、《小步走路》、《好乖的Paw》、《蚯蚓的日記》、《晶晶的桃花源記》、《嗨！路易》、《歐先生的大提琴》、《藝術探險營系列》（共七冊）。

十二月廿九日 △聯合報讀書人「2004最佳童書推薦名單」揭曉。《藝術家探險營系列》（共七冊）、《文字森林海》、《病毒密碼》、《回家》（上下）、《晶晶的桃花源記》。

「非文學類書單」：《旁觀他人之痛苦》、《書寫與差異》、《文化與抵抗》、《往事並不如煙》、《聲音與憤

怒》、《漢寶德談美》、《在德黑蘭讀羅莉塔》、《吃的後現代》、《發明疾病的人》、《浮生後記》。

△魏錫鈴撰文《騎上巔峰──捷安特與劉金標傳奇》，聯經出版事業公司出版。此為第一本完全呈現全球最大自行車公司─巨大機械公司成長歷程、經營精隨的新書。

十二月　△據行政院新聞局統計，截至本年年底止，登記的出版社為七千四百三十七家，圖書出版數為三萬八千四百九十二種。

△行政院新聞局主辦，中華徵信所承辦研究《中華民國92年圖書出版產業調查報告》，行政院新聞局出版。

△皇冠文化出版公司正式委任大陸律師向北京人民法院提出告訴，控告大陸經濟日報出版社未經授權印行張愛玲作品。

△林祈乾等總編輯《台灣文化事典》，被出版界推崇為「有史以來第一部以臺灣為主體的綜合性百科全書」，動員一百三十多位專家學者，費時六年，詞目計一千三百九十九條，近一百二十萬字，師大人文中心出版。

△陳威遠主編《臺北文獻期刊總索引》，臺北市文獻委員會出版。

△黃仁主編《臺灣電影百年史話》，中國影評人協會出版（1898～2001）。

△鄭博真等編著《多元智能與圖畫書教學》，群英出版社出版。

△《台灣好：台灣（2004）兒歌一百》，行政院文建會・臺東大學兒文所出版。

△葉李華主編《科幻研究學術論文集》，交通大學出版社出版。

△劉名揚譯《歐洲怪談奇幻導覽》，尖端出版公司出版。

△黃文成等作《蛻變的軌跡：文薈獎作品輯・2004》，行政院文建會出版。

△吳敏顯主編《蘭陽文萃：蘭陽文學獎得獎作品集・第一屆》，宜蘭縣文化局出版。

△元培科技學院國文組主編《自然的書寫：第3屆主題文學學術研討會論文集》，萬卷樓圖書公司出版。

△清華大學台文所編輯《台灣民間文學學術研討會暨說唱傳承表演論文集》、聯合報副刊編輯《台灣新文學發展重大事件論文集》、聯合報讀書人週報編輯《吾土吾民：「台灣文學地圖」報導與「故鄉文學記憶」徵文合集》、鍾瑞芳譯《呂赫若日記》、呂赫若《呂赫若日記·手稿本》，國家台灣文學館出版。

△陳慶芳總編輯《彰化研究兩岸學術研討會論文集》，彰化縣文化局出版。

△周錦宏總編輯《苗栗縣文學研討會論文集：燿日明月·第2屆》，苗栗縣文化局出版。

△歐宗智論著《橫看成嶺側成峯》，臺北縣文化局出版。

△林慶彰主編《日治時期臺灣知識份子在中國》，臺北市文獻委員會出版。

△黃美娥論著《重層現代性鏡像：日治時代臺灣傳統文人的文化視域與文學想像》，麥田出版公司出版。

△蘇偉貞散文集《倒影臺南》、陳淑容論著《1930年代鄉土文學》、陳昌明論著《編織意義的網路》、溫彩棠總編輯《府城文學獎得獎作品專輯·第10屆》，臺南市立圖書館出版。

△雷驤散文集《隨筆北投》，地球書房文化公司出版。

△向明散文集《陽光顆粒》，爾雅出版社出版。

△向陽散文集《我們其實不需要住所》，聯合文學出版社出版。

△秦嶽主編《詩意青空：中國詩歌藝術協會會員詩選》，文學街出版社出版。

△詹澈詩集《蘭嶼祝禱詞》、散文集《海哭的聲音》、羅英小說《天堂樂園pub》，九歌出版社出版。

△羅智成詩集《夢中情人》、莫非散文集《擦身而過》、陳雪小說《蝴蝶》，INK印刻出版公司出版。

△黃樹根詩集《同款的夢：結婚30年紀念詩集》，高雄春暉出版社出版。

△林麗文、丁宜芬採訪《醫界行腳：專訪吳運東博士》，躍昇文化公司出版。

二〇〇五年

一月一日	△莊永明策劃《認識台灣，回味1895～2000》，遠流出版事業公司出版。
	△臺北市長馬英九於文化局主辦「漢字文化節」系列活動時宣佈將打造臺北市成為「華文世界出版中心」。
一月四日	△國藝會董事長李魁賢等拜會行政院文建會主委陳其南，議定國藝會承接文建會「九十四年度演藝團隊發展扶植計畫」與「文化創意產業發展計畫」，並出版《文化創意產業實務全集》。
一月五日	△行政院文建會策劃，藝術家出版社執行的《台灣現代美術大系》，係臺灣首次對藝術創作者的全面整理。
一月六日	△阿爾貝托‧莫拉維亞《偷看他人做愛者的漫遊》、《魔鬼不能拯救世界》，麥田出版公司出版。
	△呂宗耀著《聚焦：呂宗耀談寧靜投資與產業洞悉》，今週刊出版。
一月七日	△聯經出版事業公司高雄市門市部擴大營業，除銷售國內圖書外，並闢有大陸圖書專區。
一月十日	△被喻為「漫畫界里長伯」的漫畫家陳志華成立國內最大的漫畫、插畫經紀公司「人間山脈國際創意公司」。
一月十一日	△《發現100年前阿里山》（照片集），嘉義市文化局出版。
一月十三日	△Tomas Woll著；鄭永生譯《誰說出版不賺錢？出版者的成功管理法則》，英屬維京群島商高寶國際公司臺灣分公司出版。
一月十五日	△繼資深出版人陳雨航和郭重興自城邦出版集團出走，該集團副董事長蘇拾平也選擇辭職，後以顧問留任。
一月十六日	△三民書局重新出版十二位六〇、七〇年代文學名家薩孟武、余光中、張秀亞、孫如陵、林海音、鄭清文、林雙不、鍾梅音、劉紹唐、琦君、白萩、蓉子等的十二本經典作品。
一月十八日	△林韋助小說《安平之春》、何亭慧詩集《形狀與音樂的抽屜》、邱稚亙詩集《大好時光》，麥田出版公司出版。此為行政院文建會「文學國度——出書計畫」徵選出的三位年輕

創作者作品。

一月十九日	△金石堂書店公佈「2004年年度出版風人物」為共和國出版集團創辦人兼社長郭重興及五〇年代代表作家駱以軍。「年度十本最有影響力的書」為:《達文西密碼》、《羊肉爐不是故意的》、《往事並不如煙》、《應變》、《宏碁的世紀變革》、《與死者協商》、《少年Pi的奇幻漂流》、《創新者的解答》、《QBQ!問題背後的問題》、《優秀是教出來的》等。「年度十大出版新聞」:為「出版品分級引發爭議」、「作家版權問題」、「大陸手機簡訊小說入台」、「兩岸圖書貿易加溫」、「連鎖書店打造新聞閱讀文化空間」、「網路小說寫手成為新世代讀者偶像」、「圖書、影視合作持續加溫」等。
一月廿日	△遠景出版公司於作家鍾肇政生日推出新版《濁流三部曲》與《台灣人三部曲》為其賀壽。
	△臺北市政府將與國際知名出版商APA合作,發行Inside Guides Taipei旅遊書。
一月廿三日	△大陸作家章詒和暢銷書《往事並不如煙》和新作《一陣風,留下千古絕唱》引發取得授權的時報文化出版公司與代理銷售的香港牛津繁體字版打對台的爭議。
一月廿五日	△臺灣第一家女同志出版社「集合出版社」成立《女同志生活文選》系列。
	△共和國旗下的遠足文化《台灣地理百科》在二〇〇四年達成六十冊叢書的出版,今年朝向一百冊邁進。共和國文化旗下擁有遠足、木馬、左岸、謬思、西遊記、野人、向日葵等七個品牌。
一月廿六日	△臺北市立圖書館發表《解讀臺北人的閱讀行為》統計報告,調查顯示臺北人最喜歡讀小說和漫畫,借閱率最高的是兒童圖書。李家同《鐘聲又再響起》、黃易《大唐雙龍傳》修訂版、青山剛昌《名偵探柯南》、天衛文化《說給兒童的臺灣歷史》、侯文詠與蔡康永合作的《歡樂三國志》則是各項借閱排行中的第一名。
一月廿九日	△「2005高雄國際書展」登場。

一月　　　△余治瑩總編輯《家庭醫學百科全書》全六冊，臺灣麥克公司
　　　　　　出版。

　　　　　△曹瑟宜編著《幼兒戲劇》，啟英文化公司出版。

　　　　　△劉興欽口述，張夢瑞撰述《吃點子的人：劉興欽傳》，聯經
　　　　　　出版事業公司出版。

　　　　　△馬景賢著《公主幸福嗎？重讀格林童話》、孫建江論著《飛
　　　　　　翔的靈魂：解讀安徒生的童話世界》，民生報社出版。

　　　　　△黃秋芳論著《兒童文學的遊戲性：台灣兒童文學初旅》，萬
　　　　　　卷樓圖書公司出版。

　　　　　△王幼華散文集《獨美集》，苗栗縣文化局出版。

　　　　　△董陽孜策劃《字在宇宙：三十位學者書法、空間、詩的對
　　　　　　話》，天下遠見出版公司出版。

　　　　　△王正方散文集《我這人長得彆扭》，高談文化公司出版。

　　　　　△東年散文集《給福爾摩莎寫信》，聯合文學出版社出版。

　　　　　△木子散文集《浮生漫筆：七十年之癢》、李坤城散文集《雪
　　　　　　梨情緣遊與學》、李今論著《海派小說論》，秀威資訊科技
　　　　　　公司出版。

　　　　　△胡全木散文集《近仁隨筆續集》，文史哲出版社出版。

　　　　　△齊萱小說《言歡記》、張蘊智散文集《白金文存之二》、徐
　　　　　　慶東詩集《行走在夢的山脊間》，臺東縣政府出版。

　　　　　△陳明克詩集《暗路》，高雄春暉出版社出版。

　　　　　△姜戎小說《狼圖騰》，風雲時代出版公司出版。

　　　　　△吳心怡小說《戰》、墾丁男孩小說《男灣》，寶瓶文化公司
　　　　　　出版。

　　　　　△潘松帶小說《熙攘之間》、李威熊主編《遇見現代小品
　　　　　　文》，麥田出版公司出版。

　　　　　△成英姝小說《似笑那樣遠，如吻這樣近》，INK印刻出版公
　　　　　　司出版。

　　　　　△張小嫻小說《刻骨的愛人》，皇冠文化出版公司出版。

　　　　　△游維德小說《琉球野薔薇：游維德純愛手札》，布克文化公
　　　　　　司出版。

　　　　　△楚玳小說《我的愛只對你說》，知本家文化事業公司出版。

　　　　　　　△劉美瑤小說《剝開橘子之後》、彭素華小說《紅眼巨人》、
　　　　　　　　姜天陸小說《在地雷上漫舞》、林杏亭小說《流星雨》、廖
　　　　　　　　輝英小說《焰火情挑》、夏元瑜散文集《老蓋仙的花花世
　　　　　　　　界》，九歌出版社出版。
　　　　　　　△林雙不小說《班會之死》、孫如陵散文集《墨趣集》，三民
　　　　　　　　書局出版（新版）。
二月一日　　　△王麗美編《相對論之有你同行》，聯合文學出版社出版。該
　　　　　　　　書係由《聯合報》「相對論」專題集結成書。
　　　　　　　△《魔戒》譯者朱學恒創辦「奇幻文化藝術基金會」，鼓勵新
　　　　　　　　世代創作，舉辦首屆「奇幻藝術獎」。
二月十日　　　△徐錦成主編《台灣棒球小說大展》、大陸作家木子美新作
　　　　　　　　《容器》，九歌出版社出版。
二月十五日　　△第十三屆「臺北國際書展」假臺北世貿中心展出，為期六
　　　　　　　　天。來自四十個國家，八百七十七家出版社，二千九百九十
　　　　　　　　九個攤位進駐。書展主題「亞洲閱讀新趨勢」，主題館是
　　　　　　　　「韓國館」。展覽期間並舉辦「華文世界出版論壇」、「書
　　　　　　　　籍設計新美學研討會」、「數位出版新未來研討會」、「海
　　　　　　　　外華文圖書採購座談會」、「出版界與圖書館界的對話」、
　　　　　　　　以及「中小出版企業經營論壇」等活動。
二月十六日　　△希代高寶出版集團與中華民國圖書發行協進會共同舉辦「誰
　　　　　　　　說出版不賺錢」研討座談會。
　　　　　　　△夏山文化工坊與銓鼎科技公司合作推出臺灣首部圖文並茂手
　　　　　　　　機JAVA簡訊電子書《私家工場》。
　　　　　　　△作家王文華作品《蛋白質女孩》與南韓SOL PUBLISH出版
　　　　　　　　社簽訂韓文版授權發行。
二月十八日　　△朱木炎、黃志雄著《贏在我不認輸：你不知道的黃志雄和朱
　　　　　　　　木炎》，國語日報社出版。
　　　　　　　△漫畫家敖幼翔指控宜新文化公司侵害其《龜兔賽跑──劇情
　　　　　　　　推論》著作權，向臺北地方法院提起訴訟，經法院判決敗
　　　　　　　　訴。
二月廿四日　　△聯經出版事業公司與上海季風書園合作的「上海書店」正式
　　　　　　　　營運，展售兩萬多種、六萬多冊大陸簡體字圖書，為臺灣規

模最大的簡體字書店。

二月廿五日　△日本作家吉本芭娜娜抵臺訪問並舉辦新書《王國》（時報文
　　　　　　化公司出版）簽名會。

　　　　　　△外貿協會、日本交流協會、日本數位內容協會共同舉辦「日
　　　　　　本數位元內容商務模式成功之道」研討會。

　　　　　　△臺北市文化局訂定「臺北市藝文組織褒揚要點」，首次獲得
　　　　　　褒揚的是皇冠文化集團。

　　　　　　△創立於一九〇〇年的「三民叢刊」迄今已出版三百冊，將在
　　　　　　推出《在讀與書寫之間》後，劃下休止符。

二月廿六日　△亞洲最大上市出版集團新加坡大眾控股集團進軍臺灣兒童英
　　　　　　語教材市場。

二月廿八日　△聯合報棒球組規劃《中華職棒16年觀戰手冊》，聯經出版事
　　　　　　業公司出版。為第一本系統化介紹臺灣職棒賽事的書。

　　　　　　△美國前總統柯林頓抵臺演講並舉辦自傳《我的人生：柯林頓
　　　　　　回憶錄》（時報文化公司出版）簽名會。

二月　　　　△譚寶璿譯《聰明是看故事學來的》，生智出版社出版。

　　　　　　△黃玉蓮論述《幸福の卡通之旅》，大塊文化出版公司出版。

　　　　　　△張炎憲主編《王添登紀念輯》，吳三連台灣史料基金會出
　　　　　　版。

　　　　　　△孫玉石編《星光燦爛的文學花園：現代文學知識精華：散
　　　　　　文、詩歌》，雅書堂文化出版公司出版。

　　　　　　△田啟文、曾進豐、歐純純、蘇敏逸編著《台灣文學讀本》，
　　　　　　五南圖書出版公司出版。

　　　　　　△劉紹銘散文集《靈台書簡》、方梓著《在閱讀與書寫之
　　　　　　間──評好書300種》，三民書局出版。

　　　　　　△姜龍昭散文集《錢能通神》、欒梅健論著《純與俗：文學的
　　　　　　對立與溝通》，文史哲出版社出版。

　　　　　　△沈石溪散文集《闖入動物世界：我是怎樣寫作的》，民生報
　　　　　　社出版。

　　　　　　△李敏勇散文集《溫柔些，再溫柔些：40位世界詩人編織的聲
　　　　　　音情境》，聯合文學出版社出版。

　　　　　　△林芝散文集《漫捲詩書：伴你我成長的現代作家》、《妙筆

生花：伴你我成長的現代作家》，正中書局出版。

△隱地散文集《身體一艘船》、王鼎鈞散文集《昨天的雲：王
鼎鈞回憶錄四部曲之一》、《怒目少年：王鼎鈞回憶錄四部
曲之二》，爾雅出版社出版。

△鍾宛貞散文集《愛讓我看見陽光》，九歌出版社出版。

△逸飛視覺散文集《絕版愛情：13對藝術情侶的私密生活》、
陳凝散文集《搖晃的天堂：空姐的藍天日誌》，天培文化公
司出版。

△新昌詩集《綠色瞬間：詩與攝影集》，麥田出版公司出版。

△魚果詩集《C貨》，唐山出版社出版。

△深雪小說《深夜與早晨的周記》、既晴小說《網路兇鄰》，
皇冠文化出版公司出版。

△于青小說《香港的白流蘇》、駱以軍小說《降生十二生
肖》、鄭義主編《不死的流亡者》，INK印刻出版公司出
版。

△蔡仟松執行主編《實用契約書大全》全三冊，書泉出版社出
版。

三月一日　△逢甲大學與台灣培生集團簽署合作意向書，合作推展
"Glocal"（全球知識無疆界）計畫，為培生集團首次在國
際華文市場與大學合作出版教科書。

△金尚浩論文集《戰後台灣現代詩研究論集》，臺中晨星出版
公司出版。

三月三日　△林建成著《普曼仁波切——台灣第一位轉世活佛》，寶瓶文
化公司出版。

三月五日　△麥田出版公司主辦「麥田的十二堂課」，至二十一日止，每
週六假鴻禧美術館上課。本課程三月份以小說為主題，四月
份以散文為主題，五月份以藝術與人文為主題。

三月八日　△九歌出版社公佈九十三年度散文、小說及童話選文學獎得
主，依序分別是季季、甘耀明、黃秋芳。

三月十日　△陳雨航主編《九十三年小說選》、陳芳明主編《九十三年散
文選》、徐錦成主編《94年童話選》，九歌出版社出版。

△作家廖輝英小說作品《油麻菜仔》問世二十二年，再刷達二

十五次。

三月十一日　△作家張曼娟發表《人生好時節》（麥田版），並表示二〇〇四年底以其短篇小說集《芬芳》通過升等評鑑成為教授，創國內首例。

　　　　　△中華民國圖書發行協進會等邀請日本出版界權威清水英夫律師來臺，主講「如何以業界自律來維持出版倫理」。

三月十二日　△誠品書店宣布加入公告暢銷書排行榜的行列，使得臺灣書市颳起一陣暢銷書榜旋風，各讀書媒體針對榜單影響讀者閱讀與消費行為的文化現象，也展開熱烈討論與研究。

　　　　　△臺靜農遺作《中國文學史》，臺灣大學出版中心出版。

三月十七日　△陳義芝主編《2005：臺灣詩選》，二魚文化事業公司出版。

三月廿四日　△臺灣師範大學人文教育研究中心主編《台灣文化事典》，臺灣師範大學人文教育研究中心出版。該事典由一百三十餘位學者專家編纂，共收錄一千三百九十九個詞條，近一百二十萬字，為國內首冊以臺灣文化為主題的綜合性百科全書。

三月廿五日　△潘小俠攝影，林偉嘉撰文《臺灣美術家一百年（1905～2005）潘小俠攝影造像簿》，藝術家出版社出版，該書係以影像紀錄一百八十七位畫家身影。

　　　　　△商周文化公司與大陸廈門大學出版社合辦第一屆「鳳凰網路文學大賞」揭曉，同日於北京頒獎，楊露等十一人獲獎。

　　　　　△誠品書店推出「誠品書店雙週暢銷榜」，分中文、英文和童書三大項；以及藝術、人文科學、華文創作、翻譯文學、財經商業、心理勵志等類。

三月廿七日　△二〇〇四年好書大家讀活動假臺北市立圖書館舉行「年度最佳少年兒童讀物獎」頒獎典禮。計有九十七冊好書獲獎，其中本土創作四十一冊，翻譯作品五十六冊。

三月廿九日　△小魯文化事業公司公佈「親子閱讀指數」調查，顯示臺灣在親子閱讀活動、家庭藏書量與陪子女唸書時間方面大幅高於香港。

三月卅一日　△林良自國語日報社董事長退休。

　　　　　△臺北市政府、7-ELEVEN綠色基金與荒野保護協會發表《臺北市綠色生活地圖》，為臺灣第一份與國際接軌的都會級綠

色生活地圖。

三月　　△封德屏主編《張秀亞全集》，包括詩卷一、散文卷八、小說
　　　　卷二、翻譯卷二、藝術史卷一、資料卷一，共十五卷，國家
　　　　台灣文學館出版。

△周彥璋譯《彩繪童書：兒童讀物插畫創作》，視傳文化公司
出版。

△舒志義、李慧心譯《建構戲劇：戲劇教學策略70式》，成長
文教基金會出版。

△李中文譯《巫師與巫術》，臺中晨星出版公司出版。

△趙自強著《強力圓超人：趙自強成長魔法書》，幼獅文化事
業公司出版。

△蔡明雲主編《台灣百年人物誌》二冊，公視文化事業基金會
策劃，玉山社出版。

△洪玉茹執編《第7屆菊島文學獎得獎作品集》，澎湖縣政府
文化局出版。

△蕭蕭主編《開拓文學沃土》、《攀登生命巔峰》、李奭學散
文集《經史子集：翻譯、文學與文化札記》、陳明才《奇怪
的溫度》，聯合文學出版社出版。

△焦桐主編《臺灣醫療文選》、陳義芝主編《臺灣詩選：
2004》，二魚文化事業公司出版。

△顏忠賢散文集《明信片旅行主義》，天下遠見出版公司出
版。

△王文華散文集《史丹佛的銀色子彈》，時報文化出版公司出
版。

△曾志成散文集《東京製作》，馬可孛羅出版公司出版。

△陳念萱散文集《流浪筆記》、合集《食色故事》，智庫文化
公司出版。

△劉墉散文集《花癡日記》，水雲齋文化公司出版。

△朵朵散文集《朵朵小語：繽紛的寂靜》，大田出版公司出
版。

△吳瑞璧散文集《貓頭鷹的勇敢飛行》，健行文化出版公司出
版。

△紫石作坊編著《驛：通往幸福的八個驛站；停泊與漂流的七種時態》、王嘉良・金漢・胡志毅編著《眾聲喧嘩的文學花園：現代文學知識精華：小說、戲劇》，雅書堂文化出版公司出版。

△尉天驄等編選《溫馨，再回望之後》、《總是無法忘卻》（散文集）、《是夢也是追尋》（詩集），圓神出版社出版。

△常茵小說《維爾德・碧斯》，文學街出版社出版。

△陳祖彥小說《愛戀世紀末》，唐山出版社出版。

△唐穎小說《麗人公寓》、簡媜散文集《頑童小番茄：一個單親小女孩的成長記錄》，九歌出版社出版。

△鍾肇政著《原鄉人：作家鍾理和的故事》，高雄春暉出版社出版。

△履疆小說《少年軍人的戀情》、唐諾著《閱讀的故事》，INK印刻出版公司出版。

△李碧華小說《餃子》，皇冠文化出版公司出版。

△笛安小說《告別天堂》，麥田出版公司出版。

四月一日　△黃啟芳接任國語日報社董事長，張學喜續任社長。

△李志銘著《半世紀舊書回味：從牯嶺街到光華商場》，群學出版公司出版，該書詳細匯整一九四五至二〇〇五年臺灣舊書史料。

△廖婉如譯《強暴：一個愛的故事》，二魚文化事業公司出版。

△臺東縣文化局、臺東市公所與聯經出版事業公司共同舉辦春季書展於臺東寶町一百八十四番藝文中心開幕，並舉辦《臺東縣作家作品集》新書發表會。

△臺中市文化局舉辦《執著與自信的傳奇：藝術家王水河》與《銀海浮沉：何非光畫傳》新書發表會。

△行政院新聞局公告「九十四年補助發行數位出版品作業要點」，即日起至三十日止受理國內出版業者申請補助。

四月二日　△吳俊宏譯《命運之子：向達倫大冒險（12）》，皇冠文化出版公司出版。該書係《向達倫大冒險》系列完結篇，該系列

在臺銷售已達七十萬冊。

△紀念丹麥童話大師安徒生兩百年冥誕，信誼基金會聯合兩百多家幼稚園舉辦「全台灣都在說安徒生童話故事活動」，以培養兒童閱讀風氣。

△臺中市文化局假世貿中心舉辦為期兩天的「藝術爆米花——兒童藝術活動」，現場並展示童書。

四月四日　　△皇冠出版日本暢銷五十二萬冊網路留言版故事《電車男》。

四月六日　　△行政院文建會第三處處長黃武忠病逝，得年五十五歲。

四月八日　　△立法院「文化立法推動聯盟」正式成立，將聯手推動法令，並監督、參與相關藝文政策與活動。

四月十日　　△李秉宏著《生命的眼睛》，聯合文學出版社出版。

四月十二日　△大前研一《思考的技術》，商周出版公司出版。作者為日本管理學大師。

四月十三日　△行政院新聞局補助國內六家童書出版社參加「義大利波隆納書展」，今年臺灣館以「To Read, To Color」為主題，推廣本土家作品。

四月十五日　△莊永明撰述《韓石泉醫師的生命故事》，遠流出版事業公司出版。

　　　　　　△已故歷史學者戴國煇六萬冊藏書與史料，以「戴國煇文庫」名義全數捐贈中研院史語所傅斯年圖書館。除舉辦圖書入藏儀式，中研院也將贊助《戴國煇全集》出版。

　　　　　　△國內出版業界首次組團參加第三屆「泰國國際書展」。

四月廿日　　△中華民國圖書發行協進會原理事長王承惠當選連任。

四月廿七日　△中華民國圖書發行協進會與臺灣出版資訊網邀請資深出版人蘇拾平每月一講「出版經營的十二堂課」。本日首講主題為「出版營運的十個思索」。

四月廿九日　△行政院新聞局公告「九十四年度獎勵優良數位出版品作業要點」，自五月一日起至三十一日止受理國內業者申請獎勵。

四月卅日　　△楊南郡日譯《台灣百年曙光：學術開創時代調查實錄》，南天書局出版。該書旨在介紹日據時期臺北帝國大學日本學者與珍貴文史資料。

四月　　　　△黃婉萍、陳玉蘭譯《戲劇實驗室：學與教的實驗》、劉純芬

譯《假戲真做，做中學：以戲劇作為教學工具，幫助學生有
效進入主題學習》，成長文教基金會出版。

△李毓昭譯《小王子誕生的旅程》，臺中晨星出版公司出版。

△楊涵茹、張佳軒等《安徒生童話創意教學》，青林國際出版
公司出版。

△李慧娟、楊茂秀等《故事書寫：教學學術研討會論文集》，
臺東大學語教系出版。

△陳晞如監製，《兒童戲劇：改編・實驗・創作（Ⅱ）中國
篇》，佛光人社院、戲劇史暨文化研究中心出版。

△姬健梅等譯《安徒生日記》、林樺編著《安徒生剪紙》，左
岸文化公司出版。

△古遠清論述《世紀末臺灣文學地圖》，揚智文化公司出版。

△康原散文集《野鳥與花蛤的故鄉：漢寶村的故事》，彰化縣
文化局出版。

△莫渝散文集《前言後語集》、評論集《莫渝研究資料彙
編》、《漫漫隨筆集》，苗栗縣文化局出版。

△朱嘯秋散文集《銹劍集》、黃淑棋論著《王安憶的小說及其
敘事美學》，秀威資訊科技公司出版。

△小野、李亞散文集《爸爸，我還想玩！》，麥田出版公司出
版。

△邱竟竟散文集《千萬別去埃及》，高談文化公司出版。

△黃東平小說《僑歌首部曲》、洪絲絲小說《異鄉奇遇》、翁
華璧小說《落日故人情》、東瑞小說《失落的珍珠》，金門
縣政府出版。

△吳濁流著；黃玉燕譯《亞細亞的孤兒》，新竹縣文化局出
版。

△蔡素芬小說《姊妹書》、王壽來散文集《加油，人生》，聯
合文學出版社出版。

△饒雪漫小說《QQ兄妹》、劉震雲小說《那些微小又巨大的
人：劉震雲精選集》、陳若曦小說《尹縣長》（新版）、湯
銘哲・陳克華・蕭棟銓編著《桂冠與蛇杖：北醫詩人選》、
楚戈散文集《火鳥再生記》、張曉風散文集《我知道你是

誰》，九歌出版社出版。

△甲馬創意公司將漫畫家蔡志忠二十五部中國經典作品改編動畫與多媒體書在香港上市。

△城邦出版集團與前進國際管理暨資訊顧問公司合作，成功導入Oracle ERP系統，推動內部資訊系統整合並延伸出版產業供應鏈，建置共同資訊平臺。

△搶搭日韓影視熱潮，影視小說在臺大賣。《藍色生死戀》（尖端）銷售量達八萬冊，《白色巨塔》九萬冊，《大長今》（麥田）十萬冊。

五月一日　　△張競生《性史1926》，大辣出版公司出版，為《性史》最新版本。

△傻呼嚕同盟《cosplay——同人誌之秘密花園》，大塊文化出版公司出版，係國內第一冊探討cosplay同人誌專書。

五月五日　　△余光中、張曉風等發起「搶救國文教育聯盟」，發表《自豪與自幸》，商周文化公司出版。

五月七日　　△風雲時代出版社推出武俠小說「刀在江湖」系列，首先發表溫瑞安《刀叢裡的詩》。

△李花岡、邱立屏著《讓我自己飛》，圓神出版社出版，紀念已故金曲獎作詞人宋岳平生平。

五月八日　　△鄧麗君逝世十週年，聯經出版事業公司推出《鄧麗君私房相冊》以資紀念。

五月九日　　△皇冠文化出版公司引進歐洲推理大師賀寧‧曼凱爾（Herning Mankell）《韋蘭德探案》系列。

五月十日　　△九歌文教基金會「第十三屆九歌現代少兒文學獎」揭曉。

△作家王琰如病逝，享壽九十一歲。

五月十一日　△朱振藩《食在凡間》，聯合文學出版社出版，此為該社跨足飲食文化領域的首冊書。

五月十二日　△應鳳凰主編《嗨！再來一杯天國咖啡：沈登恩紀念文集》，遠景出版公司出版，紀念沈登恩辭世週年。

五月十四日　△玉山社成立十週年慶，假臺大校友聯誼會舉辦感恩音樂茶會。

五月十五日　△天龍圖書公司與福建外文書店合作「台閩書城」在臺北市新

生南路開幕。

　　△《天下》雜誌公佈「誠品書店」以去年營收七七點三十八億元，營收成長率百分之十三點八八，為出版、印刷與書店業中翹楚。

五月十六日　△李昌鈺《重返319槍擊現場》，時報文化出版公司出版。

五月十八日　△巫永福文化基金會「2005年巫永福獎」揭曉，文學獎林韋助《安平之春》、文化評論獎葉笛《台灣早期現代詩人論》、文學評論獎李筱峰《李筱峰專欄》。

　　△誠品集團取得臺北統一國際大樓百貨商場經營權，將打造全球最大的書店；臺北市松菸文化園區BOT招商案也完成第一階段甄審，誠品取得最優申請人資格。

五月廿日　△王鼎鈞回憶錄《關山奪路》，爾雅出版社出版。

五月廿三日　△亞太漫畫協會理事長黃志湧表示，固定發表作品的臺灣漫畫家不到三十位，國內漫畫界顯然出現人才斷層現象。

五月廿五日　△中華民國圖書發行協進會與台灣出版資訊網邀請資深出版人蘇拾平每月一講「出版經營的十二堂課」，第二講主題為「出版行銷的十二守則」。

　　△臺北市出版商業同業公會舉辦「圖書出版經營座談系列」，由紅螞蟻圖書公司總經理李錫東主講「圖書出版行銷通路點、線、面」。

五月廿七日　△《經濟日報》發表《94年中華民國經濟年鑑》。

五月卅一日　△吳水木總策劃；劉偉勳、蔣安國主編《中華民國廣播年鑑》（2003-2004），行政院新聞局出版。

　　△吳水木總策劃；陳靜瑜等執行編輯《中華民國電視年鑑》（2003-2004），行政院新聞局出版。

五月　　　△Jacqueline Dineen 編文《圖解世界歷史百科》、Steve Parker；Nicholas Harris 編文《圖解宇宙科學百科》、《圖解自然奧秘百科》，明天編譯小組譯，明天國際圖書公司出版。

　　△鷲尾賢也著；陳寶蓮譯《編輯力：從創意企劃到人際關係》，先覺出版社出版。

　　△張晴雯譯《圖像小說的編寫與繪製：連環圖畫創意製作新

知》，視傳文化公司出版。

△李建興譯《日本動畫瘋》，大塊文化出版公司出版。

△張子樟評論集《閱讀與觀察：青少年文學的檢視》，萬卷樓
圖書公司出版。

△管家琪著《小學生必讀的40本好書》，幼獅文化事業公司出
版。

△葉日松《摩里沙卡的秋天：詩寫花蓮》，花蓮縣文化局出
版。

△康來新、林淑媛主編《臺灣宗教文選》，二魚文化事業公司
出版。

△歐宗智評論集《多少英雄浪淘盡：《浪淘沙》研究與賞
析》，前衛出版社出版。

△余光中散文集《余光中幽默文選》，天下遠見出版公司出
版。

△朱介凡散文集《我愛中華》，新文豐出版社出版。

△朱琦散文集《東方的小孩》，爾雅出版社出版。

△鯨向海散文集《沿海岸線徵友》，木馬文化公司出版。

△寒川詩集《古厝》、方然散文集《烤紅薯》、張讓散文集
《高速風景》、吳玲瑤散文集《幽默伊甸》、黃美芬散文集
《鄉宴》、李金昌散文集《浯島啟示錄》，金門縣政府出
版。

△龔顯宗編著《臺灣小說精選：神話、傳奇、鄉野、歷史》，
五南圖書出版公司出版。

△鄭寶娟小說《極限情況》、林黛嫚主編《台灣現代文選：小
說卷》，三民書局出版。

△韓寒小說《長安亂》、龍應台散文集《孩子你慢慢來》，時
報文化出版公司出版。

△吳心怡小說《弄玄虛》、古嘉散文集《13樓的窗口》，寶瓶
文化公司出版。

△藤井樹小說《十年的你》，商周文化公司出版。

△蕭裕奇小說《飛鳥最後的546根羽毛》、伍季詩集《與鐵對
話》，臺中印書小舖出版。

△深雪小說《死神首曲1》，皇冠文化出版公司出版。

△秦文君小說《淘氣賈里歡樂誌》、《搞怪賈里新鮮事》；廖輝英小說《相逢一笑宮前町》、王藍小說《藍與黑》（新版）、琦君散文集《媽媽銀行》、林芳玫散文集《權利與美麗：超越浪漫說女性》，九歌出版社出版。

六月一日　　△中時電子報與誠品書店宣佈策略聯盟，就中時「藝文村」與誠品「好讀」內容相互連結，架構網路閱讀中心。

△桃園縣婚紗品質協進會發表《結婚禮俗完美手冊》，為國內首冊結婚禮俗專書。

△臺灣連鎖暨加盟協會發表《超級店長學》，聯經出版事業公司出版。

△攝影家吳美玉攝影集《迷失的臉譜・文明的盡頭：新幾內亞探祕》，朱雀文化公司出版，系國內首冊中英對照新幾內亞群島攝影集。

△莊信正評論集《面對《尤利西斯》》，九歌出版社出版。

△葉洪生、林保淳合著《臺灣武俠小說發展史》、果子離散文集《一座孤讀的島嶼》，遠流出版事業公司出版。

△許正平首冊小說集《少女之夜》，聯合文學出版社出版。

△朱偉誠主編《臺灣同志小說選》，二魚文化事業公司出版。

六月二日　　△自然生態研究者吳詠華著《宜蘭植物學史年表》與《宜蘭地質學史年表》二書，宜蘭縣史館出版。

六月三日　　△臺灣高等法院判決漫畫家敖幼翔控告宜新文化公司侵害其著作權敗訴。

△施振榮論述《全球品牌大戰略》，天下雜誌社出版，為國內首冊以華人觀點談品牌行銷專書。

△莊柏林詩集《采莊詩選》，臺南縣文化局出版，係台語詩。

△二〇〇五年「韓國首爾國際圖書展」開幕，國內出版界首次組團參加，並設立「臺灣館」，展現臺灣出版現況。

△臺灣出版業界參加美國書商協會（ABA）與美國出版家協會（APA）合辦二〇〇五年「美國圖書博覽會」。

六月五日　　△臺灣休閒農業發展協會發表《元氣散步：休閒農場動心之旅》，宏碩文化公司出版。

六月六日	△大塊文化出版公司成立新書系「walk」，首先推出張惠菁散文集《你不相信的事》。
六月七日	△愛盲文教基金會等機構與國內出版業合作，首創「MP3視障有聲書平臺」正式啟用，藉以提供視障者汲取知識的新管道。
六月八日	△行政院文建會舉辦「全國好書交換活動」為期一個月。由國中圖串聯三百五十個縣市鄉鎮公立圖書館全力配合。
六月十日	△行政院文建會與僑委會贊助漫畫版《認識台灣歷史》，新自然主義出版公司出版。
六月十二日	△張佩瑜散文集《土耳其手繪旅行》，聯經出版公司事業出版，為作者旅行土耳其的手繪日記。
六月十三日	△藍博洲論述《消失的台灣醫界良心》，INK印刻出版公司出版。
六月十五日	△前衛出版社發行旅美作家黃娟「楊梅三部曲」第三部《落土蕃薯》。
	△發行逾二十萬冊，作家朱少麟舊作《傷心咖啡店之歌》，九歌出版社推出一百刷限量紀念版。
	△新加坡大眾集團旗下諾亞文化企業舉行「新馬華文圖書發行說明會」，以協助國內出版業拓展新加坡和來西亞繁體字圖書發行業務。
	△香港TOM集團所屬城邦出版控股集團董事會宣佈改組，原董事長詹宏志退休，由金惟純接任。副董事長由郝廣才出任，並增加首席執行長制，由何飛鵬出任。
六月十六日	△攝影家張乾琦攝影集《雙喜》Double Happiness 在美推出廣受好評，於紐約Aperture Gallery 舉辦簽書會。
	△吳方芳著《一粒麥子落在後山：臺東基督教醫院的故事》，天下文化公司與臺東基督教醫院合作出版。
	△臺灣大學圖書館館長項潔主編《臺大校史稿：1928～2004》，臺灣大學出版中心出版。
六月十七日	△反假分級制度聯盟以「分級怪獸賣攔來」行動劇諷刺「出版品與錄影節目帶分級辦法」嵌制人民閱讀、出版自由，並要求與行政院新聞局對話。

六月十八日	△陳進傳、朱家嶠合著《宜蘭擺厘陳家發展史》，國史館台灣文獻館出版。此書係該館「台灣重要家族史專輯計畫」的體現，並於陳氏家廟舉行新書發表會。
六月廿日	△劉芳榮著《一博天下——上海世博會：商機無限》，聯經出版事業公司出版。此書係上海世博會事務協調局首度授權出版，詳析世博會相關產業環境。
	△行政院新聞局長姚文智表示，「出版品與錄影節目帶分級辦法」將自七月一日起施行，建議執行取締的地方政府新聞單位實施三個月勸導期，以落實業者自律目標。
六月廿二日	△中華民國圖書發行協進會與台灣出版資訊網邀請資深出版人蘇拾平每月一講「出版經營的十二堂課」，第三堂講題為「出版通路的十種特性」。
	△金門縣文化局發表《金門文學叢刊第二輯》，係首次出版金門籍海外作家作品。
六月廿三日	△桃園縣文化局主辦「一書一桃園」書香活動，公佈時報文化出版公司出版的《少年時》（柯慈 著）為「2005年桃園之書」。
六月廿五日	△散文家兼木刻版畫藝術家陳其茂逝世，享年八十歲。
六月廿七日	△聯經上海書店假聯經出版事業公司臺中、高雄門市試賣，預計七月一日起正式販售簡體字書刊。
六月廿九日	△水牛圖書出版事業公司董事長彭誠晃連任臺北市出版商業同業公會第十屆理事長。
	△南華大學出版事業管理研究所主辦「第一屆文化事業、創業及管理研討會」，係國內首度落實管理學知識到文化創意與事業經營層面的學術活動。
六月卅日	△創立於一九一一年，臺灣最老書店——「瑞成書局」重新營業，以發行心靈、宗教、五術、人文書籍等為主。
	△經濟部智慧財產局主辦九十四年度「著作權授權實務說明會」，即日起至十月廿日止，於全臺舉辦五場說明會。
六月	△曾淑美論述《創意教學活動設計：透明繪本的製作與應用》，心理出版社出版。
	△張哲生著《飛呀！科學小飛俠》，商周出版公司出版。

△邱各容論著《臺灣兒童文學史》，五南圖書出版公司出版。

△林玫玲論述《童話可以這樣看：經典童話讀書會》，幼獅文化事業公司出版。

△楊風詩集《白櫻樹下》、楊松年・林明昌主編《多年的交響：世華散文評析》，唐山出版社出版。

△趙天儀主編《第九屆兒童文學與兒童語言學術研討會論文集》，富春文化事業公司出版。

△蕭蕭編著《台灣現代文選：散文卷》，三民書局出版。

△陳紹英散文集《一名白色恐怖受難者的手記》，玉山社出版。

△李季紋散文集《北京男孩女孩》，木馬文化公司出版。

△蔡富澧詩集《藍色牧場》，圓神出版社出版。

△王潤華詩集《人文山水詩集》，萬卷樓圖書公司出版。

△向陽主編《台灣現代文選：新詩卷》，三民書局出版。

△路寒袖詩集《我的父親是火車司機》（新版），遠流出版事業公司出版。

△彭順台小說《咖啡和香水》、歐陽柏燕小說《砲彈擊落一個夢》、夏元瑜散文集《以蟑螂為師》、楚崧秋散文集《影響台灣的近代人物：跨世風雲》，九歌出版社出版。

△張之路小說《極限幻覺》，民生報社出版。

△梁望峰小說《又寂寞又美麗》，皇冠文化出版公司出版。

△朱西甯小說《旱魃》，INK印刻出版公司出版。

△成英姝小說《公主徹夜未眠》、柯品文小說《漩渦》，聯合文學出版社出版（新版）。

△莫言小說《蒼蠅・門牙：莫言小說精短系列1》、宋雅姿主編《作家心影：11位作家作品精選》，麥田出版公司出版。

△巫永福著《巫永福小說集》，巫永福文化基金會出版。

七月一日　△臺北書展基金會新任執行長黃孝如到任。

△行政院文建會與典藏藝術家庭出版社共同發表《公民美學：公共藝術系列》叢書十二冊，介紹並探討臺灣與全球多元化公共藝術。

△依據「兒童及少年福利法」第二十七條第一項，行政院新聞

局訂定「出版品及錄影節目帶分級辦法」本日開始施行，將實施三個月勸導期，以利出版品分級自律團體成立與運作。

七月二日　△行政院新聞局出版事業處處長鍾修賢調任該局視聽資料處處長，原職由國內處副處長陳碧鐘接任。

七月四日　△侯文詠新作《天作不合》，皇冠文化出版公司出版。

　　　　　△小說家鄭清文獲第九屆「國家文藝獎」。

七月五日　△陳思明接任東方出版社第七任董事長。

　　　　　△王曉波主編《蔣渭水全集》，海峽學術出版社出版，此係根據《蔣渭水遺集》增訂而成。

　　　　　△焦元溥論述《經典CD縱橫觀》三冊，聯經出版事業公司出版，分別闡釋「歷史進展與詮釋變化」、「典型影響與典型轉移」、「樂曲解析與學派特性」。

　　　　　△許佑生譯《男同志性愛聖經》 *The Joy of Gay Sex*，性林文化公司出版，為國內第一本探討男同志性愛專書。

　　　　　△龍應台、南方朔、楊澤等發起成立「龍應台文教基金會」，舉辦「尋找文化蒲公英」運動，期望提升大學生國際觀並關心全球議題。

七月六日　△商周出版公司主辦的第一屆「鳳凰網路小說大賞」得獎作品集結成書，發表首獎莊軻《蜘蛛之尋》與佳作西兒《雛歌》。

七月九日　△國立臺中圖書館主辦「全國好書交換活動」於全臺二百九十二個換書地點同步舉行，計有七萬三千餘人參與，交換逾四十四萬冊圖書。

　　　　　△龍應台《野火集》問世二十週年，時報文化出版公司假臺灣大學舉辦兩場座談會，分別為「一九八四後一年：《野火集》發聲的時代氛圍」以及「華文世界的驕傲：台灣才有的野火現象」。

七月十三日　△遠流出版事業公司發表《台灣小說‧青春讀本》共五冊，為針對青少年讀者，圖文並茂的台灣文學選集。分別是：賴和《惹事》、楊逵《鵝媽媽出嫁》、鍾理和《假黎婆》、鍾肇政《白翎鷥之歌》以及黃春明《銀鬚上的春天》。

　　　　　△行政院新聞局公佈「九十四年度補助發行數位出版品」入選

名單，分別為「台灣植物多媒體圖點」、「GEPS中文電子期刊線上全文資料庫」、「台灣百年時空歷史知識庫／光碟版、網路版」、「企業經理人有聲電子書開發計畫」以及「全國社區報電子報及全國社區新聞資料庫建置計劃」等。

七月十四日　△劉芳婷著《等待飛魚之旅》，聯經出版事業公司出版，內容刻畫臺東與蘭嶼之美。

△王哲雄等《眾彩交響：陳慧坤藝術研究論文集》，典藏藝術家庭出版社出版，以此為畫家陳慧坤九十九歲生日慶生。

七月十五日　△資深出版人周翠如創立知識流出版公司，出版主軸為財經、管理與投資理財，並發表創業作《杜拉克談領導未來》。

△第四屆「桃園全國書展」以「仲夏！文字遊蕩的聲音」為主題，分為六大主題館，展期十天。

七月十六日　△中天電視綜合台「中天書坊」節目改版，由陳浩擔任主持人，轉型為具人文素養的深度訪談。

△《哈利波特》第六集英文版新書首賣，上午七時一分全臺同步展開。

七月十七日　△臺灣麥克公司引進日本福音館和童心社所出版適合學齡前幼兒閱讀的繪本，推出《小繪本大視界》套書。

△劉黎兒首部小說《棋神物語》，商周出版公司出版。

七月十九日　△經濟部工業局發表第一冊叢書《攀登高峰：企業提昇的真實案例》，內容為臺灣中型企業研發創新成功故事。

七月廿日　△隱地編《爾雅30‧30爾雅》，為紀念爾雅出版社成立三十周年出版的紀念冊，爾雅出版社出版。

△莊寶華新作《小吃賺大錢：小吃教母莊寶華的故事》，聯經出版事業公司出版。

△行政院開發基金管委會表示，將由文建會、新聞局、經濟部催生「促進投資小組」，推動國內數位內容、軟體與文化創意產業發展。

七月廿一日　△宋文薰、連照美合著《卑南考古發堀1980～1982》，臺灣大學出版中心出版。

七月廿二日　△行政院新聞局公佈第二十九屆「金鼎獎入圍名單」。

△中華民國圖書出版事業協會、中國福建新華發行集團、閩台

圖書公司合辦「2005金門書展」，假金門縣金城國中體育館舉行，為期三天。

七月廿五日　△黃建業等著《跨世紀台灣電影實錄1898～2000》，行政院文建會出版。該書詳實紀錄臺灣電影文化發展歷程。

七月廿六日　△黃金美，褚苔伊編撰《北一女中百年影像》、《富貴角》，北一女中出版。

　　　　　　△中華民國圖書發行協進會與台灣出版資訊網邀請資深出版人蘇拾平每月一講「出版經營的十二堂課」，第四講主題為「出版經銷的十個問題」。

　　　　　　△中華文化復興運動總會公佈第三屆「總統文化獎」得獎名單，今年首設「青年創意獎」，由《魔戒三部曲》譯者朱學恒獲獎。

七月廿七日　△國中小教科書採購聯合議價作業完成，負責該項作業的高雄市立大同國小表示：國小部分每頁零點四四六至零點四四五元；國中部份每頁零點三九八元。

　　　　　　△靜宜大學中文系編印《2004台灣文學年鑑》，國家台灣文學館出版。

七月廿九日　△行政院文建會發表《2004年台灣文化資產保存年鑑》，並公佈年度十大要聞票選結果，該書由國立文化資產保存研究中心籌備處出版。

　　　　　　△第一屆「海峽兩岸圖書交易會」假廈門國際會議中心舉辦，此係兩岸首度經由小三通案模式合辦的圖書交易活動，為期三天。

七月　　　　△龔忠武、王曉波、林盛中、周本初、吳國禎、陳映真、葉先揚、關文亮合編《春雷之後——保釣運動三十五週年文獻選輯》，全三冊，人間出版社出版。

　　　　　　△陳義雄、張詠青著《台灣淡水魚類原色圖鑑 第一卷 鯉形目》，水產出版社出版。

　　　　　　△廖梅璿、趙美惠譯《用圖說故事：安徒生大獎得主羅伯英潘的插畫藝術》，格林文化事業公司出版。

　　　　　　△謝儀霏譯《魔法與巫師》，貓頭鷹出版社出版。

　　　　　　△廖揆祥、吳信如《尋找小紅帽：大手牽小手，德國童話城堡

玩遊戲》，宏道文化事業公司出版。

△許菁娟譯《幻想的地誌學》，城邦文化事業公司邊城出版。

△彭瑞金評論集《台灣文學50家》，玉山社出版。

△古遠清評論集《分裂的臺灣文學》，海峽學術出版社出版。

△黃意婷、王柏舒散文集《義大利筆記：自助旅行的24堂課》，閱讀地球文化事業公司出版。

△蔡銀娟散文集《我的32個臉孔》，美麗殿文化事業公司出版。

△劉墉散文集《跨一步，就成功：發現你的天才點》，水雲齋文化事業公司出版。

△傅佩榮散文集《孔子的生活智慧：真誠與圓滿》，洪建全教育文化基金會出版。

△徐薏藍散文集《笑迎陽光》、黃崑巖散文集《黃崑巖談人生這堂課》，健行文化出版公司出版。

△宋晶宜散文集《我和春天有約》，漢藝色研出版公司出版。

△趙莒玲散文集《淡水心靈地圖》、張放散文集《月白風清：放齋隨筆精選》，黎明文化事業公司出版。

△孫如陵詩集《心曲》，文史哲出版社出版。

△陳雪小說《惡女書》、張燕淳散文集《日本四季》，INK印刻出版公司出版。

△陳林小說《飛過林邊溪的祖先》，稻田出版社出版。

△阮桃園·許建崑·彭錦堂主編《海納百川：知性散文作品選》，聯合文學出版社出版。

△嚴友梅小說《飛上天》，民生報社出版。

△鄭栗兒小說《最壞的眼光》、李俊東詩集《睜一隻眼談戀愛》，正中書局出版。

△駱修思小說《死神之約》，皇冠文化出版公司出版。

△藍霄小說《光與影》、唐憎希散文集《我的低傳真彩虹生活》，大塊文化出版公司出版。

△張抗抗小說《請帶我走》、謝青詩集《與星共舞》、小民編《分享：朋友的愛》、柯嘉智《告別火星》，九歌出版社出版。

　　　　　　　△劉靜娟散文集《店仔頭開講》，麥田出版公司出版。

八月一日　　△行政院文建會二處處長由李茂崑接任。

　　　　　　　△問津堂書店與廈門對外圖書交流中心於臺北縣市合作建立大
　　　　　　　　陸簡體字圖書批銷中心。

　　　　　　　△兩岸合辦第一屆「海峽兩岸圖書交易會」閉幕。

　　　　　　　△行政院陸委會於第一百六十次委員會議中提出《中共加入
　　　　　　　　WTO後兩岸出版交流近況報告》。

　　　　　　　△沈昌文、尹麗川等著《在北京生存的100個理由》，大塊文
　　　　　　　　化出版公司出版。

　　　　　　　△趙丕慧譯巴西作家奧蘭多‧裴斯《安格斯首部曲——傳奇初
　　　　　　　　現》，皇冠文化出版公司出版。

八月四日　　△國立編譯館公佈「九十四年度優良漫畫評選」得獎名單。

八月五日　　△黃秀媛譯《藍海策略——開創無人競爭的全新市場》，天下
　　　　　　　　文化出版公司出版，該書已授權二十五種語言版本。

八月八日　　△臺北市立圖書館編印，臺灣第一本城市年鑑《臺北市年鑑
　　　　　　　　2004》，臺北市政府出版。

　　　　　　　△李展平著《前進婆羅洲——臺籍戰俘監視員》、李展平等著
　　　　　　　　《烽火歲月——臺灣人的戰時經驗》，國史館台灣文獻館出
　　　　　　　　版。

　　　　　　　△曾健民著《1945破曉時刻的台灣》，聯經出版事業公司出
　　　　　　　　版。

　　　　　　　△臺北市婦女救援基金會著《鐵盒裡的青春——台籍慰安婦的
　　　　　　　　故事》，天下文化出版公司出版。

　　　　　　　△第二次世界大戰終戰六十年，臺北市婦女救援基金會與商周
　　　　　　　　出版公司聯合發表第一本臺灣慰安婦慰安影像書《沉默的傷
　　　　　　　　痕》。

八月十二日　△網路與書著《Call Me 臺客！》Call Me TK英屬蓋曼群島商
　　　　　　　　網路與書出版，係國內首冊從「臺客」生活各面向切入「臺
　　　　　　　　客」文化的專書。

　　　　　　　△已故武俠小說家古龍胞妹熊小雲控告風雲出版社要求停止出
　　　　　　　　版古龍著作案，經臺北地院審理，以其非古龍之繼承人，無
　　　　　　　　權對古龍著作主張任何權利，判決敗訴。

△行政院新聞局主辦第二十九屆「金鼎獎」，九歌出版社發行人蔡文甫獲頒最高榮譽「特別獎」。

△第六屆「漫畫博覽會」假臺北世貿一館舉辦，為期五天。總計超過四十二萬參觀人次，整體銷售業績較去年成長近二成，均創新高。

△吳大猷學術基金會主辦第三屆「吳大猷科普著作獎」徵件，至十七日止，接受科普出版社報名暨推薦相關著作。

八月十五日　　△朱少麟《地底三萬呎》，九歌出版社出版，創下上市三天就再版的紀錄。

八月十七日　　△中華民國圖書發行協進會與臺北市雜誌商業同業公會合辦「出版經營學習營——在分享中充電」，為期三天。

八月廿日　　　△曾麟穎執行編輯《世界之最》，人類智庫公司出版。

八月廿四日　　△中華民國圖書發行協進會與台灣出版資訊網邀請資深出版人蘇拾平每月一講《出版經營的12堂課》，第五講主題為「出版策略的十條思路」。

八月廿五日　　△消基會針對臺北市二十家書店發放問卷與實測調查，公佈「退換書條件評比」。調查顯示，三民、新陸、誠品、何嘉仁等書店對消費者較和善，紀伊國屋、建宏仍有改善空間，書鄉林書店要求退換書的消費者須額外負擔百分之五手續費，極不合理。

八月廿九日　　△中華民國出版倫理自律協會召開發起人暨第一次籌備會議，共同推舉漫畫出版同業協進會理事長康振木為主任委員

八月卅日　　　△中國大陸國務院新聞辦公室與新聞出版總署合辦「2005北京國際出版論壇」假北京市舉行，其中臺灣代表為遠流出版事業公司董事長王榮文。

八月卅一日　　△國立臺中圖書館自日本引進「圖書專用紫外線除菌箱」，係全國首創利用紫外線光消毒書籍。

八月　　　　　△李玉瑾總編輯《根的迴響——慶祝建館九十週年論文集》，國立中央圖書館臺灣分館編印。

△楊嵐譯《你是烏龜還是兔子：從伊索寓言看人際關係的成功法則》，台灣國際角川書店出版。

△陳系貞譯《為什麼小女孩的火柴賣不掉？——寫給經理人的

27個管理童話》，究竟出版社出版。

△黃秀如主編《城市與冒險》，誠品公司出版。

△宋欣穎、銀色快手等著《2005陰陽師千年特集》，謬思出版
公司出版。

△張幼玫譯《少年愛演戲：11～14歲的戲劇技巧與課程設
計》，遠流出版事業公司出版。

△簡馨瑩、曾文慧等著《越讀悅有趣：開發孩子閱讀策略的
書》、管家琪《親子共遊童話世界》，幼獅文化事業公司出
版。

△宋邦珍等編著《文學與人生：文學心靈的生命地圖》，三民
書局出版。

△張中良評論集《五四時期的翻譯文學》，秀威資訊科技公司
出版。

△文曉村評論集《輕舟已過萬重山》，文史哲出版社出版。

△李瑞騰主編《深度閱讀：中大書評獎作品集》，中央大學圖
書館出版。《雙連坡上：中大美景寫作集》，中央大學校史
館出版。《沿波討源，雖幽必顯：認識台灣作家的十二堂
課》，中央大學出版。

△李敏勇主編《心的風景50選》，玉山社出版。

△陳幼馨散文集《燈下光影》，彰化縣文化局出版。

△王信智散文集《芬芳宇宙》，東觀國際文化公司出版。

△莫夏凱散文集《我的異國靈魂指南》，寶瓶文化公司出版。

△林煥彰散文集《一個詩人的秘密》，民生報社出版。

△錢亞東散文集《一個泊時尚的小弟》、曹燕婷散文集《我，
從八樓墜下之後》，大塊文化出版公司出版。

△吳東晟、陳昱成、王浩翔編《織錦入春闈：現代詩精選讀
本》，京城文化公司出版。

△周煥武詩集《了然集》，詩藝文出版社出版。

△何雅雯詩集《抒情考古學》，洪範書店出版。

△楊爭光小說《從兩個蛋開始》、柯惠玲小說《珊瑚男孩》、
史冀儒小說《尋找小丑族》、饒雪漫小說《莞爾的幸福地
圖》、陳維小說《變成松鼠的女孩》、劉劍梅散文集《狂歡

的女神》，九歌出版社出版。

△聞人悅閱小說《黃小艾》（A New York Memo）、人二熊散
文集《熟男熱》、王建生散文集《山濤集》，聯合文學出版
社出版。

△施珮君小說《月蝕》，INK印刻出版公司出版。

△莫言小說《初戀‧神嫖：莫言小說精短系列2》，麥田文化
出版公司出版。

△陳雅玲小說《Viva Sex：禁慾，有害健康》，時報文化出版
公司出版。

△深雪小說《死神首曲2》，皇冠文化出版公司出版。

△張悅然小說《十愛》，小知堂文化事業公司出版。

△水兒小說《10點57分》，商周出版公司出版。

九月二日　　　△天下文化出版公司邀請《藍海策略——開創無人競爭的全新
市場》作者金燦偉和芮妮莫伯尼來臺演講「從藍海策略談企
業價值創新」，並拜會行政院長謝長廷。

九月三日　　　△日本漫畫《哆啦A夢》（《小叮噹》）問世三十週年，青文
出版社推出文庫版《哆啦A夢》、道具大圖鑑與百科系列叢
書。

九月五日　　　△臺北市出版商業同業公會正式與北京書神文化藝術有限公司
簽約結盟，設立北京聯絡中心。

△行政院新聞局主辦的「九十四年度劇情漫畫獎」得獎名單公
佈，此為國內漫畫獎項獎金最高者。

△劉賢妹故事《內山阿嬤》，寶瓶文化公司出版。

△王德威編選《臺灣：從文學看歷史》，麥田出版公司出版。

九月九日　　　△大陸人民出版社授權立緒文化事業公司發行繁體字版《荻島
靜夫日記：一個遺落在中國的日兵戰地實錄》。

九月十二日　　△中國大陸「張學」專家陳子善主編紀念文集《沈香》，皇冠
文化出版公司出版，以紀念張愛玲逝世十週年。

九月十五日　　△蔡欣欣著《臺灣歌仔戲史論與演出評述》，里仁書局出版。

九月十六日　　△資深編輯、作家馬各（本名駱學良）病逝，享年八十歲。

九月十七日　　△法國文化局發起「全球讀書樂」活動，首先於臺中展開，今
年主題為「閱讀奇遇記」。

九月十八日　△聯經出版事業公司與上海市新聞出版局以及上海市作家協會
　　　　　　共同主辦「上海書展——上海的出版與閱讀」假臺北、臺
　　　　　　中、高雄三地展開，至十月二日止。

九月十九日　△武俠小說作家金庸抵臺為新版《天龍八部》（遠流版）進行
　　　　　　為期三天的多場宣傳活動；並授權遠流出版事業公司與中國
　　　　　　國際商銀共同發行「遠流金庸卡」，為全球首創作家認同信
　　　　　　用卡。

九月廿日　　△遠流出版事業公司舉辦以「對作者致敬、跟讀者感恩」為主
　　　　　　題的茶會，以慶祝成立三十週年。

九月廿一日　△昔日在臺被視為禁書的《毛語錄》，東觀國際出版公司出版
　　　　　　繁體字版《毛澤東語錄》，首印二千冊銷售一空。

九月廿二日　△大陸列入「國家重點出版」，由大陸九州出版社、廈門大學
　　　　　　人文學院以及福建師範大學閩台區域研究中心合作《臺灣文
　　　　　　獻匯刊》（共七輯一百冊），假臺北舉行發表會。
　　　　　　△楊英風藝術教育基金會與交大楊英風藝術研究中心舉辦《楊
　　　　　　英風全集》募款義賣活動。

九月廿三日　△第十三屆「九歌現代少兒文學獎」假國賓飯店舉行頒獎典
　　　　　　禮。

九月廿六日　△由行政院九二一震災災後重建推動委員會委託新故鄉文教
　　　　　　基金會製作出版《地動的花蕊：台灣921地震社區重建的故
　　　　　　事》，以紀念九二一大地震六週年。
　　　　　　△行政院陸委會通過新聞局「大陸地區出版品電影片錄影節目
　　　　　　廣播電視節目進入臺灣地區或在臺灣地區發行銷售製作播映
　　　　　　展覽許可辦法」修正草案，日後大陸地區雜誌、圖書、出版
　　　　　　品、電影節目經許可後來臺展覽、著作財產權授權、讓與等
　　　　　　事前申請時間縮短至少一個月。

九月廿七日　△台灣國際角川出版社推出已故日本漫畫家石之森章太郎遺作
　　　　　　《石之森章太郎漫畫遺產全集》，預定至二〇〇八年十一月
　　　　　　出齊五百冊，將創下全球最大部頭漫畫全集紀錄。

九月廿八日　△中華民國圖書發行協進會與台灣出版資訊網邀請資深出版人
　　　　　　蘇拾平每月一講「出版經營的十二堂課」，第六講主題為
　　　　　　「出版管理的十個盲點」。

九月卅日　△王祿旺著《體驗行銷對網路書店虛擬社群影響之研究》，秀威資訊科技公司出版。

　　　　　△由行政院新聞局輔導的中華出版倫理自律協會成立，漫畫出版同業協進會理事長康振木出任首任理事長，十一月七日正式運作。

九月　　　△中央研究院歷史語言研究所編輯《俗文學叢刊》第五輯精裝第四百零一至第四百一十一冊，中央研究院歷史語言研究所與新文豐出版社合作出版。

　　　　　△何家齊編著《邏輯閱讀：童話明星陪你玩邏輯遊戲》，旭智文化事業公司出版。

　　　　　△陳貿聖譯《達爾和他的巧克力冒險工廠》，知書房出版社出版。

　　　　　△周夢蝶評論集《不負如來不負卿》，九歌出版社出版。

　　　　　△張春榮、顏荷郁著《電影智慧語：西洋百部電影名句賞析》，爾雅出版社出版。

　　　　　△王溢嘉散文集《褲襪・天花與愛因斯坦：創異啟示錄》，野鵝出版社出版。

　　　　　△朱振藩散文集《食家列傳》，聯合文學出版社出版。

　　　　　△栞涵散文集《小小茉莉》，幼獅文化事業公司出版。

　　　　　△張承志散文集《鮮花的廢墟：安達盧斯記行》，允晨文化實業公司出版。

　　　　　△曾麗華散文集《旅途冰涼》，九歌出版社出版。

　　　　　△鄭貞銘散文集《無愛不成師：鄭貞銘學思錄》，林真美譯《繪本之力》，遠流出版事業公司出版。

　　　　　△程乃珊散文集《上海探戈》，INK印刻出版公司出版。

　　　　　△童元方散文集《愛因斯坦的感情世界》，天下遠見出版公司出版。

　　　　　△陳金順臺語詩集《思念飛過嘉南平原》，島鄉臺文工作室出版。

　　　　　△林煥彰詩集《詩60》，宜蘭縣文化局出版。

　　　　　△蔡駿小說《地獄的第十九層》，時報文化出版公司出版。

　　　　　△張小嫻小說《我在雲上愛你》，皇冠文化出版公司出版。

　　　　　　　　△裴在美小說《台北的美麗和憂傷》，商周出版公司出版。

　　　　　　　　△李志薔小說《台北客》，寶瓶文化公司出版。

十月一日　　　△作家季季收回舊作著作權重新修訂，首推《我的姊姊張愛
　　　　　　　　玲》，INK印刻出版公司出版。

十月三日　　　△聯經出版事業公司發行人兼總經理林載爵獲選為「臺東縣榮
　　　　　　　　譽縣民」。

十月六日　　　△行政院新聞局公佈「第二十五次中小學生優良課外讀物推
　　　　　　　　介」名單，共有四百四十六件讀物獲得推薦。

十月七日　　　△金石堂書店舉辦「純淨的享樂主義」書展，特以女性上班族
　　　　　　　　為對象。

十月十三日　　△李潼少年小說遺作《魚藤號列車長》，民生報社出版。

十月十四日　　△導演李安執導《斷背山》榮獲威尼斯影展金獅獎，原著小說
　　　　　　　　《斷背山：懷俄明州故事集》中文版，時報文化出版公司出
　　　　　　　　版。

十月十五日　　△蔡欣欣著《臺灣戲曲研究成果論述》，國家出版社出版。

十月廿日　　　△重寫《神話》計畫發起者坎農格特出版社（Conongate）假
　　　　　　　　德國法蘭克福國際書展舉辦全球新書發表會。該出版社負責
　　　　　　　　人拜恩自一九九九年起邀請全球三十二個國家的出版社加入
　　　　　　　　此一世界出版史上最大規模的計畫，其中臺灣唯一獲邀參加
　　　　　　　　此一計畫的出版社為大塊文化出版公司。

十月廿一日　　△新加坡大眾控股集團主辦首屆「海外華文市場」舉辦招商說
　　　　　　　　明會。

　　　　　　　　△行政院新聞局原定第三十屆「金鼎獎」評選條件為今年九月
　　　　　　　　以前出版的圖書雜誌，正式回應出版界要求，將期限延至本
　　　　　　　　月底前出版，且第三十屆「金鼎獎」將與臺北國際書展同時
　　　　　　　　舉行。

十月廿四日　　△二〇〇六年「北京圖書訂貨會」將轉型為「世界華文圖書交
　　　　　　　　易會」，首度開放臺港澳出版單位設展。

十月廿六日　　△中華民國圖書發行協進會與台灣出版資訊網邀請資深出版人
　　　　　　　　蘇拾平每月一講「出版經營的十二堂課」，第七講主題為
　　　　　　　　「出版定價的十種方法」。

　　　　　　　　△中央研究院購買大陸北京圖書館出版社出版的《中華再造善

本》，共計七百五十八種八千九百九十冊，為迄今大陸所出版最大套書。

十月廿七日　　△俄羅斯普希金博物館館長沃加提列夫宣佈二○○六年十月將於臺灣舉辦「俄羅斯文學展」。該項展覽係由行政院文建會籌畫。

十月廿八日　　△國際ISBN總部宣佈二○○六年一月起ISBN十三碼新制與十碼並行；二○○七年一月起正式全面實施十三碼新制。

十月　　　　△張光裕編撰《臺語音外來語辭典》，收錄辭目以音譯者為限，共收錄二萬八千辭目，包括編者所見聞的口頭外來語、書面（漢字）外來語、外來語與台語或漢語的混合語詞，以及一些常見羅馬字縮略語，臺中雙語出版社出版。

△宋文明著《1949世界大事日日記：宋氏世界大事日記史系列序幕》，宋氏照遠出版社出版。

△《博覽群書》雜誌編輯《33位名作家的心靈書坊——如何閱讀和閱讀什麼》，廣達文化事業公司出版。

△楊雅捷、林盈蕙翻譯《兒童文學導論——從浪漫主義到後現代主義》，天衛文化圖書公司出版。

△曹又方散文集《烙印愛恨：自傳Ⅱ》，圓神出版社出版。

△柴扉散文集《蘭花盛開時》，文學街出版社出版。

△朱天心散文集《獵人們》，INK印刻出版公司出版。

△黃寶蓮散文集《芝麻米粒說》，二魚文化事業公司出版。

△米力散文集《我愛花花世界》，方智出版社出版。

△楊平詩集《內在的天空》、喜菡文學網編《詩癮：喜菡文學網詩選首輯》，唐山出版社出版。

△深雪小說《靈魂舞會》，皇冠文化出版公司出版。

△蔡雅薰小說《遇見第五十棵普仁樹》，大塊文化出版公司出版。

△李偉涵小說《密室逐光》，九歌出版社出版。

△藍祖蔚小說《日出》，天下文化出版公司出版。

△莫言小說《老槍・寶刀：莫言精短小說系列3》、呂紹理評論集《展示臺灣：權力、空間與殖民統治的形象表述》，麥田出版公司出版。

　　　　　　　△陳碧鐘總編輯，德伸文化事業公司編輯設計，《2005年出版
　　　　　　　　年鑑》，行政院新聞局出版。

十一月一日　　△遠景出版公司創辦人沈登恩遺孀葉麗晴成立晴光文化出版公
　　　　　　　　司，創業作為曹宇的《少年阿嬤——曹宇の人生講義》。

十一月二日　　△交通大學科幻研究中心、國科會、《中國時報》人間副刊主
　　　　　　　　辦「第五屆倪匡科幻獎暨2005國科會科普獎」得獎名單揭
　　　　　　　　曉。

十一月三日　　△資深編輯、女作家潘人木病逝，享壽八十六歲。

　　　　　　　△臺北書展基金會董事長郝名義、董事王桂花、林載爵等前往
　　　　　　　　行政院新聞局拜會局長姚文智。姚文智表示支援臺北書展與
　　　　　　　　海外書展臺灣館承辦權合一，並同意二年內不刪減臺北書展
　　　　　　　　預算。

十一月五日　　△「2005臺中書展暨漫畫大展」假臺中世貿舉行，並首度展出
　　　　　　　　全球限量九百九十九套金箔《論語金書》。

十一月七日　　△經濟部中小企業處主辦「2005年度金書獎暨中小企業碩博士
　　　　　　　　論文獎」舉行頒獎典禮。

十一月八日　　△大塊文化出版公司與國際同步推出全球最大出版計畫「神
　　　　　　　　話」系列新書《神話簡史》、《潘妮洛普》、《重擔》等三
　　　　　　　　書。

十一月九日　　△經濟部與文建會研擬「文化創意產業發展法」草案，針對欣
　　　　　　　　賞歌唱表演、購買書籍支出申報為所得稅扣除額與文化創意
　　　　　　　　產業租稅優惠等項目，遭財政部發函反對，認為此舉將嚴重
　　　　　　　　侵蝕稅基。

十一月十日　　△小野處女作《蛹之生》三十週年紀念版，遠流出版事業公司
　　　　　　　　出版。

十一月十一日　△趙守博《歐洲日記》，商周文化公司出版。

十一月十三日　△美國耶魯大學講座教授、中國近現代史權威史景遷
　　　　　　　　（Jonathan D.Spence）、金安平（Annpung Cnin）夫婦抵
　　　　　　　　臺，並發表新書《康熙》（史景遷著，溫洽溢譯）、《合肥
　　　　　　　　四姊妹》（金安平著，鄭至慧譯），時報文化出版公司出
　　　　　　　　版。

十一月十五日　△翰林出版公司董事長陳炳亨一行考察大陸四川「五塊石圖書

大世界」，係國內出版商首度赴成都進行考察。

十一月廿三日　△《紐約時報》知名專欄作家湯馬斯L‧佛裏曼（Thomas L.Friedman）新書《世界是平的》（*The World is Flat*）中文版由雅言出版社出版。

　　　　　　　△中華民國圖書發行協進會與台灣出版資訊網邀請資深出版人蘇拾平每月一講「出版經營的十二堂課」，第八講主題為「出版閱讀的十條線索」。

十一月廿四日　△行政院文建會委託聯合文學出版社辦理「台灣詩人作品英譯計畫」，發表漢英對照詩集《航向福爾摩莎：詩想臺灣》與《島嶼島之間：李魁賢詩集》。

十一月廿五日　△張錦輝接任《出版界》出版工作委員會主任委員，陳介人出任總編輯。

　　　　　　　△誠品書店假臺北敦南店恢復舉行「詩的星期五」活動，該活動曾中斷近十年。

　　　　　　　△教育部舉辦「兒童閱讀嘉年華」系列活動，表揚一年來累積閱讀達四十五本書以上的學生。

十一月廿七日　△臺北縣新店市公所頒發國內第一張「讀書會帶領人認證執照」予推廣讀書會活動十餘年的舒華榮，正式建立讀書會帶領人認證制度。

　　　　　　　△臺灣新文學作家楊逵百歲冥誕紀念，「楊逵文學紀念館」正式開館。

十一月廿九日　△行政院新聞局委託中華徵信所進行「2004年圖書出版產業調查研究報告」公佈初步結果。該調查顯示，去年出版業年產值（不含行銷通路）為三百零六億新台幣，較前一年的三百三十七億呈現衰減。

十一月卅日　　△行政院文建會規劃，歷時十二年，動員近千人次的《家庭美術館——美術家傳記叢書》在雄獅圖書公司發行導覽別冊《台灣美術中的五十座山岳》後正式劃下句點。

十一月　　　　△《中華民國九十三年‧中華民國年鑑》，行政院新聞局編印。

　　　　　　　△國家圖書館參考組編輯《臺灣出版參考工具書書目：2004年》，國家圖書館編印。

△侯秋玲、吳敏而論著《文學圈之理論與實務》，朗智思維科技公司出版。

△林美琴論述《繪本遊藝場：從手製繪本愛上閱讀與寫作》，天衛文化圖書公司出版。

△蘇麗春等著《永遠的兒童文學作家李潼先生作品研討會論文集》、楊麗中等著《安徒生200週年誕辰國際童話學術研討會論文集》，中華民國兒童文學學會出版。

△汪洋萍《我的相對論》，文史哲出版社出版。

△遠流實用歷史館編著《這個人這個島：柏楊人權感恩之旅》，人權教育基金會、遠流出版事業公司出版。

△傅佩榮散文集《生活有哲學》、楊國明散文集《最後的那一堂課》，健行文化出版公司出版。

△洪啟嵩散文集《愛情的22個關鍵詞》，網路與書雜誌社出版。

△鍾麗琴散文集《一個鋼琴師的故事》，聯合文學出版社出版。

△張耀仁小說《之後》、阿沐散文集《流浪報告：一個台灣旅人的法國行腳》、紀蔚然散文集《終於直起來》，INK印刻出版公司出版。

△畢飛宇小說《玉米》、周腓力散文集《幽默開門》，九歌出版社出版。

△余華小說《兄弟》（上部）、敷米漿小說《如果沒有那場雨》、張善穎詩集《Paris，Paris》，麥田出版公司出版。

△王書川、王黛影《蝴蝶雙飛：王書川、王黛影短篇小說集》，柏室科技藝術公司出版。

△謝曉虹小說《好黑》，寶瓶文化公司出版。

△張草小說《很痛：張草極短篇2》、既晴小說《超能殺人基因》、謬西小說《左手》，皇冠文化出版公司出版。

△幾米小說《失樂園Ⅰ寂寞上場了》、《失樂園Ⅱ童年下雪了》、《失樂園Ⅲ秘密花開了》、《失樂園Ⅳ魔法失靈了》、《失樂園Ⅴ奇蹟迷路了》，大塊文化出版公司出版。

十二月一日　△趨勢科技公司創辦人、現任文化長的陳怡蓁出任天下文化出

版公司「文化趨勢」書系總編輯，首推白先勇青春版《牡丹亭》等書。

△明日工作室發行溫世仁遺著《秦時明月：荊軻外傳》多媒體書，係臺灣首部可讀、可聽、可看的武俠小說。

△誠品書店《好讀》推出「2005Memoie年度回顧專輯」，同時整理二〇〇五年出版產業大事記，並選出「2005注目編輯與出版人」共和國文化創辦人郭重興以及城邦出版集團經營顧問蘇拾平。

十二月三日　△立法院「教育及文化委員會」刪除新聞局編列二〇〇六年輔導出版產業總預算達一點零七億元，辦理臺北書展、推動數位出版、雜誌圖書產業調查等十餘項輔導項目都受影響。

十二月五日　△INK印刻文學生活誌假臺北明星咖啡屋舉辦年終記者會，作家季季受邀出任編輯總監。

△倪匡科幻小說《只限小說》，皇冠文化出版公司出版。該書為倪匡科幻小說衛斯理系列最後一部，也是倪匡科幻小說中的封筆之作。

十二月六日　△聯合線上公司舉行「udn數位元版權管理與交易平臺」上線記者會，提出「零出資」出版方案，協助臺灣出版業轉型。

十二月七日　△明日工作室、《聯合報》與淡江大學合辦第一屆「溫世仁武俠小說百萬大賞」假圓山飯店舉行入圍頒獎典禮。

十二月八日　△藤井樹首部電影小說《學伴蘇非亞》，商周出版公司出版。該書經導演楊順清改拍成電影「我的消遙學伴」。

十二月九日　△國立故宮博物院出版《滿文原檔》，以茲慶祝八十週年院慶。

十二月十日　△誠品書店歷時九個月編撰的《誠品報告2004》問世。並以「中文圖書銷售100全紀錄」呈顯各類型圖書與出版社成績。

十二月十二日　△《工商時報》企劃製作《大陸台商一千大》，商訊文化事業公司出版。

十二月十三日　△許志嘉等著《知己知彼：您所忽略的大陸風險》，行政院陸委會出版，內容涵蓋大陸社會狀態、旅遊遊學、居住環境與經營投資等四個面向。

十二月十四日　△亞瑟・高登《藝伎回憶錄》原著小說中文版，高寶文化出版
　　　　　　　　公司出版，甫發行銷售即突破一萬冊。

十二月十五日　△臺灣四十二所大學與香港六所大學傳出籌組「高校超級電子
　　　　　　　　圖書聯盟」以建構亞太區最大電子圖書館。最快可於二〇〇
　　　　　　　　六年一月提供五萬種英文電子書刊供讀者借閱。

十二月十六日　△號稱亞洲最大的誠品書店信義旗艦店展開試賣，三十一日邀
　　　　　　　　中研院院長李遠哲、臺北市長馬英九以跨年活動方式正式開
　　　　　　　　幕。

十二月十七日　△聯經上海書店舉辦「安徽書展」、「大陸圖書展覽」、
　　　　　　　　「2005中國最美的書」、「2005大陸最觀注的議題」活動，
　　　　　　　　為期四天。

十二月十九日　△大陸廈門對外圖書交流中心（簡稱廈門外圖）總經理張叔言
　　　　　　　　表示：二〇〇五年外圖對臺進出口圖書額超過三千八百萬人
　　　　　　　　民幣，比去年增加百分之六十五以上。其中，對臺出口圖書
　　　　　　　　逾三千萬元人民幣，自臺進口圖書約八百萬元人民幣；外圖
　　　　　　　　對臺圖書出口量約佔大陸總出口量三分之一。外圖並與臺灣
　　　　　　　　金典集團簽下兩岸出版交流史上最大訂單，總額為六百三十
　　　　　　　　萬元人民幣。

十二月廿一日　△敦煌書局根據國內八間校園書店年度銷售成績公佈二〇〇五
　　　　　　　　年「大學生暢銷書排行榜」。文學類榜首為《達文西密碼》
　　　　　　　　（時報文化出版公司）；非文學類以徐熙媛大S《美容大
　　　　　　　　王》為榜首（平裝本出版公司）。

　　　　　　　△行政院新聞局公佈「第二十五梯次推介中小學生優良課外讀
　　　　　　　　物」名單，共選出四百四十六冊圖書。

十二月廿三日　△大樹文化事業公司宣佈停業，該公司成立於一九九三年，為
　　　　　　　　臺灣首家專業生態出版公司。

十二月廿五日　△《中國時報》主辦「2005開卷好書獎」揭曉。
　　　　　　　　十大好書（中文創作）：
　　　　　　　　董啟章《天工開物・栩栩如真》、甘耀明《水鬼學校和失去
　　　　　　　　媽媽的水獺》、李志銘《半世紀舊書回味》、郝譽翔《那年
　　　　　　　　夏天，最寧靜的海》、劉紹華《柬埔寨旅人》、林俊穎《善
　　　　　　　　女人》、趙剛・許莉青《頭目哈古》。

十大好書（翻譯）：

夏荷立譯《公司的歷史》、陳瑞樺譯《黑皮膚，白面具》、嚴韻譯《焚舟紀》、郭兆林譯《愛因斯坦的宇宙》、呂健忠譯《貓大屠殺：法國文化史鉤沉》、季思聰譯《戰廢品》、宋瑛堂譯《斷背山》、唐嘉慧譯《演化：一個觀念的勝利》、彭玲嫻譯《同名之人》、朱恩伶・石大青譯《她一身體的故事》。

最佳青少年圖書：

阿尼達・加奈利《自然科學驚異奇航》（九冊）、安娜・洪《我是大衛》、曹文軒《青銅葵花》、布露・巴利葉特《誰偷了維梅爾》。

最佳童書：

熊亮《小石獅》、珍娜・溫特《巴斯拉圖書館員》、鄭明進《洪通繪畫・無師自通》、張文亮《為什麼薯條會這麼迷人？》、立松和平《海之生》、凌拂《帶不走的小蝸牛》、林佑儒《會飛的秘密》。

△ 《聯合報》主辦「2005讀書人最佳書獎」揭曉。

文學類：

蔡珠兒《紅燜廚娘》、唐諾《閱讀的故事》、瑪格麗特・愛特伍《潘妮洛普》、董啟章《天工開物・栩栩如真》、童妮・摩里森《LOVE》、駱以軍《我未來次子關於我的回憶》、米蘭・昆德拉《簾幕》、安妮・普露《斷背山》、黃錦樹《土與火》、袁哲生《靜止在──最初與最終》。

非文學類：

弗朗茲・法農《黑皮膚，白面具》、王鼎鈞《關山奪路──王鼎鈞回憶錄四部曲之三》、史景遷《康熙》、胡適《胡適日記全集》、陳柔縉《台灣西方文明初體驗》、王德威等《自由主義與人文傳統》、鄭樹森《電影類型與類型電影》、費夫賀、馬爾坦《印刷書的誕生》、溫德斯《一次：影像和故事》、楊照《十年後的台灣》。

最佳童書讀物獎：

黃春明《黃春明──銀鬚上的春天》、娥露薏絲・瑪格蘿

《妖精的小孩》、哲也《童話莊子》、祖祖・蔻德《獅子男孩》、楊隆吉《愛的穀粒》。

最佳童書繪本類；

凌拂《帶不走的小蝸牛》、王家珍《鼠牛虎兔》、八島太郎《烏鴉太郎》、艾倫・賽伊《紙戲人》、新宮晉《草莓》。

十二月廿六日　△原城邦出版集團旗下邊城出版總編輯李亞南離職，重返誠品書店接下出版部門。

△國立臺中圖書館提供讀者無線上網服務。讀者自備具有無線網路連線的電腦，即可於館內讀者服務區域免費上網、查詢資料庫。

十二月廿八日　△中華民國圖書發行協進會與台灣出版資訊網邀請資深出版人蘇拾平每月一講「出版經營的十二堂課」，第九講主題為「出版未來的十個主題」。

十二月廿九日　△二〇〇六年臺北國際書展首度提撥三百萬元補助出版社舉辦閱讀活動。並公佈評選結果，計有三十一家出版社獲得五一三十萬元不等的經費補助。

△行政院文建會指導、國立臺灣博物館《台灣大百科全書》部分詞目建置工作對外舉行說明會，針對相關詞目、詞條撰寫流程與功能完整解說。

十二月卅日　△原《新新聞》週刊社長王健壯將於二〇〇六年一月一日轉任《中國時報》總編輯。

△博客來網路書店公佈總營業額達十一億五千萬元，成長率高達百分之六十五，售出書種達十六萬，其中舊書約佔百分之六十三，新書約佔百分之三十七。顯見網路購書習慣正在成形，且此通路也日形重要。博客來同時公佈二〇〇五年「暢銷書排行榜」前三名分別是：《哈利波特6：混血王子的背叛》、《達文西密碼》以及《在天堂遇見的五個人》。

十二月　　　△據行政院新聞局統計，截至本年年底止，登記的出版社為八千三百五十七家，圖書出版數為四萬一千九百六十六種。

△行政院新聞局主辦，中華徵信所承辦研究《中華民國93年圖書出版產業調查報告》，行政院新聞局出版。

△胡述兆總編輯；國立編譯館主編《圖書館學與資訊科學大辭

典》，全三冊，該書自一九八九年九月廿九日以迄出版，歷時六年，收錄辭目四千四百八十二條，共四百萬字，漢美圖書有限公司出版。

△黃秀如主編《誠品報告2004：閱讀版圖的宏觀與微觀》，誠品（股）公司出版。「單一書籍排行榜前十名」依次是：《達文西密碼》（時報），《鄭弘儀教你投資致富》（高寶），《萬用英語會話辭典》（如何），《QBQ！問題背後的問題》（遠流），《侯文詠極短篇》（皇冠），《Good Luck——當幸運來敲門》（圓神），《口袋型袖珍英漢字典》（新觀念），《娜威的森林》新版（時報），《蘇西的世界》（時報），《壞女人有人愛》（小知堂）等。

△廖又生著《臺灣圖書館經營史略》，國立中央圖書館臺灣分館出版。

△許添本主編《運輸詞彙英漢用語對照》，中華民國運輸學會技術服務委員會出版。

△王祿旺著《圖書行銷學》，四章堂文化事業公司出版。

△丁朝陽主編《名偵探推理大冒險》，華立文化事業公司出版。

△南基雲譯《愛因斯坦在9 3/4月台捉迷藏：哈利波特的魔法科學》，英屬維京群島高寶國際公司台灣分公司出版。

△陳姿穎等譯《從科學到想像》，城邦出版事業公司出版。

△錢莉華譯《納尼亞的呼喚：《納尼亞傳奇系列》精選導讀》，基督教橄欖文化事業基金會出版。

△趙鏡中主編《打開繪本學語文》，台灣小學語文教育學會出版。

△賀安慈譯《《納尼亞傳奇》導讀》，雅歌出版社出版。

△馬向陽譯《凡爾納：追求進步的夢想家》、顏湘如譯《聖修伯里：永遠的小王子》，時報文化出版公司出版。

△中華民國兒童文學學會編輯《臺灣兒童文學資深女作家作品研討會論文集》，中華民國兒童文學學會出版。

△許倬雲演講集《從歷史看人物》，洪建全教育文化基金會出

版。

△李惠錦散文集《用手走路的人》，健行文化出版公司出版。

△麥穗詩集《山歌》、廖清秀散文集《命會改》、柯錦鋒散文集《履痕心跡散文集》、陳文榮《台灣麻瘋病救助之父：戴仁壽小傳》、杜文靖評論集《臺灣歌謠歌詞呈顯的臺灣意識》，臺北縣文化局出版。

△楊淑娟小說《歲月的容顏》，臺南縣文化局出版。

△曹乃謙小說《到黑夜想你沒辦法：溫家窯風景》，天下遠見出版公司出版。

△謬西小說《藍眼》，皇冠文化出版公司出版。

△李伍薰小說《飄翎故事》，春天出版社出版。

△胡晴舫小說《辦公室》，INK印刻出版公司出版。

二〇〇六年

一月一日　　△北京大學現代出版研究所所長蕭東發應南華大學出版學研究所邀請，來臺進行為期一個月的客座教學。

一月四日　　△成立六年的高雄女性主題書店「好書店」宣佈結束營業。

一月五日　　△錦繡文化公司負責人許鐘榮涉嫌偽造大批訂戶資料與訂單向銀行詐貸近一點三億元，經臺北地檢署偵查終結，依詐欺與偽造文書等罪嫌起訴。

△作家郭漢辰小說處女作《封城之日》，寶瓶文化公司出版。

△女作家宇文正編撰《永遠的童話——琦君傳》，三民書局出版，此為琦君唯一授權傳記。

一月八日　　△第十九屆「北京圖書訂購會」開幕，來自臺港澳三地一百四十五家出版單位首度「登陸」。中華民國圖書出版事業協會秘書長陳恩泉與中華民國圖書發行協進會理事長王承惠於「海外華文書店港澳臺出版機構座談會」中和與會所有業者分享臺灣地區近年來的通路情況。

一月十日　　△遠流出版事業公司董事長王榮文當選臺北市雜誌業同業公會第四屆理事長，表示將持續關注並加強國際合作、數位出版以及兩岸出版交流工作，同時也期盼任內能使臺灣雜誌「登

陸」。

一月十一日　△商訊文化公司表示，讀者將可於「台灣大車隊」計程車上
　　　　　　購買作家吳錦珠新作《我受夠了：梁凱恩像魔術般改變一
　　　　　　生》，開創國內首度將暢銷書置於計程車銷售的紀錄。
　　　　　　△經濟部數位內容產業推動辦公室發表「2005年台灣數位內容
　　　　　　產業值報告」。去年整體數位內容產業產值為二千九百零二
　　　　　　億元，較去年成長百分之十五。預計今年可有百分之十六的
　　　　　　成長率，產值則達三千三百六十六億元。其中又以內容軟體
　　　　　　領域產值最大，約有一千四百四十八億元的規模，較去年成
　　　　　　長百分之二十，另數位影音、網路服務、電腦動畫以及數位
　　　　　　出版典藏產值均有微幅成長。

一月十五日　△漫畫家朱德庸表示停止長達十三年的「澀女郎」系列漫畫。
　　　　　　並將構思一部關於一百零一位女性的作品。

一月十六日　△行政院新聞局公佈第三十屆「金鼎獎」各類獎項以及特別貢
　　　　　　獻獎得主。雜誌類以《經典》入圍作品八件，圖書類以共和
　　　　　　國出版集團入圍十六件居多；特別貢獻獎得主為明道文藝雜
　　　　　　誌社社長陳憲仁。
　　　　　　△誠品書店公佈「中文TOP——2005年度暢銷書榜」，分為藝
　　　　　　術、人文科學、華文文學、翻譯文學、商業財經、心理勵
　　　　　　志、休閒趣味以及健康生活等八大類。

一月十七日　△李幕芸、武忠森等譯《知識大不同‧圖解百科》，天下遠見
　　　　　　出版公司出版。

一月十八日　△金石堂書店公佈「2005年年度風雲人物」為臺北書展基金會
　　　　　　董事長郝明義及有「部落格小天后」之稱的圖文作家彎彎。
　　　　　　「年度十大最具影響力的書」為：《追風箏的孩子》、《斷
　　　　　　背山》、《深夜小狗神秘習題》、《中國農民調查》、《藍
　　　　　　海策略》、《思考的技術》、《梅迪奇效應》、《世界是平
　　　　　　的》、《慢食》、《地球大百科》等。「年度十大出版新
　　　　　　聞」為：「出版品分級法」、「網路書店與數位閱讀再現戰
　　　　　　國時代」、「台灣規模最大的簡體字書店開幕」、「兩岸圖
　　　　　　書交流頻繁」、「書店業求新求變」、「動漫、出版異業結
　　　　　　合」、「出版界重量級人物人事異動」、「誠品書店設暢銷

書排行榜」、「網路文學掀風潮」、「藝人推出美容保養書大流行」等。

一月十九日　　△金石堂書店公佈二〇〇五年圖書銷售統計，去年總銷售書種為十萬七千八百六十一種，較前年十萬五千零七十九種略增。其中新書銷售佔百分之十九，舊書約佔百分之六十；若以總銷售量排行圖書以文學類居冠，若以總銷售量排行出版社以時報文化出版公司居冠。

　　　　　　　△根據大陸福州海關統計，去年臺閩兩地書刊進出口貿易額達三百四十一點九萬美元，較前年成長逾百分之八十，其中對臺出口為二百八十八萬美元，成長一倍。若以銷售量來看兩岸讀者閱讀喜好，則臺灣讀者對大陸經濟、旅遊、學術類書刊較感興趣，大陸讀者對臺灣生活、學術與文學類較感興趣。

一月廿日　　　△周顯宗漫畫作品《摺紙戰士》，青文出版社出版。該漫畫由韓國、香港與日本等合資六百萬美元製播五十二集動畫，去年年底正式於韓國SBS電視台播送，為本土漫畫家進入國際動漫產業的第一人。

一月廿一日　　△臺北市立圖書館公佈二〇〇五年圖書借閱統計，外借冊數為六百八十三點五萬餘冊，較前年成長百分之十點五；外借人次為一百九十五萬餘人，較前年增加五點三萬餘人。

一月廿四日　　△臺灣首家以校務基金自主營運的專業藝術書店「國立臺北藝術大學書店」宣佈成立「藝術書店聯盟」，結合臺南藝術大學書店、臺北市立美術館藝術書店、書林書店等，串連為國內推廣藝術的新興網路。

一月廿五日　　△鄭文燦出任新聞局局長；邱坤良出任文建會主委。

　　　　　　　△聯經出版事業公司出版法國著名女作家瑪格麗特‧莒哈絲文集，包括《夏夜十點半》、《勞兒之劫》、《寫作》、《廣場》、《廣島之戀》、《中國北方來的情人》以及《莒哈絲傳》。

　　　　　　　△布萊恩‧希爾著《暢銷書的故事——看作家、經紀人、書評家、出版社及通路如何聯手撼動讀者》，臉譜文化事業公司出版。

△日本知名漫畫《灌籃高手》作者井上熊彥跨海控告台灣井上公司與觀天下軟體公司合作的《SD2灌籃二部》侵權，臺北地院判決井上熊彥勝訴，兩照已達成和解。

△中華民國圖書發行協進會與台灣出版資訊網邀請資深出版人蘇拾平每月一講「出版經營的十二堂課」，第十講主題為「出版數位的十組關鍵詞」。

一月　△林芳菁論著《幼兒文學》，華格那企業公司出版。

△幸佳慧論述《走進魔衣櫥：路易斯與納尼亞的閱讀地圖》，時報文化出版公司出版。

△陳雪松等譯《安徒生傳》，聯經出版事業公司出版。

△王真瑤譯《哈利波特與神隱少女：進入孩子的內心世界》，心靈工坊文化事業公司出版。

△廖咸浩、林秋芳編《第1屆臺北學國際學術研討會論文集》，臺北市文化局出版。

△孟樊論著《文學史如何可能：台灣新文學史論》，揚智出版公司出版。

△曾潔明論著《吳晟詩文中的人物研究》、盧翁美珍論著《神秘鱒魚的返鄉夢：李喬《寒夜三部曲》：人物透析》、李翠瑛論著《細讀新詩的掌紋》，萬卷樓圖書公司出版。

△龔伯文散文集《醜陋是美》，臺南人光出版公司出版。

△戴華山散文集《大屯小記》，立華出版公司出版。

△李桐豪散文集《綁架張愛玲：手繪上海文學地圖》，胡桃木文化公司出版。

△王鼎鈞散文集《葡萄熟了》，大地出版社出版。

△葉維廉散文集《細聽湖山的話語》，臺灣大學出版中心出版。

△文曉村散文集《雪白梅香費評章》，臺灣商務印書館出版。

△鍾文音散文集《孤獨的房間：我和詩人愛蜜莉、藝術家安娜的美東紀行》，玉山社出版。

△葉海煙散文集《台灣人的精神》、李喬‧曾貴海‧劉慧真編《台灣文學導讀》，允晨文化實業公司出版。

△王善祥散文集《世紀之旅：西遊筆記》、隱地散文集《隱地

二百擊》，爾雅出版社出版。

△張北海散文集《人在紐約：三個女人的故事》、《美國郵簡》、柯慶明論著《中國文學的美感》、陳芳明論著《殖民地台灣：左翼政治運動史論》，麥田出版公司出版。

△陳之藩《陳之藩文集1》、《陳之藩文集2》、《陳之藩文集3》，天下遠見出版公司出版。

△劉墉散文集《以詐止詐》、《只i火星文》，水雲齋文化公司出版。

△李彥詩集《藍與藍》，左岸文化公司出版。

△張朗詩集《詩話中華：三代篇》，文史哲出版社出版。

△孫磊散文集《愛的追尋》、黃信樵散文集《突破》，文學街出版社出版。

△席慕蓉詩集《時光九篇》，圓神出版社出版。

△胡民樣編《台灣製》（詩集），開朗雜誌社出版。

△陳冠學精小說《第3者》，草根出版公司出版。

△王玉佩散文集《風景人生》，前衛出版社出版。

△韓秀小說《食慾共和國：10個遊走在愛情與靈魂的故事》，知識領航公司出版。

△張啟疆小說《哈囉！總統先生》，二魚文化事業公司出版。

△藤井樹小說《我們不結婚，好嗎》、余光中等著《起向高樓撞曉鐘：二十堂名家的國文課》，商周出版公司出版。

△張悅然小說《水仙已乘鯉魚去——承繼張愛玲華美文采》、陳克華散文集《寂寞的邊境：陳克華的視界地圖》，小知堂文化公司出版。

△楊明小說《口袋裡的糖果樹》、琦君小說《賣牛記》、琦君散文集《琦君說童年》，三民書局出版。

△謝鴻文小說《老樹公在哭泣》、雲涅小說《拉薩小子》、劉翰師小說《阿西跳月》、劉美瑤小說《神秘的白塔》、張鳳散文集《一頭栽進哈佛》、廖玉蕙散文集《公主老花眼》、鍾怡雯散文集《垂釣睡眠》、陳玉慧散文集《陳玉慧精選集》，九歌出版社出版。

△陳芳明編著《穿紅襯衫的男孩：青少年台灣文庫・小說讀

本1》、《飛魚的呼喚：青少年台灣文庫・小說讀本4》、范銘如編著《大頭崁仔的布袋戲：青少年台灣文庫・小說讀本2》、梅家玲編著《彈子王：青少年台灣文庫・小說讀本3》、陳明台編著《美麗的世界：青少年台灣文庫・新詩讀本1》、李敏勇編著《花與果實：青少年台灣文庫・新詩讀本2》、向陽編著《致島嶼：青少年台灣文庫・新詩讀本3》、《航向福爾摩沙：青少年台灣文庫・新詩讀本4》、吳晟編著《吃豬皮的日子：青少年台灣文庫・散文讀本1》、《在黎明的鳥聲中醒來：青少年台灣文庫・散文讀本4》、楊翠編著《斜眼的女孩：青少年台灣文庫・散文讀本2》、路寒袖編著《春花朵朵開：青少年台灣文庫・散文讀本3》，五南圖書出版公司出版。

△龔萬輝短篇小說集《隔壁的房間》、陳南宗短篇小說集《鴉片少年》，寶瓶文化公司出版。

△九把刀長篇小說《臥底》，蓋亞文化公司出版。

△張曼娟短篇小說集《妖物誌》、張國立小說《17歲，爽》、成英姝小說《地獄門》、楊甯小說《純律》、康祈小說《將薰》、梁亨小說《最美的東西》、林郁庭小說《離魂香》，皇冠文化出版公司出版。

△王安憶中短篇小說集《冷土》、林維短篇小說集《明明不是天使》、陳雪散文集《天使熱愛的生活》，INK印刻出版公司出版。

△西西短篇小說集《白髮阿娥及其他》、李銳小說《舊址》、簡媜散文集《月娘照眠床》、楊牧散文集《亭午之鷹》，洪範書店出版。

△郭昱沂短篇小說集《女名之書》、劉若英散文集《我想跟你走》，大田出版公司出版。

△向陽主編《二十世紀台灣文學金典：小說卷：日治時期》（四冊）、蔡詩萍小說《Mr.office 歐菲斯先生》、林正盛散文集《青春正盛》，聯合文學出版社出版。

△岩上第一本兒童詩集《忙碌的布袋嘴》，富春文化事業公司出版。

二月一日	△樸月編選《鹿橋歌未央》，臺灣商務印書館出版，係收錄回憶已故作家鹿橋與介紹《未央歌》的文章。
二月二日	△基隆市陽明海洋文化藝術館宣佈「漫畫滿屋——海洋漫畫特展」展期至六月十八日止。除展示海內外珍貴漫畫手稿外，更首度展出高一百二十公分、全臺最大的海洋主題漫畫書。
二月六日	△財團法人臺北書展基金會邀請臺灣、香港、大陸三地出版人，分別由臺灣代表——資深出版人蘇拾平、香港代表——聯合出版集團總裁陳萬達、大陸代表——北京當當網聯合總裁李國慶三人，舉行「2006年華文出版論壇」。針對二〇〇五年當地的出版市場作一細部的觀察分析，並各自提出三～五件影響出版市場正負面的發展與現象，做個觀察與探討，藉以提供業者思考二〇〇六年的出版理路。
二月七日	△第十四屆「臺北國際書展」揭幕，至十二日止，總計四百四十五餘家國內外出版機構參展，總展位數一千九百一十個，今年參觀總人次近四十四萬，遠高於去年的三十二萬人次。
	△大陸知名網路商店「當當網」總裁李國慶來臺，將與聯經上海書店合作，並籌設「台灣商城」，加速拓展臺灣市場。
	△臺北市長馬英九、臺中縣副縣長張壯熙、信誼基金會執行長張杏如以及"Book-start"（英國）閱讀運動發起人Wendy Cooling假臺北國際書展童書館共同宣示「Book-start閱讀，起步走」運動正式在臺展開，臺灣成為華文地區首位加入的成員。
二月九日	△金石堂書店與基隆監獄為該監獄受刑人舉辦書展，為期三天。
二月十日	△行政院新聞局公佈「九十五年度補助發行定期漫畫刊物」企劃案甄選結果，由東立出版社《龍少年漫畫月刊》與臺北市漫畫從業人員職業工會《GO漫畫創意誌》入選，將可獲得為期十一個月、每期三十萬元補助。
	△第三十屆「金鼎獎」頒獎。除頒發特別貢獻獎予明道雜誌社社長陳憲仁外，另頒發雜誌類出版獎、雜誌類個人獎以及一般圖書類金鼎獎共三十四個獎項。
二月十一日	△行政院新聞局主辦「九十四年度劇情漫畫獎」假臺北國際書

展動漫館進行頒獎。

二月十六日　△天下文化書坊與國泰世華銀行合作推出「網路ATM線上轉帳購書服務」機制，提供讀者網路購書與付款的便利服務。

　　　　　　△蕭蕭主編《2005：臺灣詩選》，二魚文化事業公司出版並舉行發表會，評論家南方朔榮獲「年度詩獎」。

　　　　　　△資深出版人蘇拾平集資千萬成立大雁文化公司。

二月十九日　△二二八事件紀念基金會舉行「二二八事件政治責任歸屬研究報告」發表會，直指故總統蔣介石是二二八事件元兇。

二月廿二日　△作家李喬表示《寒夜》已由剛崎郁子、三木直子翻譯，日本國書刊行會發行日文版。二〇〇一年該書也曾由美國哥倫比亞大學出版社發行英文版。文建會也贊助公視拍攝《寒夜》連續劇。

　　　　　　△中華民國圖書發行協進會與台灣出版資訊網邀請資深出版人蘇拾平每月一講「出版經營的十二堂課」，第十一講主題為「出版營運的十個模式」。

二月廿四日　△金門縣文化局假金城國中體育館舉辦「2006文化饗宴圖書展」，至三月五日止。

二月廿七日　△博客來網路書店成立十週年，提出第二個十年發展計畫，並宣佈今年將前往大陸發展。

二月廿八日　△行政院文建會指導、國立台灣美術館主辦「台灣大百科美術類詞條編纂研習會」，邀請國內美術界學者專家主講「台灣美術發展故事」、「台灣大百科美術類詞條撰寫操作實例說明」等議題。

二月　　　　△中央研究院歷史語言研究所編輯《俗文學叢刊》第五輯精裝第四百一十二到第五百冊全部出齊，中央研究院歷史語言研究所與新文豐出版社合作出版。

　　　　　　△吳鈞堯短篇小說集《金門歷史小說集：崢嶸‧1911～1949年》，金門縣文化局出版。

　　　　　　△台灣閱讀協會編《童書九九Ⅲ》，台灣閱讀協會出版。

　　　　　　△彼得‧簡浩世著；歐陽裴裴等譯《法蘭克福書展600年風華》，網路與書公司出版。

　　　　　　△宮崎駿著；黃穎凡、章澤儀譯《宮崎駿：出發點1979～

1996》，台灣東販公司出版。

△封德屏編《2005青年文學會議論文集：異同、影響與轉換：文學越界學術研討會》、國家台灣文學館籌備處編《2005台灣文學獎得獎作品集》，國家台灣文學館籌備處出版。

△人間出版社編委會編《2‧28：文學與歷史》，人間出版社出版。

△曾貴海評論集《戰後台灣反殖民與後殖民詩學》，前衛出版社出版。

△李有成評論集《在理論的年代》，允晨文化實業公司出版。

△中國婦女寫作協會編《走過烽火歲月：紀念抗戰勝利暨台灣光復一甲子文集》，黎明文化事業公司出版。

△尹雪曼散文集《行旅人的告白》，楷達文化公司出版。

△江惜美散文集《智慧生活100招》、黃崑巖散文集《黃崑巖談人生素養》，健行文化出版公司出版。

△徐飛散文集《細看哈佛》、林芳玫評論集《解讀瓊瑤愛情王國》，臺灣商務印書館出版。

△唯色採訪整理《西藏記憶》、散文集《殺劫》、喻麗清散文集《親愛的魔毯》、傻呼嚕同盟《日本動畫五天王》，大塊文化出版公司出版。

△楊照散文集《面對未來最重要的50個觀念》，INK印刻出版公司出版。

△楊小雲散文集《幸福比完美重要》、李家同散文集《第21頁》、廖輝英散文集《廖輝英教你看清愛情》、白靈評論集《一首詩的誘惑》，九歌出版社出版。

△吳淡如小說《離開我的你，幸福嗎》、吳若權散文集《尋尋Me Me，贏得自己：栽培自己的生涯企劃書》，方智出版社出版。

△姚嘉文小說《黃虎印》、顏綠芬散文集《不固定樂思：漫遊於藝術、教育與城市的現象筆記》，玉山社出版。

△李嶽小說《叛途》、何淑貞散文集《展現生命芬芳的神話傳說：列子的智慧》、黃政淵譯《煙斗、帽子、放大鏡裡的福爾摩斯》，圓神出版社出版。

△陳希我小說《抓癢》，寶瓶文化公司出版。

△王禎和小說《王禎和：老鼠捧茶請人客》、吳濁流小說《吳濁流：先生媽》、呂赫若小說《呂赫若：月光光》、張文環小說《張文環：論語與雞》、鄭清文小說《鄭清文：三腳馬》，遠流出版事業公司出版。

△深雪小說《月白，別消失》、蔡康永散文集《有一天啊，寶寶》，皇冠文化出版公司出版。

△王安憶小說《上種紅菱下種藕》、莫言小說《美女·倒立》，麥田出版公司出版。

△黃凡長篇小說《寵物》、蔡詩萍散文集《愛，在天堂與地獄之間》、林耀德散文集《鋼鐵蝴蝶》、劉子鳳傳記《觀自在》，聯合文學出版社出版。

△楊志軍長篇小說《藏獒》，風雲時代出版公司出版。

△李佳穎短篇小說集《47個流浪漢種》，木馬文化公司出版。

三月二日　△池谷伊佐夫著；桑田草譯《神保町書蟲：愛書狂的東京書店街朝聖之旅》，三言社出版。

△沈芯菱勵志書《100萬的願望》，圓神出版社出版。作者假斗六高中發表《100萬的願望》，該書詳實紀錄架設網站賺進第一個一百萬元，並致力創辦公益網站與活動的歷程，版稅悉數投入公益。

△漫畫家敖幼翔《烏龍院》創作屆滿二十五年，舉辦「烏龍院金指環漫畫大賞」，以四格漫畫發掘新生代優質漫畫。

三月四日　△皇冠文化出版公司於香港開設首家書店「皇冠書屋」正式營業，以女性讀者為主要訴求對象。

△五南圖書出版公司假五南文化廣場臺中總店發表《前進婆羅洲》（李展平著）、《七腳川事件寫真帖——原住民重大歷史事件》（臺灣文獻館編輯組）以及《新竹利源號》三書，現場並推介國史館臺灣文獻館新近出版臺灣史書籍三十餘種。

三月五日　△金門縣文化局協辦，大典國際文化公司執行「2006年浯洲文化饗宴圖書展」閉幕，共展出五萬餘種圖書。

三月七日　△格林文化公司成立「漢方Life出版事業部」，發表「漢方

Life家庭健康養生大百科」系列，預計每週一冊，一年內出齊全套五十二冊。

三月八日　△行政院新聞局「九十五年度劇情漫畫獎」即日起至五月卅一日止接受報名，首獎獎金高達七十萬元。為鼓勵漫畫新血參與，增設「新人獎」與「最佳劇情獎」。

三月九日　△新加坡大眾控股集團假新加坡展覽中心主辦「第一屆海外華文書市」，至十九日止，以「閱讀無界線」為主題，兩岸四地以及東南亞華文出版業者共數百位參與。

　　　　　△九歌出版社舉辦「2005年度散文選、小說選與童話選」發表暨頒獎典禮。散文獎得主沈君山〈二進宮〉、小說獎得主東方白〈頭〉、童話獎得主楊隆吉〈虎姑婆的夢婆橋〉。

　　　　　△高雄市首座漫畫圖書館——高雄市立圖書館鹽埕分館即日起至三十一日止，舉辦「高雄漫畫祭」，展出高雄地區十二位漫畫家發展紀錄、漫畫書展以及四格漫畫比賽等活動。

三月十日　△去年年底宣佈結束營業的大樹文化事業公司宣佈與天下文化出版公司達成策略聯盟五年計畫。前者負責內容製作、開發；後者負責印製、行銷與發行，並以「雙掛名」延續自然生態叢書的出版路線。

　　　　　△蔡素芬主編《九十四年小說選》，九歌出版社出版。

三月十一日　△行政院文建會「2006年文化創意加值概念展」假誠品書店信義旗艦店舉辦，至四月九日止。以「解讀，創意密碼學」為題，邀請國內近五十家文化創意產業品牌，呈現臺灣生活之美以及創意加值概念。

三月十二日　△繪本作家幾米代表作《地下鐵》英譯本 *The Sound of Colors* 甫問世一週即創造一萬一千冊銷售佳績。

三月十四日　△第一屆「溫世仁武俠小說百萬大賞」原已入圍的周晨〈殘瀾劫〉經決審委員會與明日工作室聲明該作品抄襲大陸武俠小說作家盛顏《連城脆》，故予以取消。

三月十五日　△擁有古龍遺作《情人劍》、《孤星傳》、《楚留香傳奇》等六部武俠小說著作財產權的宋氏企業控告風雲出版社未履約給付版稅，業經法院判決宋氏企業敗訴。

三月十六日　△誠品書店十七週年慶記者會，會中總經理吳清友稱誠品為

「沒有圍牆的學校」，歷年來計有四千萬人次造訪；未來將深耕兒童、青少年與網路閱讀族群，並將於臺東設立分店。

三月十九日　　△行政院文建會「台灣大百科全書」網路版「舞蹈類」南區座談會「匯聚南台灣舞蹈動能」假國家台灣文學館舉行。

三月廿一日　　△消基會將美商葛羅理公司列入「消保牧場」的「蠻牛」黑名單，五年來共接獲一百五十九件消費者申訴。

三月廿二日　　△國立臺中圖書館宣佈購入全球知名的電子書資料庫Netibrary，計有二千五百五十四種電子書，內容涵蓋建築、設計、藝術、圖書館學、終身學習、數位學習以及親子教育等七大主題。

三月廿五日　　△國立臺南藝術大學校園書店「藝術家南書房」正式開業，係該校自營書店，定位為「類個性書店」。

三月廿八日　　△遠東圖書公司指控英語補教名師徐薇連續抄襲遠東版高中英文課本內容，臺北地檢署首度開庭審理。被告徐薇配偶江正明表示願以一百萬元和解，然未獲原告同意。

　　　　　　　△聯經出版事業公司《思想》季刊創刊，總編輯錢永祥，以雜誌書（MOOK）型態出版，探討不同主題的思想。

三月廿九日　　△行政院文建會主辦，國藝會策劃執行「文化創意產業新秀大獎」徵件比賽揭曉，由「剪紙藝術」創意團隊榮獲新秀大獎。

三月卅一日　　△行政院新聞局公佈「補助發行數位出版品作業要點」，公開徵選數位出版品發行企劃案，並提供經費補助。

三月　　　　　△張璉著《明代中央政府出版與文化政策之研究》、黃韻靜著《南宋出版家陳起研究》，花木蘭文化出版社出版。

　　　　　　　△曹俊彥、曹泰容論著《台灣藝術經典大系〔插畫藝術卷2〕：探索圖畫書彩色森林》，文化總會、藝術家出版社出版。

　　　　　　　△宋珮譯《觀賞圖畫書中的圖畫》，雄獅圖書公司出版。

　　　　　　　△彰化師範大學編《第11屆白沙文學獎得獎作品集》，彰化師範大學出版。

　　　　　　　△蔡金安編《台灣文學正名》，金安出版事業公司出版。

　　　　　　　△呂怡菁論著《文化尋根與歷史定位：現代詩中的海洋文化軌

跡》，文津出版社出版。

△陳冠學論著《臺語之古老與古典》，前衛出版社出版。

△蘇麗春等著《種一棵希望的樹》，宜蘭縣文化局出版。

△馮偉林散文集《誰與歷史同行》，世界地理雜誌社出版。

△尹雪曼散文集《尹雪曼的文學世界之五：文藝二三事》，楷達文化公司出版。

△朵朵散文集《朵朵小語：溫柔的訊息》，大田出版公司出版。

△方鵬程散文集《北歐之愛》，臺灣商務印書館出版。

△馬水金散文集《浮生散記》、孫磊散文集《歲月滄桑》，文學街出版社出版。

△王菊楚散文集《我愛‧我畫：台北‧美國‧大陸》、劉森堯散文集《2005／劉森堯》、隱地散文集《敲門：三十爾雅光與塵》、張索時評論集《新詩八家論》，爾雅出版社出版。

△張香華詩集《初吻》、散文集《偶然讀幾行好詩》，遠流出版事業公司出版。

△林央敏編《台語詩一世紀》，前衛出版社出版。

△林和詩集《冬日浮燄》，天下遠見出版公司出版。

△席慕蓉詩集《席慕蓉詩集》、《迷途詩冊》、《邊緣光影》，圓神出版社出版。

△姚嘉文小說《霧社人止觀》，草根出版公司出版。

△陳文慶小說《戰地兒女》、吳慧菱小說《謝謝你，赫蓮娜》、陳秀端小說《藤壺之戀》，金門縣文化局、聯經出版事業公司出版。

△林詠琛小說《野餐男與步行女》，皇冠文化出版公司出版。

△陳長慶《陳長慶作品集：小說卷》（一、二、三）、《陳長慶作品集：散文卷》（一），秀威資訊科技公司出版。

△常新港小說《土雞的冒險》、張之路小說《獎賞》、曹文軒小說《稻香渡》、張子樟編《夏天：2005年國立臺東大學兒童文學獎得獎作品集》，民生報社出版。

△歐陽林小說《臺北醫生故事1》、李銳小說《萬里無雲：行走的群山》、彭小蓮散文集《他們的歲月》、小野散文集

《孩子，我挺你》，麥田出版公司出版。

△張大春短篇小說集《戰夏陽：司馬子長及其同行的對話》、林至潔譯《呂赫若全集》（上、下），INK印刻出版公司出版。

△蔡秀女長篇小說《我的20世紀》、李永平小說《海東青》、施叔青小說《維多利亞俱樂部》、徐志摩詩集《徐志摩短詩集》、呂政達散文集《丈夫的秘密基地》、心岱散文集《貓，我們的同居愛人》，聯合文學出版社出版。

△林黛嫚主編《台灣現代文選小說卷》，三民書局出版。

△王大閎小說《杜連魁》、陳義芝論著《聲納：台灣現代主義詩學流變》、余光中評論集《從徐霞客到梵谷》、王家誠《畫壇奇才張大千》（上、下），九歌出版社出版。

四月一日	△信誼基金會舉辦「第十八屆信誼幼兒文學獎」頒獎典禮。王秋香《好快樂唷！》獲零到三歲創作組首獎；劉旭恭《請問一下，踩得到底嗎？》獲三到八歲創作組首獎。
	△傅月庵著《天上大風——生涯餓蠹魚筆記》，遠流出版事業公司出版
四月三日	△金石堂書店即日起舉辦「2006金石堂女人節：女人要有野心」書展，展期至五月七日止。
四月四日	△中華民國圖書發行協進會與台灣出版資訊網邀請資深出版人蘇拾平每月一講「出版經營的十二堂課」。第十二講主題為「出版產業的十個未來」。
	△臺北縣立圖書館十五所分館推出線上通閱服務，民眾只須上網登錄成圖書館會員，即可跨館借書並指定取還地點。
四月五日	△女作家徐鍾珮病逝臺北，享壽九十歲。
四月六日	△已故作家黃武忠遺著《桃香》，聯合文學出版社出版。
四月七日	△網路作家洛娃伊和小嚕於高雄市合開「簡約風格書店」，以「主題書展」型態呈現書店風格。
	△美國亞洲研究學會舉辦「第五十八屆年會書展」於舊金山開幕，國家圖書館出版品國際交換處主任蘇桂枝率團參展，由大鐸資訊、凌網科技以及漢珍數位圖書公司展示國內數位化圖書最新成果。

四月八日	△臺北縣三重市眷村文化園區營造行動舉辦眷村回顧展;空軍一村自治會與眷村文化園區工作小組共同完成《空軍一村回憶錄》,為全臺首部眷村回憶錄。

△金石堂網路書店與知名入口網站Yahoo!奇摩攜手合作,提供網友購買書刊新途徑。

△高雄市文化局主辦「2006城市閱讀運動——高雄好讀書」假市立文化中心舉行,至二十三日止。

△行政院文建會指導、國立臺中圖書館主辦「全國閱讀運動」,向民眾推介六十三種文學類好書。編印《全國閱讀運動:63本文學類好書導讀手冊》,期盼透過閱讀提昇整體文化生態。

四月十二日　△高齡九十五歲女詩人徐芳《中國新詩史》、《徐芳詩文集》,秀威資訊科技公司出版。

△敦煌書局中興大學店開幕,係該書局全國第二十家營業所、第九家校園書店。

四月十三日　△臺北市教育局主辦「校園閱讀無圍牆——萬人閱讀大串聯」活動。

△行政院新聞局主辦「第二十六梯次中小學生優良課外讀物推介」評選活動公佈,計有四百三十二件讀物獲得推介。

四月十五日　△九歌出版社主辦「新人培植計畫」,發表首輪獲得獎助出版者為武維香《妖獸都市》以及何獻瑞《線索》。

四月十九日　△鄉土作家白聆《華語揣台語:實用華台語詞彙對照》,臺南王家出版社出版。為華台語詞彙對照工具書,總計收錄七千個華語詞彙,一萬八千個台語詞彙。

四月廿日　△李志銘著《半世紀舊書回味》,群學出版公司出版。

△交通大學建築研究所教授劉育東策劃編輯《全球在地化:台灣新建築2000～2005》,藝術家出版社出版中英文版。

四月廿二日　△國家圖書館七十三週年館慶暨更名十週年,展出「臺灣文獻精選展」、「臺灣古書契展」。

四月廿三日　△臺中市文化局舉辦「世界書香日」活動,以「書林大會」為主題。

四月廿四日　△天下文化出版公司出版的《藍海策略台灣版:15個開創新市

場的成功故事》簡體字版授權大陸人民出版社發行，首刷七
萬冊。

四月廿五日　△澳大利亞商工辦事處主辦「來自南半球的童言童語：澳洲暢
銷童書繪本插畫展」假誠品書店信義店Gallery舉行，至五月
廿一日止。

　　　　　△瑞典籍漢學家林西茜（Cecilia Lindqvist）著作《漢字的故
事》*China: Empire of Living Symbols*，貓頭鷹出版社出版。

四月廿八日　△中華文化復興總會編纂《台灣藝術經典大系》，藝術家出版
社發行。全套二十四冊，計分書法藝術（五冊）、篆刻藝術
（三冊）、插畫藝術（三冊）、視覺傳達藝術（四冊）、工
藝設計藝術（三冊）、建築藝術（四冊）與民間藝術（二
冊）等七卷。

　　　　　△臺灣大學台文所與洪建全教育文化基金會合辦「臺大洪游勉
文學講座」，首場講座假臺大東亞經典與文化研究中心舉
行，由林文月主講「最初的讀者」。

　　　　　△行政院新聞局公告「九十五年度數位出版創新獎作業要
點」，甄選具創新應用的優良數位出版品。

四月　　　△廖順約論著《表演藝術教材教法》，心理出版社出版。

　　　　　△趙天儀論述《台灣兒童文學的出發》，富春文化事業公司出
版。

　　　　　△白鷺鷥文教基金會策劃；王庭玫主編《台灣美術家名鑑》，
藝術家出版社。

　　　　　△謝玲玉《南瀛鹽分地帶藝文人物誌》，臺南縣文化局出版。

　　　　　△康原《八卦山下的詩人：林亨泰》，玉山社出版。

　　　　　△李瑞騰主編《照辭如境：第2屆中大書評獎作品集》，中央
大學圖書館出版。

　　　　　△吳仁傑散文集《文學的心路》，文學街出版社出版。

　　　　　△林小葳散文集《文學家的美食地圖》，天培文化公司出版。

　　　　　△洪進業詩集《離開或者回來》、洪春柳散文集《不知春
去》、楊筑君散文集《五月的故事》、趙惠芬散文集《太武
山上的美人蕉》、黃珍珍散文集《心弦上的音符》，金門縣
文化局出版。

△余光中《余光中詩選》、吳晟《吳晟散文選》、歸人編《楊喚全集Ⅰ》，洪範書店出版。

△喬林詩集《文具群及其他》、劉小梅詩集《影像的約會》，文史哲出版社出版。

△林詠琛小說《畫中消失》，皇冠文化出版公司出版。

△殘雪小說《最後的情人》，木馬文化公司出版。

△何英傑小說《後山地圖》，遠景出版公司出版。

△王安憶小說《化妝間》，二魚文化事業公司出版。

△莊展鵬小說《布農族的故事：能高山》、張子媛小說《阿美族的故事：女人島》、劉思源小說《泰雅族的故事：神鳥西雷克》、《達悟族的故事：火種》、嚴裴琨小說《排灣族的故事：仙奶泉》、李昂小說《賽夏族的故事：懶人變猴子》、陳墨評論集《千秋萬載，一統江湖：細說笑傲江湖》、唐一寧、王國馨譯《尋找一本繪本，在沙漠中…》，遠流出版事業公司出版。

△馬森小說《巴黎的故事》、《生活在瓶中》、朱西甯小說《狼》、駱以軍散文集《我愛羅》，INK印刻出版公司出版。

△林耀德小說《1947高砂百合》、林幸惠散文集《問題是人生的禮物》，聯合文學出版社出版。

△劉非烈短篇小說集《喇叭手》，九歌出版社出版。

△高翊峰短篇小說集《奔馳在美麗的光裡》，寶瓶文化公司出版。

△李昂小說《迷園：世紀末的女性伊甸園》、小野散文選《雜貨商的女兒》，麥田出版公司出版。

五月一日　△行政院文建會宣佈自六月起廢止「台灣大百科全書」網站審查制度，將調整為專業版與大眾版同步發行，提供網友較為寬廣的詮釋空間。

五月三日　△南京大學出版科學研究所所長張志強應南華大學出版事業管理研究所邀請，來臺進行短期客座（半個月）。與臺北市雜誌商業同業公會假臺北市非政府組織（NGO）會館合辦專題演講「大陸最前線：大陸期刊產業的現狀與未來發展展

望」。

△城邦出版集團申請「好人卡」與「囧rz」為商標，引起網友群起抗議。集團發表聲明稿強調申請商標註冊是避免侵權，並無意限制第三人使用，也無意獨占該商標圖利。

五月四日　△行政院新聞局委託全國意向顧問股份有限公司執行二〇〇四年度「臺灣雜誌出版產業調查研究」發表。調查顯示，二〇〇四年臺灣雜誌整體營收為二百五十四點八億元新台幣；僅百分之七點四的雜誌業者發行電子雜誌。

五月五日　△國家台灣文學館規劃建置《台灣文學辭典》檢索系統正式開放使用，藉以呈現過去四年編纂計畫初步成果。

五月九日　△詩人葉笛（本名葉寄民）病逝，享年七十六歲。

△行政院文建會贊助，九歌文教基金會主辦「九歌現代少兒文學獎」得獎名單揭曉。少兒文學特別獎得主陳三義〈哥哥，呼呼〉；評審獎得主鄭承鈞〈我的麗莎阿姨〉；推薦獎得主劉美瑤《夢思忒的窗口》。

五月十日　△遠流出版集團旗下智慧藏科技公司宣佈投入四千萬元打造以數位出版、線上版權交易為經營核心的網站「圖文閱讀網」，擁有上萬筆數位圖文資料，橫跨文學、攝影、插畫、陶藝、建築領域，提供線上閱讀、授權與經銷服務。

五月十三日　△誠品書店舉辦「獎狀換圖書禮卷」活動，凡國中小、高中職學生持二〇〇五學年度第二學期期間獲頒獎狀與身分證明文件，即可獲得價值新台幣一百元的圖書禮卷。

五月十七日　△大塊文化出版公司籌備經年，宣佈推出子品牌「小異出版」，出版以神秘學為題材的專書，首推四冊新書，內容涵蓋神秘文化比較、風水與通靈議題。

五月十八日　△臺南市二手書店「雲海書店」正式營運，店內以臺灣民藝品裝潢，並展出店主藏書二萬冊。

五月十九日　△誠品書店推出「2006誠品旅行節」主題書展至六月十八日止，以美食為主題，為愛好旅行及美食的讀者搜羅展示世界各地美食旅行書。

五月廿日　△金石堂書店南投店開幕，使金石堂書店總店數達九十四家，董事長周正剛表示，預計今年總店數將突破百家，營收上看

新台幣三十億元。

△聯經出版事業公司與上海書店合辦「兩岸最美的書暨中國古籍出版社聯合書展」假臺中市文化局展出，計有二十三家出版社、近三千種出版品參展。

五月廿二日　△臺北市出版商業同業公會、中華出版基金會、udn聯合線上公司、中國出版工作者協會電子與網絡出版工作委員會等合辦為期兩天的「2006海峽兩岸數位出版產業化發展研討會暨數位出版與數位典藏成果觀摩展」，假臺北市立圖書館總館舉行。

△城邦出版集團宣佈原商周出版總編輯陳蕙慧接任麥田出版總經理兼總編輯，藉此重整旗下書系，並將麥田出版焦點定位在文學與歷史主體。

五月廿四日　△行政院文建會舉辦「全國閱讀運動」六十三本好書讀後心得徵文比賽舉辦頒獎典禮。

五月廿六日　△聯經出版事業公司主辦「鑑古薪傳：大陸古籍出版社聯合書展」假臺北聯經文化天地舉行，參展書籍近三千種、六千餘冊。

五月廿七日　△臺南縣文化局宣佈今年「南瀛文學獎」新增「長篇小說獎」與「劇本獎」，由蕃薯藤網站協辦「文學部落格獎」，鼓勵更多人投入文學創作。

五月卅日　△中華民國圖書發行協進會舉辦「數位出版的八個不可不知」，由博庫數碼總經理薛良凱策劃，《聯合報》資深顧問那福忠、宏碁電子化服務事業群經理徐正隆共同析論「數位出版現象與現狀」。

△邱炯友著《學術傳播與期刊出版》，遠流出版事業公司出版。

五月卅一日　△創刊七十九年的《中央日報》正式停刊，將轉型為電子報。

△臺中市文化局主辦「東亞詩書展」假臺中市文化局與圖書館巡迴展出，至七月十四日止。開幕典禮假臺中教育大學舉辦「現代詩國際研討會」。

五月　△呂福原、歐辰雄等編著《臺灣樹木圖誌》第二卷，歐辰雄出版。

△陳仲偉論著《台灣漫畫文化史：從文化史的角度看臺灣漫畫的興衰》，杜葳廣告公司出版。

△阿爾維托‧曼谷埃爾著；宋偉航譯《閱讀日誌》，臺灣商務印書館出版。

△安德烈‧柏納等編；陳榮彬譯寫《退稿信》，寶瓶文化出版公司出版。（將許多作家被出版社退稿的退稿信收集成書）

△汪培珽著《餵故事書長大的孩子》，時報文化出版公司出版。

△戴文鋒主編《葉笛全集》（十八冊），國立台灣文學館出版。

△蔡明雲著《世界級的台灣音樂家：蕭泰然》（傳記），玉山社出版。

△陳瑞斌、趙滿鈴著《天使手指：陳瑞斌的鋼琴傳奇》（傳記），二魚文化事業公司出版。

△湯為伯著《老湯文萃》，臺南王家出版社出版。

△廖冰凌論著《尋覓「新男性」：論五四女性小說中的男性形象書寫》，文史哲出版社出版。

△廖炳惠評論集《臺灣與世界文學的匯流》，聯合文學出版社出版。

△佟自光、陳榮斌編《一生要讀的60首詩歌》，大地出版社出版。

△施寄青散文集《通靈者說》，小異出版公司出版。

△蔡登山輯注《徐志摩情書集》，秀威資訊科技公司出版。

△吳淡如散文集《賺錢也賺到人生》，方智出版社出版。

△吳若權散文集《遇見你，我更懂自己》、紙風車劇團《忠狗101：親子共戲故事書》，圓神出版社出版。

△王強散文集《愛之書》、廖偉棠《我們在此撤離，只留下光》，大塊文化出版公司出版。

△張讓、韓秀散文集《兩個孩子兩片天：寫給你的25封信》，大田出版公司出版。

△毛尖散文集《沒有你不行，有你也不行：毛尖文化生活筆記》，遠流出版事業公司出版。

△陳冠學散文集《老臺灣》，東大出版公司出版。

△梅遜散文集《孔子這樣說：從論語看「為我思想」》、《新為我主義》，爾雅出版社出版。

△鄭元慈等著《大城市小人物4》、羅漪文等著《面向海洋：第8屆臺北文學獎得獎作品集》，臺北市文化局出版。

△臺中市文化局編《第9屆東亞詩書展作品集》，臺中市文化局出版。

△陳良欽詩集《山花與露珠》，宜蘭縣文化局出版。

△趙衛民編《戴望舒》、陳俊啟編《朱自清》、蔡振念編《鬱達夫》、張堂錡編《夏丏尊》、洪淑苓編《徐志摩》、廖卓成編《梁啟超》、許琇禎編《聞一多》、賴芳伶編《許地山》、范銘如編《魯迅》、劉人鵬編《蕭紅》，三民書局出版。

△管管詩集《腦袋開發：奇想花園66朵》，商周出版公司出版。

△楚戈插畫集《想像，不需翻譯：楚戈插畫創作Ⅰ》、《流浪‧理直氣壯：楚戈插畫創作Ⅱ》，五色石國際公司出版。

△瘂弦詩集《弦外之音》，聯經出版事業公司出版。

△韓寒小說《一座城池》，馥林文化出版。

△侯文詠小說《頑皮故事集》，健行文化出版公司出版。

△冰傑小說《胭脂湖》、楊本禮散文集《人生品味‧品味人生》、王曉寒散文集《希望還有明天》，臺灣商務印書館出版。

△袁瓊瓊小說《愛上小男人》、陳志鴻小說《腿》、林文義散文集《幸福在他方》、鄭惠美著《一泉活水：陳其寬》（傳記），INK印刻出版公司出版。

△林詠琛小說《奇幻旅館》、葉李華小說《錯構：衛斯理回憶錄①》，皇冠文化出版公司出版。

△曹文軒少年小說《山羊不吃回頭草》、陳啟淦少年小說《日落紅瓦厝》，民生報社出版。

△饒雪漫小說《小妖的金色城堡》、夏元瑜散文集《談笑文章》、廖玉蕙散文集《不信溫柔喚不回》、郭強生主編《偷

345

窺：東華創作所文集Ⅰ・散文篇》、《風流：東華創作所文集Ⅱ》，九歌出版社出版。

　　△閻連科長篇小說《丁莊夢》、莫言長篇小說《生死疲勞》、陳燁小說《姑娘小夜夜》、李天葆小說《盛世天光》、黃錦樹評論集《文與魂與體：論現代中國性》，麥田出版公司出版。

六月一日　　△世界美學大師安伯托・艾可（Umberto Eco）美學巨著《美的歷史》中文版彭淮棟譯，聯經出版事業公司出版。

　　△Cheers雜誌公佈「新世代最嚮往企業」調查，「誠品書店」排行大學畢業生最想進入的企業第五名。

六月二日　　△亞洲出版業協會（The Society of Publishers in Asia）簡稱SOPA宣佈《天下》雜誌群為二〇〇六年「出版卓越獎」最大贏家。

六月四日　　△漫畫家梁紹先《天國之門》，全力出版社出版，為首部以漫畫方式重現六四事件的作品。

六月六日　　△創刊三十年的《台灣日報》宣佈停刊。

六月七日　　△作家琦君（本名潘希珍）辭世，享壽九十歲。

　　△東華書局創辦人卓鑫淼病逝上海，享壽九十六歲。

六月八日　　△管管詩集《腦袋開花》，商周出版公司出版。

　　△《天下》雜誌二十五週年慶。

六月九日　　△中華文化總會與女書店合作出版《女人屐痕：台灣女性文化地標》舉辦新書發表會，以十七個文化地標紀錄臺灣女性歷史與人權發展軌跡。

六月十四日　△張曼娟與紫石作坊成立「張曼娟小學堂」，透過兒童夏令營方式，推廣國語文教育。

六月十五日　△臺南市金典書局與北京圖書館出版社簽下臺灣總代理權，係大陸出版業者首度將臺灣代理權授予臺灣業者。北京圖書館出版社而後所有出版品與特藏書將由金典書局負責臺灣地區的銷售與推廣。

六月十六日　△作家華嚴創作逾半世紀，首度舉辦《千心映影──華嚴影像自選集》（躍昇版）發表會。

　　△第十六屆「大陸全國書市」假新疆烏魯木齊國際博覽中心開

幕，臺港澳三地共十一家出版發行機構、三千零四十種圖書參展。

六月十八日　△林良《小紙船看海》、《小動物兒歌集》；馬景賢《文字拼圖：我是怎樣寫作的》（散文集）；林煥彰《一個詩人的秘密》；民生報社出版。

六月十九日　△國立編譯館公佈二〇〇六年度優良漫畫評選結果，共有二十一件作品獲獎。杜福安《十三行大冒險》（玉山社版）獲連環圖畫組獎，《世紀三國：孔明之三分天下》（格林文化版）獲編輯獎暨漫畫獎。未出版乙類作品首獎由許貿淞「佛祖傳」獲得。

六月廿日　△作家蕭麗紅代表作《千江有水千江月》，（聯經出版）發行二十五年後，正式授權大陸人民出版社出版簡體字版。

六月廿一日　△國立教育資料館五十週年慶，假國立編譯館大禮堂舉行「教科書特展」，展出半世紀以來臺灣教科書發展歷程以及教育文獻與臺灣教育人物誌、紀錄片等影音資料。

六月廿三日　△皇冠文化以「皇冠」為特取部分申請出租業註冊商標登記，經臺北高等法院判決敗訴，仍然由全國百餘加盟店的皇冠書城持有該商標。

六月廿四日　△誠品網路書店公佈「搶救絕版」票選結果，前三名分別是日本漫畫家細川知榮子《尼羅河女兒》、英國作家傑洛德・杜瑞爾《希臘三部曲》以及希臘文豪尼可斯・卡山札基《基督的最後誘惑》。

六月廿五日　△成立三十餘年的「中壢文化圖書城」結束營業。

六月廿六日　△中華民國圖書出版事業協會、中華民國圖書發行協進會、臺北市出版商業同業公會等合辦「第二屆海峽兩岸圖書交易會」舉行徵展說明會。

六月廿八日　△皇冠文化控告大陸經濟日報出版社未經授權擅自出版其所有張愛玲作品，經北京高等法院裁定經濟日報出版社侵權，須停止出版活動，並賠償皇冠文化四十萬元人民幣。

六月廿九日　△行政院新聞局公佈「九十五年度補助發行數位出版品」八件入選名單，分別是：NPM行動出版網、M-picture book手機e繪本、《臺灣日日新報》漢珍電子版出版發行計畫、空中英

語教室行動學習雜誌（M-Mag）、部落成書——我的部落格電子書、凱蒂遊名畫——兒童e想圖畫書、牛頓影音館與《智慧藏電子書——台灣小說‧青春讀本》系列。

六月卅日　△成立六年，國內最大民間繪本圖書館「貓頭鷹兒童繪本圖書館」面臨關閉窘境。

六月　　　△鄭黛瓊等譯《戲劇教學：桃樂絲‧希斯考特的「專家外衣」教育模式》，心理出版社出版。

　　　　　△蔡秀菊等著《第十屆兒童文學與兒童語言學術研討會論文集》，富春文化事業公司出版。

　　　　　△謝佩芝《故事：打開兒童成長大門的金鑰匙》，書泉出版社出版。

　　　　　△鄭鳳珠譯《閱讀遊戲妙點子：讓孩子愛上閱讀的76個遊戲》，東西出版事業公司。

　　　　　△劉清彥論述《道在童書：真理、兒童、圖畫書》，道聲出版社出版。

　　　　　△李有成、王安琪編《在文學研究與文化研究之間：朱炎教授七秩壽慶論文集》，書林出版公司出版。

　　　　　△臺中技術學院應用中文系編《台灣旅遊文學論文集》，五南圖書出版公司出版。

　　　　　△李沅洳著《二十世紀法國情慾文學：從限制出版到自由出版》，唐山出版社出版。

　　　　　△許俊雅論著《我心中的歌：現代文學星空》、王潤華編《全球化時代的中文系》，文史哲出版社出版。

　　　　　△楊聯芬論著《流動的瞬間：晚清與五四文學關係論》，秀威資訊科技公司出版。

　　　　　△顏忠賢散文集《偷偷混亂：一個不前衛的藝術家在紐約的一年》，布克文化公司出版。

　　　　　△曾國民散文集《從存在到世界：101密碼》，雪波文化工作室。

　　　　　△黃碧端散文集《月光下，文學的海》，天下遠見出版公司出版。

　　　　　△涂妙沂散文集《土地依然是花園》，臺中晨星出版公司。

△簡良助散文集《心寬路更寬》，健行文化出版公司。

△路寒袖主編《黃色迷戀：阿勃勒》，高雄市文化局出版。

△葉日松客家詩集《秀姑巒溪介人生風景》，花蓮縣政府出版。

△雪迪著《雪迪詩選：徒步旅行者1986～2004》，傾向出版社出版。

△陳黎詩集《小宇宙：現代俳句二〇〇首》，二魚文化事業公司出版。

△曲家瑞散文集《拜託，不要每個人都一樣》，方智出版社。

△黃越綏著《黃越綏詩集》、謝鵬雄散文集《哲人風流：莊子的智慧》、鄭華娟散文集《我的美食異想世界》，圓神出版社出版。

△蓉子詩集《眾樹歌唱：蓉子人文山水詩粹》，萬卷樓圖書公司出版。

△陳義芝編《為了測量愛：當代愛情詩選》、蕭蕭編《優遊意象世界：一本專為高中生量身打造的現代詩選》、《揮動想像翅膀：一本專為國中生量身打造的現代詩選》、洪素麗散文集《金合歡》、鍾怡雯編《因為玫瑰：當代愛情散文選》，聯合文學出版社出版。

△梁曉聲小說《一個紅衛兵的自白》，馥林文化公司出版。

△桂文亞、李潼編著《寂寞夜行車：台灣少年小說選2》，民生報社出版。

△朱秀海小說《喬家大院》（上、下），高寶國際公司出版。

△蘇偉貞小說《魔術時刻》、姜思章等著《流離記意：無法寄達的家書》、王安憶散文集《尋找上海》，INK印刻出版公司出版。

△郭啟宏小說《稻草人長大了》、琦君散文集《水是故鄉甜》、《此處有仙桃》、《萬水千山師友情》、陳少聰散文集《有一條河從中間流過》、白靈評論集《一首詩的誕生》，九歌出版社出版。

△闞華艦小說《痛，就哭出聲來》、雷驤散文選《雷驤Pocket Watch》、方鵬程、高莉瑛散文集《回歸自然，美夢成真：

山中聽濤的故事》，臺灣商務印書館出版。

△侯文詠小說《大醫院小醫師》、《離島醫生》；林詠琛小說
《水中消失》、張小嫻小說《收到你的信已經太遲》，皇冠
文化出版公司出版。

△王剛長篇小說《英格利士》，大塊文化出版公司出版。

△鄭清文著《玉蘭花：鄭清文短篇小說選2》、阮慶岳小說
《蒼人奔鹿》、余華小說《現實一種》、劉亮雅論著《後現
代與後殖民：解嚴以來台灣小說專論》，麥田出版公司出
版。

△嚴歌苓中篇小說集《太平洋探戈》、夏經桂小說《馬二傻．
玫瑰篇》、張秀亞散文集《我與文學》、謝冰瑩散文集《愛
晚亭》，三民書局出版。

七月一日　　　△小知堂文化公司成立「方塊出版企畫所」，以怪奇、純愛、
異想、blog等主題，耕耘年輕有創意的出版路線，並發行創
業作──羅問的《鬼捉替》。

△udn數位閱讀網推出「數位出版電子報」、「數位閱讀電子
報」，提供讀者數位出版資訊。

七月四日　　　△行政院新聞局主辦，中華漫畫出版同業協進會承辦二○○六
年「劇情漫畫獎」公佈入圍名單；並自十日起舉辦本土經典
漫畫網路票選。

△九歌文教基金會主辦第十二屆「九歌現代少兒文學獎」舉行
頒獎典禮。

△經建會「文化藝術在經濟發展中的角色益趨重要」分析報告
公佈，其中二○○五年「娛樂消遣教育及文化消費支出金
額」為一兆二千七百九十六億元，創下歷史新高，顯示國內
文化藝術消費支出持續成長。

七月七日　　　△二○○七年臺北國際書展開始徵展，今年度主題館為「俄羅
斯」，主辦單位將舉辦俄羅斯三大文豪普希金、托爾斯泰以
及蕭洛霍夫文學展，並介紹俄羅斯歷史、文化與藝術。

七月八日　　　△人間文教基金會、人間佛教讀書會以及國際佛光會中華總會
主辦「2006全民閱讀博覽會」假佛光山雲居樓舉行，來自星
馬以及香港等國家地區共一百三十八個讀書會，一千七百多

人參與其事。

△第五屆「桃園全國書展」假桃園縣立體育館舉行，並公佈桃園年度之書為《李純陽昆蟲記》（遠流出版），年度推薦閱讀為《追風箏的孩子》（木馬文化）。

七月九日　　△潺川圖書有限公司自大陸天津科技翻譯公司授權發行《疼痛不找你》一書，遭詹廖明義醫師提出侵害著作權訴訟，經板橋地院判決詹廖明義醫師勝訴。

七月十日　　△《遠見》雜誌創刊二十週年，三位創辦人高希均、王力行、張作錦分別出版《兩岸經驗20年》、《動力20》、《一杯飲罷出陽關》（天下遠見出版公司出版）以為慶祝。

七月十五日　△推理傳教士詹宏志策劃，遠流出版事業公司推理小說「謀殺專門店書系」全套三十六冊出齊，開放讀者預購，並將舉辦詹宏志「謀殺專門店講堂」。

七月十六日　△行政院文建會將繼台灣大百科網站調整為「專業版」與「大眾版」兩種版本同步發行後，特規劃「九門遊台灣——網路闖關遊戲」，藉以增加民眾對網站的認識。

七月十七日　△自轉星球文化創意事業公司繼繪本作家彎彎後，推出插畫家阿賢新書《0932453545》，由其部落格的插畫小品集結成書。

△女作家吳淡如寫作二十年，出書逾六十本，著作總銷售量高達四百五十萬冊，版稅所得五千萬新臺幣。時報文化出版公司公佈作家戴晨志總銷售量達三百萬冊，並推出《你是說話高手嗎？——教你如何展現說話魅力》銷售破三十五萬冊精裝典藏版。

七月十九日　△全國中小學教科書統一議價定案，今年由臺中市負責計價，臺中縣負責議價。九十五年度國中小教科書平均降價百分之七，其中國小部份降價約六十元，國中部份降價約四十五元。

七月廿一日　△籌畫近一年，博客來網路書店宣佈成立「外文館」，提供代客訂書與暢銷書低價促銷服務，讀者訂書後七～十天便能收到，免運費。

七月廿二日　△臺北縣立圖書館與板橋市立圖書館聯合推出二〇〇六年「全

國好書交換」活動，至八月十二日止。

七月廿五日　　△劉克襄新書《失落的蔬菜》，二魚文化事業公司出版。

七月卅一日　　△臺北書展基金會接下德國法蘭克福書展臺灣館承辦權，舉辦
　　　　　　　　參展說明會，公佈參展辦法與規劃重點。

七月　　　　　△Tiffany《解讀卡漫密碼》，尖端出版公司出版。

　　　　　　　△壹貳參戲劇團《仙奶泉：兒童舞臺劇創作指南》，智多星文
　　　　　　　　化出版公司出版。

　　　　　　　△保羅・葛拉維著；連惠幸等譯《日本漫畫60年》，西遊記文
　　　　　　　　化事業公司出版。

　　　　　　　△河合隼雄著；詹慕如譯《小孩的宇宙：從經典童話解讀小孩
　　　　　　　　的內心世界》，天下雜誌公司出版。

　　　　　　　△張子樟校譯《童話・兒童・文化產業》，東方出版社出版。

　　　　　　　△陳悌錦論述《故事高手20招》，國語日報社出版。

　　　　　　　△尼克・雷尼遜著；林劭貞譯《福爾摩斯外傳》，臺中好讀出
　　　　　　　　版公司出版。

　　　　　　　△石曉楓論著《兩岸小說中的少年家變》，里仁書局出版。

　　　　　　　△張世宗論著《昨日童年・傳統童玩：趣說台灣傳統游藝文
　　　　　　　　化》，國立歷史博物館出版。

　　　　　　　△倪朝龍編《一代宗師呂佛庭：春風涵古道、翰墨映禪心》，
　　　　　　　　臺中市文化局出版。

　　　　　　　△中興大學台灣文學所編《第3屆全國台灣文學研究生學術論
　　　　　　　　文研討會論文集》，國家台灣文學館籌備處出版。

　　　　　　　△李瑞騰主編《永恆的溫柔：琦君及其同輩女作家學術研討會
　　　　　　　　論文集》、《新生代論琦君：琦君文學專題研究論文集》，
　　　　　　　　中央大學中文系琦君研究中心出版。

　　　　　　　△花蓮教育大學民間文學研究所編《2006民俗暨民間文學學術
　　　　　　　　研討會論文集》，文津出版社出版。

　　　　　　　△彭瑞金編《高雄文學小百科》，高雄市文化局出版。

　　　　　　　△張國治論述《金門藝文鉤微》，金門縣文化局出版。

　　　　　　　△李進益論著《民間文學研究》，花蓮教育大學出版。

　　　　　　　△張雙英論著《二十世紀臺灣新詩史》，五南圖書出版公司出
　　　　　　　　版。

△蕭蕭論著《現代詩學》，東大出版公司出版。

△郜瑩散文集《信物》，唐莊出版社出版。

△李彥貞散文集《有愛無淚》，文史哲出版社出版。

△曾柏文散文集《比陽光燦爛，比雪潔淨：深入雲南、絲路、西藏》，天下遠見出版公司出版。

△龍彼得論著《瘂弦評傳》，三民書局出版。

△昆布散文集《移動書房》，遠流出版事業公司出版。

△陳義華散文集《東坡驚夢：文化露台的另類解讀》、林貴真散文集《相遇爾雅書房》，爾雅出版社出版。

△吳淡如散文集《人生以快樂為目的；愛情以互惠為原則》、吳若權散文集《更愛明天的自己》，方智出版社出版。

△方文山詩集《關於方文山的素顏韻腳詩》，華人版圖出版公司出版。

△愚溪詩集《未形：別類物格四部曲第一部‧長衿沈弓》，普音文化公司出版。

△京橋小說《可不是天使》，臺中白象文化公司出版。

△小汗小說《醫生杜明》，大田出版公司出版。

△張之路小說《空箱子》，民生報事業處出版。

△凌拂小說《學校一百歲》，玉山社出版。

△黃文相《笑容：黃文相短篇小說精選》，草根出版社出版。

△張曼娟編《同輩：青春男‧同志小說選》、《同類：青春女‧同志小說選》、吳念真散文集《台灣念真情之尋找台灣角落》，麥田出版公司出版。

△邱家洪小說《台灣大風雲》（五冊）、陳冠學散文集《字翁婆心集》、林鎮山論著《離散‧家國‧敘述：當代台灣小說論述》，前衛出版社出版。

△王文美小說《女籃特攻隊》、呂淑敏小說《天使帶我轉個彎》、漢寶德散文集《漢寶德亞洲建築散步》，九歌出版社出版。

△深雪小說《女神門》、林詠琛小說《雨色之男》、《夢中消失》，皇冠文化出版公司出版

△陳長慶《陳長慶作品集：小說卷》（四～七）、《陳長慶作

品集：散文卷》（二）、《陳長慶作品集：別卷》、羅智
強詩集《琥珀色的夢境》、張中良散文集《學術時髦的陷
阱》，秀威資訊科技公司出版。

△賀景濱短篇小說集《速度的故事》，木馬文化公司出版。

△楊照短篇小說集《背過身的瞬間：百年荒蕪系列之一》、蘇
偉貞長篇小說《時光隊伍：流浪者張德模》、易術小說《我
丟失了我的小男孩》、黃士祐小說《煙花：如煙流轉的歌姬
物語》、楊佳嫻詩集《你的聲音充滿時間》，INK印刻出版
公司出版。

八月一日　　　△風雲論壇出版社發表《台灣名人百科2006～2007》（彭懷恩
主編），共選出二千三百位各領域具代表性的名人。

八月四日　　　△馬西屏《百分之九十的秘密》，時報文化出版公司出版。

八月五日　　　△繪本作家幾米假香港藝術中心舉行個人作品展，至二十七日
止；並推出以其作品改編兒童劇《月亮七個半》。

八月七日　　　△誠品書店臺北信義旗艦店舉辦「從繪本看韓國——Borim
Press 繪本插畫展」至二十日止。

八月十日　　　△城邦出版集團旗下專門出版日本推理小說的獨步文化公司發
行日本當紅作家宮部美幸《無止境的殺人》與《蒲生邸事
件》為創業作，期盼引領臺灣推理閱讀風潮。

△第七屆「漫畫博覽會」假臺北展演二館（原世貿二館）舉
行，至十五日止，吸引近四十二萬人次參觀，業績比去年成
長二成。

八月十二日　　△行政院文建會「全國好書交換」活動假高雄縣十九個圖書館
同步展開，計交換書籍達二萬五千餘冊；臺中市文化局也舉
辦「夏日換書交響悅」活動。

八月十五日　　△創立二十六年的桂冠圖書公司結束營業。

八月十六日　　△洪蘭著《良書亦友：講理就好5》，遠流出版事業公司出
版。

八月十八日　　△繪本作家幾米控告香港泰林無線電行有限公司與Ad-
Magnetics 股份有限公司複製《照相本子》與《我的心中每
天開出一朵花》圖片作商業用途，違反版權協議，要求賠償
並停止侵權行為。

　　　　　　　△臺北捷運公司表示，全長逾一公里的捷運中山地下街將有四
　　　　　　　　十餘家出版社進駐，成為臺北市第二條書店街。

八月廿一日　　△東方出版社子品牌貓巴士出版社取得日本動畫大師宮崎駿作
　　　　　　　　品《魔女宅急便》中文版權在臺發行。

八月廿三日　　△臺灣第一個語文著作權仲介協會「社團法人中華語文著作權
　　　　　　　　仲介協會」獲准成立，將向各界使用該會會員書籍、小說、
　　　　　　　　散文、詩歌、劇本、演講、食譜、笑話等著作的行為，收取
　　　　　　　　使用報酬。

八月廿四日　　△政爭持續、經濟蕭條，書市也受到嚴重影響，上半年新書供
　　　　　　　　需明顯失衡，平均銷售額比去年同期約下降五成，書店業績
　　　　　　　　普遍下滑三成。

　　　　　　　△行政院文建會出版第三期「臺灣戲劇館──資深戲劇家叢
　　　　　　　　書」，介紹黃美序、姜龍昭、陳大禹、簡國賢以及宋非我等
　　　　　　　　五位戲劇家。

八月廿五日　　△誠品書店與房地產建商結合，在淡海新市鎮新建案「淡水情
　　　　　　　　歌」中推出具有誠品風格的社區圖書館，成為臺灣書店業與
　　　　　　　　房地產業合作行銷首例。

八月廿六日　　△臺灣資深作家葉石濤情色文學《蝴蝶巷春夢》，高雄春暉出
　　　　　　　　版社於高雄文學館舉行新書發表會。

八月廿九日　　△臺北市出版商業同業公會、聯合線上udn數位閱讀網以及聯
　　　　　　　　合知識庫舉辦「新三角關係──數位時代的創作、閱讀與出
　　　　　　　　版」座談。

八月卅日　　　△張筧編著《走學高雄書地圖》，高雄市文化局出版，呈現全
　　　　　　　　市書店、圖書館與讀書會等現狀。

八月　　　　　△洪玉茹編《第8屆菊島文學獎得獎作品集》，澎湖縣文化局
　　　　　　　　出版。

　　　　　　　△陳琇玲譯《玻璃鞋為什麼只有灰姑娘穿得下？》，時報文化
　　　　　　　　出版公司出版。

　　　　　　　△聯經編輯部編《第3屆台積電青年學生文學獎得獎作品
　　　　　　　　集》，聯經出版事業公司出版。

　　　　　　　△林明德編《中國文學新詮釋：關涉與意涵》、蘇友貞散文集
　　　　　　　　《禁錮在德黑蘭的羅麗塔》，立緒文化公司出版。

△汪恒祥散文集《向前走，My Way》，水雲齋文化公司出版。

△童若雯散文集《聆聽巴比倫》、鄧榮坤散文集《乙未，第三十二首》、《一隊火把向紫禁城移動》，臺灣商務印書館出版。

△楊佳嫻散文集《雲和》、李季紋散文集《後現代甜心：北京男孩女孩2》，木馬文化公司出版。

△莊勝榮散文集《要成功很容易》，前衛出版社出版。

△賴鈺婷散文集《彼岸花》，遠流出版事業公司出版。

△官淑森散文集《從放牛的小女孩到律師》，健行文化出版公司出版。

△栞涵散文集《微笑的心：50則》，正中書局出版。

△洛夫散文集《雪樓小品》，三民書局出版。

△張系國散文集《女人究竟要什麼》、《男人究竟要什麼》、余光中散文集《記憶像鐵軌一樣長》、吳魯芹《吳魯芹散文選》、簡媜散文集《密密語》、《微暈的樹林》，洪範書店出版。

△傅正明、桑傑嘉編譯《西藏流亡詩選》，行政院蒙藏委員會出版。

△黃樹根詩集《新十四行嘗試集》、梁明輝詩集《獨攀之歌》、黃山高散文集《大象山風雲》，高雄縣文化局出版。

△陳克華詩集《善男子》、吳魯芹散文集《低調淺彈：瞎三話四集》、林以亮散文集《更上一層樓》、夏濟安散文集《夏濟安日記》、琦君散文集《淚珠與珍珠》、陳幸蕙散文集《群樹之歌》，九歌出版社出版。

△愚溪詩集《素潔：別類物格四部曲第一部·長衿沈弓》，普音文化公司出版。

△李有成詩集《時間》，書林出版公司出版。

△哲明詩集《白色倉庫》、渡也詩集《攻玉山》、林武憲臺語詩集《鹹酸甜：人生的滋味》，彰化縣文化局出版。

△梁曉聲小說《伊人伊人》（上、下），馥林文化公司出版。

△林君琅小說《一方水土一方人》，臺中白象文化公司出版。

△黃凡小說《賴索》、張小虹散文集《後現代／女人：權力、慾望與性別表演》、陳淑瑤散文集《瑤草》、裴在美散文集《遮蔽的時間》、向鴻全散文集《借來的時光》、林文月《寫我的書》，聯合文學出版社出版。

△蔡駿小說《幽靈客棧》，時報文化出版公司出版。

△楊照小說《吹薩克斯風的革命者》、梁東屏散文集《一個人@東南亞》，INK印刻出版公司出版。

△陳長慶小說《小美人》、李錚銅小說《捷運歌聲》、陳綺詩集《淨土》、蔡登山散文集《往事已蒼老》、郭鳳西散文集《歐洲剪影》，秀威資訊科技公司出版。

△邱貴芬編《臺灣政治小說選》，二魚文化事業公司出版。

△蔣勳長篇小說《秘密假期》、李欣頻散文集《夢‧前世‧靈魂之旅：35歲的印度奇幻體驗》，方智出版社出版。

△李銳短篇小說集《太平風物：農具系列小說展覽》、歐陽林小說《台北醫生故事2》、蔣韻小說《想像一個歌手》、余華小說《戰慄》、梅家玲編《文化啟蒙與知識生產：跨領域的視野》，麥田出版公司出版。

九月一日　　△最高法院針對武俠小說家古龍、司馬翎共二十一套小說版權糾紛案，宣判出版商趙鎮中與司馬翎之妻吳何美英因違法重製，必須賠償擁有版權的美商宋氏企業公司新臺幣四百九十餘萬元。

　　　　　　△鄭璇、陳福智、向玫蓁編著《詩詞名家名句精選辭典》，本書橫跨先秦、漢、魏晉、唐、五代、宋、元、明、清歷朝各代精心彙編五千句以上的詩、詞、曲名句，包含內容鑑賞和原作收錄。另附以名句首字筆劃劃分及以名家姓氏筆劃劃分等兩種索引，臺中好讀出版公司出版。

九月二日　　△南華大學出版事業管理研究所、致遠管理學院企業管理學系與北京大學現代出版研究所合辦第二屆「海峽兩岸華文出版論壇」，假北京大學圖書館北配樓舉行。

九月五日　　△第六屆「上海雙年展」假上海美術館舉行，展出繪本作家幾米全新作品《四季》。

九月七日　　△行政院公平會認定康軒、南一、翰林、牛頓等四家教科書出

版商私下協議九十五學年度第一學期起停贈學生作業簿與測驗卷，係違反「公平交易法」第十四條的聯合行為，重罰一千四百四十六萬元。

九月八日　　　△作家柏楊接受《新觀念》雜誌訪問，表示由於健康欠佳決定封筆。

　　　　　　　△聯經出版事業公司與北京中華書局簽訂合作協議，展開實質合作出版。

九月十一日　　△美國《出版人週刊》（*Publishers Weekly*）刊登十六頁的「台灣特刊」，介紹臺北國際書展與海外書展中的臺灣館，並特寫十位臺灣出版人。

　　　　　　　△世界書局董事長閻奉璋病逝，享壽九十一歲。

九月十三日　　△衛金森、查靈著；吳妍蓉譯《宗教百科全書》，為全球唯一的紙上宗教博物館，貓頭鷹出版社出版。

　　　　　　　△華裔作家張戎與夫婿喬‧哈利戴合著《毛澤東：鮮為人知的故事》中文版，香港開放出版社出版。

九月十五日　　△聯經出版事業公司臺大新生門市部轉型為「聯經上海書店臺大店」，主要業務為銷售正、簡體字人文社會科學類圖書。

九月十六日　　△國立編譯館頒發九十五年「優良漫畫評選獎」。

九月十九日　　△行政院新聞局主辦第二十七梯次「中小學生優良課外讀物推介」評選活動揭曉，計有四百九十五件作品獲得推介。

九月廿日　　　△第二屆「海峽兩岸圖書交易會」假臺北世貿展覽二館舉行展期五天。計有一百八十家大陸出版社，近五十萬冊簡體字圖書來臺參展。會中並發表「兩岸十大作家」與「兩岸十大好書」。

九月廿一日　　△作家許伯愷假金石堂書店忠孝店連續三天舉行《如何創造中國第一：許伯愷引爆生命力》簽名會（聯合文學）。

　　　　　　　△手機大廠諾基亞（Nokia）與城邦、時報、康泰納士等五家出版業者宣佈合作推出「口袋書店」（M-Book），提供當期雜誌內容下載服務。

九月廿二日　　△教育部與原民會公佈第一套部編原住民語言教材，自一到九階（一到九年級），共計三百六十冊。

九月廿三日　　△民間發起的「行動書庫」已於十一個縣市設立四十七個借書

據點，流通圖書計有十五萬冊。

九月廿六日　△「2006夏日的BLOG傳說」競賽活動頒獎，共選出十二個「布克賞」，將由布克文化出版社集結成書。

九月廿六日　△行政院新聞局公佈「九十五年度數位出版創新獎」得獎名單，其中金牌獎得主為太極影音科技公司《數位兒童圖書館》。

九月廿八日　△天下文化出版公司與誠品書店合辦「眾聲喧嘩，安靜讀書：2006天下文化樂讀運動」，至十月卅一日止。

　　　　　　△行政院新聞局針對國內出版業界聯合反對「對自日本、大陸及印尼進口之非塗佈道林紙課徵反傾銷稅暨課徵臨時反傾銷稅」案，已去函財政部與經濟部貿易調查委員會，表示政府應以文化出版產業的合理訴求為優先考量。

九月廿九日　△日本推理小說家綾辻行人首度來臺為新書《殺人暗黑館》（上）（郭清華譯）宣傳，皇冠文化出版公司出版。

　　　　　　△承辦德國法蘭克福書展「臺灣館」臺北書展基金會表示，今年將於法蘭克福書展主打「多元、開放的臺灣出版特色」。

九月卅日　　△作家、翻譯家胡品清病逝，享壽八十五歲。

九月　　　　△王慧萍論述《怪物考：中世紀的幻想文化誌》，如果出版社出版。

　　　　　　△郝廣才論述《好繪本如何好》，格林文化事業公司出版。

　　　　　　△林秀兒《動態閱讀圖畫書：立體拼圖》、《動態閱讀圖畫書：閱讀積木》、《態閱讀圖畫書：故事寫作》，陪伴者事業公司出版。

　　　　　　△陳瑞麟論著《科幻世界的哲學凝視》，三民書局出版。

　　　　　　△林田富總編輯《第8屆礦溪文學獎得獎作品專輯》，彰化縣文化局出版。

　　　　　　△彭基山總編輯《第5屆台灣客家文學研討會論文集》，苗栗縣文化局出版。

　　　　　　△張靜茹論著《上海現代性‧臺灣傳統文人：文化夢的追尋與幻滅》，國立編譯館出版。

　　　　　　△陳大為、鍾怡雯主編《20世紀台灣文學專題Ⅰ：文學思潮與論戰》、《20世紀台灣文學專題Ⅱ：創作類型與主題》，萬

卷樓圖書公司出版。

△路寒袖主編《綠光印象：小葉欖仁》，遠景出版公司出版。

△洪雯倩散文集《傾聽：維也納人文記事》，允晨文化實業公司出版。

△馮光遠散文集《本文作者為國寶級白目》，網路與書公司臺灣分公司出版。

△薇薇夫人散文集《美麗新生活：樂在退休》、葉怡君論述《妖怪玩物誌》，遠流出版事業公司出版。

△楊小雲散文集《愛，是一種行動》，健行文化出版公司出版。

△吳淡如散文集《愛情，不是得到就是學到》，方智出版社出版。

△曾昭旭散文集《有了自由才有愛：曾昭旭v.s孟子的跨越時空對談》，圓神出版社出版。

△江自得《遙遠的悲哀：江自得詩集》，玉山社出版。

△管管詩集《茶禪詩畫》、席慕蓉散文集《2006／席慕蓉》、丁旭輝評論集《深入淺出話新詩》，爾雅出版社出版。

△張行知小說《斷情扇》、陶英惠散文集《雪泥鴻爪：近代史工作者的回憶》、微知《隨風而去》，秀威資訊科技公司出版。

△許葦晴小說《愛的發聲練習》、杜韻慈散文集《地圖上的藍眼睛》、施寄青與她的鄰居們合著《嬌嬌美麗是阮的山》，大塊文化出版公司出版。

△嚴歌苓小說《第九個寡婦》、琦君散文集《玻璃筆》，九歌出版社出版。

△履疆小說《老楊和他的女人》，聯合文學出版社出版。

△辜振豐小說《時尚金光黨》、藤井樹小說《寂寞之歌》，商周出版公司出版。

△盛和煜、錢鈺小說《夜宴》、笛安小說《芙蓉如面柳如眉》、張維中散文集《不是太堅強》、劉紀蕙編《文化的視覺系統Ⅰ：帝國─亞洲─主體性》、《文化的視覺系統Ⅱ：日常生活與大眾文化》、黃惟郁譯《哈利波特的哲學世

界》，麥田出版公司出版。

△鄧榮坤小說《臺北咖啡》、《逆向飛行》、曹志漣小說《唐初的花瓣》，臺灣商務印書館出版。

△林詠琛小說《心之輪迴》、葉李華小說《同位：衛斯理回憶錄②》、張小嫻小說《紅顏露水》，皇冠文化出版公司出版。

△張復小說《2001洄游之旅》、周芬伶小說《粉紅樓窗》、邱妙津小說《蒙馬特遺書》、《鱷魚手記》、廖雲章編《人生，從那岸到這岸：外省媽媽書寫誌》，INK印刻出版公司出版。

十月二日　　△電影《佐賀的超級阿嬤》票房表現亮眼，原著也熱賣二十五萬冊，作者島田洋七來臺發表新作《佐賀阿嬤笑著活下去》，陳寶蓮譯，先覺出版社出版。

十月四日　　△二〇〇六年德國法蘭克福書展揭幕，展期五天。參展的「臺灣館」以圖騰及漢字之美的視覺意象呈現出版的多元與開放；高行健與張大春五日於「臺灣館」就「中國之外的中國：當代華文寫作者的關注」展開對話。

十月六日　　△聯經「上海書店」網路書店（http//www.shanghaibooks.com.tw）上線，期待透過實體與虛擬書店結合，成為全臺最大的簡體字圖書專賣店。

△誠品書店《誠品報告2005》上市，採線上販售光碟版與POD版方式，針對各類與總體資料進行統計分析，並邀請專家深入解析去年度出版產業變化。分析發現，臺灣新書定價近三年有漲價趨勢，每本平均價格增加近十元；就發行量而論，前五大出版社依序為時報文化、商周文化、皇冠文化、天下文化以及遠流出版等。

十月十二日　△高雄「城市書店」展售流行文化創意書籍之外，邀請藝術家駐店創作，並在店內展出創作品。

△天下雜誌教育基金會發起一項「希望閱讀計劃」，邀請台灣大哥大基金會為公益夥伴，贊助偏遠地區孩童閱讀計劃。

十月十三日　△行政院文建會指導，臺南市立圖書館與法國在臺協會合辦「法國讀書樂在台灣」活動，假臺南市立圖書館與臺南長榮

桂冠酒店舉行系列展演，為期三天，藉以增進臺法文化及教育交流。

十月十四日　△誠品書店公佈今年前三季書店整體業績成長7%，惟信義旗艦店經營不如預期，將調整商品結構，降低書區坪數，增加精品展售空間。

十月十六日　△行政院國科會鑒於國內大學圖書館藏書普遍不足，將以五年、十二點五億元推動「台灣有一本」計劃，首度將充實圖書館藏視為大型研究設施補助計劃。

十月十九日　△第三屆「東亞出版人會議」假韓國首爾舉行，為期兩天。來自海峽兩岸三地、韓國及日本等代表，達成加大出版交流力度、構建開放交流平臺的共識。與會代表計有：臺灣聯經出版事業公司發行人林載爵、中國出版集團三聯書店副總經理汪家明、中國編輯學會副會長董秀玉、中國香港聯合出版集團總裁陳萬雄、中國出版研究專家程三國、日本平凡社前董事龍澤武、日本岩波書店前社長大塚信一、韓國創披出版社社長高世鉉等。

十月廿一日　△黃天才新作《林海峰圍棋之路：從叛逆少年到名人本因坊》，聯經出版事業公司出版。

十月廿二日　△城邦出版集團首席執行長何飛鵬宣佈，針對旗下三十七家出版社，明年將採取「書號管理制度」，按各出版社營業額訂出新書發行量，預計將由現有近一千二百種新書減量為八百五十種。

十月廿五日　△國家台灣文學館發表《2005台灣文學年鑑》，係該館首度自行編纂，增加特稿專輯，去表格化，以條目方式呈現，以提供讀者更多元豐富的史料。

十月廿六日　△金石堂書店進駐高雄太平洋百貨公司，係以「閱讀‧世界更廣闊」為主題的概念店。

△美國二〇〇三年普立茲得獎小說《中性》*Middlesex*，傑佛瑞‧尤金尼德斯原著，景翔譯，時報文化出版公司出版，此為「大師名作坊」書系第一百本。

△行政院新聞局頒發「補助發行數位出版品及出版創新獎」，「發行數位出版品」計有格林文化公司《 M-picture Book 手

機e繪本》等八件作品獲得專案補助。至於「數位出版創新獎」有六件獲獎，金牌獎由太極影音科技公司《數位兒童圖畫書》獲得。

十月廿七日　△藝評家蔣勳將近年來對西方文藝復興藝術文化的分析集結成《破解米開朗基羅》，天下文化出版公司出版。

十月　　　　△國家圖書館參考組編輯《臺灣出版參考工具書書目：2005年》，國家圖書館編印。

　　　　　　△屏東縣政府編《第1屆少年大武山文學獎》，屏東縣政府出版。

　　　　　　△高雄縣文化局編《第5屆鳳邑文學獎得獎作品集：現代詩、散文、短篇小說、文學貢獻獎》、《第5屆鳳邑文學獎得獎作品集：現代戲劇劇本》，高雄縣文化局出版。

　　　　　　△黃國榮編《臺中市第9屆大墩文學獎作品集》，臺中市文化局出版。

　　　　　　△路寒袖編《五欲供：第8屆文學獎得獎作品集》，臺中縣文化局出版。

　　　　　　△王幼華《王幼華作品集》（五冊）、編著《王幼華研究資料彙編》、苗栗縣文化局編《苗栗縣第9屆夢花文學獎得獎作品專輯》，苗栗縣文化局出版。

　　　　　　△新竹縣文化局編《2006年新竹縣吳濁流文藝獎得獎作品集》，新竹縣文化局出版。

　　　　　　△林松編《2006竹塹文學獎得獎作品輯：花園城市風城印象》，新竹市文化局出版。

　　　　　　△桃園縣文化局編《桃園縣第11屆文藝創作獎得獎作品集》，桃園縣文化局出版。

　　　　　　△基隆市文化局編《第3屆海洋文學獎得獎作品集》，基隆市文化局出版。

　　　　　　△宜蘭縣文化局編《繁花盛開：第2屆蘭陽文學獎作品集》，宜蘭縣文化局出版。

　　　　　　△黃英哲主編《日治時期臺灣文藝評論集：雜誌篇》（4冊），國家台灣文學館籌備處出版。

　　　　　　△黃秀如主編《誠品報告2005——數位化閱讀體驗》，誠品

（股）公司出版。「單一書籍排行榜前十名」依次是：《達文西密碼》（時報），《哈利波特6：混血王子的背叛》（皇冠），《美容大王》（平裝本），《在天堂遇見的五個人》（大塊），《全食物密碼》（大開資訊），《禮物》（平安文化），《35歲以前要做的33件事》（易富），《黑夜之後》（時報），《藍海策略》（天下文化），《天作不合》（皇冠）等。

△洪慧芳譯《哈利波特：奇異的考驗》，時報文化出版公司出版。

△李賢《在圖書館培養比爾蓋茲》，高雄核心文化事業公司出版。

△黃慶惠論述《繪本故事媽媽：你也可以做做看》，天衛文化圖書公司出版。

△林珮棻論著《怪理·怪氣·怪可愛》，遠流出版事業公司出版。

△林慶彰、蔣秋華主編《晚清經學研究文獻目錄（1901-2000）》，中研院中國文哲所出版。

△陳春華編《載酒歸舟：周嘯虹作品評論選集》，高雄新文壇雜誌社出版。

△唐捐編《臺灣軍旅文選》，二魚文化事業公司出版。

△伍寶珠論著《書寫女性與女性書寫：八、九十年代香港女性小說研究》，大安出版社出版。

△唐翼明論著《大陸當代小說散論》，文史哲出版社出版。

△王嘉瑜等著《2006全國閱讀運動：徵文得獎作品專輯》，行政院文建會出版。

△洪致文散文集《鐵道時光》，玉山社出版。

△蕭蕭散文集《老子的樂活哲學》，圓神出版社出版。

△林沈默散文集《沈默之聲》，前衛出版社出版。

△新井一二三散文集《東京生活意見》，大田出版公司出版。

△劉墉散文集《偷偷說到心深處》，水雲齋文化公司出版。

△詹宏志散文集《人生一瞬》，馬可孛羅文化公司出版。

△葉海煙散文集《莊子的處世智慧》、陳明里散文選《阿里疤

疤：台灣最醜的男人陳明里的故事》，健行文化出版公司出
版。

△ 舒國治散文集《流浪集：也及走路、喝茶與睡覺》，大塊文
化出版公司出版。

△ 蔡登山散文集《百年記憶：中國近現代文人心靈的探索》、
黃三散文集《求是文摘》、李怡論著《中國新詩的傳統與現
代》、宋如珊論著《從傷痕文學到尋根文學：文革後十年的
大陸文學流派》、王世瑛《消逝的虹影：王世瑛文集》、劉
廣定《大師的零玉：陳寅恪、胡適和林語堂的一些瑰寶遺
珍》、謝金蓉論著《青山有史：台灣史人物新論》，秀威資
科技公司出版。

△ 方鵬程散文集《南國驚艷：新加坡與菲律賓》、鄧榮坤散文
集《螃蟹海岸》、晏萍散文集《美國夢之歌》，臺灣商務印
書館出版。

△ 蕭蕭主編《生命的學徒──生命散文選》，幼獅文化事業公
司出版。

△ 鴻鴻編《世界的形象・靈魂的歌聲：2006臺北詩歌節詩
選》，臺北市文化局出版。

△ 費啟宇《第5屆鳳邑文學獎得獎作品集：長篇小說》，高雄
縣文化局出版。

△ 既晴小說《修羅火》，皇冠文化出版公司出版。

△ 黃克全詩集《兩百個玩笑：給那些遭時代及命運嘲弄的老
兵》、葉維廉詩集《雨的味道》、朱介凡小說《改變中國的
一些人與事：1927狂潮》，爾雅出版社出版。

△ 夏烈小說《最後的一隻紅頭烏鴉》、李瑞騰、李時雍散文集
《你逐漸向我靠近》、周芬玲散文集《紫蓮之歌》、胡品清
散文集《砍不倒的月桂》，九歌出版社出版。

△ 林俊穎小說《鏡花園》、鄭穎論著《野翰林：高陽研究》，
INK印刻出版公司出版。

△ 蘇童小說《我的帝王生涯》、余華小說《鮮血梅花》、奧威
尼・卡露斯《神秘的消失：詩與散文的魯凱》、拉黑子・達
立夫《混濁》，麥田出版公司出版。

	△葛亮短篇小說集《謎鴉》、廖鴻基散文集《海天浮沉》，聯合文學出版社出版。
	△陳碧鐘總編輯，德伸文化事業公司編輯設計，《2006年出版年鑑》，行政院新聞局出版。
十一月二日	△應鳳凰著《五〇年代文學出版顯影》，臺北縣文化局出版。
十一月四日	△《聯合文學》二十二週年慶，並舉辦「第二十屆聯合文學小說新人獎」及「2006全國巡迴文藝營創作獎」頒獎典禮。
十一月五日	△大塊文化出版公司舉行十週年慶，成立新品牌「茵山外出版公司」，以關注流行時尚、心靈成長、生活品味的女性閱讀為主，創業作日本角田光代原著；韓明怡翻譯《女人一生的12個禮物》。
	△經濟部中小企業處舉辦九十五年度「金書獎」暨「中小企業研究碩博士論文獎」頒獎典禮，除頒發獎座予十家出版社及二十九位作、譯者外，並提供獎助金給得獎者及其指導教授。
十一月六日	△大陸武漢大學新聞與傳播學院副院長方卿應南華大學出版事業管理研究所邀請來臺客座為期一個月。
十一月七日	△新聞局《2006出版年鑑》發表。
十一月八日	△鄭秋霜《大家的國際牌——洪建全的事業志業》，洪建全教育文化基金會出版，藉以紀念國際牌電器創辦人洪建全逝世二十週年。
	△國家圖書館舉辦「以古通今：書的歷史」展覽，展出中外具有里程碑意義的各種圖書，供讀者一窺書的古今面貌，至二〇〇七年一月卅一日止。
十一月十日	△中華民國圖書發行協進會與福建新華發行集團合辦「第二屆金門書展」，假金門國中體育館舉行，計展出簡體字圖書近萬種、四萬餘冊。
十一月十一日	△「第三屆臺中圖書漫畫展」假臺中世貿中心舉行，計有三百個攤位、十萬冊圖書參展。
十一月十五日	△「第二十九屆吳三連文藝獎」假臺北國賓飯店舉行頒獎典禮。文學獎小說類由廖輝英獲得。
十一月廿日	△臺北書展基金會公佈由漫畫家BO2創作的書展主要識別系統

以及標語——「閱讀，幸福的海洋」；並表示將於二〇〇七年一月廿日至二月四日舉辦書展，將發送三百萬元紅包增加人氣。

△ 經濟部貿易調查委員會召開進口道林紙課徵反傾銷稅公聽會，針對是否對日本等國進口道林紙徵收反傾銷稅進行討論，出版業與造紙公會各持立場無交集，將於十二月中再行協商。

十一月廿一日　△ 日本前首相森喜朗與三普貞子合著《小鴨艾力克》盧千惠譯，玉山社出版，假誠品書店信義旗艦店舉行簽名會。

△「第二屆溫世仁武俠小說百萬大賞」公佈入圍名單，計有十六件作品入圍，將於十二月六日公佈五名決賽入圍者。

十一月廿三日　△《天下雜誌》童書出版部舉行「共讀張曼娟，徵求"張曼娟奇幻學堂"創意企劃案」活動，至十二月十五日止，錄取前三名的提案，張曼娟將親赴學校為小朋友說故事。

△ 行政院文建會委託藝術文化環境改造協會規劃臺北華山文化園區，將該園區分為「電影實驗場」、「文化創意產業引入空間」、「台灣文化創意產業旗艦中心」等三大區塊，期盼引進數位、影音、出版、設計等文化創意產業進駐。

△ 中華漫畫出版同業協進會假臺北市立圖書館總館舉行為期二天的「2006臺北動漫產業研討會」，邀請日本及香港業者分享成功經驗。

十一月廿四日　△ 國家台灣文學館主辦「2006台灣文學獎」揭曉。

十一月廿六日　△ 金門縣文化局主辦「第三屆浯島文學獎」假臺北市市長官邸文藝沙龍舉行頒獎典禮。

十一月廿七日　△ 武漢大學新聞與傳播學院副院長方卿假世新大學舍我館發表「大陸出版產業外資進入狀況之分析」專題演講。

△ 誠品書店臺南店舉行兒童書店與推廣科學教育NATURE SHOP開幕儀式，以店內佔地一百九十坪的兒童書店，打造出全臺最大的兒童書店。

十一月廿九日　△ 聯經出版事業公司、上海書店與中國出版對外貿易總公司合辦「第七屆大陸圖書展暨藝術圖書展」假聯經文化天地舉行，至十二月三日止，展出來自大陸六十五家美術出版社、

三千二百種、九千六百餘冊圖書。

十一月卅日　△創刊二十八年的《民生報》正式停刊。

　　　　　　△漫畫家彎彎新作《還在背書包的時候：彎彎出書一週年限量版紀念畫冊》，自轉星球文化創意公司出版。

十一月　　　△《中華民國九十四年‧中華民國年鑑》，行政院新聞局出版。

　　　　　　△葉澤山編《第14屆南瀛文學獎專輯》、林芳年著；葉笛譯《曠野裡看得見煙囪：林芳年日文作品選譯集》，臺南縣文化局出版。

　　　　　　△臺南市立圖書館編《第12屆府城文學獎得獎作品專集》，臺南市立圖書館出版。

　　　　　　△國家台灣文學館籌備處編《航行，在我們的島上：2006全國台灣文學營創作獎得獎作品集》，國家台灣文學館籌備處出版。

　　　　　　△唐蕙韻著《金門民間文學集》，金門縣文化局出版。

　　　　　　△高雄師範大學編《第16屆南區七校中文所研究生論文發表會論文集》，高雄師範大學出版。

　　　　　　△黃俊傑著《臺灣意識與臺灣文化》，臺灣大學出版中心出版。

　　　　　　△陳明柔編《台灣的自然書寫：2005年「自然書寫學術研討會」論文集》、康原‧曾慧青曲《台灣囡仔的歌》，臺中晨星出版公司出版。

　　　　　　△路寒袖編《翠意沉靜：雨豆樹》，遠景出版公司出版。

　　　　　　△吳淑玲策劃主編《品格怎麼教：圖像閱讀與創意寫作》，心理出版社出版。

　　　　　　△林淑英《童詩大王：學童詩就是這麼輕鬆》，康軒文教事業公司出版。

　　　　　　△韓良露散文集《如果城市也有靈魂》，馬可孛羅文化公司出版。

　　　　　　△蔣勳散文集《美的覺醒：蔣勳和你談眼、耳、鼻、舌、身》、詹偉雄散文集《球手之美學：運動的52個文學視角》，遠流出版事業公司出版。

△柯錫杰散文集《心的視界：柯錫傑的攝影美學》，大塊文化
出版公司出版。

△劉黎兒散文集《女人30後》，方智出版社出版。

△陳珠彬詩集《竹籬旁的黃菊花》、羅致遐散文集《歸路晚風
清》，苗栗縣文化局出版。

△愚溪詩集《碎啄：別類物格四部曲第一部·長衿沈弓》，普
音文化公司出版。

△深雪小說《吳老大和他的三個女人》，皇冠文化出版公司出
版。

△陶龍生法律小說《證據》，聯合文學出版社出版。

△阮慶岳小說《重見白橋》、陳培豐論著《「同化」の同床異
夢：日治時期臺灣的語言政策、近代化與認同》、戴錦華論
著《性別中國》、賈平凹長篇小說《秦腔》、傅天余短篇小
說集《業餘生命》，麥田出版公司出版。

△綠蒂《綠蒂詩選》、林黛嫚《林黛嫚短篇小說選集》、段彩
華《段彩華小說選集》、蔡詩萍《蔡詩萍文選》、鮑爾吉·
原野《鮑爾吉·原野散文選》、林芳玫論著《色情研究》，
臺灣商務印書館出版。

△張曼娟小說《火裡來，水裡去》、《我家有個風火輪》、柯
華葳論述《教出閱讀力》，天下雜誌公司出版。

△管家琪著《讀傳記教出資優兒》，文經社出版。

△鍾文音長篇小說《艷歌行：百年物語1》，為「島嶼百年青
春物語」三部曲的首部，大田出版公司出版。

△胡淑雯短篇小說集《哀豔是童年》、陳雪小說《無人知曉的
我》、季季散文集《行走的樹：向傷痕告別》、李黎散文集
《浮花飛絮張愛玲》，INK印刻出版公司出版。

△于宥均長篇小說《紅塵寺》、洪米貞小說《七個漂流的故
事》、孫康宜散文集《我看美國精神》、王岫散文集《迷·
戀圖書館》、蕭蕭散文集《放一座山在心中》，九歌出版社
出版。

十二月一日　　△小知堂文化公司旗下《野葡萄文學誌》停刊。

　　　　　　　△武俠小說家司馬翎遺孀吳何美英擅自授權兩岸書商發行其亡

夫著作，遭臺灣最高法院以違反著作權法判處有期徒刑十月、緩刑三年。

△高雄市文化局高雄文學館「高雄作家資料專區」舉行啟用典禮。

十二月四日 △彭瑞金主編《葉石濤全集》首批小說卷五冊，高雄市文化局出版。全書共二十冊，還包括隨筆卷七冊、評論卷七冊與資料卷一冊，將於二〇〇八年四月前陸續出版。

十二月七日 △Google的GoogleBooks中文版首位臺灣合作夥伴為博客來網路書店。

△「第一屆溫世仁武俠小說百萬大賞」舉行頒獎典禮，馬來西亞作家吳龍川以《找死拳法》榮獲首獎，獎座係以青銅琉璃打造的「天明劍」，獎金一百萬元。

十二月八日 △作家典典（本名張淑慧）《跟總裁幸福去》等書，遭狗屋出版社控告其瓢竊旗下作家典心《無敵洋娃娃》內容，高雄地院認定其違反「著作權法」判刑四個月得易科罰金。

十二月九日 △中研院歷史語言研究所與新文豐出版公司歷時五年合作《俗文學叢刊》出版計畫完成並對外發表，共印行五輯、五百種書。

△「第二屆臺北縣文學獎」得獎名單揭曉，蘭奕以《祖靈之石》、《水礦坑》分獲短篇小說與散文類首獎；壽祐永以《女書》獲新詩類首獎，長篇小說類首獎從缺。

十二月十一日 △行政院新聞局「九十六年度補助發行定期漫畫刊物」企劃甄選至二十七日止接受申請，將選出兩個補助單位，受補助單位出版定期漫畫刊物，自二〇〇七年起按月發行，暨補助發行十二期。

十二月十二日 △國立臺南大學授予作家柏楊名譽教育學博士學位。

十二月十三日 △大陸浙江省十六家出版社合辦「2006浙江版權貿易圖書展」假臺北市重慶南路世界書局舉行，此為浙江省出版界首次組團來臺舉辦書展。

△高雄市立圖書館、中華民國圖書館學會與美國在臺協會合辦「共創閱讀新世紀」研討會。

十二月十四日 △學學文創志業公司正式創立，董事長徐莉玲。以培養文化創

意產業人才為職志，並創設「出版主題研究室」，並將舉辦
與出版相關課程與活動。

△繪本作家幾米假學學文創「學學舞臺」舉辦「和幾米上學
去」特展，展出八百餘件原作，係幾米創作十年來最大規模
原畫展。

△韓國「坡州出版城」創辦人李起雄應學學文創志業公司董事
長徐莉玲之邀率團訪臺，分享韓國經驗。

十二月十九日　▲中華文化復興運動總會正式更名為國家文化總會。

△國藝會舉辦「2004年度長篇小說創作發表會」，會中並發表
三本文學專書。

△行政院文建會指導，國美館與東華書局共同出版《文化台灣
繪本》叢書正式發表，全套十冊，包括台灣文化概念圖畫書
二冊、城市旅遊與文化產業圖畫書三冊、原住民文化圖畫書
二冊、台灣美術家故事三冊。

十二月廿一日　△陳萬益主編《龍瑛宗全集》共八卷，國家台灣文學館籌備處
出版。

十二月廿二日　△陳郁秀口述；于國華整理撰述《鈴蘭‧清音——陳郁秀的人
生行履》，天下文化出版公司出版。

十二月廿三日　△「第12屆府城文學獎頒獎典禮暨臺南市作家作品集新書發表
會」假臺南市立圖書館育樂堂舉行，林勇志獲頒文學獎正
獎，蘇偉貞獲頒特殊貢獻獎；並發表作家作品集。

十二月廿五日　△金石堂書店舉辦「因為有你，他們好幸福，百店募集，萬冊
童書寶貝偏遠孩童」活動，累計募集二萬五千餘冊童書，並
於日前送至全臺三十二所偏遠學校，做為耶誕節禮物。

十二月卅日　△《中國時報》開卷版主辦「2006開卷好書獎」揭曉，今年共
分「十大好書：中文創作」、「十大好書：翻譯」、「美好
生活書」、「最佳青少年圖書」、「最佳童書」等五類，共
有四十一種圖書入選。

十二月　　　　△據經濟部商業司統計，截至本年年底止，登記的出版社為九
千一百七十六家，圖書出版數為四萬兩千七百三十五種。

△丁榮生等研究撰述《我國建立出版產業園區之可行性評估研
究》，行政院新聞局出版。

△國家圖書館參考組編輯《臺灣研究網路資源選介》，國家圖書館出版。

△薛月順、曾品滄訪談紀錄整理《黃丁郎‧林烈堂訪談錄》，國史館出版。（黃丁郎為臺灣養蝦先鋒；林烈堂為虱目魚之父）。

△史蒂夫‧李著；蘇睦昭譯《品書‧書品──小技巧精鍊豐富的「閱讀人生」》，風行文化事業公司出版。

△彭懿論著《遇見圖畫書百年經典》，信誼基金出版社出版。

△羊子喬等著《夢想邊境：觀光馬祖，文學啟航》，連江縣政府出版。

△文建會編《第7屆文建會文薈獎得獎作品專輯》，行政院文建會出版。

△花蓮縣文化局編《2006花蓮文學獎得獎作品集：給花蓮的戀人絮語》，花蓮縣文化局出版。

△臺北市文化局編《第9屆臺北文學獎得獎作品集》，臺北市文化局出版。

△何與懷編《依舊聽風聽雨眠》，秀威資訊科技公司出版。

△解昆樺論著《詩不安：70年代新興詩社及詩人之精神動員與典律建制》、苗栗縣文化局編《第4屆苗栗縣文學研討會：故鄉與他鄉論文集》，苗栗縣文化局出版。

△龔顯宗論著《臺南縣文學史》（上編），臺南縣文化局出版。

△李勤岸論著《母語文學ti母語教育中e的角色》，臺灣師範大學出版。

△謝鴻文論著《凝視台灣兒童文學的重鎮：桃園縣兒童文學史》，富春文化事業公司出版。

△王潤華論著《魯迅越界跨國新解讀》，文史哲出版社出版。

△馬森論著《中國現代戲劇的兩度西湖》、柴著《一則必要的告解》，聯和文學出版社出版。

△陳冠學散文集《覺醒：字翁婆心集》，草根出版公司出版。

△張小嫻散文集《重量級情話》，皇冠文化出版公司出版。

△郝明義散文集《那一百零八天》，大塊文化出版公司出版。

△廖輝英散文集《年輕的你，好好愛》，健行文化出版公司出版。

△朱介凡散文集《夢魂心影》、《秋暉隨筆》，爾雅出版社出版。

△李有成散文集《文學的複音變奏》、邱秀芷編《風華50年：半世紀女作家精品》、宇文正編《喜歡生命：宗教文學獎得獎作品精選》，九歌出版社出版。

△柯慶明論著《臺灣現代文學的視野》、王安憶散文集《小說家的讀書密碼》、張北海散文集《天空線下》、《紐約傳真》、汪榮祖散文集《書窗夢筆》、周芬伶論著《芳香的祕教：性別、愛欲、自傳書寫論述》，麥田出版公司出版。

△高雄市文化局編《為歷史的蒼茫打光：高雄市古蹟及歷史建築詩集》，臺中晨星出版公司出版。

△林廣詩集《在時鐘裡渡河》、林世明《神秘角落：林世明詩畫集》、陽荷詩集《靜夜獨釣》、南投縣文化局編《南投縣玉山文學獎得獎作品集》，南投縣文化局出版。

△郭楓《郭楓詩選》、李魁賢散文集《詩的幽徑》、臺北縣文化局編《花與思俱新：第1屆林家花園徵文專刊》、陳淑貞論著《許達然散文研究》、許俊雅《臺灣文學家年表六種》、臺北縣文化局編《第2屆臺北縣文學獎得獎作品集第2冊》，臺北縣文化局出版。

△許悔之詩集《遺失的哈達：許悔之有聲詩集》，聯經出版事業公司出版。

△吳婷婷《從蓮花巷到四季路》、李永松《雪國再見》、國家台灣文學館籌備處編《台灣大河小說家作品學術研討會論文集》、《2006台灣文學獎得獎作品集：新詩‧散文類》，國家台灣文學館籌備處出版。

△周煥武小說《花言草語》、臺北縣文化局編《第2屆臺北縣文學獎得獎作品集第1冊》，臺北縣文化局出版。

△李小玲、山玲小說《銅鏡》，臺灣商務印書館出版。

△邱振瑞第一本小說集《菩薩有難》、江澄格論著《高陽評傳》，商周出版公司出版。

△范俊逸小說《河岸月光》，圓神出版社出版。

△東方白長篇小說《浪淘沙：客家系江東蘭篇》、《浪淘沙：福州系周明德篇》，前衛出版社出版。

△霍斯陸曼・伐伐長篇小說《玉山魂》、郭楓傳記小說《老憨大傳》、曾心儀小說《走進福爾摩沙時光步道》、袁瓊瓊散文《孤單情書：袁瓊瓊最新網路散文集四連作之一》、尉天聰散文集《棗與石榴》，INK印刻出版公司出版。

二〇〇七年

一月二日　　　△誠品書店公佈二〇〇六年業績，自營部分三十二億五千萬元，比去年成長百分之十。

一月四日　　　△博客來網路書店公佈「2006博客來報告」，總共銷售一萬五千四百一十九種繁體字書，總量逾四百三十萬本，營業額為十一億元。

一月八日　　　△松浦彌太郎著；江明玉譯《最糟也最棒的書店》，布克文化出版。

　　　　　　　△郭哲銘編著《浯鄉小事典》，金門縣文化局出版，為金門第一本文史研究工具書。

一月十日　　　△行政院新聞局主辦「2006年劇情漫畫獎」得獎名單揭曉，特優獎得主為黃鈺婷與黃婉婷，獲獎作品《惡魔油膏》。

　　　　　　　△中華民國圖書出版事業協會與中華民國圖書發行協進會組團參加「2007年北京圖書訂貨會」。

一月十六日　　△《中國時報》開卷週報主辦「2006開卷好書獎」假誠品臺北信義旗艦店舉行頒獎典禮。蘇偉貞《時光隊伍：流浪者張德模》與鍾文音《艷歌行》皆名列開卷好書。

一月十七日　　△臺北市立圖書館公佈二〇〇六年度讀者閱讀行為調查報告，統計顯示，進館使用人次部份，從九十四年到九十六年增長百分之六點二八。

　　　　　　　△資深出版人蘇拾平籌組大雁出版基地正式宣告架構完成。

一月十八日　　△彰化縣文化局舉辦《福爾摩沙詩哲——林亨泰》新書發表會。該書由林亨泰的女兒林巾力根據林亨泰的手稿等資料及

長年對談紀錄撰述而成。

△搜尋引擎Google宣佈與臺灣城邦出版集團締結策略聯盟。

一月十九日 △九歌出版社慶祝成立三十週年，發行人蔡文甫舉辦「九歌三十篇小說獎」。

一月廿二日 △美國圖書館協會宣佈數項兒童與年輕人書籍大獎得主，華裔楊謹倫（Gene Luen Yang）漫畫作品《美國出生的華人》（*American Bron Chinese*），榮獲年輕人書籍類的普立茲獎（Printz Award）。

△臺北書展基金會主辦的「Books From Taiwan」版權推介入選名單出爐。

一月廿三日 △《亞洲週刊》選出二〇〇六年十大中文小說，臺灣作家蘇偉貞《時光隊伍：流浪者張德模》與張大春《戰夏陽：司馬子長及其同行的對話》雙雙入選。

△中華民國圖書出版事業協會、中華民國圖書發行協進會、臺北市出版商業同業公會、臺北市雜誌商業同業公會、臺北市漫畫出版同業協進會與臺北書展基金會等六大出版公協會就推展「閱讀新視界」運動、出版業未來與7-11便利店通路體系合作經營、行銷推展等議題，聯合拜會大智通物流公司董事長徐重仁。

一月廿四日 △金石堂書店公佈「2006年年度風雲人物」為遠流出版事業公司董事長王榮文及積極推廣閱讀風氣的洪蘭教授。「年度十大最具影響力的書」為：《長尾理論》、《伊斯坦堡》、《大崩壞》、《野人文化》、《創意市集101》、《人生一瞬》、《馬利與我》、《風之影》、《門外漢的京都》與《漢字的故事》。

△元照出版公司旗下的「月旦法學知識網」，涉嫌非法重製數位法學資料庫「法源法律網」，臺北地檢署依違反「著作權法」罪嫌起訴。

一月卅日 △第十五屆臺北國際書展假臺北世貿展館舉行，至二月四日止。主題館為俄羅斯國家館，國內外共計七百一十一家出版社、一千八百二十八個攤位、四十個國家參展。

△行政院新聞局於第十五屆臺北國際書展開幕日舉行「金鼎三

十『老字號金招牌』資優出版事業特別獎」頒獎，共有四十七家出版業者獲獎。

△「2007金蝶獎暨亞洲新人獎」初選名單出爐，計有二百八十六件國內外出版品角逐，三十件作品入圍。

△敦煌書局公佈二〇〇六年大學生暢銷書排行榜。

一月卅一日　△臺灣第一本影音部落格專書I／m dodolook 推出，此為網路美少女dodolook的第一本書。

一月　　　△李紫蓉譯《童書中的神奇魔力：跟著奇幻故事，一起進入孩子國的奇幻冒險之旅》，阿布拉教育文化公司出版。

△沙子芳譯《魔法師事典》，尖端出版公司出版。

△游珮芸論著《日治時期台灣的兒童文化》，玉山社出版。

△李雅媚譯《飛行‧玫瑰‧小王子：聖修伯里與康綏蘿的傳奇愛戀》，日月文化出版公司出版。

△黃可凡譯《夏綠蒂的網：電影大發現》、劉清彥譯《波特女士：小兔彼得的誕生》，青林國際出版公司出版。

△梁啟超著；許俊雅編校《梁啟超遊臺作品校譯》，國立編譯館出版。

△誠品好讀編輯室主編《閱讀力》，誠品公司出版。

△魯子青論著《少婦心語：小說敘述法之應用與研究》，高雄復文圖書出版社出版。

△黃兆強主編《20世紀人文大師的風範與思想：前半葉》、《20世紀人文大師的風範與思想：中葉》，臺灣學生書局出版。

△劉洪濤《徐志摩與劍橋大學》、石曉楓論著《白馬湖畔的輝光：豐子愷散文研究》，秀威資訊科技公司出版。

△林巾力著《福爾摩沙詩哲──林亨泰》、黃桂瑛《愛是永不止息：特殊奧運游泳金牌范晉嘉的故事》，INK印刻出版公司出版。

△江勇振《星星月亮太陽：胡適的情感世界》，聯經出版事業公司出版。

△張立義自述，鐵夫主筆《衣冠塚外的我：不是英雄是倖存者》，文史哲出版社出版。

△翁聖峰論著《日據時期臺灣新舊文學論爭新探》、陳建忠評
論集《被詛咒的文學：戰後初期（1945～1949）台灣文學
論集》、浦忠成論著《被遺忘的聖域：原住民神話、歷史
與文學的追溯》、黃海論著《臺灣科幻文學薪火錄》、邱各
容編著《臺灣兒童文學年表》、陳國偉論著《想像台灣：當
代小說中的族群書寫》、穆尚布萊著；張庭芳譯《魔鬼的歷
史》，五南圖書出版公司出版。

△方鵬程、高莉瑛《金色俄羅斯：穿越時空之旅》，臺灣商務
印書館出版。

△逯耀東散文集《肚大能容：中國飲食文化散記》，東大圖書
公司出版。

△郝譽翔散文集《一瞬之夢：我的中國紀行》，高寶國際公司
出版。

△張默、蕭蕭編著《新詩三百首1917-1985》（上、下）、廖
玉蕙散文集《大食人間煙火》、張純瑛散文集《那一夜，與
文學巨人對話》、賴東明散文集《樂活人生》、張曉風《曉
風戲劇集》，九歌出版社出版。

△陳幸蕙編著《小詩星河：現代小詩選2》，幼獅文化事業公
司出版。

△陳育虹詩集《魅》、曹燕婷散文集《所以，我愛上了狗》，
寶瓶文化公司出版。

△愚溪詩集《碧寂：別類物格四部曲：第四部別類物格》，普
音文化公司出版。

△顧蕙倩詩與散文合集《傾斜／人間的喜劇》、散文集《幸福
限時批》、藍雲詩集《隨興詩鈔》、林煥彰詩集《分享‧
孤獨》、林泰瑋詩集《天氣預報》、韓廷一詩集《北城戀
歌》、龔華詩集《我們看風景去》、徐世澤詩集《並蒂詩
帖》、藍棠詩集《周末‧憂鬱》、莫傑詩集《枝微末節》、
許赫詩集《診所早晨的晴日寫生V1.02》、墨韻詩集《閱
讀》、林立婕詩集《靡靡之音》，林正三詩集《惜餘齋詩
選》、大學詩集《無端及》。上列十四冊皆為乾坤十四週年
詩叢，唐山出版社出版。

△蘇菲亞・劉小說《五月故鄉的荷花盛開》、魯子青小說《作家之死》、林立坤小說《悲傷回憶書》、陳益裕散文集《悠遊的心痕足跡》、洪婉瑜論著《推理小說研究：兼論林佛兒推理小說》、英格麗舒著・劉美梨譯《台灣作家楊青矗小說研究（1975年以前）》、鴻鴻《夢遊的門：鴻鴻作品選》，臺南縣文化局出版。

△葉李華小說《蓋世：衛斯理回憶錄③》、柯志遠散文集《一個台客，在紐約》、張國立散文集《男人終於說實話》，皇冠文化出版公司出版。

△張曼娟、孫梓評小說《花開了》，天下雜誌公司出版。

△隱地小說《風中陀螺》、周志文散文集《風從樹林走過》、亮軒散文集《邊緣電影筆記》、王鼎鈞《作文19問》，爾雅出版社出版。

△都梁小說《狼煙北平》、王春元小說《懺悔無門》，馥林文化公司出版。

△司馬中原小說《月桂和九斤兒》、《紅絲鳳》，風雲時代出版公司出版。

△張放小說《天河》、《海客》；謝文雄詩集《政治與生活》，詩藝文出版社出版。

△閻連科長篇小說《受活》，麥田出版公司出版。

△成英姝長篇小說《男妲》、林芳玫散文集《女神與鬼魅》、張小虹散文集《穿衣與不穿衣的城市》、何方散文集《愛在何方：後憂鬱時期的尋愛手札》、夏祖焯編著《近代外國文學思潮》，聯合文學出版社出版。

△楊念慈長篇小說《大地蒼茫》（上、下）、京夫子小說《重陽兵變》（下）、陳義芝散文集《文字結巢》、黃光男散文集《客路相逢》，三民書局出版。

二月一日　△「2007金蝶獎暨亞洲新人獎」得主名單出爐。金蝶獎有四位金牌得主，亞洲新人獎金牌從缺，銀牌、銅牌各一位、

△時報文化出版公司投資設立的「時報數位傳播」正式上線。

△韓國汎友出版文化財團一行十六人由韓勝憲理事長率領，在我國駐韓國文化代表處安排下，來臺考察我國出版現狀並進

行出版交流。

二月五日　　△臺灣「歐洲商務協會」與英國Oxford Business Group合作出版《台灣經濟年鑑》，增進外商對臺灣的瞭解。

　　　　　△聯經出版事業公司發行人林載爵接任財團法人臺北書展基金會董事長。

二月六日　　△作家柏楊的著作、手稿等相關文物，正式入藏北京中國現代文學館，該館將建立數位化「柏楊文庫」，做為研究柏楊學術思想的平台。

　　　　　△國立中央大學圖書館引進「哈佛書架」概念，邀請一百名教授各推薦五本好書，成立「中大書架」。

二月十三日　△誠品書店二〇〇六年營收突破一百億元，總經理吳清友宣佈三年內進軍大陸。

二月十四日　△前行政院長孫運璿逝世一週年，天下文化出版公司出版紀念文集《懷念孫運璿》以茲紀念。

二月廿四日　△聯經「上海書店」成立二周年，舉辦回饋讀者慶祝酒會。

二月廿六日　△張榮發文教基金會接手國民黨中山南路大樓，將重新開放國民黨黨史館、文訊雜誌與台灣文學資料研究中心。

二月廿八日　△臺中世貿中心舉辦「第四屆臺中世貿圖書漫畫展」，至三月四日止。

二月　　　　△陳振盛總編輯《第8屆南投縣玉山文學獎得獎作品集》，南投縣文化局出版。

　　　　　△楊皓鈞等著《我的心裡住著一位詩人》，小知堂文化公司出版。

　　　　　△黃兆強主編《20世紀人文大師的風範與思想：後半葉》，臺灣學生書局出版。

　　　　　△廖玉蕙論著《文字編織：讓寫作變容易的六章策略》，三民書局出版。

　　　　　△黃孫權主編《魂夢雪泥：文學家的私密臺北》，臺北市文化局出版。

　　　　　△郝明義散文集《他們說：有關書與人生的一些訪談》，網路與書公司出版。

　　　　　△鄭華娟散文集《巧克力情書》、吳念真編劇《人間條件2：

379

她與她生命中的男人們》，圓神出版社出版。

△蕭蕭評論集《青少年詩話》，爾雅出版社出版。

△蘇偉貞主編《魚雁往返：張愛玲的書信因緣》，允晨文化實業公司出版。

△藍博洲散文集《二二八野百合》、《青春戰鬥曲：二二八之後的臺北學運》、張克輝劇本集《啊！謝雪紅》，愛鄉出版社出版。

△蕭蕭策劃，明道新詩班合著《再度夕陽紅》、蔡登山《魯迅愛過的人》、朱嘉雯論著《玫瑰，在她如此盛開的時候：探索女性文學的綺麗世界》、葉珠紅評論集《絳雲集》、林耀椿《錢鍾書與書的世界》，秀威資訊科技公司出版。

△林婉瑜詩集《剛剛發生的事》、林文月散文集《讀中文系的人》，洪範書店出版。

△林央敏詩集《一葉詩》，前衛出版社出版。

△賴彩美小說《細妹的人生》，詩藝文出版社出版。

△袁瓊瓊小說《繾綣情書》、張鐵志散文集《反叛的凝視：他們如何改變世界？》、鄭樹森評論集《小說地圖》、賴香吟《史前生活》，INK印刻出版公司出版。

△錢鍾書小說《圍城》，大地出版社出版。

△虹影小說《上海魔術師》、張菱艆散文集《朔望》、陳義芝主編《王德威精選集》、杏林子散文集《在生命的渡口與你相遇》、趙民德《漂著細雪的下午》，九歌出版社出版。

△深雪小說《兜售回憶》、侯文詠散文集《淘氣故事集》（全新版）、《親愛的老婆（1、2集全新合訂本）》，皇冠文化出版公司出版。

△葉兆言小說《花影》、蔡駿小說《蝴蝶公墓》，麥田出版公司出版。

△楊力小說《千古漢武》、王強小說《圈子圈套》、楊志軍小說《敲響人頭鼓》，馥林文化公司出版。

△範穩長篇小說《藏巴拉》，風雲時代出版公司出版。

△黃凡小說《曼娜舞蹈教師》、陳承中散文集《我不愛你，假設這是真的》，聯合文學出版社出版。

三月二日	△自轉星球出版社推出集結二〇〇六年垃圾新聞的新書《365G：2006台灣不可思議新聞大百科》。
三月五日	△二〇〇七義大利波隆納書展主辦單位公佈「國際童書原畫展」入選名單，臺灣畫家唯一入選者為蔡達遠，作品《傳奇人物廖添丁》入選文學類。
	△九歌年度文學獎頒獎，廖鴻基以《出航》獲獎。夏曼·藍波安以《漁夫的誕生》與《航海家的臉》入選年度小說獎與年度散文獎，林世仁以《流星沒有耳朵》獲年度童話獎。
三月六日	△時報文化出版公司與遠流出版事業公司分別出版《重返異域》與《柏楊品三國》為人權作家柏楊八十八歲生日賀壽。
三月七日	△屏東縣政府推出「當代日籍作家駐縣（Home-Stay）創作計畫」，首批進駐的七位日籍作家，展開為期兩個月的「日本人在屏東」創作之旅。
三月八日	△金石堂書店舉辦「金石堂英國節書展」，選出兩百種英國文學作品展出。
三月九日	△海上書城「忠僕號」駛抵高雄港，進行書展與親善訪問。
三月十日	△郝譽翔主編《九十五年小說選》、蕭蕭主編《九十五年散文選》，九歌出版社出版。
三月十二日	△高師大教授李億勳《紅毛港文化故事》，高雄市文化局出版。
三月十三日	△財政部核定對自日本、印尼及中國大陸進口非塗布紙不予臨時課徵反傾銷稅。
三月廿日	△田中栞著；林皎碧譯《吉本屋女主人》，遠流出版事業公司出版。
三月廿一日	△臺南縣文化局舉行南瀛文學叢書新書發表會，除南瀛作家作品集外，尚有「南瀛重要作家研究文集」，計有林慧姃《吳新榮研究：一個台灣知識份子的精神歷程》、吳素芬《楊逵及其小說作品研究》。
	△國立台灣文學館主辦「台灣文學捷克譯文計畫」，翻譯臺灣小說王禎和《嫁妝一牛車》、白先勇《冬夜》、田雅各《最後的獵人》、朱天心《拉曼查志士》、朱西甯《狼》、李昂《殺夫》、李喬《關於存在的一些訊息》、段彩華《花雕

宴》、黃凡《如何測量水溝的寬度》、黃春明《蘋果的滋味》、舞鶴《調查，敘述》、賴香吟《熱蘭遮》、鄭清文《春雨》、蘇偉貞《以上情節》等十四篇小說即將於捷克排版問世。

| 三月廿四日 | △誠品書店慶祝十八周年，宣佈今年將在統一夢時代購物中心開設一千坪書店、在南臺灣設立兒童探索博物館等重大計畫，《誠品好讀》也將進行改版，並首次進註7-11展售。 |

三月廿四日　△誠品書店慶祝十八周年，宣佈今年將在統一夢時代購物中心開設一千坪書店、在南臺灣設立兒童探索博物館等重大計畫，《誠品好讀》也將進行改版，並首次進註7-11展售。

三月廿五日　△《印刻文學生活誌》承辦「兩岸文學高峰會」活動，邀請十位大陸著名文學作家來臺，至四月一日止，展開為期八天的文學參訪。

三月廿七日　△「2006年好書大家讀：優良少年兒童讀物」評選結果出爐，共有一百零九冊好書入選。

三月廿八日　△中華民圖書出版事業協會、臺北市出版商業同業公會、財團法人中華出版基金會合辦「等待中的台灣出版前途——未來何去何從」座談會假臺北市NGO會議中心舉行。

三月廿九日　△高雄市立圖書館協助規劃成立的「快可易女書殿」閱讀示範社區圖書館開幕。

三月卅日　△第五屆「曼谷國際書展」開展，臺灣受邀擔任主賓國，主題館為「閱讀台灣」。

三月卅一日　△「台灣原版學術圖書展」假廈門大學圖書館舉行。

　　　　　　▲國家台灣文學館正式定名為「國立台灣文學館」。

三月　　　　△張春榮論著《極短篇欣賞與教學》，萬卷樓圖書公司出版。

　　　　　　△應鳳凰評論集《五〇年代台灣文學論集》，高雄春暉出版社出版。

　　　　　　△文訊雜誌社編《2006青年會議論文集：台灣作家的地理書寫與文學體驗》，台灣文學發展基金會、國立台灣文學館共同出版。

　　　　　　△江寶釵、林鎮山主編《樹的見證：鄭清文文學論集》、陳建忠、應鳳凰、邱貴芬等著《臺灣小說史論》，麥田出版公司出版。

　　　　　　△林世煜、胡慧玲散文集《在異鄉發現台灣》，玉山社出版。

　　　　　　△新井一二三散文集《偏愛東京味》，大田出版公司出版。

△栞涵散文集《陽光下的笑臉》（典藏版），文經出版社出版。

△張曼娟散文集《天一亮，就出發》，皇冠文化出版公司出版。

△劉黎兒散文集《大不婚》，時報文化出版公司出版。

△雷驤散文集《目的地上海》，西遊記文化公司出版。

△鄭振鐸散文集《失書記》，網路與書公司出版。

△林煥彰主編；林家詩社策劃《詩，林家的》，唐山出版社出版。

△周慶華詩集《我沒有話要說：給成人看的童詩》、嚴紀華評論集《當古典遇到現代》、《看張‧張看：參差對照張愛玲》，秀威資訊科技公司出版。

△劉小梅詩集《種植一株寧靜》，文史哲出版社出版。

△碧果詩集《肉身意識》、張默編《小詩，牀頭書》、席慕蓉散文集《2006席慕蓉》（足本），爾雅出版社出版。

△劉克襄小說《野狗之丘》，遠流出版事業公司出版。

△王祥夫小說《人呢，聽說來了？》、龔萬輝散文集《清晨校車》，寶瓶文化公司出版。

△賴香吟短篇小說集《霧中風景》、劉大任散文集《晚晴》、邱坤良撰《真情活歷史：布袋戲王黃海岱》、周芬伶論著《聖與魔：台灣戰後小說的心靈圖像（1945～2006）》、黃俊雄等著《掌上風雲一世紀：黃海岱的布袋戲生涯》，INK印刻出版公司出版。

△廖輝英小說《以愛為名》、張菱舲詩集《風弦》，九歌出版社出版。

△葛亮短篇小說集《七聲》、王溢嘉散文集《海上女妖的樂譜》、馬森散文集《維城四紀》，聯合文學出版社出版。

四月一日　△邱坤良散文集《移動觀點：藝術、空間、生活戲劇》，九歌出版社出版，收錄十年來對臺灣文化的觀察體驗。

△信誼基金會主辦第十八屆「信誼幼兒文學獎」揭曉，創作首獎得主為陳和凱《小老鼠種大西瓜》。

△基隆市文化局舉辦「愛的分享、書出有名」活動至六月卅日

止，鼓勵民眾踴躍捐書。

四月三日　　　△行政院新聞局「第二十八梯次中小學生優良課外讀物推介」
　　　　　　　　評選活動揭曉，計有四百七十七件讀物獲得推介。

四月四日　　　△成立達三十年的新竹地區書店「博覽家書店」預計中旬結束
　　　　　　　　營業。

四月七日　　　△高雄市文化局舉辦「2007高雄好讀書」系列活動至六月卅日
　　　　　　　　止。

四月十日　　　△教育部長杜正勝假臺東縣溫泉國小啟動「陽光、海洋、故
　　　　　　　　事、焦點三百閱讀活動」。
　　　　　　　△鄭豐（本名陳宇慧）武俠小說《多情浪子癡情俠》奇幻基地
　　　　　　　　事業處出版。

四月十一日　　△金石堂書店進駐高雄統一夢時代購物中心。

四月十二日　　△漫畫家劉興欽原著改編的《大嬸婆與小聰明》卡通以國語、
　　　　　　　　台語、客語和英語等四種版本對外發行，向世界推廣這部深
　　　　　　　　具臺灣特色的卡通。
　　　　　　　△農學股份有限公司副總經理傅春生當選中華民國圖書發行協
　　　　　　　　進會第八屆理事長。

四月十五日　　△二〇〇六年度最佳少年兒童讀物獎頒獎典禮假臺北市立圖書
　　　　　　　　館舉行。
　　　　　　　△第五十一梯次「好書大家讀優良少年兒童讀物」名單出爐，
　　　　　　　　共選出單冊一百零四冊及套書一套（五冊）。

四月廿一日　　△慶祝二〇〇七年「世界書香日」，臺北市立圖書館、臺灣閱
　　　　　　　　讀協會、中華民國圖書館學會共同主辦「書香繞境遊行活
　　　　　　　　動」。

四月廿三日　　△中華民國圖書出版事業協會組團前往大陸重慶參加中國第十
　　　　　　　　七屆「全國圖書交易博覽會」，至四月廿九日止。

四月廿四日　　△義大利波隆納國際兒童書展開幕，至二十九日止，臺灣館以
　　　　　　　　「奇幻東方小美人」為主題，介紹幾米、唐唐、張又然、林
　　　　　　　　良、哲也等繪本作家及童書作家。

四月廿六日　　△中華民國圖書出版事業協會理事長陳恩泉在「第十七屆全國
　　　　　　　　圖書交易博覽會海峽兩岸及港澳地區出版界座談會」中表
　　　　　　　　示，希望在臺推動成立「中華兩岸版權交易中心」，並在大

陸推動成立「台灣出版商協會」，共同為兩岸出版界合作。

△行政院公平會裁定康軒、南一與翰林出版公司去年爭取國中、國小教科書選書過程中提交校方與教學無關的贈品，屬違反商業道德的不當行為，分別處罰康軒二百五十萬元、南一二百萬元、翰林一百五十萬元的罰金。

△為鼓勵出版事業發行優良數位出版品，以活絡數位出版市場、鼓勵個人數位出版創作，行政院新聞局特訂定「數位出版金鼎獎」獎勵要點，獎勵項目計有「最佳電子書獎」、「最佳電子期刊獎」、「最佳多媒體出版品獎」、「年度數位出版公司獎」、「最佳數位動漫創作獎」等十個獎項。

四月廿八日　△臺灣動漫業界組團前往大陸杭州參加第三屆「中國國際動漫節」。

四月廿九日　△大陸暢銷書《于丹〈論語〉心得》與《明亡清興六十年》兩書作者于丹與閻崇年連袂抵臺，參加聯經出版事業公司安排的發表會、簽書會以及演講等活動。

四月卅日　△香港TOM集團首席執行官湯美娟表示，TOM收購pixnet（痞客邦）後，開始和城邦遊戲網站與雜誌結合，希望年底打進臺灣前10大網站，達到收支平衡。

四月　　　△《全國新書資訊月刊》創刊一百期。

△莊紫蓉著《面對作家：台灣文學家訪談錄》（共三冊，從1997年4月到2006年3月訪問二十四位重要文壇作家），吳三連台灣史料基金會出版。

△陳黎、張芬齡編著《詩樂園：現代詩110首賞析》，南一書局出版。

△蕭玉貞論著《鄭坤五小說研究》，文津出版社出版。

△林黛嫚、許榮哲論著《神探作文：讓作文變有趣的六章策略》，三民書局出版。

△楊松年、鄭琇方主編《細緻的雕塑：世華微型小說評析》、林明昌、周煌華主編《視野的互涉：世界華文文學論文集》，唐山出版社出版。

△釋滿觀散文集《半中歲月》，香海文化公司出版。

△陳銘磻散文集《雪落無聲》，布克文化出版事業部出版。

△孫康散文集《康莊紀遊》、宋炳輝評論集《追憶與冥想的誘惑：中國現代文學論集》，文史哲出版社出版。

△袁瓊瓊散文集《冰火情書》，INK印刻出版公司出版。

△吳瑞璧散文集《擁抱幸福的貓頭鷹》、王曉寒散文集《新聞內幕及其他：白色恐怖下的新聞工作者》，健行文化出版公司出版。

△傅佩榮散文集《宇宙的舞者：自我修練的六個階段》、連方瑀散文集《與子偕行：連方瑀自選輯》，天下遠見出版公司出版。

△張桂越散文集《追獵藍色巴爾幹》，網路與書公司出版。

△余秋雨散文集《人生風景》、劉墉散文集《愛是一種美麗的疼痛》，時報文化出版公司出版。

△洪淑苓主編《在世界的裂縫：學院詩人群年度詩集（2004-2005）》，萬卷樓圖書公司出版。

△白佛言詩集《新娘子》、《時間進行曲：ing》、吳銘能散文集《數風流人物：梁啟超、徐志摩、陳獨秀、雷震》、寒玉《心情點播站》、宋廣波《丁文江圖傳》，秀威資訊科技公司出版。

△余光中《余光中詩選第二卷：1982～1998》，洪範書店出版。

△張小嫻小說《長夜裡擁抱》、韓良憶散文集《地址：威尼斯》，皇冠文化出版公司出版。

△陶龍生小說《拉斯維加斯的春天》、楊索散文集《我那賭徒阿爸》、張瑞芬評論集《胡蘭成、朱天心與「三三」：台灣當代文學論集》，聯合文學出版社出版。

△吳鈞堯小說《凌雲：金門歷史小說集一九九四～一九七八年》、顏炳洳、陳欽進小說《擎天：金門歷史故事集》，金門縣文化局出版。

△郭雪波小說《狼孩》、楊志軍小說《藏獒2》、湯世傑散文集《殉情之都》，風雲時代出版公司出版。

△舞鶴長篇小說《亂迷（第一卷）》、王安憶長篇小說《啟蒙時代》、張瑞芬論著《臺灣當代女性散文史論》，麥田出版

公司出版。

△嚴歌苓長篇小說《一個女人的史詩》、吳魯芹散文集《雞尾酒會及其他》、黃國彬評論集《莊子的蝴蝶起飛後：文學再定位》，九歌出版社出版。

五月一日　△高雄市文化局公佈繼「高雄好書市」後，陸續舉辦五場「高雄好書行——書店・詩文之旅」，至七月止。

五月七日　△「台灣作家作品資料庫」已由國立暨南國際大學圖書館完成第一期建置工作，並開始啟用。

　　　　　△知名漫畫家敖幼翔與臺灣歡樂資源國際公司侵權官司，經臺灣高等法院裁定，臺灣歡樂資源國際公司應賠敖幼翔四百多萬元，並於各大報頭版刊登道歉啟事。

五月九日　△行政院新聞局主辦「數位出版金鼎獎」活動，假臺北市文化大學推廣教育部舉辦首場報名說明會。

五月十四日　△行政院原住民委員會委託臺灣大學建置「臺灣原住民族圖書資訊中心」與「臺灣原住民族資訊資源網」。

　　　　　△臺灣商務印書館成立六十周年，特別出版王學哲、方鵬程著《勇往直前——商務印書館百年經營史（1897～2007）》與《鹿橋全集》，以茲紀念。

五月十六日　△經濟部中小企業處主辦「2007年度金書獎」報名至三十一日止，參選出版品限於二〇〇六年四月一日至二〇〇七年三月卅一日在臺出版、發行的中文出版品。

五月十八日　△臺北市出版商業同業公會、財團法人中華出版基金會、世新大學圖文傳播暨數位出版學系及南華大學出版事業管理研究所合辦「當前中國大陸出版業的現狀、問題以及發展趨勢」專題演講，假世新大學舍我館舉行，主講者為中國人民大學出版社總編輯周蔚華。

五月十九日　△為吸引國外書商參加臺北國際書展，財團法人臺北書展基金會特於東歐規模最大、「第五十二屆波蘭華沙國際書展」設攤廣為宣傳。

五月廿二日　△博客來網路書店獨家首賣「iSpeak」，係以蘋果電腦公司iPod介面設計的有聲書。

五月廿三日　△冠德建設公司與天下遠見文化事業公司異業結盟，將「終身

學習」概念引進社區。

△行政院文建會委託遠流出版事業公司編撰《台灣大百科全書》啟動，中研院院長李遠哲受邀擔任總監修長。

五月廿四日　△大辣出版社與3G電信業者合作將情色漫畫改編為動畫提供用戶手機下載閱讀，以鳥來伯《放鳥過來！性愛女寫手的嗆辣記事》為首波主打。

△臺北市立圖書館宣佈，自八月起提供悠遊卡借書服務。

五月廿五日　△大眾書局、《星州日報》、馬華終身學習總會主辦「第二屆海外華文書展」假吉隆坡城中城會議中心舉行，至六月三日止。中華民國圖書發行協進會組團參加，計有一百七十六家出版社參展，展出一千兩百八十七種、六千一百六十六冊圖書。

△「2007新加坡世界書展」假新達新加坡國際會議與展覽中心第四展廳舉行，至六月三日止。中華民國圖書發行協進會組團參加，計有近二百五十家出版社參展，展出一千七百種、七千五百冊圖書。

五月廿七日　△國際連鎖書店Relay進駐臺灣高鐵臺中站，將陸續於桃園、嘉義、臺南、左營等高鐵車站開設書店。

五月廿九日　△聯合線上數位閱讀網與中華民國圖書發行協進會合辦「數位閱讀‧跨際匯流」系列論壇，首場假龐畢度國際會議中心舉行，由格林文化公司發行人郝廣才、飛利浦設計中心台灣區總監陳禧冠與聯合線上數位閱讀網總經理劉永平對談，分享來自出版、設計與科技界的宏觀與時尚觀點，探索數位內容的趨勢發展。

五月卅日　△博客來政府出版品專門店正式營運，展售四百多個政府單位，五千多種出版品。

五月　△楊正寬著《明清時期臺灣旅遊文學與文獻研究》，國立編譯館出版。

△戴文鋒主編《葉笛全集》，包括新詩卷二、散文卷一、評論卷四、翻譯卷九、資料卷二，共十八冊，國立台灣文學館出版。

△吳英長《吳英長老師學思集（一）：兒童文學與閱讀教

學》，吳英長老師紀念文集編委會出版。

△郭書瑄論著《插畫考：那個開創風格的時代與藝術大師們》，如果出版社出版。

△林語堂故居編《跨越與前進：從林語堂研究看文化的融合／相涵國際學術研討會論文集》，秀威資訊科技公司出版。

△東海大學中文系編《苦悶與蛻變：60、70年代台灣文學與社會》，文津出版社出版。

△葉嘉瑩論著《照花前後鏡：詞之美感特質的形成與演進》，清華大學出版社出版。

△黎活仁總編輯《瘂弦詩中的神性與魔性》，大安出版社出版。

△夏婉雲論著《童詩的時空設計》，富春文化事業公司出版。

△吳珮慈論著《在電影思考的年代》，書林出版公司出版。

△張子樟評論集《少年小說大家讀：啟蒙與成長的探索》，天衛文化圖書公司出版。

△余秋雨論著《中國戲劇史》，天下遠見出版公司出版。

△巫寧坤自述《一滴淚：從肅反到文革的回憶》，允晨文化實業公司出版。

△單德興評論集《邊緣與中心》，立緒文化公司出版。

△劉克敵散文集《陳寅恪和他的同時代人》，時英出版社出版。

△李素真主編《鐵肩擔道義：二十堂名家的國文課》，商周出版公司出版。

△林芳萍散文集《聽，水在唱歌》，聯經出版事業公司出版。

△林谷芳散文集《千峰映月》，香海文化公司出版。

△丘榮襄散文集《在逆境中找到生命的出口》，創意年代文化公司出版。

△林文月散文集《京都一年》，三民書局出版。

△林達散文集《西班牙像一本書》，時報文化出版公司出版。

△陳冠學散文集《田園之秋》，前衛出版社出版。

△張娟芬散文集《走進泥巴國》，心靈工坊文化公司出版。

△陳黎《陳黎情趣散文集》、《陳黎談藝論樂集》，INK印刻

出版公司出版。

△郝明義散文集《越讀者》，網路與書公司出版。

△陳玉慧散文集《德國時間》，大田出版公司出版。

△吳祥輝散文集《驚嘆愛爾蘭》、汪其楣《歌未央：千首詞人慎芝的故事》，遠流出版事業公司出版。

△莫渝詩集《第一道曙光》、鄭明娳散文集《山月村之歌》、陳三井散文集《走過的歲月：一個治史者的心路歷程》、黃三散文集《落葉不歸根》、莫渝評論集《台灣詩人群像》、應鳳凰評論集《文學風華：戰後初期13著名女作家》，秀威資訊科技公司出版。

△葉李華小說《移心：衛斯理回憶錄④》、舒國治散文集《台北小吃札記》，皇冠文化出版公司出版。

△陳希我小說《冒犯書》，寶瓶文化公司出版。

△余光中詩集《高樓對海》、白靈《慢活人生：白靈散文集》、陳幸蕙散文集《把愛還諸天地》，九歌出版社出版。

△東西小說《後悔錄》、王強小說《圈子圈套2》、史傑鵬小說《賭徒陳湯》、佐耳小說《壞女孩兒的尖叫》，馥林文化公司出版。

△吳明益長篇小說《睡眠的航線》、散文集《家離水邊那麼近》，二魚文化實業公司出版。

△司馬中原短篇小說集《斧頭和魚缸》、郭雪波小說《銀狐》，風雲時代出版公司出版。

△董啟章長篇小說《時間繁史·啞瓷之光》（上、下），麥田出版公司出版。

△陳燁長篇小說《有影》，遠景出版公司出版。

△鹿橋長篇小說《懺情書》、散文集《市廛居》、吳東權散文集《綵筆紅顏》，臺灣商務印書館出版。

△莊華堂長篇歷史小說《巴賽風雲》、林禮小說《談話頭講話尾答嘴鼓》、散文集《人在矮簷下》，唐山出版社出版。

六月四日　　△女作家琦君逝世周年將屆，紀念活動陸續展開。三民書局率先舉辦「永遠的童話──琦君逝世周年紀念」專題特展，假臺北市復興北路、重慶南路兩門市部及網路書店同步舉行。

六月五日	△高雄市文化局主辦「2007高雄文學創作獎助計劃」名單揭曉
六月六日	△高雄市立圖書館推出「閱讀起飛——與書Give Me Five」活動，以弱勢學生為服務對象。
六月七日	△臺北市雜誌商業同業公會、臺北市國中家長總會共同召開記者會，針對財政部擬對日本進口道林紙徵收37.74%的反傾銷稅，導致參考書、一般圖書、雜誌等文化用紙價格勢必上漲表示異議。
六月十二日	△青林國際出版公司引進大陸「大國崛起」系列叢書（共九冊），首先發行《美國》、《俄羅斯》兩書，並特別編輯保羅·甘迺迪等著《大國崛起相對論》一書。
六月十五日	△國際知名旅遊書品牌Lonely Planet與聯經出版事業公司聯手推出繁體中文版，首先發行《澳大利亞》，陸續將推出《東南亞》、《柬埔寨》等書。
六月十七日	△承辦本屆「法蘭克福書展臺灣館」的臺北書展基金會公開向出版界徵展，至七月三日止。主題「台灣——華文出版的樂園」，特色需能呈現臺灣出版自由、開放與活潑。
六月十八日	△馬英九《青春鐵馬向前行——馬英九單車日記》，二魚文化事業公司出版。
六月廿一日	△被行政院文建會定位為「台灣文化創意發展的旗艦基地」的臺北市華山創意文化園區，由遠流出版事業公司領銜團隊「台灣文創發展股份有限公司」取得優先議約權，將擁有十五年的經營權，此為臺灣第一個文化創意產業園區的ROT案。
六月廿二日	△行政院新聞局公佈「九十六年度補助發行數位出版品」入選名單，包括《本草圖譜》數位出版發行計劃——知識庫、電子書及圖片授權（智慧藏學習科技公司）、台灣善書大全資料庫（漢珍數位圖書公司）等五家，各獲補助八十萬元。
六月廿四日	△世新大學圖文傳播暨數位出版研究所首度舉辦所友會成立大會。
六月廿六日	△繪本作家幾米與英國童書出版公司Walker合作出版《一隻會吃黑暗的怪獸和小男孩的友誼》，發行英文版。
六月廿七日	△「十大書坊」負責人蔡東機因旗下「愛搜書」網站涉嫌侵害

城邦、格林等出版商電子書著作權，被臺北地檢署以違反「著作權法」起訴。

△博客來網路書店推出數位閱讀服務，讀者可以就所提供的千本新書及暢銷書電子書試閱或下載百分之一到百分之十的內容。

△桃園縣文化局主辦第五屆「桃園之書」評選結果揭曉，美學藝術家蔣勳《美的覺醒》（遠流出版）獲選。

六月卅日　△國際連鎖書店Relay台灣高鐵嘉義站正式營業。

六月　　　△蘇芳儀主編《童心玩趣：福爾摩沙文具特展》，臺中國立科學工藝博物館出版。

△陳正芬譯《醜小鴨上班，怎麼變天鵝》，大塊文化出版公司出版。

△莊文連總編輯《第2屆蘭陽兒童文學獎優選文集》，宜蘭縣文化局出版。

△洪敏聰總編輯《第9屆菊島文學獎得獎作品集》，澎湖縣文化局出版。

△陳金順、施俊州主編《2006台語文學選》，臺南府城舊冊店出版。

△劉秀美等著《華嚴文學創作論文集》，躍昇文化公司出版。

△歐宗智評論集《台灣大河小說家作品論》，前衛出版社出版。

△姚一葦舞臺劇集《我們一同走走看》，書林出版公司出版。

△姚瑞中散文集《廢島：台灣離島廢墟浪遊》，田園城市文化公司出版。

△周進散文集《末代皇后的裁縫》，時英出版社出版。

△韓秀散文集《雪落哈德遜河》，允晨文化實業公司出版。

△林清玄散文集《我把星星點著了》，圓神出版社出版。

△廖鴻基散文集《領土出航》、陳建志主編《流行力：台灣時尚文選》，聯合文學出版社出版。

△簡媜散文集《老師的十二樣見面禮：一個小男孩的美國遊學誌》、邱坤良散文集《南方澳大戲院興亡史》、周志文散文集《時光倒影》，INK印刻出版公司出版。

△鍾文音散文集《三城三戀》，大田出版公司出版。

△張放散文集《閑花落地：放齋隨筆精選》，詩藝文出版社出版。

△林華泰詩集《笑融了一千個日子》、林姿芳散文集《秋日的豐美》，遠景出版公司出版。

△蔣勳詩畫集《來日方長》，天下遠見出版公司出版。

△余欣娟、林菁菁、陳沛淇編著《走入歷史的身影：讀新詩遊台灣》（人文篇）、《走入歷史的身影：讀新詩遊台灣》（自然篇），幼獅文化事業公司出版。

△趙天儀詩集《雛鳥試飛》、趙天儀主編《第11屆兒童文學與兒童語言學術研討會論文集》，富春文化事業公司出版。

△方耀乾《方耀乾台語詩選》，臺南開朗雜誌公司出版。

△朱自強主編《姚水洗澡：東北少年小說選》，民生報事業處出版。

△楊依射科幻歷史小說《漂流戰記：世界之魂首部曲》，臺中白象文化公司出版。

△張德芬小說《遇見未知的自己》，方智出版社出版。

△陳長慶長篇小說《李家秀秀》、周慶華詩集《又有詩》、董恕明詩集《紀念品》、姚錫佩散文集《一代漂泊文人》、蔡登山散文集《另眼看作家》、于天池‧李書散文集《李長之和他的朋友們》、妍音散文集《姊姊妹妹遊台灣》、王淑敏及三十位語資班同學合著《繁星307》，秀威資訊科技公司出版。

△梁曉聲小說《今夜有暴風雪》，馥林文化公司出版。

△沈石溪小說《另類生靈》、少君、平萍散文集《美女與熊貓》，風雲時代出版公司出版。

△畢飛宇長篇小說《平原》、張默詩集《獨釣空濛》、龔鵬程散文集《自由的翅膀》、張曉風散文集《你還沒有愛過》、劉瑛散文集《幽默外交趣事多》，鮑端磊等譯《琦君散文選中英對照》九歌出版社出版。

△鍾阿城小說《棋王、樹王、孩子王》，大地出版社出版。

△莫言小說《檀香刑》、歐陽林散文集《臺北醫生故事3：

393

雞婆醫生》、陳芳明論著《左翼台灣：殖民地文學運動史論》、《後殖民台灣：文學史論及其周邊》，麥田出版公司出版。

△汪笨湖短篇小說集《落山風》、《汪笨湖的鄉土‧性‧傳奇（二）吹笛人》，臺中晨星出版公司出版。

七月二日　　△九歌文教基金會主辦第十五屆「九歌現代少兒文學獎」假文建會一樓藝文空間舉行頒獎典禮。

七月三日　　△高雄市文化局「2007高雄好讀書」活動舉行記者會，邀請藝文界人士共同宣示活動正式起跑。

七月四日　　△博客來網路書店推出「2007博客來動漫小說博覽會」，提供上萬種動畫、漫畫、遊戲，以及第八屆「漫畫博覽會」週邊商品與門票銷售服務。

七月五日　　△中華民國圖書出版事業協會組團參加「2007東京國際書展」，為期四天。

七月六日　　△誠品書店敦南店「曬書節」登場，廉價促銷。

七月八日　　△漫畫家孫家裕編繪的《三國演義》全本大型歷史漫畫作品，由江蘇美術出版社出版簡體字版。

七月十日　　△國立臺中圖書館主辦「全國好書交換日」活動舉行記者會，以「閱換閱快樂——你的新歡我的舊愛」為主題，號召全民共同參與。

七月十一日　△大陸上海世紀出版集團總裁陳昕假誠品書店敦南店以「大陸出版產業的現狀與兩岸出版合作」為題發表演講。

七月十二日　△博客來網路書店推出POD（Print on Demand）需求列印服務，凡讀者購買出版社絕版書，可委託印刷，每次印刷基本量五本。

七月十四日　△國家圖書館舉辦「戒嚴時期查禁書刊展」，並規劃六場巡迴展覽。

七月十七日　△臺北書展基金會宣佈二○○八年書展主題國為澳洲，將推出「澳洲旅遊文學主題展」、「澳洲童書特展」等主題國活動。並將與德國書藝基金會合作，安排近五年「世界最美麗的書」來臺展出。主辦單位也將設立「書展獎」，以獎勵國內業者出好書。

七月十八日　　△第六屆「桃園書展」假桃園巨蛋體育場舉行，主題為「書活
　　　　　　　一夏，BOHAS！」。

　　　　　　△行政院新聞局公佈第三十一屆「金鼎獎」入圍名單，雜誌類
　　　　　　　五十四件、圖書類一百零二件。三民書局發行人劉振強榮獲
　　　　　　　特別貢獻獎。

七月廿日　　　△《哈利波特7：死神的聖物》全臺同步首賣，書店業者決定
　　　　　　　捨棄割喉戰，一律以新臺幣五百九十九元銷售。

七月廿二日　　△文化總會根據女書文化事業公司出版的《女人屐痕2：台
　　　　　　　灣女性文化地標》一書選出臺北女性文化新地標，包括
　　　　　　　YWCA、婦聯會、拓荒者出版社、婦女新知、主婦聯盟，
　　　　　　　女書店原址或現址等，將設置藝術化地標。

七月廿四日　　△行政院新聞局公佈「九十六年度劇情漫畫獎」入圍名單，一
　　　　　　　般組劉佳清等八人、新人組周玉騏等兩人入圍。

七月廿五日　　△圖書雜誌經銷商凌域國際公司傳出與金石堂書店財務糾紛，
　　　　　　　暫停營運，牽連數十家出版業者，城邦出版集團決定自金石
　　　　　　　堂書店撤架，引發同業跟進。

　　　　　　△潘煊著《相信閱讀——天下文化25年的故事》，天下文化出
　　　　　　　版公司出版。

七月廿六日　　△萊爾富便利商店與統一超商關係企業高見文化行銷公司因經
　　　　　　　銷利益衝突，暫停進貨高見文化行銷公司經銷的雜誌二十四
　　　　　　　種，包括《商業周刊》、《時報周刊》等。

七月廿七日　　△天下文化出版公司舉辦二十五周年慶「相信閱讀」餐會，自
　　　　　　　出版的二千一百種書目選出三十種最具影響力的書。

七月廿八日　　△臺中火車站前金沙百貨大樓，重新改裝開張，將建構全臺最
　　　　　　　大書城。

　　　　　　△「動漫嘉年華」假臺大巨蛋體育館舉行，推出「開拓動漫
　　　　　　　祭」。

七月廿九日　　△楊錦郁散文集《穿過一樹的月光》九歌出版社出版，假臺北
　　　　　　　「光點臺北」舉辦新書發表會。

七月卅日　　　△《遠見》雜誌公佈對十八歲以上成年人進行的「台灣閱讀大
　　　　　　　調查」，結果發現半數成年人沒有閱讀習慣，包括兩成五五
　　　　　　　完全不看書、兩成四很少看書。

七月	△莊文連總編輯《第6屆蘭陽少年文學獎》，宜蘭縣政府出版。

△莊文連總編輯《第6屆蘭陽少年文學獎》，宜蘭縣政府出版。

△呂豐謀總編輯《青春不落國：臺北市第1屆青少年學生文學獎得獎作品集》，臺北市教育局出版。

△陳芳明主編《台灣文學的東亞思考：台灣文學藝術與東亞現代性國際學術研討會論文集》，行政院文建會出版。

△李元洛論著《詩美學》，東大圖書公司出版。

△黃美娥論著《古典臺灣：文學史‧詩社‧作家論》、廖振富論著《臺灣古典文學的時代刻痕：從晚清到二二八》，國立編譯館出版。

△楊茂秀譯《遊戲是孩子的功課：幻想戲的重要性》，成長文教基金會出版。

△方隆彰散文集《讀書會錦囊》，洪建全教育文化基金會出版。

△劉墉散文集《肯定自己》、《創造自己》、季季《奇緣此生顧正秋》，時報文化出版公司出版。

△李劼散文集《美國風景》，允晨文化實業公司出版。

△梁丹丰散文集《不丹——樂國樂國》、趙珩散文集《老饕漫筆》、《記憶中的收藏》，三民書局出版。

△金庸散文集《金庸散文》、房慧真散文集《單向街》、李長聲散文集《居酒屋閒話》、楊茂秀《重要書在這裡！：楊茂秀的繪本美學》，遠流出版事業公司出版。

△周慶華詩集《又見東北季風》、陳三井散文集《青史留痕：一個台灣學者的大陸之旅》、顏佑亮散文集《英該不一樣》、滕興傑散文集《海嶽塵夢》、賈馨園散文集《情多處處有戲：賈馨園談戲曲》、莫渝評論集《波光瀲灩：20世紀法國文學》，秀威資訊科技公司出版。

△凌性傑詩集《所有事物的房間》、吳岱穎詩集《明朗》，花蓮縣文化局出版。

△焦桐主編《2006：臺灣詩選》，二魚文化事業公司出版。

△楊依射小說《微物樂園：世界之魂二部曲》，臺中白象文化公司出版。

△梁曉聲小說《父親》、張潔散文集《我們這個時代肝腸寸斷的表情》，馥林文化公司出版。

△英培安短篇小說集《不存在的情人》、菩提詩集《城外明媚》，唐山出版社出版。

△牛歌偵探小說《箱屍案》（上、下）、王壽南散文集《照照歷史的鏡子》、常茵《人生拾掇：常茵勵志散文集》，臺灣商務印書館出版。

△白先勇小說《紐約客》、洛夫詩集《背向大海》、凌性傑散文集《燦爛時光》、隱地散文集《人啊人》、陳景雙散文集《嚮往美麗》、蕭蕭論著《現代新詩美學》，爾雅出版社出版。

△陳燁小說《玫瑰船長》，遠景出版公司出版。

△蘇童小說《十一擊》、黃錦樹散文集《焚燒》，麥田出版公司出版。

△司馬中原小說《鬥狐：司馬中原精品集8》、《曠園老屋：司馬中原精品集9》，風雲時代出版公司出版。

△莫言中篇小說《紅高粱家族》、西西短篇小說《像我這樣的一個女子》，洪範書店出版。

△汪笨湖短篇小說《三字驚》、《嬲》、蕭蕭論著《土地哲學與彰化詩學》，臺中晨星出版公司出版。

△李黎長篇小說《樂園不下雨》、夏曼・藍波安散文集《航海家的臉》、袁瓊瓊散文集《曖昧情書》，INK印刻出版公司出版。

△南郭小說《巧婦》、呂政達散文集《長大前的練習曲：給少年的50堂人生成長課》，九歌出版社出版。

△阮慶岳長篇小說《秀雲》、鍾怡雯散文集《野半島》、馮偉林散文集《借問英雄何處》，聯合文學出版社出版。

八月一日　△澳洲記者希爾斯《雅子妃：菊花王朝的囚徒》，三采文化出版事業公司出版中文本。

△博客來網路書店公佈年中報告，今年上半年營業額成長百分之四十。

△大和圖書書報公司宣佈，暫停供書給金石堂書店，將再與金

石堂書店協商後，才恢復供書。

八月三日　　　　△經濟部決定不對日本、印尼與大陸等部份進口紙類課徵反傾
　　　　　　　　　銷稅。

八月六日　　　　△白米炸彈客楊儒門新書《白米不是炸彈》，INK印刻出版公
　　　　　　　　　司出版。

八月七日　　　　△《遠見》雜誌公佈「2006台灣閱讀之最」調查之中，臺中縣
　　　　　　　　　名列「全台最不愛借書縣市」。

八月八日　　　　△「2007夏日高雄圖書博覽會」假高雄工商展覽中心展出，以
　　　　　　　　　「書香，港都的夏天」為主題，分為七大展覽區，至八月十
　　　　　　　　　九日止。

八月九日　　　　△第八屆「漫畫博覽會」假臺北展演二館（原世貿二館）舉
　　　　　　　　　行，以「嘻哈動漫、笑力四射」為主題，至八月十四日止。
　　　　　　　　　今年參觀人數約四十萬人次，較去年增加百分之五，總營業
　　　　　　　　　額成長約百分之三十。

八月十日　　　　△遠流、聯經、時報、皇冠、大塊、尖端、台視文化、三采、
　　　　　　　　　天下文化、天下雜誌、九歌、大雁、共和國集團、晨星集
　　　　　　　　　團、高寶集團等十五家出版社組成「台灣出版業者通路秩序
　　　　　　　　　聯盟」，發表「致金石堂公開信」。

八月十二日　　　△出版人、作家嚴友梅病逝美國，享壽八十三歲。

八月十三日　　　△誠品書店高雄夢時代店及夢探索館假高雄統一夢時代百貨大
　　　　　　　　　樓開幕營運。

八月十四日　　　△鄉土作家沈文台新書《雲林瑰寶──民間藝人點將錄》
　　　　　　　　　（上、下冊），雲林縣政府編印，假文化局舉行新書發表
　　　　　　　　　會。

八月十七日　　　△行政院新聞局主辦第三十一屆「金鼎獎」假臺大醫學院國際
　　　　　　　　　會議中心舉行頒獎典禮。特別貢獻獎三民書局創辦人劉振
　　　　　　　　　強。圖書類最佳著作人獎吳祥輝《芬蘭驚艷》、最佳工具書
　　　　　　　　　類商周文化公司《鳥人》等。

八月廿一日　　　△「海峽兩岸圖書交易會」組委會表示，今年十月廿六日假廈
　　　　　　　　　門舉行第三屆「海峽兩岸圖書交易會」時，臺版圖書將首度
　　　　　　　　　獲准進入大陸發行系統。

八月廿二日　　　△金石堂書店表示無法承諾對「台灣出版業者通路秩序聯盟」

成員與十六家經銷商一視同仁，促使大和圖書書報公司維持清盤退貨的決定。

八月廿六日　　△南華大學出版事業管理研究所、北京大學現代出版研究所與河北大學新聞傳播學院合辦「2007華文出版走向世界研討會」，假北京大學國際關係學院舉行。

　　　　　　△臺南市首家簡體字書店「結購群」假臺南市成大商圈正式開幕。

八月廿九日　　△博客來數位科技公司總經理張天立辭職。

八月　　　　　△行政院研考會編《慧眼讀具：2007優良政府出版品》，行政院研考會出版。

　　　　　　△李志強、林世坤等譯《即興真實人生：一人一故事劇場中的個人故事》，心理出版社出版。

　　　　　　△葉怡君《我把相聲變小了：兒童相聲劇本集》，幼獅文化事業公司出版。

　　　　　　△蔡振念主編《台灣近五十年現代小說論文集》，中山大學文學院、人文社會科學中心出版。

　　　　　　△政治大學台文所主編《第4屆全國台灣文學研究生學術論文研討會論文集》，國立台灣文學館出版。

　　　　　　△黃才郎等編輯《台灣製造：文化創意向前走》，允晨文化實業公司出版。

　　　　　　△龔顯宗論著《從台灣到異域：文學研究論稿》，文津出版社出版。

　　　　　　△羅世名論著《比較文學概論》，黎明文化事業公司出版。

　　　　　　△邵僩《邵僩散文精選》，新竹市文化局出版。

　　　　　　△李瑞騰、莊宜文主編《琦君書信集》、戴文鋒主編《葉笛文學學術研討會論文集》，國立台灣文學館出版。

　　　　　　△康文榮主編《土匪婆V.S.模範母親：楊逵的牽手葉陶》，楊逵文學紀念館出版。

　　　　　　△彭懷恩主編《台灣名人百科2007-2008》，蒐集2007-2008全國各界最具影響力的名人資料，風雲論壇有限公司出版。

　　　　　　△李蕭錕散文集《坐者何人：李蕭錕禪畫公案》，香海文化公司出版。

△栞涵散文集《遇見幸福》，正中書局出版。

△曾昭旭散文集《曾昭旭的愛情教室》，健行文化出版公司出版。

△謝鵬雄散文集《文豪的世界》，臺灣商務印書館出版。

△王邦雄散文集《行走人間：世道就在人心的開拓》、李子寧編《鸛雀樓上窮千里：李亦園散文與演講選集》，立緒文化公司出版。

△劉大任散文集《果嶺春秋》、孟樊散文集《寫意紅茶：在杯中、書中、影中品味紅茶》，時報文化出版公司出版。

△張讓散文集《當愛情依然魔幻》，大田出版公司出版。

△楊拯華詩集《詩寫錦繡江山》、陳素雲論著《曹禺戲劇與政治》、張堂錡主編《百年文心：政大中文學人群像》，文史哲出版社出版。

△胡爾泰詩集《香格里拉》、徐耀焜論著《舌尖與筆尖的對話：台灣當代飲食書寫研究（1949～2004）》，萬卷樓圖書公司出版。

△潘郁琦《一縷禪：潘郁琦詩集》，遠景出版公司出版。

△張翎長篇小說《溫州女人：一個郵購新娘的故事》，允晨文化實業公司出版。

△常新港小說《一隻狗和他的城市》，民生報事業處出版。

△韓寒小說《一座城池》、王樹增散文集《長征》（上、下），馥林文化公司出版。

△魏微小說《拐彎的夏天》，寶瓶文化公司出版。

△顏敏如小說《此時此刻我不在》、朱金順散文集《打開塵封的書箱：新文學版本雜話》、林乃文散文集《跨界劇場·人》、董大中散文集《魯迅日記箋釋（一九二五年）》、徐錦成論著《鄭清文童話現象研究：台灣文學史的思考》、黃連從論著《童詩閱讀教學探究：以「在夢裡愛說童話故事的星星」為例》，秀威資訊科技公司出版。

△施珮君奇幻小說《五芒星的誘惑》，圓神出版社出版。

△張瀛太小說《熊兒巧聲對我說》、孫瑋芒散文集《追逐憾動的音符》、劉紹銘散文集《張愛玲的文字世界》、葉慶炳散

文集《我是一隻粉筆》，九歌出版社出版。

△汪笨湖小說《草地狀元》、《廈門新娘》，臺中晨星出版公司出版。

△李昂長篇小說《鴛鴦春膳》、蔣勳散文集《孤獨六講》、平路散文集《浪漫不浪漫》（平路作品集1），聯合文學出版社出版。

△吳音寧散文集《江湖在哪裡？台灣農業觀察》，INK印刻出版公司出版。

△巴代長篇小說《笛鸛：大巴六九部落之大正年間》，為卑南族第一部大河小說，麥田出版公司出版。

九月一日　　　△施淑編《日據時代臺灣小說選》，城邦文化事業公司麥田出版。

九月三日　　　△資深出版人蘇拾平論著《文化創意產業的思考技術：我的120道出版經營練習題》，如果出版社出版。

九月四日　　　△第五十二梯次「好書大家讀」評選結果揭曉，計有套書兩套十三冊，單冊圖書二百零六冊入選。

　　　　　　　△博客來網路書店創辦人張天立召開記者會，抗議統一超商公司無預警解除其總經理職務，並表示雙方歧見源自於對大陸市場經營理念不同；統一超商公司則回應擁有更換專業經理人權利，並對其公開談話表示保留法律追訴權。

九月六日　　　△兩大專業參考書與教科書上奇科技公司與金禾資訊公司策略聯盟，搶佔台灣IT類圖書市場。

九月九日　　　△臺北書展基金會宣佈明年第十六屆「臺北國際書展」將增設「臺北書展大獎」，其中「年度之書」分小說與非小說兩大類，並針對編輯、設計等專業工作者設獎，藉以激勵作者、作品及出版同業人員。

九月十二日　　△交通大學與《天下》雜誌聯手推動「新文藝復興閱讀計畫」，邀請產業、學術、文學界等名人到校「說書」，每人推薦十本書，以期帶動閱讀風氣。

九月十三日　　△由清華大學畢業生林群回校開設的「蘇格拉底二手書店」正式營運。

九月十七日　　△樹德科技大學、遠東科技大學與東華書局、五南圖書出版公

司、前程文化事業公司等七家出版公司簽署「協助弱勢學生取得教科書協議書」，兩所大學清寒學子將可獲贈教科書，以減輕負擔。

九月十九日　　△慈濟高雄靜思書軒正式營運。

九月廿一日　　△拜電影《色，戒》之賜，皇冠文化出版公司推出《色，戒》限量特別版，並收錄張愛玲離開大陸前所創作的最後一篇小說《鬱金香》。

九月廿六日　　△金門縣文化局推動數位出版，製作完成《文化金門全紀錄》十集光碟與四本書。

九月廿七日　　△大陸文化藝術出版社、中國戲劇出版社等十二家出版社發表聯合聲明，不承認皇冠文化出版公司具有張愛玲作品重製、發行與發表等獨家權利，也拒絕皇冠文化出版公司索賠；針對這十二家非法發行張愛玲作品的大陸出版社，皇冠委由大陸律師提出異議，一方面表示具有一切合法性，要求停止所有侵權行為，並索賠人民幣五百萬元。

　　　　　　　△敦煌書局假臺中縣亞洲大學開設第十一家校園書店。

　　　　　　　△行政院新聞局主辦第二十九梯次「中小學生優良課外讀物推介」評選活動推介名單揭曉，共有五百零二件作品獲得推介。

九月廿八日　　△行政院新聞局第三屆「數位出版創新獎」轉型為「數位出版金鼎獎」，獎項包括：最佳電子書獎、年度數位出版公司獎、作家數位動漫創作獎、評審委員特別獎等十個獎。首屆「數位出版金鼎獎」入圍名單揭曉，聯合線上公司為本屆入圍獎項最多的公司。

　　　　　　　△宜蘭縣文化局主辦「閱讀宜蘭」活動啟動，以「行腳宜蘭城」方式親身體驗宜蘭歷史與發展軌跡。

　　　　　　　△臺東縣文化局與誠品書店合作經營「誠品書店臺東故事館」正式營運，為大型書店首度進駐東臺灣。

九月卅日　　　△國立台灣美術館「繪本館」以「雲遊館」新風貌重新開放，展示二千五百冊世界各國的繪本書。

九月　　　　　△于國華、王文儀主編《中華民國九十五年表演藝術年鑑》，國立中正文化中心發行。

△林田富總編輯《第9屆礦溪文學獎得獎作品專輯》，彰化縣
　文化局出版。

△陳茂賢等著《第4屆基隆市海洋文學獎：公車短篇詩文童話
　故事得獎作品集》，基隆市文化局出版。

△陳思和主講《2006王夢鷗教授學術講座演講集》，政治大學
　中文系出版。

△中國現代文學學會編輯《2007海峽兩岸華文文學學術研討會
　論文集》，中國現代文學學會、中原大學出版。

△林書偉編著《不可不讀的22部處世經典》，德威國際文化事
　業公司出版。

△黃慧鳳論著《台灣勞工文學》，稻鄉出版社出版。

△歐崇敬論著《台灣小說史導論卷》，洪葉文化公司出版。

△高準評論集《異議的聲音：文學與政治社會論評》、邱春美
　編著《客家文學導讀》，問津堂出版。

△葉維廉論著《比較詩學》，東大圖書公司出版。

△鴻鴻論著《邁向總體藝術：歌劇革命一世紀》、于善祿論著
　《波瓦軍械庫：預演革命的受壓迫者美學》、耿一偉論著
　《動作的文藝復興：現代默劇小史》，黑眼睛文化公司出
　版。

△陳碧月評論集《兩岸當代女性小說選讀》，五南圖書出版公
　司出版。

△許哲口述、宋芳綺執筆《110歲，有愛不老》，立緒文化公
　司出版。

△永芸法師散文集《其實佛法很簡單》、《從哈佛到南加
　大》，智庫文化公司出版。

△賴舒亞散文集《挖記憶的礦》，遠景出版公司出版。

△邱家洪散文集《打造亮麗人生：邱家洪回憶錄》、李學圖編
　著《孕育台灣人文意識：50本好書》，前衛出版社出版。

△古華散文集《泰山唱月》、李明慈主編《比整個世界還大：
　散文選讀》，三民書局出版。

△趙慕嵩散文集《趙老大的嘻笑人生》，馬可孛羅文化公司出
　版。

△王文華散文集《Life2.0：我的樂活人生》、黃麗如散文集
　《醒來，在地球的一個角落：旅遊記者的世界觀察報告》、
　林美璱《歌仔戲皇帝：楊麗花》，時報文化出版公司出版。
△鍾怡雯、陳大為主編《馬華散文史讀本1957～2007》（卷
　一）、許俊雅編注《梁啟超與林獻堂往來書札》，萬卷樓圖
　書公司出版。
△陳玠安散文集《在，我的秘密基地》、簡媜散文集《下午
　茶》、《私房書》，洪範書店出版。
△阿盛散文集《夜燕相思燈》，遠流出版事業公司出版。
△李歐梵散文集《自己的空間：我的觀影自傳》、夏志清散文
　集《談文藝·憶師友：夏志清自選集》、林行止散文集《閱
　讀偶拾》、陸先恒散文集《哈德遜書稿》、蔡登山論著《色
　戒愛玲》，INK印刻出版公司出版。
△趙天儀《趙天儀詩集》、楊順明論著《黑潮輓歌：楊華及其
　作品研究》、羊子喬編《楊華作品集》，高雄春暉出版社出
　版。
△陳綺詩集《途中》、林柏維散文集《狂飆的年代：近代台灣
　社會菁英群像》、陳碧月論著《異彩紛呈：大陸新時期女性
　小說賞讀》，秀威資訊科技公司出版。
△許運超、一信主編《彩霞滿天》（詩集）、張國垣散文集
　《憶往悟來：一位45年軍人的人生領悟》，文史哲出版社出
　版。
△孟樊《旅遊寫真：孟樊旅遊詩集》、孟樊論著《台灣出版文
　化讀本》、林煥彰主編《明月，來相照》，唐山出版社出版。
△劉和平長篇小說《大明王朝1566：嘉靖與海瑞》（四冊），
　人人出版公司出版。
△範穩長篇小說《藏三寶》，風雲時代出版公司出版。
△藤井樹小說《六弄咖啡館》，商周出版公司出版。
△黃錦樹、駱以軍主編《媲美貓的發情：LP小說選》、余徐
　剛《天才詩人：海子》，寶瓶文化公司出版。
△張錦忠、黃錦樹編《重寫臺灣文學史》、夏志清評論集《夏
　志清文學評論經典：愛情·社會·小說》，麥田出版公司出

版。

△連展鈴長篇小說《淡水河畔百年物語》，布克文化出版事業部出版。

△侯文詠長篇小說《靈魂擁抱》、葉李華小說《崁和：衛斯里回憶錄⑤》、劉中薇散文集《愛在世界開始的地方：墨西哥漂流記》，皇冠文學出版公司出版。

△謝曉均長篇小說《潛在徵信社》、孫震散文集《人生的探索與選擇》、王盛弘散文集《留下，或者離去》，九歌出版社出版。

△林芳玫長篇小說《達文西亂碼》，聯合文學出版社出版。

十月三日　　　△作家戴晨志應臺東縣政府之邀演講「愛的溝通與激勵」，並捐贈一千六百餘冊圖書給全縣一百一十三所國中小學。

十月六日　　　△udn數位閱讀網推出BoD個人出版服務，首創讀者自行上網操作的線上編排系統，一圓個人出版之夢。

十月十日　　　△「2007年德國法蘭克福書展」展期五天。臺灣館以「華文的出版樂園」為主題，展出六十四家出版社、六百七十七冊書籍。

十月十六日　　△印度資深記者馬顏克・西哈亞執筆，達賴喇嘛授權傳記《達賴喇嘛新傳：人、僧侶和神秘主義者》，聯經出版事業公司出版。

十月十九日　　△法國在臺台協會主辦「2007法國讀書樂」系列活動至二十一日止，同步假臺北、臺中、高雄等十五個都市展開。

△《哈利波特7：死神的聖物》繁體中文版，皇冠文化出版公司出版；首刷七十萬冊，創下臺灣圖書出版最高首印量。

十月廿四日　　△勤美集團斥資新臺幣十七億元購下臺中大廣三量販大樓，將與誠品書店合作，明年春天以「勤美誠品商場」面世。

△中國信託慈善基金會捐贈高雄家扶中心「書香列車」一輛，將深入社區提供「行動圖書車」服務。

十月廿五日　　△作家許仁圖歷經二十年創作百萬字武俠小說《大武林》（全四冊），河洛圖書公司出版。

十月廿六日　　△國藝會主辦第十一屆「國家文藝獎」頒獎典禮，其中文學類得主李敏勇。

　　　　　　　　△行政院新聞局主辦首屆「數位出版金鼎獎」假臺北市喜來登
　　　　　　　　飯店舉行頒獎典禮。其中遠流出版事業公司《老鼠娶新娘》
　　　　　　　　電子書獲「最佳電子書獎」、聯合線上公司獲「年度數位出
　　　　　　　　版公司獎」等。

　　　　　　　　△中華民國圖書出版事業協會組團赴大陸廈門參加第三屆「海
　　　　　　　　峽兩岸圖書交易會」，至三十一日止。

十月廿七日　　△國語日報主辦第七屆「國語日報兒童文學牧笛獎」頒獎典
　　　　　　　　禮。

　　　　　　　　△「2007臺中圖書暨漫畫大展」假臺中世貿舉行。

十月廿九日　　△大陸福建省最大綜合書城「外圖廈門書城」正式營運，設有
　　　　　　　　「臺灣書店」，展售近兩萬冊繁體版圖書。

　　　　　　　　△蔣朝根（蔣渭水之孫）編纂《蔣渭水留真集：在最不可能的
　　　　　　　　時刻》，臺北市文獻委員會出版，榮獲「國史館台灣文獻館
　　　　　　　　獎勵文獻書刊出版」首獎。

　　　　　　　　△教育部將以總經費十億元的「補助充實公立國中小學圖書及
　　　　　　　　設備計畫」，推動中小學生國語文能力的學習與成長。

十月　　　　　△吳淑姿總編輯《2007花蓮文學獎：生活在花蓮》，花蓮縣文
　　　　　　　　化局出版。

　　　　　　　　△黃國榮總編輯《臺中市第10屆大墩文學獎作品集》，臺中市
　　　　　　　　文化局出版。

　　　　　　　　△臺灣大學藝文活動推展工作室編《發光體：第10屆臺大文學
　　　　　　　　獎作品集》，臺灣大學出版中心出版。

　　　　　　　　△聯經編輯部編《書寫青春4：成熟的秘密：第4屆台積電青年
　　　　　　　　學生文學獎得獎作品合集》，聯經出版事業公司出版。

　　　　　　　　△李喬評論集《李喬文學文化論集》（一、二）、解昆樺論著
　　　　　　　　《青春構詩：70年代新興詩社與1950年代詩人的詩學建構策
　　　　　　　　略》、張漢文《張漢文先生作品集》（一、二），苗栗縣文
　　　　　　　　化局出版。

　　　　　　　　△孫鶴雲譯《晨讀10分鐘》，天下雜誌公司出版。

　　　　　　　　△戴晨志論述《說故事高手》，臺中晨星出版公司出版。

　　　　　　　　△趙遐秋論著《生命的思索與吶喊：陳映真的小說氣象》，人
　　　　　　　　間出版社出版。

△呂明純論著《徘徊於私語與秩序之間：日據時期台灣新文學
　女性創作研究》，臺灣學生書局出版。

△栞涵、陳亞南評論集《生活中找鑽石》，正中書局出版。

△許倬雲論著《史海巡航：歷史問學週記》（上），三民書局
　出版。

△黃美序論著《戲劇的味／道》，五南圖書出版公司出版。

△張小虹論著《假全球化》，聯合文學出版社出版。

△夏龢、慶正編著《天感：歐陽醇逝世十週年紀念文集》，呼
　風鳥工作室出版。

△陳克華散文集《我旅途中的男人。們》，原點出版社出版。

△蕭蕭主編《活著就是愛：勵志散文集》，幼獅文化事業公司
　出版。

△林慶彰主編《中國歷代文學總集述評》、鍾怡雯、陳大為主
　編《馬華散文史讀本1957～2007（卷2）》，萬卷樓圖書公
　司出版。

△黃梅香、劉俊蘭散文集《美思靈動：一個藝術家的誕生
　3》、李立亨散文集《戲影萬千：一個藝術家的誕生4》，國
　立臺灣藝術教育館出版。

△李榮炎散文集《浮生札記》、丘瓊華散文集《浮生遊蹤》、
　方蓮華散文集《過境西非小巴黎：小婦人塞內加爾生活札
　記》、黃開發論著《文學之用：從啟蒙到革命》、應鳳凰
　編《漫遊與獨舞：90年代台灣女性散文論集》、宋如珊評論
　集《隔海眺望：大陸當代文學論集》，秀威資訊科技公司出
　版。

△朱介凡散文集《文藝生活》、論著《白話文跟文學創作》，
　文史哲出版社出版。

△九把刀散文集《慢慢來，比較快》，春天出版公司出版。

△龍應台、安德烈合著《親愛的安德烈：兩代共讀的36封家
　書》，天下雜誌公司出版。

△張大春散文集《認得幾個字》，INK印刻出版公司出版。

△楊絳散文集《走到人生邊上：自問自答》，時報文化出版公
　司出版。

△鴻鴻主編《詩與邊界：2007年第8屆臺北詩歌節詩選》，臺北市文化局出版。

△白靈等著《記憶微潤的山城：金瓜石‧詩的幻燈片》，放肆工作室出版。

△蔡文傑台語詩集《風大我愈欲行》，遠景出版公司出版。

△李敏勇詩集《經由一顆暖心：台灣、日本、韓國詩散步》，圓神出版社出版。

△王麗華短篇小說《懸腸草》，唐山出版社出版。

△林文義小說《妳的威尼斯》，博客來數位科技公司出版。

△牛哥長篇小說《恐怖美人》、金耀基散文集《最難忘情》，臺灣商務印書館出版。

△潘年英小說《昨日遺書》、林幸謙詩集《叛徒的亡靈：我的五四詩刻》、林文義詩集《旅人與戀人》、舒霖散文集《心理師的眼睛》，爾雅出版社出版。

△都梁小說《亮劍之血染金門》、海岩長篇小說《便衣警察》（上、下）、易中天散文集《閒話中國人》，馥林文化公司出版。

△沈石溪小說《我們一起走》、朱新望中篇動物小說集《獅王退位以後》，風雲時代出版公司出版。

△張維中小說《天地無用》、蔡智恒小說《暖暖》、張藝曦散文集《孤寂的山城：悠悠百年金瓜石》，麥田出版公司出版。

△林柏燕長篇小說《東城檔案》，新竹縣文化局出版。

△吳魯芹散文集《師友‧文章》、邱坤良散文集《跳舞男女：我的幸福學校》、陳長華散文集《打開記憶的盒子：疼惜往事》、楚戈散文集《在玩耍中再生：火鳥再生記》、李家同散文集《跟李伯伯學英文：Page21》、羅文森散文集《戀戀九號宿舍》，九歌出版社出版。

△蘇童長篇小說《碧奴》、馮唐小說《三日，十四夜》，大塊文化出版公司出版。

△陳碧鐘總編輯，德伸文化事業公司編輯設計，《2007年出版年鑑》，行政院新聞局出版。

十一月一日	△三民書局進駐龍山寺地下街，舉辦「閱讀幸福、幸福閱讀」活動。
十一月七日	△王文洋新書《重建美麗的台灣》，天下遠見出版公司出版。
	△中華民國圖書出版事業協會舉辦「大陸發行專業人員鑑定培訓課程」第二梯次招生，俾便臺灣出版從業人員研修「北京市出版物發行員執業資格中級發行員培訓鑑定考試課程」。
十一月八日	△誠品集團旗下誠品資訊諮詢公司統籌成立大陸最大圖書物流中心——「北京圖書倉儲物流配送中心」正式營運。
	△聯經出版事業公司假南園主辦第五屆「東亞出版人會議」，來自臺灣、日本、韓國、大陸、香港等國家地區共二十餘位出版人與會。會後決議籌編《東亞文庫》一百本。
十一月十三日	△高雄市立圖書館等推動「早讀運動Book Start」活動。
十一月十五日	△吳三連基金會成立三十週年。
	△朱慧芳著《從泥土冒出的有機人生：黃仁棟和他創辦的柑仔店》，新自然主義公司出版。
十一月十九日	△經濟部中小企業處舉行二〇〇七年「金書獎暨中小企業研究碩博士論文獎」頒獎典禮。
十一月廿日	△李敖新書《李敖議壇哀思錄》，李敖出版社出版。
十一月廿四日	△國家台灣文學館「2007台灣文學獎」得獎名單揭曉，陳玉慧、霍斯陸曼·伐伐、莊華堂、向陽、鄭衍偉、紀蔚然等六位獲獎。
十一月廿八日	△中華民國圖書出版事業協會假臺北市天成飯店舉辦「兩岸出版交流座談會」，邀請湖北省新聞出版局代表團一行十七人共商兩岸出版合作及版權貿易的未來。
十一月廿九日	△誠品集團董事長吳清友女兒吳旻潔接任誠品集團執行副總經理。
十一月	△國家圖書館參考組編輯《臺灣出版參考工具書書目：2006年》，國家圖書館編印。
	△陳嘉瑞總編輯《旱：第9屆中縣文學獎得獎作品集》，臺中縣立文化中心出版。
	△林振豐總編輯《苗栗縣第10屆夢花文學獎得獎作品專輯》，苗栗縣國際文化觀光局出版。

△林松總編輯《2007竹塹文學獎得獎作品輯：花園城市四季風城》，新竹市文化局出版。

△朱惠良總策劃《第3屆臺北縣文學獎得獎作品集》，臺北縣文化局出版。

△楊永智著《明清時期台南市出版史》，臺灣學生書局出版。

△張育慈、沈怡伶等著《繪本怎麼教？繪本創意與萌發》，心理出版社出版。

△林明德總策劃《彰化文學大論述》，五南圖書出版公司出版。

△徐秀慧論著《戰後初期（1945～1949）台灣的文化場域與文學思潮》，稻香出版社出版。

△陳建忠論著《走向激進之愛：宋澤萊小說研究》，臺中晨星出版公司出版。

△封德屏總編輯《記憶裡的幽香：嘉義蘭記書局史料論文集》，文訊雜誌社出版。

△呂實強傳記《如歌的行板：回顧平生80年》，中研院近代史研究所出版。

△吳新榮著；張良澤總編撰《吳新榮日記全集》（一九三三～一九六七）全十七冊，二〇〇八年六月出齊，國立台灣文學館出版。

△王成勉等著《薪火西傳：牟復禮與漢學研究》，黎明文化事業公司出版。

△陳銘磻散文集《內灣往前7.6公里的仙境：尖石鄉的神話——那羅部落》，知青頻道出版公司出版。

△謝小韞散文集《一位文化局長的路》，歷史智庫出版公司出版。

△李怡慧散文集《瞳孔中的藍寶石：新疆祕境之旅》，布克文化出版事業部出版。

△黃金雄（西杰）散文集《呼喚：尋找記憶中的感動》，博客來數位科技公司出版。

△新井一二三散文集《我這一代東京人》，大田出版公司出版。

△柯志遠散文集《愛來愛去，在東京》，皇冠文化出版公司出版。

△楊小雲散文集《擁有自信就是美》，九歌出版社出版。

△許建崑散文集《閱讀的苗圃：我的讀書單》，幼獅文化事業公司出版。

△柯裕棻散文集《甜美的剎那》，大塊文化出版公司出版。

△鍾怡雯、陳大為主編《馬華散文史讀本1957～2007》（卷三），萬卷樓圖書公司出版。

△李艷秋、李志邦散文集《走一條快樂學習的路：李艷秋母子的教育手記》，天下遠見出版公司出版。

△劉墉散文集《我不是教你詐5：醫療真實面》，時報文化出版公司出版。

△黃寶蓮散文集《56種看世界的方法》、徐瑞鴻等著《移動的盛宴：2007全國巡迴文藝營創作獎得獎作品集》，聯合文學出版社出版。

△林怡翠散文集《島嶼女生的非洲時光：詩人與獵人》，寶瓶文化公司出版。

△蔣勳散文集《舞動九歌》、劉伯樂散文集《寄自野地的明信片》，遠流出版事業公司出版。

△陳大為散文集《火鳳燎原的午後》、韓秀散文集《尋回失落的美感》、辛金順、侯紀萍等著《髒話記事簿：梁實秋文學獎第20屆得獎作品》，九歌出版社出版。

△鴻鴻小說《灰掐》，黑眼睛文化公司出版。

△陳朝虹小說《仙人掌之愛》、栞川詩集《風之翼》、陶英惠散文集《典型在夙昔：追懷中央研究院6位已故院長》（上、下），秀威資訊科技公司出版。

△郭雪波小說《狼與狐》，風雲時代出版公司出版。

△張永智小說《偷聽咖啡館說話：張永智短篇集》，時周出版公司出版。

△陳舜生小說《烽火裡的紅螞蟻》、藍雲散文集《宮保雞丁：信筆璅語》，唐山出版社出版。

△王安憶小說《傷心太平洋》、張輝誠散文集《相忘於江

湖》，紀蔚然劇本《倒數計時》，鄭樹森論著《從諾貝爾到張愛玲》、王璞論述《項美麗在上海》，INK印刻出版公司出版。

△牛哥長篇小說《猛鬼邨》，臺灣商務印書館出版。

△李克威小說《中國虎》、都梁小說《亮劍之將星殞落》、易中天散文集《品人錄》，馥林文化公司出版。

△張系國中篇小說《衣錦榮歸》、簡媜散文集《夢遊書》，洪範書店出版。

△鄭寶娟長篇小說《天黑前回家》、余華小說《活著》、王德威論著《後遺民寫作》，麥田出版公司出版。

十二月三日　　△日本作家夢枕貘同意在臺推出《陰陽師》系列最新短篇〈缸博士〉的全球首發。

十二月四日　　△臺北書展基金會「2008臺北書展大獎」十位入圍名單出爐：小說類：吳明益《睡眠的航線》、胡淑雯《哀豔是童年》、鍾文音《豔歌行》、巴代《笛鸛》與張瀛太《熊兒悄聲對我說》；非小說類：吳明益《家離水邊那麼近》、徐明松《王大閎：永恆的建築詩人》、蔣勳《孤獨六講》、詹宏志《人生一瞬》與舒國治《台北小吃札記》等。

十二月五日　　△日本紀伊國屋書店進駐高雄市漢神百貨公司，為該書店在臺第五個據點。

十二月七日　　△高雄市文化局主辦為期兩天的「公共圖書館博覽會」假高雄市立文化中心舉行。

十二月九日　　△第三屆「溫世仁武俠小說百萬獎」揭曉，來自北京的趙晨光以《浩然劍》脫穎而出。

△國立臺中圖書館首創無線射頻辨識科技（RFID）與彩色書標顏色管理的自助借還書系統，俾便民眾不須透過圖書館員即可完成借書手續。

十二月十三日　△《細說府城俗語（第13屆「南台灣文學作家作品集」）》新書發表會假臺南市立圖書館育樂堂舉行，特殊貢獻獎得主龔顯宗。

十二月十七日　△桃園縣文化局與三民書局合辦「文化桃花源・幸福閱讀」書展，假文化局大廳舉行，至二十三日止。

　　　　　　　　△陳穎青著《老貓學出版：編輯的技藝＆二十年出版經驗完全
　　　　　　　　　彙整》，時報文化出版公司出版。

十二月廿六日　△出版人陳穎青在報上發表專文，分析二〇〇七年臺灣出版業
　　　　　　　　的狀況，直言是「有史以來最慘澹的一年。」

十二月廿七日　△鄭谷苑《走出峽地：鄭清文的人生故事》、錢南章・賴美貞
　　　　　　　　合著《南風樂章：錢南章的作曲人生》，此兩本為第九屆國
　　　　　　　　家文藝獎得主鄭清文與錢南章的傳記，麥田出版公司出版。

　　　　　　　　△博客來網路書店公佈年度銷售統計，《哈利波特》系列完結
　　　　　　　　篇中文版上市兩個月銷售十萬四千五百本，比第二名的《祕
　　　　　　　　密》多出三倍。

十二月　　　　△據經濟部商業司統計，截至本年年底止，登記的出版社為九
　　　　　　　　千六百七十五家，圖書出版數為四萬二千零十八種。

　　　　　　　　△行政院新聞局主辦，全國意向顧問公司承辦研究《中華民國
　　　　　　　　圖書出版業及行銷通路業經營概況調查》，行政院新聞局出
　　　　　　　　版。

　　　　　　　　△陳信元計畫主持《臺灣出版品開拓中國大陸市場研究》，行
　　　　　　　　政院新聞局出版。

　　　　　　　　△劉亮雅等著《想像的壯遊：10場台灣當代小說的心靈饗宴
　　　　　　　　2》，國立台灣文學館出版。

　　　　　　　　△岩上評論集《詩的創發：現代詩評論》，南投縣文化局出
　　　　　　　　版。

　　　　　　　　△邱少頤著《南門河上的橋：兒童文學推手邱阿塗》，宜蘭縣
　　　　　　　　文化局出版。

　　　　　　　　△劉俊著《情與美：白先勇傳》，時報文化出版公司出版。

　　　　　　　　△梁惠蘭散文集《書中的落葉》、吳炎坤散文集《細說府城俗
　　　　　　　　語》、蔡哲仁評論集《白萩的詩與詩論》，臺南市立圖書館
　　　　　　　　出版。

　　　　　　　　△林文寶、陳晞如、周惠玲等著《兒童讀物》，國立空中大學
　　　　　　　　出版。

　　　　　　　　△劉怡伶散文集《嗜書：視界與舌尖之外》、劉易斯・布茲比
　　　　　　　　著；陳體仁譯《如果你愛上一家書店》，英屬蓋曼群島商網
　　　　　　　　路與書公司臺灣分公司出版。

△朵朵散文集《朵朵小語：甜美的放鬆》，大田出版公司出版。

△陳福成散文集《公主與王子的夢幻》，文史哲出版社出版。

△Maple Day散文集《你經歷的，我都懂》，圓神出版社出版。

△莫言、王堯散文集《說吧！莫言》、黃英哲論著《「去日本化」、「再中國化」：戰後台灣文化重建（1945～1947）》，麥田出版公司出版。

△王雲五原著；王學哲增訂；方鵬程總編輯《王雲五綜合詞典》，臺灣商務印書館出版。本書係就《王雲五大詞典》與《王雲五小詞典》二書，依目前之需要及最新各科之資料合併重編而成。將原書之七千單字增為一萬單字，詞句由三萬條增為五萬條。全書凡一千六百一十八頁，筆劃索引及注音符號索引兩百九十九頁。

△王曉寒散文集《爺爺，Be Careful》，臺灣商務印書館出版。

△寒玉散文集《女人話題》、張耀杰散文集《北大教授：政學兩界的人和事》、盧毅君散文集《浪跡江湖一甲子》、陳子善散文集《素描：中國現當代作家印象》，秀威資訊科技公司出版。

△林懷民散文集《跟雲門去流浪》，大塊文化出版公司出版。

△邱妙津散文集《邱妙津日記》（上、下冊）、錢文忠散文集《玄奘西遊記》，INK印刻出版公司出版。

△江嵐、謝采諭詩集《詩畫家鄉》，苗栗縣國際文化觀光局出版。

△張慶麟詩集《跨世紀失戀的島》，澎湖縣文化局出版。

△葉麗晴主編《0.3公分的孤單：高雄青年文選新詩集》、路寒袖主編《乍見城市之光》、謝貴文總編輯《幸福：石鼓詩》、路寒袖主編《散文高雄》、凌煙、郭漢辰著（長篇小說）《竹雞與阿秋》、霍斯陸曼・伐伐《在夢境的入口：高雄民間故事集》，高雄市文化局出版。

△辛牧《辛牧詩選》，創世紀詩雜誌社出版。

△李癸雲詩集《女流》、白靈詩集《女人與玻璃的幾種關係》楊風詩集《山上的孩子》、涼涼第一本詩集《只是一根草》、向明詩集《地水火風》、李瑞騰詩集《在中央》、蕭蕭詩集《後更年期的白色憂傷》、蘇紹連詩集《散文詩自白書》、張堃《調色盤：張堃詩集》、尹玲詩集《髮或背叛之河》，唐山出版社出版。

△張草小說《雙城》，皇冠文化出版公司出版。

△司馬中原小說《祝老三的趣話》、《獵之獵》、方敏小說《美麗鬥雞：大絕唱》，風雲時代出版公司出版。

△廖輝英小說《歲月的眼睛》、蘇晞文小說《穴居時代》、虹影詩集《沉靜的老虎》、司馬中原散文集《月光河》、傅佩榮散文集《生活的逆境要勇敢面對》、林太乙散文集《林家次女》、李家同散文集《幕永不落下》、王家誠著《張大千傳奇：五百年來第一人》，九歌出版社出版。

△郝譽翔短篇小說集《幽冥物語》，聯合文學出版社出版。

二○○八年

一月一日	△臺中市政府添購堪稱全臺最大的圖書巡迴車，可容納四千餘冊書刊，並配備電腦供民眾檢索資料與借閱圖書。
一月九日	△二○○八年北京圖書訂貨會假北京國際展覽中心舉行，至十一日止。今年首設港澳臺圖書採訂專區，大陸圖書館可直接訂購臺灣出版品。
一月十四日	△金石堂書店公佈「2007年年度出版風雲人物」為圓神集團董事長簡志忠與作家簡媜。「年度十本最具影響力的書」為：《不生病的生活》、《不存在的女兒》、《靈魂擁抱》、《群》、《東京鐵塔：老媽和我，有時還有老爸》、《驚嘆愛爾蘭》、《認得幾個字》、《中國撼動世界》、《爺爺和我》與《台北小吃札記》等。
一月十八日	△林瑞明主編《2006台灣文學年鑑》，國立台灣文學館出版。
一月十九日	△第四屆「金龍獎原創動畫漫畫藝術大賽」假廣州中山堂舉行頒獎典禮，臺灣漫畫家蔡志中獲得本屆華語動漫終身成就

獎。

△「2007開卷好書獎」贈獎典禮暨慶祝開卷版二十週年活動假誠品書店信義旗艦店舉行。

一月廿日　△《亞洲週刊》「2007年中文十大非小說」評選名單公佈：余英時《知識人與中國文化的價值》、樊樹志《大明王朝的最後十七年》、薩蘇《國破山河在：從日本史料揭祕中國抗戰》、章詒和《雲山幾盤江流幾彎》、王小強《摸著石頭過河的困惑》、龍應台《親愛的安德烈》、李零《喪家狗：我讀〈論語〉》、林博文《張學良、宋子文檔案大揭祕》、呂大樂《四代香港人》與簡媜《老師的十二樣見面禮》。

一月廿五日　△臺北書展基金會公佈「Books Form Taiwan 2008」推介書單，入選圖書計有四十五冊，包括「小說類」十一本、「非小說類」十本、「童書類」五本、「繪本與圖文書類」七本與「漫畫類」十二本，將於臺北國際書展期間主動推薦給各國出版社，藉以促進版權交易。

一月　　　△誠品好讀編輯室主編《好書Good Books：100×100 Must Read》，誠品公司出版。

△吳妮民等著《2007台北文學季：第10屆台北文學獎得獎作品集》，臺北市文化局出版。

△梅爾文‧布萊格著；何灣嵐譯《改變世界的12本書》，聯經出版事業公司出版。

△陳龍廷評論集《聽布袋戲：一個臺灣口頭文學研究》，高雄春暉出版社出版。

△栞涵、陳亞南著《栞涵老師寫作教室——創意，點石成金》，正中書局出版。

△陳室如評論集《近代域外遊記研究》（1840～1945）、葉海煙評論集《傳統倫理的現代挑戰》、古遠清評論集《台灣當代新詩史》，文津出版社出版。

△單德興評論集《越界與創新：亞美文學與文化研究》，允晨文化實業公司出版。

△林鶴宜、紀蔚然主編《眾聲喧嘩之後：臺灣現代戲劇論集》，書林出版公司出版。

△黃克全評論集《七等生論》，苗栗縣國際文化觀光局出版。

△章緣散文集《當張愛玲的鄰居——台灣留美客的京滬生活記》，健行文化出版公司出版。

△林錦川散文集《乘著輪椅去飛翔：伊甸人林錦川的希望之歌》，二魚文化事業公司出版。

△鄭華娟散文集《海德堡之吻（甜蜜紀念版）》，圓神出版社出版。

△唯色散文集《看不見的西藏》，大塊文化出版公司出版。

△李俊東散文集《戒愛情》，聯合文學出版社出版。

△林煥彰詩集《翅膀的煩惱》、隱地散文集《春天窗前的七十歲少年》、華韻散文集《華麗曲》，爾雅出版社出版。

△康逸藍小說《爾虞我詐》、散文集《把浪漫種起來》、藍棠詩集《今天這款心情》、林怡種散文集《人間有情》、《天公疼憨人》、《心中一把尺》、《心寬路更廣》、宋路霞散文集《上海灘名門閨秀》、陳順德第一本散文集《永恆的生命》、陳三井散文集《法蘭西驚艷》，方永施散文集《美夢居隨筆（一）：旅遊雜記》、《美夢居隨筆（二）：中國歷史掌故》、《美夢居隨筆（三）：怡情、開卷、遊蹤》、秦賢次散文集《現代文壇繽紛錄——作家剪影篇》、郭沛一散文集《聖彼得堡光與影》、張耀杰散文集《魯迅與周作人》、張南琛‧宋路霞著《張靜江、張石銘家族（上、下）：一個傳奇家族的歷史紀實》、曾進豐評論集《經驗與超驗的詩性言說：岩上論》、洪芳怡評論集《天涯歌女：周璇與她的歌》、邵建評論集《知識分子與人文》，秀威資訊科技公司出版。

△梁曉聲小說《欲說》，馥林文化公司出版。

△高曉聲小說《李順大造屋》、李進文詩集《除了野薑花，沒人在家》、鍾怡雯散文集《陽光如此明媚》、王正方散文集《我這人話多——導演講故事》、梁實秋散文集《雅舍文選》，九歌出版社出版。

△安妮寶貝小說《蓮花》、張香華詩篇‧翁至鴻音樂《茶，不說話》、謝旺霖散文集《轉山：邊境流浪者》，遠流出版事

業公司出版。

△嚴歌苓小說《赴宴者》、洪素麗散文集《台灣平安》、許倬雲評論集《史海巡航——歷史問學週記（下）》，三民書局出版。

△梁家蕙小說《二重奏》、法索爾小說《同窗》、江曉莉小說《灰色的孤單》、月藏小說《鬥法》、米果小說《朝顏時光》，皇冠文化出版公司出版。

△施叔青長篇小說《風前塵埃》：「台灣三部曲之二」、蔣勳等著《旅行台灣：名人說自己的故事》，時報文化出版公司出版。

△廖鴻基等著《涉海：2007首屆陽明海運台灣海洋文學獎得獎作品集》、乜寇·索寇魯曼長篇小說《東谷沙飛傳奇》、顏忠賢小說《殘念》、羅智成詩集《夢中邊陲》、王安祈著《絳唇珠袖兩寂寞：京劇·女書》，INK印刻出版公司出版。

二月一日　　　　△王拓接任行政院文建會主委。

二月二日　　　　△第十六屆「臺北國際書展」提前於二月二、三日假華山創意文化園區舉辦「世界在書中·書展在華山」活動。

二月十二日　　　△臺北書展基金會以合作夥伴的身分加入國際出版人協會（IPA），由新聞局長謝志偉與IPA主席卡巴娜拉斯簽署協定。

二月十三日　　　△第十六屆「臺北國際書展」假臺北世貿展覽館舉行，至十八日止。總參展位數達二千一百四十五個，逾六百八十七家國內外出版機構參展。

　　　　　　　　△第一屆「臺北國際書展大獎」小說類得主張瀛太《熊兒悄聲對我說》（九歌），非小說類得主蔣勳《孤獨六講》（聯合文學）。

二月十五日　　　△行政院新聞局公佈「九十六年度劇情漫畫獎」得獎名單：一般組特優一名：洪培恩〈星光勇者〉，優勝一名：張放之〈惡犬來喜〉，佳作五名：袁燕華〈幸福——你所在的地方〉、許瑞峰〈板SKATE〉、蕭乃中〈黃昏的散步者〉、劉佳青〈永世·永遠Forever And Ever〉、張佩芳〈雕塑

王〉。最佳劇情獎：蕭乃中〈黃昏的散步者〉。新人組：周玉騏「沈墨」、黃于航「碰莫點吉」。

二月廿日　　　△臺灣鳥類保育工作者方偉宏《台灣鳥類全圖鑑》，貓頭鷹出版社出版，為國內首冊自製的鳥類圖鑑（五百五十一種）。

二月廿三日　　△資深作家尹雪曼病逝，享壽九十歲。

二月廿六日　　△為紀念兩岸出版交流二十年，中華出版基金會、海峽兩岸出版交流中心、中國版權保護中心合辦「海峽兩岸著作權保護研討會」假臺北市立圖書館總館舉行。

二月廿八日　　△張炎憲主編《二二八事件辭典》，分正冊、別冊兩種，正冊收錄與二二八事件相關詞目一千一百二十六則、「二二八事件大事紀」、「二二八平反與紀念事記」、「二二八事件相關參考書目」。別冊收錄「已知二二八事件受難者名冊」二千二百六十七位、「二二八事件處理及賠償條例」、「二二八事件紀念碑・紀念館・紀念公園」及「二二八事件相關人民團體」。本辭典所列參考書目收錄專書、期刊及單篇論文、學位論文、報紙及影音資料、外文資料等與二二八事件相關參考書目一千九百餘筆，索引三千三百餘條。國史館、財團法人二二八事件紀念基金會出版。

二月廿九日　　△大塊文化出版公司董事長郝明義發起，林懷民、張曼娟、幾米等五十六位文化界人士響應的「我們的希望地圖」網站（http//www.hopemap.net）正式上線。

二月　　　　　△《中華民國九十五年・中華民國年鑑》，行政院新聞局出版。

　　　　　　　△謝瑞智總編纂《法律百科全書》全九冊，第一冊《一般法學》、第二冊《憲法》、第三冊《行政法》、第四冊《民法》、第五冊《商事法》、第六冊《民事訴訟法》、第七冊《刑事訴訟法》、第八冊《國際法》、第九冊《中國法制史》，三民書局出版。

　　　　　　　△彼得・衛浩世著；歐陽裴裴、蔡嘉穎等譯《法蘭克福書展600年風華》，英屬蓋曼群島商網路與書公司臺灣分公司出版。

　　　　　　　△詹姆斯・馬可斯著；柯惠琮譯《我在亞馬遜.com的日子》，

閱讀地球文化事業公司出版。

△秦嶽著《書海微波》，文史哲出版社出版。

△王德威評論集《如何現代，怎樣文學？：十九、二十世紀中文小說新論》，麥田出版公司出版。

△東方白《東方白文學自傳——真與美（七）：忘年篇：詩的回憶》，前衛出版社出版。

△林明德編《鄉間子弟鄉間老——吳晟新詩評論》，臺中晨星出版公司出版。

△李家同散文集《故事六十八》，聯經出版事業公司出版。

△劉靜娟散文集《輕鬆做事輕鬆玩》，健行文化出版公司出版。

△王宗仁詩集《象與像的臨界》，爾雅出版社出版。

△周慶華詩集《剪出一段旅程》、王培元散文集《「人文」肖像——在朝內166號與前輩靈魂相遇》、丁東《精神的流浪——丁東自述》、許秦蓁《摩登‧上海‧新感覺——劉吶鷗（1905～1940）》、汪淑珍評論集《文學引渡者——林海音及其出版事業》、謝泳著《何故亂翻書——謝泳閱讀筆記》，秀威資訊科技公司出版。

△林芳年著；歐崇敬、李育霖主編《林芳年小說全集》，南華大學中日思想研究中心、南方華人學派趨勢未來與策略中心出版。

△廖輝英小說《在秋天道別》、宇文正散文集《我將如何記憶你》，九歌出版社出版。

△葉李華小說《天算：衛斯理回憶錄⑥》、既晴小說《病態》、張小嫻散文集《你微笑，我說謊。》、林書煒散文集《管他差幾歲，愛了再說》，皇冠文化出版公司出版。

△王聰威小說《複島》、廖鴻基散文集《後山鯨書》，聯合文學出版社出版。

△司馬中原小說《大黑蛾》、《冰窟窿》；朱新望長篇小說《奔向狼群的駱駝》、楊志軍長篇小說《藏獒3》（完結篇），風雲時代出版公司出版。

△葉步月長篇小說《七色之心》；劉肖雲、葉思婉譯，高雄春

暉出版社出版。

△張啟疆長篇小說《球謎》、黃雅歆散文集《無人的遊樂園》、張錯散文集《尋找長安——文化遊記》、金聖華散文集《齊向譯道行》，三民書局出版。

△朱天文長篇小說《巫言》、短篇小說集《傳說》、《炎夏之都》、《世紀末的華麗》；散文集《有所思，乃在大海南》、《淡江記》、《黃金盟誓之書》、《劇照會說話》、《最好的時光》、于丹‧易中天散文集《經典，可以這樣讀：于丹‧易中天演講對談錄》，INK印刻出版公司出版。

三月一日	△二〇〇七年「九歌年度文學獎」得獎名單揭曉，散文獎得主為舒國治《一個懶人的生活與寫作》；小說獎得主為陳思宏《彩虹馬戲團》；童話獎得主為廖雅蘋《雪藏三明治》。
三月三日	△國立台灣文學館即日起舉辦「2008閱讀台灣‧人文一百」書展，展出一百零四本好書。
三月五日	△《雄心：高雄捷運真情影像書》及《雄心：高雄捷運真情文字書》，高雄市捷運工程局出版。
三月九日	△臺灣法國文化協會與瑞士商務辦事處主辦「漫畫之國：瑞士漫畫展」，假法國文化協會展出柯塞、皮特斯、齊柏等十二位知名漫畫家的單篇主題新作。
	△插畫家董培新《金庸說部情節：董培新畫集》，遠流出版事業公司出版。
三月十日	△李昂主編《九十六年小說選》、林文義主編《九十六年散文選》，九歌出版社出版。
三月廿一日	△國立台灣文學館假該館二樓第一會議室舉行葉步月日文小說《七月之心》中譯本新書發表會、暨葉步月逝世四十周年紀念座談會。
三月廿九日	△臺北市立圖書館公佈「2007好書大家讀年度最佳少年兒童讀物得獎好書」名單，計有九十九冊好書上榜。
三月	△許俊雅撰述《續修臺北縣志‧卷九‧藝文志‧第三篇文學（上冊）》，臺北縣文化局出版。
	△楊允言、張學謙、呂美親主編《台語文運動訪談暨史料彙編》，國史館出版。

△徐春芬主編《第8屆大武山文學獎》，屏東縣文化局出版。

△彭瑞金主編《葉石濤全集6～20》，國立台灣文學館出版。

△賴芳伶、須文蔚主編《第4屆花蓮文學研討會論文集》，花
蓮縣文化局出版。

△鍾正道評論集《張愛玲小說的電影閱讀》，印書小舖出版。

△芯心散文集《晚杜鵑》、崔家瑜論著《謝冰瑩及其作品研
究》、楊昌年評論集《風裡芙蕖自有姿——楊昌年論評選
集》，文史哲出版社出版。

△封德屏總編輯《2007青年文學會議論文集：台灣現當代文學
媒介研究》，文訊雜誌社出版。

△傅寧軍著《吞吐大荒：徐悲鴻尋蹤》，聯經出版事業公司出
版。

△秦林芳著《文藝與政治的歧途——丁玲的最後生涯（1949～
1986）》、耿雲志著《蓼草續集——耿雲志學術隨筆》，秀
威資訊科技公司出版。

△姚嘉文散文集《台灣七色記前記》，草根出版公司出版。

△柏楊散文集《柏楊品秦隋》，遠流文化事業公司出版。

△張信正散文集《張愛玲來信箋註》、藍博洲著《消逝在二二
八迷霧中的王添灯》，INK印刻出版公司出版。

△翁翁散文集《柴門輕扣》，上揚國際開發公司出版。

△張德芬散文集《遇見心想事成的自己》，方智出版社出版。

△張惠菁散文集《給冥王星》，大塊文化出版公司出版。

△楊本禮散文集《看盡東南亞烽火，繁華四十年：一個戰地旅
遊記者的回憶錄》、王宛儒散文集《漫遊香江——用放大鏡
看香港！》、歐宗智評論集《好書永遠不寂寞——書評與文
學批評集》，臺灣商務印書館出版。

△白靈主編《2007：臺灣詩選》，二魚文化事業公司出版。

△江凌青小說《男孩公寓》、廖偉棠詩集《黑雨將至》，寶瓶
文化公司出版。

△劉墉小說《故事背後的心靈》、劉黎兒散文集《京都滿喫俱
樂部》，時報文化出版公司出版。

△黃願小說《子夜，天神也來喝咖啡》、柯志遠散文集《冰湖

上的嘉年華：我在旅行中學習到的人生》，皇冠文化出版公司出版。

△韓麗珠短篇小說集《風箏家族》、高行健《高行健短篇小說集》，聯合文學出版社出版。

△劉震雲長篇小說《我叫劉耀進》、《一地雞毛》、《手機》、蔡文甫小說《解凍的時候》，九歌出版社出版。

四月一日　　　△誠品書店與雅芳公司合作推出「女人十大必讀好書」票選活動，為國內首度針對當代女性閱讀品味進行普查。

△陳仲偉著《台灣漫畫年鑑：對漫畫文化發展的另一種思考》，杜葳廣告公司出版。

△《皇冠雜誌》刊載作家張愛玲於一九六一年秋天訪臺時唯一一篇描寫臺灣的遊記〈重訪邊城〉。

四月二日　　　△行政院新聞局「第三十梯次中小學生優良課外讀物推介」評選結果揭曉，共有三百六十九件讀物獲得推介。

△第七屆「皇冠大眾小說獎」得獎名單出爐，首獎由江曉莉推理小說〈灰色的孤單〉獲得百萬首獎。

四月十九日　　△信誼基金會主辦「第二十屆信誼幼兒文學獎」舉行頒獎典禮。零到三歲組首獎從缺，三到八歲組首獎林秀 文、廖健宏圖〈癩蛤蟆與變色龍〉、評審委員推薦獎孫心瑜〈一日遊〉。

四月廿三日　　△慶祝「世界書香日」，教育部簽署「閱讀宣言」並宣佈計畫三年內投入新臺幣三十七億元，推動閱讀植根空間改造計畫。

四月廿五日　　△作家李敖舉行生平第一部長篇奇幻小說《虛擬的十七歲》新書發表會。

四月廿七日　　△大陸第十八屆「全國圖書交易會」假河南省鄭州國際會議中心舉行開幕儀式。同時召開「紀念海峽兩岸出版交流二十週年座談會」，應邀出席座談的有中華民國圖書出版事業協會理事長陳恩泉以及中華民國圖書發行協進會理事長傅春生等。

四月廿八日　　△溫世仁文教基金會贊助，臺灣藝術大學邀請諾貝爾文學獎得主高行健訪臺，舉行「2008高行健行腳」系列活動，至五月

四日止。

四月廿九日　△作家柏楊病逝，享壽八十九歲。

四月　　　　△《誠品好讀》不堪轉型（生活風格誌）後經營虧損，短期內無力扭轉而宣告停刊。

△陳萬益編輯代表《龍瑛宗全集（日本語版）》，國立台灣文學館出版。

△陳振盛、鄭邦鎮總編輯《2008南投文學學術研討會論文集》，南投縣文化局出版。

△鄧文惠散文集《寂寞收據：看見鄧文惠的溫柔心事》，三采文化出版公司出版。

△李欣頻散文集《非寫不可，不寫會死——寫作·創意·旅行與人生的50問》，方智出版社出版。

△落蒂散文集《山澗的水聲》，文史哲出版社出版。

△孫曜東口述·宋路霞整理《十裏洋場的風雲人物》、高行健論著《論創作》，聯經出版事業公司出版。

△丘秀芷主編《人生是一場馬拉松》、沈惠芳主編《親情之旅》，幼獅文化事業公司出版。

△艾雯散文集《孤獨，凌駕於一切》，INK印刻出版公司出版。

△焦桐散文集《我的房事》、主編《2007臺灣飲食文選》，二魚文化事業公司出版。

△莫云詩集《推開一扇面海的窗》、蔡登山散文集《曾經輝煌——被遺忘的文人往事》、葉珠紅散文集《流光千里芰荷香——吳越江南三十天紀行》、邵建著《胡適前傳》、評論集《二十世紀的兩個知識份子——胡適與魯迅》、黃文成評論集《關不住的繆思——臺灣監獄文學縱橫論》、周慶華評論集《轉傳統為開新——另眼看待漢文化》，秀威資訊科技公司出版。

△路寒袖詩集《忘了，曾經去流浪：歐洲四國·行旅·攝影·詩》，遠景出版公司出版。

△林仙龍著《每一棵樹都長高：林仙隆詩集》，高雄春暉出版社出版。

△涂靜怡詩集《回眸處》，漢藝色研文化公司出版。

△蔡德本長篇小說《蕃薯仔哀歌》，草根出版公司出版。

△海岩長篇小說《深牢大獄》，馥林文化公司出版。

△常新港短篇小說集《青春的十一場雨》，民生報事業處出
版。

△藤井樹小說《夏日之詩》，商周出版公司出版。

△陳祖彥著《陳祖彥小說選》、牛哥長篇小說《萬裏擒兇》、
吳東權散文集《絕代紅妝》、簡瑛瑛論著《飛天之女：跨國
影像藝術與另類女性書寫》，臺灣商務印書館出版。

△追風人長篇小說《追風的人》，風雲時代出版公司出版。

△聯合文學出版社編輯製作《閱讀文學地景‧小說卷（上、
下）》、《閱讀文學地景‧新詩卷》、《閱讀文學地景‧散
文卷》，行政院文建會出版。

△蔡素芬主編《小說30家：台灣文學30年菁英選1978～2008
（上、下）》、白靈主編《新詩30家：台灣文學30年菁英選
1978～2008》，九歌出版社出版。

△許榮哲長篇小說《漂泊的湖：臺灣第一部描寫921大地震的
長篇小說》、梁琴霞長篇小說《黎青》、王聰威長篇小說
《濱線女兒：哈瑪星思戀起》、李敏勇評論集《戰慄心風
景──當代世界詩對話》，聯合文學出版社出版。

五月一日　　　△花蓮縣文化局假花蓮縣政府大禮堂舉行《第四屆花蓮文學研
討會論文集》新書發表會。

五月五日　　　△北京市各大學圖書館與廈門外圖台灣書店合辦「2008台灣原
版學術圖書巡迴展」，假北京清華大學圖書館舉行。

五月七日　　　△行政院文建會規劃，聯合文學出版社執行「閱讀文學地景」
計畫，出版臺灣第一套地誌文學選集《閱讀文學地景》，全
套四冊，小說二冊、新詩和散文各一冊。

五月八日　　　△作家舒暢逝世週年，九歌出版社出版紀念文集《焚詩祭
路》，包括未曾曝光的三十篇詩作。

五月十四日　　△國立故宮博物院授權臺灣商務印書館以POD方式重新印行
《文淵閣四庫全書》，於六月正式推出，全套一千五百冊。

五月十五日　　△高雄市文化局發表《美麗的紅毛港》（朱秀芳／彭大維）和

《戀戀紅毛港：寺廟建築與信仰》（朱秀芳／蔣茂盛）兩本專書。

五月廿日　▲馬英九、蕭萬長就任中華民國第十一屆總統、副總統。

△聯合報編輯部著《看見馬英九》，聯經文化事業公司出版。

△行政院新聞局公佈「九十七年度劇情漫畫獎」入圍名單。

五月廿一日　△亞洲出版大會（APC）主辦二〇〇八「第二屆亞洲出版大獎」邀請臺北市雜誌商業同業公會為協辦單位，將於八月十五日假新加坡舉行頒獎典禮。

五月廿九日　△柯旗化創辦的第一出版社舉行五十周年慶。其所編著的《新英文法》暢銷四十八年、再版一百三十餘次，銷量逾二百萬冊，堪稱為臺灣出版界的奇蹟。

五月卅日　△遠流出版事業公司與誠品書店舉辦「台灣本土插畫家黃崑謀紀念原畫展」，以紀念因心肌梗塞猝逝的黃崑謀。

五月　△誠品書店為慶祝二十週年與進行企業調整轉型，翻修改裝原臺中廣三SOGO館，成立中區旗艦店，走與臺北信義店相同的百貨商場規格。

△大前研一著；姚巧梅譯《後五十歲的選擇》，天下雜誌社出版。

△王明仁總編輯《台灣兒童少年福利年鑑1945年～2008年》，家扶基金會出版。

△彭瑞金論著《高雄市文學史——現代篇》，高雄市文獻會出版。

△林麗如論著《歷史與記憶：舞鶴小說研究》，大安出版社出版。

△黃天橫口述；何鳳嬌、陳美蓉訪問紀錄《固園黃家——黃天橫先生訪談錄》，國史館出版。

△葉日松散文集《竹葉撐船妳愛來：客家山歌的文學之美》，行政院客委會出版。

△陳信元編選《徐志摩散文》，宇河文化出版公司出版。

△謝明輝散文集《小明教授奮鬥日記——從軍生活》、王宇平論著《《現代》之後——施蟄存1935～1949年創作與思想初探》、黃啟峰評論集《河流裡的月印——郭松棻與李渝小說

綜論》，秀威資訊科技公司出版。

△周艾散文集《歲月靜好：50篇讓心靈深呼吸的人生筆記》，正中書局出版。

△蔡穎卿散文集《我的工作是母親：Bubu的安家之歌》，天下遠見出版公司出版。

△于丹散文集《于丹《論語》感悟》，聯經出版事業公司出版。

△葉海煙散文集《人文台灣的幸福夢》、陳冠學散文集《陳冠學隨筆：夢與現實》，前衛出版社出版。

△黃秀慧主編《外交候鳥向前飛：24位外交人的真情告白》，遠流文化事業公司出版。

△王盛宏散文集《關鍵字：台北》，馬可孛羅文化公司出版。

△隱地散文集《我的眼睛》、《新鮮話》；柯書品散文集《紐約·TO GO：從紐約出發的74個留學旅行悸動》、廖玉容論著《光的溫度：愛亞及其作品研究》，爾雅出版社出版。

△陳建仲散文集《文學心鏡：作家·印象》、馮翊綱編著《戰國廁：相聲瓦舍二十週年經典創作》，聯合文學出版社出版。

△喬林著《狩獵：喬林詩集3》，文史哲出版社出版。

△李銳、蔣韻合著《人間：重述白蛇傳》，麥田出版公司出版。

△硯香散文集《花朵的究竟》，九歌出版社出版。

△馬森短篇小說集《府城的故事》、陳玉慧散文集《慕尼黑白》、蔡登山散文集《何處尋你：胡適的戀人及友人》、陳冠中散文集《事後——香港文化誌》，INK印刻出版公司出版。

六月一日　△臺北市立圖書館與紐西蘭商工辦事處合辦「南半球的童書新樂園——鯨騎士帶您遨遊紐西蘭」活動舉行講座與相關書展，並邀請《鯨騎士》作者威提·伊希麥拉與讀者見面。

六月二日　△由臺北市四十所國小共一千一百一十一名學生參與票選去年最受歡迎三十三本好書結果出爐。其中第一名分別是：故事文學類《火龍家族故事集》、非故事文學類《田裡的魔法

	師：西瓜大王陳文郁》、知識性讀物類《動物隱身術》、圖畫書及幼兒讀物類《阿松爺爺的柿子樹》。
六月五日	△李敏勇文字詮釋・高永滄炭筆速寫《在寂靜的邊緣歌唱：世界女性詩風景》，圓神出版社出版。
六月六日	△臺灣首家女同志出版社「集合出版社」宣佈將朝出版一百本女同志專書目標前進。
	△美國在台協會（AIT）邀集國內三十五家出版社代表與臺北書展基金會董事長林載爵會談，確定二〇〇九年第十七屆「臺北國際書展」將設置「美國館」。
六月十一日	△九歌出版社成立三十周年，歷時一年編纂、出版《台灣文學30年菁英選》，包括小說、散文、新詩和文學評論等七本。總策劃兼文學評論主編李瑞騰、小說主編蔡素芬、散文主編阿盛及新詩主編白靈等。
六月十六日	△國立台灣文學館出版《龍瑛宗全集》（日文卷），並於日本東京白金台的臺北駐日經濟文化代表處舉行聯合新書發表會。
六月十八日	△桃園縣文化局公佈今年的「桃園之書」為《福爾摩沙植物記》（遠流）。
六月廿三日	△誠品書店前企劃處經理林文琪出任臺北書展基金會新任執行長。
六月廿五日	△臺灣知名簡體書店「問津堂」與「秋水堂」，因進口大陸出版的《大國崛起》、《易中天品三國》等光碟，涉嫌違反著作權法，臺中縣清水警分局至臺北約談兩家書局負責人王永、方守人到案說明，並依違反著作權法移送法辦。
六月	△創立三十餘年的今日書局臺北市和平東路門市與金石堂書店大安店「我的文學書房」同時結束營業。
	△林文寶企劃總監《2007台灣兒童文學年鑑》，中華民國兒童文學學會出版，為國內第一部兒童文學年鑑。
	△洪玉茹執行編輯《第10屆菊島文學獎得獎作品集》，澎湖縣文化局出版。
	△施舜晟著《果貿三村——傻呆的左營地圖》，唐山出版社出版。

△余英時著；程嫩生、羅群等譯《人文與理性的中國》，聯經出版事業公司出版。

△吳新榮著；張良澤總編輯《吳新榮日記全集3～11（1939～1967）》，國立台灣文學館出版

△韓秀散文集《Mom，沒有人會這樣愛我》，幼獅文化事業公司出版。

△李艾珍散文集《幸福指數海拔4000公尺──尼泊爾多波》、胡弦散文集《菜書》，二魚文化事業公司出版。

△李敖散文集《中國性研究》、《我最難忘的事和人》、《傳統下的獨白》，李敖出版社出版。

△林義傑等著《旅行台灣 II：達人帶路》、蔡坤龍散文集《菜鳥里長日記》、劉墉散文集《愛要一生的驚艷》，時報文化出版公司出版。

△鍾文音散文集《少女老樣子》，大田出版公司出版。

△張錯詩集《詠物：張錯詩集》，書林出版公司出版。

△古月《探月──發現91個戀詩的理由》，三采文化出版公司出版。

△李敏勇《島嶼奏鳴曲──李敏勇詩集 II（1990～1997）》，玉山社出版。

△鄭炯明詩集《三重奏》、陳銘堯《陳銘堯詩集》、黃騰輝《黃騰輝詩集》、謝碧修《謝碧修詩集》、成功大學台文系主編《台灣文學史書寫國際學術研討會論文集》（二冊），高雄春暉出版社出版。

△紀弦詩集《年方九十》、莊雲惠主編《大詩壇：詩人手跡》、陳福成散文集《一個軍校生的台大閒情：讓我明心見性的道場》、丘孔生散文集《下班後的雙人舞》、孫如陵評論集《副刊論：中央副刊實錄》，文史哲出版社出版。

△張菱舲詩集《天鷴》、阿盛主編《散文30家：台灣文學30年菁英選1978～2008（上、下）》、李瑞騰主編《評論30家：台灣文學30年菁英選1978～2008（上、下）》，九歌出版社出版。

△陳長慶小說《歹命人生》、林奇梅散文集《美的饗宴》、何

英傑散文集《嚮往之旅——25歲的流浪日記》、傅吉毅論著《臺灣科幻小說的文化考察（1968～2001）》、黃益珠評論集《周芬伶論——從「閨秀」到「越界」書寫》、文藻外語學院應用華語文系編《合擊——第20屆文藻文學獎作品集》、高雄應用科技大學文化事業發展系編《微笑魔法——2008高應大現代文學創作獎得獎作品集》，秀威資訊科技公司出版。

△李佳穎短篇小說集《小碎肉末》，洪範書店出版。

△莫言《透明的紅蘿蔔——莫言中篇小說精選》，麥田出版公司出版。

△徐坤《徐坤小說選集》、張秀亞《張秀亞散文精選》、周嘉川、楊本禮散文集《住在南半球的日子》，臺灣商務印書館出版。

△姚嘉文小說《台灣七色記》（七冊），草根出版公司出版。

△遲子建小說《世界上所有的夜晚》、韓寒小說《光榮日（第一季）》，馥林文化公司出版。

△陳雪小說《她睡著時他最愛她》、林郁庭小說《愛無饜》、賴志穎第一本小說《匿逃者》、余光中著；陳芳明編《余光中六十年詩選》、薛繼光等著《鄉關處處：外省人返鄉探親照片故事書》，INK印刻出版公司出版。

△鄭九蟬長篇小說《愴烈黃埔：將軍塚》、沈石溪小說《烈鳥與丹頂鶴：天上生靈》，風雲時代出版公司出版。

△劉中薇小說《今天天氣晴》、柯志遠小說《天堂在幾樓？》、葉李華小說《瀰散：衛斯理回憶錄⑦》，皇冠文化出版公司出版。

△劉克襄長篇小說《永遠的信天翁》，遠流出版事業公司出版。

七月一日　　△文訊雜誌社慶祝創刊二十五週年，假國家圖書館舉辦「瞬間·永恆——台灣資深作家（一九二八年出生）照片巡迴展」開幕暨二十五週年慶。

△《文化事業與管理研究》創刊，主編楊聰仁，南華大華出版與文化事業管理研究所出版。

| 七月七日 | △由國內五十二家出版業者與電信業者、通訊服務業者與圖書館合組的「台灣數位出版聯盟」正式成立，同時舉行第一屆第一次會員大會與理監事選舉，城邦集團首席執行長何飛鵬出任首屆理事長。 |

七月七日　△由國內五十二家出版業者與電信業者、通訊服務業者與圖書館合組的「台灣數位出版聯盟」正式成立，同時舉行第一屆第一次會員大會與理監事選舉，城邦集團首席執行長何飛鵬出任首屆理事長。

七月八日　△第十二屆「國家文藝獎」名單出爐，作家施叔青等獲獎。

七月十一日　△紅螞蟻圖書公司總經理李錫東當選臺北市出版商業同業公會第十一屆理事長。

七月十五日　△苗栗縣國際文化觀光局舉辦《臺灣的蛇窯》（鄧淑慧、盧泰康編著）新書發表會。

七月十七日　△行政院新聞局公佈第三十二屆「金鼎獎」各類獎項入圍名單與特別貢獻獎得主，其中特別貢獻獎由遠流出版事業公司董事長王榮文以及信誼基金會執行長張杏如獲得。

七月廿二日　△政府出版品首度參加第十九屆「香港國際書展」。

七月廿三日　△臺中縣立文化中心舉辦「帶著閱讀去旅行」書展，展出兒童、親子教育、科學、餐飲和旅遊等圖書。

七月廿六日　△吳濁流文學獎基金會主辦第三十九屆「吳濁流文學獎」舉行頒獎典禮，乜寇・索克魯曼《東谷沙飛傳奇》獲小說獎、陳胤《臺中歷史散步》獲新詩獎。

△臺北書展基金會宣佈第十七屆「臺北國際書展」將於二〇〇九年二月四日至二月九日舉行，主題館國家為泰國。

七月卅日　△高雄市文化局舉行《高雄市文學史》（彭瑞金撰寫）新書發表會；此為繼彰化縣、臺中縣市、苗栗縣等之後，第五個出版區域文學史的縣市。

七月卅一日　△作家陳艾妮推出十九冊電子書，首發「三角習題完全攻略本」、「離婚免疫學」兩系列，由聯合線上udn數位閱讀網後製、發行與行銷。

△九歌文教基金會主辦第十六屆「九歌現代少兒文學獎」舉行頒獎典禮。鄭淑麗《月芽灣的寶藏》獲文建會特別獎；陳佳秀（花格子）《揚帆吧！八級風》獲評審委員獎；陳怡如《第十二張生肖卡》獲推薦獎。

七月　△田口久美子著；黃柏華譯《書店魂：日本第1家個性化書店LIBRO的今與昔》，序曲文化公司出版。

△許俊雅撰述《續修臺北縣志‧卷九‧藝文志‧第三篇文學（下冊）》，臺北縣文化局出版。

△陳建志著《未來感：流行文化‧文學評論集》，聯合文學出版社出版。

△李靜玫論著《《台灣文化》、《台灣新文化》、《新文化》雜誌（1986.6～1990.12）：以新文化運動及台語文學、政治文學論述為探討主軸》，國立編譯館出版。

△美國德維文學協會主編《佛學與文學的交匯》，漢藝色研文化公司出版。

△封德屏主編《文學好因緣》、李瑞騰主編《文化新視野》、文訊雜誌社編《文訊25週年總目》，文訊雜誌社出版。

△鍾肇政主講；彭瑞金總編輯《鍾肇政口述歷史：「戰後台灣文學發展史」十二講》，唐山出版社出版。

△陳信元編選《朱自清散文》，宇河文化出版公司出版。

△水瓶鯨魚散文集《單身的人總是在路上》，大田出版公司出版。

△陳丹青散文集《退步集》，立緒文化公司出版。

△莊展鵬散文集《書遊記》，遠流出版事業公司出版。

△葉海煙散文集《哲學在哪裡？》、許倬雲評論集《江口望海潮》（一、二），三民書局出版。

△王成勉散文集《萬里路與萬卷書》、十里散文集《愛在不遠的地方》，黎明文化事業公司出版。

△龍應台散文集《目送》、蔡伯鑫散文集《沒有摩托車的南美日記》，時報文化出版公司出版。

△金耀基散文集《劍橋語絲》（牛津版）、八月女生散文集《溫柔行走，在西藏》，臺灣商務印書館出版。

△古龍散文集《古龍誰來跟我乾杯》、倪匡散文集《倪匡心中不寄的信》、趙麗宏散文集《與象共舞》，風雲時代出版公司出版。

△席幕蓉散文集《寧靜的巨大》、鄭華娟散文集《五月花修道院》，圓神出版社出版。

△夏烈散文集《流光逝川》、余秋雨著《新文化苦旅：余秋雨

文化散文全集》、向明評論集《新詩百問》、陳幸蕙評論集《悅讀余光中——散文卷》，爾雅出版社出版。

△張建墻詩集《赤道と太陽》（中日對照）、《福爾摩沙之夜：一位台灣八十歲老人的回顧》、封德屏主編《2007台灣作家作品目錄》，國立台灣文學館出版。

△林金郎詩集《一位行者的詩遊記》，遠景出版公司出版。

△陳黎、上田哲二譯《台灣四季：日據時期台灣短歌選》，二魚文化事業公司出版。

△王潤華、周策縱、吳南華編《胡說草：周策縱新詩全集》、姜龍昭論著《細說電影編劇》，文史哲出版社出版。

△趙陳光長篇小說《浩然劍》，明日工作室出版。

△邱家洪小說《落英》，草根出版公司出版。

△鍾虹小說《舞女生涯原是夢》、歐陽柏燕詩集《燕尾與馬背的燦爛時光》、喬志高散文集《美語錄第三集：自言自語》（原名：總而言之）、丘彥明主編《在歐洲天空下：旅歐華文作家文選》、李奭學評論集《台灣觀點：書話中國與世界小說》，九歌出版社出版。

△史傑鵬小說《赤壁》，大地出版社出版。

△郭小櫓小說《我心中的石頭鎮》，大塊文化出版公司出版。

△楊劍龍小說《湯湯金牛河》、寒玉小說《輾過歲月的痕跡》、曾美玲著《午後淡水紅樓小坐——曾美玲詩集》、張景蘭論著《行走的歷史——新時期以來「文革」題材小說研究》，秀威資訊科技公司出版。

△余非小說《天不再空》、陳南宗小說《草莓牛奶の望鄉》、季季散文集《我的湖》、邱立本散文集《匆忙的文學》，INK印刻出版公司出版。

△凌煙長篇小說《扮裝畫眉》、吳濁流著；黃玉燕譯《亞細亞的孤兒》，高雄春暉出版社出版。

八月二日　　△行政院文建會與農委會共同推動「好山好水讀好書」活動，結合閱讀與旅遊思維，引領民眾閱讀好書。

八月六日　　△海峽兩岸商務協調會會長張平沼與中國版權協會理事長沈仁乾雙方簽訂「加強海峽兩岸著作權保護協議」。

△國家圖書館漢學研究中心假瑞典龍德大學召開歐洲漢學學會
年會，會中展出近三年來臺灣出版的六百餘冊漢學書籍，並
於會後悉數捐給該校圖書館。

八月七日　　　　△文化總會舉辦《女人履痕Ⅱ：台灣女性文化地標》新書發表
會。

八月九日　　　　△日本新生代小說作家乙一首度來臺舉辦《ZOO》（獨步文
化）新書簽書會。

△明日工作室主辦第三屆「溫世仁武俠小說百萬大賞」首獎得
主趙晨光作品《浩然劍》舉行新書發表會。

八月十三日　　　△二〇〇八「第九屆漫畫博覽會」假臺北展演二館舉行。瑞典
隆德大學東亞暨東南亞研究中心主任羅傑教授蒞臨參觀。

八月十五日　　　△二〇〇八「亞洲出版獎」（APA）假新加坡舉行頒獎典禮，
以台灣旅遊為主題的聯合線上互動雜誌《優遊台灣》獲互動
發行、版面設計傑出獎；天下雜誌《微笑台灣三一九鄉》、
《企業公民》分獲多媒體創新溝通獎首獎與傑出獎；牛頓出
版公司《小牛頓數位博物館》獲多媒體創新溝通獎與內容整
合獎傑出獎；《空中英語雜誌》獲互動發行獎肯定，共計獲
得七項大獎。

△行政院新聞局主辦「第三十二屆金鼎獎」假臺灣大學醫學
院國際會議中心201會議室舉行頒獎典禮，共計三十四個獎
項。

八月十六日　　　△歷史智庫出版公司假臺北市延平南路七十號開辦「人文書
房」書店。

八月十七日　　　△金門縣文化局出版的兒童繪本《老房子說故事》，獲研考會
選為「2008法蘭克福國際書展」的政府出版品參展書目之
一。

八月十八日　　　△大陸SOHO中國創辦人潘石屹舉行《我用一生去尋找：最時
尚的地產大亨，最in的人生哲學》（網路與書）、《童年的
糖是最甜的》（印刻）二書新書發表會。

八月廿二日　　　△臺灣二十一世紀出版社社長翁天培與大陸二十一世紀出版社
假南昌舉行結為兄弟出版社簽約儀式。

八月廿四日　　　△笠詩社策劃、高雄春暉出版社印行《台灣詩人群像》共十三

冊，假國立台灣文學館舉辦新書發表座談會，收錄趙天儀、林亨泰、莊柏林等十三位詩人作品。

八月廿六日 △國立台灣文學館與開朗雜誌社共同舉辦台語文學新書發表會，共有《海翁台語文教學季刊》、《海翁宣言》、《月光光》、《塗豆的歌》、《浪人》及《鄉史補記》等六本新書，鄭邦鎮館長期待這次出版的新書能為母語寫作注入活水，激發更多人從事母語創作的熱情。

八月廿九日 △美國小說《巧克力戰爭》（*The Chocolate War*）（周惠玲譯）由遠流出版事業公司發行中文版。

八月卅日 △經濟新潮社出版日本作家橘玲的經濟推理小說《洗錢：五十億圓為什麼憑空消失?!》，為臺灣第一本以「洗錢」為主題的推理小說。

八月 △許雪姬主編《楊雲萍文書資料彙編目錄》，中研院台史所出版。

△翁心植、胡亞美主編；張立明醫師校訂「醫學辭典」一至六冊，包括《內科醫學百科全書》、《外科醫學百科全書》、《婦產科醫學百科全書》、《兒科醫學百科全書》、《耳鼻喉科醫學百科全書》、《眼科醫學百科全書》等，天佑智訊有限公司出版。本套書為與北京首都師大雙語辭典研究室合作之《英漢漢英醫學分科辭典》。

△笠詩社、東海大學中文系編《「笠與七、八〇年代台灣詩壇關係」學術研討會論文集》，高雄春暉出版社出版。

△張慧嬌評論集《誰在想像裡孵蛋？——杜榮琛童詩教學密碼》，苗栗縣國際文化觀光局出版。

△張清榮主編《柏楊與監獄文學：2007柏楊學術國際研討會論文集》，臺南大學出版。

△王韻如評論集《洄游‧順流‧岔離：朱天文寫作向度初探》，自行出版。

△康原編《歷史與現實的啄木鳥——林雙不作品評論》，臺中晨星出版公司出版。

△阮美慧評論集《戰後台灣「現實詩學」研究：以笠詩社為考察中心》，臺灣學生書局出版。

△林景淵評論集《日據時期的台灣圖書館事業》，南天書局出版。

△趙天儀詩集《一棵永不凋謝的小樹》、邱各容評論集《台灣兒童文學作家及作品論》，富春文化事業公司出版。

△馮唐等著《我愛北京三里屯》（散文集），大塊文化出版公司出版。

△梁羽生散文集《梁羽生散文》，遠流出版事業公司出版。

△吳祥輝散文集《我是被老師教壞的——我最感謝的一所學校》，圓神出版社出版。

△呂政達散文集《我在打造他的未來：好爸爸的50份學習單》，健行文化出版公司出版。

△鍾文音散文集《大文豪與冰淇淋》、新井一二三散文集《偽東京》，大田出版公司出版。

△馬宜中散文集《他們的第一滴淚：馬宜中和那些有故事的人》、劉墉散文集《我不是教你詐1：一般日常處世篇》、《我不是教你詐2：工商社會處世篇》、《我不是教你詐3：現代社會處世篇》、《我不是教你詐4：政治商業處世篇》，時報文化出版公司出版。

△詹宏志散文集《綠光往事》，馬可孛羅文化公司出版。

△李有成散文集《在甘地銅像前——我的倫敦札記》，允晨文化實業公司出版。

△琹涵詩集《水深雲款款》、蘇友貞散文集《當王子愛上女巫》、吳嘉陵、吳嘉梓合著《走過時代的典範：客家私塾老師林漢唐之研究》（傳記），秀威資訊科技公司出版。

△王浩翔詩集《驛度空間》、李友煌詩集《藍染：海島身世》、劉俊輝散文集《條紋男孩——我和他以及它們的故事》、鍾麗琴散文集《灰姑娘的換衣間》，臺中晨星出版公司。

△胡蘊玉等著《基隆市第5屆海洋文學獎短篇小說得獎作品集》，基隆市文化局出版。

△楊依射小說《戮：世界之渾三部曲》，臺中白象文化公司出版。

　　　△李長青詩集《陪你回高雄》、謝美萱散文集《走過衛武
　　　　營》，高雄市文化局出版。
　　　△易中天小說《高高的樹上》，馥林文化公司出版。
　　　△呂則之長篇小說《浪潮細語》，歷史智庫出版公司出版。
　　　△張放小說《春潮》，詩藝文出版社出版。
　　　△廖輝英小說《愛殺19歲》、辛金順散文集《月光照不回的
　　　　路》、謝鵬雄散文集《西洋文學關鍵閱讀》，九歌出版社出
　　　　版。
　　　△成英姝小說《Elegy哀歌》、舒國治散文集《窮中談吃》，
　　　　聯合文學出版社出版。
　　　△王安憶中篇小說《崗上的世記》、徐譽誠短篇小說集《紫
　　　　花》、紀蔚然散文集《誤解莎士比亞》、梁東屏散文集
　　　　《閒走@東南亞》、鄭美里主編《遇合──外省／女性書寫
　　　　誌》，INK印刻出版公司出版。
　　　△李永平長篇小說《大河盡頭（上卷：溯流）》，麥田出版公
　　　　司出版。

九月一日　　△全臺誠品書店推出「Never Eeding Story 幾米創作10年展」
　　　　的主題書展與商品展。
　　　△第十五屆北京國際圖書博覽會假天津國際展覽中心開幕，海
　　　　峽兩岸出版交流中心與北京版權代理公司舉辦「首屆海峽兩
　　　　岸版權貿易洽談會」。
　　　△經濟部工業局舉行「EP同步多媒體創新出版服務」發表
　　　　會。凱立國際資訊公司成立專業電子書專賣店，在網路上行
　　　　銷電子書。

九月四日　　△國立台灣文學館建置的《2007台灣作家作品目錄》暨資料庫
　　　　系統正式啟用。

九月五日　　△臺北市立圖書館等主辦的第五十四梯次「好書大家讀」結果
　　　　揭曉，計有二十八冊套書、一百六十冊單冊圖書入選。
　　　△知名作家「趙茶坊」趙寧病逝，享年六十六歲。

九月十日　　△文學家巫永福謝世，享壽九十六歲。
　　　△汪淑珍、孫丕聖、馮翠珍編《台灣印象：台灣文學中的地區
　　　　風采》，新文京開發公司出版。

九月十二日	△行政院新聞局啟動「悅讀台灣，Fun眼世界」全國巡迴書展活動。
九月十七日	△奧多比（Adobe）與格林文化公司宣佈合作，打造全新「E活繪本」。
	△「國家書店」松江門市開幕，統籌展售政府出版品，並設置網路書店服務。
九月十八日	△趨勢科技公司贊助出版限量套書《白先勇作品集》共十二冊，以慶祝白先勇七十一歲生日。
九月廿日	△陳恩泉總策劃，陳信元總編輯《兩岸出版交流二十年》，台陽書局出版發行。
	△中華民國圖書出版事業協會假圓山大飯店舉行「海峽兩岸出版交流座談會」。
	△第四屆海峽兩岸圖書交易會在臺北開幕，為期三天。
九月廿一日	△兩岸學者共同執筆，福建人民出版社發行的《閩南文化叢書》假臺北舉行新書發表會。
	△中華民國圖書出版事業協會假圓山大飯店舉辦「第十三屆華文出版聯誼會議──兩岸四地華文出版論壇」。
	△中華民國圖書出版事業協會假國家圖書館國際會議廳舉辦「臺北出版論壇」。
九月廿三日	△「海峽兩岸圖書展」假臺中市文化局文英館展出五天。
九月廿八日	△臺北市立圖書館結合法國在臺協會舉辦「2008法國讀書樂在台灣」活動。
九月卅日	△作家陳若曦假臺北明星咖啡館舉行《堅持・無悔陳若曦七十自述》（九歌版）新書發表會。
	△遠足文化公司「台灣地理百科」系列，以林俊全《台灣的十大地理議題》，為全套一百本叢書的出版工程畫下句點。
九月	△翁心植、胡亞美主編；張立明醫師校訂「醫學辭典」七至十二冊，包括《口腔科醫學百科全書》、《皮膚科醫學百科全書》、《檢驗科醫學百科全書》、《藥物科醫學百科全書》、《護理科醫學百科全書》、《中醫藥醫學百科全書》等，天佑智訊有限公司出版，本套書為與北京首都師範大學雙語辭典研究室合作之《英漢漢英醫學分科辭典》。

△洪淑苓主編《賦思：第11屆臺大文學獎作品集》，臺灣大學
　出版中心出版。

△李斌總編輯《第4屆臺北縣文學獎得獎作品集》，臺北縣文
　化局出版。

△Toop100 Book編輯部編《影響世界歷史的100本書》、朱榮
　智著《改變一生的100個觀念》，德威國際文化事業公司出
　版。

△曾令先、吳德新著《中國文明發展簡史》，台灣書房出版。

△陳建守主編；戴麗娟等譯《史家的誕生：探訪西方史學殿堂
　的十扇窗》，時英出版社出版。

△白先勇著《白先勇作品集》，天下遠見出版公司出版。

△賴芳伶主編《山海書——宜花東文學選輯1》，二魚文化事
　業公司出版。

△丁威仁評論集《戰後台灣現代詩史論：從現代與本土走向都
　市與網路》，臺中印書小舖出版。

△須文蔚主編《文學@台灣：11位新銳台灣文學研究者帶你認
　識台灣文學》、靜宜大學台灣文學系主編《第5屆全國台灣
　文學研究生學術論文研討會論文集》，國立台灣文學館出
　版。

△蔡欣欣著《月明冰雪闌——有情阿嬤洪明雪的歌仔戲人生》
　（傳記），臺北縣文化局出版。

△范銘如評論集《文學地理：台灣小說的空間閱讀》，麥田出
　版公司出版。

△吳靜吉等著《繁花綻放——新象傳奇30年》，遠流出版事業
　公司出版。

△林子青散文集《鴻雁千里寄故人——林子青書信集》，法鼓
　文化公司出版。

△焦元溥散文集《樂來樂想》、聯經編輯部編《書寫青春5：
　第5屆台積電青年學生文學獎得獎作品合集》，聯經出版事
　業公司出版。

△沙漠散文集《孤獨的旅程——永遠是投稿者的自述》，唐山
　出版社出版。

△凌性傑、吳岱穎散文集《找一個解釋》，馥林文化公司出版。

△陳慧樺散文集《在史坦利公園：人文山水漫遊》，萬卷樓圖書公司出版。

△席裕珍散文集《一場不凡的演出》、楊啟宗散文集《金玉涼言》、張昌華散文集《故紙風雪──文化名人的背影》、《曾經風雅──文化名人的背影》，秀威資訊科技公司出版。

△林黛嫚編《散文新四書──春之華》、周芬伶編《散文新四書──夏之豔》、陳義芝編《散文新四書──秋之聲》、廖玉蕙編《散文新四書──冬之妍》，三民書局出版。

△陳柔縉散文集《台灣摩登老廣告》、張曼娟散文集《噹！我們同在一起》、韓良憶散文集《吃·東·西》、張愛玲著《重訪邊城：張愛玲全集》，皇冠文化出版公司出版。

△劉克襄詩集《巡山》，愛詩社出版事業部出版。

△簡政珍詩集《放逐與口水的年代：內含有關兩顆子彈的詩小說》，書林出版公司出版。

△沈石溪長篇小說《軍犬與藏獒：地上生靈》，風雲時代出版公司出版。

△宇文正著《宇文正短篇小說精選集》、方鵬程散文集《我在京都遇見大師》、阿爾維托·曼古埃爾著；黃芳田譯《深夜裡的圖書館》，臺灣商務印書館出版。

△黃國榮長篇小說《日子》、《突圍》、陳信元編選《郁達夫散文》，宇河文化出版公司出版。

△宇文正短篇小說集《臺北·卡農》、方梓散文集《采采卷耳》、郝譽翔評論集《大虛構時代──當代台灣文學光譜》，聯合文學出版社出版。

△駱以軍長篇小說《西夏旅館（上、下）》、陳芳明散文集《昨夜雪深幾許》、管家琪散文集《好命女王──胖媽快活日記》、顏忠賢散文集《壞設計達人──寫給未來設計達人的22個故事與66個關鍵字》、鄭穎評論集《鬱的容顏──李渝小說研究》，INK印刻出版公司出版。

△西西長篇小說《我的喬治亞》、短篇小說集《母魚》、散文集《看房子：西西的奇趣建築之旅1》、黃永武散文集《黃永武隨筆（上、下）》，洪範書店出版。

△盧兆琦長篇小說《十三暝的月最美》、周桂音長篇小說《月光的隱喻》、張瀛太長篇小說《古國琴人》、譚劍長篇小說《黑夜旋律》、杏林子散文集《生命是一首歌：杏林子散文精選》、蔡文甫主編《閃亮的生命：十個不向命運屈服的故事》、蔡澤松主編《閃亮的生命2：創造奇蹟的人》，九歌出版社出版。

十月一日　△遠流出版事業公司推出自行研發的數位出版流通平台「Koobe System」。

△臺北市信鴿法國書店舉辦歐笠嵬《十顏十色》新書原畫展以及兒童萬歲法文童書展。

△第十一屆臺北文學季以「菁英薈萃——再現」為主軸，票選出「臺北文學十書」，白先勇的代表作《臺北人》名列第一。其餘分別是：蔣勳《天地有大美》、朱天文《荒人手記》、簡媜《老師的十二樣見面禮》、朱天心《想我眷村的兄弟們》、舒國治《台北小吃札記》、張大春《聆聽父親》、駱以軍《我們》、蔣勳《孤獨六講》以及鍾文音《艷歌行》。

十月二日　△九歌出版社出版余光中詩集《藕神》、散文評論《舉杯向天笑》及譯書《不要緊的女人》三書為余光中八十歲慶生。

十月七日　△桃園縣政府主辦第一屆「全民寫傳記——我的故事」活動，假文化局一樓大廳舉行黃孟侯《走過百年》與楊以琳《夢繞成長路》紙本書、電子書及影像紀錄新書發表會。

十月九日　△南投縣埔里鎮立圖書館「巫永福文庫」與文化局圖書館「南投縣文學資料館」合辦「向巫永福致敬——福爾摩沙文學桂冠巫永福紀念展」。

十月十日　△汪淑珍著《九歌繞樑三十年——見證台灣文學1978～2008》九歌出版社出版。

十月十三日　△臺北市立圖書館多元文化資料中心舉辦「非常『印』象——印尼文化推廣活動」，至三十日止。展出印尼原文書籍，介

　　　　　　　　紹印尼當地作家及作品、印尼童書等。

十月十五日　　△大陸作家鍾曉陽來臺舉辦《停車暫借問》（時報文化）紀念
　　　　　　　　新版發表會及座談會。

　　　　　　　△二○○八法蘭克福書展，臺灣館以「文化時尚——台灣出版
　　　　　　　　的多元風貌」為主軸，設立十大專區。其中包括十五種政府
　　　　　　　　出版品參展。

十月十八日　　△前《月光光》童詩誌主編、兒童文學作家林鍾隆逝世，享年
　　　　　　　　七十九歲。

　　　　　　　△作家龍應台獲聘香港大學首位「孔梁巧玲傑出人文學者」，
　　　　　　　　並於柏立基學院設立「龍應台寫作室」。

十月廿一日　　△九歌出版社舉辦三十週年社慶，「200萬長篇小說徵文」從
　　　　　　　　缺，出版的入圍作品計有：盧兆琦《十三暝的月最美》、張
　　　　　　　　瀛太《古國琴人》、譚劍《黑夜旋律》及周桂音《月光的隱
　　　　　　　　喻》等。

十月廿二日　　△行政院新聞局假臺北亞太會館舉行「第2屆數位出版金鼎
　　　　　　　　獎」頒獎典禮。詹弘志獲「評審委員會特別獎」；摩客網
　　　　　　　　路訊息科技公司《雲朵麵包兒童電子繪本》獲「最佳電子
　　　　　　　　書」、臺北市天主教救世傳播協會《空中英語教室Super光
　　　　　　　　碟》獲「最佳多媒體出版品」。

十月廿五日　　△行政院新聞局主辦，政大公企中心承辦的「2008出版實務研
　　　　　　　　習」，李錫東主講「兩岸華文圖書市場經營實戰策略與展
　　　　　　　　望」、劉文忠主講「大陸出版市場經營」。

十月廿八日　　△聯經文化天地舉行「北京上海香港三地　三聯書店60周年聯
　　　　　　　　合書展」。

十月卅日　　　△幼獅文化事業公司假臺北劍潭青年活動中心舉辦「50周年慶
　　　　　　　　祝茶會」。

十月卅一日　　△知名漫畫家老瓊（劉玉瓊）逝世，得年五十五歲。

十月　　　　　△范云杰等著《綻放生命的故事——第8屆文薈獎全國身心障
　　　　　　　　礙者文藝獎得獎作品專輯》，行政院文建會出版。

　　　　　　　△林田富總編輯《第10屆礦溪文學獎得獎作品專輯》，彰化縣
　　　　　　　　文化局出版。

　　　　　　　△胡蘊玉等著《基隆市第6屆海洋文學獎散文、現代詩暨古典

詩得獎作品集》，基隆市文化局出版。

△ 國語日報創刊六十週年，特編印《見證國語日報六十年》專書，以示慶賀。

△ 城仲模教授古稀祝壽論文集編委會編輯《二十一世紀公法學的新課題——城仲模教授古稀祝壽論文集》，全3冊，第1冊憲法篇，第2冊行政法總論篇，第3冊行政法各論篇，財團法人台灣法制暨政策研究基金會出版。

△ 林俊全著《台灣的十大地理議題》，遠足文化事業公司出版。

△ 陳書梅編著《兒童情緒療癒繪本解題書目》，臺灣大學出版中心出版。本書堪稱為臺、港澳、大陸第一本有關兒童情緒療癒繪本之本土性中文解題書目。

△ 施文炳著《台灣末代傳統文人——施文炳詩文集》，臺中晨星出版公司出版。

△ 廖瑞銘主編《愛・疼・惜：2008台語文學展專輯》，國立台灣文學館出版。

△ 石一寧評論集《真實的追問：吳濁流的文學・思想・人格》，人間出版社出版。

△ 高全之評論集《張愛玲學》，麥田出版公司出版。

△ 張默主編《大河的雄辯——洛夫詩作評論集（第二部）》，創世紀詩雜誌社出版。

△ 李奭學評論集《三看白先勇》，允晨文化公司出版。

△ 汪理傳記《走過千山萬水——九十老翁回憶錄》、張堂錡評論集《追想彼岸：現代中文文學研究論叢Ⅱ》，文史哲出版社出版。

△ 殷志鵬傳記《人文遊學七十年》，書泉出版社出版。

△ 李潼散文集《瑞穗的靜夜》，民生報事業處出版。

△ 張系國散文集《帝國和台客》，天下雜誌公司出版。

△ 林子青散文集《白雲深處一禪僧——林子青傳記文學集》，法鼓文化公司出版。

△ 李玟萱散文集《失去你的3月4日》、王孟婷散文集《淚光閃閃的巴黎》，寶瓶文化公司出版。

△封德屏編《30年後的世界：2038》、余光中著；陳芳明編《余光中跨世紀散文》，九歌出版社出版。

△余光中著；陳幸蕙編選《余光中幽默詩選》，天下遠見出版公司出版。

△雨弦詩集《因為一首詩》、王希成詩集《我的詩劍江山》、王啟在詩集《穿著幸福牌彩衣的蝶》、謝佳樺詩集《時間迴帶108首詩》、子青詩集《寂寞的魚》、掌門詩社同仁詩集《掌門詩選》、何雨彥詩集《愛河賞浪詩集》、散文集《獨腳中尉文集》、鍾順文詩集《愛的進行式》、高玉蕊詩集《歲月手勢》、《隱藏的風聲》、陳美鳳詩集《群鳥掠過的天空》、謝錦德詩集《葡萄的淚》、小荷詩集《詩鄉旅行》、陳秋白臺語詩集《綠之海》、徐享捷詩集《趕在雨絲間》、林仙龍詩集《遙對大武山》、吳曼圭詩集《曠地野梅》、汪啟疆詩集《疆域地址》、張詩著《搖晃的屋頂》（合集）、古能豪著《懺情書》，高雄宏文館圖書公司出版。

△黃天小說《草繩》、林煥彰主編《傳承與創新——第3屆蘭陽文學獎得獎作品集》，宜蘭縣文化局出版。

△王文華小說《我的心跳，給你一半》、朱天衣等著《就是愛寫作》，時報文化出版公司出版。

△張大春小說《我妹妹》、顧玉玲散文集《我們：移動與勞動的生命記事》，INK印刻出版公司出版。

△邱千瑜小說《天羽》、陳綺詩集《遊子情》、林怡種散文集《走過烽火歲月》、《拾血蚶的少年》、向繼東散文集《思想的風景——近代思想史另類閱讀》、范泓散文集《在歷史的投影中》、欽鴻評論集《現代文學散論》、李洪華評論集《上海文化與現代派文學》，秀威資訊科技公司出版。

△陌上塵著；解昆樺主編《陌上塵勞工小說精選集》、張致遠散文集《荒野記實——山中趣譚》、薛柏谷著；莫渝、薛宏甫主編《薛柏古文集Ⅰ：薛柏谷詩文集》，苗栗縣國際觀光文化局出版。

△郭漢辰長篇小說《記憶之都》，遠景出版公司出版。

△陶龍生長篇小說《沉冤》、祝勇評論集《反閱讀：革命時期
　的身體史》、鄭欣著《亞芳河中的篙船》，聯合文學出版社
　出版。

△嚴歌苓長篇小說《小姨多鶴》，三民書局出版。

△程正春總編輯，德伸文化事業公司編輯設計，《2008年出版
　年鑑》，行政院新聞局出版。

十一月二日　　△聯經出版事業公司假金門縣政府文化局舉辦西瓜哥哥等作
　　　　　　　　《金門有喜》、陳小介《我家開民宿》、陳盈帆《祝福的
　　　　　　　　酒》新書發表會。

十一月三日　　△經濟部中小企業處舉辦九十七年度金書獎頒獎典禮。共計有
　　　　　　　　大是文化公司等九家出版社及三十位作（譯）者獲獎。

十一月五日　　△行政院研考會假臺北市中山堂光復廳舉行「2008優良政府出
　　　　　　　　版品」頒獎典禮，六百四十六種參加評獎，七十種得獎。文
　　　　　　　　建會《鏗鏘已遠：台機公司獨特的一百年》獲特優獎；農委
　　　　　　　　會林務局《台灣的國家步道》獲「K好書A大獎──政府出
　　　　　　　　版品人氣王」網路票選人氣王。

十一月六日　　△臺中市文化局舉行「Bookstart閱讀起步走」記者會。

十一月十日　　△由唐山書店聯合國內七家獨立書店成立的「集書人文化事業
　　　　　　　　有限公司」（又稱「獨立書店聯盟」）舉行成立記者會，希
　　　　　　　　望在連鎖書店與網路書店的重圍中找出一條生路。

十一月十三日　△臺北市教育局、臺北市松山家商舉辦「金庸射鵰三部曲閱讀
　　　　　　　　擂台賽」，東方工商（東方不敗隊）獲得冠軍。

十一月十五日　△中國文藝協會假臺北市「鶴山」為詩人愚溪、綠蒂發表兩人
　　　　　　　　新出版的詩集《落處》及《秋光雲影》。

　　　　　　　△國立臺中圖書館出版《2008年青年文學創作徵集入選作品
　　　　　　　　集》，內容包括：散文、新詩、短篇小說及報導文學等四類
　　　　　　　　電子書。

十一月十七日　△行政院文建會九十七年度第二期文學好書推廣專案審查結果
　　　　　　　　揭曉，入選書籍計有：《台灣兒童文學作家及作品論》、
　　　　　　　　《島嶼奏鳴曲》、《我思》、《九歌少兒書房第42集》、
　　　　　　　　《遇合》、《台灣文學30年菁英選》、《2007：臺灣詩
　　　　　　　　選》、《顫慄心風景》、《我的肌萎酒》、《橘子咖啡》、

《勇敢的光頭幫》及《日治時期臺灣小說彙編》。

十一月十八日　△行政院新聞局公佈購書支出可納入國民旅遊卡消費項目，未來只要合法經營的書店，都可依規定申請成為國民旅遊卡特約商店。

十一月廿一日　△行政院新聞局假臺灣大學進修推廣部舉辦「數位出版人才工作坊」，邀請數位出版業者及智慧財產權專業律師進行實務課程。

　　　　　　　△行政院新聞局公佈「九十七年度劇情漫畫獎」得獎名單，一般組首獎沈穎杰〈柯普雷的翅膀〉、新人組優勝葉羽桐〈烈士〉。

十一月廿二日　△行政院新聞局主辦，政治大學公企中心承辦的「2008出版實務研習」數位出版前瞻系列，陳亦珍與周暐達主講「電子雜誌與電子書的經營策略與展望」；林益發與王逸麟主講「數位出版經營的挑戰與機遇」。

十一月廿五日　△臺北縣文化局出版《品味深坑：老街吃豆腐》、《尋幽石碇：黑煤礦與石頭屋》、《茶香坪林：單車漫慢遊》等三本旅遊叢書。

十一月廿七日　△中華民國圖書發行協進會、udn聯合線上與數位出版網假臺北市龐畢度國際會議中心共同舉辦「數位出版行動年」論壇第四場「數位出版人才哪裡找？」

十一月廿八日　△內政部營建署假國家書店藝文空間舉辦《魅力城鄉二部曲》新書發表會。

　　　　　　　△國家圖書館、中華民國圖書出版事業協會假國家圖書館聯合舉辦「把握機遇，拓展圖書市場」說明會。

十一月廿九日　△臺北市立圖書館邀請格林文化公司發行人郝廣才主講「為什麼你的孩子應該讀繪本」。

十一月　　　　△《中華民國九十六年・中華民國年鑑》，行政院新聞局出版。

　　　　　　　△國家圖書館參考組編輯《臺灣出版參考工具書目・2007年》，國家圖書館出版。

　　　　　　　△張默等主編《創世紀・創世紀：1954～2008圖像冊》，創世紀詩雜誌社出版。

△張益贍總編輯《第4屆雲林文化藝術獎——文學獎得獎作品輯》，雲林縣政府出版。

△紀鎬雄總編輯《那年冬天——第10屆中縣文學獎得獎作品集》（合集），臺中縣立文化中心出版。

△林振豐總編輯《2008苗栗縣第11屆夢花文學獎得獎作品專輯》，苗栗縣國際文化觀光局出版。

△李昌憲總編輯《夜合花——客家原香》，高雄市客委會出版。

△柯慶明主編《臺大八十，我的青春夢》，臺灣大學出版中心出版。

△邱子修主編《島嶼雙聲：台灣文學名作中英對照》（合集），書林出版公司出版。

△莫渝編《王白淵　荊棘之道》（合集），臺中晨星出版公司出版。

△陳文銓著《望生詩文稿》（合集），高雄宏文館圖書公司出版。

△金惟純等著《轉動鏡頭的頑童——柯錫杰》（傳記），典藏藝術家庭公司出版。

△陳冠學著《陳冠學隨筆：夢與現實》，前衛出版社出版。

△劉崇鳳散文集《聽，故事如歌：邊疆抒情搖滾》，天下遠見出版公司出版。

△心岱散文集《貓山貓海》，聯合文學出版社出版。

△李亞散文集《給義大利的分手信》，皇冠文化出版公司出版。

△解致璋散文集《清香流動——品茶的遊戲》、熊召政著《熊召政散文》、邱坤良評論集《漂浪舞台——台灣大眾劇場年代》，遠流出版事業公司出版。

△吳東權散文集《行前準備——銀髮族畢業手冊》、林祁著《性別中國——莎莎自述：從大陸將軍之子到港台酷女》（傳記），爾雅出版社出版。

△吳學昭散文集《聽楊絳談往事：二〇〇八震撼兩岸的唯一傳說》，時報文化出版公司出版。

△鴻鴻主編《行走的詩——2008年第9屆臺北詩歌節詩選》，臺北市文化局出版。

△周華斌詩集《詩情Kap戀夢》、胡民祥散文集《夏娃伊意紀遊》、方秋婷散文集《原鄉步道》、方耀乾編《漂泊佮回歸：詩人黃勁連作品研究論文集》，臺南縣文化局出版。

△詹澈詩集《餘燼再生：綠島外獄書續篇》、何與懷散文集《北望長天——報導文學隨筆集》、黃波散文集《真實與幻影——近世文人縱橫談》、臺東大學華語文學系編著《發現臺東》（合集），秀威資訊科技公司出版。

△楊拯華詩集《詩寫美哉山水》、張穎散文集《身在何處都好修行》、嵐濤散文集《雪祭之賽納河的回憶》、季進評論集《閱讀的鏡像》、陳國綱著《一心文集》（合集），文史哲出版社出版。

△王丹詩集《在夜雨中素描》、朱炎散文集《追求成長的十堂課》、康芸薇合集《小林的桃花源》、劉水歌等著《捨不得移開眼睛——梁實秋文學獎第21屆得獎作品》，九歌出版社出版。

△吳音寧詩集《危崖有花》、劉大任散文集《憂樂》，INK印刻出版公司出版。

△藤井樹小說《暮水街的三月十一號》，商周出版公司出版。

△司馬中原長篇小說《兵刀塚》、《湘東野話》、翁文信評論集《古龍一出誰與爭鋒：古龍新派武俠的轉型創新》、陳墨評論集《剖析金庸小說新版》（上、下），風雲時代出版公司出版。

△姚嘉文長篇小說《九號任務——美麗島時代女特務》、曹永祥、曹慧中編《音樂界的騎士——曹永坤紀念文集》，草根出版公司出版。

△閻連科長篇小說《風雅頌》、伊替達歐索合集《巴卡山傳說與故事》，麥田出版公司出版。

十二月一日　△聯經出版事業公司與農學社結盟為「聯合發行（股）公司」，此為國內圖書與發行業首次大規模整合。

△大塊文化出版公司發行海角七號典藏套書，包括：《海角七

號和他們的故事》、《海角七號電影小說》。

△時報文化出版公司與捷運中山地下街主辦廠商合作推出「止跌抗漲迎耶誕,地下書街滿溫馨」活動,至二十一日止。

△臺北市立圖書館與皇冠出版集團合辦「推理研究社——日本推理作家主題展」,展期一個月。

十二月五日　△明日工作室主辦「第四屆溫世仁武俠小說百萬大賞」舉行頒獎典禮,百萬小說大賞首獎黃健《王雨煙》,短篇武俠小說獎第一名張英峰《迷圖》。

△桃園縣文化局假該局舉辦「2008全國圖書館週在桃園」,主題為「多元文化閱讀——東南亞風情之旅」,至二十一日止。

十二月六日　△王浩一《在廟口說書》(心靈工坊)新書發表會假臺中誠品書店、十二日臺北金石堂書店信義店、十三日高雄誠品夢時代店等陸續展開。

△時報文化出版公司假臺北市誠品書店信義店舉辦熊怡凱《真食味:與小熊的午茶對話》新書分享會。

十二月十日　△中華出版倫理自律協會假臺北市NGO會館舉行「現行《出版品及錄影節目帶分級辦法》衍生之出版品陳列、販售問題」座談會。

十二月十一日　△台灣文學家葉石濤病逝於高雄榮總,享壽八十四歲。

△聯合線上udn數位閱讀網宣布,推出「數位有機書」,率先應用在《搭地鐵玩香港》、《搭地鐵玩東京》、《搭地鐵玩上海》、《搭地鐵玩阪神》等四本旅遊書,以及《塞德克·巴萊》劇本小說版。

十二月十二日　△行政院新聞局主辦,政大公企中心承辦的「2008出版實務研習」,邀請張雪梅主講「華文市場營運決策相關議題」。

十二月十三日　△臺南縣文化局主辦「2008南瀛文學獎」,舉行頒獎典禮,同時舉行「讀寫書南瀛圖書」及「南瀛叢書」新書發表會。

△中國時報主辦「第31屆時報文學獎」,假市長官邸藝文沙龍舉行頒獎典禮。

△國立台灣文學館舉辦「2008年台灣文學獎」頒獎典禮。

十二月十四日　△高雄市文化局主辦「2008高雄市文藝獎」,假高雄市立美術

館大廳舉行頒獎典禮，其中文學類得主彭瑞金。

十二月十六日　△王文華繪本《四季嬉遊記》，臺北縣新聞處出版。

十二月廿日　　△南投縣政府假文化局演講廳舉辦「第十屆玉山文學獎」等頒
　　　　　　　　獎典禮。

　　　　　　　△行政院新聞局主辦，政大公企中心承辦的「2008出版實務研
　　　　　　　　習」出版業營運管理與創新系列，邀請李易瑜主講「出版業
　　　　　　　　藍海策略」，洪欽鎮主講「兩岸出版市場的趨勢發展與營運
　　　　　　　　模式分析」。

十二月廿二日　△凱立國際資訊主辦，臺北市出版商業同業公會等協辦，假臺
　　　　　　　　北市國際會議中心舉辦「數位內容銷售版權管理服務」發表
　　　　　　　　會。

十二月廿三日　△新竹縣政府與周姵珊基金會假該府大禮堂舉行「2008年新竹
　　　　　　　　縣兒童文學獎」頒獎典禮。

　　　　　　　△林秀兒編著《多元文化繪本東南亞篇》共十冊繪本，二冊教
　　　　　　　　學指導手冊，臺北縣教育局出版。

十二月廿四日　△金石堂書店公佈二〇〇八年「年度出版風雲人物」為九歌
　　　　　　　　文化事業群創辦人蔡文甫及作家舒國治。十本「年度最具
　　　　　　　　影響力的書」：《Q＆A》、《世界上最快樂的人》、《目
　　　　　　　　送》、《吳永誌不一樣的自然養生法》、《我的孤兒寶
　　　　　　　　貝》、《第56號教室的奇蹟：讓達賴喇嘛、美國總統、歐普
　　　　　　　　拉都感動推薦的老師》、《轉山：邊境流浪者》、《最後的
　　　　　　　　演講》、《燦爛千陽》及《貨幣戰爭》。

十二月廿六日　△中華民國圖書出版事業協會、福建新華發行集團主辦，金門
　　　　　　　　縣文化局、金城國中協辦，假金城國中體育館舉辦「第三屆
　　　　　　　　金門書展」，展期五天。

十二月廿八日　△聯合報讀書人周報公佈「2008名家推薦童書」，少年小說
　　　　　　　　類：《穿條紋衣的男孩》、《巧克力戰爭》、《婚禮畫密
　　　　　　　　碼─遇見凡艾克》、《吹口哨的孩子王》、《永遠的信天
　　　　　　　　翁》；文字讀物類：《林良爺爺寫童年》、《童話莊子2：
　　　　　　　　無敵大劍客》、《象什麼……》、《金色的小鳥》、《我們
　　　　　　　　叫它粉靈豆──Frindle》、《自由與不自由》；圖畫書類：
　　　　　　　　《一園青菜成了精》、《山田家的氣象報告》、《山丘上的

石頭》、《抵岸》、《書的手藝人》、《博物館之書》。

十二月
△據經濟部商業司統計，截至本年年底止，登記的出版社為一萬零二家，圖書出版數為四萬一千三百四十一種。

△彭瑞金總編輯《2007台灣文學年鑑》，國立台灣文學館出版。

△葉澤山總編輯《第16屆南瀛文學獎專輯》，臺南縣文化局出版。

△曾煥鵬總編輯《2008年新竹縣吳濁流文藝獎得獎作品集》，新竹縣文化局出版。

△桃園縣文化局編輯《桃園縣第13屆文藝創作獎得獎作品集》，桃園縣文化局出版。

△吳海燕總編輯《臺北，請再聽我說！——第8屆外籍勞工詩文選集》，臺北市勞工局出版。

△林慶彰主編《民國文集叢刊第一編》（全一百五十冊），文听閣圖書公司出版。

△蕭蕭、李佳蓮編《錦連的時代——錦連新詩研究》，臺中晨星出版公司出版。

△張堂錡評論集《嬗變中的光影：現代中文文學研究論叢Ⅲ》、楊贊淦著《正心文集》，文史哲出版社出版。

△林鶴宜、許美惠著《淬煉——陳剩的演藝風華和她的時代》（傳記），臺北市文化局出版，為該局傳統藝術叢書第一冊。

△許素蘭著《給大地寫家書——李喬》、羅時瑋著《情境與心象——漢寶德》、顏綠芬著《臺灣的真情樂章——郭芝苑》（傳記），典藏藝術家庭公司出版。

△張時坤散文集《戀戀人生風景》、簡明雪著《怒海孤舟：一位體殘心不殘素人作詞家的故事》（傳記）、陳振盛總編輯《第10屆南投縣玉山文學獎得獎作品集》，南投縣文化局出版。

△許倬雲散文集《傅鐘回響：許倬雲先生臺大講學集》，臺灣大學出版中心出版。

△李昂、劉克襄、林文義等著《上好一村：十八個充滿Sun與

Hope的小鎮故事》，天下雜誌公司出版。

△陳三井散文集《臺灣近代史事與人物》，臺灣商務印書館出版。

△古蒙仁散文集《溫室中的島嶼》，三民書局出版。

△翁喆裕散文集《美味內心戲》、鍾怡雯評論集《內斂的抒情——華文文學評論》、呂秀蓮散文集《重審美麗島》、曾郁雯著《京都之心》（合集），聯合文學出版社出版

△蔡登山散文集《梅蘭芳與孟小冬》、楊富閔等著《邀黑面琵鷺跳一隻舞：2008全國台灣文學營創作獎得獎作品集》，INK印刻出版公司出版。

△丁秉鐩散文集《孟小冬與言高譚馬》、梅紹武、梅衛東編《梅蘭芳自述》（傳記），大地出版社出版。

△陳明磻散文集《幸福正在旅行——驚見台灣之美》，商周編輯顧問公司出版。

△栞涵散文集《一口快樂井》，正中書局出版。

△封德屏主編《台灣人文出版社30家》，文訊雜誌社出版。

△《向明集》、《朵思集》、《余光中集》、《巫永福集》、《李魁賢集》、《周夢蝶集》、《岩上集》、《林亨泰集》、《林宗源集》、《紀弦集》、《商禽集》、《張默集》、《陳千武集》、《陳秀喜集》、《覃子豪集》、《葉笛集》、《詹冰集》、《蓉子集》、《趙天儀集》、《錦連集》（以上皆為「台灣詩人選集」的個人詩集）、陳慕義、胡長松著《2008台灣文學獎得獎作品集》，國立台灣文學館出版。。

△高雄市立圖書館主編《放手，我想飛——高雄青年文選新詩集》、《淚水後的彩虹——高雄青年文選散文·小說集》，高雄市立圖書館出版。

△史哲主編《港埔遺落的鹹味——紅毛港新詩集》，高雄市文化局出版。

△顏艾琳詩文；楊宗鴻等攝影《林園詩畫光圈——林園與詩·寫真的邂逅》，臺北縣文化局出版。

△胡民祥詩集《台灣味青草茶》、陳奇雲著；陳瑜霞譯《熱

流》（詩集）、陳金順散文集《賴和價值一千籤》、江嵐散文集《阿婆个菜園》、陳瀅州評論集《七〇年代以降現代詩論戰之話語運作》、王鈺婷評論集《身體、性別、政治與歷史》、葉建良總編輯《第14屆府城文學獎得獎作品專集》，臺南市立圖書館出版。

△高世澤詩集《詩索海洋》、謝霜天詩集《投荒集》，澎湖縣文化局出版。

△余心樂小說集《洗錢大獨家》、黃大榮散文集《不用胭脂媚世人》、魏邦良散文集《隱痛與暗疾——現代文人的另一種解讀》、黃珍珍散文集《偷窺》、黃仁評論集《日本電影在臺灣》、廖惠珠評論集《拒絕游牧——流浪教師的修辭策略》、陳意爭評論集《圖畫與文字的邂逅——圖畫書中的圖文關係探索》、徐明明、徐跋騁著《父子談藝錄》，秀威資訊科技公司出版。

△沈石溪長篇小說《金雕：一隻獵雕的遭遇》，風雲時代出版公司出版。

△王安憶中篇小說《月色撩人》，麥田出版公司出版。

△王力雄長篇小說《黃禍：新世紀版》，大塊文化出版公司出版。

△楊風長篇小說《那年秋天》、莊華堂短篇小說集《紅毛古力》、何亭慧詩集《卡布納之灰》，唐山出版社出版。

△蔡文甫小說《女生宿舍》、嚴歌苓小說《白蛇》、廖輝英小說《紅塵再續》、黃光男散文集《流動的美感》、陳黎著《陳黎散文選：1983～2008》，九歌出版社出版。

△范銘如編著《青少年台灣文庫II——小說讀本1：穿過荒野的女人》、陳芳明編著《青少年台灣文庫II——小說讀本2：約會》、郝譽翔編著《青少年台灣文庫II——小說讀本3：袋鼠族物語》、范銘如編著《青少年台灣文庫II——小說讀本4：我的幸福生活就要開始》，向陽編著《青少年台灣文庫II——新詩讀本1：春天在我血管裡歌唱》、《青少年台灣文庫II——新詩讀本2：太平洋的風》、李敏勇編著《青少年台灣文庫II——新詩讀本3：天門開的時候》、

《青少年台灣文庫 II ── 新詩讀本4：我有一個夢》，吳晟
主編《青少年台灣文庫 II ── 散文讀本1：遊戲開始》、
路寒袖主編《青少年台灣文庫 II ── 散文讀本2：狂歌正少
年》、楊翠主編《青少年台灣文庫 II ── 散文讀本3：希望
有一天》、《青少年台灣文庫 II ── 散文讀本4：美麗的陷
阱》，國立編譯館出版。

△胡晴舫小說《人間喜劇》、葉李華小說《乍現》、黃願小說
《遙不可及的悲憐》，皇冠文化出版公司出版。

△洪茲盈短篇小說集《無愛練習》，寶瓶文化公司出版。

二〇〇九年

一月一日　　　　△臺灣首家同志書店10周年，推薦10本同志好書。包括：《性
工作：妓權觀點》、《揚起彩虹旗》、《親愛的爸媽，我是
同志》、《我的好友異性戀》、《惡女書》、《去公司上
班：新公園男同志的情慾空間》、《藍調石牆T》、《趴場
人間》、《灰階・彩虹》、《批判的性政治》等。

一月四日　　　　△中國時報開卷周報「2008開卷好書獎」揭曉，美好生活書：
《一個外科醫師的抗老秘方》（時報）等十本；最佳青少年
圖書：《巧克力戰爭》（遠流）等五本；最佳童書：《艾蓮
娜的小夜曲》（典藏藝術家庭）等六本；並自六日起假誠品
書店信義店舉辦六場「開卷好書獎・誠品信義店講座」。

一月六日　　　　△海峽兩岸出版交流中心假北京舉辦「海峽兩岸出版界聯誼
會」，以加強出版與文化交流合作項目。

一月十二日　　　△誠品書店執行副總經理吳旻潔出席「扭轉視界，蛋生閱讀新
體驗」時指出，誠品已接手江西、北京、雲南等三地新華書
店的文化物流業務，並評估投資開設書店，或以品牌授權方
式，讓誠品跨出臺灣市場。

△彭懷恩主編《台灣名人百科2008～2009》，風雲論壇雜誌社
出版，選出馬英九、彭淮南、證嚴法師及林懷民等人，為政
治、經濟、社會及文化等四大類年度典範名人，並於十九日
舉辦新書發表會。

一月十四日　△台灣數位出版聯盟主辦，國家圖書館合辦，假國家圖書館國際會議廳舉辦「台灣數位出版高峰論壇：交織夢想——共創數位出版新主張」。

一月十五日　△《老夫子》慶祝四十五周年，在臺灣出版《老夫子》月刊。

一月十七日　△中正大學教授王瓊玲假嘉義梅山鄉舉行小說《美人尖：梅仔坑傳奇》（三民）新書發表會，並將永久版稅捐給梅山文教基金會。

一月十八日　△《亞洲週刊》公佈「2008年中文十大非小說好書」，計有：金觀濤、沈志華等《中華人民共和國史》（香港、大陸）、楊繼繩《墓碑》（大陸）、胡平《情報日本》（大陸）、顧玉玲《我們：移動與勞動的生命記事》（臺灣）、汪暉《去政治化的政治》（大陸）、陳若曦《堅持‧無悔》（臺灣）、吳曉波《激盪三十年》（大陸）、龍應台《目送》（臺灣）、李子玉《憂鬱病，就是這樣》（香港）、陳家毅《城市磁場》（新加坡）。

一月廿五日　△《亞洲周刊》公佈「2008年全球十大華文小說」，計有：李永平《大河盡頭》（馬來西亞）、哈金《自由生活》（美國）、駱以軍《西夏旅館》（臺灣）、蔣子龍《農民帝國》（大陸）、朱天文《巫言》（臺灣）、王曉方《駐京辦主任》（大陸）、裘小龍《紅塵歲月》（美國）、嚴歌苓《小姨多鶴》（美國）、閻連科《風雅頌》（大陸）、韓麗珠《風箏家庭》（香港）。

一月　　　△張靚蓓著《電影靈魂深度的溝通者——廖慶松》、徐開塵著《劇場追夢人——林璟如》（傳記），典藏藝術家庭公司出版。

　　　　　△陳文龍傳記《杏林深耕四十年》，臺灣商務印書館出版。

　　　　　△楊渡著《簡吉——台灣農民運動史詩》（傳記），南方家園文化公司出版。

　　　　　△九把刀散文集《這些年，二哥哥很想你》，春天出版社出版。

　　　　　△蔡惠美小說《天空永不變》、《與我同心》，徐明明散文集《吟夢心語》、許靜文評論集《臺灣青少年成長小說中的反

成長》，秀威資訊科技公司出版。

△李俊明散文集《城市‧愛情‧對手戲》，圓神出版社出版。

△小野、李亞散文集《面對──小金剛世代與野草莓世代的深情對話》，麥田出版公司出版。

△隱地散文集《回頭》、曾琮琇評論集《台灣當代遊戲詩論》、孫學敏評論集《存在與超越──論隱地的詩歌世界》，爾雅出版社出版。

△王壽來散文集《公務員快意人生》，九歌出版社出版。

△陳文茜散文集《亂世佳人》、劉墉散文集《劉墉生活Café──8分鐘教你應對進退》，時報文化出版公司出版。

△李欣倫散文集《重來》、簡宛散文集《愛的協奏曲──用三圓教好孩子》，聯合文學出版社出版。

△馬家輝散文集《他們──關於這個時代的一些臉容和成敗》、彭怡平散文集《她的故事──世界女性群像之一》，遠景出版公司出版。

△黃信恩散文集《生活十講》，寶瓶文化公司出版。

△向明著；董心如畫《生態靜觀》（詩畫集）、簡媜總策劃；石憶整理《吃朋友》（散文集）、周志文散文集《同學少年》、張道藩散文集《警察故事3：奇努南》，INK印刻出版公司出版。

△雨弦著；錦連日譯《生命的窗口》（中日對照詩集），高雄春暉出版社出版。

△張菱艤詩集《跣足舞者──綸音》，九歌出版社出版。

△李昂長篇小說《七世姻緣之台灣──中國情人》，聯經出版事業公司出版。

△劉大任中篇小說集《晚風細語》，聯合文學出版社出版。

二月三日　　　△「2009臺北國際書展」假臺北世貿展館開幕，參展國家數四十一國，外國出版社五百七十八家，國內出版社三百二十八家，主題國為「泰國國家館」。舉辦「亞洲出版論壇」、「專業編輯研討會」。

二月四日　　　△國家圖書館假該館閱覽大廳舉辦「台灣出版TOP2008代表性圖書」展覽，至三月卅一日止，國內一百零七家出版社應邀

自薦二〇〇八年出版最具代表性圖書一百九十九種參展。

△第二屆「2009臺北國際書展大獎」小說類得主劉克襄《永遠的信天翁》，非小說類得主嚴長壽《我所看見的未來》。

△聯合線上udn數位閱讀網舉行「未來閱讀進行式——閱讀器的時代來了！」論壇。

△「2009臺北國際書展」舉辦「閱讀的施政理念高峰論壇」、「童書出版論壇」、「數位出版論壇」。

二月五日　　△Google書籍搜尋行動團隊宣布，開始為手機版書籍搜尋提供一百五十萬本的免費電子書。

△行政院新聞局假動漫館舉辦「九十七年劇情漫畫獎」頒獎典禮，一般組首獎：沈穎杰《柯普雷的翅膀》；新人組優勝：葉羽桐《烈士》；最佳劇情獎：沈穎杰《柯普雷的翅膀》。

△行政院新聞局假展館1館舉辦「2009金蝶獎——台灣出版設計大獎」頒獎典禮，「封面設計獎」金獎得主天下遠見出版公司《奧美創意解密》設計者盧正，「整體美術與裝幀獎」金獎得主王志弘《銀色的月亮》。

△「2009臺北國際書展」舉辦「書籍設計論壇」。

二月十日　　△邱各容接任臺北市出版商業同業公會《出版界》總編輯。

二月十二日　△誠品書店推出《誠品‧學》月刊，以「閱讀，不能罷免」為主題。

二月十四日　△南投縣文化局假中興新村虎山藝術館舉行《南投縣文學家作品集》第十五輯新書發表會，發表黃宏介《雙花豔吟草》、簡明雪《怒海孤舟》及張時坤《戀戀人生風景》等三本作品。

二月十五日　△台灣國際角川書店假臺北市六福皇宮舉行「第一屆台灣角川輕小說大賞暨插畫大賞」頒獎典禮，「輕小說大賞」金賞為久遠《罌籠葬》，「插畫大賞」第一組和第二組畫作描繪作品金賞為竹官@CIMIX《幽‧靈幻術師》、《灼眼的夏娜》。

二月十六日　△國立台灣文學館舉行《2007台灣文學年鑑》新書發表會。

二月十八日　△財團法人楚戈文化藝術基金會與阿含宗基金會共同舉辦楚戈《龍史：亞洲文明的共同象徵》新書（評論集）發表記者會

與導讀會。

二月廿四日　△皇冠文化出版公司出版張愛玲自傳體小說《小團圓》。

二月廿五日　△前《書評書目》主編、作家陳恒嘉辭世，得年五十五歲。

二月廿六日　△陳郁秀總策劃；遠流出版事業公司出版呂鈺秀、徐枚玲、陳麗琦等編的《臺灣音樂百科辭書：第一部完整呈現臺灣音樂文化400年的百科工具書》，本書為以臺灣觀點出發的音樂百科全書，計分原住民、漢族傳統、當代、流行音樂等四大篇章，逾二百萬字，共收錄二千三百九十一個詞條。

二月　　　△蘇昭旭著《臺灣鐵路火車百科：台鐵‧高鐵‧捷運完整版》，人人出版公司出版。

　　　　　△教育部編《教育部97年「用咱的母語寫咱的文學——用恩兜个母語寫恩兜个文學創作獎」作品集》，教育部出版。

　　　　　△陳添壽、蔡泰山著《台灣經濟發展史》，蘭臺出版社出版。

　　　　　△康原編《台灣童謠園丁——施福珍囡仔歌研究》，臺中晨星出版公司出版。

　　　　　△陳大為評論集《中國當代詩史的典律生成與裂變》、《馬華散文史縱論（1957～2007）》、鍾怡雯評論集《馬華文學史與浪漫傳統》，萬卷樓圖書公司出版。

　　　　　△雷震著《「我的母親」續篇手稿——雷震回憶錄》（傳記‧二冊），吳三連台灣史料基金會出版。

　　　　　△林黛嫚著《李行的本事》（傳記），三民書局出版。

　　　　　△聖嚴法師著《雪中足跡——聖嚴法師自傳》，三采文化出版公司出版。

　　　　　△曾永義等著《愉快人間》，國語日報社出版。

　　　　　△聖嚴法師口述；李菊慧採訪整理《歡喜看生死》，法鼓文化公司出版。

　　　　　△郝明義散文集《一隻牡羊的金剛經筆記》，網路與書公司出版。

　　　　　△陳祖彥主編《成功的背後：所有的逆境都是機會》，臺灣商務印書館出版。

　　　　　△丘引散文集《我的肯定句媽媽》，寶瓶文化公司出版。

　　　　　△蔣勳散文集《感覺十書：蔣勳談美》，聯經出版事業公司出

版。

△郝廣才散文集《愛情不用這麼瞎》，皇冠文化出版公司出
版。

△葉于模散文集《創造好運吸引力》，健行文化出版公司出
版。

△黃河南散文集《手之書》、郭正佩散文集《希臘‧村上春
樹‧貓》、李鼎散文集《這樣也不賴》、潘煊散文集《慢行
聽禪—殷琪問法‧聖嚴解惑》，天下遠見出版公司出版。

△蔣勳散文集《生活10講》、林文義散文集《迷走尋路》，聯
合文學出版社出版。

△周芬伶散文集《青春一條街》、游乾桂散文集《天使補習
班》，九歌出版社出版。

△黃大榮中篇小說《金手錶》、阡陌散文集《跨界行旅——攝
掠南疆、尼泊爾》、張石山散文集《穿越——文壇行走三十
年》、王立散文集《邂逅——曾經的悅讀》、邢小群評論集
《丁玲與文學研究所的興衰》、眉睫評論集《朗山筆記——
現當代文壇掠影》、朱嘉雯評論集《追尋，漂泊的靈魂——
女作家的離散文學》、栞涵著《沉思的百合》（合集），秀
威資訊科技公司出版。

△柯品文小說《異鄉人》、路寒袖詩集《何時，愛戀到天
涯——義大利‧行旅‧攝影‧情詩》，遠景出版公司出版。

△那多小說《變形人》、簡錦錐口述；謝祝芬撰文《武昌街一
段七號：他和明星咖啡廳的故事》（傳記），圓神出版社出
版。

△張大春長篇小說《富貴窯》、米果散文集《綠豆椪的偏
見》、吳若權散文集《做感情女王，別做戀愛女僕！》，時
報文化出版公司出版。

△藍弋丰長篇小說《明騎西行記》、欣西亞散文集《飄洋過海
追上你》、李瑾倫散文集《靠窗的位子，光線剛好：我在英
國皇家藝術學院》，大塊文化出版公司出版。

三月三日　　△藝術家出版社出版北京故宮博物院院長鄭欣淼《天府永藏：
兩岸故宮博物院文物藏品概述》，假臺北舉行新書發表會。

三月四日　　　　△九歌出版社舉行「97年度文學獎」頒獎典禮，散文獎得主曾
　　　　　　　　　麗華《我寂寞故我在》、小說獎得主賴香吟《暮色將至》、
　　　　　　　　　童話獎得主山鷹《遠遠和近近》。

三月五日　　　　△貓頭鷹出版社出版臺灣大學海洋研究所戴昌鳳、洪聖雯合著
　　　　　　　　　《台灣珊瑚圖鑑》新書發表會，收錄台灣石珊瑚類二百八十
　　　　　　　　　一種、八放珊瑚類六十一種相關資料，並以六百幅海底攝影
　　　　　　　　　全彩照片，呈現臺灣珊瑚的瑰麗風貌。

三月七日　　　　△行政院客委會、桃園縣政府共同補助興建，首座以客家出版
　　　　　　　　　品為典藏重點的圖書館「桃園縣新屋鄉客家文化圖書館」正
　　　　　　　　　式啟用。

三月八日　　　　△二二八事件紀念基金會出版《濁水溪畔二二八：口述歷史訪
　　　　　　　　　談錄》新書發表會。

三月九日　　　　△財團法人臺北市巫永福文化基金會主辦的「2009巫永福三
　　　　　　　　　大獎」揭曉，文學獎得主王聰威《濱線女兒：哈瑪星思戀
　　　　　　　　　起》、文學評論獎得主阮美慧《戰後台灣「現實詩學」研
　　　　　　　　　究──以笠詩社為考察中心》、文化評論獎得主林保華《一
　　　　　　　　　個中國人的台灣情》。

三月十二日　　　△香港中國文化協會中山圖書館捐贈八千餘冊館藏線裝古書給
　　　　　　　　　國立故宮博物院，包括二千餘冊《清人文集》、四千餘冊
　　　　　　　　　《四部叢刊》、清光緒年間印製的《杜工部集》，及一百三
　　　　　　　　　十卷以日本紙印刷的《增訂史記評林》。
　　　　　　　　△誠品書店慶祝二十周年，啟動「閱讀分享計畫」，廣邀讀者
　　　　　　　　　捐出不再閱讀的書，透過循環閱讀為書籍創造再生價值，並
　　　　　　　　　主動將書送給最需要的地方。

三月十二日　　　△德國萊比錫書展，國內出版業者首度以「台灣館」參展，展
　　　　　　　　　現近年出版成果，至十五日止。

三月十四日　　　△財團法人國家展望文教基金會出版呂秀蓮《透視319：一個
　　　　　　　　　真相，一個台灣。》
　　　　　　　　△誠品書店陸續假臺中中友店、臺南長榮店、高雄大遠百店舉
　　　　　　　　　辦羅文輝、蘇蘅、林書煒等作《主播解碼：當上主播的第一
　　　　　　　　　本書》（臺灣商務）讀者分享簽書會，至二十一日止。

三月十八日　　　△臺灣商務印書館舉辦港千尋《文字的眾母親：活版印刷之

旅》簽書會。

△臺北市出版商業同業公會規劃「何氏出版八堂課」講座,邀請城邦出版集團首席執行長何飛鵬假城邦出版集團開設系列課程,至五月十六日結束。首堂為「圖書銷售基本原理」。

三月廿一日 △行政院新聞局主辦,政治大學公企中心協辦,假該中心舉辦「出版業市場經營研習營」。

三月廿二日 △時報文化出版公司主辦,臺北市立圖書館合辦,中國時報人間副刊協辦,假臺北市立圖書館總館舉辦「米果·私生活意見《綠豆椪的偏見》新書座談」。

△臺北市誠品書店信義店舉辦李國鼎《這樣也不賴》(天下遠見)、郭正佩《希臘·村上春樹·貓》兩場新書分享會。

三月廿三日 △「第四十六屆義大利波隆納兒童書展」展期四天,臺灣以「東方小美人」主題參展,展出二十一家出版社、四百餘本書籍,推出臺灣歷年入選的二十四位插畫家回顧展。吳欣憓以《熊貓躲在哪裡》為題,入選今年的波隆納插畫展。

三月廿五日 △台灣數位出版聯盟、國家圖書館主辦,臺北市出版商業同業公會等協辦,假國家圖書館舉辦「數位內容未來大趨勢——連結你我·連結網路·連結全世界」。

△出版人、作家曹又方病逝臺大醫院,享年六十七歲。

三月廿六日 △臺南縣政府與青林國際出版公司出版的陳麗雅《曾文溪的故事》入選第一屆韓國CJ圖畫書特展第一階段初選百本最佳圖畫書。

△中華民國圖書發行協進會舉行第九屆理監事改選,現任理事長傅春生獲得連任。

三月廿六日 △「2009年泰國曼谷國際書展」,台灣館主題為「台灣:故事之島Taiwan, an Island of Stories」分十大主題書區。

三月廿八日 △臺北市立圖書館舉辦「2008好書大家讀年度最佳少年兒童讀物」頒獎典禮,共有八十四種圖書獲獎,並出版《2008好書指南》。

三月 △國家圖書館參考組編輯《五四運動論著目錄初稿》,國家圖書館出版。

△吳柳蓓等著《第11屆臺北文學獎得獎作品集》,臺北市文化

局出版。

△陳恒嘉等著《飄撇‧堅心──阿嘉紀念文集》，國立台灣文
學館出版。

△蔡政文主編《2009年台灣展望》財團法人國家政策研究基金
會出版。

△傅博評論集《謎詭‧偵探‧推理──日本推理作家與作
品》，獨步文化出版。

△朱雙一評論集《百年台灣文學散點透視》，海峽學術出版社
出版。

△皮耶‧巴亞德著；郭寶蓮譯《不用讀完一本書：不用讀書，
一樣能談書?!》，商周文化公司出版。

△歐宗智評論集《透視悲觀人生──小說評論與賞析》，臺灣
學生書局出版。

△江寶釵、林鎮山主編《泥土的滋味──黃春明文學論集》，
聯合文學出版社出版。

△單國璽口述；蘇怡任著《活出愛──單國璽樞機主教的傳奇
故事》，啟示出版社出版。

△張學良口述；唐德剛著《張學良口述歷史：一本未完成的回
憶錄》，遠流出版事業公司出版。

△何智霖編《陳誠先生書信集──與友人書》（上、下），國
史館出版。

△陳晞如譯《兒童戲劇──寫作、改編、導演及表演手冊》，
華騰文化公司出版。

△陳銘磻散文集《開往北海道的幸福列車》，華成圖書出版公
司出版。

△潘煊紀實《聖嚴法師最珍貴的身教》，天下遠見出版公司出
版。

△翟秀蘭散文集《心痕履影》，文史哲出版社出版。

△歸人編《楊喚全集II》（散文），洪範書店出版。

△詹宏志散文集《偵探研究》，馬可孛羅文化出版。

△吳清和散文集《為小吃走天涯》、焦桐主編《味覺的土風
舞──「飲食文學與文化國際學術研討會」論文集》，二魚

文化事業公司出版。

△葉輝、馬家輝主編《活在書堆下——我們懷念羅志華》，花千樹出版社出版。

△王鼎鈞著《文學江湖——王鼎鈞回憶錄四部曲之四》、凌性傑散文集《2008／凌性傑——美麗時光》，爾雅出版社出版。

△王力雄散文集《天葬——西藏的命運》，大塊文化出版公司出版。

△戴晨志散文集《一生難忘的感動——動人心弦的故事精選》、劉黎兒散文集《結了婚還想戀愛》，時報文化出版公司出版。

△李敏勇編《自由星火——鄭南榕殉道20週年紀念詩集》，玉山社出版。

△周策縱等著《花開並蒂》（詩集），萬卷樓圖書公司出版。

△周慶華詩集《新福爾摩沙組詩》、岩上詩集《漂流木》、陳子善散文集《上海的美麗時光》、李劼散文集《中國八十年代文學歷史備忘》、鄭連根散文集《故紙眉批——一個傳媒人的讀史心得》、張偉散文集《紙韻悠長——人與書的往事》、紀果庵著《簧軒雜記——紀果庵散文選》、敬文東著《頹費主義者的春天——敬文東隨筆集》、陳正茂著《各擅風騷——民國人和事》（傳記）、江燦騰著《江燦騰自學回憶錄——從失學少年到台大文學博士之路》（傳記）、趙銳著《祭壇上的聖女——林昭傳》、許秦蓁評論集《時／空的重組與再現——臺灣文學與城市論述》、敬文東評論集《失敗的偶像——魯迅批判》、《事情總會起變化——以中國共產黨黨史小說《紅岩》為中心》、《流氓世界的誕生——金庸作品中的四重世界》、古繼堂評論集《臺灣新文學理論批評史》、高前評論集《編劇的前置作業——六十年廣播電視編輯經驗實錄》，秀威資訊科技公司出版。

△郭漢辰著《第6屆鳳邑文學獎得獎作品集‧長篇小說——突圍》、李芙萱著《第6屆鳳邑文學獎得獎作品集‧長篇小說——骨》、戴天亮著《第6屆鳳邑文學獎得獎作品集‧長

篇小說——漁寮啟示錄》、王希成詩集《安靜生疼》、李鳴盛散文集《台灣采風錄》、鍾理和著《鍾理和文選》、柯品文等著《第6屆鳳邑文學獎得獎作品集‧文學貢獻獎、現代詩、散文、短篇小說》、劉依依等著《第6屆鳳邑文學獎得獎作品集‧舞台劇、歌仔劇、皮影劇劇本》、鍾理和著；鍾怡彥主編《新版鍾理和全集》（8冊），高雄縣文化局出版。

△歐陽靖中篇小說《吃人的街》，INK印刻出版公司出版。

△袁紅冰長篇小說《金色的聖山》、唯色評論集《鼠年雪獅吼——2008年西藏事件大事記》，允晨文化實業公司出版。

△章成中篇小說《絕望中遇見梅爾達》，方智出版社出版。

△那多長篇小說《紙嬰》，圓神出版社出版。

△柴春芽長篇小說《西藏紅羊皮書》、陳芳明散文集《昨天未晚》、呂政達散文集《異考錄：一個作家的玩物壯志論》，聯合文學出版社出版。

△謝曉昀長篇小說《惡之島——彼端的自我》，臺灣商務印書館出版。

△謝里法長篇小說《紫色大稻埕》，藝術家出版社出版。

△季季主編《97年小說選》、周芬伶主編《97年散文選》、廖輝英散文集《先說愛的人，怎麼可以先放手》，九歌出版社出版。

四月一日　　△紀伊國屋書店推出「閱讀世界之最」二〇〇九世界讀書日主題展，包括：知識啟蒙養成區與世界經典文學區等兩大主題書區，展出二百五十多種中、英、日文精選書籍。

△臺北市出版商業同業公會規劃「何氏出版八堂課」講座，邀請城邦出版集團首席執行長何飛鵬開設系列課程。第二堂課「圖書的生產流程」。

△劉俊余、陳素秋著《我的筆衣罐：一個肯納青年的繪畫課》，心靈工坊出版，假臺北市學校咖啡館舉行新書發表會，十八日，假誠品書店宜蘭店舉行新書發表會。

四月二日　　△桃園縣政府於該縣文化局舉辦「桃園兒童閱讀月」活動，至二十六日止。

　　　　　　　　△由五十餘家出版社組成的臺北捷運中山地下街「臺北童書城」開幕，分為十六區，包括外文館、兒童視聽館、玩具館等。

四月六日　　　△歷史學家蔡石山教授於國立交通大學發表新書*Maritime Taiwan: Historical Encounters with the East and the West*《海洋的臺灣：歷史上跟東洋和西洋的交接》，以宏觀角度，述說臺灣島四百年來的歷史演變與發展。

四月八日　　　△臺北市出版商業同業公會規劃「何氏出版八堂課」講座，邀請城邦出版集團首席執行長何飛鵬開設系列課程。第三堂課「如何選書」。

四月九日　　　△若水堂大陸圖書聯鎖店與大陸當當網達成協定，若水堂書店銷售當當網大陸書籍，當當網將進行資料庫支援，提供更方便的服務。

四月十二日　　△信誼基金會主辦「第21屆信誼幼兒文學獎」，假國立中央圖書館臺灣分館舉行頒獎典禮。

四月十三日　　△國家圖書館七十五週年慶，該館出版《國家圖書館年報2008：75周年禮讚》、《臺灣早期農村生活：何慧光攝影集》、《日治時期的臺中》與三書，以及《國家圖書館2009～2010中程發展策略計畫》來慶生。

四月十六日　　△國立中正圖書館舉辦「台灣女性文學作家」主題書展，作家李昂受邀主講「愛情‧性‧歷史」，並舉辦《七世因緣之台灣／中國情人》（聯經）簽書會。

四月十八日　　△墾丁國家公園管理處舉辦「來自國境之南的書香——探索墾丁國家公園、閱讀自然」系列活動，何華仁受邀以「自然觀察與閱讀」為題發表專題演講與作品簽書會。

　　　　　　　　△臺中縣文化局配合世界書香日，舉辦「書香‧花香滿中縣」活動。

　　　　　　　　△漸凍人陳宏假臺北市立聯合醫院忠孝院區舉辦《自在的少水魚》（香海文化）新書發表會。

　　　　　　　　△秀威資訊科技公司於國家書店藝文空間舉辦「流布散淡恍惚間——岩上的詩與生活」，岩上《漂流木》新書發表會。

四月十九日　　△高雄市文化局假文學館樹下廣場，為曾貴海舉辦《湖濱沉

思》詩集首發與談話會。

△出版人沈雲聰主持讀書節目「BookTV」假東森財經台開播。

△香港商務印書館假商務印書館尖沙咀圖書中心——美麗華旗艦店舉辦「台港兩地跨地閱讀經驗與回顧」對談會，臺灣的詹宏志與香港的陳冠中、陳萬雄受邀分享六十至七十年代跨地閱讀經驗對其影響。

四月廿日　　　△聯合線上udn數位閱讀網與中華民國圖書發行協進會假臺北市龐畢度國際會議中心，舉辦「2009數位出版·曙光年系列論壇」，第一場：「出版業、平面媒體影音發展生存之道」。

△聯合發行公司《聯合發行電子報》創刊，每周一出刊，內容為最新出版訊息及作家生活等國內或國外出版動態。

四月廿一日　　△立法院三讀通過「著作權法修正案」，增訂第九十條之四條款，規定網路使用者出現侵權行為，接到網路服務業者告知侵權，一旦違規累積達三次，網路服務業者即應對其終止全面或部分服務；而遭侵權的著作人則對侵權使用人提出告訴，此項規定俗稱「三振條款」，也通過「責任避風港條款」。

四月廿三日　　△世界書香日，全臺各地廣為推廣閱讀活動。國家圖書館與國家文官培訓所聯合舉辦「2009世界閱讀日：閱讀推廣活動」。

臺北縣政府與信誼基金會合作「臺北縣新生兒閱讀起步走」閱讀活動。

南投縣政府除完成「一鄉一書庫」，並舉辦「愛閱家庭—親子共讀」講座。

花蓮縣文化局舉辦「2008好書大家讀年度最佳少年兒童圖書展」等特展活動。

宜蘭縣政府舉辦「2009蘭陽、閱讀、四月天」系列活動。

△臺北市出版商業同業公會假臺北市非政府組織（NGO）會館，邀請國家圖書館ISBN中心主任曾堃賢主講「掌握出版新知，創造三贏新境界——每日預告書訊與新書出版資訊服

務」。

△曹又方遺作《瀟灑過情關》（散文集）及其子李煒散文集
《碎心曲》，聯合文學出版社出版。

四月廿六日　　△中華民國圖書出版事業協會、中國出版工作者協會假山東濟
南舉辦「第五屆兩岸傑出青年出版專業人才研討會」。分別
討論兩岸兒童圖書、教輔類圖書等各類圖書市場實務、出版
營銷等各面向的問題。

△《聯合報》「讀書人」專版停刊。二十七日，《好讀周報》
創刊。

四月　　　　　△薛仁明評論集《胡蘭成・天地之始》，如果出版社出版。

△聖嚴法師、丹・史蒂文生著；梁永安譯《牛的印跡——禪修
與開悟見性的道路》，商周文化公司出版。

△李昭明散文集《走出死蔭的幽谷——給天國兒子的信》，臺
中白象文化公司出版。

△李敏勇散文集《海角，天涯，台灣——心境旅行・詩情散
步》，圓神出版社出版。

△汪俊羽、徐佩瑜散文集《相約345天——兩個人的環遊世界
之旅》，遠景出版公司出版。

△林蒼生散文集《隨便想想》，天下雜誌出版公司出版。

△林麗琪散文集《我的自然調色盤》、證嚴法師著；余方、徐
荷、林慈盈輯錄《靜思語的智慧人生》，天下遠見出版公司
出版。

△蕭蕭主編《溫情的擁抱：經典親情散文集》、歐陽釧主編
《夢想起飛》，幼獅文化事業公司出版。

△廖亦武散文集《地震瘋人院——2008.5.12四川大地震記
事》、吳詠慧散文集《哈佛瑣紀》，允晨文化實業公司出
版。

△張尊禎散文集《台灣糕餅50味：舌尖上的懷舊旅行》、李偉
文散文集《傾聽自己的鼓聲》，遠流出版事業公司出版。

△吳淡如散文集《人氣管理幸福學》、伍佰散文集《伍佰。故
事》，時報文化出版公司出版。

△李清志散文集《台灣建築不思議——都市偵探李清志的另類

建築觀察》，馬可孛羅文化公司出版。

△莊祖宜散文集《廚房裡的人類學家》、孫書恩等著《會飛的書包—騎著學習掃帚的交換學生》，大塊文化出版公司出版。

△楊牧散文集《奇萊後書》，洪範書店出版。

△陳黎詩集《輕／慢》、焦桐主編《2008臺灣飲食文選》、須文蔚評論集《臺灣文學傳播論——以作家、評論者與文學社群為核心》，二魚文化事業公司出版。

△嚴忠政詩集《玫瑰的破綻》，寶瓶文化公司出版。

△陳長慶長篇小說《西天殘霞》、傅予詩集《傅予詩選—螢火蟲詩集》、趙淑俠散文集《忽成歐洲過客》、寒玉散文集《島嶼記事》、褚昱志評論集《皇民文學與反皇民文學之研究》，秀威資訊科技公司出版。

△莫言著《藏寶圖——莫言中篇小說精選Ⅱ》，麥田出版公司出版。

△劉大任小說《殘照》、張耀主編《新上海主義——時髦K線圖／販賣幸福的小店》、《新上海主義——優雅過生活／最in玩樂吃喝地圖》，聯合文學出版社出版。

△袁瓊瓊第一本創作小說集《或許，與愛無關》、傅佩榮散文集《不同季節的讀書方法》、何寄澎散文集《等待》，九歌出版社出版。

△葉李華主編《笨小孩——倪匡科幻獎作品集（三）》，貓頭鷹出版公司出版。

△陳雪長篇小說《附魔者》、商禽著《商禽詩全集》，INK印刻出版公司出版。

五月一日　　△國立交通大學浩然圖書館「浩然藝文數位典藏學習與推廣計畫」，重新出版蓉子《童話城》繪本，並將其製成電子書。

五月四日　　△《天下雜誌》假臺北市書香花園舉辦統一集團總裁林蒼生《隨便想想》新書發表會。

五月六日　　△雲林科技大學文獻數位典藏中心發表「電子書自動化系統及其製作方法」發明專利，將可為出版產業開創新的商業模式。

五月九日	△行政院新聞局主辦，政治大學公企中心協辦「九十八年出版實務研習營——出版業財務管理研習營」，邀請臺大財管系林基煌教授主講「財務報表輕鬆讀」；中華民國圖書發行協進會理事長傅春生主講「財務風險管控」。
五月十日	△行政院文建會贊助，九歌文教基金會主辦「第十七屆九歌現代少兒文學獎」得獎名單揭曉。文建會特別獎得主蕭逸清《回到星海》，評審獎得主楊欣樺《帽子店的秘密》，推薦獎得主賴曉珍《我愛羅莉塔》；另榮譽獎五名。
五月十一日	△江明修、丘昌泰主編《客家族群與文化再現》、江明修著《研究方法論》二書，由中央大學客家學院出版，被視為客家研究的專著。
五月十四日	△行政院觀光局廣徵全球各國旅遊達人來臺活動，並出版旅臺日籍作家青木由香《寵愛女性手冊》遊臺手冊。
	△行政院會通過「創意台灣——文化創意產業發展專案」。
五月十六日	△板橋市公所主辦，青林國際出版公司協辦，假板橋市立圖書館四維分館舉辦「經典好好玩，我的20堂經典文學課」系列課程，盧本文受邀主講「如何用經典文學提升孩子的閱讀力」。
	△財團法人毛毛蟲兒童哲學基金會假該會舉辦劉旭恭繪本《到烏龜國去》（和平國際文化）、《小紙船》（星月書房）二書簽書會。
五月十八日	△政大出版社、政治大學國家發展研究所主辦，假該校舉辦童振源著《東亞經濟整合與台灣的戰略》新書發表座談會。
	△臺中市文化局、青林國際出版公司主辦，假臺中市忠信國小舉辦《大墩圖畫書》第二集新書發表會，包括劉清彥《向夢想前進的女孩》、米雅《春天在大肚山騎車》與莊世瑩《穿山甲的故事地圖》等三書。
五月十九日	△中華民國圖書出版事業協會與福建省外文書店合資成立「金門書櫃」，假福建省福州市閩台書城舉行開幕儀式。
五月廿日	△黃春明發表《黃春明作品集》（聯合文學），收錄舊作《看海的日子》、《兒子的大玩偶》、《莎喲娜拉》、《等待一朵花的名字》、《放生》等五本；同時匯集新作及未結集文

集，編成小說集《沒有時刻的月臺》、散文集《九彎十八拐》、《大便老師》等三本，全套共八本。

△國立編譯館「九十八年優良漫畫評選」結果揭曉，甲類（已出版）第一名黃耀傑《小王子》（福地版）；乙類（未出版）優勝楊婷雅《狗・屋》等三名。

五月廿一日　　△台灣數位出版聯盟主辦，臺北市出版商業同業公會、中華民國圖書發行協進會等協辦，假臺北市青年救國團總團部501會議室舉辦「掀起變革行動　開啟出版新閱章——數位出版未來流程」會議，探討數位出版未來流程。

五月廿三日　　△日本淳久堂書店進駐天母SOGO百貨公司。

五月廿七日　　△板橋市公所主辦，青林國際出版公司協辦，假板橋市立圖書館四維分館舉辦「經典好好玩，我的20堂經典文學課」系列課程，朱秀芳受邀主講「《我的20堂經典文學課》創意教案設計分享」。

五月廿八日　　△女詩人席慕蓉假內蒙古自治區呼和浩特市簽售兩部散文集《追尋夢土》與《蒙文課》（作家）。

五月廿九日　　△二魚文化事業公司舉辦向陽主編《2008：臺灣詩選》新書出版會，詩人張默與鴻鴻分獲「年度詩獎」。

五月　　　　　△白先勇策劃《色膽包天玉簪記——琴曲書畫崑曲新美學》，天下遠見出版公司出版。

△黃秋芳創作坊編著《鍾肇政青春顯影：桃園縣客家文化館鍾肇政文學研習營》，桃園縣文化局出版。

△林文韵、施沛好譯《兒童文學理論與應用》，心理出版社出版。

△梁寒衣散文集《我們體內的提婆達多——菩薩道上的棘刺》，香海文化公司出版。

△鄭華娟散文集《愛的小動作》，圓神出版社出版。

△李黎散文集《悲懷書簡》，INK印刻出版公司出版。

△楊小雲散文集《欣賞別人・肯定自己》，健行文化出版公司出版。

△鄭如晴散文集《和女兒談戀愛》，文經社出版。

△蔡政良散文集《石堆中發芽的人類學家——我和我的那些都

蘭兄弟們》，玉山社出版。

△栞涵散文集《Bravo！青春》，正中書局出版。

△洪玉芬散文集《希望不滅》，聯合文學出版社出版。

△王浩威散文集《我的青春，施工中——台灣少年記事》，心
靈工坊文化公司出版。

△林博文散文集《1949石破天驚的一年》、《1949浪滔盡英雄
人物》，時報文化出版公司出版。

△劉克襄第一本鐵道專著《11元的鐵道旅行》、吳祥輝散文集
《驚喜挪威——台灣的國家記憶‧挪威的心靈密碼》，遠流
出版事業公司出版。

△杜國清著《山河掠影——杜國清詩集》，臺灣大學出版中心
出版。

△鯨向海詩集《大雄》、張曼娟散文集《此物最相思：古典詩
詞的愛情體驗》，麥田出版公司出版。

△李劼長篇小說《上海故事之星河流轉》，允晨文化實業公司
出版。

△辛夷塢長篇小說《致我們終將逝去的青春》，高寶國際出版
公司出版。

△蔡文甫小說《沒有觀眾的舞台》、陳義芝詩集《邊界》、漢
寶德散文集《收藏的雅趣》，九歌出版社出版。

△張放小說《寒流過境》、羊子喬著《島上詩鼓手——陳千武
文學評傳》、洪素麗著《哈瑪星——散文小說木刻素描集》
（合集），高雄春暉出版社出版。

△徐皓峰長篇小說《道士下山》、唯色‧王力雄散文集《聽說
西藏：發自西藏現場的獨立聲音》、幾米散文集《星空》，
大塊文化出版公司出版。

△曹又方小說《愛的變貌》（遺著）、黃漢龍詩集《詩寫易
經》，爾雅出版社出版。

△唐卡長篇小說《活佛之死》、于丹散文集《于丹《論語》感
悟》、柳書琴評論集《荊棘之道——臺灣旅日青年的文學活
動與文化抗爭》，聯經出版事業公司出版。

△黃雨欣著《人在天涯——旅德女作家黃雨欣作品集——小說

卷》、許少滄長篇小說《掌故王彬街》、《椰城風雨》、
《澎湃岷灣》、王家歆散文集《萬里雲開》、張振剛散文
集《豐子愷、章桂和「逃難」這兩個漢字——從小人物眼中
看豐子凱的真實人生》、陳為人著《最是文人不自由——周
宗奇叛逆性格寫真》、劉洪濤評論集《沈從文小說與現代主
義》，秀威資訊科技公司出版。

△鍾文音長篇小說《慈悲情人》，大田出版公司出版。

△翁鬧著；杉森藍譯《有港口的街市——翁鬧長篇小說中日對
照》，臺中晨星出版公司出版。

六月一日　　　△臺北市立圖書館公佈最受學生歡迎十大好書：《不要講話》
（遠流）、《林良爺爺寫童年》（幼獅文化）、《誰在吃
你？寄生蟲的秘密故事》（和英）、《是狼還是羊》（三之
三）分別囊括「故事文學」、「非故事文學」、「知識性讀
物」、「圖畫書與幼兒文學」等組最受學生歡迎的圖書。

△國立臺中圖書館主辦九十八年度「全國好書交換活動」。

六月二日　　　△城邦出版集團舉辦「2009愛閱節——找出你的愛閱位置」系
列活動，除舉辦「愛閱位置」網路調查外，張曼娟、藤井
樹、詹宏志等作家也受邀擔任愛閱大使，共同推廣閱讀。

六月四日　　　△友達公司宣佈跨足電子書領域，並於十日展出電子紙顯示
器。

六月七日　　　△新自然主義公司假金石堂信義店，邀請吳珮琪主講「《就是
要健康》——教你如何喚醒沉睡的自癒力」新書發表健康講
座。

六月八日　　　△行政院新聞局「九十八年補助發行數位出版品」入選名單揭
曉，入選企劃案為「行動學英語，影片、動畫、CNN英語
隨身學」（希伯崙）、「台灣蕨類學習知識庫：整合資料庫
與專家知識的數位輔助教學應用」（智慧藏）、「動態的數
位歷史與夢想人物：一同發現台灣400年」（天下雜誌）等
七家。

六月十三日　　△台灣國際角川書店出版「第一屆台灣角川輕小說大賞」得獎
作品——金賞為久遠《囂籠葬》、銀賞為風聆《馬桶上的阿
拉丁》、銅賞為喬寶《魔法藥販局》、常闇《妖精鄉滅世的

　　　　　　　　黃昏》。

　　　　　　　△政治大學公企中心舉辦「出版業策略管理研習營」，蘇拾平
　　　　　　　　受邀主講「圖書通路的十個走向」、「閱讀行為的十種變
　　　　　　　　貌」。

六月十五日　　△大陸九州出版社出版王穎《霧峰林家》，資料提供者為「霧
　　　　　　　　峰林家」第九代傳人林為民。

六月十九日　　△行政院新聞局假該局舉辦「大陸圖書在臺灣發行審核相關事
　　　　　　　　宜」討論會。

　　　　　　　△國家圖書館假該館國際會議廳舉辦王璞先生「作家錄影傳
　　　　　　　　記」影音資料捐贈儀式，包括「作家錄影傳記」一百二十七
　　　　　　　　部，「中華民國藝文活動紀錄片」三百一十多部，悉數捐給
　　　　　　　　國家圖書館永久典藏及授權使用。國家圖書館也為王璞先生
　　　　　　　　出版《作家錄影傳記十年剪影》。

六月廿日　　　△中國海峽兩岸兒童文學研究會假國語日報會議室，邀請幾米
　　　　　　　　主講「書的誕生——我與國際出版社合作經驗分享」。

六月廿五日　　△皇冠文化集團與日本、泰國、大陸等出版社跨國聯手舉辦第
　　　　　　　　一屆「島田庄司推理小說獎」入圍作品揭曉，共十一件。

六月廿六日　　△中華出版倫理自律協會、中華動漫出版同業協進會與臺北市
　　　　　　　　觀光傳播局為推廣兒童少年閱讀，假臺北市立圖書館總館國
　　　　　　　　際會議廳舉辦「好書？禁書？誰來告訴我？」出版品分級與
　　　　　　　　管理法令講座暨座談會。

　　　　　　　△桃園縣文化局舉辦「一書一桃園」記者會，公佈顧玉玲《我
　　　　　　　　們：移動與勞動的生命記事》（印刻）為今年「桃園之
　　　　　　　　書」。

六月廿九日　　△台灣數位出版聯盟與電子書閱讀器製造廠商，共同討論電子
　　　　　　　　書共通格式，以及年底舉辦「數位閱讀節」的可能性。

　　　　　　　△金門縣文化局舉行「出版品數位典藏資料庫」啟動儀式，包
　　　　　　　　括《金門縣志》等三十四種出版品與介紹金門影音光碟。

　　　　　　　△臺北市出版商業同業公會與立法委員洪秀柱國會辦公室假立
　　　　　　　　法院紅樓101會議室聯合舉辦「如何運用圖書館資源，提升
　　　　　　　　優質閱讀環境，活絡出版市場」座談會，討論如何在政策面
　　　　　　　　協助出版業界等議題。

六月卅日　△臺南縣文化局公佈「九十八年南瀛文學叢書」徵集結果，錄
　　　　　　取林佛兒《林佛兒散文選集》、賴哲顯《遊珊瑚潭》、邱致
　　　　　　清《西洋樓》、黃勁連《臺灣鄉土傳奇》、戴勤祝《刻繪阿
　　　　　　地的容顏：阿盛散文研究》（碩論），編入《南瀛作家作品
　　　　　　集》與《南瀛重要作家研究文集》。

六月　　　△青木新門著；蕭雲菁、韓蕙如、廖怡雅譯《納棺夫日記》
　　　　　　（電影「送行者：禮儀師的樂章」原案），新雨出版社出
　　　　　　版。

　　　　　△胡蘭成著；陳子善編選《亂世文談》，INK印刻出版公司出
　　　　　　版。

　　　　　△蔡文章著《行雲山川》（合集），高雄春暉出版社出版。

　　　　　△正中書局主編《蘿蔔湯的啟示》，正中書局出版。

　　　　　△林義隆散文集《種下200%的樂活幸福》，寶瓶文化公司出
　　　　　　版。

　　　　　△林谷芳散文集《畫禪》，藝術家出版社出版。

　　　　　△朱一雄散文集《思鄉草——附草葉堂隨筆》，書林出版公司
　　　　　　出版。

　　　　　△張桂越散文集《阿娜答的神秘世界》，網路與書公司出版。

　　　　　△曾昭旭散文集《因為愛，所以我存在》，健行文化出版公司
　　　　　　出版。

　　　　　△張維中散文集《東京開學——出發吧！30代的新生活》，麥
　　　　　　田出版公司出版。

　　　　　△王俠軍散文集《美學時光——王俠軍的文創原型》、恩佐散
　　　　　　文集《寂寞長大了》，大田出版公司出版。

　　　　　△林鵬散文集《平旦札——讀史雜記》、周芬娜散文集《味覺
　　　　　　的旅行》，秀威資訊科技公司出版。

　　　　　△蔡慧蓉散文集《18歲的成年禮——窮學生的環島豐富之
　　　　　　旅》，大塊文化出版公司出版。

　　　　　△李明璁散文集《物裡學》，遠流出版事業公司出版。

　　　　　△台客主編《詩藝浩瀚》、楊華康散文集《談年‧過年‧迎新
　　　　　　年》、黃文範著《台北第一聲炮響》（合集），文史哲出版
　　　　　　社出版。

△林亨泰著；林巾力譯《生命之詩——林亨泰中日文詩集》，臺中晨星出版公司出版。

△向陽主編《2008：臺灣詩選》、許文澍散文集《2000公里の單車夢》，二魚文化事業公司出版。

△夏丏尊、葉聖陶著《文心——寫給青年的三十二堂中文課》，如果出版社出版。

△沈石溪長篇小說《流浪獅子心》，風雲時代出版公司出版。

△鄭清文短篇小說集《丘蟻一族》，玉山社出版。

△謝文賢小說《好神》，遠景出版公司出版。

△裴在美小說《宅男》、唐捐散文集《大規模的沉默》、張瑞芬評論集《鳶尾盛開——文學評論與作家印象》，聯合文學出版社出版。

△吳淡如長篇小說《租來的人生》、吳若權散文集《相依：吳若權深情訴說自己的故事》、羅明憲等口述；張麗雲等整理《川愛不息》、劉墉散文集《放任心中的一百次流浪》，時報文化出版公司出版。

△陳玉慧長篇小說《CHINA》，INK印刻出版公司出版。

△王安憶小說《弄堂裡的白馬》、虹影散文集《我這溫柔的廚娘》、余光中評論集《分水嶺上》，九歌出版社出版。

七月二日　△愛讀書屋與海峽兩岸兒童文學基金會假康軒文教大樓共同舉辦為期兩天的「從橋樑書、繪本、小說看閱讀策略」講座。

七月三日　△誠品書店臺大店舉辦李明璁《物裡學》（遠流）新書分享系列活動。

七月六日　△台灣數位出版聯盟、臺北市雜誌商業同業公會結合國家圖書館等政府單位、出版業界、科技界組團參加由中國出版科學研究所主辦之「2009第三屆中國數位出版博覽會」。

△張老師文化事業公司與罕見疾病基金會假金石堂信義店舉辦《微笑天使向前走：逆境家庭的生命復原力》新書發表會；並與已出版的《一生罕見的幸福》、《攀越魔術山：罕見疾病FOP的試煉與祝福》、《Orange媽媽：四分之三的幸福》三書結合為「罕見疾病套書」。

七月七日　△天下遠見出版公司出版齊邦媛長篇自傳體小說《巨流河》，

並於十七日舉辦新書發表會。

七月八日　　　△拾一本數位文化公司宣佈數位出版品平台BOOK11正式啟動，以「知識無國界　閱讀無界限」的概念，結合出版業界，提供沒有時間和空間限制的閱讀模式。

七月九日　　　△城邦出版集團與方正阿帕比假北京簽署戰略合作協議，雙方將在電子書、期刊、圖書內容及電子書複本銷售和手持閱讀器等方面進行合作，先期以兒童教育題材的圖書和內容產品為主。

　　　　　　　△中華出版倫理自律協會秘書處出版《出版品分級及管理法規手冊》。

七月十日　　　△允晨文化實業公司假臺北市玫瑰古蹟「跳舞咖啡廳」舉辦周婉窈《面向過去而生：芬陀利室散文集》新書發表會。

七月十一日　　△中國國民黨國政研究基金會、中共中央台灣工作辦公室海研中心共同主辦「第五屆兩岸經貿文化論壇」假湖南省長沙市舉行，為期兩天。中華民國圖書出版事業協會理事長陳恩泉在推進兩岸文化產業合作專題研討會上，建議兩岸書業合力開展華文市場。

七月十二日　　△中華動漫出版同業協進會匯集木棉花、台灣東販、台灣國際角川、尖端出版、青文、東立等出版社假臺北世貿二館共同主辦「第十屆動漫博覽會」，為期六天。

七月十五日　　△行政院新聞局主辦的「第三十三屆金鼎獎」入圍名單揭曉，《經典雜誌》、《野鳥放大鏡》等一百五十種雜誌及圖書類入圍，前聯經出版事業公司總經理劉國瑞獲特別貢獻獎。

　　　　　　　△遠傳電訊與誠品書店結盟，簽訂合作備忘錄，共同合作打造全新的數位閱讀平台，帶動新一波的全民數位閱讀商機以及閱讀習慣。目前與三立電視策略合作，將熱門偶像劇和各類影音內容轉化成電子書與電子漫畫，正式將電子書的內容進化到數位影音。

七月十六日　　△亞洲出版大會APC假菲律賓馬尼拉東方文華酒店舉辦「第三屆亞洲出版大會」，並舉辦「亞洲多媒體出版大展」。十七日舉辦「2009亞洲多媒體出版大獎」頒獎典禮，為期兩天，聯合線上udn公司等多家業者獲獎。

七月十七日　△大塊文化出版公司創辦人郝明義發起「經典3.0」兩岸計畫，第一階段，與臺北、香港、上海、北京四地書展合作，邀請名家在書展現場分享閱讀經典的經驗，推廣經典的閱讀；第二階段，運用網路的力量，邀請網友參與共同編輯系列書籍；第三階段，透過經典，實現夢想。

　　　　　　△中國文化大學推廣教育部假臺北市文化大學城區部邀請老貓（陳穎青）主講「出版業、未來，與數位化」。

七月廿日　△聯合線上udn數位閱讀網與中華民國圖書發行協進會假臺北市恒毅教育訓練中心舉行「2009數位出版曙光年」系列論壇第二場：「從紙本出版到數位內容的獲利之路──內容資產的商業應用與產品創新」，透過第一線業者的經驗分享，與國外著名案例的探討，進一步提出相關建議。

七月廿二日　△行政院研考會假國家書店公佈「第一屆國家出版獎」得獎名單。特優獎為紀錄片《Happy與Bingo：兩隻小熊的成長故事》（農委會特有生物研究保育中心）；優等獎為李念祖《黃金天下：世界黃金貨幣特展》（臺北縣立黃金博物館）、許玲慧文・陳盈帆圖《玉井芒果的秘密》（臺南縣政府、青林國際）、苗栗縣政府國際觀光局《苗栗玩透透》旅遊季刊等。

七月廿三日　△嘉義縣政府假創新學院舉行「贈書成年禮」，購買李家同著作《故事六十八》（聯經）做為成年禮，並邀請作者作專題講座。

七月廿五日　△聯合報系童書出版部邀請大陸少年小說作家曹文軒教授，假聯合報二大樓九樓會議室舉辦「感動──我的創作觀」專題演講。

七月廿七日　△香港貿易發展局舉辦「香港書展」，國內二十七家出版業者參展。

　　　　　　△大陸人民出版社與已故作家柏楊的夫人張香華假北京現代文學館舉行出版《柏楊全集》簡體中文版簽約儀式。

七月廿九日　△行政院國科會出版《台灣生物誌》，約一萬一千八百種物種，包括菌類、種子植物等植物誌，及蚯蚓、珊瑚等動物誌。

七月　　　　△李錫東著《文化產業的行銷與管理》，宇河文化出版公司出版。

△史提夫‧羅傑‧費雪著；李中文譯《閱讀的歷史：閱讀，是文明永恆的聲音》，博雅書屋出版。

△蔣勳散文集《美的曙光》，有鹿文化公司出版。

△石德華著《時光千噚——石德華散文集》，臺中晨星出版公司出版。

△黃河南散文集《經典女人》、鈴木博之等著；吳怡文譯《跟著大師看建築：總有一天要去看的77個時代奇想》，天下遠見出版公司出版。

△明碁友達基金會策劃《世界是個禮物：第3屆BenQ真善美獎作品大賞》，大塊文化出版公司出版。

△丘榮襄散文集《快意輕舟——丘榮襄的趣味人生》、朱自清散文集《精讀指導舉隅》，臺灣商務印書館出版。

△李魁賢主編《陳秀喜詩全集》，新竹市文化局出版。

△葉日松詩集《挼粄圓——葉日松的少年詩選》，臺中文學街出版社出版。

△蘇紹連小詩集《私立小詩院》、李榮炎散文集《步到旅途邊緣》、謝其章散文集《蠹魚篇》、司敬雪評論集《二十世紀晚期中國小說倫理》、黃惠禎評論集《左翼批判精神的鍛接——四○年代楊逵文學與思想的歷史研究》、陳長慶評論集《攀越文學的另一座高峰》，秀威資訊科技公司出版。

△汪啟疆詩集《台灣‧用詩拍攝》，高雄春暉出版社出版。

△王憲陽詩集《六本詩》，唐山出版社出版。

△曹介直第一本詩集《第五季》、林貴真散文集《十字路口——人生四帖》、張世聰散文集《閱讀爾雅》、陳芳明散文集《2007／陳芳明——夢境書》、張曉雄著《野熊荒地》（合集），爾雅出版社出版。

△白萩詩集《白萩集》、江自得詩集《江自得集》、吳晟詩集《吳晟集》、吳瀛濤詩集《吳瀛濤集》、李敏勇詩集《李敏勇集》、杜潘芳格詩集《杜潘芳格集》、林豐明詩集《林豐明集》、非馬詩集《非馬集》、拾虹詩集《拾虹集》、洛夫

詩集《洛夫集》、莊金國詩集《莊金國集》、郭楓詩集《郭楓集》、陳明台詩集《陳明台集》、喬林詩集《喬林集》、曾貴海詩集《曾貴海集》、黃樹根詩集《黃樹根集》、黃騰輝詩集《黃騰輝集》、許達然詩集《許達然集》、鄭炯明詩集《鄭炯明集》、夐虹詩集《夐虹集》，國立台灣文學館出版。

△楊青矗長篇小說《美麗島進行曲》（三冊），敦理出版社出版。

△張小嫻小說《你總有愛我的一天》、侯文詠散文集《沒有神的所在─私房閱讀《金瓶梅》》，皇冠文化出版公司出版。

△葛亮長篇小說《朱雀》、崔曼莉長篇小說《浮沉》、楊照散文集《理性的人》（上、下）、王德威評論集《茅盾，老舍，沈從文──寫實主義與現代中國小說》，麥田出版公司出版。

△姬小苔長篇小說《北京來的二姊妹──秘密警察的回憶》、韓麗珠小說《灰花》、平路小說《百齡箋》，聯合文學出版社出版。

△甘耀明長篇小說《殺鬼》、高銘和散文集《一座山的勇氣》，寶瓶文化公司出版。

△陳淑瑤長篇小說《流水帳》、林梵詩集《青春山河》、藍博洲散文集《戰風車──一個作家的選戰記事》，INK印刻出版公司出版。

△嚴歌苓長篇小說《寄居者》，三民書局出版。

△畢飛宇長篇小說《推拿》，九歌出版社出版。

八月三日　　　△繪本作家陳致元繪本《阿迪和朱莉》（*Artie and Julie*）（和英版）榮獲二〇〇九美國國家教師會（NCTE）年度最佳童書獎。

八月六日　　　△遠流出版事業公司與敏隆講堂年度企劃講座「讀書達人談讀書與書寫」假臺北市洪建全教育文化基金會敏隆講堂舉行，鍾文音主講「經典重讀：赫曼‧赫塞的《鄉愁》與《徬徨少年時》」。

八月九日　　　△大塊文化出版公司出版季季、郝明義、楊澤與駱紳等編輯

《紙上風雲：高信疆》，並假臺北華山藝文中心‧A8烏梅酒廠舉辦新書發表會及追念會。

八月十二日　△中華動漫出版同業協進會與八家動漫出版社共同主辦「第十屆動漫博覽會」假展演二館舉行，美、日、韓、法及香港等國家地區動漫業者皆參展，至十七日止。

　　　　　　△中華電信為推廣手機漫畫服務，透過屏訊科技與東立出版社合作，將《蠟筆小新》搬上手機螢幕，中華電信emome用戶透過手機上網可隨時看漫畫。

　　　　　　△臺中市文化局《臺中市籍作家作品集第12輯》入選名單揭曉。

八月十三日　△中華民國圖書出版事業協會組團參加上海市新聞出版局主辦，中國圖書進出口上海公司承辦的「2009上海書展」。

　　　　　　△遠流出版事業公司與敏隆講堂年度企劃講座「讀書達人談讀書與書寫」假臺北市洪建全教育文化基金會敏隆講堂舉行，李偉文主講「在工作、生命、生活、親子教養中，點燃熱情」。

八月十四日　△行政院新聞局「第三十三屆金鼎獎」得獎名單揭曉，假臺北國際會議中心舉行頒獎典禮，計有一般圖書類、兒童及少年圖書類、雜誌類等三十四個獎項，前聯經出版事業公司總經理劉國瑞獲特別貢獻獎。

八月十八日　△中華電信結合宏達電、微軟、蘋果等智慧型手機大廠，與天下、城邦、台灣國際角川等八大出版業者，共同宣布進軍電子書市場，可在智慧型手機上，直接下載電子書內容。

八月十九日　△行政院文建會所屬國立文化資產總管理處籌備處假該會藝文空間舉行《眷村的前世今生：分析與眷村文化保存》新書發表會。

八月廿日　　△遠流出版事業公司與敏隆講堂年度企劃講座「讀書達人談讀書與書寫」假臺北市洪建全教育文化基金會敏隆講堂舉行，李明璁主講「物裡看閱讀——從「物」裡學」。

八月廿一日　△謝文宜假臺北市女書店發表《衣櫃裡的親密關係：台灣同志伴侶關係研究》（心靈工坊）新書講座。

　　　　　　△中國美聯集團主辦，廈門對外圖書交流中心承辦「首屆兩岸

美術圖書展」假臺北市天龍圖書公司開幕，兩岸出版社共展出五千多種、五萬多冊相關圖書。

八月廿四日　△博客來網路書店與udn聯合線上宣布策略聯盟，未來udn製作銷售的電子書等出版品，將透過博客來網路書店販售，讓網友享有即時便利的數位閱讀服務。

　　　　　　△臺北市電腦公會、數位學習與典藏產業聯盟主辦，臺北市雜誌商業同業公會、台灣數位出版聯盟、台灣數位出版聯盟協會協辦，假臺北市電腦公會舉辦「電子書的機會與挑戰」研討會。

八月廿六日　△台灣數位出版聯盟主辦，臺北市出版商業同業公會、中華民國圖書發行協進會、台灣數位出版聯盟協會等協辦，假臺北市永豐金控三樓大禮堂舉辦「紙媒體新生」數位出版的經驗分析。

八月廿七日　△udn聯合線上擴大電子書發行量，針對出版社、數位內容商舉行「數位內容擴大合作說明會」，聯合線上提出「內容如水，閱讀型態無界線」的觀點，以具體成果說明聯合線上即將推出的數位出版發展。

　　　　　　△遠流出版事業公司與敏隆講堂年度企劃講座「讀書達人談讀書與書寫」假臺北市洪建全教育文化基金會敏隆講堂舉行，楊照主講「經典重讀：卡波提的《冷血》與哈波・李的《梅岡城故事》」。

　　　　　　△udn聯合線上與台達電確立合作夥伴關係，將聯手推出一款電子書閱讀器，預計今年第四季推出展示，明年正式上市。

八月廿九日　△蔣勳假臺北市中油大樓國光廳舉辦「蔣勳和你談《漢字書法之美——舞動行草》」（遠流）新書座談及簽書會。

八月卅一日　△青木由香假臺北市步調咖啡館舉辦《青木由香工作手帖》（大塊文化）新書發表會。

八月　　　　△臺灣口述歷史書目彙編輯組編輯；許雪姬主編《臺灣口述歷史彙編：1953～2009》，中研院臺史所出版。

　　　　　　△李錫東著《文化策劃實務》，宇河文化出版公司出版。

　　　　　　△朱慧足論著《「現代」的移植與翻譯——日治時期台灣小說的後殖民思考》，麥田出版公司出版。

△張蒼松散文集《種一棵家族樹》、洪淑苓主編《家族旅行──第12屆臺大文學獎作品集》，臺灣大學出版中心出版。

△台客散文集《童年舊憶》，文史哲出版社出版。

△褚士瑩散文集《年輕就開始環遊世界》，大田出版公司出版。

△王學哲編《艱苦奮鬥的歲月（1936年～1948年）張元濟致王雲五的信札》、王唯著《臺灣影劇圈內──王唯戲劇論述選集》，臺灣商務印書館出版。

△吳若權散文集《讓步，才會更進步！》時報文化出版公司出版。

△岳南散文集《陳寅恪與傅斯年》，遠流出版事業公司出版。

△李家同散文集《李伯伯最愛的48個電影故事》，圓神出版社出版。

△黃振裕散文集《啾古錐～我的鳥孩子──寫給青少年的關懷生命故事》、正中書局主編《勇敢追夢》，正中書局出版。

△李笠散文集《天心微光》、周典樂散文集《書窗外》、張光達評論集《馬華現代詩論──時代性質與文化屬性》、何與懷主編《丹心一片付詩聲──黃雍廉會長紀念集》，秀威資訊科技公司出版。

△吳錦勳採訪撰述《台灣，請聽我說：壓抑的、裂變的、再生的六十年》，天下遠見出版公司出版。

△龍應台散文集《大江大海》，天下雜誌公司出版。

△焦桐著《焦桐詩集：1980-1993》、散文集《暴食江湖》，二魚文化事業公司出版。

△鴻鴻詩集《女孩馬力與壁拔少年》，黑眼睛文化公司出版。

△趙本夫長篇小說《無土時代》、單德興散文集《與智者為伍─亞美文學與文化名家訪談錄》，允晨文化實業公司出版。

△夏曼‧藍波安長篇小說《黑色的翅膀》，聯經出版事業公司出版。

△林哲璋長篇小說《福爾摩沙惡靈王》、馮青長篇小說《懸

浮》、林德俊詩集《樂善好詩》，遠景出版公司出版。

△陶龍生短篇推理小說集《合理的懷疑》、柴春芽小說《西藏流浪記》、劉大任小說《浮沉》、成湯口述；成英姝編輯整理《我曾是流亡學生》（傳記），聯合文學出版社出版。

△邱旭伶長篇小說《浮塵花落》，玉山社出版。

△夏曼·藍波安短篇小說集《老海人》、閻連科散文集《我與父輩》、駱以軍散文集《經濟大蕭條時期的夢遊街》，INK印刻出版公司出版。

△劉震雲長篇小說《一句頂一萬句》、張菱舲詩集《一束樂章：詩蕊》、司馬中原散文集《司馬中原笑談人生》、張繼高散文集《從精緻到完美》，九歌出版社出版。

九月三日　　　　△中華民國圖書出版事業協會組團參加中國新聞出版總署等主辦的「第16屆北京國際圖書博覽會」。

△聯經出版事業公司與中華書局共同出版故宮博物院與北京第一歷史檔案館的《清代起居注冊：康熙朝》，假北京國際圖書博覽會舉行新書發表會。

九月五日　　　　△談璞假臺北可思客動漫喫茶舉辦岡田斗司夫作《阿宅，你已經死了！》（時報文化）新書座談會。

△皇冠文化出版公司舉辦「第1屆島田庄司推理小說獎」頒獎典禮，島田庄司受邀來台頒獎。首獎得主寵物先生（本名王建閔）《虛擬街頭漂流記》（皇冠文化）。

九月九日　　　　△國立臺中圖書館舉行動土典禮，將成為國內首座「國家級數位公共圖書館」，預定二〇一二年啟用。

九月十日　　　　△臺北市教育局編印《跨越三世紀：臺北百年老校追憶》假士林國小舉辦新書發表會。

九月十一日　　　△中華民國圖書出版事業協會、福建省新華發行集團、福建省出版工作者協會共同主辦，福建閩台書城等承辦，即日起巡迴金門、馬祖、澎湖等展出一萬五千多種大陸新近出版的圖書等。

九月十三日　　　△國家文化藝術基金會舉辦「長篇小說創作發表專案」新書發表會，分別為林哲璋《福爾摩沙惡靈王》及馮青《懸浮》二書。

九月十四日　　　△臺北市立圖書館等主辦「第56梯次好書大家讀」優良少年兒
　　　　　　　　童讀物評選結果揭曉，計有一百七十三種圖書入選。

九月十六日　　　△紀伊國屋書店臺北微風店重新開幕。

　　　　　　　　△行政院新聞局「第3屆數位出版金鼎獎」入圍名單揭曉，遠
　　　　　　　　流出版事業公司王榮文獲「評審團特別獎」，udn聯合線上
　　　　　　　　入圍最佳多媒體出版品獎、年度數位出版公司獎、最佳互動
　　　　　　　　設計獎與最佳加值服務獎等四大獎。

九月十八日　　　△謝明哲假臺北市何嘉仁書店民權店舉辦《營養專家私藏養生
　　　　　　　　蔬果法》（唐莊文化）新書講座。

九月十九日　　　△臺北市誠品書店信義店配合十月「諾貝爾文學獎得主大江健
　　　　　　　　三郎訪臺系列活動」，邀請須文蔚、辜振豐主講「光是我的
　　　　　　　　文學寶藏──談大江健三郎與大江光的親情與創作」。

九月廿一日　　　△陳珮綺假臺北市93巷人文空間舉辦《轉個灣遇見杉林溪之
　　　　　　　　美》（天下遠見）新書記者會。

　　　　　　　　△作家孟東籬（本名孟祥森）病逝，享年七十二歲。

九月廿六日　　　△彰化縣政府假文化局舉辦「第17輯作家作品集」頒獎典禮。

九月廿七日　　　△臺北市誠品書店信義店配合十月「諾貝爾文學獎得主大江健
　　　　　　　　三郎訪臺系列活動」，邀請駱以軍主講「小說家的文學探
　　　　　　　　路─以小說家之眼閱讀大江健三郎」。

　　　　　　　　△女書店創辦人之一鄭至慧病逝，得年五十九歲。

　　　　　　　　△國立台灣文學館舉辦《王開運全集》新書發表記者會，該全
　　　　　　　　集一套三冊，分詩詞卷、雜文卷與文獻資料卷。

九月廿八日　　　△臺北市電腦公會、數位學習與典藏產業聯盟共同主辦「電子
　　　　　　　　書的機會與挑戰」研討會，假該公會舉行，共同尋求電子書
　　　　　　　　產業發展的策略與方法。

九月廿九日　　　△財團法人資訊工業策進會推動「電子書產學研POC（Proof
　　　　　　　　of Concept）」合作聯盟正式啟動，參與者包數位出版聯
　　　　　　　　盟、udn聯合線上、城邦出版集團、中華電信、振曜等電子
　　　　　　　　書相關業者，以及資策會、清華大學、中山大學等研究單
　　　　　　　　位。

九月　　　　　　△紀麗美總編輯《第11屆菊島文學獎得獎作品集》，澎湖縣文
　　　　　　　　化局出版。

△林田富總編輯《第11屆礦溪文學獎得獎作品集》，彰化縣文
化局出版。

△劉敏良總策劃《第5屆臺北縣文學獎得獎作品集》，臺北縣
文化局出版。

△吳茂松散文集《不變的方向》，宜蘭縣文化局出版。

△國立臺中圖書館編《書香文化新樂園——用心打造地方新品
牌》，國立臺中圖書館發行，列為《公共圖書館家族叢書》
第1輯。

△王偉勇主編《民國詩集叢刊第一編》（全120冊），文听閣
圖書公司出版。

△江漢聲著《歷史教我的醫學：16堂經典醫學史》，城邦文化
事業公司 原水文化出版。

△史提夫‧羅傑‧費雪著；呂健忠譯《文字書寫的歷史：文
字，是判斷人類處境的一個依據》，博雅書屋出版。

△蔡佩玲著《商務印書館——中國圖書館發展的推手》，臺灣
商務印書館出版。

△李渝評論集《行動中的藝術家：美術文集》，藝術家出版社
出版。

△劉森堯評論集《讀書》，書林出版公司出版。

△黃若筑等採訪；彭文正主編《臺大教學傑出教師的故事
3》，臺灣大學出版中心出版。

△倪采青散文集《變身暢銷小說家——倪采青談小說寫作技
巧》，馥林文化公司出版。

△林語堂等著《讀書，大樂事》，正中書局出版。

△許陽明散文集《媽媽的乳房——許足女士的人生歲月及家族
記事》，圓神出版社出版。

△江心靜散文集《亞洲慢慢來——日本沖繩＆九州》、劉煦南
等著《青春書寫6——第6屆台積電青年學生文學獎得獎作品
合集》，聯經出版事業公司出版。

△蔡登山散文集《名士風流：唯大英雄能本色，是真名士自風
流》，INK印刻出版公司出版。

△許建榮散文集《台灣有時是天堂》，玉山社出版。

△陳浩散文集《女兒父親》，遠流出版事業公司出版。

△趙寧散文集《一路的懷念很深——趙寧紀念精選集》，皇冠文化出版公司出版。

△林文月散文集《千載難逢竟逢——《源氏物語》千年紀念》、西西散文集《縫熊志》，洪範書店出版。

△顏敏如散文集《拜訪壞人——一個文學人的時事傳說》、陳碧月散文集《遇見幸福——旅遊文學的魅力》、朱曉劍散文集《寫在書邊上》、韓哈評論集《中國當代文學發展三十年——1978～2008年》、黃岳年評論集《弱水讀書記——當代書林擷英》、張光達評論集《馬華當代詩論——政治性、後現代性與文化屬性》、黃美序評論集《話白《詩學》與辯解》、魏邦良、賈冬梅評論集《讀來讀往——我的閱讀之旅》，秀威資訊科技公司出版。

△戴晨志散文集《力量來自渴望——最壞的時代　最好的自己》、游乾桂散文集《再忙，也要很浪漫》、王文華散文集《開除自己的總經理》、劉墉散文集《劉墉生活Cafe：8分鐘打造自我大未來》，時報文化出版公司出版。

△林文月散文集《蒙娜麗莎微笑的嘴角》，有鹿文化公司出版。

△陳映真等著《人間風景‧陳映真》，文訊雜誌社等出版。

△閻連科長篇小說《堅硬如水》，麥田出版公司出版。

△蔡文甫著；王克難譯《船夫與猴子》、《小飯店裡的故事》（皆中英對照）、張曉風散文集《送你一個字》、李奭學評論集《台灣觀點——書話東西文學地圖》，九歌出版社出版。

△劉大任小說集《羊齒》、章緣小說《越界》、陳芳明散文集《楓香夜讀》、廖鴻基散文集《南方以南——海生館駐館筆記》，聯合文學出版社出版。

△黎紫書微型小說集《簡寫》、湯靜慈散文集《最後的學分》，寶瓶文化公司出版。

十月一日　　　△臺北利氏學社出版鍾鳴旦、杜鼎克與蒙曦山等三位學者共同整理編輯的《法國國家圖書館明清天主教文獻》，全套二十

六冊、一百九十篇文獻。

△紀伊國屋書店線上購書系統「BOOK WEB Taiwan online shop」上線，將提供讀者更便利的線上購書服務。

十月二日　　△誠品書店規劃的「誠品站」正式上線，做為提供讀者的閱讀平臺。

△嘉義大學配合推行「推動綠色能源科技——數位出版暨電子書計畫」政策，假蘭潭校區舉行「數位出版印刷中心」啟用儀式，以提供數位解譯、即需即印，並以完整出版流程，提供個人出版技術服務為宗旨。

十月四日　　△臺南市立圖書館公佈「作家作品集」入選名單，作家作品集計有謝崇耀《百年風華新視野：日治時期臺灣漢文學及文化論叢》等五人被錄取；特殊貢獻獎得主成功大學陳昌明教授。

十月五日　　△諾貝爾文學獎得主日本作家大江健三郎應邀訪臺四天，參加研討會及簽書會等活動。

十月六日　　△臺北縣教育局編定國小中高年級學童《白話文補充教材》四冊，共九十六篇文章。

△金石堂網路書店十週年慶。

十月八日　　△北京故宮博物院院長鄭欣淼假臺北華山創意文化園區舉辦《故宮與故宮學》（遠流）新書出版茶會。

十月九日　　△udn聯合線上數位閱讀網與中華民國圖書發行協進會假國家圖書館簡報室，舉行「2009數位出版曙光年」系列論壇第三場：「出版業如何與作家簽訂電子版權」，就法律、出版社、作家、版權經營等各面向分享洽談與簽訂電子版權的經驗與看法。

△王竹語假臺北市倉庫藝文空間舉辦《醫生》（心靈工坊）新書講座。

十月十四日　△臺北國際書展基金會在德國法蘭克福書展設置臺灣館及童漫館。臺灣館展出一百零八家出版社及政府出版品共一千六百三十種平面、數位出版品及政府出版品；童漫館展出幾米、張又然、陳致元、李瑾倫、蔡志忠、朱德庸、敖幼祥等童書及漫畫家作品。

　　　　　　　△資深作家林良與格林文化負責人郝廣才合作，將林良作品
　　　　　　　《小太陽》改編為動畫版，即日起在公共電視HiHD台首
　　　　　　　播。

十月十五日　△台灣數位出版聯盟協會假中國文化大學城區部國際會議廳舉
　　　　　　　辦「出版業如何渡過寒冬？掌握數位內容產業新契機」聯合
　　　　　　　說明會。

十月十七日　△講義雜誌社假臺北市微風廣場紀伊國屋書店舉行「第6屆講
　　　　　　　義雜誌年度作家獎」頒獎典禮，吳祥輝《驚喜挪威：台灣
　　　　　　　的國家記憶　挪威的心靈密碼》（遠流）獲「最佳旅遊作
　　　　　　　家」；施穎瑩《預約私房美味》（時報文化）獲「最佳美食
　　　　　　　作家」；尤俠獲「最佳漫畫作家」；含仁獲「最佳插畫作
　　　　　　　家。」

十月廿日　　△數位出版聯盟假永豐金控三樓大會議室舉辦十月論壇「數位
　　　　　　　出版產業國家發展策略與推廣行動方案」，經濟部工業局電
　　　　　　　子資料組資訊科科長謝戎峰應邀說明政府推動計畫；數位內
　　　　　　　容產業補助計畫專案辦公室洪毓良組長應邀說明政府推動計
　　　　　　　畫與計畫補助申請辦法。

十月廿一日　△行政院新聞局假臺北喜來登飯店舉行「第3屆數位出版金鼎
　　　　　　　獎」頒獎典禮，遠流出版事業公司《轉動，魔方新世界》獲
　　　　　　　「最佳電子書獎」；墨色國際公司《幾米Spa》電子雜誌獲
　　　　　　　「最佳電子期刊獎」；頑石創意公司《跟著米勒看世界》獲
　　　　　　　「最佳多媒體出版品獎」；聯合線上公司獲「年度數位出版
　　　　　　　公司獎」；智慧藏董事長王榮文獲「評審團特別獎」。

十月廿二日　△「第八屆國語日報兒童文學牧笛獎」得獎名單揭曉。

十月廿四日　△中華民國圖書出版事業協會、澳門出版協會主辦，假澳門塔
　　　　　　　石體育館舉行「書香文化節——兩岸四地（澳門）書展」，
　　　　　　　至十一月一日止。

十月廿六日　△連江縣政府假臺北市遠見雜誌人文空間舉辦《馬祖：海上桃
～廿七日　　　花源》新書發表暨紀錄片首映會。
　　　　　　　△婷娜・希莉格假臺灣大學集思會議中心國際會議廳，二十
　　　　　　　七日，假交通大學工程四館ED國際會議廳舉辦《真希望我
　　　　　　　20歲就懂的事：史丹福大學的創新X創意X創業震撼課程》

（遠流）訪臺座談會。

十月廿八日　△中華電信「Hami書城」正式開張，與聯合線上、天下文化、城邦出版集團、遠流等二十七家出版業者合作，首波提供四百本電子書、二十四本免費雜誌。

　　　　　△國立臺灣歷史博物館與遠流出版事業公司假臺北市華山1914創意園區舉辦《明清臺灣檔案彙編》新書出版茶會，全套共一百一十冊。

十月廿九日　△第九屆「東亞出版人會議」假韓國千年古城全州市舉行，選出「東亞100冊」，主要選擇範圍以二十世紀以後文學作品以外的人文學術書籍。臺灣入選的計有：牟宗三《政道與治道》、殷海光《中國文化的展望》（臺灣大學出版中心）、黃仁宇《萬曆十五年》（食貨）、周婉窈《台灣歷史圖說：史前至一九四五年》（聯經）、王德威《跨世紀風華：當代小說20家》（麥田）。

　　　　　△經濟部工業局主辦，臺北市雜誌商業同業公會、數位出版聯盟協辦，假臺北市電腦公會B1聯誼中心舉辦「電子書營運模式與商機說明會」。

十月卅日　　△行政院文建會文化資產總管理處籌備處出版林會承主編的《2008台灣文化資產保存年鑑：古蹟・歷史建築・聚落・遺址・文化景觀・古物》。

　　　　　△中華民國圖書出版事業協會、臺北市出版商業同業公會、福建省新聞出版局與廈門市人民政府，假廈門國際匯展中心舉辦「第五屆海峽兩岸圖書交易會」，為期三天。

十月卅一日　△許倬雲教授假誠品書店信義店舉辦《我者與他者：中國歷史上的內外分際》（時報文化）新書講座。

十月　　　　△李昌憲主編《台灣自然生態詩語〔動物篇〕》、莫渝主編《台灣自然生態詩語〔植物篇〕》，行政院農委會林務局、財團法人文學台灣基金會出版。

　　　　　△張益瞻總編輯《第五屆雲林文化藝術獎／文學獎得獎作品輯》，雲林縣政府出版。

　　　　　△吳淑姿總編輯《2009花蓮文學獎得獎作品集——深情花蓮》，花蓮縣文化局出版。

△曾煥鵬總編輯《2009新竹縣吳濁流文藝獎得獎作品集》，新
　竹縣文化局出版。
△李長青等著《2009竹塹文學獎得獎作品輯》，新竹市文化局
　出版。
△林慶彰、蔣秋華主編《中國經學相關研究博碩士論文目錄
　（1978～2007）》，萬卷樓圖書公司出版。
△巴蘇亞・博伊哲努（浦忠成）著《台灣原住民族文學史綱》
　（上下冊），里仁書局出版。
△潘青林著《藏書票藝術解碼》，藝術家出版社出版。
△季野著《人間閒日月》（合集），爾雅出版社出版。
△張錦郎主編《台灣歷史辭典補正》，臺灣學生書局出版。
△陳凌散文集《西藏之旅——夢中的喜馬拉雅山》，春天出版
　國際公司出版。
△李昂散文集《愛吃鬼的華麗冒險》，有鹿文化公司出版。
△甘為霖牧師著；林弘宣等譯《素描福爾摩沙：甘為霖台灣筆
　記》，前衛出版社出版。
△施寄青散文集《神之所在——施寄青看悟善法師的神通
　力》，書泉出版社出版。
△華新民散文集《為了不能失去的故鄉——一個藍眼睛北京人
　的十年胡同保衛戰》，立緒文化事業公司出版。
△朱曉卿散文集《其實我們沒那麼壞》，健行文化出版公司出
　版。
△吳淡如散文集《決定要幸福》，皇冠文化出版公司出版。
△龔鵬程散文集《飲饌叢談》，二魚文化事業公司出版。
△李偉麟散文集《幸福力》、高希均散文集《閱讀就自己——
　50年學習的腳印》，天下遠見出版公司出版。
△林景淵散文集《日出江花紅似火：日本近代文學作家》、
　鍾宛貞散文集《用愛看見希望》、林明德編《蕭蕭新詩乾
　坤——蕭蕭新詩研究》（評論），臺中晨星出版公司出版。
△晏山農散文集《島嶼浮光——我的庶民記憶》、劉曉波評論
　集《大國沉淪——寫給中國的備忘錄》，允晨文化實業公司
　出版。

△柯瑋妮著；黃煜文譯《看懂李安：第一本從西方觀點剖析李安專書》，時周文化出版公司出版。

△何榮幸等著《我的小革命：相信夢想，相信自己內在的力量》，時報文化出版公司出版。

△威爾・柯皮著；麥曉維譯《他們其實沒那麼偉大：26個歷史人物現形記》，麥田出版公司出版。

△張典婉散文集《太平輪一九四九：航向台灣的故事》，商周出版公司出版。

△劉小梅詩集《所有浪花流傳著》，文史哲出版社出版。

△甘子建詩集《有座島》，唐山出版社出版。

△梁寒衣著《梁寒衣現代小說集》、黃瑞田著《萬重山——黃瑞田地景小說選集》、黃鼎松著《鴻泥屐痕——黃鼎松文集》（2冊）、何來美編著《何來美文集》（2冊）、謝承志散文集《肯塔基手札》，苗栗縣政府出版。

△郭小櫓著；郭品潔譯《青春，飢不擇食》，大塊文化出版公司出版。

△陳昇小說《阿嬤，我回來了！》，圓神出版社出版。

△鄧維楨第一本小說《猴王——孫悟空的童年時代》，INK印刻出版公司出版。

△彭歌中篇小說集《惆悵夕陽》，三民書局出版。

△郭雪波著《郭雪波小說選集》、馮滬祥散文集《新時代人生觀——羅家倫論人生》，臺灣商務印書館出版。

△劉大任長篇小說《浮游群落》、李敏勇散文集《詩的異國心靈之旅》、橫路啟子評論集《文學的流離與回歸——三〇年代鄉土文學論戰》，聯合文學出版社出版。

△張振剛著《四月的丁香——張振剛中短篇小說集》、妍音詩集《詩藏無盡》、黃雨欣散文集《三百六十分多面人：旅德女作家黃雨欣作品集——散文卷》、《歐風亞韻——旅德女作家黃雨欣作品集—隨筆卷》、浪子散文集《浪子的一生》，秀威資訊科技公司出版。

△蔡素芬長篇小說《燭光盛宴》、余光中散文集《日不落家》、張曉風主編《中華現代文學大系（貳）——臺灣一九

八九～二〇〇三散文卷（一）、（二）》、管管、蕭蕭著：繪圖《管蕭二重奏：禪意畫情》，九歌出版社出版。

△邵雲平總編輯，商周編輯顧問公司編輯設計，《2009年出版年鑑》，行政院新聞局出版。

十一月一日　△王承惠創辦「華品文創出版公司」。

△鄭明憲總編輯《2008台灣藝術教育年鑑》，國立臺灣藝術教育館出版。

十一月三日　△許裕全（馬來西亞）《尿片戰爭》、馮傑（中國大陸）《在紙上飛行》與李雲顥《斷片》（臺灣）並列「第二十二屆梁實秋文學獎」散文創作類文建會優等獎。

十一月四日　△麥田出版公司假臺北市誠品書店敦南展演中心藝文空間舉辦「從《家變六講》談詩文慢讀——王文興新書發表會暨榮獲國家文藝獎慶賀會」。

△經濟部中小企業處「九十八年金書獎」得獎名單揭曉，曾漢壽編著《讓台灣品牌站上國際舞台：代工與品牌篇》（經濟部國貿處）十五本獲獎。

十一月七日　△李魁賢主編《蒙古大草原：台蒙交流詩選》，國立台灣文學館出版。包括九位臺灣詩人及十位蒙古詩人作品。

△何曼莊假臺北市南海藝廊舉辦《即將失去的一切》（印刻）簽書會。

十一月九日　△中華民國圖書發行協進會假臺灣師大綜合大樓國際會議廳舉辦「2009兩岸書刊發行暨物流研討會」，邀請中國書刊發行協會及海峽兩岸出版交流中心組團來臺參訪。就當前兩岸圖書出版、發行、零售市場、圖書物流等現狀及未來發展等議題進行討論。

十一月十一日　△行政院新聞局公佈「九十九年度辦理漫畫推廣行銷補助要點」，協助漫畫推廣行銷，厚植漫畫產業發展。

十一月十二日　△國家文化總會、國立編譯館與臺灣商務印書館合作，假國家文化總會舉辦《古籍今註今譯》新版發表會，全系列計畫出版四十三種、六十八冊。展出首批新版《古籍今註今譯》九種十二冊。

△時報文化出版公司假臺北市海邊的卡夫卡咖啡店舉辦「村上

春樹《IQ84》新書首讀會」。

十一月十三日　△吳德亮假臺北市西門紅樓舉辦《兩岸烏龍名茶》（知音）新
　　　　　　　書發表會。

　　　　　　△中山學術基金會九十八年度得獎名單曉，文藝創作散文獎得
　　　　　　　主：羅文森《當機會被我遇見：從實驗室小子到總經理》
　　　　　　　（健行文化）；學術著作獎得主：中正大學財經法律學系
　　　　　　　教授黃俊杰《稅捐基本權》（元照）、中正大學機械系教授
　　　　　　　兼副校長鄭友仁《橢圓型態高斯與非高斯粗糙表面之接觸行
　　　　　　　為》、中研院基因體研究中心研究員洪上程《碳水化合物之
　　　　　　　一瓶化位向選擇性保護反應》。

十一月十四日　△行政院新聞局主辦，政治大學公企中心協辦「2009出版實務
　　　　　　　研習營」，俞國定受邀主講「數位出版之機會與挑戰」；陳
　　　　　　　昭珍主講「數位出版之營運策略」。

　　　　　　△允晨文化實業公司邀請法國經濟學家索爾孟教授假臺北市凱
　　　　　　　撒飯店舉行「大師講座《經濟不說謊：後金融危機的全球經
　　　　　　　濟總體檢》」新書發表座談會。

十一月十五日　△行政院文建會建置《台灣大百科全書》網站改版上線，並於
　　　　　　　十八日假該會藝文空間舉辦《台灣大百科全書》網站上線記
　　　　　　　者會。

　　　　　　△前台灣大學校長陳維昭假臺大會議中心舉辦《陳維昭回憶
　　　　　　　錄：在轉捩點上》（聯經）新書發表會。

十一月十七日　△聯合報系、聯經出版事業公司、上海書店與安徽出版集團假
　　　　　　　臺北市上海書店舉行「皖版圖書版權合作簽約儀式」及「安
　　　　　　　徽文化周圖書展」（至二十二日止）。

　　　　　　△BenQ公司發表電子書閱讀器「BenQ nReader」，推出最適
　　　　　　　合華文書籍閱讀體驗的電子書閱讀器以及整合中英日文購書
　　　　　　　與藏書服務，預計明年正式上市銷售。

十一月廿一日　△張芸京假臺北市新光三越信義新天地A9館春水堂前廣場舉
　　　　　　　辦《一個人的東京・張芸京361度》新書見面簽名會。

　　　　　　△行政院新聞局主辦，政治大學公企中心協辦「2009出版實務
　　　　　　　研習營」，蕭國慶受邀主講「出版策略成本管理」。

十一月廿二日　△日本「池田出版株式會社」社長池田清彥的遺孀，代表先生

捐贈四千零八十二冊日本文學等藏書給臺灣大學圖書館。

十一月廿三日 △格林文化、和英等童書出版業者和天瀚科技策略聯盟，共同發表彩色電子童書Story Book in Color，此為一本「會出聲說故事，能播動感繪本」的童書。

十一月廿四日 △經濟部智慧財產局假該局大禮堂舉辦「打造數位智慧城：著作權法修法講座」。

十一月廿五日 △宜蘭縣政府假臺北晶華酒店舉辦《愛上宜蘭的100個理由》新書發表會。

十一月廿七日 △中華民國圖書出版事業協會與中國出版工作者協會共同主辦，五南圖書出版公司與中國圖書進出口公司承辦，假臺北火車站前K-mall百貨廣場舉辦「第十屆大陸書展」，為期一個月；並與國家圖書館假該館簡報室共同舉辦「探討未來兩岸出版交流與合作模式，開創兩岸圖書出版交流新方向」論壇；二十八日舉辦「期刊出版數位化之現在與未來論壇」。

十一月廿八日 △陳俊旭假臺北市金石堂信義店舉辦《過敏，原來可以根治！陳俊旭博士的抗過敏寶典》（新自然主義）新書發表會。

十一月卅日 △「第十屆大陸書展」假臺中市五南文化廣場臺中門市舉行，至十二月卅日止。

△中華民國商業總會主辦，海峽兩岸商務協調會協辦，假臺北市仁愛路福華大飯店舉辦「2009兩岸著作權論壇」。

△見城徹著；邱振瑞譯《編輯這種病》，時報文化出版公司出版。

十一月 △《中華民國九十七年‧中華民國年鑑》、邵平雲總編輯，行政院新聞局主辦，全國意向顧問公司承辦研究《97圖書出版產業調查》，行政院新聞局出版。

△國家圖書館參考組編輯《臺灣出版參考工具書：2008》，國家圖書館出版。

△初安民總編輯《馬祖鈎鑑——2009首屆馬祖文學獎得獎作品集》，連江縣政府出版。

△徐芬春主編《第9屆大武山文學獎》，屏東縣文化局出版。

△劉政鴻總編輯《苗栗縣第12屆夢花文學獎得獎作品專集》，苗栗縣政府出版。

△黃國榮總編輯《臺中市第12屆大墩文學獎作品集》，臺中市文化局出版。

△張軒哲等著《桃園縣第14屆文藝創作獎得獎作品集》、華慧英傳記《老時童年》、楊錦珠傳記《快車小姐》、楊南聰傳記《我的人生軌跡》，桃園縣文化局出版。

△葉石濤著《葉石濤全集21～23》，高雄市文化局、國立台灣文學館出版。

△臺北教育大學台灣文化研究所主編《第6屆台灣文學研究生學術論文研討會論文集》，國立台灣文學館出版。

△封德屏主編《陳映真創作50週年國際學術研討會論文集》，文訊雜誌社出版。

△蔡源煌評論集《從浪漫主義到後現代主義──文學術語新銓》，書林出版公司出版。

△張子樟評論集《說書人的異想世界》，幼獅文化事業公司出版。

△史作檉評論集《極現與統合──新藝術與科學十六講》，臺灣商務印書館出版。

△楊照、李維菁著《我是這樣想的蔡國強》（傳記）、鄭樹森・舒明評論集《日本電影十大》，INK印刻出版公司出版。

△彭鏡禧、陳芳著《約／束》（劇本），台灣學生書局出版。

△小野等著《田園交響曲》，行政院農委會水土保持局出版。

△丘彥明散文集《踏尋梵谷的足跡》，藝術家出版社出版。

△玄小佛散文集《玄小佛飆人生》、曾健民著《1949・國共內戰與台灣：台灣戰後體制的起源》，聯經出版事業公司出版。

△張小虹散文集《身體褶學》，有鹿文化公司出版。

△羅智成主編《詩是城市的行道樹──2009第10屆臺北詩歌節詩選》，臺北市文化局出版。

△郭成義詩集《國土》、馬修主編《詩・行動──行動讀詩會五週年詩選集》、方子奮散文集《慧園里6號──文革血淚親歷記》、張偉散文集《談影小集──中國現代影壇的塵

封一隅》、高玉評論集《中國現當代文學史與文學批評反思》，秀威資訊科技公司出版。

△李敏勇詩集《自白書》，玉山社出版。

△陳正恩著《紅眼──陳正恩短篇小說集》、柯柏榮臺語詩集《赤崁樓的情批》、謝崇耀評論集《百年風華新視野──日治時期臺灣漢文學與文化論叢》、葉建良總編輯《第15屆府城文學獎得獎作品專集》，臺南市立圖書館出版。

△申絳石長篇小說《哨雁──一個中國家庭的故事》，允晨文化實業公司出版。

△曹冠龍長篇小說《沉》，天下遠見出版公司出版。

△張曉風小說《從你美麗的流域》、隱地散文集《遺忘與備忘──文學年記（1949～2009）》，爾雅出版社出版。

△吳若權短篇小說集《錯過你，遇見愛！》、陳柔縉散文集《人人身上都是一個時代》、章詒和散文集《這樣事和誰細講》、吳淡如散文集《善待你的桃花運》、廖文瑜散文集《高山上的老頑童》，時報文化出版公司出版。

△廖之韻散文集《我吃了一座城──反芻・台北》、張明敏評論集《村上春樹文學在臺灣的翻譯與文化》，聯合文學出版社出版。

△張愛玲長篇小說《海上花開》、《海上花落》，皇冠文化出版公司出版。

△蘇童長篇小說《河岸》、王文興著《家變六講──寫作過程回顧》，麥田出版公司出版。

△虹影長篇小說《好兒女花》，九歌出版社出版。

十二月一日　△行政院農委會林務局出版邱祈榮等著的《臺灣現生天然植群圖集》，此為國內首次依照「國家植群分類系統」建構完成的圖集。

十二月六日　△作家葉石濤逝世周年，國立台灣文學館與高雄市文化局共同出版《葉石濤全集補遺》。

十二月七日　△明日工作室舉辦「溫世仁武俠小說百萬大賞」頒獎典禮，首獎再度從缺，長篇武俠小說由沈默《誰是虛空（王）》、岳勇《擎天記》、黃世傑《藩邦恩仇錄》、張軍《國術》、鄭

　　　　　　　　偉樵《點兵秀才》等五部同獲評審獎；短篇武俠小說由王經
　　　　　　　　意《殺人者》獲得。

十二月十三日　△第15屆府城文學獎頒獎暨作家作品集新書發表會於臺南市立
　　　　　　　　圖書館育樂堂舉行。

十二月十八日　△大陸海協會會長陳雲林表示：二〇一〇年第五次江陳會將把
　　　　　　　　「智慧財產權保護機制」列入協商議題。

十二月十九日　△國立台灣文學館主辦「2009台灣文學獎」假該館演講廳舉行
　　　　　　　　頒獎典禮，其中圖書類長篇小說金典獎由駱以軍《西夏旅
　　　　　　　　館》獲得。

十二月廿四日　△誠品書店二〇〇九年暢銷書排行榜出爐，共計八大類一百本
　　　　　　　　書入榜。各類第一名分別是藝術類：《攝影師之眼：數位攝
　　　　　　　　影的思考、設計和構圖》（大家）；人文科學類：《讓天賦
　　　　　　　　自由》（天下遠見）；翻譯文學類：《小屋》（寂寞）；華
　　　　　　　　文創作類：《大江大海一九四九》（天下雜誌）；財經商
　　　　　　　　業類：《胡立陽股票投資100招》（經濟日報）；心理勵志
　　　　　　　　類：《FBI教你讀心術—看穿肢體動作的真實訊息》（大是
　　　　　　　　文化）；休閒趣味類：《要不要來我家—彎彎塗鴉日記4》
　　　　　　　　（自轉星球文化）與健康生活類：《皇帝內經養生智慧》
　　　　　　　　（源樺）。

十二月廿六日　△《中國時報》開卷周報「2009開卷好書榜」得獎名單揭曉，
　　　　　　　　共計五大類三十七本書獲獎。各類第一名分別是十大好書‧
　　　　　　　　中文創作類：《大江大海一九四九》（天下雜誌）；十大好
　　　　　　　　書‧翻譯類：《大海》（印刻）；美好生活書類：《11元的
　　　　　　　　鐵道旅行》（遠流）；最佳童書類：《小火龍棒球隊》（天
　　　　　　　　下雜誌）；與最佳青少年圖書類：《老師，水缸破了》（遠
　　　　　　　　流）等。

十二月廿八日　△博客來網路書店「2009書籍銷售總榜TOP100」出爐，前十
　　　　　　　　名依次是：《暮光之城》（尖端）、《暮光之城：蝕》（尖
　　　　　　　　端）（尖端）、《秘密》、《暮光之城：破曉》（尖端）、
　　　　　　　　《暮光之城：新月》（尖端）、《大江大海一九四九》
　　　　　　　　（天下雜誌）、《哈利波特7》（皇冠）、《FBI教你讀心
　　　　　　　　術——看穿肢體動作的真實訊息》（大是文化）、《目送》

（時報文化）與《小團圓》（皇冠）等。至於暢銷書出版社前三名依次是：尖端、東立與時報文化。

十二月廿九日　△金石堂書店公佈「2009年年度出版風雲人物」為大雁出版基地董事長蘇拾平及臺大外文系退休教授作家齊邦媛。「年度10本最具影響力的書」為：《雪中足跡》（三采）、《建築家安藤忠雄》（商周出版）、《世界因你不同：李開復從心選擇的人生》（圓神）、《巨流河》（天下遠見）、《大江大海一九四九》（天下雜誌）、《不可思議的年代：面對新世界必須具備的關鍵概念》（行人文化）、《1Q84》（時報出版）、《FBI交你讀心術：看穿肢體動作的真實訊息》（大是文化）、《沒有神的所在：私房閱讀金瓶梅》（皇冠）、《漢字書法之美：舞動行草》（遠流）等。

十二月　　　△據經濟部商業司統計，截至本年年底止，登記的出版社為一萬零九百五十三家，圖書出版數為四萬零五百七十五種。

△國立臺北藝術大學編輯《2005～2008臺灣無形資產保存年鑑》，行政院文建會文化資產總管理處籌備處出版。

△李玉瑾主編《典藏臺灣記憶：2009館藏臺灣學研究書展專輯》，國立中央圖書館臺灣分館出版。

△彭瑞金總編輯《2008台灣文學年鑑》，國立台灣文學館出版。

△吳海燕編《臺北，請再聽我說！第9屆外籍勞工詩文選集》，臺北市勞工局出版。

△臺北縣文化局出版李上儀等訪問周夢蝶等二十位臺北縣資深文學家的《20堂北縣文學課——臺北縣文學家採訪小傳》。

△陳振盛總編輯《第11屆南投縣玉山文學獎得獎作品集》、李瑞騰等著《南投縣文學發展史·上卷》，南投縣文化局出版。

△周勵等著《回望故鄉——尋找與解讀司馬桑敦》，傳記文學出版社出版。

△林婷婷、劉慧琴主編《漂鳥——加拿大華文女作家選集》，臺灣商務印書館出版。

△張子樟評論集《細讀的滋味——青少年文學賞析》、渡也詩

集《澎湖的夢都張開翅膀》（合集），澎湖縣文化局出版。

△許又方編《地方感・全球觀——第5屆花蓮文學研討會論文集》，花蓮縣文化局出版。

△林柏燕評論集《前進李崠山》，新竹縣文化局出版。

△柯慶明主編《現代文學精選集：散文》、《白先勇・藝文世界》（含演講手冊），臺灣大學出版中心出版。

△張靚蓓著《聲色盒子——音效大師杜篤之的電影路》，大塊文化出版公司出版。

△黃春美散文集《心豆》，宜蘭縣文化局出版

△廖文瑜散文集《小女子闖天關——廖文瑜的佛國之旅》，時報文化出版公司出版。

△陶晶瑩散文集《我愛故我在》、黃越綏散文集《母女江山》，圓神出版社出版。

△孟樊散文集《知識分子的黃昏》，唐山出版社出版。

△應鳳凰主編《但求不愧我心——閱讀李魁賢》，遠景出版公司出版。

△焦桐散文集《臺灣味道》，二魚文化事業公司出版。

△初惠誠詩集《涉水記》，澎湖縣文化局出版。

△高雄市立圖書館主編《解不開的夏天——高雄青年文選新詩集》、《我曾那樣追尋——高雄市青年文選散文、小說集》，高雄市立圖書館出版。

△丁文智詩集《花也不全然開在春季》、黃淑靜評論集《走盡天涯・歌盡桃花——王鼎鈞的散文藝術》、曾郁雯著《光影紀行》（合集），爾雅出版社出版。

△周夢蝶著《周夢蝶詩文集・卷一：孤獨國／還魂草／風耳樓逸稿》、《周夢蝶詩文集・卷二：有一種鳥或人》、《周夢蝶詩文集・卷三：風耳樓墜簡》、曾進豐編《別冊：周夢蝶先生年表暨作品、研究資料索引》、朱振藩散文集《味外之味》、紀慧玲著《凍水牡丹：廖瓊枝》（傳記）、陳允元等著《二〇〇九全國台灣文學營創作獎得獎作品集》，INK印刻出版公司出版。

△黃勁連編著《台灣鄉土傳奇》、邱致清散文集《西洋樓》、

林佛兒散文集《記憶的明信片——林佛兒四十年散文選》、賴哲顯散文集《遊珊瑚潭》、戴勤祝評論集《刻繪大地的容顏——阿聖散文研究》、葉澤山總編輯《第17屆南瀛文學獎專輯》，臺南縣文化局出版。

△李潼長篇小說《見晴山》，國語日報社出版。

△華嚴著《老夫老妻——華嚴短篇小說集》，躍昇文化公司出版。

△火星河小說《異邦人》、黃羊川詩集《血比蜜甜》、負離子詩集《回聲之書》、陳牧宏詩集《水手日誌》、硯香著《遇見最初於未來：硯香詩集》、顧蕙倩評論集《臺灣現代詩的浪漫特質》、潘頌德評論集《中國現代詩論三十家》、王國安評論集《和平‧台灣‧愛——李魁賢的詩與詩論》、陳永忠評論集《儲安平生平與思想研究——國共不容的知識份子》、謝泳主編《儲安平和他的時代——紀念儲安平誕辰一百周年學術研討會論文集》、阿瀅著《九月書窗——書人‧書事‧書評》（合集），秀威資訊科技公司出版。

△朱玖輝長篇小說《早稻田之約》、霍玉英主編短篇小說集《水上人家——香港生活故事選》、田浩編《文化與歷史的追索——余英時教授八秩壽慶論文集》，聯經出版事業公司出版。

△吳億偉短篇小說集《芭樂人生》、蔣勳短篇小說集《新編傳說》、王聰威長篇小說《戀人曾經飛過》，聯合文學出版社出版。

△莫言長篇小說《蛙》、張瀛太短篇小說集《春光關不住》、彭歌散文集《憶春臺舊友》、徐嘉澤散文集《門內的父親：一個高雄弟子的深情書寫》，九歌出版社出版。

二〇一〇年

一月三日　　　　△中華民國圖書出版事業協會與中國出版工作者協會共同主辦，五南圖書出版公司，中國圖書進出口（集團）公司承辦，假高雄市五南文化廣場高雄門市部舉辦「第十屆大陸書

展」，至二月一日止。

一月五日　　△國立臺中圖書館建置「數位公共圖書館」開館，提供電子圖書及電子資料庫、數位典藏及數位學習教材等資訊服務。

　　　　　　△《天下雜誌》與中華電信Hami書城合作推出「天下品牌館」，啟動行動閱讀。

一月六日　　△允晨文化實業公司假臺北市誠品書店信義店舉辦王丹《理想主義的年代：我的政治軌跡》新書發表會。

一月七日　　△立法院院會三讀通過「文化創意產業發展法」。

一月八日　　△天下遠見出版公司假臺北市九十三巷人文空間舉辦林靜宜採訪整理《改變成功的定義：白袍CEO蔡長海的利他願景學》新書發表會。

　　　　　　△高雄復文圖書出版社等五十餘家出版業者參加由中國出版工作者協會、中國書刊發行業協會假北京中國國際展覽中心舉辦，為期四天的「2010北京圖書訂貨會」。政府出版品陸委會《2009年兩岸交流活動專書》、新聞局《2009年出版年鑑》也在參展之列。

一月九日　　△胡晴舫假淡水鎮有河book舉辦《旅人》（八旗文化）新書分享會。

　　　　　　△林夕假臺北市誠品書店信義店舉辦《原來你非不快樂：只有你一人未發覺》（遠流）新書發表會。

一月十日　　△王明勇假臺北市立圖書館六合分館舉辦《這樣排毒讓我不生病》（平安文化）新書講座。

一月十二日　△財團法人臺北書展基金會「2010臺北國際書展大獎」得獎名單揭曉，小說類：甘耀明《殺鬼》（寶瓶文化）、張愛玲《小團圓》（皇冠文化）與陳淑瑤《流水帳》（印刻）等三人獲獎。非小說類：王鼎鈞《文學江湖：在台灣三十年來的人性鍛鍊》（爾雅）、藍佩嘉《跨國灰姑娘：當東南亞幫傭遇上台灣新富家庭》（行人）與野夫《江上的母親》（南方家園）等三人獲獎。

一月十三日　△台灣大哥大與屏訊科技合作，宣布將於十八日推出「行動書城」，讓用戶可以利用手機下載「行動書城」的小說或漫畫，直接在黑莓機上閱讀。

　　　　　　　　△國家圖書館主辦，中華民國圖書館學會等四個學（協）會合辦，假國家圖書館國際會議廳舉辦「攜手打造全民數位服務新風貌——數位出版品與數位閱讀研討會」。

一月十四日　　△中華語文著作權仲介協會假經濟部智慧財產局舉辦「校園著作權合法利用實務研討會」。

　　　　　　　　△臺灣商務印書館假臺北市重慶南路一段一百四十三號成立第二門市。

一月十五日　　△臺灣《破報》「2009年值得推薦的書」揭曉，計有詹宏志《偵探研究》（馬可孛羅文化）、莊祖宜《廚房裡的人類學家》（大塊文化）、藍弋丰《明騎西行記》（大塊文化）、湯皇珍《尋找藝術》（台灣書房）、梁東屏《搖滾：狂飆的年代》（印刻）、朱振藩散文集《味外之味》（印刻）、森山大道《犬的記憶》（商周）、黃粱《大陸先鋒詩叢第二輯》（唐山）、間瀨元朗《死亡預告》（尖端）、鍾鈺玨譯《雷曼啟示錄》（遠流）、朱孟勳譯《大師的身影》（臉譜）、吳國卿譯《震撼主意：災難經濟的興起》（時報文化）、何穎怡譯《裸體午餐》（商周）、白永瑞《思想東亞：韓半島視角的歷史與實踐》（台社）等十四本書入選。

一月十六日　　△高雄應用科技大學假該校國際會議廳舉辦「亞洲華人圖書館之電子書學術資源研討會」，從教學研究、圖書館、數位出版業等多種面向探討電子書資源的發展趨勢與有效應用。

　　　　　　　　△現在詩社、心靈工坊文化公司舉辦夏宇等著《妖怪純情詩》新書發表會。

　　　　　　　　△《中國時報》開卷週報假中國時報大樓舉辦「2009年開卷好書獎」贈獎儀式，共有五類三十七本書獲獎。

一月十七日　　△《亞洲週刊》「2009中文十大非小說好書」得獎名單揭曉，分別是：趙紫陽《改革歷程》；龍應台《大江大海一九四九》（天下雜誌）；陳志武《金融的邏輯》（國際文化）；倪創輝《十年中越戰爭》（香港天地圖書）；周光蓁《中央樂團史》（香港三聯）；齊邦媛《巨流河》（天下遠見）；張萬舒《歷史的大爆炸》（香港天地圖書）；王鼎鈞《文學江湖：在台灣三十年來的人性鍛鍊》（爾雅）；張翠容《拉

丁美洲真相之路》（馬可孛羅）與廖信忠《我們台灣這些年》（重慶出版集團）等。

△女書店創辦人鄭至慧《好事記：女人文化年曆》（女書文化）假女書店舉辦遺作發表會。

一月廿一日　△行政院文建會策劃，財團法人台灣文學發展基金會編印《經典解碼：文學作品讀法系列叢書》全套十三冊，假該會一樓藝文空間舉行新書發表會。

一月廿二日　△天下文化假臺北市九十三巷人文空間舉辦鄭崇華口述，張玉文採訪整理《實在的力量：台達電及鄭崇華的經營智慧》（天下遠見）新書發表會。

一月廿三日　△時報文化出版公司假金石堂信義店舉辦廖文瑜《小女子創天關：廖文瑜的佛國之旅》新書分享會。

△中國大陸權威財經作家吳曉波來臺，與黑幼龍假臺北市福華文教會館舉行「大敗局VS.大勝局——中國崛起、飆富時代的震動與應變」對談。

一月廿四日　△《亞洲週刊》「2009中文十大小說好書」得獎名單揭曉，分別是：張愛玲《小團圓》（皇冠）；虹影《好兒女花》（九歌）；陳冠中《盛世》（麥田）；葛亮《朱雀》（麥田）；蘇童《河岸》（麥田）；閻連科《我與父輩》（印刻）；蔡素芬《燭光盛宴》（九歌）；也斯《後殖民食物與愛情》（香港牛津大學）；陳玉慧《CHINA》（印刻）與韓麗珠《灰花》（聯合文學）等。

一月廿五日　△拾一本數位文化公司的電子書平台BOOK11.com宣布正式上線，同時取得與時報文化、九歌、臺灣商務印書館、新自然主義、千華數位文化、知書房、寰宇、晨星、立村文化等出版業者的合作。

一月廿六日　△BenQ明碁電通宣布nReader K60電子書正式上市，eBook Taiwan伊博數位書屋同時上市，為業界首創「中英日文電子書購書服務及閱讀體驗」的電子書。

一月廿七日　△「2010臺北國際書展」假臺北世貿中心一、二、三館舉辦，主題國為「法國國家館」，共有十八個展館、五十八個國家、八百八十三家出版社參展。將舉辦四百場閱讀活動及三

十六場專業論壇。

△國家文化總會與教育部假教育部禮堂舉行《走讀台灣》系列
叢書成果發表會；叢書內容包括連江縣、澎湖縣、苗栗縣、
新竹縣（市）等五縣市讀本，分別以平面、電子書、網站等
展示各該縣市的在地特色。

△中國大陸最大原創文學入口網站「起點中文網」與城邦原創
合作，成立起點中文網臺灣分站，並引進一萬二千部VIP作
家的簽約合同。

一月廿八日　　△「第二十九屆行政院文化獎」假臺北市台泥大樓士敏廳舉行
頒獎典禮，文學類得主為黃春明。

一月廿九日　　△國立台灣文學館假該館舉辦《2008台灣文學年鑑》、《台灣
英雄傳之決戰西拉雅》及複製重現臺灣文學作家劉吶鷗寫於
一九二七年的《新文藝日記》等三本新書發表會。

△香港豐子愷兒童圖畫書獎籌備委員會假誠品書店信義店舉辦
「第一屆豐子愷兒童圖畫書獎巡展會」。

一月卅日　　　△臺北市誠品書店敦南店舉辦《律師不會告訴你的事2：訴訟
糾紛全攻略》（商周文化）新書講座。

一月　　　　　△鍾鐵民總編輯《探訪鍾理和：紀念館暨文學地景》，高雄笠
山書坊出版。

△翁倩玉畫；江文瑜詩《合掌——翁倩玉版畫與江文瑜詩歌共
舞》，天下遠見出版公司出版。

△楊蓮福等著《臺灣百年生活圖錄・第一輯・廣告時代》共五
冊，博揚文化事業公司出版。

△丁旭輝評論集《台灣現代詩中的老莊身影與道家美學實
踐》，高雄春暉出版社出版。

△張維中散文集《東京等等我》、馬家輝散文集《死在這裡也
不錯》、《愛。江湖》、吳錫德編著《法國製造：法國文化
關鍵詞100》，麥田出版公司出版。

△凃靜怡散文集《世界是一本大書：旅行是閱讀》，漢藝色研
文化公司出版。

△黃崑巖散文集《醫師不是天使——一位醫師作家的人性關
懷》，健行文化出版公司出版。

△林宜澐短篇小說集《晾著》、焦桐散文集《在世界的邊緣》，二魚文化事業公司出版。

△廖鴻基散文集《飛魚‧百合》，有鹿文化公司出版。

△徐訏等著；周策縱、心笛、王潤華合編《海外新詩鈔》，新地文化藝術公司出版。

△李魁賢詩集《秋天還是會回頭》、《我不是一座死火山》、《我的庭院》、《安魂曲》、《黃昏時刻》；顧蕙倩詩集《時差》、夏菁詩集《獨行集》、雲鶴詩集《沒有貓的長巷》，秀威資訊科技公司出版。

△杜國清著《杜國清集》、黃勁連著《黃勁連集》、莫渝著《莫渝集》、蘇紹連著《蘇紹連集》、陳鴻森著《陳鴻森集》、馮青著《馮青集》、郭成義著《郭成義集》、羊子喬著《羊子喬集》、李勤岸著《李勤岸集》、利玉芳著《利玉芳集》、陳坤崙著《陳坤崙集》、沈花末著《沈花末集》、陳義芝著《陳義芝集》，（以上是台灣詩人選集），國立台灣文學館出版。

△張悅然長篇小說《誓鳥》，木馬文化公司出版。

△閻連科中篇小說《夏日落》、哈金第一本評論集《在他鄉寫作》，聯經出版事業公司出版。

△陳漱意長篇小說《無法超越的浪漫》，皇冠文化出版公司出版。

△劉大任中短篇小說集《遠方有風雷》、林文義散文集《邊境之書》、孫大川評論集《夾縫中的族群建構——台灣原住民的語言、文化與政治》、《山海世界：台灣原住民心靈世界的摹寫》，聯合文學出版社出版。

△於梨華中短篇小說集《秋山又幾重》，允晨文化實業公司出版。

△陳祖彥主編短篇小說集《幽微‧精采——說情愛1 愛情有多長》，臺灣商務印書館出版。

△蔡秀英長篇小說《我和我的檳榔攤》，遠景出版公司出版。

△林佛兒長篇小說《北回歸線》、長篇推理小說《美人捲珠簾》、長短篇小說合集《島嶼謀殺案》、朱天心長篇小說

《初夏荷花時期的愛情》，INK印刻出版公司出版。

△廖輝英長篇小說《窗口的女人》、張耀仁短篇小說集《親愛練習》、蔡文甫著《李冰鬥河神：中國名人故事（一）》、廖玉蕙散文集《純真遺落》，九歌出版社出版。

二月三日　　　△義美聯合電子商務公司正式聯繫全球各大電子書銷售平台與各網路書店，進行聯合銷售。

二月五日　　　△臺灣大學出版中心假臺北市誠品書店敦南店舉行《白先勇的藝文世界》暨《現代文學精選集》新書發表會。

二月六日　　　△彎娘、彎彎假高雄市金石堂書店夢時代店舉辦《彎家有娘初長成》（圓神）新書發表會。

二月七日　　　△臺北市「花栗鼠繪本館」開幕，一個專為兒童成立的兒童書店。

△彎娘、彎彎假臺北市誠品書店信義店舉辦《彎家有娘初長成》（圓神）新書發表會。

二月十一日　　△麗文文化事業機構假屏東女中舉辦「兩岸三地新春書展」，至二月廿一日止。

二月廿日　　　△漫畫作家韋宗成作品《AV端指》（未來數位公司）假「開拓動漫館」首賣。

二月廿三日　　△「好書大家讀」第五十七梯次評選活動揭曉，共計套書一套（二冊）與單冊圖書一百六十九冊入選。

二月廿六日　　△世新大學傳播學院圖文傳播暨數位出版學系、矽緯資訊與中華圖文傳播學會等假世新大學舍我樓共同舉辦「文化與科技的對話：電子書出版發行研討座談」。

△臺中晨星出版公司假誠品書店敦南店舉辦新谷弘實《元氣的免疫力量》新書發表會暨簽書會。

△國立台灣文學館與二二八事件紀念基金會共同發表《天‧光：二二八本土母語文學選》，係首次以本土母語漢字與羅馬字創作的二二八文學選，全書收錄三十五位文學作家、六十四件文學作品。

二月廿八日　　△藍博洲假臺北市二二八紀念館舉辦《老紅帽》（南方家園文化）新書發表，內容係五位政治受難者，歷經二二八事件、白色恐怖與解嚴等重大歷史事件。

△木馬文化公司假淡水鎮有河book舉辦張子午《直到路的盡頭》新書分享會。

二月　△吳敏顯著《宜蘭河的故事》，宜蘭縣立蘭陽博物館出版。

△杜潘芳格、黃勁連等著《天‧光——二二八本土母語文學選》，國立台灣文學館、二二八事件紀念基金會出版。

△林明理評論集《新詩的意向與內涵：當代詩家作品賞析》，文津出版社出版。

△謝顗散文集《雙鶩——粟耕與我》、朱天心長篇散文集《擊壤歌》，聯合文學出版社出版。

△陳錦芳散文集《台灣少年世界夢：梵谷的傳人‧畫家陳錦芳自傳》，商周文化公司出版。

△朱瑞散文集《傾聽西藏——一個中國人的觀點》、賈平凹長篇散文《靜水深流》，允晨文化實業公司出版。

△石炳銘散文集《雲起雲落：血淚交織的邊境傳奇》，時報文化出版公司出版。

△任安蓀散文集《以誠交心》、楊秀嬌散文集《編織人間情》、陳伯軒論著《文本多維：台灣當代散文的空間意識及其書寫型態》、周象耕論著《旋乾轉坤話男旦——乾旦面面觀》，秀威資訊科技公司出版。

△許運超詩集《心靈詩語》，文史哲出版社。

△曹文軒長篇小說《山羊不吃回頭草》，聯經出版事業公司出版。

△曾心儀長篇小說《福爾摩沙紅綠繽紛》、路寒袖著《陪我，走過波麗路：愛丁堡‧倫敦‧攝影‧情詩集》，遠景出版公司出版。

△里程長篇小說《穿旗袍的姨媽》、陳兆熙等著《陳儀的本來面目：解讀二二八另一個角度的真相》、周志文散文集《記憶之塔》，INK印刻出版公司出版。

△謝曉昀長篇小說《安娜之死》、陳祖彥主編散文集《幽微‧精采——說情愛2，友情的另個名字》，臺灣商務印書館出版。

△成英株長篇小說《人間異色之感官胡亂推理事件簿》、蔡文

甫著《火牛陣：中國名人成語故事》、司馬中原散文集《司馬中原鬼靈經》、席慕蓉散文集《新世紀散文家：席慕蓉精選集》，九歌出版社出版。

△唐德剛長篇小說《戰爭與愛情》、李宗仁口述；唐德剛撰寫《李宗仁回憶錄》、大衛‧克里斯多夫著；宋偉航譯《我在DK的出版歲月》，遠流出版事業公司出版。

△愛亞長篇小說《是誰在天空飛？（第一部）非童話》、魯蛟詩集《舞蹈》，爾雅出版社出版。

三月二日　△國家圖書館與《科學月刊》假該館文教區閱覽室舉行慶祝《科學月刊》四十周年活動記者招待會，正式宣布啟動「科普閱讀年」活動，精選一百本科普書籍，推薦社會大眾閱讀。

三月四日　△曾任荒野保護協會理事長的李偉文分別假誠品書店臺北、臺中、臺南與高雄等分店舉辦《溫柔革命：愛，在荒野流動》（大好書屋）新書巡迴座談會，為期十天。

三月六日　△陳錦芳六日假臺南市誠品書店；九日假臺灣大學圖書館舉辦《台灣少年世界夢》（商周文化）簽書會。

三月九日　△九章出版社向湖南教育出版社購買《義務教育課程標準實驗教科書——數學》（七～九年級，共六冊）中文繁體版權，有效期限十年；另購買《普通高中課程標準實驗教科書——數學》（共二十二冊），在臺發行。

△九歌出版社假中國文藝協會舉辦「九十八年年度散文選、小說選、童話選新書發表會暨贈獎典禮」；隱地〈一日神〉獲年度散文獎；朱天心《初夏荷花時期的愛情》（印刻）獲年度小說獎；周姚萍《小魔女滔滔集滔滔雲》獲年度童話獎。

三月十日　△駱以軍主編《九十八年小說選》、張曼娟主編《九十八年散文選》，九歌出版社出版。

三月十二日　△貓頭鷹出版社假淡水鎮有河book舉辦陳穎青（老貓）「從紙頁到螢幕——我的出版之路」《老貓學數位》新書分享會。

△謝文宜假臺北市心靈工坊文化公司舉辦《衣櫃裡的親密關係》與《酷兒的異想世界》（心靈工坊）讀書會。

△臉譜出版公司假臺北市誠品書店信義店舉辦《隔離島》原作

者丹尼斯・勒翰電影小說座談會。

三月十三日 △老貓（陳穎青）假中國文化大學推廣教育部國際會議中心舉
辦「老貓學數位」講座，每周一講。十三日主講「數位衝擊
的真正意義」；二十日主講「出版業將會變成什麼模樣？從
整體來看」；二十七日主講「出版社到底該如何轉型？從個
體來看」。

三月十七日 △許文耀教授假金石堂信義店舉辦馬克・威廉斯、約翰・蒂斯
岱・辛德・西格爾、喬・卡巴金作《是情緒糟，不是你很
糟：穿透憂鬱的內觀力量》新書講座。

三月十八日 △駐德國代表處新聞組在來比錫書展設置臺灣館，主題為「華
文出版的樂園」，展出華語教材、童書、漫畫與故宮文物畫
冊共三百本書籍。

三月十九日 △賴佩霞舉辦《失落的幸福經典：影響千萬人的生命法則》
（方智）桃園、高雄、臺中與臺北四地巡迴新書導讀座談主
講，為期三天。

三月廿日 △林黛羚假全臺誠品書店舉辦七場《改造老房子，完成一輩子
的夢想・家》（商周文化）新書發表會。

三月廿一日 △台灣角川書店假臺北市六福皇宮舉辦「第二屆台灣角川輕小
說大賞暨插畫大賞」頒獎典禮，輕小說大賞由逸清《浩瀚之
錫》獲得金賞。余卓軒《真理的倒相》獲得銀賞、林綠《百
無禁忌》、華澪《鳳神醫》獲得銅賞。插畫大賞金賞從缺。
同時宣佈第一屆金賞作品《罌籠葬》確定發行日文版，介紹
臺灣原創的輕小說給日本讀者。

三月廿三日 △行政院文建會假該會一樓藝文空間舉辦《生活美學理念推廣
系列叢書》（共六冊）新書發表會。
△行政院新聞局委託臺北書展基金會組團參加「第四十七屆義
大利波隆納兒童書展」，展期四天。研考會薦選二十九種繪
本及兒童類政府出版品參展，陳致元《熊爸爸去另一個城市
工作》（和英）與米米系列新作，分別賣出法國和荷蘭版
權。

三月廿六日 △行政院新聞局和聯經出版事業公司合作成立「臺灣館」參加
「2010年泰國曼谷國際書展」，展出一萬三千多冊二〇〇九

年出版的新書，至四月六日止。

三月廿七日　　△謬斯出版公司與紀伊國屋書店假紀伊國屋書店微風店舉辦熊怡凱《我恨炸魚薯條，愛上英國美味》（謬斯）新書首賣簽書會。

　　　　　　△愛亞假臺中市東海書苑舉辦《是誰在天空飛？（第一部）非童話》（爾雅）新書分享會。

三月廿八日　　△張子午假花蓮凱風馬兒兒童書店舉辦《直到路的盡頭》（木馬文化）書友會。

三月廿九日　　△歌德學院（臺北）德國文化中心、國語日報社與臺北市立圖書館假臺北市立圖書館總館共同主辦「何謂一本好的兒童書籍、好的青少年讀本」座談會，談德國和臺灣當今兒童文學和青少年文學發展現況及出版趨勢。

三月卅日　　　△國家圖書館假該館閱覽大廳舉辦「科普閱讀」主題書展，展示一百種科普好書以響應「一人一科普，全民讀科普」，至六月廿七日止。

三月卅一日　　△劉小如總策劃《台灣鳥類誌》上中下三冊，共記載五百四十六種鳥，包括確定是臺灣鳥類相成員的五百三十三種鳥，以及附錄所列無法確認歷史上的紀錄或缺照片佐證，或是未能查證繁殖情況的引進種與外來種十三種鳥。本書附錄一為「不確定鳥種名錄」，附錄二為「台灣特有種與特有亞種鳥類名錄」，附錄三為「野生動物保育法保育類鳥種名錄」，行政院農委會林務局出版。

三月　　　　　△蔡政文主編《2010年台灣展望》，財團法人國家政策研究基金會出版。

　　　　　　△卡爾‧馬克斯原著；顧海良總撰稿；丁世弼、蔡超等繪圖《畫說《資本論》》，全四冊，二十一世紀出版社出版。

　　　　　　△臺中教育大學語文學系主編《2009後浪詩社與台灣現代詩研究》，高雄麗文文化公司出版。

　　　　　　△姜聲泰著；張琪惠、姜林權譯《韓國讀書之神超效率讀書法》，世茂出版社出版。

　　　　　　△張天宇散文集《狂飆──不浪漫，毋寧死》、蘇白著《心管不著：蘇白色彩情話》（詩畫合集），臺中白象文化公司出

版。

△第十四世達賴喇嘛丹增嘉措散文集《我的土地，我的人民》，台灣圖博之友會出版。

△陳祖彥主編《幽微‧精采──說情愛3，親情，多少淚，笑》，臺灣商務印書館出版。

△梁實秋等著《趁年輕，做好準備》，正中書局出版。

△梁良散文集《台灣的那些事，那些人──梁良的文化觀察筆記》、多米散文集《背著書包上田去──螢之物語》、謝泳論著《中國現代文學史料的搜集與應用》、龔明德論著《昨日書香──新文學考據與版本敘說》、張石山論著《拷問經典──未來世紀的文革考古索引》、嚴秀萍論著《童話中的反動思維──以狼和女巫形象之遞嬗為討論核心》、李偉評論集《浪花淘盡──文人劫難記》、王國華評論集《學林碎話──1919年～2009年的中國文人剪影》，秀威資訊科技公司出版。

△蔡文甫短篇小說集《成長的故事》、傅林統等主編《九十八年童話選》、林育靖散文集《天使的微光──一位女醫師的行醫記事》、林清玄散文集《心美，一切皆美──心的菩提》、傅佩榮散文集《原來孟子這樣說》，九歌出版社出版。

△王國雄著；傅月庵、王品採訪撰稿《敢拼‧能賺‧愛玩──王品，從細節中發現天使》，遠流出版事業公司出版。

△遇羅錦長篇小說《童話中的一地書》，允晨文化實業公司出版。

△童偉格長篇小說《西北雨》、鄭鴻生著《母親的六十年洋裁歲月》（傳記），INK印刻出版公司出版。

△馮翊綱散文集《瓦舍小品》，聯合文學出版社出版。

△沈志方詩集《結局》、隱地散文集《朋友都還在嗎？──《遺忘與備忘》續記》，爾雅出版社出版。

△賈平凹長篇小說《廢都》，麥田出版公司出版。

△張系國短篇小說集《城市獵人：大器小說之二》，洪範書店出版。

△張翎長篇小說《金山》、劉墉散文集《點一盞心燈》（修訂新版）、戴晨志散文集《壯大自己，讓人看得起》、米花散文集《遇見貧民百萬富翁》，時報文化出版公司出版。

△藤井樹長篇小說《流轉之年》，商周出版公司出版。

四月一日　△城邦媒體集團首席執行長何飛鵬出版《自慢4：聰明糊塗心：為人處世，雙贏人生》（商周），並宣告城邦媒體正式進入EP同步時代。

四月六日　△國眾電腦公司宣佈與日本小學館簽署合作備忘錄，共同合作開發數位內容、數位學習與教育的新產品與服務。

四月七日　△資策會舉辦《創新發現誌》（ideas）兩周年慶，展示REACT出版編輯流程，無縫式閱讀、EP同步、文稿自動校正、網路口碑分析、首版華文（EPUB電子書標準化規格書）等，促成出版與科技的世紀對話。

四月八日　△聯經出版事業公司出版高行健、方梓勳《論戲劇》，本書係兩位作者於巴黎的訪談對話錄（2004～2006）編纂而成，由高行健修訂而成。

△臺北市電腦公會假世貿一館主辦「2010春季電腦展」，設立「電子書城」專區，邀請BOOK11.com、Greenbook、Innoversal等公司共同展示創新E-Ink技術，至十一日止。

四月九日　△日本淳久堂書店正式進駐SOGO百貨忠孝店，每週與日本同步上架新書，十一日舉辦《TIGER×DRAGON》（台灣角川）作家竹宮YUYUKO簽名會。

四月十日　△林黛羚分別假高雄誠品書店夢時代店與臺東故事館舉辦《改造老房子，完成一輩子的夢想・家》（商周）新書發表會，為期兩天。

△馬可孛羅出版公司十周年慶，與「誠品旅行節」搭配舉辦一系列「馬可孛羅旅行文學書展」講座，至二十五日止。

四月十五日　△新地文學季刊社編《世界華文作家精選集・第一輯》，新地文化藝術公司出版，共收十二位作家的文學作品，共十三冊。包括：《劉再復文論精選集》（上下）、《馬森戲劇精選集》、《郭楓散文精選集》、《陳義芝詩精選集》、《王潤華詩精選集》、《詹澈詩精選集》、《鴻鴻詩精選集》、

《王蒙小說精選集》、《劉心武小說精選集》、《閻連科小說精選集》、《陳若曦小說精選集》、《蘇偉貞小說精選集》等。為配合該精選集出版，即日起至二十四日止，在臺北、臺中、臺南、花蓮各舉辦一場「21世紀世界華文文學高峰會議」。

△遠流出版事業公司假臺北市華山1914創意文化園區中3清酒工坊2樓舉辦辛廣偉《世界華文出版業》新書發表茶會。

四月十六日　△顏艾琳假臺北市市長官邸藝文沙龍舉辦《微美》（華品文創）新書發表會。

△工研院影像顯示科技中心及南華大學出版與文化事業管理研究所分別假臺南市南台灣創新園區、臺北市金融研訓院分別召開兩場「教科書數位出版產業群聚技術聯盟」成立暨說明會，至二十三日止。

△允晨文化實業公司於臺北市永康街青康藏書坊舉辦李劼《上海往事》新書發表會。

四月十七日　△信誼基金會假臺北市知新廣場舉辦「第二十二屆信誼幼兒文學獎」頒獎典禮。

△盧蘇偉假臺北市金石堂信義店舉辦《你是光芒：盧蘇偉的15堂愛自己》新書講座。

△V1492旅行與閱讀俱樂部假臺北市八德路倉庫藝文空間舉辦周錦瑟《我不在家，就在土耳其》（皇冠文化）新書講座。

四月十九日　△國立台灣文學館「閱讀‧悅讀──2010年台灣文學館出版品巡迴展」從國立中正大學起跑，展出該館近三百種出版品。

△教育部邀集一百多個非營利團體成立「NPO閱讀聯盟」。

四月廿日　△教育部假國立中央圖書館臺灣分館舉辦「99終身學習行動年331─全民閱讀樂」記者會暨「九十八年閱讀推廣與館藏充實實施計畫」成果展，吳清基部長宣布全國二十五縣市「一城一書」推行計畫起跑，藉以培養全民閱讀風氣。

四月廿二日　△行政院新聞局「第32次中小學生優良課外讀物推介」評選結果揭曉，共有八百一十三件作品獲得推介。

△大塊文化出版公司舉行《經典3.0》套書（網路與書）發表會。

<table>
<tr><td></td><td>△國立台灣文學館與台灣筆會假國立台灣文學館第一會議室舉辦《台灣詩人選集》（六十六冊）新書發表會。</td></tr>
</table>

△國立台灣文學館與台灣筆會假國立台灣文學館第一會議室舉辦《台灣詩人選集》（六十六冊）新書發表會。

△台灣數位出版聯盟假臺北市交通部運輸研究所國際會議廳，舉辦「掌握版權，放大數位內容的力量」數位出版版權講座。

四月廿三日　　△臺北市立圖書館公佈二〇〇九年「好書大家讀」年度最佳少年兒童讀物得獎名單，共有一套二冊套書及九十三冊單冊圖書獲獎。

△謝宗哲假臺中市誠品書店園道店舉辦《建築家伊東豐雄》（天下遠見）新書演講。

△范欽慧假臺北市誠品書店信義店舉辦《跟著節氣去旅行：親子共享自然的24個旅程》新書分享會。

△臺灣大學圖書館與誠品書店合辦「復刻青春記憶──閱讀分享」幕書活動。

四月廿四日　　△遠流出版事業公司出版《敢拼・能賺・愛玩：王品，從細節中發現天使》，假臺中市文英館舉辦「人人都能敢拼・能賺・愛玩系列講座」。

△中華民國圖書出版事業協會組團參加於四川成都世紀城新國際會展中心舉行的「第二十屆大陸圖書交易博覽會」，共有七十四家出版業者參展，至二十八日止。

四月廿五日　　△東立出版社與淳久堂書店合作，假SOGO忠孝店淳久堂書店舉辦日本漫畫家木尾士目《獄兒天使》新書簽名會。

四月卅日　　△紐約瘋媽Jenny Wang 假臺北市何嘉仁書店民權店舉辦《媽媽不必當超人；紐約瘋媽的39個教養小故事》（天下遠見）新書簽名分享會。

△政治大學公企中心假該中心舉辦「公共議題論壇（二）數位出版產業的未來」。

四月　　　△向陽等著《寄情山水──6位文學家的水土保持駐村故事》（合集），行政院農委會水土保持局出版。

△方明主編《大河的對話──詩魔洛夫訪談錄》，蘭臺出版社出版。

△凌性傑評論集《有故事的人》，馥林文化公司出版

△董啟章中短篇小說集《安卓珍尼》、駱以軍短篇小說集《月球姓氏》、夏曼・藍波安散文集《冷海情深》、莊馥華著《海天浪——莊馥華的詩和生命故事》（合集），聯合文學出版社出版。

△蘇童長篇小說《米》、郭瑩散文集《歐洲如一面鏡子》，麥田出版公司出版。

△林正盛等著《一閃一閃亮晶晶》，有鹿文化公司出版。

△顧敏耀論著《陳肇興及其《陶村詩稿》》，臺中晨星出版公司出版。

△江兒編選《品嘗生命好滋味》，正中書局出版。

△蔡明燁散文集《小書房大天地：西方文學閱讀地圖》，立緒文化事業公司出版。

△蔣海瓊散文集《我的心不凍》、陶傳正散文集《陶爸戲人生：Fun輕鬆！世界大不同》、吳淡如散文集《掌握妳一生幸福的主動力》，時報文化出版公司出版。

△蕭蕭，王若嫻主編《溫馨的愛——現代親情散文集》、丘秀芷主編《你，有什麼夢想》，幼獅文化事業公司出版。

△王文娟散文集《幽微——那些無事在臺北走路時想起的小事》、李小石散文集《喚山——我與珠峰相遇》，INK印刻出版公司出版。

△陳祖彥主編《幽微・精采——說情愛4，地球村裡的國族認同》，臺灣商務印書館出版。

△焦桐主編《2009飲食文選》，二魚文化事業公司出版。

△陳育虹等著《日記十家》，爾雅出版社出版。

△渡也著《渡也集》、蔡秀菊著《蔡秀菊集》、李昌憲著《李昌憲集》、陳黎著《陳黎集》、向陽著《向陽集》、林央敏著《林央敏集》、陳明克著《陳明克集》、焦桐著《焦桐集》、劉克襄著《劉克襄集》、林盛彬著《林盛彬集》、路寒袖著《路寒袖集》、張芳慈著《張芳慈集》、許悔之著《許悔之集》，國立台灣文學館出版。

△閻連科長篇小說《日光流年》、漢寶德散文集《如何培養美感》，聯經出版事業公司出版。

△李敏勇散文集《文化窗景與歷史鏡像——一個台灣詩人的跨世紀守望》，允晨文化實業公司出版。

△深雪長篇小說《人生拍賣會》，皇冠文化出版公司出版。

△林書煒散文集《孩子，我想說的是……——書煒媽咪寫給寶貝愛的40》、李淑真短篇小說集《愛像紙屑一樣多——李淑真精選集》、小野短篇小說集《誰來陪我放熱氣球——小野精選集》、鄭清文短篇小說集《紙青蛙——鄭清文精選集》、馬森主編《中華現代文學大系（貳）——臺灣一九八九～二○○三，小說卷（二）導讀版》，九歌出版社出版。

五月一日　　　　△行政院新聞局與中華民國圖書發行協進會共同舉辦「全國讀書月」活動，邀集北、中、南書店同時舉辦書展、至三十一日止。

△國藝會「長篇小說創作發表專案」補助的曾心儀《福爾摩沙紅綠繽紛》、馮青《懸浮》與林哲璋《福爾摩沙惡靈王》（三書皆為遠景），假臺北市誠品書店信義店共同舉辦新書發表會。

△張亞中、李閩榕共同編撰《海西經濟區與台灣》（生智文化），為有關臺灣海西經濟的專著。

△范欽慧假誠品書店臺南店舉辦《跟著節氣去旅行：親子共享自然的24個旅程》（遠流）新書分享會。

五月四日　　　　△臺灣商務印書館假臺北市集思臺大會議中心舉辦朱高正《近思錄通解》（首冊）新書發表座談會。

五月五日　　　　△臺北縣政府假臺北縣政會議舉行「九十八年度縣政府出版品」頒獎，文化局《樓台重起：典藏林本源園林的空間體驗、記憶與再現》（夏鑄九編輯）獲特優獎，客家事務局《客鄉找茶：兩岸客家茶文化特展專書》（吳德亮著）與教育局《繪本同心圓》（劉和然等）同獲優等獎。

五月九日　　　　△日本動漫連鎖店Animate（安利美特）臺灣分店舉辦開幕典禮，同時舉辦小說家雪乃紗衣《彩雲國物語》（台灣國際角川）簽名會。

五月九日 ～十二日	△《想像的共同體：民族主義的起源與散佈》（時報文化）作者班那迪克‧安德森（Benedict Anderson）應邀來臺，假臺北市誠品書店信義店舉行講座；十日與十二日分別假臺灣大學、成功大學與學生進行對談。
五月十二日 ～十六日	△臺北書展基金會精選「生活類與台灣之美」的圖書，參加韓國「首爾書展」。
五月十四日	△香港插畫師協會假高雄市舉辦「第一屆中華區插畫獎」頒獎典禮，最佳出版插畫冠軍為王家珠《虎姑婆》（遠流），季軍為張又然《再見小樹林》。
五月十七日	△國家圖書館、行政院新聞局與美國在台協會假國家圖書館國際會議廳舉辦「攜手打造全民數位服務新風貌——數位出版與數位標準國際研討會」，探討電子書相關議題。
五月十九日	△日商珠式會社小學館假高雄軟體園區設立「台灣小學館（股）公司」，將導入數位教育學習軟體及教材教具等業務，並將與臺灣業者合作，開發平價中文版數位教育輔助系統（DDS）、電子書包教材及綠色環保材質的圖書出版品。
五月廿二日	△遠景出版公司於臺北政大水岸咖啡廳舉辦蘇芳沛《繪生活》見面簽書會。
五月廿四日	△蔣勳於一九九九至二〇〇〇年間，寫給Ly‧sM的十多封書信，集結成《欲愛書》，聯合文學出版社出版。
五月廿五日 ～廿七日	△台灣創意經濟促進會（ACE）首度聯合大塊文化、希伯崙、網際智慧、創意家、旭聯與遠東等六家出版業者組團參加「美國書展」，展示臺灣出版業以創意結合語言、文化及高科技的出版內容。
五月廿六日	△行政院新聞局「九十九年補助發行數位出版品」入選名單揭曉，共有「境遊虛實明信片Augmented Reality運用計畫」（木田工場）、「e-Picture Magazine 數位繪本雜誌-中華文化智慧寶庫發行計畫」（格林文化）等八件企劃案入選。 △雲林科技大學應用外語系主任黃惠玲與數媒系同學合作，將由書林出版公司出版英語繪本《花音小姐》（*Miss Pronunciation*）及《小樹的歪腦筋》（*Little Tree's Sideways Dreams*）。

五月廿七日　△遠流出版事業公司與View Sonic共同發表「遠流金庸機」，
　　　　　　　集結十五部《金庸作品集》，三十六冊金庸作品，四十冊金
　　　　　　　學研究，同時提供小說人物評析及歷史地理知識延伸學習
　　　　　　　等。

五月廿八日　△三百家臺灣出版業者在「2010年新加坡書展」的臺灣館，展
　　　　　　　出逾四千種、逾二萬冊圖書，以「Meet Taiwan」為主題。
　　　　　　△二魚文化事業公司在「台大美學院」舉辦陳義芝主編
　　　　　　　《2009：臺灣詩選》新書發表會。

五月廿九日　△國立編譯館「九十九年度優良漫畫獎」得獎名單揭曉，梁心
　　　　　　　綺編寫，蔡蕙憶繪圖《小公主的甜蜜青春記事》（文房文
　　　　　　　化）榮獲首獎。
　　　　　　△聯經出版事業公司假臺北市誠品書店敦南店及臺中市園道店
　　　　　　　舉辦傑拉德‧馬汀（Gerald Martin）《馬奎斯的一生》新書
　　　　　　　首賣會。

五月卅日　　△謝宗哲假誠品書店臺南店舉辦《建築師伊東豐雄》（天下遠
　　　　　　　見）新書演講。

五月　　　　△唐台齡著《台灣電視兒童節目半世紀之路：1962～2009》，
　　　　　　　巨流圖書公司出版（為國內第一本有關臺灣電視兒童節目發
　　　　　　　展史的專書）。
　　　　　　△亨利‧希斯金著；林步昇譯《真的，不用讀完一本書》，大
　　　　　　　家出版社出版。
　　　　　　△陳永發、沈懷玉、潘光哲訪問；周維朋紀錄《家事、國事、
　　　　　　　天下事——許倬雲院士一生回顧》（中央研究院院士回憶錄
　　　　　　　2），中研院近代史研究所出版。
　　　　　　△林書陽評論集《回首海天相接處》、《如何讓過去的成為真
　　　　　　　正的過去》、莫那能口述，劉孟宜錄音整理《一個台灣原住
　　　　　　　民的經歷》（傳記），人間出版社出版
　　　　　　△羅盤評論集《觀三國》，里仁書局出版。
　　　　　　△陳明柔主編《遠走到她方——台灣當代女性文學論集》
　　　　　　　（上、下），女書文化公司出版。
　　　　　　△吳櫻編《溪聲不遠——陳千武詩賞讀集》，台灣現代詩人協
　　　　　　　會出版。

△魯蛟、張默、辛鬱編《文協60年實錄（1950～2010）》，普音文化公司出版。

△星雲大師主講《般若心經的生活觀》，有鹿文化公司出版。

△莊因散文集《漂流的歲月（下）：棲遲天涯》，三民書局出版。

△王盛弘散文集《十三座城市》，馬可孛羅文化公司出版。

△陳義芝主編《2009：臺灣詩選》，二魚文化事業公司出版。

△洪素麗詩集《打狗樹仔》、李懷宇散文集《世界知識公民——文化名家訪談錄》，允晨文化實業公司出版。

△陳康順散文集《難忘的當代藝文人物》，國立歷史博物館出版。

△賴小禾散文集《動物狂想曲》，幼獅文化事業公司出版。

△吳東權散文集《心流感》、黃仁著《國片電影史話——跨世紀華語電影創意的先行者》（傳記），臺灣商務印書館出版。

△張曼娟散文集《那些美好時光》，皇冠文化事業有限公司出版。

△劉墉散文集《啊啊——雁行到我家》，時報文化出版公司出版。

△張默著《張默小詩帖（1954～2010）》，創世紀詩社出版。

△孫梓評詩集《你不在那兒》，麥田出版公司出版。

△師範著《師範短篇小說選》、散文集《紫檀與象牙——當代文人風範》、《師範散文選》、陳謙評論集《文學生產、傳播與社會—解嚴後詩刊選題策略析論》、冰古詩集《水翁樹上的蝴蝶》，秀威資訊科技公司出版。

△曹文軒短篇小說集《紅葫蘆》、鮑曉鷗散文集《老師沒有講的24件事》、李家同散文集《李家同談教育——希望有人聽我的話》，聯經出版事業公司出版。

△徐小斌魔幻小說《煉獄之花》、蘇偉貞散文集《租書店的女兒》、張輝誠散文集《我的心肝阿母》、毛尖散文集《亂來》，INK印刻出版公司出版。

△吳鈞堯歷史小說《火殤世紀：傾訴金門的史家之作》，遠景

出版公司出版。

△張妙如長篇小說《妒忌私家偵探社：鬼屋》、蕭雅全等短篇小說集《咖啡館裡的交換故事》，大塊文化出版公司出版。

△黃春明長篇小說《毛毛有話》、郭強生短篇小說集《夜行之子》、簡政珍著《我們有如燭火——簡政珍散文集》，聯合文學出版社出版。

△愛亞長篇小說《是誰在天空飛：成人童話》（第二部）、陳怡安散文集《人生彩排：陳怡安沉思錄》、宣樹錚、王鼎鈞合編《西風回聲：九九讀書會作品精華》，爾雅出版社出版。

△黃秋芳長篇小說《向有光的地方走去》、楊富閔第一本短篇小說集《花甲男孩》、蔡文甫短篇小說集《霧中雲霓》、管家琪短篇小說集《一張遲到的明信片》、谷蒙仁散文集《虎尾溪的浮光》、周芬伶散文集《蘭花辭——物與詞的狂想》，九歌出版社出版。

六月二日　　　　△南投縣政府邀請漫畫家喬英創作《庫比ㄒㄩㄥˊ愛遊南投》漫畫書，假縣府一樓舉行漫畫新書發表會。

六月三日　　　　△日本Ask出版社社長天谷修身等人參訪台灣數位出版聯盟協會，進行相關專業電子書製作技術討論。

六月四日　　　　△中華民國圖書出版事業協會與中國圖書評論學會假臺灣師範大學綜合大樓舉辦「海峽兩岸書評高端研討會」。

六月六日　　　　△高雄縣文化局舉辦「一城市一書——高縣閱讀冊推薦及票選活動」，《新版鍾理和全集》成為二〇一〇年「高縣之書」。

六月八日　　　　△華藝數位公司假永和市永安科技大樓舉辦「華藝數位10週年成果發表會暨『創新知識服務』研討座談會」，討論圖書館、出版社與電子資源間的關係。

六月十日　　　　△中華民國圖書出版事業協會、國家圖書館漢學研究中心、浙江省出版物發行業協會與浙江省出版集團主辦「2010台灣．第三屆浙江圖書展」假臺北喜來登飯店開幕，十一至十三日移師國家圖書館文教區一樓展覽室。

六月十二日　　　△楊茂秀假花蓮市凱風卡瑪兒童書店舉辦《每個人心中都有2

隻鱷魚》（張老師文化）新書座談會。

  △日籍攝影家森山大道新作《書的學校　夜的學校：森山大道論攝影》（商周文化）假臺北市誠品書店信義店舉辦「森山大道攝影講座暨簽書會」。

六月十三日 △何華仁假花蓮市凱風卡瑪兒童書店舉辦《台灣鳥四季》（星月書坊）新書座談會。

六月十四日 △香港浸信大學第三屆「紅樓夢獎：世界華文長篇小說獎」入圍名單揭曉，共六本，其中包括臺灣作家駱以軍《西夏旅館》、香港作家韓麗珠《灰花》、馬來西亞作家李永平《大河盡頭》等三本臺灣出版社出版的文學作品。

  △中華民國圖書館學會、中華圖書資訊館際合作協會、臺灣師範大學圖書館與中國知網假臺灣師範大學公館校區國際會議廳舉辦「兩岸學術資源數位出版及學術應用研討會」。

六月十五日 △臺北市立美術館出版《威尼斯雙年展台灣館回顧：1995～2007》。

六月十六日 △國際短篇小說研討協會假加拿大多倫多York大學舉辦「第十
～十九日 一屆英文短篇小說國際會議」，臺灣作家首次出席。五位臺灣作家在會中朗讀英譯作品，分別是：鄭清文《贖畫記》與《秋夜》；蔡素芬《臺北車站》；鍾文音《鏽》；章緣《插隊》與張瀛太《巢渡》等作品，成功將臺灣文學作品導入英文短篇小說國際會議舞台。

六月十九日 △王盛弘假誠品書店臺南店舉辦《十三座城市》（馬可孛羅文化）新書發表會。

  △允晨文化實業公司假臺北市玫瑰古蹟「跳舞咖啡廳」舉辦馬建長篇小說《肉之土》新書發表會。

六月廿日 △雲林縣斗六繪本圖書館開幕，該館原為斗六市立圖書館。

  △中華民國圖書出版事業協會、海峽文藝出版社與閩台書城共同策劃出版《作家筆下的海峽二十七城》。該書以兩岸城市為區域概念，兩岸作家共同撰寫，兩岸出版單位共同出版，其中包括反映臺灣歷史發展沿革的七個代表性城市：臺南、臺北、臺中、新竹、嘉義、高雄與花蓮。

六月廿二日 ～廿三日	△國家圖書館參加世界數位圖書館假美國華府國會圖書館舉行之「合作夥伴年度會議」，並遞交年度上傳古籍影像光碟，共計三十一種圖書文獻。
	△行政院研考會「第二屆國家出版獎」得獎名單揭曉，特優獎為農委會林務局《邦查米阿勞：東台灣阿美族植物》，優等獎計有台灣文獻館《臺灣民俗文物辭彙類編》、國立自然科學博物館《水中蛟龍：史前水棲爬行動物》、內政部營建署金門國家公園管理處《黑色舞影：鸕鶿生態紀實》等。
六月廿三日	△黃天才假臺北市臺大校友會舉辦《我在38度線的回憶》（印刻）新書發表會。
	△杜麗華假花蓮市舉辦《食在健康：來自後山的安心好食材》（上旗文化）新書發表會。
六月廿五日	△漸凍人陳宏假臺北市立聯合醫院忠孝院區舉辦《我在・燈在》（佛光文化）新書發表會。
六月廿九日	△海峽交流基金會董事長江丙坤與大陸海峽兩岸關係協會會長陳雲林假重慶簽署《海峽兩岸知識產權保護合作協議》。
六月卅日	△尖端出版公司出版《暮光之城》系列中文版電子書。
六月	△高雄應用科技大學文化事業發展系編《划過日月，搖過潭：2010高應大現代文學創作獎得獎作品集》，高雄應用科技大學文化事業發展系出版。
	△杜十三評論集《杜十三主義》，文史哲出版社出版。
	△李有成、張錦忠主編《離散與家國想像——文學與文化研究集稿》，允晨文化實業公司出版。
	△寧可著《飄臨的蒲公英——老頑童寧可八十自述》（傳記），自費出版。
	△陳銘磻散文集《源氏物語の旅》，樂果文化公司出版。
	△台灣查某編《台灣女生留學手記II》，玉山社出版。
	△梁玉明散文集《轉轉念，幸福就在心裡面》，時報文化出版公司出版。
	△高希均文集《讀一流書，做一流人》，天下遠見出版公司出版。
	△吳東權散文集《銀髮歲月情趣多》，黎明文化事業公司出

版。

△伊能靜散文集《靈魂的自由》，有鹿文化公司出版。

△劉克襄散文集《十五顆小行星——探險、漂泊與自然的相遇》，遠流出版事業公司出版。

△彭樹君散文集《要走就讓他走》、新井一二三散文集《沒有了鮪魚，沒有了奶油：你無法想像的日本》，大田出版公司出版。

△晶晶散文集《晶晶　亮晶晶：晶晶最短篇》，爾雅出版社出版。

△韓光渭撰著，張力校讀《學習的人生——韓光渭回憶錄：中央研究院院士回憶錄3》，中研院近代史研究所出版。

△月曲了詩集《我的眼光是碎的》、落蒂詩集《一朵潔白的山茶花》、冰夕詩集《抖音石》、然靈詩集《解散練習》、葉子鳥詩集《中間狀態》、謝馨著《禮物——謝馨詩集》、和權詩集《我忍不住大笑》、陳福成著《八方風雲·性情世界——陳福成詩集》、林奇梅童詩集《林奇梅童詩選——女巫·風箏·小溪》、林奇梅兒童故事集《稻草人迪克》、楊美鈴著《飛鴻傳真——楊美鈴散文集》、林偉光著《南方的笑貌音容——林偉光文集》、郁思著《郁思文集——年輕的聲音，蒼老的容顏》、葛筱強著《夢柳齋集——一個讀書人的隨筆散札》、黃仁著《中外電影永遠的巨星》（傳記）、陳謙評論集《詩的真實——台灣現代詩與文學散論》、李蓉論著《中國現代文學的身體闡釋》，秀威資訊科技公司出版。

△黃美之中短篇小說集《烽火麗人：六篇亂世兒女的真情故事》，智庫公司出版。

△巴代長篇小說《走過——一個台籍原住民老兵的故事》、江迅評論集《干物女與草食男——從故事碎影觀照中國現今社會》，INK印刻出版公司出版。

△陶龍生長篇小說《判決》、夏夏長篇小說《煮海》，聯合文學出版社出版。

△徐正雄長篇小說《飄浪之女——我那溫泉鄉的那卡西媽

媽》、黎紫書微型小說集《無巧不成書》，寶瓶文化公司出版。

△向陽短篇小說集《蛟龍、怪鳥和會念經的魚：中國神話故事1》、楊隆吉童話《山豬小隻》、傅佩榮散文集《原來莊子這樣說》，九歌出版社出版。

七月一日　　△桃園縣文化局假該局舉辦「閱讀禮袋」贈書儀式記者會，正式啟動全縣「閱讀起步走0～3歲嬰幼兒閱讀推廣活動」。

△陳東瑤等撰《鷗鷺望畿，雲嘉南濱海生態之旅：自然資源解說手冊》，內政部觀光局雲嘉南濱海國家風景區管理處出版。

七月三日　　△允晨文化實業公司假臺北「天曉得」咖啡館舉辦李有成、張錦忠《離散與家國想像：文學與文化研究論集》新書座談會。

七月五日　　△日本講談社副社長野間省伸，同時也是日本電子書籍出版社協會代表理事，率日本電子書籍出版社協會成員來臺訪問，與臺灣的內容商、設備商尋求合作。

△聯經出版事業公司舉辦李江琳《1959：拉薩！達賴喇嘛如何出走》新書發表會。

△桃園縣文化局假該局舉辦「2010『一書一桃園』年度推薦書暨『桃園之書』發表記者會」，劉克襄《11元的鐵道旅行》（遠流）為本年度『桃園之書』，另選出九本好書推薦閱讀。分別是《HOME：搶救家園計劃》、《大江大海一九四九》、《巨流河》、《吃朋友》、《真愛旅行》、《慢的教育》、《我的青春，施工中：台灣少年記事》、《我們的身體有一條魚》、《沒有神的所在：私房閱讀金瓶梅》。

七月六日　　△日本小學館社長相賀昌宏一行五人拜會高雄市長陳菊，交換未來與高雄共同推動文化出版產業內容，並視察「台灣小學館」場址。

七月七日　　△行政院研考會假臺北市台泥大樓士敏廳舉辦「第二屆國家出版獎」頒獎典禮。

七月八日　　△遠傳電信（FET）宣佈推出電子書「e書城」加值服務，正式進軍電子書市場，主打跨業者、跨平台使用，並與五十一

家出版業者簽約合作。

△中華民國圖書出版事業協會參加日本「2010年東京國際書展」，展出以政府出版品為主，至十日止。

七月九日　　　△「2010亞洲出版大獎」假越南胡志明市舉行頒獎典禮，《空中英語教室》創辦人彭蒙惠獲「終身成就獎」；齊邦媛自傳《巨流河》獲「最佳著作獎」首獎。

△杜麗華假誠品臺東故事館2樓藝文空間舉辦《食在健康：來自後山的安心好食材》新書分享會。

七月十日　　　△吳大猷基金會假臺北市立圖書館總館舉辦「第五屆吳大猷科學普及著作獎」頒獎典禮，林正焜《性不性，有關係？：有趣的性博物誌》（商周文化）獲金籤獎；龍勇誠《守望雪山精靈：滇金絲猴科考手記》（江蘇科學技術出版社）獲銀籤獎。

△時報文化出版公司假臺北市誠品書店敦南店舉辦葉文心《上海繁華：都會經濟倫理與近代中國》新書講座。

七月十三日　　△彰化縣文化局「2010彰化之書」網路票選結果出爐，康原《追蹤彰化平原》（晨星‧報導文學類）、蕭蕭《放一座山在心中》（九歌‧散文類）、吳晟《吳晟詩選》（洪範‧新詩類）、洪醒夫《田莊人》（爾雅‧小說類），共四本書為「2010彰化之書」。

七月十四日　　△金門縣文化局與兩岸書業界等單位假金城國中體育館舉辦「第五屆金門書展」，為期五天。

七月十五日　　△千華數位文化公司假臺北市集思臺大會議中心舉辦「iSMART智慧學習機上市體驗發表會」，推出屬於公職證照及英語檢定的行動電子書學習服務。

△嘉義縣立圖書館「嘉縣之書」網路票選結果出爐，侯文詠《白色巨塔》（皇冠文化）為「嘉縣之書」。

△中華電信宣布Hami書城漫畫館開館。

七月十六日　　△香港浸信大學「紅樓夢獎」得獎名單揭曉，駱以軍《西夏旅館》（印刻）奪得首獎，獎金三十萬港元。

△允晨文化實業公司假臺北市「玫瑰古蹟」「跳舞咖啡廳」舉辦《馮青給微雨的歌：馮青詩集》新書發表會。

　　　　　　　△中華民國駐瓜地馬拉大使館就近參加「第七屆瓜地馬拉國際
　　　　　　　書展」，展出臺灣公私立機構出版的西文圖書。
七月十七日　△社團法人台灣小小生活文化創意推廣協會假洪建全教育文化
　　　　　　　基金會敏隆講堂舉辦「『獨立書店聯盟』【折扣戰烽火連
　　　　　　　天，誰倖存？】——反折扣戰＆推動圖書統一定價制研討
　　　　　　　會」。
七月十八日　△國家圖書館與中華民國圖書出版事業協會於該館文教區國際
　　　　　　　會議廳川堂共同舉辦「《作家筆下的海峽二十七城叢書》」
　　　　　　　展覽開幕典禮暨贈書儀式。
七月十九日　△經濟部工業局與數位內容產業推動辦公室主辦，資策會執
　　　　　　　行，假資策會南港軟體育成中心477大會議室舉辦「台日數
　　　　　　　位出版・電子書研討商談會」，日本知名電子書店經營業者
　　　　　　　Papyless與Bitway應邀來臺演說，並與國內業者進行商務交
　　　　　　　流。
　　　　　　　△清大研究生莊靜潔假清華大學舉辦《點亮幸福微光》（寶瓶
　　　　　　　文化）新書發表會。
七月廿日　　△國內出版業者遠流、大塊文化、時報文化、遠景等參加
　　　　　　　「2010香港書展」。
七月廿一日　△行政院新聞局「第一屆金漫獎」入圍名單揭曉，並公佈「終
　　　　　　　身成就獎」為漫畫家劉興欽。
七月廿四日　△誠品集團與杭州市政府簽署戰略合作框架協議，將結合書
　　　　　　　店、文創和參呂等事業進駐杭州。
　　　　　　　△女書店為葉子鳥舉辦詩集《中間狀態》新書發表會。
七月廿六日　△國內十二位知名漫畫家集資出版《台灣漫畫》，全書以中英
　　　　　　　文系列介紹臺灣知名漫畫家及其作品。
　　　　　　　△國家圖書館參考組與國際標準書號中心共同合辦「臺灣出版
　　　　　　　參考工具書」年度性評選活動，評選出甲組《國立臺灣大學
　　　　　　　圖書館典藏日文善本解題圖錄》等二十六種，乙組《福爾摩
　　　　　　　莎語言文化詞典》等四十種，共計六十六種工具書。
　　　　　　　△新經典文化出版社舉辦開幕及第一本處女作艾米《山楂樹之
　　　　　　　戀》新書發表會。
七月廿八日　△行政院新聞局主辦，udn聯合線上假臺北市中國文化大學推

廣教育部舉辦「九十九年出版專業人才培訓」數位出版實務講座，課程規劃：經營趨勢、編輯實務、設計製作等三大系列，至八月廿二日止。

△中華動漫出版同業協進會假臺北世貿一館舉辦「第十一屆漫畫博覽會」。

七月廿九日　△行政院新聞局舉行「第一屆金漫獎」頒獎典禮，林威敏《雞排公主》（城邦文化）獲最佳年度漫畫大獎與最佳少女漫畫類獎。

七月卅日　△中華民國圖書出版事業協會與中國出版工作者協會共同主辦，三民書局與中國圖書進出口（集團）總公司共同承辦，假三民書局復北店及重南店舉辦「第十一屆大陸圖書期刊展」。

七月　　△劉吶鷗著；康來新、許秦蓁合編《劉吶鷗全集・增補集》，國立台灣文學館、臺南縣文化局出版。

△考試院長關中新著《中國命運・關鍵十年：美國與國共談判真相（1937～1947）》，天下遠見出版公司出版。

△陳穎青著《老貓學數位PLUS》，貓頭鷹出版社出版。

△黃啟江評論集《一味禪與江湖詩──南宋文學僧與禪文化的蛻變》，臺灣商務印書館出版。

△星雲大師散文集《無聲息的歌唱》，香海文化公司出版。

△胡晴舫散文集《我這一代人》，八旗文化公司出版。

△陳學勇散文集《蓮燈微光裡的夢──林徽因的一生》、歐宗智評論集《遇見最美的人生光景──世界小說名著鑑賞》，遠景出版公司出版。

△許悔之散文集《創作的型錄》，有鹿文化公司出版。

△褚士瑩散文集《每天多愛地球一點點》，大田出版公司出版。

△鄭貞銘散文集《鄭貞銘學思錄2：橋》，三民書局出版。

△侯文詠散文集《不乖：比標準答案更重要的事》、張愛玲・宋淇・宋鄺文美著《張愛玲私語錄》（散文集），皇冠文化出版公司出版。

△柯慶明散文集《2009／柯慶明：生活與書寫》、薛仁明散文

集《萬象歷然》、應鳳凰第一本短篇小說集《孤零世界裡的
書癡》，爾雅出版社出版。

△林夕散文集《人情·事故》、唐香燕散文集《貓先生的女友
和貓小姐的男友》，遠流出版事業公司出版。

△黃羊川詩集《博愛，座不站》，唐山出版社出版。

△歐洲華文作家協會著《對窗六百八十格——歐洲華文作家微
型小說選（上、下）》、林煥彰主編《小詩磨坊·泰華卷
1》、周君正詩集《熠熠星光》、陳皓詩集《在那裡遇見寂
寞》、楊忠彬詩集《岩島飛翔記事》、甘秀霞散文集《乘
風草堂散文精選》、桑農散文集《開卷有緣─桑農讀書隨
筆》寒玉散文集《浯島組曲》、徐芳、李其綱評論集《小說
與詩歌的藝術智慧》、張中良評論集《五四文學——新與
舊》、許志強著《批評的抵制——2005～2010年書評論文自
選集》、曾紀鑫著《人生是條單行道——曾紀鑫戲劇作品選
（上）》、《蕭何落難——曾紀鑫戲劇作品選（下）》、陳
榮昌著《金門金女人——浯島女性臉譜書寫》、聞黎明著
《聞一多——涅槃的鳳凰》（傳記）、游芳憫著《游芳憫文
史專集第一卷——中西文化與哲學述要》，秀威資訊科技公
司出版。

△連水淼詩集《首日封》，創世紀詩雜誌社出版。

△面面詩集《你在我心裡麵》、Beaver散文集《食味人生——
聽見料理的心聲》、方力行散文集《人魚：我的水裡人
生》、許常德散文集《中年男人地下手記》，時報文化出版
公司出版。

△曾寬長篇小說《白色的憂鬱》，高雄復文圖書出版社出版。

△李喬長篇歷史小說《咒之環》、李黎散文集《加利福尼亞旅
店》、林梵、林梵桃李五十二人著《南風——林梵還曆桃
李集》（散文）、趙慶華編《混搭：我們（Woman）的故
事——跨族群、跨地域、跨世代的女性生命書寫》，INK印
刻出版公司出版。

△平路長篇小說《行道天涯——孫中山與宋慶齡的革命與愛情
故事》、張貴興長篇小說《猴杯》、袁勁梅中篇小說集《忠

臣逆子：細讀一個中國家族如何度衡整個世界》、簡媜散文集《紅嬰仔：一個女人與她的育嬰史》，聯合文學出版社出版。

△ 張充和口述，孫康宜撰寫《曲人鴻爪本事》，聯經出版事業公司出版。

△ 郁達夫短篇小說集《沉淪：郁達夫精品集1》、《微雪：郁達夫精品集2》、《遲桂花：郁達夫精品集3》，風雲時代出版公司出版。

△ 徐嘉澤短篇小說集《大眼蛙的夏天》、王文華短篇小說集《老師，有問題》、陳瑞璧短篇小說集《我家有個燕子窩：陳瑞璧精選集》、鄭宗弦短篇小說集《紅龜粿與風獅爺：鄭宗弦精選集》、林清玄散文集《情深，萬象皆深——情的菩提》、馮傑散文集《丈量黑夜的方式》，九歌出版社出版。

八月二日　△ 誠品公司與南京市投資促進委員會簽署合作框架協議，誠品公司近期將在南京興建大型連鎖書店，打造南京的「文化創意城中城」。

　　　　　△ 「第十八屆九歌現代少兒文學獎」假文建會一樓藝文空間舉辦頒獎典禮。文建會特別獎得主包包福《我們不是小偷》；評審獎得主曾詠蓁《來自天堂的暑假作業》；推薦獎得主蔡聖華《不說話的女孩》。

八月三日　△ 臺北「信鴿法文書店」創辦人詩蘭芳病逝，享年六十五歲。

八月四日　△ 中華海峽兩岸文化觀光產業發展協會與福建漳州文化局聯合編輯出版《海峽兩岸情‧漳台尋根文物分佈圖》，為供臺胞回鄉尋根謁祖服務的「文物地圖」。

八月五日　△ 高雄市公車處假該處大禮堂舉辦「2010公車有愛——你我傳真情」徵文頒獎暨《公車詩集》發表會。

八月七日　△ 高雄市文化局、聯合文學出版社假紀伊國屋書店高雄巨蛋店舉辦夏夏《煮海》新書分享會。

八月八日　△ 丘光成立「櫻桃園文化出版社」，主推俄國文學。創社作為契訶夫短篇小說集《帶狗的女士》。

　　　　　△ 遠傳電信「遠傳e書城」將陸續推出偶像旅遊電子書。

八月九日　△ 南京市書報刊發行業協會拜訪中華民國圖書發行協進會。

八月十一日　△中華民國圖書出版事業協會組團參展「2010年上海書展」。

八月十二日　△鬍鬚張假臺北市鬍鬚張美食文化館舉辦吳錦珠《鬍鬚張大
　　　　　　　學：張永昌賣滷肉飯賣到全世界都知道》新書發表會。

　　　　　　△花蓮慈濟醫院發表慈濟骨髓幹細胞中心《流動的生命之河：
　　　　　　　二十個造血幹細胞捐贈的感人故事》（健行文化）新書。

八月十三日　△彰化縣長卓伯源假縣府中庭記者會上宣佈提撥二千萬元，做
　　　　　　　為充實各鄉鎮市立圖書館藏書經費。

八月十七日　△威達雲端電訊公司與《大英百科全書》合作，致贈臺中市
　　　　　　　《大英百科全書線上版》一套，並假臺中市府舉辦「《大英
　　　　　　　百科全書線上版》中市啟用發表會」。

　　　　　　△臺灣大學假該校史學館舉辦《Hi！NTU解讀臺大的82個密
　　　　　　　碼》（臺灣大學出版中心）新書發表會。

　　　　　　△資策會與台灣數位出版聯盟假國家圖書館國際會議庭舉辦
　　　　　　　「數位出版國際論壇──FPUB高峰會」，介紹FPUB的未來
　　　　　　　發展與應用。

八月十八日　△靈鷲山般若文教基金會假世界宗教博物館舉辦贈書儀式，捐
　　　　　　　贈四萬五千冊心靈勵志叢書給法務部，提供受刑人閱讀。

八月廿三日　△法國安古漫畫節亞洲事務負責人芬內（Nicolas Finet）訪
　　　　　　　臺，與新聞局、漫畫家等商討二〇一二年以臺灣為焦點主題
　　　　　　　展區的可能性。

八月廿五日　△天龍圖書公司董事長沈榮裕聯合三十多家銷售大陸簡體字發
　　　　　　　行商、一百多家出版、發行與數位出版等業者假臺北市成立
　　　　　　　「臺灣兩岸華文出版品與物流協會」。

　　　　　　△行政院新聞局「第三十四屆金鼎獎」入圍名單揭曉，圖書類
　　　　　　　特別貢獻獎為爾雅出版社發行人柯青華（隱地）。

八月廿六日　△大陸河北傳媒出版集團來臺參訪，並舉辦「冀版精品圖書
　　　　　　　展」，至九月二日止。

八月廿七日　△前麥田出版總經理陳蕙慧成立「本事文化出版社」，推出張
　　　　　　　小嫻《我的愛如此麻辣》、楊照《如何做一個正直的人》、
　　　　　　　陳玉慧《書迷》與香港作家陶傑《這是個，無菁英年代》等
　　　　　　　四本新書。

八月廿八日　△臺北縣推動「弱勢家庭圓夢計畫」，假行政大樓一樓晶宴會

館舉辦臺北縣社會局與書蟲公司編的《幸福轉動之間：圓夢計畫十一篇章》（臺北縣政府）新書發表會。

八月卅日　△三十多家臺灣出版社參展「第十七屆北京國際圖書博覽會」，並有七家數位出版公司合組數位出版聯合展台。

八月卅一日　△新竹市文化局公佈「2010新竹‧悅書」年度推薦書為哈特姆‧艾斯林格（Hartmut Esslinger）；呂錦珍譯《一線之間》（智園）。

八月　△成功大學中文系主編《感官素材與人性辯證國際學術研討會論文集》、張忠進等編輯《臺灣文學的發展展覽圖錄》，國立台灣文學館出版。

△田維著《花田半畝：一個美麗女孩最後的生命舞台》（合集），華品文創出版公司出版。

△李家同演講集《大量閱讀的重要性》，博雅書屋出版。

△郭澤寬著《官方視角下的鄉土：省政文藝叢書研究》，高雄麗文文化公司出版。

△永固法師散文集《說故事的旅程——一位比丘尼的人間行腳》，香海文化公司出版。

△邵薇散文集《故鄉》，立緒文化事業公司出版。

△唐諾散文集《在咖啡館遇見14個作家》、大川健三郎著；許金龍譯《讀書人——讀書講義》，聯經出版事業公司出版。

△劉梓潔散文集《父後七日》，寶瓶文化公司出版。

△鄭羽晴、余佩玲散文集《找出天賦——職涯發展指引》，正中書局出版。

△董君君短篇小說集《油煙世界》、碧果詩集《詩是屬於夏娃的——碧果詩集》、莫渝著《革命軍——莫渝詩集》、張騰蛟著《筆花——張騰蛟散文選（1973～2010）》、莊維民散文集《島國情濃》、蔣風著《悠悠文緣——兒童文學理論家蔣風文壇回憶錄》，秀威資訊科技公司出版。

△崔岱遠散文集《京味兒》，博雅書屋出版。

△楊佳嫻詩集《少女維特》、孫大川散文集《搭蘆灣手記》，聯合文學出版社出版。

△胡爾泰詩集《白色的回憶》，萬卷樓圖書公司出版。

△郭漢辰短篇小說集《誰在綠洲唱歌》，遠景出版公司出版。

△張翎中篇小說集《餘震》、廖偉凡散文集《爸媽，都是你把孩子搞成這樣》、李惟陽散文集《後山怪咖醫生》，時報文化出版公司出版。

△蘇童中篇小說集《紅粉》、謝錦桂毓散文集《做自己是最深刻的反叛》、楊照評論集《霧與畫——戰後台灣文學史散論》，麥田出版公司出版。

△韓寒長篇小說《他的國》、麥家長篇小說《風語：風語，不是風的語言，而是風的聲音》，INK印刻出版公司出版。

△楊明散文集《城市邊上小生活》、楊照散文集《故事效應——創意與創價》、陳子善評論集《研讀張愛玲長短錄》，九歌出版社出版。

九月一日　　△博客來網路書店創辦人張天立的「TAAZE讀冊生活」網路書店開幕，提供電子書、回頭書與二手書的買賣服務。

△「第五十八梯次好書大家讀」優良少年讀物評選結果揭曉，共計套書四套（三十六冊）及單冊圖書一百九十一冊入選。

△台灣數位出版聯盟假二〇一〇第四屆數位出版金鼎獎主題網站（http：//2010award.dpublishing.org.tw/）舉辦「第四屆數位出版金鼎獎——紙上博覽會」。

△行政院新聞局啟動「書本的城市冒險」活動，並同步舉辦「金鼎好書展」活動。

九月三日　　△華碩電腦公司假德國柏林國際消費電子展，宣布與德國公司txtr合作，成立網路書店平台，預計今年秋季歐洲上線，專門銷售電子書。

九月四日　　△國立編譯館假該館大禮堂舉辦「九十九年度優良漫畫」頒獎典禮，甲類第一名梁心綺編寫，蔡蕙憶繪圖《小公主的甜蜜青春》（文房文化），乙類優勝Toin《天使來敲門》等三人。

△聯經出版事業公司承辦，結合臺灣三百多家出版社參展馬來西亞「第五屆海外華文書市」，至十二日止。

九月六日　　△皇冠文化出版公司出版張愛玲自傳小說《雷多塔》、《易經》中英文版本，連同去年出版的《小團圓》，張愛玲自傳

小說三部曲終於完成。

△立緒文化事業公司出版巴勒斯坦作家蘇珊·阿布哈瓦（Susan Abulhawa）著；鄧伯宸譯《哭泣的橄欖樹》，該書被譽為「薩伊德巴勒斯坦論述的體驗版」。

九月七日　　△資策會與中國電子信息產業發展研究院假臺北國際會議中心共同舉辦「兩岸數位內容產業合作及交流會議」，針對加強兩岸電子書交易平台商務合作、推動兩岸數位出版共通標準、加強兩岸遊戲授權及動畫共同合作開發及鼓勵數位內容跨業合作等四個議題進行探討。

九月八日　　△行政院新聞局發布「數位出版創新應用典範體系計畫補助要點」，將提供新臺幣三千萬元補助傳統出版業加速導入數位化產製流程、出版新電子書與將紙本書轉檔電子書；同時，為協助出版業者瞭解補助計畫內容，自九日起分別假北、中、南舉辦說明會。

九月十三日　△前總統府資政徐立德假臺北市人文空間舉辦自傳《情義在我心：徐立德八十回顧》（天下遠見）新書發表會。

△中國出版集團公司總裁聶震寧率領大陸出版業訪問團訪問中研院近代史研究所，與該所舉行座談會。

九月十五日　△行政院新聞局「第四屆數位出版金鼎獎」入圍名單揭曉，共計二十四件作品入圍。

△臺北市出版商業同業公會與廈門外圖集團共同舉辦「第六屆海峽兩岸圖書交易會」，臺灣有一百餘家出版社，大陸有來自二十六個省市，二百六十餘家出版社及相關主管部門、產業界人士共同參加。

九月十六日　△長榮大學與五南圖書出版公司舉行出版合作簽約儀式，根據合約，長榮大學教師的學術及教學著作優先由五南出版發行，加註「長榮大學學術叢書」標示，建立「長榮品牌」；五南則捐贈價值三十萬元的圖書，以增加長榮大學圖書館館藏。

九月十七日　△「第六屆海峽兩岸圖書交易會」分別假臺中市立文化中心、臺南市金典書局及高雄市夢時代廣場同步舉行開幕活動。

△國家圖書館、中華民國圖書出版事業協會、中國出版工作者

協會及上海市出版工作者協會假國家圖書館簡報室舉辦「台滬合作出版論壇‧臺北——上海合作框架的出版模式」。

九月十八日　△行政院新聞局局長汪啟臣與大陸新聞出版總署副署長鄔書林會面。

　　　　　　△嘉義市文化局假市立博物館舉辦「2010嘉義市城市之書揭曉記者會」，成人組為肯‧羅賓森、盧‧亞若尼卡（Ken Ronbison＆Lou Aronico）著；謝凱蒂譯《讓天賦自由》（天下遠見）；兒童組為岩井俊雄著；周佩穎譯《100層樓的家》（小魯文化）。

　　　　　　△邱顯比與朱成志假臺北市誠品書店信義店舉辦「理財秘訣大公開一《少犯錯，一生都是投資贏家》」（天下遠見）新書演講。

　　　　　　△廖惠玲主編《不可思議世界之最》，人類智庫公司出版。

九月廿日　　△王澤出版《老夫子哈燒漫畫：KUSO大變臉》（老夫子哈媒體），每月一期，臺版老夫子漫畫以創新的水彩畫風取勝。

九月廿一日　△台灣國際角川書店總經理塚本進假經濟部舉行「2010投資台灣高峰會——新時代、新商機」中，簽署對臺投資意向書，表示未來將於臺灣建立數位化中心，並在臺灣投入電子書開發，為角川在日本以外建立的第一個數位基地。

　　　　　　△香港浸信大學文學院舉行「第三屆紅樓夢獎」頒獎，首獎為駱以軍《西夏旅館》。

九月廿二日　△屏東縣文化處舉辦「屏東之書票選暨全縣一鄉一圖書全縣閱讀」活動，嚴長壽《做自己與別人生命中的天使》（寶瓶文化）雀屏中選「屏東之書」。

九月廿三日　△韓寒新書《青春》（新經典文化）假臺灣各大網路書店開始預購，十月一日起假全省網路與實體書店同步上市。

　　　　　　△中國全國台聯名譽會長，原全國政協副主席張克輝著作《海峽心‧兩岸情》由九歌出版社出版，並於臺北舉辦新書發表會。

九月廿四日　△行政院新聞局假中正紀念堂舉行「第三十四屆金鼎獎」頒獎典禮，揭曉得獎名單。圖書類特別貢獻獎為爾雅出版社發行人柯青華（隱地）。

九月廿七日　△花蓮縣文化局「2010—城市一書—洄瀾好讀」初選結果揭
　　　　　　曉，共計有《天生就會跑》（木馬文化）、《目送》（時報
　　　　　　文化）、《在咖啡館遇見14個作家》（聯經）、《地圖上最
　　　　　　美的問號》（野人）、《別的國家都沒有》（格林文化）、
　　　　　　《東海岸減肥報告書》（大塊文化）、《奇萊前、後書》
　　　　　　（洪範）、《後山鯨書》（聯合文學）、《家離水邊那麼
　　　　　　近》（二魚文化）、《陳黎散文選1983～2008》（九歌）、
　　　　　　《蘋果教我的事：木村阿公給未來的禮物》（圓神）、《讓
　　　　　　陽光灑在心上》（遠流）等十三本好書。

　　　　　△中國大陸電子書漢王科技公司在臺灣成立營銷平台，宣布全
　　　　　　系列四大產品線，包括電子書、平板電腦、繪圖板及人臉辨
　　　　　　識等產品，並宣布將在臺灣建立兩岸書城合作平台，全面拓
　　　　　　展在臺電子書事業，二十八日假臺北101大樓成立臺灣分公
　　　　　　司。

　　　　　△經濟日報社出版發行中國大陸國務院總理朱鎔基《朱鎔基答
　　　　　　記者問》，內容包括朱鎔基一百零一個場合講話內容。

九月廿九日　△花蓮縣文化局五項出版品獲國史館臺灣文獻館「九十八年度
　　　　　　出版品」出版優良獎，分別是：《1995～2007花蓮國際石雕
　　　　　　藝術季典藏品專輯》、《雕塑印象：2009花蓮國際石雕藝術
　　　　　　季》、《花蓮學：第2屆學術研討會論文集》、《林田山之
　　　　　　旅》及《洄瀾印象觀光好》等。

九月　　　　△于國華、杜慧萍主編《中華民國九十八年表演藝術年鑑》，
　　　　　　國立中正文化中心發行。

　　　　　△姜聲泰著；張琪惠、林瑋婷譯《韓國九大讀書之神必勝讀書
　　　　　　法》，世茂出版公司出版。

　　　　　△邱如君等著；葉日松主編《舖衍，在縱谷的回音之間——試
　　　　　　論葉日松的地景書寫》，臺中文學街出版社出版。

　　　　　△焦桐主編《飯碗中的雷聲——「客家飲食文學與文化國際學
　　　　　　術研討會論文集」》，二魚文化事業公司出版。

　　　　　△陳義芝論著《現代詩人結構》，聯合文學出版社出版。

　　　　　△波特W《下一站·愛情》、淡江大學中國文學系著《每日二
　　　　　　字——這樣用就對了》，時報文化出版公司出版。

△李瑞騰、孫致文合編《歌哭紅塵間——詩人張夢機教授紀念文集》，中央大學中國文學系出版。

△張小虹論著《資本主義有怪獸》，有鹿文化公司出版。

△許榮哲論著《小說課——折磨讀者的秘密》，國語日報社出版。

△李永平長篇小說《大河盡頭》（下卷）、里慕伊·阿紀（泰雅族）長篇小說《山櫻花的故鄉》、阮斐娜著；吳佩珍譯《帝國的太陽下——日本的台灣及南方殖民地文學》，麥田出版公司出版。

△莊杰森詩集《杰開詩幕——小詩三百首》、散文集《森情寫意》、藍海論著《中國抗戰文藝史》，秀威資訊科技公司出版。

△魏惟儀散文集《星輢東來——記美駐華十位大使及一特使》，聯經出版事業公司出版。

△琹涵散文集《詩情·快意：對飲唐詩，發現生活真趣》，正中書局出版。

△陳光憲散文集《學習才會贏》，富春文化事業公司出版。

△彭蕙仙等採訪整理《閱讀是一輩子的事》，天下遠見出版公司出版。

△楊牧著《楊牧詩集Ⅲ 1986～2006》、瘂弦散文集《記哈客詩想》、張系國散文集《亂世貝果》，洪範書店出版。

△空因長篇小說《太陽草》、瘦雲王牌詩集《雜詩雜吟》、《雜文雜說》、方祖燊著《方祖燊全集13·方祖燊自傳》，文史哲出版社出版。

△蔣勳詩集《多情應笑我：蔣勳朗讀東坡》、隱地散文集《人人都有困境，讀一首詩吧！》、李煒著；張定綺譯《4444》，爾雅出版社出版。

△荻宜長篇神異小說《地藏明珠》，風雲時代出版公司出版。

△畢飛宇中篇小說集《青衣》、李家同散文集《我們應該有第二次工業革命》、傅佩榮散文集《原來孔子這樣說》，九歌出版社出版。

△張崇仁總編輯，商周編輯顧問公司編輯設計，《2010年出版

年鑑》，行政院新聞局出版。

十月一日　　　△羅東聖母醫院院長陳永興新書《無悔之旅：陳永興醫師的心路歷程》（望春風）全數捐給醫院義賣，做為老人醫療大樓興建基金。

十月二日　　　△王品集團旗下陶板屋和風創作料理二十三家店同步發起「知書答禮」萬本童書募集活動，轉贈偏遠地區的國中小、鄉鎮圖書館、育幼院等。

十月三日　　　△允晨文化實業公司假臺北市國泰世華藝術中心舉行許秋晹‧盧世祥著《台灣紳士許遠東》新書發表會。

十月六日　　　△國內一百一十七家出版社參加「2010年第六十二屆德國法蘭克福國際書展」，展出一千二百七十二本數位及平面出版品，其中「數位出版暨電子閱讀專區」獲得國際矚目。

十月九日　　　△女書店舉辦鄭至慧追思紀念會，出版《女人且乾一杯酒》、《只見花木蘭的背影》兩冊散文集，並假該店舉辦鄭至慧文集發表會。

十月十三日　　△彰化縣文化局假縣府中庭舉辦「2010彰化之書」公佈記者會，康原《追蹤彰化平原》（晨星）、蕭蕭《放一座山在心中》（九歌）、吳晟《吳晟詩選》（洪範）與洪醒夫《田莊人》（爾雅），共四書為「2010彰化之書」。

　　　　　　　△國立中央圖書館臺灣分館與聯經出版事業公司假該館舉辦「一起為台灣原創圖畫書加油──『台灣的故事』圖畫書講座」及「台灣的故事」繪本頒獎活動，王淑慧《爺爺的寶盒》獲佳作；簡世傑、楊幸詩《彈珠的約定》與陳怡今《洲美心》獲入選。

　　　　　　　△國立台灣文學館與時報文化出版公司共同舉辦施叔青《三世人台灣三部曲之三》新書發表會。

十月十七日　　△「政大書城」師大店停業。

十月廿日　　　△華碩電腦與中華電信宣布和慈濟基金會合作，推出以「環保無紙化」與「縮短數位落差」為訴求的電子書閱讀器，並為該基金會推出客制化版本「靜思電子書閱讀器」。

　　　　　　　△武俠小說作家雲中岳（本名蔣林）辭世，享年八十歲。

　　　　　　　△臺南縣政府假縣長室舉辦伊格言（本名鄭千慈）《噬夢人》

（聯合文學）新書發表會。

△行政院新聞局假臺北市晶宴會館民權館B1第二劇場舉辦「第四屆數位出版金鼎獎」頒獎典禮，城邦原創公司獲頒「年度數位出版創新獎」。

十月廿一日　△臺北縣教育局假縣府舉辦第六輯《擁夢飛翔：10位北縣勇者的故事》專輯新書發表會。

十月廿二日　△中央通訊社假該社八樓嗜啡館舉辦由行政院客委會補助，中央通訊社出版《賴和小說集》英文版新書發表會（洪健昭主譯）。

十月廿四日　△尖端出版公司假臺北市誠品書店敦南店視聽室舉辦「第三屆浮文字新人獎」頒獎典禮，非瓴《龍騎兵的防禦工事》獲輕小說組金賞，IROYI.h《鴉之聲》獲銀賞。觀止《賭牌》獲BL藍月小說組金賞，白芸《First Love》獲銀賞，SLOTH《光纖與大叔》獲佳作。

十月廿五日　△寶瓶文化公司出版神小風《少女核》、朱宥勳《誤遞》、徐嘉澤《不熄燈的房》、彭心楺《嬰兒廢棄物》、郭正偉《可是美麗的人（都）死掉了》、吳柳蓓《移動的裙襬》，即日起與誠品書店合辦「文學第一軸線講座」活動，至十一月十八日止。

十月廿六日　△臺北縣文化局出版臺北縣文化叢書，以淡水、八里為主題，推出《水岸山城・憶滬尾》（錢麗安）、《人文藝旅・淡水行》（錢麗安）以及《千年左岸・傳八里》（潘雅君）等三書。

十月廿八日　△國史館臺灣文獻館假該館文物大樓舉行「年度優良出版品」頒獎典禮，林玉茹主編《麻豆港街的歷史、族群與家族》獲首獎，陳豐章《台灣古早民俗生活史圖》獲非使用政府預算首獎。

△遠見・天下文化假臺北市九十三巷人文空間舉辦《未來少年》月刊特別號發表會。

十月卅日　△基隆市文化局假該市文化中心圖書館舉辦「2010年基隆之書」發表會，王傑《畫家帶路：基隆小旅行》（太雅）獲選為「基隆之書」。

△宜蘭縣文化局舉辦「我的城市・我的書」好書公投票選活動，蘇麗春、黃春美、陳維鵬三人合著的《來宜蘭旅行》獲選為「宜蘭縣之書」。

十月　△《中華民國九十八年・中華民國年鑑》，行政院新聞局出版。

△羅鴻文編著《護古藝新——國立台灣文學館文物修護紀實（一）》、林佩蓉、許素蘭、趙慶華編著《文無盡藏——國立台灣文學館典藏精選集（一）》，國立台灣文學館出版。

△國家圖書館參考組編輯《臺灣光復主題書目暨臺灣研究網路資源》，國家圖書館出版。

△鄭玉珊等著《2010第4屆蘭陽文學獎得獎作品集——歌仔戲劇本卷》、陳文琳等著《2010第4屆蘭陽文學獎得獎作品集——散文・新詩・童話卷》，宜蘭縣文化局出版。

△羊子喬散文集《鹽田裡的詩魂——羊子喬文學評論集Ⅱ》，臺南縣文化局出版。

△呂福原、歐辰雄等編著《臺灣樹木圖誌》第三卷，歐辰雄出版。

△亮軒著《壞孩子》（傳記），爾雅出版社出版。

△李志銘評論集《裝幀時代——台灣絕版書衣風景》，行人文化實驗室出版。

△錦連等著《激情詩人黃樹根 您慢慢仔走》（合集），高雄春暉出版社出版。

△吳家錄口述；洪詩棠著《討厭人壽保險的人——從代課老師到名譽博士，保險爺爺吳家錄的故事》（傳記），允晨文化實業公司出版。

△方祖燊著《方祖燊全集14・荒談集》，文史哲出版社出版。

△漢寶德散文集《漢寶德的人文行腳》，博雅書屋出版。

△楊錦郁散文集《向太陽說謝謝》，福報文化公司出版。

△韓寒散文集《青春》，新經典圖文傳播公司出版。

△蕭蕭散文集《少年蕭蕭》，幼獅文化事業公司出版。

△林懷民散文集《高處眼亮——林懷民舞蹈歲月告白》，遠流出版事業公司出版。

△黃啟芳散文集《弄孫》，國家出版社出版。

△韓良憶散文集《韓良憶的音樂廚房》，皇冠文化出版公司出版。

△王邦雄散文集《向儒道思想學情緒管理》，健行文化出版公司出版。

△連美恩散文集《我。睡了。81個人的沙發》、吳廖偷口述；吳念融著《清水阿嬤——戴著觀音耳機的吳廖偷》（傳記），遠景出版公司出版。

△李維菁短篇小說集《我是許涼涼》、蔣勳散文集《手帖——南朝歲月》、張鐵志評論集《時代的噪音——從狄倫到U2的抗議之聲》、蘇雪林著；陳昌明主編《擲缽庵消夏記：蘇雪林散文選集》，INK印刻出版公司出版。

△沈文婷散文集《詩經是一枚月亮》、趙于萱散文集《魚的捷克旅行手記》，木馬文化公司出版。

△夏菁詩集《折扇：一首自傳式抒情長詩》，秀威資訊科技公司出版。

△沈石溪長篇小說《龍鳥》、王德威主編《中國現代小說的史與學——向夏志清先生致敬》，聯經出版事業公司出版。

△韓麗珠長篇小說《縫身》、柴春芽長篇小說《祖母阿伊瑪第七伏藏書》，聯合文學出版社出版。

△蔡文甫短篇小說集《磁石女神》、李東霖第一本詩集《終於起舞》、林清玄散文集《境明，千里皆明——境的菩提》，九歌出版社出版。

△林于竝論著《日本戰後劇場面面觀》、容淑華論著《空間的表演》、魏淑美論著《當代歐洲新舞蹈——表演：反舞蹈、非身體》，黑眼睛文化公司出版。

十一月一日　△遠流出版事業公司與傳記文學雜誌社合作，出版中國近代史口述史學會編委會編《唐德剛與口述歷史：唐德剛教授逝世周年紀念文集》。

十一月二日　△經濟部中小企業處假該處簡報室舉辦「金書獎」頒獎典禮，計有陳瑩等著《雲端策略：雲端運算與虛擬化技術》等十四本得獎書籍。

十一月四日	△海外華文女作家協會假臺北市福華國際文教會館舉行「第十一屆雙年會」，會中並進行《全球華文女作家散文選》（石麗東主編）及《全球華文女作家作品目錄》（石麗東主編）新書發表會。
	△遠傳e書城假臺北市京站時尚廣場舉辦遠傳e書城「e本書，一杯咖啡」活動，為期四天。
	△國立臺灣歷史博物館假高雄市第一出版社舉辦《獄中家書：柯旗化坐監書信集》新書發表會。
十一月五日	△慈濟慈善事業基金會、慈濟傳播人文志業基金會、經典雜誌等假臺南縣七股黑面琵鷺研究中心舉辦吳佩香、王徵吉《黑面琵鷺全紀錄》新書發表會。
	△邱裴顯採訪故事集《想為台灣做一件事：台灣價值訪談錄及心情故事》，由前衛出版社出版。
十一月六日	△海外華文女作家協會假臺北福華國際文教會館舉行作家作品贈送國家圖書館贈書儀式，由館長顧敏代表接受，此批贈書共計一百二十二種一百三十四本，由六十一位旅居美國等十二個國家或地區的華文女作家贈送。
	△國立臺灣博物館假該館土銀展示館舉行唐・萊森（Don Lessem）著；邢立達、王申娜譯《國家地理學會終極恐龍百科》（大石國際文化）新書發表會。
十一月七日	△金門縣文化局假臺北市國家書店舉行林良《中秋搏狀元餅》（斑馬文創）繪本新書發表會。
十一月八日	△臺灣大學出版中心假該校圖書館特藏展覽區，舉行《臺灣文學與文化研究叢書》系列的《許壽棠日記1940～1948》（北岡正子等主編）及《蘇維熊文集》（蘇明陽、李文卿主編）新書發表會等活動。
	△博客來網路書店推出「OKAPI」網站（http//okapi.books.com.tw/），旨在介紹好書。
十一月十日	△國立台灣文學館「2010台灣文學獎」入圍及得獎名單揭曉，計有圖書類長篇小說四件，散文六件；創作類劇本五件、原住民漢語之報導文學二件。其中包括圖書類長篇小說巴代《走過：一個台籍原住民老兵的故事》（印刻），周芬伶散

文集《蘭花辭》等在內。

△天下雜誌教育基金會啟動「希望閱讀」計畫，美國在台協會（AIT）共襄盛舉，捐贈英文繪本及二十套英語教學套書。

十一月十一日　△臺北縣文化局舉辦臺北縣口述歷史專書《唸歌仔走江湖：楊秀卿女士口述歷史》新書發表會。

△城邦媒體集團假臺北市六福皇宮舉辦「隨身e冊」活動，「隨身e冊」為該集團打造的多媒體書刊平台，初步將以蘋果iPad為平台，目前線上提供二十一本電子雜誌，近四百本電子書。

十一月十五日　△南投縣水利局舉辦《小熊種樹》教學繪本新書發表會。

△台灣大哥大與城邦、空中英語教室、台灣國際角川等五十餘家出版社合作推出myBook電子書城，涵蓋雜誌、新聞、小說及有聲書等十四種類別。

十一月十六日　△五南文化廣場臺大店開幕，設有臺灣大學出版中心專櫃與政府出版品展售區。

十一月十七日　△臺灣大學圖書館、臺灣大學出版中心以及行人文化實驗室等假該館舉辦「《王文興手稿集》：《家變》與《背海的人》發表會暨座談會」，《王文興手稿集》係國內首部以手稿形式出版的文學作品。

十一月十八日　△聯合線上引進哈珀‧柯林斯（Harper Collins）電子書，近期將於udn數位閱讀網銷售由哈珀‧柯林斯授權的一百本暢銷作品外文電子書。

十一月十九日　△行政院新聞局假臺北市電腦公會舉辦「兩岸專業圖書研討會與數位出版高峰論壇」。

十一月廿日　△臺南縣文化局假麻豆鎮總爺藝文中心舉辦「九十九年南瀛文學叢書新書發表」，包括陳萬益《台灣文學論說與記憶》、李筱峰《我生印記：李筱峰選集》等十一冊。

△「書店大使」作家鍾芳玲假臺北市誠品書店信義店舉辦「書店傳奇」（遠景）新書發表講座。

十一月廿二日　△新竹市文化局舉辦「黑蝙蝠中隊《暗夜傳奇》李崇善特輯」專書發表會。該書係有關黑蝙蝠中隊的珍貴史料。

十一月廿四日　△李建軍假臺北市凱撒飯店四樓北京廳舉辦「『李建軍教授

《美國城市》系列」新書發表暨記者招待會」（臺灣知識庫）。

十一月廿六日　△桃園縣文化局假該局舉辦「第三屆全民寫傳記——我的故事」得獎者：傅林統《樂在說故事》及史天興《黃粱一夢柒拾載》新書發表會。

十一月廿九日　△行政院新聞局主辦，台灣數位出版聯盟執行，假臺灣大學集思會議中心蘇格拉底廳舉辦「數位出版分享會」，邀請聯合線上、城邦原創等分享數位出版的學習與經驗。

十一月　　　△楊美紅等著《第1屆桐花文學獎得獎作品集》，行政院客委會出版。

　　　　　　△謝小芩等主編《啟蒙‧狂飆‧反思：保釣運動四十年》，清大出版社出版。

　　　　　　△中正大學台灣文學研究所主編《第7屆全國台灣文學研究生學術論文研討會論文集》、封德屏主編《台灣現當代作家評論資料目錄》全八冊，國立台灣文學館出版。

　　　　　　△蘇智良評論集《上海黑幫》，立緒文化事業公司出版。

　　　　　　△李劼論著《百年風雨——走過二十世紀的中國政治演變和文化滄桑》，允晨文化實業公司出版。

　　　　　　△白靈詩集《昨日之肉——金門馬祖綠島及其他》、《五行詩及其手稿》、歐洲華文作家協會著《歐洲不再是傳說》，秀威資訊科技公司出版。

　　　　　　△吳億偉散文集《努力工作——我的家族勞動記事》、張瑞昌評論集《現代龍馬何處尋——寫在日本第三次開國前夕》、陳少聰著《永遠的外鄉人》（傳記），INK印刻出版公司出版。

　　　　　　△吳念真散文集《這些人，那些事》，圓神出版社出版。

　　　　　　△許文澍散文集《單車西遊記‧10萬元環遊南歐88天》，二魚文化事業公司出版。

　　　　　　△廖玉蕙編選；林芳妃賞析《最好的時光——親情，愛在四季》，正中書局出版。

　　　　　　△星雲大師散文集《成就的秘訣：金剛經》，有鹿文化公司出版。

△舒國治散文集《水城臺北》，皇冠文化出版公司出版。

△吳佳璇散文集《浪人醫生日記》，臺灣商務印書館出版。

△陳明克短篇小說集《最後的賭注》、魯子青短篇小說集《琳達老師的女性主義》、廖亮羽詩集《魔法詩精靈族》、麥穗詩集《歌我泰雅》、鄧榮坤詩集《菁桐》、夏野芹散文集《金瓜石的故事》、林金郎散文集《行願家鄉》、施翠峰著《施翠峰回憶錄》，臺北縣文化局出版。

△李進文詩集《靜到突然》，寶瓶文化公司出版。

△羅智成詩集《地球之島》、施如芳著《願結無情遊——施如芳歌仔戲創作劇本集》，聯合文學出版社出版。

△杜杜著《妳怎能拴住妳狂跳的心——杜杜詩集》，遠景出版公司出版。

△隱地詩集《風雲舞山》、林貴珍散文集《讀書會加油站》、林文義散文集《歡愛》、陳幸蕙評論集《悅讀余光中‧遊記文學卷》，爾雅出版社出版。

△陳念萱長篇小說《自殺功法》，華品文創出版公司出版。

△江覺遲長篇小說《酥油》，時報文化出版公司出版。

△廖輝英長篇小說《你是我今生的守候》、曾詠蓁長篇小說《來自天堂的暑假作業》、陳榕笙長篇小說《天哪！我們撿到一把槍》、謝鵬雄散文集《文學中的男人和性》，九歌出版社出版。

十二月一日　　　△udn數位閱讀網與華碩電腦合作，將閱讀平台延伸到華碩電子筆記本及電子書等行動閱讀平台，行動閱讀使用者可直接連結到udn數位閱讀網購買電子書。

十二月四日　　　△連江縣文化局假臺北市長官邸藝文沙龍舉行「馬祖文學獎、馬祖故事集頒獎暨馬祖出版品發表會」，文學獎得獎作品編輯成《親字出馬：2010馬祖文學獎得獎作品集》與《記憶鑿痕：2010馬祖故事集》二書；馬祖出版品包括：王建華／文、林昭偉／圖《會呼吸的房子》，歐陽柏燕《屋頂的石頭在說話》，林金炎《馬祖兵事》，傅朝卿《2010馬祖研究：世界遺產與地方保存》及謝春福等六人詩合集《群島》共五冊。

△國立台灣文學館假高雄文學館二樓講座室舉辦《錦連全集》新書發表會，該全集由阮美慧主編，共十三冊。

△臺南市政府主辦，臺南市立圖書館假該市吳園藝文中心舉辦「作家作品集新書發表會」，詩人白萩獲特殊貢獻獎；獲選南臺灣文學作家作品集計有：林藏滿《啥云乎祖國（二二八的教訓）》、張俐璇《兩大報文學獎與台灣文學生態之形構》、魏偉莉《異鄉與夢土：郭松棻思想與文學研究》、潘景新《湧動愛與美的生命跡線：潮間帶》等四冊。

十二月七日 △明日工作室、中國武俠文學學會主辦，假北京市北京飯店舉辦「第六屆溫世仁武俠小說大賞」頒獎典禮，施達樂〈浪花群英傳〉獲長篇小說組首獎，高普〈大俠考〉獲短篇小說獎一等獎。

△國立台灣文學館假臺北市誠品書店信義店舉辦《愛、理想與淚光：文學電影與土地的故事》（上下，張恒豪主編）新書發表會。

十二月九日 △雲林縣文化處頒布鄭豐喜《汪洋中的一條船》為「雲林縣永久縣書」。

十二月十日 △臺灣鐵路管理局出版吳柏青企劃・撰文《鐵道旅行，幸福100》筆記書。

△行政院新聞局假臺北市電腦公會舉辦第二場「數位出版高峰論壇」。

△清華大學圖書館舉辦「《啟蒙・狂飆・反思——保釣運動四十年》新書發表會」。

△秀威資訊科技公司假臺北市國家書店二樓藝文沙龍舉辦「《馬森文集》新書分享會暨『文學名家三人談』馬森×張曉風×席慕蓉」。

△國立台灣文學館假該館藝文大廳舉行「2010台灣文學獎」頒獎典禮，童偉格《西北雨》（印刻）獲圖書類長篇小說金典獎，周芬伶《蘭花辭》獲散文金典獎。

十二月十三日 △臺北縣文化局假縣府舉辦《戀三鶯：精粹鶯歌》、《戀三峽：藝染三峽》二書分享會。

十二月十四日 △行政院文建會假該會一樓藝文空間舉辦「《我在我不在的地

方：文學現場踏查記》（國立台灣文學館）新書發表會」。

十二月十六日 △國家圖書館等單位假國家圖書館簡報室舉辦「國家圖書館數位出版品法定送存暨國際書號編碼服務巡迴說明會」，藉以推動「數位出版品國家型永久典藏計畫」。

△五南圖書出版公司假臺北市誠品書店敦南店舉辦「《宋美齡：走在蔣介石前頭的女人》（李台珊著）新書發表會」。

△臺北縣三重市公所假該所舉辦「《三重舊地名探索》（蔡棟雄執行編輯）新書發表會」。

十二月十七日 △行政院新聞局公佈〈一百年度辦理圖文出版發行行銷及研習補助要點〉。

△高雄縣美濃鎮公所舉辦「《美濃客家諺語山歌俚語歇後語》（李新男著）新書發表」。

△經濟部中小企業處指導，工研院承辦，工研院顯示中心及南華大學執行，中華民國圖書出版事業協會與國家圖書館協辦，假國家圖書館舉行「電子教科書創新應用論壇」。

十二月十八日 △國語日報社舉辦「第九屆國語日報兒童文學牧笛獎」頒獎典禮。

十二月廿一日 △博客來網路書店舉辦「新手上路——第一屆華文新秀作家」頒獎典禮，文學類獲獎者：劉梓潔《父後七日》（寶瓶文化）、楊富閔第一本篇小說集《花甲男孩》（九歌）；非文學類獲獎者：古又文《不讓殘酷的神支配：古又文的創作與人生》（時報文化）、胡涓涓《烘焙新手必備的第一本書：106道超簡單零失敗的幸福甜點》（幸福文化）。

△誠品書店公佈「2010年度閱讀現象觀察報告」，提出五大閱讀現象觀察。現象一：ECFA時代來臨，全球華人共創下一個黃金十年。現象二：海嘯過後，務實思考工作，積極創造財富。現象三：接班新世代，旺盛的成功企圖，豐沛的學習能量。現象四：幸福人生守則：努力工作，用力玩。現象五：內外兼修的養生智慧，名家出手，全民買單。此外，並公佈「年度TOP100暢銷榜單」；陶晶瑩《我愛故我在》（圓神）、丹・布朗《失落的符號》（時報文化）、蕭宏慈《醫行天下（下）：拉筋拍打治百病》（橡實文化）為排行

榜前三名。

　　△義美聯合電子商務公司將自製完成的《許願魚》、《小神童》、《蛇髮美女》等三本繪本，正式在iPad上架販售。

十二月廿二日　△國藝會與典藏藝術家庭假臺北市紅樓劇場共同主辦「第十一屆國家文藝獎新書聯合發表會」，計有藍祖蔚《王童七日談：導演與影評人的對談手記》、蔡佩君《詩的信使：李敏勇》、吳國禎《一款歌百款世：楊秀卿的念唱絕藝與其他》及黃淑文《骷顱與金鎖：魏海敏的戲與人生》等四本書。

十二月廿四日　△臺南縣文化局出版《南瀛文化研究叢書》第十五輯《南瀛舊情風華專輯》及第十六輯《南瀛豐美大地專輯》共九冊。

　　△國家圖書館假該館簡報室前舉行「國家圖書館數位出版品平台系統」啟用儀式，並舉辦與台灣數位出版聯盟合作的「數位影音多媒體電子書成果展」。

十二月廿五日　△《中國時報》開卷周報「2010開卷好書獎」名單揭曉，計分「十大好書（中文創作）」、「十大好書（翻譯）」、「美好書活書」、「最佳青少年圖書」、「最佳童書」五類，共三十七本獲獎。其中中文創作類計有劉克襄《十五顆小行星》（遠流）等七本獲獎。翻譯類計有唐‧德羅里《白噪音》（寶瓶文化）等九本獲獎。美好生活類計有約翰‧卡林《打不倒的勇者》（遠流）等十本獲獎。最佳青少年圖書類計有劉炯朗《一次看懂自然科學》（時報文化）等五本獲獎。最佳童書類計有愛涅絲‧德‧雷斯塔《文字工廠》（三之三）等六本獲獎。

　　△黃石城著，周怡君責任編輯《黃石城看台灣——無私見證台灣五十年手記》，全三卷，商周出版。

十二月廿八日　△金石堂書店公佈「2010年年度風雲人物」為聯經出版事業公司發行人林載爵及作家蔣勳；「年度10本最具影響力的書」為：《父後七日》（寶瓶文化）、《蒼良的獨白書寫〈寒食帖〉》（絲路與書）、《人生不設限：我那好得不像話的生命體驗》（方智）、《管教啊，管教》（愛孩子愛自己工作室）、《不乖：比標準答案更重要的事》（皇冠）、《100個即將消失的地方》（時報文化）、《民國一〇〇年大泡

沫》（先覺）、《馬奎斯的一生》（聯經）、《醫行天下》（橡實文化）、《世界，為什麼是現在這樣子？》（大是文化）等。

十二月廿九日　△博客來網路書店舉辦第六屆「博客來報告」，並公佈「博客來TOP100名單」，陶晶瑩《我愛故我在》（圓神）、蕭宏慈《醫行天下（下）：拉筋拍打治百病》（橡實文化）、朗達・拜恩《秘密》（方智）為年度暢銷前三名；最暢銷出版社前三名為東立、尖端與時報文化。

十二月卅一日　△行政院新聞局「九十九年度數位出版創新應用典範體系計畫」補助名單揭曉，計有：聯合線上、城邦文化、遠流出版、華藝數位、凌網科技、千華數位、智慧藏、義美聯合電子商務、曉騰國際與臺灣知識庫等十家公司。

　　　　　　　△中正大學教授王瓊玲舉辦《駝背漢與花姑娘：汗路傳奇》（三民）新書發表會。

十二月　　　　△陳昭珍研究主持《政府數位出版資源管理之研究》，行政院研考會出版。

　　　　　　　△劉貴珍主編《第12屆南投縣玉山文學獎得獎作品集》，南投縣文化局出版。

　　　　　　　△杜國清評論集《詩論・詩評・詩論詩》、洪淑苓主編《純粹——第十三屆臺大文學獎作品集》，臺灣大學出版中心出版。

　　　　　　　△丁明蘭等著《我在與不在的地方——文學現場踏查記》、李信・書達、陳建成等著《2010台灣文學獎創作類得獎作品集》、簡弘毅等編《繼往開來——作家文物捐贈展圖錄》，國立台灣文學館出版。

　　　　　　　△桃園縣文化局編《2010桃園之書：《11元的鐵道旅行》閱讀心得徵文得獎作品集》，桃園縣文化局出版。

　　　　　　　△徐世澤等合著《並蒂詩花》（合集），萬卷樓圖書公司出版。

　　　　　　　△林真美評論集《繪本之眼》，天下雜誌公司出版。

　　　　　　　△圓持編著《佛教倫理》，國家圖書館出版。

　　　　　　　△許俊雅主編《巫永福精選集・小說卷》、《巫永福精選集・

詩卷》、《巫永福精選集‧評論卷》，巫永福文化基金會出版，富春文化事業公司編印。

△祁台穎、林品儀、紀岱昀、廖祿禎等著《尋百工——四個年輕孩子與一百種市井職人相遇的故事》（散文），遠流出版事業公司出版。

△陳彥博散文集《零下40度的勇氣》，健行文化出版公司出版。

△廖偉棠散文集《衣錦夜行》，UNK印刻出版公司出版。

△高自芬散文集《吃花的女人》、釋永芸、岳紅散文集《北京伽藍記》，二魚文化事業公司出版。

△吳瀛濤著《吳瀛濤詩全編》（上、下），國立台灣文學館出版。

△彤雅立詩集《邊地微光》，女書文化公司出版。

△第三十屆世界詩人大會編印中英文對照詩集《2010世界詩選》，普音文化公司出版。

△李天葆短篇小說集《綺羅香》、余華散文集《十個詞彙裡的中國》，麥田出版公司出版。

△蔡宜容長篇小說《中美五街，今天20號》，小魯文化事業公司出版。

△江浩長篇小說《劊者的年代》（上、下）、王湘琦長篇小說《俎豆同榮——紀頂下郊拚的先人們》、李崇建論著《作文，就是寫故事——故事核心式創意作文術》、汪其楣編著《歸零與無限——台灣特殊藝術金講義》，聯合文學出版社出版。

△韓寒長篇小說《1988——我想和這個世界談談》，大塊文化出版公司出版。

△黎紫書第一部長篇小說《告別的年代》、陳啟淦長篇小說《日落紅瓦厝》，聯經出版事業公司出版。

△胡巧玲長篇小說《狗狗想要一個家》、傅佩榮論著《原來老子這樣說》、黃克全等著《迷航——梁實秋文學獎第23屆得獎作品》，九歌出版社出版。

△馬森評論集《文學的魅惑》、《文學筆記》、《台灣戲

劇——從現代到後現代》、《戲劇——造夢的藝術》，秀威
資訊科技公司出版。

參考文獻

一　專書

1　《臺灣省通誌39卷五教育志文化事業篇》　臺灣省文獻委員會編　台灣省
文獻委員會　眾文圖書公司印行　1971年6月30日

2　《兒童文學論著索引》　馬景賢編著　書評書目出版社　1975年1月25日

3　《日據時代台灣新文學作家小傳》　黃武忠著　時報文化出版事業有限公
司　1980年8月10日

4　《聯副三十年文學大系史料卷：風雲三十年》　聯副三十年文學大系編委
會主編　聯合報社　1982年6月

5　《中華民國作家作品目錄》上下冊　應鳳凰、鐘麗慧主編　行政院文建會
　1984年6月

6　《光復後臺灣地區文壇大事》　應鳳凰主編　行政院文建會　1985年5月

7　《當代文學史料研究叢刊》　第一輯　當代文學史料研究社著　大呂出版
社發行　1987年5月

8　《當代文學史料研究叢刊》　第二輯　當代文學史料研究社著　大呂出版
社發行　1987年12月

9　《當代文學史料研究叢刊》　第三輯　當代文學史料研究社著　當代文學
史料研究社發行　1988年10月

10　《當代文學史料研究叢刊》　第四輯　當代文學史料研究社著　當代文學
史料研究社發行　1990年4月

11　《中華民國臺灣地區國際標準書號出版機構名錄——民國七十九年版》
國立中央圖書館標準書號中心編輯國立中央圖書館　1991年1月

12　《現代文學資料彙編21》　現文出版社編輯部編　現文出版社　1991年12月

13　《中華民國作家・作品目錄》　全四冊（新編）　李瑞騰主編；封德屏副
主編　行政院文建會　1995年3月

14　中華民國臺灣地區國際標準書號出版機構名錄——民國八十五年版》上下
冊　國立中央圖書館標準書號中心編輯國立中央圖書館　1997年1月

15 《民生報20年（1978～1998）》　蔡森格主編　民生報社　1998年2月18日

16 《飛躍五十‧迎向一百──國語日報五十週年社慶專集》　蘇國書主編　國語日報社　1998年10月25日

17 《掌燈人》　陳銘磻著　行政院文建會　1999年

18 《中華民國作家作品目錄》　全7冊　封德屏主編　行政院文建會　1999年6月

19 《臺灣（1945～1998）兒童文學100》　林文寶主編　行政院文建會　2000年3月

20 《台灣出版史》　辛廣偉著　中國河北教育出版社　2001年1月

21 《臺灣文學作家年表與作品總目》（1945～2000）　呂姿玲主編　國家圖書館　2001年3月

22 《臺灣文化菁英年表集》　秦賢次著　臺北縣文化局　2002年12月

23 《兒童讀物編輯小組的歷史與身影》　林文寶、趙秀金著　國立臺東大學兒童文學研究所　2003年10月

24 《出版與文學：見證二十年海峽兩岸文化交流》　陳信元著　揚智文化事業（股）公司　2004年4月

25 《臺灣兒童文學史》　邱各容著　五南圖書出版（股）公司　2005年6月

26 《五〇年代文學出版顯影》　應鳳凰著　臺北縣文化局　2006年11月

27 《臺灣兒童文學年表 1895～2004》　邱各容編著　五南圖書出版（股）公司　2007年1月

28 《日治時期台灣的兒童文化》　游珮芸著　玉山社出版事業（股）公司　2007年1月

29 《台灣人文出版社30家》　封德屏主編　文訊雜誌社　2008年12月

二　年鑑

1 《中華民國八十四年出版年鑑》　出版年鑑編委會總編輯　人類文化公司編印　行政院新聞局　1995年1月

2 《中華民國八十五年出版年鑑》　出版年鑑編委會總編輯　時廣企業有限公司編印　行政院新聞局　1996年6月

3 《1996年台灣文學年鑑》　李瑞騰總策劃　封德屏主編　行政院文建會

1997年6月

4　《中華民國八十六年出版年鑑》　出版年鑑編委會總編輯　時廣企業有限公司編印　行政院新聞局　1997年6月

5　《1997年台灣文學年鑑》　李瑞騰總策劃　封德屏主編　行政院文建會1998年6月

8　《中華民國八十八年出版年鑑》　出版年鑑編委會總編輯　遠流出版事業公司編印　行政院新聞局　1999年6月

9　《中華民國八十九年出版年鑑》　中華民國八十九年出版年鑑編委會總編輯　名相設計公司編輯設計　行政院新聞局　2000年8月

10　《1999年台灣文學年鑑》　李瑞騰總策劃　封德屏主編　行政院文建會2000年10月

11　《中華民國九十年出版年鑑》　中華民國九十年出版年鑑編委會總編輯張志宏編輯設計　行政院新聞局　2001年9月

12　《2000年台灣文學年鑑》　杜十三總策劃　白靈等主編　行政院文建會出版　2002年4月

13　《中華民國九十一年出版年鑑》　鍾修賢總編輯　德伸文化事業公司編輯設計　行政院新聞局　2002年8月

14　《2001年台灣文學年鑑》　鄭邦鎮總策劃　彭瑞金總編編　行政院文建會2003年4月

15　《2002年台灣文學年鑑》　鄭邦鎮總策劃　彭瑞金總編輯　行政院文建會2003年9月

16　《2003年出版年鑑》　鍾修賢總編輯　德伸文化事業公司編輯設計　行政院新聞局　2004年3月

17　《2003年台灣文學年鑑》　鄭邦鎮總策劃　彭瑞金總編輯　行政院文建會2004年8月

18　《2004出版年鑑》　鍾修賢總編輯　德伸文化事業公司編輯設計　行政院新聞局　2004年8月31日

19　《2004年台灣文學年鑑》　鄭邦鎮總策劃　彭瑞金總編輯　行政院文建會2005年7月

20　《2005出版年鑑》　陳碧鐘總編輯　德伸文化事業公司編輯設計　行政院新聞局　2005年10月

21　《2005年台灣文學年鑑》　林瑞明總編輯　國家台灣文學館籌備處　2006

年10月

22　《2006出版年鑑》　陳碧鐘總編輯　德伸文化事業公司編輯設計　行政院
新聞局　2006年10月

23　《2006年台灣文學年鑑》　林瑞明總編輯　國立台灣文學館　2007年12月

24　《2007出版年鑑》　陳碧鐘總編輯　德伸文化事業公司編輯設計　行政院
新聞局　2007年10月

25　《2007臺灣兒童文學年鑑》　林文寶企劃總監　中華民國兒童文學學會
2008年6月

26　《2008出版年鑑》　程正春總編輯　德伸文化事業公司編輯設計　行政院
新聞局　2008年10月

27　《2007年台灣文學年鑑》　彭瑞金總編輯　國立台灣文學館　2008年12月

28　《2009出版年鑑》　邵雲平總編輯　商周編輯顧問公司編輯設計　行政院
新聞局　2009年10月

29　《2008年台灣文學年鑑》　彭瑞金總編輯　國立台灣文學館　2009年12月

30　《2010出版年鑑》　張崇仁總編輯　商周編輯顧問公司編輯設計　行政院
新聞局　2010年9月

31　《2009年台灣文學年鑑》　李瑞騰總編輯　國立台灣文學館　2010年12月

32　《2010年台灣文學年鑑》　李瑞騰總編輯　國立台灣文學館　2011年11月

三　研究計畫成果報告

1　《國語日報社的歷史與發展》　委託機關　財團法人國語日報社　計畫主
持人　國立臺東大學兒童文學研究所林文寶教授　撰稿者　研究生林哲璋
2007年7月20日

2　《台灣兒童文學作家作品目錄編輯計畫》　總報告書 壹～參　委託機關
國家台灣文學館籌備處　計畫主持人　國立臺東大學兒童文學研究所林
文寶教授　2007年12月25日

3　《台灣兒童文學評論分類資料目錄編輯計畫》　結案報告書第一～第六本
委託單位　國家台灣文學館　研究單位　國立臺東大學　計畫主持人
林文寶教授　2010年12月7日

四　專輯・專刊

1　《兩岸出版交流20年專輯》　陳信元總編輯　台陽書局　2008年9月20日
2　《2011文藝雅集：百年一薈・藝文特展 專刊》　封德屏主編　文訊雜誌社　2011年10月4日

五　雜誌

1　《出版之友》　中華民國圖書出版事業協會
2　《出版人》　中華民國圖書出版事業協會
3　《出版界》　台北市出版商業同業公會
4　《出版家》　出版家雜誌社
5　《書評書目》　書評書目雜誌社
6　《出版情報》　金石堂股份有限公司
7　《誠品好讀》　誠品書店
8　《全國新書資訊月刊》　國家圖書館
9　《文訊》　文訊雜誌社

六　學刊

1　《出版學刊》　南華大學出版學研究所
2　《文化事業與管理研究》　南華大學文化與出版事業管理研究所

作者介紹

邱各容

學　　歷	國立臺東大學兒童文學研究所文學碩士	

行政經歷　光復書局編輯部經理
　　　　　　光復書局《科學眼》月刊主編
　　　　　　東方出版社總經理
　　　　　　富春文化事業股份有限公司總經理
　　　　　　中華民國兒童文學學會秘書長、常務理監事、理監事
　　　　　　臺灣省兒童文學協會理事
　　　　　　臺北市兒童文學教育學會理事

現　　職　富春文化事業股份有限公司發行人
　　　　　　臺北市出版公會《出版界》季刊總編輯
　　　　　　臺灣兒童文學史料工作者

教學經歷　靜宜大學通識教育中心兼任講師
　　　　　　靜宜大學台灣文學系兼任講師

獲　　獎　中國文藝協會第42屆文藝獎章（兒童文學史料獎）

著　　作　《臺灣兒童文學史料初稿1945～1989》（1990）
　　　　　　《永不褪色的山城—九份》（1999）
　　　　　　《人性點線面》（2000）
　　　　　　《播種希望的人們：臺灣兒童文學工作者群像》（2002）
　　　　　　《回首來時路：兒童文學史料工作路迢迢》（2003）
　　　　　　《臺灣兒童文學史》（2005）
　　　　　　《臺灣兒童文學年表（1895-2004）》（2006）
　　　　　　《台灣兒童文學作家及作品論》（2008）
　　　　　　《台灣兒童文學一百年》（與林文寶合著）（2011）
　　　　　　《台灣兒童文學史文論選集》（與林文寶合編）（2011）
　　　　　　《臺灣圖書出版年表（1912-2010）》（2013）

國家圖書館出版品預行編目(CIP)資料

臺灣圖書出版年表（1912-2010）/ 邱各容著.
  -- 初版. -- 臺北市 : 萬卷樓，2012.11
  面 ; 公分. --（萬卷樓工具書）
ISBN 978-957-739-779-9(精裝)

1.出版 2.歷史 3.年表 4.臺灣

733.4702   101023313

臺灣圖書出版年表（1912-2010）

2013 年 1 月 初版 精裝

ISBN 978-957-739-779-9   定價：新台幣 980 元

作　　　者	邱各容	出　版　者	萬卷樓圖書股份有限公司
發 行 人	陳滿銘	編輯部地址	106 臺北市羅斯福路二段 41 號 9 樓之 4
總 編 輯	陳滿銘	電話	02-23216565
副總編輯	張晏瑞	傳真	02-23218698
編　　　輯	吳家嘉	電郵	editor@wanjuan.com.tw
編　　　輯	游依玲	發行所地址	106 臺北市羅斯福路二段 41 號 6 樓之 3
封面設計	斐類設計	電話	02-23216565
	工作室	傳真	02-23944113
		印　刷　者	中茂製版印刷事業股份有限公司

如有缺頁、破損、倒裝   網 路 書 店   www.wanjuan.com.tw
請寄回更換   劃 撥 帳 號   15624015